# 林沄文集

## 考古学卷 上

上海古籍出版社

**图书在版编目(CIP)数据**

林沄文集.考古学卷/林沄著.— 上海：上海古籍
出版社,2019.12
ISBN 978-7-5325-9428-3

Ⅰ.①林…　Ⅱ.①林…　Ⅲ.①考古学-中国-文集
Ⅳ.①K870.4-53

中国版本图书馆CIP数据核字(2019)第272799号

责任编辑：宋　佳
装帧设计：何　旸
技术编辑：耿莹祎

林沄文集·考古学卷
（全二册）
林　沄　著
上海古籍出版社出版发行
（上海瑞金二路272号　邮政编码200020）
（1）网址：www.guji.com.cn
（2）E-mail：guji1@guji.com.cn
（3）易文网网址：www.ewen.co
上海展强印刷有限公司印刷
开本710×1000　1/16　印张45.5　插页16　字数656,000
2019年12月第1版　2019年12月第1次印刷
ISBN 978-7-5325-9428-3
K·2741　定价：228.00元
如有质量问题，请与承印公司联系
电话：021-66366565

作者近照（李贺 摄）

在吉林大安汉书屯，参加吉林大学 73 届考古本科生田野实习（1974 年）

易水岸边，参加吉林大学 73、75 届考古本科生田野实习（1976 年）

夏威夷大学东西方中心，"商文化国际研讨会"在此举行（1982 年）

华盛顿林肯纪念堂，参会中国代表团全体合影（1982 年）
前排左起：林沄、郑振香
后排左起：殷玮璋、杨锡璋、高至喜、张政烺、夏鼐、胡厚宣、安金槐、王贵民

巴泽雷克 3 号冢前（1989 年）
左起：林沄、捷列维扬科、林树山、田中冢、马洛金、科米萨罗夫

米奴辛斯克博物馆（1989 年）
左起：瓦列诺夫、阿索恰克夫、林沄、列昂捷夫、科瓦廖夫

在长沙召开的中国考古学会第七次年会上大会报告"考古学文化研究的回顾与展望"（1989 年）

《商文化青铜器与北方地区青铜器关系之再研究》的英译者顾道伟和俄译者科米萨罗夫在大连海滩（1990 年）

在哈巴罗夫斯克博物馆院内的金
代完颜忠神道残碑前（1990 年）

在大连召开的"历史学战略规划研究专家咨询会"上主持考古学战略规划的研究（2011 年）

在美国罗格斯大学举行的"商代与上古中国文明国际学术研讨会"上作主题发言（2011年）

与部分中方学者在休息室内欢聚（2011年）
左起：黄天树、林沄、赵鹏、宋镇豪、曹定云

吉林大学边疆考古研究中心全体教师合影（2013 年）

一排左起：史吉祥、朱永刚、陈全家、杨建华、周慧、林沄、魏存成、朱泓、李伊萍、滕铭予

二排左起：王培新、蔡大伟、陈胜前、潘玲、赵宾福、陈国庆、汤卓炜、王立新、张文立

三排左起：段天璟、张全超、崔银秋、刘爽、唐淼、彭善国、井中伟、霍东峰

四排左起：吴敬、成璟瑭（吕军、冯恩学、魏东、方启、邵会秋、赵俊杰、王春雪、冯楠未参加）

在呼和浩特举行的第六届"中国北方及蒙古、贝加尔、西伯利亚地区古代文化国际学术研讨会"上作大会发言（2015 年）

在银川举行的"早期丝绸之路与东西方文化交流国际学术研讨会"上宣讲"丝路开通以前新疆的交通路线"（2016 年）

在上海举行的第三届"世界考古论坛"上和佐川正敏主持第六场大会报告（2017 年）

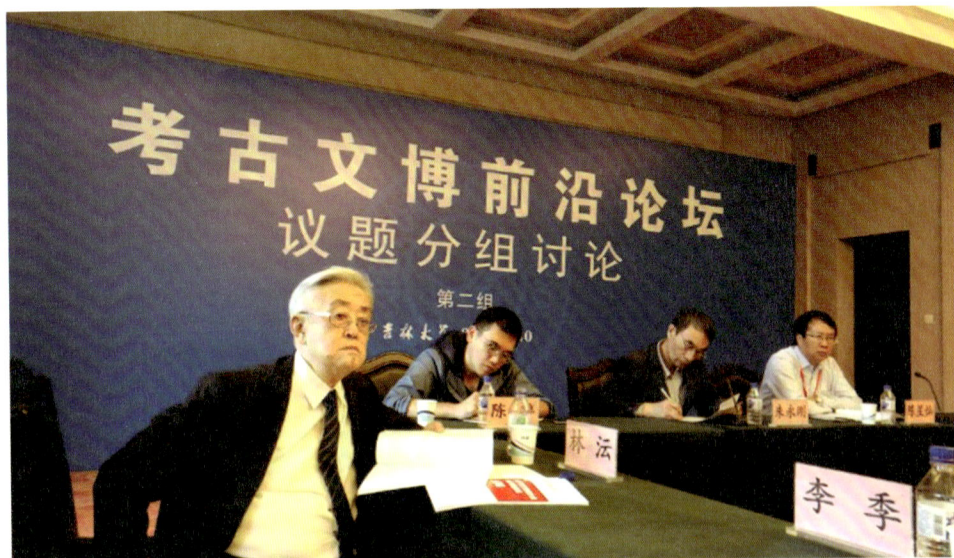

在吉林大学考古学院成立大会的分组会上发言（2018 年）

《商文化青铜器与北方地区青铜器关系之再研究》的修改过程

左：初稿的一页；中：为参会会铅印本清抄稿；右：参会后在铅印本上再作修改

《马其顿城堡、元碑和辽金砖塔——永宁寺考古寺考古史漫话》的修改过程

左: 在复县农村写初稿第一页; 中: 回吉林大学后为"西伯利亚考古专题"备课时, 用查到的新资料所编讲义的底稿之一页; 右: 投给《黑龙江文物丛刊》的清抄稿

# 自　序

　　从我在《考古》1963年第8期上发表《越王者旨於赐考》一文到现在已经有55年了。

　　1962年，和张亚初一起到吉林大学，做于省吾先生的甲骨文金文专业研究生，于先生就要我们一个月交一篇学习古文字的短文。到了第二年，还要我们在教研室同于先生、姚孝遂、陈世辉还有同时学习古文字的王健群一起，对每一篇文章进行讨论。现在翻阅当时的学习笔记，第一篇是1962年11月10日写成的《说氓》。而《越王者旨於赐考》一文，本是我在1963年4月26日写的《蔡声侯墓中出土的越王戈考》一文，在于老指导下改写而成。

　　1962年9月至1965年11月是我学习和研究古文字的阶段，当时，于老并不只注重我在释读古文字方面下功夫，而希望我由释读古文字入手，对中国古史有如王国维《殷周制度论》一样的重大贡献。这和我学古文字的本来目的是完全一致的。于老自己当时很注意学习恩格斯的《家庭、私有制和国家起源》，发表过对商代社会不同于郭沫若见解的文章。我师兄姚孝遂也发表过商代人殉不是奴隶的论文。像我试写的第一篇文章《说氓》，就是从确定古文献中原应作"自他归往"之"氓"的辞条，从而讨论在东周时期古代公社瓦解的重大社会变动。在1965年《考古》上发表的《说王》便是从王字的造字原意揭示古代王权起源于军事指挥权力。而我在这一期间写成的《甲骨文中的商代方国联盟》、《珥生簋新释》、《从武丁时代的几种"子卜辞"试论商代的家族形态》也都是通过古文字资料的释读来进行古史问题的探讨。从"子卜辞"入手探讨商代的父权家族一文，本来是打算作为研究生的毕业论文的。只是因为同学张亚初也打算写社会形态方面的毕业论文，才改为我自己在分期收集甲骨文资料时有所发现的《甲骨文断代中一个重要问题的再研究》，把董作宾原定的"文武丁卜辞"中属王卜辞者，改定为早于"宾组卜辞"的"师组卜辞"（和陈梦家定为晚于"宾组卜辞"不同），而且另找到所谓"真正的文武丁卜辞"。后来研究证明，前一论点是正确的，后一论点是不对的。

这一时期的研究成果，基本上都没有发表，只有其中一小部分，在1973年复刊的《考古》上，以燕耘的笔名，发表了《商代卜辞中的冶铸史料》，那是我在1965年写的文章中的一节。用燕字暗指东北，耘字包含林云二字。

在学习和研究古文字的同时，为了继续学习俄文，并在中国北方和东北考古方向上扩大眼界，我笔译了吉谢列夫的《南西伯利亚古代史》的一部分，奥克拉德尼科夫的《贝加尔湖沿岸的新石器时代与青铜时代》，以及《西伯利亚各族》这部大书的历史部分。而且一直关注着东北考古的新进展。这为后来我做东北考古和北方青铜时代到早期铁器时代考古研究准备了条件。

1965年11月研究生论文交稿后，于先生寄给研究甲骨文的同行征求意见，得到张政烺先生的称赞，但未能举行答辩。在等待分配工作期间，作为"贮备研究生"，在校科研处开始领工资。这时，考古教研室的张忠培先生组织我和张亚初（也在等分配）参加编译考古上反"苏修"的资料工作，由我笔译奥克拉德尼科夫为主的俄文考古论著。早先他反复强调俄国远东西伯利亚自古以来和中国有多方面的文化联系，但到中苏关系紧张后，却一再强调老沙皇从中国夺去的土地是无主的土地，当地居民有自己的"文化主权"。这项工作到1966年5月终止。我一共译出20万字。1971年由吉林大学历史系和吉林省博物馆油印。只有其中《西伯利亚考古学——昨天、今天和明天》一篇收入文物出版社1980年出版的内部刊物《苏联考古文选》。

"文革"期间，我到辽宁复县农村教小学和中学，直到1972年三大考古杂志复刊，才在煤油灯下恢复了研究工作。一是整理甲骨文旧稿，在《考古》1973年第5期发表了卜辞中商代冶铜的文章；另一是整理考古反"苏修"的资料,写这方面的新文章。当时先想写黑龙江出海口特林地方的明代永宁寺碑,借回长春的机会到吉林大学线装书库借书,管书库的虽是熟人,却板着面孔不肯借。只好求助于罗继祖先生,他不但热心代我借书,还赠我一部四部备要本的《金史》,雪中送炭,此情永志。后又写了一篇《评院士的文化主权论》,直接寄给了郭沫若先生。不曾想又被转给了在出国文展工作的宿白先生,他给我来信说《文物》有意刊用。这给我很大鼓励。后因此文无人能审,《文物》一直未刊用。最后由张忠培先生推荐给1973年的《吉林大学学报》刊用,到 1976年才在《考古》第1期上转载。这篇文章还充满着"文革"时期大批判的味道,没有多少学术内容,所以不再收入本文集了。

1973年10月,我被吉林大学调回。在回到吉林大学的初期,我继续利用在1965年冬到1966年上半年积累的资料,写了一批文章,这就是《赫哲族萨满教神像画中的历史真实》、《完颜忠墓神道碑与金代的恤品路》、《对河姆渡遗址骨制耕具的几点看法》、《舒藩河上出土的金代上京宜春县镜》。这些多数是用"华泉"笔名发表的,谐"中华主权"之音,泉又是"白山黑水"首尾两字拼成(后来吉林大学师生所写反"苏修"的论文也用这个笔名,并不都是我的作品)。还有一篇关于明代永宁寺的《马其顿城堡、元碑和辽金砖塔》,虽然到1982年才发表,实际是1972年在复县乡下就起草,回吉林大学后,又增加了新的俄文资料,几次改写,才给《黑龙江文物丛刊》发表的。

在调回吉林大学的初期,因为考古专业初建,我和姚孝遂、王可宾两位先生一起到全国各地商调文物,又参加了田野实习工地辅导、照相、校内考古课程安排等工作。而当时全国考古工地任务重,专业人手不够,所以需要大力培训考古工作的新生力量。1976年到易县燕下都发掘起,我就领着考古班学生和当地的技工开始写《工农考古基础知识》,作为各地开展考古短训班的教材。初稿经过苏秉琦先生审阅,认为可行,又请魏存成参加了魏晋南北朝隋唐部分的编写工作。日以继夜的努力奋战,终于赶在1978年由文物出版社出版了。

而1978年为于老誊写《甲骨文字释林》，有一段时间就在文科楼过夜。在守夜人员清楼时我就关了灯，等他就寝后再开灯接着干。

1978年冬，由吉林大学发起，在长春南湖宾馆召开了中国古文字学术讨论会，在会上成立了中国古文字研究会。为了迎接这个盛会，我把在研究生时期写的两篇论文都在会上提交了：一篇是1964年冬写的《瑚生簋新释》，一篇是1965年秋写的《从武丁时代的几种"子卜辞"试论商代的家族形态》。在古文字研究会最初几次年会上，我有了把研究生时期写的论文拿出来发表的机会。像1979年在广州第二次年会上提交的《对早期铜器铭文的几点看法》，是我在研究生时期收集了大量资料，和张亚初多次讨论中形成的看法。1980年在成都第三次年会上提交的《甲骨文中的商代方国联盟》，是我在研究生时期最早提交到教研室讨论会上的论文。1981年在太原第四次年会上提交的《小屯南地发掘与殷墟甲骨断代》，前面一半是我研究生毕业论文的内容，后面一半则是对我毕业论文的论点从类型学的观点进行重新考察，认为应该按师历间组、历组一类、历组二类、无名组、无名组晚期、黄组排成顺序演变的序列，因而改从李学勤、裴锡圭的意见，主张把历组卜辞时代提前的"二系说"。

在继续开展古文字方面研究的同时，我给考古专业本科生开了"西伯利亚考古"课程，因备课需要，查阅吉大图书馆中新到的俄文考古图书。在1975年出版的俄文《西伯利亚史前考古学》一书中，看到乌施金—乌魏尔14号鹿石的腰带上挂的弓形物，便和以前积累的资料联系起来，在《关于青铜弓形器的若干问题》一文中，把中、蒙、俄三方面证据合在一起，考定它是驭马者使用的挂缰钩，并在1980年于吉林大学出版的刊物上发表（新西伯利亚的考古学者瓦列诺夫并没看到这篇文章，在1984年发表的论文中也根据中、蒙、俄三方面证据提出和我相似的观点）。在1978年的古文字会上我把该文给张政烺先生看，他很赞成。这引起我对中国北方和欧亚草原青铜时代及早期铁器时代文化关系持久的学术兴趣。1982年张光直先生和另外两位美国学者发起在火奴鲁鲁召开"商文化国际学术研讨会"，因邀请北京大学的邹衡先生未果，改请南方的高至喜和北方的我。接到邀请，颇有受宠若惊之感，便就多年积蓄的资料写成《商文化青铜器与北方地区青铜器关系之再研究》一文，并先呈这次会议中方代表团团长夏鼐先生审阅，得到他首肯才提交会议。记得在这次会上见到前辈学者高去寻，他是中国学者最先有志于"斯基泰·西伯利亚"学问的。我们两人都因烟瘾而多次逃出会场，故而有交谈的机会。受他鼓励，我从此便一直把这方面的研究继续做下去。遗憾的是，我1994年才有机会到台湾的史语所访问，高先生前此三年已仙逝，无缘再面受教诲了。我在火奴鲁鲁会议上提交的论文，编入张光直先生主编的 *Studies of Shang Archaeology*，由 Goodrich（即顾道伟）译成英文，耶鲁大学出版社出版，故在国际上影响较大。中文本1987年才在文物出版社出版的《考古学文化论集（1）》中刊出。俄译本则在1990年由新西伯利亚的科学出版社的《古代中国》中刊发，是科米萨罗夫所译。

我在1962年于北京大学考古专业本科毕业时，经苏秉琦先生指点，把东北系青铜剑作为毕业论文，并由苏先生请考古所的佟柱臣先生指导。内容涉及中国东北、朝鲜和俄国远东，是该年度文科唯一公开答辩的论文。但由于内容涉及朝鲜，一直没有发表的机会。到1979年吉林省考古学会成立大会上，我把这篇论文修改之后提交大会，当时参会的《考古》编辑部的人就表示可以发表，后来发表在《考古学报》1980年第2期上。自此以后，我就在古文字（兼及商周史）、北方考古（兼及北亚、北方民族史）、东北考古（兼及东北亚、东北史）三个方面都展开研究了。

在1994年之前。我在古文字和商周史方面发表的最重要论文是《关于中国早期国家形式的几个问题》，这是为参加1986年在美国埃利厄举行的"古代中国和社会科学一般法则学术讨论会"而撰写的。主要是进一步解释商、西周时期一般形式的"方国"，是怎样从新石器时代的基本无差别的村寨，变成都鄙群或复合都鄙群构成的国家，以纠正我在"方国联盟"一文中把"方国"说成是"城邦国家"的错误。该文得到参加这次会议的严文明先生的称赞。在甲骨断代研究上最重要的文章是1984年在西安古文字研究会第五届年会上提交的《无名组卜辞中父丁称谓研究》，进一步明确甲骨可以从字体上精确分类，无名组至少可分为字体不同的三类。不同字体类别的同一祭祀称谓并非只能指同一先祖，而同类字体并非只能存在于某一王世或某一代的时限之中。在北方考古方面最重要的论文，是1992年在呼和浩特"中国北方民族考古文化国际学术研讨会"上宣读的《关于中国的对匈奴族源的考古学研究》，该文破除了把长城沿线的先秦土著文化都当作匈奴前身的司马迁以来的传统观念，指出匈奴本体的前身应到更北的地区寻找。在东北考古和东北史方面最重要的论文是1985年在《北方文物》创刊号上发表的《论团结文化》，该文综合中、朝、俄三国境内的考古遗存，论证了团结—克罗乌诺夫卡文化就是沃沮遗存，为探讨东北其他古族的方位提供了一个确切的基点。另一篇是1989年在《史学集刊》第1期上发表的很短的书评，即《〈中国东北史〉（第一卷）读后》。其中重要的主张就是，东北之所以成为中国不可分割的一部分，并不能只理解为东北和中原两方面互相结合，而是东北、中原和西面草原三者相互结合的历史过程。就整个考古学理论来说，最重要的论文则是在1989年长沙开的中国考古学年会上大会宣讲的《考古学文化研究的回顾与展望》，该文首次总结苏秉琦先生用"平行系列法"来划分考古学文化的思想。先在《辽海文物学刊》上发表时，就受到苏先生称赏；会上宣讲后，又得到俞伟超先生的热情赞同。

　　在1980、1983年为了使古文字这门"绝学"后继有人，教育部委托于省吾先生以高校青年教师为主要对象举办进修班。由陈世辉先生主持班务，由我讲"古文字通论"课。在此基础上我写了一本小册子——《古文字研究简论》。本来是想写给有高中水平的爱好者看的，先联系天津的出版社未果，等我当上吉林大学副校长，吉林大学出版社便在1986年拿去付印了。但封面上我的名字印成一大一小，错字还很多。然而销路不错，不少学校还作为考研的指定参考书。到2012年中华书局改名为《古文字学简论》，作了修订，作为"大学丛书"再次出版，这是后话。

　　在写这本小册子的时候，我觉得要贯彻于省吾先生"以形为主"

的主张来研究古文字，应该对各个时代古文字的基本构字符号形体作穷尽性的收集。所以便定了一个"偏旁谱"的研究计划，而且组织古文字进修班和我的研究生来参加具体工作，我自己也下了相当多的功夫，积累了一抽屉的卡片，写出了很厚一叠初稿。可是在我辞去副校长职务，准备全身心投入这项研究时，吉林大学考古专业的领军人物张忠培先生到北京去当故宫博物院院长了。面对已经形成了队伍而主要是青年教师的吉大考古人，我只能违心地勉为其难接受了考古学系系主任的职务，而且按当时学校"系所结合"的原则，兼任古籍研究所所长。这两个单位的内部矛盾使我近半年夜里失眠。因而只能忍痛放弃了"偏旁谱"的研究计划。起初听说徐宝贵也在做偏旁谱的研究，却一直未见下文。到2007年才见到黄德宽主编的《古文字谱系疏证》出版，基本上符合我对偏旁谱的设想。我在1987年放弃"偏旁谱"研究计划后，仍按偏旁收集新出土古文字字形，把偏旁谱的卡片作为考释古文字的重要工具，但从战国简大量出土后，就没能坚持下来。文集中所收的《先秦古文字中待探索的偏旁》一文，是为1992年在南京开古文字研究会第九次年会写的，却未能到会。文章直到2001年才在《古文字研究》上发表，只能作为我曾经有过这一研究计划的遗响了。

　　1994年卸任考古学系系主任后，使我很挠头的"创收"问题和安排田野实习问题都不归我管了。这一阶段我在古文字学方面最重要的研究成果是从甲骨文中王、士同源的现象，悟出历来聚讼纷纭的六书"转注"，就是同一个字形可以用来记录两个发音不同但语义均和该字形相关的语词（许慎所举老、考两字也是如此）。这种古汉字以形记词的方法，龙宇纯、裘锡圭先生都已发现，不过他们都没有想到这其实就是"转注"。而我在1997年发表的《古文字转注举例》一文中论定这就是"转注"。因为这是古汉字在甲骨文中实际存在的现象，而和借用同一字形记录语义不同的语词有异曲同工之功效，这种记录语词的方法，作为真正的"转注"，得到越来越多研究者的认同，我在《古文字学简论》修订时也采用了此说。在考古学和商周史方面最重要的则是在1996年发表的《戎狄非胡论》，是用最新的体质人类学研究成果，说明文献中记载的戎狄是东亚蒙古人种，而胡和东胡是北亚蒙古人种，因而不可能是同一人群，进一步破除对司马迁《匈奴列传》的迷信。在东北考古和东北史方面，在1996年发表的《陈庄1号墓女俑身份商榷》、1999年发表的《说貊》和《夫余史地再探讨》三篇论文中，都谈到了我主张如何正确对待古文献史料，即对不同记载的形成年代和可信程度，要作充分的考虑，而且对不同作者使用同一名词时有不同理解，也应十分注意。否则面对纷纭的文献记载一视同仁引用众说，力求调和，只会陷入迷魂阵而难以自拔。

2000年9月，教育部批准吉林大学边疆考古研究中心为教育部第二批重点研究基地。我的研究明显转向以中国北方和欧亚草原的青铜时代到早期铁器时代为主。在1982年赴美参加国际会议时，论文中已经提出北方系青铜器是夏代开始的观点，但当时中国学者大都还是从朱开沟的发现出发主张起源于商代前期。2001年我到日本九州大学和美国匹兹堡大学访问，演讲的题目都是根据中外考古发现论证北方系青铜器起源于夏代。而在2001年8月长春召开的"中国北方地带青铜时代考古国际学术研讨会"上宣读的论文《夏代的中国北方系青铜器》，便是我对这个问题研究的总结。

2001年起我作为课题负责人，立了个"夏至战国长城地带游牧文化带形成的历史过程"的基地重点项目，参加者有王立新、杨建华、李伊萍（因参加山西白燕遗址报告，由张文立代）、滕铭予、汤卓炜、郑君雷。在2002年于台北召开的"文化差异与通则：纪念张光直先生学术研讨会"上，我宣读的《中国北方长城地带游牧文化带的形成过程》大体上可以作为这项研究的一个论纲。而2003年在《吉林大学社会科学学报》上发表的《柯斯莫〈中国前帝国时期的北部边疆〉述评》是我那时的一篇重要论文。该项目结项后我又申请了"新疆古代青铜器"这一个项目，由当地在新疆文物考古所工作的刘学堂作主要参加者，并为此有2006年新疆之行，但他后来离开了考古所，到新疆师范大学任教，项目进行得不顺利。我自己也觉得很不适合做大型集体项目的主持工作，所以草草收场。后来也不再申请大型项目了，但因为到新疆考察过，收集过一些材料，石兴邦先生向我征集庆祝何炳棣先生九十寿辰论文集的论文时，便写了一篇《关于新疆北部切尔木切克类型遗存的几个问题》，作为涉猎过新疆先秦考古的纪念。记得2006年10月住在乌鲁木齐的宾馆里，正好遇到从巴里坤东黑沟发掘回来的王建新，向我出示新出土的有角钩喙神兽金银饰牌，我很高兴地琢磨了一番，后来便写了一篇《欧亚草原有角神兽牌饰研究》，刊于《西域研究》2009年第3期。随着"丝绸之路"的研究不断升温，我据从事新疆项目时收集的资料，写成《丝路开通以前新疆的交通路线》，还制成PPT，在台北的史语所、北京的中国人民大学等地都作过讲演，论文则发表在《草原文物》2011年第1期上。

在进行中国北方（也包括新疆）和欧亚草原的大范围综合研究中，我自以为最重要的研究成果是2008年在《燕京学报》上发表的《论欧亚草原的卷曲动物纹》。这篇文章分析了整个草原地区都存在的卷曲动物纹，认为实际上有三个主要的各自独立的起源：图瓦、中国内蒙古东部和辽西、黑海北岸和北高加索。三区彼此影响和渗透，才形成一个整体，东哈萨克斯坦成为三区卷曲纹的交汇地区。这种欧亚草原上文化因素的趋同方式，和我在1982年论文中说的"旋涡理论"，可视为两种不同模式，都可以举一反三。

我从1986年担任吉林大学古籍研究所所长，因而参加高校古籍整理工作委员会以来，曾主动要求为高校古典文献专业本科生写一本《文字学概论》的教材，但因为事务众多，学养又不足，只写了三章就没写下去。不过一直在这方面注意阅读相关新书和论文，收集材料，到2002年起，又重新写了五章和一些零碎章节，还是没有完成。2011年清华大学请我作"王国维讲座"时，我根据多年积累的材料和想法，作了题为"汉字沧桑"的讲演。在清华出土文献研究与保护中心编的《出土文献》第二辑，以《谈谈汉字历史中的几个问题》为题发表。收入文集并不是因为这篇文章怎么好，而是想表明我曾经有这样一个研究题目，而且表示在有生之年还想把汉字概论写成书的心愿。至于在吉林大学考古专业成立40周年的大会上，我曾表示想组织吉林大学和东北三省的力量写出《东北考古学》，现在考虑自己并无组织大型项目的能力，恐怕是放空炮了。

2011年国务院学位委员会经过专家评议，决定把考古学提升为一级学科，教育部委托我组织讨论教育部十二五科研战略规划，当时曾邀请社科院考古所、中科院古脊椎动物与古人类研究所、文化遗产研究院、各大学考古系的代表，到吉林大学讨论规划。后来教育部社会科学委员会历史学部多次召开会议反复研究这个问题，我总结大家的意见写成《对我国考古学学科发展的一些设想》一文，被2012年第10期《新华文摘》转载，这其实是集体的作品。

这本文集中还有两篇论文我认为应该提一下，一篇是2007年在《史学集刊》第3期上发表的《真该走出疑古时代吗？——对当前中国古典学取向的看法》一文。我对李学勤先生1992年提出的"走出疑古时代"是不赞成的。我在1996年开纪念于省吾先生百年诞辰古文字研讨会开幕式讲话中就说过："走进疑古时代就很好，不用走出来的。"之后在1996年吉林大学开的四个全国性博士生论坛的总坛开幕式上，作了这个学术报告。我觉得李先生之所以要提出这样的口号，说是为了"重新估价中国古代文明"，实质是想为《帝系》、《五帝德》以及引用它们的《史记·五帝本纪》恢复名誉，用以证明中华文明起源悠久，强调民族的团结统一是我国传统文化的重要特点。然而，要重新正确估价中国古代文明，主要应该通过越来越发达的田野考古和手段越来越多样的科学检测，而绝不会依靠已经被疑古思潮撕去神圣外衣的儒家经典。在现代化的世界里，要发扬民族精神和增强民族自信心，则不仅有赖于这个民族能实事求是地对待自己的真实过去和历史贡献，更有赖于这个民族用不断搏战在当今世界中取得的实际地位。另一篇是给商务印书馆即将再版的蒙德留斯《先史考古学方法论》一书写的代序——《为类型学正名》。我不但在上世纪就不赞成把用于解决考古遗存相对年代的方法的作用，强调到双轮车的一个轮子的地步，而且特别反对还没有真正弄清一种方法是怎么回事，就从汉语的"类型"概念出发把类型学方法弄得不知所云，以为就是中国特色。这肯定会妨碍中国考古学的健康发展，所以说了一些不大客气的话，希望还是能起一点正面的作用。是所至盼！

以上是对我 55 年治学的一个回顾，或许能对理解这部文集的内容有所帮助。

在我出版第一本个人文集时，是在北大写第一篇考古论文（即学年论文《高句丽壁画墓研究》）的指导老师—— 宿白先生题写的书名。如今宿先生已与世长辞，但他的学养和治学精神是我终身努力的方向。所以我要重复一句那本文集后记中的话——"今生当继续前进，生命不止，奋斗不已"。

是为序。

2018 年 12 月 24 日于长春剑桥园寓所

# 目　录

## 上

# 下

.

# 赫哲族萨满教神像画中的历史真实

黑龙江以北、乌苏里江以东的大片土地自古以来就是中国的领土，这在中国历代史籍中是有大量明确记载的。然而，苏联学者却强调这一地区的许多民族"根本没有用文字记载的历史"[1]，而现有的编年史则"带有后来抄录者和编纂者加工的痕迹"[2]。这样一来，就可以宣称："热衷于征服中国和蒙古的满洲人，完全放弃了实际上从来既不属于他们，也不属于中国的北方地区：阿穆尔河（按：即黑龙江）以及和满洲毗邻的滨海地区。……结果，这一地区便成了一个中立地带。中国的征服者满洲人在这里从来没有生命攸关的利益。这里幸免于难的阿穆尔河和滨海地区的居民，继续昔日的生活方式，并在经济上和政治上实行独立自主，不从属于满洲国家。"[3]

在俄国强占这一地区之前，这儿真是一个无主的"中立地带"吗？不是，当然不是。在这里我们且不去谈至迟从8世纪上半叶以来中国历朝政府就在这一地区设置行政机构的历史，而仅以这一地区主要的土著民族之一——赫哲族——的早先的艺术家们手绘的一些画像，来回答这个问题。先说一句，这些画像，是由俄国人在赫哲族中收集，而又马上藏到俄国的博物馆中，并由俄国人发表在俄国出版的

---

[1] А·П·奥克拉德尼科夫：《远东地区考古学的新成就》（原载苏联《远东问题》1972年3期，田大畏译），《苏联考古文选》，文物出版社，1980年。

[2] 同注[1]。

[3] А·П·奥克拉德尼科夫：《从最新考古成就看苏联的远东地区》（原载苏联《历史问题》1964年1期，李嘉恩等译），《苏联考古文选》，文物出版社，1980年。

著作中的[4]，大可不必担心会有后来的"加工痕迹"。

赫哲族在历史上的确没有本族的文字。但是他们的祖先们亲手画的图向我们鲜明地叙述了他们历史上的重要篇章。

我们先来考察一幅从黑龙江下游的萨卡奇—阿梁村中得到的萨满教神像画。这幅画是由曾被流放到西伯利亚的旧俄革命者 Л·Я·施坦恩别格在1910年送到彼得堡的人类学与民族学博物馆的（藏品号 No. 1765-97），用黑墨画在一块71厘米×58厘米的白布上。原记录如下："麻布的画像，悬挂于墙上。画着天空和两个雷（龙——'慕度尔'），中央为中国人像（'雷的主人'），它的两旁是持旗的士兵。在第二排中有两个'仆人'，在他们之间有托盘。他们两旁是豹和一个偶像。"（图一）

根据对黑龙江下游赫哲族中的萨满教巫术作过专门研究的 П·П·希姆凯维奇的记载，这种画是萨满巫师用以治病的一套巫术用具即所谓"都斯乎"（дусху）的组成部分。治病时，萨满把它挂在病人家中的墙上，在画像前还设置种种神杆、人形和动物形的神偶以及供桌，进行跳神。跳神看病之后，画像留在病人家中，直到病愈为止[5]。

由于这种画像在使用时还往往附加各种萨满的法器，因而在这种画像的下部也就往往附加上这些法器的图像。例如，在施坦恩别格的记录中，所谓的"托盘"，实际上是放着杯子的供桌。胸画着蛇的"偶像"，应该是赫哲族萨满所领的神——"爱米"。所谓"豹"，则是虎形的"紫翁"。"爱米"和"紫翁"都是辅助萨满通达于神明的神[6]。至于所要通达的显然是以波浪线表示的天空中的"雷"和"雷

---

[4] 本文论述的赫哲族神像画均采自 С. В. Иванов. Материалы по изобразительному искусству народов Сибири XIX –начала X X в. М.–Л.，1954。

[5] П. П. Шимкевич. Материалы для изучения шаманства у голвдов. Хабаровск, 1896. "戈尔特人"（гольды）是俄国人和西方学术界对赫哲族的旧称。

[6] 在 С. М. Широкогоров 所著的 Опыт исследования основ шаманства у тунгусов（Владивосток, 1919）一书中，把神偶统称为 сывень，亦即曹廷杰《西伯利东偏纪要》所记的"搜温"，凌纯声《松花江下游的赫哲族》（历史语言研究所单刊甲种之十四，1934年）则作"紫翁"（seʒ）。然而在注[5]希姆凯维奇的著作中，则把不同的神偶都称为 айми，即凌纯声书中所记的"爱米"（ɛmi）。不同的记音是由赫哲族的方言差别引起的。凌纯声认为，萨满所领的神专称"爱米"，普通人所拜的神称"紫翁"。"然爱米都可以说是紫翁，而紫翁则不皆是爱米"（《松花江下游的赫哲族》上册，113页）。

图一 治病用的神像画（一）

的主人"。因为在当时赫哲族的信仰中，雷能打死妖怪[7]，从而能祛除病魔。所以，这幅神像画中的主神，显然是中央画得最大的那个穿着清代朝服的"中国人像"，他两旁众多的表现为清朝士兵或差役形象的仆从烘托出他的威严和广有权势，而在供桌两侧的"仆人"，看来是这个主神和下界联系的使者。

据希姆凯维奇记载，赫哲族把这种画像中的主神称为"伟大的达昂托神像（满洲大官的灵魂，能帮助病者）"[8]。值得注意的是，这种达昂托神像几乎总是画成清朝官员的样子。这里，我们可以把希姆凯维奇早已发表过的另一幅黑龙江下游赫哲族萨满治病用的神像画来作一比较（图二）。这幅画收藏在莫斯科的原苏联民族博物馆（编号为

[7]同注[5]。
[8]同注[5]。

图二  治病用的神像画（二）

No.Ⅲ-920），原大为79厘米×78厘米。这幅画的下部同样也画着许多赫哲族的萨满法器，中央有一供桌，供桌上有祭祀用具。供桌前有一个很大的"爱米"神偶，在它胸前加挂着"额其和"[9]，两旁有虎形和狼形的"紫翁"，再边上还有两个屋形的内置神旗的神龛

---

[9]"额其和"（εts'ihε）据凌纯声记载是"赫哲族所供奉的一种神，专司行程时在前探望吉凶，又能奉主人的命令做各种事情"（《松花江下游的赫哲族》下册，298页，注1）。又说是"保护萨满并抵抗鬼怪的神"（《松花江下游的赫哲族》上册，113页）。希姆凯维奇则记载，аджеха是在天上和神仙同住的一种神，神仙派他们在生计和日常生活方面帮助赫哲人，所有的赫哲族都戴着额其和作为护身符，并是萨满的第一必需品（注[5]所引书，58页）。

和其他器物。而在上部则在波浪线表示的天空中绘有"慕度尔"和龙。似乎是在城头上，坐着三个人形的神，中央最大的达昂托神戴着有特大"顶子"的清朝官帽，而两侧的仆从的上方则画有刀剑一类的兵器。

这种画像上的主神和他的副手、仆从、使者总是表现成清朝的官员、士兵和差役的形象。而这种观念，甚至到1917年十月革命以后的年代里仍然保存于黑龙江下游的赫哲族之中。1926年，俄国人 И·И·柯兹明斯基曾请萨卡奇—阿梁村的一位104岁的女萨满（奥宁科氏的英卡）亲手绘出她所领的各种神的样子[10]，在这些画像中，她所画的"主神、萨满的首领"仍然是一个戴着有很大的"顶子"和简化的"翎子"的清朝官帽的人像（图三）。

图三　女萨满英卡画的主神及该神的仆人

这里自然就产生了一个问题：为什么赫哲族所崇拜的神，被表现为清朝官吏的形象？

当然，赫哲族原有的神偶是用木刻甚至草扎的，而用画幅绘出的神像不是赫哲族萨满教巫术中原有的法器。在历史渊源上，神像画是由我国中原地区流传到东北的满族中，而后又被赫哲族所采用的。这是一切研究赫哲族民俗问题的人所公认的。上引的两幅赫哲族神像画，无疑是赫哲族自己绘制的；像画上的"爱米"、"紫翁"和"额其和"也都是赫哲族自古以来的本民族神偶，只要把这些神偶的图像和实物作一对比就十分清楚（图四）。画上和龙形并列绘着的神蛇"慕度尔"，是赫哲族本民族所信仰的神物。而带有一批清朝服装的副手、仆从、使者的清朝官员形象的达昂托神，则不仅在中国历代的

[10] 同注[4]。

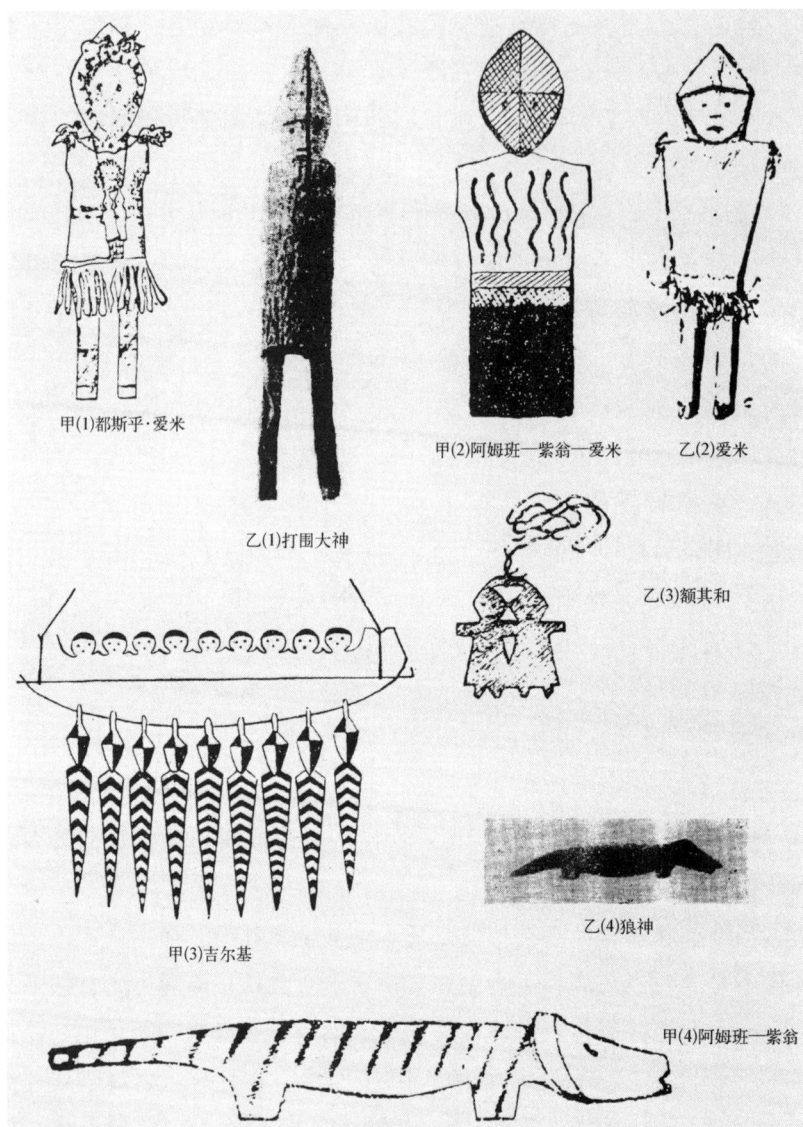

甲(1)都斯平·爱米

乙(1)打围大神

甲(2)阿姆班—紫翁—爱米

乙(2)爱米

乙(3)额其和

乙(4)狼神

甲(3)吉尔基

甲(4)阿姆班—紫翁

图四　神偶图像和实物的比较
甲：黑龙江　乙：松花江

道教和佛教神像中找不到它的原型，就是在满、汉等族萨满教（汉族俗称"跳大神"）的神像画中也没有与之雷同的。因此，这种神像画的产生，绝不是简单地搬用其他民族现成的神像画的结果，而是赫哲族本民族在一定历史条件下自身的创造。

　　无论什么民族，都不能无中生有地创造自己的神的形象。恩格斯说："一切宗教都不过是支配着人们日常生活的外部力量在人们头脑中的幻想的反映，在这种反映中，人间的力量采取了超人间的力量的形式。"(《反杜林论》)在赫哲族的宗教信仰中把神描绘成清朝官员的样子，是他们在现实生活中受清代中国政府管辖的反映。真实的历史是，全部赫哲族在1858年俄国强迫中国签订《瑷珲条约》之前一向是清政府的属民。在1644年第一批哥萨克强盗窜入赫哲族地区之前，原来是明朝东北地方官的努尔哈赤早已继承明代奴儿干都司的辖境而统一了黑龙江流域。乾隆年间修成的《清朝文献通考》扼要而明确地记述："自宁古塔（按：即今宁安）东七百余里外沿松花江、大乌拉江（按：即黑龙江）直至入海处两岸为赫哲、费雅哈部所居。其俗不知耕种，以捕鱼为生。其来往行猎并皆以犬，即所谓'使犬部'也。……太祖高皇帝天命元年即招服使犬路，嗣后全部内附。……自宁古塔水程至其所居尽处四千五百余里，各设姓长、乡长分户管辖，盖与编户无异。"[11]关于天命元年（1616年）至天命二年清太祖用兵经营松花江口以下直到东方海岸的黑龙江流域的前后经过，沈阳故宫所藏的满文老档比《清实录》有更为翔实的记载[12]。在天命元年招服使犬路后，住在黑龙江下游的"使犬部落"首领便开始和清室通婚而被封为"额驸"，有关他们朝贡的记载不绝于史[13]。由于他们是通过清政府任命的姓长、乡长分户管辖，在行政区划上由清朝的宁古塔将军（后改为吉林将军）治理，所以乾隆年间的官书一再强调他们"地虽极远，人皆内属"[14]。正是因为他们长期处于清朝政府的统治之下，生活在直接受清朝官吏管理的社会实际中，他们才会把他们在天上的主要神灵赋以清朝官员的形象。

　　还应该指出，在赫哲族原有的宗教观念中，相当于"上帝"的唯一的万能的最高神是不存在的。他们所信奉的神灵可分为三大

―――――――――――――

[11]《清朝文献通考》卷二百七十一《舆地三》。
[12]东洋文库《满文老档》第一册，"天命元年至天命二年二月"有关记载。
[13]《清实录》"天聪七年六月甲申"、"天聪八年十一月壬申"、"天聪九年正月丙寅"等条。
[14]《清朝通典》卷九十七《边防一》。《清朝文献通考》卷二百九十四《四裔二》。

类：天上的"恩度里"（神仙）、地上的"紫翁"和邪恶的"阿巴"（妖怪）。而"恩度里"是人永远见不到的，一般说，对其概念是模糊不清的[15]。因此，对于"恩度里"的崇拜，特别是画成具体形象的"达昂托神"这种神的崇拜，应该是后起的，很可能是受其他民族的影响而发展起来的。把主神画得比其他人形大，显然也受到中国其他地区民间从前流行的道教、佛教神像画传统手法的影响。巨蛇慕度尔在通古斯民间传说中本来是开天辟地时整治大地、开拓河湖的神物。但在这种神像画上，已经和汉族历史上固有的龙神结合起来，同样被认为是和雷电有关的神物了。而表现为清朝官员形象的"雷的主人"又凌驾于龙——慕度尔之上。在赫哲族神像画中所反映的这些现象，表明了他们在当时同中国其他民族的互相联系，特别表明了在赫哲族现实生活中，清朝官员无疑是最高权力的代表者。

在得自萨卡奇—阿梁村的那幅神像画上还有一个细节是值得注意的，即那个清朝官员形象的主神的座位设在一个以双线窄带表示的"台"上，台下面有两条一组的八条细腿。第一个发表这幅画的伊凡诺夫，对此未作任何解释。其实，这种"台"并非出于虚构的想象，我们可以在1808年日本人间宫林藏所画的一张写生画上找到它的原型（图五）。这张原题为"进贡"的画，所画的是当时清政府在黑龙江下游奇集湖附近的德楞所设的"赏乌绫木城"[16]的内部景象。可以清楚地看出，当时由三姓副都统衙门派出的清朝官员，在到黑龙江下游就地向各族居民收实物税时，其座位正是设在一个有四根支柱的木板台上的。台上所坐的三名官员，间宫林藏曾与之会晤，一名是"世袭佐领"，一名是"骁骑校"，一名是"笔帖

---

[15] И. А. Лопатин. Верования гольдов.

[16] 曹廷杰：《东三省舆地图说》，"赏乌绫"条记载："咸丰以前，伯利（按：即伯力，俄称哈巴罗夫斯克）黑斤（按：即赫哲）、费雅喀、俄伦春、济勒弥、奇勒尔、库叶、奇雅喀喇贡貂诸部岁时于此贡貂，由三姓派员往受，赏以乌绫（按："乌绫"为满语财帛）。"《清实录》道光七年（1827年）三月戊戌，晋昌等奏："……三姓所属之赫哲、库叶、费雅喀等，每年贡纳貂皮，例赏毛青三棱布一万九千三百八十九匹，向由户部给领颁发。"

图五　赏乌绫木城内景

式"[17]。而他们品字形的坐法,和前举希姆凯维奇发表过的画像上中间的三个坐者是一致的。由此可见,赫哲族神像画中的天上的"主神",完全是当时实际代表清朝政府管辖黑龙江下游居民的清朝官员的摹写,而绝非源自别处。

在赫哲族萨满教神像画中还有另一种画像,也有很高的历史价值。这里我们先举出一张收藏在喀山大学博物馆的画作为例子（藏品编号No. 150-107）。它是1916年在乌苏里江上的赫哲族中收集的。原大为71厘米×65厘米,纸质,主要用黑色画成,细部兼用浅红色和紫色（图六）。

这种神像画的作用是保证打猎的成功,画幅的内容则是参加打猎的人祭祀保佑打猎顺利的神偶的场面。

赫哲族本来是专门制作一些神偶来保证打猎成功的。这方面,曹廷杰的记载是很有价值的。他报道,在赫哲族中刻木为动物形或人

[17]间宫林藏:《东鞑纪行》(《黑龙江日报》朝文报编辑部等译),商务印书馆,1974年。

图六　狩猎用的神像画（一）

骑马形，盛以木匣藏于家，名为"额奇赫"（按：即额其和），亦曰
"搜温"（按：即紫翁），"冬入山捕貂则出悬林木上，杀猪奠酒而跪
祷之。又以银或铅为二小人，长寸余，悬胸前，专称额奇赫，有事
设坐奠祈福佑，甚验。又刻木为人形，曰喀勒喀马，夏得青黄鱼则
陈饮食焚僧克勒香而敬之，专称搜温"[18]。希姆凯维奇的著作中则只
记载了一种保证打猎成功的神偶，即九个人形偶像组成的"吉尔基"
（Гирки），从该词发音上，疑相当于曹廷杰所说的"喀勒喀马"。他
说："这种神偶是为了很好地捕获野兽特别是貂而制作的。"如果野
兽逃脱捕猎，"在出发打猎时就随身带着在专用的匣子里装着的吉尔

---

[18] 曹廷杰：《西伯利东偏纪要》（辽海丛书本），33页。"焚"字误印为"梵"字，"僧克
勒"是一种香草，凌纯声记作"僧其勒"，赫哲族燃以敬神，32页。

基，在休息时挂上它"。在供祭吉尔基时，用打死的野兽的血、心和头。而如果神偶确实帮助打猎顺利，那么回家之后猎人就画出叫作"倍尔基—吉尔基"的画，保存起来[19]。

从乌苏里江上收集到的这幅画来看，曹廷杰的记载比希姆凯维奇更为全面。除画的最上方有九个偶像组成的"吉尔基"（实物见图四）之外，中间的树上确实还挂有双人形的额其和。在树旁则设有放祭品的供桌，正是把神偶"出悬林木"而进行祭祷的场面。在另一张从黑龙江上收集到的赫哲族的同类画像中（图七），更能清楚地看出，九个人形组成的吉尔基和双人形的额其和都挂在树上，而树后供桌上画出纯粹中国式的酒壶和酒杯，正是"奠酒"而祷的写实。至于在黑龙江下游的突尔贡村别尔特氏的赫哲族中收集到的这种画中（图八），没有吉尔基，树上挂的只有两件额其和，还有一个巨大的单人形神偶，这件神偶可能是一般的紫翁，但也很可能是过去在松花江下游的赫哲族中曾收集到的专用于打猎的"打围大神（曼盖紫翁）"（实物见图四）。

在乌苏里江上收集到的那幅画的原记录中，把树旁的骑者分别解释为"行猎者"和"助猎者"，而供桌后的主祭者为"首领"。在中央大树根部两侧画着两只野兽，应是表现他们捕猎的对象。原记录中分别记为虎和豹，但很可能是貂。

1930年有人在松花江下游的赫哲族中进行调查，也收集到同类的神像画，称之为"打围神画像"[20]。调查者一方面记载了赫哲族在历史上就存在过骑马行围的狩猎方式，另一方面指出这种画像的功用和"打围神"神偶相同，"因携带便利，近日都用画像"，"出猎则连匣负在背上，带至山中供奉"[21]，对我们理解这种神像画的内容和作用很有帮助。

但是，本来很明白的事，在发表这些神像画的伊凡诺夫那里，却

---

[19] 同注[5]。

[20] 凌纯声：《松花江下游的赫哲族》上册，图271、272。这两幅画技法比较进步，但是不仅略去了供桌，连受祭的神偶本身也略去了。

[21] 同注[20]。

图七　狩猎用的
神像画（二）

图八　狩猎用的
神像画（三）

成了特别费解的谜。这不仅是由于他不知道赫哲族在满、汉等族影响下早已产生骑马打围的狩猎方式；更主要的是，这些骑马打围者戴着清朝的官帽，穿着清朝的袍服，脚上是朝靴，手里是折扇，使他茫然不解。在一片迷惘中，只好把这一切解释为可能是松花江和乌苏里江的赫哲族曾经作为普通的猎手参加过在满洲举行的由清朝官吏领导的围猎，围猎后由满、汉官员进行萨满教性质的祭祀仪式，因而才在赫哲族中出现这种画像[22]。

但是伊凡诺夫是难以自圆其说的。

萨满教确实在满族中存在过，甚至在部分汉族中也一度流行过。但是在满、汉族的萨满法器中，我们从来没有发现过像额其和、吉尔基之类的神偶，更没有任何资料能证明在满族官员领导的围猎之后会举行在树前祭祀赫哲族神偶这种幻想出来的仪式。

而且，伊凡诺夫既然相信希姆凯维奇的说法，认为这类画是赫哲族在神偶保证打猎成功后所画的神偶图，那么为什么他们在画了自己灵验的神偶之后，还要无中生有地加上那么多并未参加他们打猎，而是在别的地方进行过围猎和祭祀的清朝官吏呢？

显然，在树前的打猎祭神者不能是别人，只能是赫哲族自己。对于赫哲族穿用清朝服饰这一点，知道赫哲族真实历史的人是丝毫也不感到惊奇的。因为赫哲族在向清政府岁贡之时，很早就有"出户部颁赐进貂人袍帽靴袜挺带汗巾扇子等物……赐之"的记载[23]，而且直到《中俄北京条约》签订后二十多年，当地居民中还"间藏有先代所遗甲胄及昔年充乡长、姓长官给顶带文凭者"[24]。苏联科学院民族研究所编写的《西伯利亚各族》一书中也承认，不仅他们在服饰上采用清朝的式样，从17世纪中叶起，男子就和满族一样剃发留辫[25]。因此，在描绘打猎祭神场面的神像画上的赫哲族采用满族的服饰装束，正是赫哲族画家对本民族历史的又一真实写照。

---

[22] 同注[4]。

[23] 吴桭臣：《宁古塔纪略》（昭代丛书本），10页。

[24] 同注[18]。

[25] М. Г. Лсвин 和 Л. П. Потапов 主编的 Народы Сибири. М. −Л., 1956. 798～800页。

几百年前的赫哲族人在他们的神像画中记录了真实的历史，而今天的某些苏联学者所编造的历史却是地地道道的神话，这真是一个绝妙的讽刺！

载《文物》1975年12期。后收入《林沄学术文集》，中国大百科全书出版社，1998年。

# 完颜忠墓神道碑与金代的恤品路

　　继1858年的《瑷珲条约》以后，1860年11月，俄国又把《中俄北京条约》强加给中国，吞并了乌苏里江以东约40万平方公里的中国领土，并且还继续不断地越过1861年按这个不平等条约勘分的边界，进行蚕食。光绪十二年（1886年）清政府派会办北洋事务大臣吴大澂等赴珲春与俄国代表重勘中俄边界。吴大澂这一时期的日记，曾以《皇华纪程》之名刊行。在日记中有一段记载，提供了绥芬河下游一个重要的金代史迹的线索："（四月）初九日……接俄官廓米萨尔（按：即俄语комиссар的音译，此处意为"界务官"）来信，……代致布席来书，并寄双城子碑额照本一纸，文曰'大金开府仪同三司金源郡明毅王完颜公神道碑'，篆书五行二十字。首一'大'字仅有一直隐约可辨。考《盛京通志》，金臣封金源郡王者二：一为娄室，完颜部人；一为完颜勖。惟娄室谥庄毅，与碑不符，勖不载谥，惜无《金史》可考。不知其碑文尚可读否。"[1]

　　本文要加以说明和研究的，就是吴大澂所提到的双城子"完颜公神道碑"以及与此相关的一些历史事实。

　　在绥芬河下游，正当该河向南转折之处，在山岗环抱的河谷中有东西两座古城。两城相距仅四里左右，因此被称为双城子。康熙时的《皇舆全览图》在该地标出一座"傅尔丹城"，城东有一条傅尔丹河向南流入绥芬河。乾隆年间刊行的《盛京通志》更明确指出："福儿单城……周围三里，四面四门，其东北（按：当为西北之误）有一

---

[1] 吴大澂：《皇华纪程》（殷礼在斯堂丛书本），14页。

小城,周围约二里许,西南北三门,亦名福儿单城。"[2]傅尔丹(又译为福儿单、福尔单、富尔丹)是满语的"关"。这是由于绥芬河在此穿过环抱的山岗而形成天然的隘口。从《盛京通志》把该城列为宁古塔所属的城池而不归入古迹来看,这两座城在清代仍然有实际使用价值。1860年俄国通过不平等条约强占了乌苏里江以东地区之后,到1866年俄国侵略者才在该地建立了尼古尔斯克村,后来逐步发展为乌苏里斯克城。

　　双城子地区有许多重要的考古遗迹,吴大澂在日记中提到的这一古碑,原在东古城以北约三里处,即乌苏里斯克城旧俄时代的谢那雅广场地区(图一)。到1868年,该碑的龟座、碑身、碑额被俄国侵略者滥加拆散而迁离原地。碑身被当时的县长扎那特伏洛夫"捐输"给尼古尔斯克村的教堂,作为钟楼的基石。1914年教堂迁到新尼古尔斯克村时,方被起出而砌在迁建后的教堂前门台阶上。龟座则移到当地驻军公园的门口。只有碑额后来运到海参崴的俄国黑龙江边区研究会博物馆收藏,现在犹保存于海参崴地志博物馆中[3]。

　　在该碑被拆散搬走之

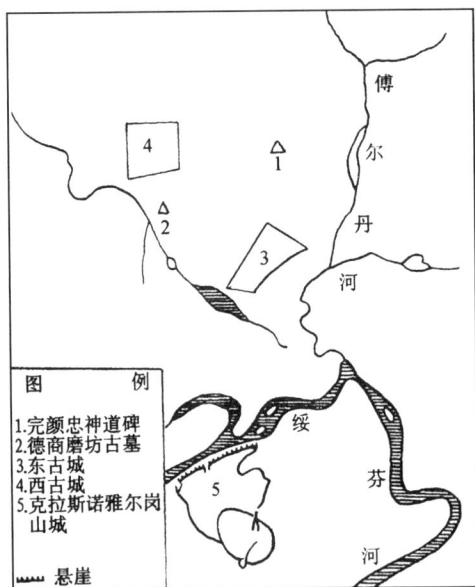

图一　双城子地区古城、古墓分布示意图

图　例
1. 完颜忠神道碑
2. 德商磨坊古墓
3. 东古城
4. 西古城
5. 克拉斯诺雅尔岗山城
～～ 悬崖

---

[2]《盛京通志》卷十五,"宁古塔城池"条下。又可参看卷十四"山川宁古塔"条下的福尔丹河。附带指出,曹廷杰在《西伯利东偏纪要》中记述双城子之后说:"《大清一统舆地图》东城曰傅尔丹,西城曰朱尔根。"后来许多著作都沿袭此说,这是不正确的。朱尔根城在舆图上标在绥芬河南岸,在舒藩河入绥芬河处以西,绝非双城子西域。

[3] А. З. Фидоров. Памятники старины в г. Никольск-Уссурийск и его окрестностях. Никольск-Уссурийск, 1916. 第五章。在 В. Е. Ларичев. Китайская надпись на бронзовом зеркале из Сучана(Приморье). — Эпиграфика Востока, вып. XII, 1958. 中明确提到该碑额现存于海参崴的滨海地志博物馆。

前，俄国的一些所谓"旅行家"、"学者"对这神道碑曾有过片断的记述。

1867年冬天到此地的俄国军官普尔热瓦尔斯基记载："在通向远处那座城堡的路上，距离我们的村庄半俄里的地方，有一个用淡红色花岗石草率打凿的石龟，平放在一座小土包上。石龟长7英尺、宽6英尺、厚3英尺，旁边横着一块石碑，从龟背上的槽沟看来，石碑原来是安在龟背上的。这块石碑用大理石制成，长约8英尺，碑额已被打落，也横卧在旁边，上刻龙纹。"[4]

俄国矿山工程师洛巴金则记载："古代制品中最出色者，乃是我在上文提到的两座城堡之间发现的石建筑物：在一个可能是墓的不大的冢丘形小土堆上，躺着用石雕成的长达2俄尺的龟像。在它的背上有长方形的凹槽，龟甲和头部很清晰地保存下来。离这雕像不远处，躺着长方形的石板，在其上刻着由两个野兽支撑的某种类似盾牌的东西。"[5]

龟像所在的小土堆，据洛巴金的记载，直径约9俄丈，高约1俄丈。吴大澂日记中提到的向他提供碑额照片的布席，即1884年成立的黑龙江边区研究会的主席费多尔·费多罗维奇·布谢。1893年发掘了这一座土堆，但是除了残瓦片之外，"发掘未发现任何石棺"[6]。

显然，布谢所发掘的并不是墓冢。因为神道碑不可能建在墓顶上。这个直径约20米的土台，只是神道碑的基座而已。根据吉林省舒兰县的完颜希尹墓的布局来看，有龟座的神道碑也建于一土台之上，土台附近也有瓦当、瓦片，应是当时碑亭建筑的遗物。神道碑之北有长约50米的神道通向墓冢。神道两侧有石柱、石狮、石羊、石人各一对。而墓冢前另有一圆首的墓碑。值得注意的是，在双城子的这座神道碑以北的地区，据洛巴金、布谢和克洛巴特金等记载，也曾发现过一批石羊、石人等雕像，洛巴金还记载有两件"石熊"（按：

［4］А·П·奥克拉德尼科夫：《滨海遥远的过去》（莫润先、田大畏译），商务印书馆，1982年，360页转引 Н·М·普尔热瓦尔斯基：《1867～1869在乌苏里边区的旅行》（莫斯科，1937年），67页。

［5］同注[4]，9页转引 И·А·洛巴金：《东西伯利亚滨海州绥芬河以东南部地区概况》，《俄国地理学会西伯利亚分会通报》Ⅶ，1984年。

［6］同注[4]，16页转引1893年第97号《远东》。

应是石狮之误）被俄国人搬到尼古尔斯克村去了[7]。因此，双城子的这座大型金墓，由于俄国侵略者肆意盗劫和无知滥掘，整个墓地的详细情况，今天已难以考定。

图二　完颜忠神道碑龟趺

图三　完颜忠神道碑碑槽细部

就神道碑本身而言，龟座保存情况最好。这座龟座的形制，和曹廷杰在双城子西古城东南里许德商火磨房院内见到的残碑之下的龟座有所区别。那座碑的龟座，形体较小，外形较朴拙，后来被俄国人移到伯力的博物馆中。而这座龟座，则雕刻得相当精美，普尔热瓦尔斯基所说的"草率打凿"是完全不符合实际的（图二、图三）。可惜的是，用微带青色的白大理石制成的石碑，由于自然剥蚀而又经俄国侵略者人为的糟蹋，当1914年从教堂钟楼下取出时，碑文已经根本看不出来了。幸存的碑额，又被秘藏于海参崴的博物馆中。但是，该碑的碑额篆文，提供了考定该墓墓主的重要根据。

吴大澂当年因手头没有《金史》，对墓主为谁未加详考。其实，封为金源郡王的完颜氏贵族，远远不止《盛京通志》所载的两人。《金史·礼志四》"功臣配享"条内所载配享太祖的有"开府仪同三司金源郡明毅王完颜忠阿思魁"，封谥和碑额全同。

据《金史》《完颜忠传》和《石土门传》，完颜忠本名迪古乃，

---

[7] 同注[4]，274页转引洛巴金的手稿《关于黑龙江地区的49个古代遗址的一些报道》（列宁格勒物质文化研究所档案，编号为34/1869年）。

字阿思魁，是金始祖之弟保活里的五世孙，原为耶懒路完颜部人，同按出虎水的完颜部"虽同宗属，不相通问久矣。景祖时，直离海（完颜忠之父）使部人邀孙来，请复通宗系。……世祖袭位，交好益深"。完颜忠之兄石土门（又作神徒门、神土懑）由于从太祖、世祖攻战有功，死后追封金源郡王。完颜忠本人尤其受金太祖器重，曾为太祖决定伐辽大计，其功更在石土门之上，天德二年（1150年）配享太祖庙廷，大定二年（1162年）追封金源郡王。

《金史》中有下列记载特别值得注意：

> 太祖入燕京，迪古乃出德胜口，以代石土门为耶懒路都孛堇。二年，以耶懒地薄斥卤，迁其部于苏滨水。……熙宗即位，加太子太师，十四年……薨（《完颜忠传》）。
>
> （天会二年二月）丁酉，命徙移懒路都孛堇完颜忠于苏濒水（《太宗本纪》）。
>
> 思敬……金源郡王神土懑之子……（熙宗时）袭押懒路万户，授世袭谋克（《完颜思敬传》）。
>
> 海陵罢诸路万户，置苏滨路节度使。世宗时，近臣奏请改苏滨为耶懒节度使，不忘旧功。上曰："苏滨、耶懒二水，相距千里。节度使治苏滨，不必改。石土门亲管猛安，子孙袭封者，可改为耶懒猛安，以示不忘其初。"（《习失传》）
>
> 恤品路节度使，辽时为率宾府，置刺史，本率宾故地。太宗天会二年，以耶懒路都孛堇所居地痟，遂迁于此。以海陵例罢万户，置节度使，因名速频路节度使（《地理志上》）。

由此可见，耶懒水完颜部在完颜忠任都孛堇（据《金史·兵志》，孛堇即部长）期间，于金太宗天会二年，即1124年徙居苏滨水。苏滨、苏濒、速频、率宾、恤品等都是同一水名的异写，也就是现在的绥芬河。熙宗时，已迁到绥芬河的这支完颜部的万户，仍称押懒（又作耶懒、移懒）路万户。而到海陵天德三年（1151年）罢万户之官时，始以所居水名名路，定名为恤品路。

所以，无论是从碑额所载封谥，还是从该墓的地理位置，都足以证明双城子的这座建有神道碑的大型金墓是完颜忠的墓而无疑。

完颜忠死于金熙宗天会十四年（1136年），但追封金源郡王则是在大定二年（1162年），所以该神道碑的建立不能早于1162年。《金史·世宗本纪》记载，大定八年十月"命图画功臣于太祖庙，其未立碑者立之"。该碑很可能就是在这种情况下追建的。我们知道，完颜希尹死于天眷三年（1140年），而其墓的神道碑记载："大定十六年诏图象衍庆宫，明年配享太宗庙廷，命词臣撰次之以为铭。"[8]完颜娄室死于天会八年（1130年），而其墓的神道碑记载："大定十六年天子思其功烈，诏图象太祖庙。明年大祫，配享太宗庙廷。谥曰壮义。又敕词臣撰次之，建碑墓隧。"[9]这两座墓的神道碑也都是五行二十字的篆额，而且饰以双龙，可能是当时敕建的功臣神道碑的一定制式。

双城子的这一金代古墓，既考定为移居于绥芬河上的耶懒水完颜部的都部长完颜忠之墓，由此可以推定，移治后的耶懒路亦即恤品路的中心正是在双城子地区。

双城子东西两座古城，东城面积约67.5公顷，西城约61公顷，城内都发现过金代遗物。但是在该地绥芬河右岸的一个山岗上，还有一座更为宏伟的山城。城墙全长约8公里，面积在200公顷以上。城墙最高处尚有5米高。城内中央和东南部筑有内城，防卫特别严密。城内还很明显地保留着围着墙垣的大型建筑基址、蓄水池、道路等遗迹。在内城中发掘过一座可能是重檐的大型建筑，瓦顶保存完好，还有布局规整的石柱础。在城内还发掘过带有火炕的住房遗址。出土物有大量的瓦、瓦饰件、陶器残片、铁器（甲片、镞、矛等）[10]。而且，在该城中还发掘和采集到大量的宋、金古钱，计有"祥符通宝"、

［8］罗福颐：《满洲金石志》卷三，满日文化协会。

［9］杨宾：《柳边纪略》卷四。

［10］根据以下资料：注[3]一书的前言及第七章。注[4]一书277～281页。А. П. Окладников. Археологические исследования в 1956 г. на Дальнем Востоке. — КСИИМК вып. 73. А. П. Окладников. Остатки бохайской столицы у г. Дунцзиньчен на р. Муданцзян. — СА, 1957, No.3.图1、2。Ю. В. Аргудяева. Чжурженьская черпица（по исследованиям 1960г.）— Археология и этнография Дальнего Востока. Новосибирск, 1964, 图11～13。

"祥符元宝"、"天禧通宝"、"皇宋通宝"、"嘉祐通宝"、"熙宁重宝"、"元丰通宝"、"崇宁通宝"、"崇宁重宝"、"大观通宝"、"政和通宝"、"大定通宝"等多种[11]。1956年在该城发现的"大定通宝",可以明确地断定该城属于金代。而大量宋钱的存在,正是金代遗址的普遍特征[12]。因此,这座山城比平地上的两座古城更有可能是金代恤品路的路治所在。

据《金史·地理志》记载,金代的恤品路是上承渤海和辽代的率宾府的。早在金太祖起兵伐辽之前,金人对绥芬河流域已有长期的经营[13]。《元史·地理志》又记载:"金末,其将蒲鲜万奴据辽东。元初癸巳岁,出师伐之,生禽万奴。师至开元、恤品,东土悉平。"《元史·世祖本纪》还记载:至元三年(1337年)二月甲申"立东京、广宁、懿州、开元、恤品、合懒、婆娑等路宣抚司"。据《明实录》,明代永乐四年(1406年)在绥芬河上置速平江卫,后属奴儿干都司。可见,金代的恤品路只是中国历代在绥芬河地区设治的一个中间环节。

乌苏里江以东的广大土地和黑龙江以北的大片土地一样,都是俄国通过不平等条约从中国强行割取去的。这些土地自古以来就是中国的领土,完颜忠墓的神道碑只是存留在那里的无数历史见证中的一例。

载《文物》1976年4期。后收入《林沄学术文集》。

---

[11] Э. В. Шавкунов. Новые нумизматические находки в Прибайкалье и Приморском крае. — Эпиграфика Востока, выл, XII, 1958. Э. В. Шавкунов. Нумизматнческиё находки на Дальнем Востоке в 1956−1958гг. — МИА, No.86, М. −Л., 1960.

[12] 据《金史·食货志》记载,金开国四十年间,国家赋税,民间通货,都使用辽宋旧钱。到正隆三年,始铸正隆元宝,"与旧钱通用"。大定十八年又铸大定通宝,到十九年始铸至一万六千余贯。二十年又诏"与旧钱并用"。所谓旧钱主要指宋钱。1939年,辽宁北镇出土一批金代窖藏的钱币,总数达四万八千余枚,绝大多数为宋钱,只有334枚正隆元宝和4枚大定通宝。由此可见一斑。

[13] 参看《金史》卷一《世纪》、卷六十七《钝恩传》、卷七十一《斡鲁传》、卷六十五《斡带传》、《斡赛传》。

# 对河姆渡遗址骨制耕具的几点看法

　　河姆渡遗址的第四文化层，经放射性碳素测定，绝对年代距今约7 000年，是我国迄今已发现的最早的新石器时代文化层之一。在该文化层出土的74件骨制耕具，是我国目前所知的最古老的一批耕具，意义很大。已经有同志对这批耕具进行了分析研究[1]。我们有一些不同看法，提出来供同志们讨论。

一

　　对于这批耕具的安柄方式，由于目前没有发现一件木柄，我们认为应该从多方面来考虑。

　　我国的耕具，自古以来就有直向柄和钩状柄两大系统。头部形状相同的工具，因安柄方式不同，使用方式、功能和名称也就不同。例如，马王堆3号墓出土的西汉铁口木臿，和四川广汉中心乡东汉墓中陶俑手持的铁口木锄（钁？），铁口部分的形状是差不多的（图一，1、2）。但是，前者是直向柄，后者是钩状柄，使用方式和功能就不一样了。又如，长沙伍家岭第203号墓西汉木俑所持的直柄双齿刃耕具，无疑是耒（图一，4）；而巩县铁生沟西汉冶铁遗址出土的，则显然是安钩状柄的双齿铁钁头（图一，5）。河姆渡遗址出土的骨制耕具，都仅存头部。就它们上面的浅沟、穿孔和绑扎痕迹来看，说是安直向柄

[1] 浙江省文管会、浙江省博物馆：《河姆渡发现原始社会重要遗址》，《文物》1976年8期。
　　游修龄：《对河姆渡遗址第四文化层出土稻谷和骨耜的几点看法》，《文物》1976年8期。

固然可以，说是安钩状柄亦无不可，甚至也有可能是一部分安直向柄，另一部分安钩状柄。这样，它们的使用方式和功能也就可能多样化一些。

有的同志持全部直向安柄说，把骨制耕具柄部的横穿方孔当作"穿过一条小木棒，以供足踏"之用。实际上，骨制耕具柄部本身厚度已很有限，方孔的横径就更小了。穿过如此细弱的一根小木棒，是否可供足踏使力，很值得怀疑。我们认为，像这样的横孔，作为穿绳绑柄的孔，看来比较合适。

河姆渡遗址第四文化层出土的大量稻谷、稻秆、稻叶，经鉴定是人工栽培的水稻。从南方水田耕作的历史和现状来看，钩状柄的耕具占重要地位。因此，对这一批骨制耕具的安柄方式，应全面考虑。根据实物上的痕迹和今后的新发现，希望能够进一步得到解决。

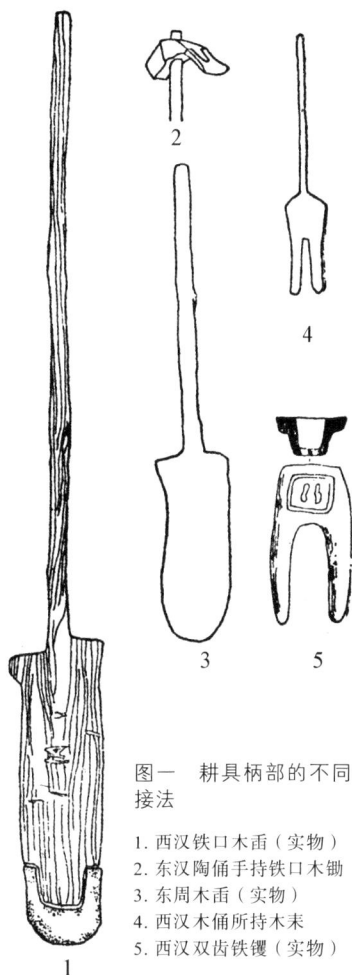

图一　耕具柄部的不同接法

1. 西汉铁口木臿（实物）
2. 东汉陶俑手持铁口木锄
3. 东周木臿（实物）
4. 西汉木俑所持木耒
5. 西汉双齿铁镢（实物）

## 二

把河姆渡遗址出土的骨制耕具，全部定名为"骨耜"，这也是值得商榷的。

"耜"确实是我国古代的重要耕具之一，先秦文献中常常提到用耜耕地。但是，究竟什么是耜，汉代以来存在两种不同的说法。

一种说法是：古代的耜就是汉代的臿一类的工具。《说文》中没有耜字，只有梠字。这个字在《说文》的木部。现存的唐代《说文》木部写本残卷中，梠字写作柗。《说文》解释这个字为"臿也"。又说从里的㮚是它的异体字。徐铉认为耜是枱的俗体字。《方言》一书中也说："江淮南楚之间谓之耜。……东齐谓之㮚。"《集韵》止部中列举耜、枱、㮚、杞、耙、耛等字，认为是同一字的异体字，注云："田器，《说文》耒也。"再如《淮南子·氾论训》的注文中说："耜、耒属也。"就是采用这种说法的。

第二种说法：认为耒和耜是一件农具的两个组成部分，头部叫耜，柄部叫耒。西汉京房注《易》时已持此说，东汉郑玄注解儒家经典时也采用此说。《说文》木部中在相字之后紧接着又列一个枱字（即相的异体字），解释说："枱，耒端也。"这是兼收两说，依违不定。以后，在王祯《农书》中也把"耒耜"当作一件农具的名称。

实际上，后一种说法，并不见得符合古代的实际情况。在时代较早的文献中，《管子·海王篇》说："耕者必有一耒、一耜、一铫。"可见耒、耜本是两种耕具。《吕氏春秋·任地篇》说："是以六尺之耜，所以成亩也。"耜长六尺，显然不是只指头部。因此，我们认为，耒、耜、铫是古代直向安柄耕具的三个基本类型，区别在于刃部的不同。

古代的耒，是双齿刃的，从古文字"耒"、"耤"等象形字中已能看出它的形状了。

古代的耜，形状缺乏明确的记载。《淮南子·氾论训》说"古者剡耜而耕"，《诗·大田》也说"以我覃（即剡的通假字）耜"，剡是削尖的意思，在古代文献中有许多例证。所以王筠在《说文句读》中

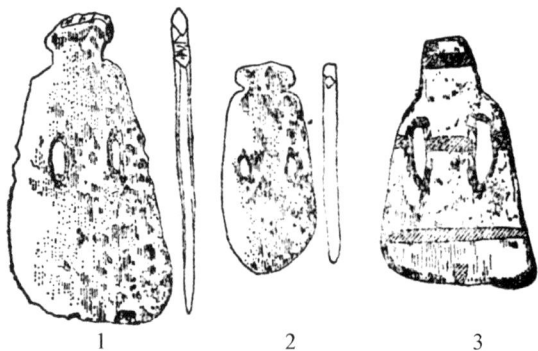

图二　库页岛等地的"骨铲"、"骨锹"

1. 洛维也次科耶遗址出土
2. 涅维尔斯克城公民街遗址出土
3. 最寄贝冢出土

1　　　　　2　　　　　3

解释刬字时说："乃锋芒之利，非刃之利也。"由此推想，耜应该是一种尖首的耕具。而《周礼·匠人》说"耜广五寸"，《吕氏春秋·任地篇》说耜"博八寸"。又可推知耜头有一定宽度。所以，马王堆3号墓中的铁口木臿和铜绿山东周矿坑遗址中出土的木臿（图一，3），大概是由古代的耜演化来的。

至于铫（又可写成斛），古籍中又叫钱，后来也写作划，也就是铲，是一种平刃的铲地除草耕具。主要功能似乎和翻耕用的耒、耜有所不同。

总之，耜只是古代直向安柄的耕具中的一种，是尖首的翻耕工具。而古代耕具中还有安钩状柄的用于铲土和除草的镬、镈、锄、耙等。河姆渡遗址出土的骨制耕具，刃部有双齿刃、平刃、斜刃、凸弧刃四种不同形式，安柄方式尚未确定，如果统统按"入土曰耜，耜柄曰耒"的说法，命名为"骨耜"，未免笼统一些。为研究我国原始农业工具的种类和用途，研究我国农具的演进历史，对这批骨制耕具的定名最好能再细致具体一点。

这批骨制耕具，既然不能概称为"骨耜"，把我国农业的早期形态叫作"耜耕农业"也就失去了实际的根据。"耜耕农业"这一名词是否比"锄耕农业"更能代表我国早期农业的特点，应由更多的考古发现来证明。

# 三

我国境内的广大地区，都发现过从新石器时代到商周时代的耕具。沣西地区的发掘表明，在战国时"骨铲"仍很流行。这次河姆渡遗址骨制耕具的发现，进一步证明了我国的骨制耕具有十分悠久的历史。

但是，有的同志说河姆渡出土的这类骨制耕具"不见于世界其他地区"，实际情况并不如此。

在目前已知的考古材料中，库页岛出土的"骨铲"和河姆渡遗址出土的骨制耕具，在大小、器形和穿孔等方面就很相近（图二，1、

2）。库页岛的骨铲，刃部往往微向内曲，因使用而磨光或形成缺口，器身有一至两对穿孔，推测也是绑柄使用的。苏联考古界把这种骨铲归属"发达的新石器时代"，定在公元前2千纪末至公元前1千纪[2]的同类的骨制工具，在更北的楚科奇半岛和阿留申群岛也有发现[3]。而日本考古界所谓的"鄂霍茨克文化"遗址中也出有类似的"骨锹"（图二，3）。这种已经进入铁器时代的"鄂霍茨克文化"，分布在库页岛、北海道东北岸和千岛群岛，时代被定为8世纪左右[4]。在库页岛和广大的北太平洋沿岸地带发现的，这种类型的"骨铲"或"骨锹"，还可能沿用了相当长的时期。

库页岛远古居民和阿留申群岛、楚科奇半岛等地的古爱斯基摩人在物质文化（特别是各种骨器）上有相当多的共性，这是一个有待进一步探究的现象。在文化传播论颇为盛行的苏联和西方考古界中，过去存在两种相反的见解。一种认为这种现象是自南向北的文化影响所致，甚至认为爱斯基摩文化是起源于南方的。另一种认为这种现象是自北向南的文化影响所致，甚至认为日本早期绳纹文化骨器的发达，也是这种自北而南的文化影响所致。河姆渡遗址中大量骨器的发现，至少说明了一个问题：把发达的骨器作为北方地带特有的文化因素，是完全错误的。在我国东南沿海地区的远古时代，就已经有十分发达的骨器制造业。而河姆渡骨制耕具和库页岛"骨铲"或"骨锹"的相似性则进一步表明：对库页岛远古历史的研究，看来不能只局限于"北太平洋沿岸"之类的框框里。历史上曾长期是中国领土的库页岛，可能很古就同我国东南沿海地区有文化方面或其他方面的联系。

载《文物》1977年7期。

［2］P·B·楚巴洛娃：《关于库页岛远古居民的历史》，《苏联民族学》1975年4期。

［3］W·约赫尔松：《阿留申群岛上的考古调查》，华盛顿，1925年。H·劳生、Fr·瑞尼：《伊皮乌塔克和北极的捕鲸文化》，《美国自然博物馆人类学论文集》第42卷，纽约，1948年。C·N·鲁金科：《白令海的古代文化和爱斯基摩问题》，莫斯科—列宁格勒，1947年。

［4］米村喜男卫：《北方日本的古代文化》，《古代文化》13卷12号、14卷4号，1942、1943年。

# 舒藩河上出土的金代上京宜春县镜

绥芬河下游的双城子（苏联现称"乌苏里斯克"）是我国金代恤品路的路治所在地。曹廷杰当初是从"率宾、苏滨、恤品即今绥芬河也"这一根据第一个提出这一见解的[1]。最近，我们根据完颜忠墓神道碑已予确证[2]。

曹廷杰在实地考察双城子的东、西二古城后，还提出了"大清一统舆地图东城曰傅尔丹，西城曰朱尔根"[3]的说法，这却是一种疏误。因为，双城子东西二古城相距不过四里左右，均在傅尔丹河口附近的绥芬河左岸，清代各种地图上的傅尔丹城和双城子地望相合，朱尔根城却位于舒藩河口附近的绥芬河右岸。显然不可能是双城之西城（图一）。其实，《盛京通志》明确记载，福儿单（即傅尔丹）城本为两座[4]。故双城子东西二城均应名傅尔丹城。至于舒藩河口的这座"朱尔根古城"，至今尚缺乏足够资料对其年代和性质作进一步判断。但值得注意的是，早在1893年，俄国的阿穆尔边区研究会的主席布谢，就曾在舒藩河右岸的费卡农场附近发掘过几座古墓和两座有炕的建筑遗存[5]，其出土文物一直深锢于海参崴博物馆中，直到1958年才由拉

---

[1] 曹廷杰：《东三省舆地图说》（辽海丛书本），"率宾国即绥芬河双城子地方考"条。

[2] 华泉：《完颜忠墓神道碑与金代的恤品路》，《文物》1976年4期。

[3] 曹廷杰：《西伯利东偏纪要》（辽海丛书本）。

[4]《盛京通志》卷十五。

[5] А·П·奥克拉德尼科夫：《滨海遥远的过去》（莫润先、田大畏译），商务印书馆，1982年，21页。该译本把"舒藩河"译作"苏凡河"。当依清《一统志》作"舒藩河"为是。俄文原依旧名音译为Шуфан，现已改名为波里索夫卡（Борисовка）河。

图一　朱尔根城的位置（据康熙时《皇舆全览图》摹制）

里切夫发表了其中的一件有刻记的铜镜[6]，但却将其出土地点误为苏昌河口；后来，在1960年沙夫库诺夫发表的一篇文章中方对此作了纠正[7]。

舒藩河出土的这件铜镜（图二，1），在形制和花纹上同1971年黑龙江省阿城县新华公社出土的金代双龙镜（图二，2）[8]完全一致，如同范所铸，确为金代铜镜无疑。尤为可贵之处，则在于镜缘上刻有"上京宜春县亖"六字。拉里切夫专门对这几个字作了考证，可是错误太多了。

首先，拉里切夫告诉我们：上京"乃是辽太宗皇帝在10世纪中叶建置的五个都城之一"。又说金代继承了辽的"上京道"，而金代的上京道则"占有相当大的境域，它南抵英金河，东至松花江江口，西包外蒙之一部，北达黑龙江南岸"。其实，太宗时辽还只有上京、东京、南京，并没有"五个都城"；金代的行政区域只有"路"，而不叫"道"。而且，辽的上京和金代的上京根本不是一回事。辽的上京在今天辽宁昭乌达盟巴林左旗林东街，金代天眷元年（1138年）改称北京，天德二年（1150年）降为临潢府。而金代的上京则是在今天黑龙江省阿城县的

［6］В. Е. Ларичев. Китайская надпись на бронзовом зеркале из Сучана（Приморье）. — Эпиграфика Востока, вып. XII, 1958.

［7］Э. В. Шавкунов. Клад чжурчжэньских зеркал. — МИА, No.86, М., 1958.

［8］阿城县文物管理所：《阿城县出土铜镜》，1976年铅印本，图5。

图二　金代铜镜
1. 舒藩河出土　2. 阿城县出土

"白城"，乃是金人发祥之地。二者除了都叫上京之外，实在毫无继承关系可言。

接着，拉里切夫断言，这面铜镜是在上京宜春县制作的，说："至于宜春县，我们不能精确地断定其所在地，可能它是在……辽河地区之某处。"其实《金史·地理志》"上京路"条下明确记载会宁府下隶有宜春县，并注明"大定七年置，有鸭子河"。可见宜春县在松花江中游与嫩江合流的地区。

拉里切夫又说："铭记使我们能更为精确地断定该镜的制造年代……大家知道，上京城作为金帝国的首都只存在很短的时期——共占有16年——从1138年到1154年。1154年城的名称改了，它开始叫作会宁府。由此之故，可能镜子就是铸于这一期间，并可断在1138～1154年。"只要读过《金史·地理志》"上京路"条的人都知道：金代上京之名始于天眷元年，海陵贞元二年（1154年）迁都于今天的北京，削上京之号，只称会宁府，但到大定十三年（1173年）又复为上京，直到金亡为止。宜春县既然是在大定七年才建立，则该镜显然不可能铸于1138～1154年，而只能铸于1173年之后[9]。

---

[9]《大金国志》卷三："天会二年（1124年）……上京府之宜春有狗生角。"此条仅说明"宜春"一名或早已有之，未足为当时已置宜春县之证，故宜春县的设立年代仍当以《金史·地理志》为准。

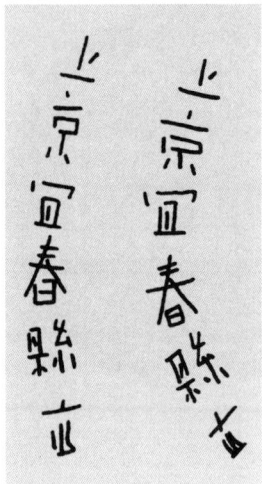

图三　两条刻记的对比
左：舒藩河上出土铜镜的刻记
右：上京城遗址出土铜镜的刻记

镜缘有"上京宜春县"刻记的金代铜镜，1973年在黑龙江省阿城县的金上京城遗址中也出土过一面，但是纹饰为朴素的卐字牡丹纹[10]。如将两镜的刻记互相对照，不难看出字迹十分相似，如出于一人之手（图三）。如"上"、"宜"、"春"、"县"的结构和刀法都相同，两镜刻记的末字也相同。该字显然不是汉字，应为女真文的押字。这类押字亦见于沈阳浑河岸发现的"咸平府毛克官镜"[11]和长春出土的"下邳县官镜"[12]等金代铜镜上。拉里切夫认为该字正体为"交"，又注其读音为"TY"（读如"土"），实在不知所云。他还认为"从类比来说一定表示铸镜工匠的姓氏"。可是，他用来作"类比"的是苏联叶尼塞地区出土的金代"承安三年镜"和另一件"东京城镜"，这两件镜的末尾，他自己也认为是监造官的姓或全名。其实，读过《金史》的人都知道，金代由于缺乏流通用的铜钱，铸钱又缺乏铜料，所以民间铜禁甚严。"民用铜器不可阙者，皆造于官而鬻之"[13]。大定年间定制为"在都官局及外路造卖铜器价……镜每斤三百十四文"，而到明昌二年十月，"勑减卖镜价，防私铸销钱"[14]。当时在铸镜的问题上官私双方的斗争很激烈，大定八年因为"民有犯铜禁者"，世宗下令道："销钱作铜，旧有禁令，然民间犹有铸镜者，非销钱而何，遂并禁之。"十一年二月又再次下令"禁私铸铜镜"，但到大定二十六年十一月上谕又有"尚闻民私造腰带及镜，托为旧物，公然市之，宜加禁约"等语。由此可见，按当时金政权的法令，只有官铸镜才可以进入市场，

[10] 同注[8]，图45。
[11]《东北丛刊》第四期。
[12] 罗福颐：《满洲金石志》卷三，满日文化协会，1937年。
[13]《金史·食货志一》。
[14]《金史·食货志三》。

所以金代铜镜上每铸有"官"字（例如1956年在苏联滨海苏昌地区出土的人物故事镜[15]）或仅刻一"官"字（例如1967年在阿城县半拉城出土的仿汉昭明镜[16]），以作为合法货品的标识。在有较长刻铭的铜镜上也有"官"字，如前举"咸平府毛克（'毛克'即'谋克'的异译，《三朝北盟会编》卷三则作'毛毛可'）官"、"下邳县官"，以及1973年白城遗址出土的蟠龙菱花镜上的"左巡院验记官"[17]刻记，都是很好的例子。其中的"官"字，均应单读，是"官铸"、"官造"之省称。"官"字之前的"咸平府谋克"、"下邳县"、"左巡院"，显然并不像拉里切夫所说的那样，是为了"标明铸镜地点"，而是进一步标明官铸品的监造机构或验记机构，同样是为了作为合法货品的标识。关于这一点，金代的"承安三年镜"刻记作"承安三年上元日，陕西东运司官造，监造录事任□，提控运使高"（"高"字后尚有一"押"字）[18]，是最好的证明。所以像"上京宜春县"这样的刻铭，乃是官铸的标记，它在性质上与中国历代官府手工业中"物勒工名"以便考验质量的刻记不同，与私营手工匠以产地、工匠名为招徕买主的刻记也不同。在这种情况下，铭末一字亦当为监造或验记的官吏们的押字，和工匠无关。

　　总之，舒藩河出土的这面铜镜，应为大定十三年之后上京路会宁府宜春县官铸之物，属于《金史·食货志》中所说的"外路造卖铜器"。而松花江中游的宜春县所铸之镜出于绥芬河下游的恤品路境内，若非出于统一市场内部的货物流通，即出于两地居民的往来，生动地证明了当时两地之间的紧密联系。

　　恤品路和上京路关系之所以密切，不仅有地理上的原因，而且还有历史上的原因。金是以上京路为根据地而发展起来的，但当献祖绥

---

[15] 同注[7]，图7下方。

[16] 同注[8]，图39。

[17] 同注[8]，图8。

[18] "承安三年镜"传世者见罗振玉：《古镜图录》（1916年影印本）卷上17页及卷三补遗。其出土于叶尼塞地区者，见于Эпиграфика Востока. вып Ⅴ中的Э. Р. Рыгдылон《叶尼塞所出考古器物上的中国标记及铭刻》一文。

可定居于安出虎水（即今阿什河）侧之后，其子昭祖石鲁就已经"耀武至于青岭、白山，顺者抚之，不顺者讨伐之，入于苏滨（即今绥芬河）、耶懒之地，所至克捷"[19]，把绥芬河流域置于自己势力的控制之下。到了石鲁子景祖乌古廼的时代（？～1072年），绥芬河以东的耶懒水完颜部派人来"复通宗系"，而"听命"于景祖[20]。所以在1094年，当穆宗派纳根涅孛堇去处理斡准部互相钞略之事时，纳根涅"擅募苏滨水人为兵，不听辄攻略之"；苏滨水的居民就向穆宗来报告，"穆宗使斡赛及冶诃往问状"，最后杀了纳根涅[21]。可见当时苏滨水的居民已经受完颜部"勃极烈"的辖理。康宗二年（1104年）又派斡带、斡赛"治苏滨水诸部"[22]，对绥芬河一带的统治已相当稳固。恤品路之地和上京同样是金朝建立以前的金之"旧土"。直到金朝建立而又迁都于燕（今北京）之后，上京仍不失其总摄"旧土"的地位。《金史·选举志》记载，凡府试策论进士，速频（即恤品）等旧土诸路均"赴会宁府（即上京）试"，就从一个侧面反映了这一点。而绥芬河流域出土的这面"上京宜春县镜"，则从另一个侧面证实了这一点。

　　绥芬河流域出土的这面"上京宜春县镜"，一方面说明了恤品路和上京路的密切关系，另一方面又反映了当时北方的金人"旧土"和中原地区在文化上的统一性。关于这面铜镜在形制花纹上完全继承了我国唐宋铜镜的传统，这是拉里切夫也完全承认的，我们就不多说了。关于这面铜镜上的刻记所使用的文字，则还有再说几句的必要。近来苏联考古界大肆鼓吹什么"文化主权论"，竭力要以"有独立文化"为理由而把渤海、辽、金等地方性政权从整个中国历史中割裂出去。其中，金代创造女真文字就被他们当作金国有独立于中国之外的文化之重要证据之一。实际上，女真文字从1119年制行以来，始终未成为金国的主要文字。在力主"文化主权论"的奥克拉德

---

[19]《金史·世纪》。

[20]《金史·世纪》、《金史·完颜忠传》。

[21]《金史·钝恩传》、《金史·斡赛传》。

[22]《金史·斡带传》、《金史·斡赛传》。

尼科夫的笔下，金世宗被描写为"把保持民族独立性看作是保存自己的人民和国家的生存而进行斗争的基础"而"力求不惜任何代价捍卫这种独立性，抵制破坏国家统一的外国影响"的代表人物，可是在世宗年间金政权所铸的通货——大定通宝，仍然只用汉字为铭。而世宗年间敕建的完颜希尹（女真文字的创造者之一）、完颜娄室、完颜忠等女真族元勋们的墓碑和神道碑，也使用的是汉字。可见，虽然在熙宗天眷元年就诏令"百官诰命，女直、契丹、汉人各用本字，渤海同汉人"[23]，但金代统一的官方文字仍是汉字而不是女真字。这件大定十三年以后官铸铜镜的刻记之主要部分仍用汉字，也是一个很好的例子。实际上，金国的居民是多民族的，而以汉族为最多，对金政权来说他们也当然不是什么"外国人"。而女真族在语言上的汉化又相当强烈，特别是金国封建化过程中所凭藉以巩固加强其统治的前代思想资料，都是汉字所写的文献。因此汉字不但不是什么"破坏国家统一的外国影响"，而是维持统一政权的必要工具之一。特别是像恤品路这样的女真族很集中的金人"旧土"，过去发现的官印和官方建立的重要碑刻也都用汉字[24]就更有力地证明了这一点。所以，仅从文字来看，金文化也是整个古代中国文化统一体中的不可分割的一部分。女真族本来就是中国境内的少数民族之一。他的文字的字形，同契丹文字一样，是对汉字字形加以增减变化而成，所以拉里切夫才会把"上京宜春县镜"刻记末尾的女真文押字误认为汉字。想要从女真文字得出金文化是非中国人创造的非中国文化的结论，那真无异于"缘木求鱼"了。

　　这面确凿无疑的金代铜镜，对布谢在舒藩河上发掘的墓葬和遗址

---

[23]《金史·熙宗本纪》。

[24] 在奥克拉德尼科夫的《滨海遥远的过去》一书中发表过一件滨海出土的篆体汉字的"总押之印"（见该书288页），误释为狱官之印。其实《满洲金石志》也著录过一件"总押之印"，考定为金代"掌巡捕盗贼"的"诸府州兵马钤辖"之印。在《滨海遥远的过去》364页还转引了一封1887年阿穆尔边区研究会给彼得堡考古委员会的信，其中提到在双城子郊区一个农民家发现一块被当作阶石的金代碑刻，为汉文。据舍维列夫和米哈依洛夫斯基译读，是纪念当地实行中国国家法律而立的。但碑文迄今未见发表，下落不明（按：此碑文实际就是完颜忠神道碑的篆额，被俄人误释。详本集拙作《完颜忠神道碑再考》中所作的纠正）。

起了一个可靠的断代作用。舒潘河上既然存在金代的墓葬和遗址，对于"朱尔根城"的年代也提供了一方面的线索。

**补　记：**

　　后来，Э·В·沙夫库诺夫在1981年有一篇论文全面介绍滨海边区出土的铜镜，又一次发表了这件双龙镜的照片。从说明中得知该镜的编号为МПК—464。"Ф·Ф·布谢于1893年在乌苏里斯克地区的拉兹多尔那亚河（即绥芬河今俄名，俄语 раздольный 意为"宽畅的"、"逍遥自在的"）右岸、靠近波里索夫卡河口之地的女真居址上发现的"。只说了该镜年代当为11～13世纪，对镜缘的刻款未置一辞（Э. В. Шавкунов. Описание бронзовых зеркализ приморского края и их датировка. — Материалы по археологии Даиьнего Востока СССР. Владивосток，1981.）。

　　载《吉林大学学报（社会科学版）》1979年1期。后收入《林沄学术文集》。

# 中国东北系铜剑初论

　　我国东北地区的青铜时代，比中原和北方草原开始要晚。据目前所知，从商代中叶起才有中原式青铜器流布到辽宁[1]；另一方面，北方草原式的青铜器也有传入辽宁的[2]。

　　到了周代，我国东北地区开始发展起具有本地特色的青铜铸造业，其中形制很特殊的铜剑很早就引起中外研究者们的注意。日本考古界起初称之为"满州式铜剑"[3]，近年改名为"辽宁式铜剑"[4]。朝鲜的研究者则称之为"琵琶形"剑[5]。我国考古文献中则有"双侧曲刃短剑"、"丁字形青铜短剑"等异称，尚无统一之命名。

　　解放以来，这类铜剑的发现越来越多，近十年来发现尤夥。各地博物馆收藏者早已数以百计。遗憾的是，虽然日本和朝鲜的研究者过去发表过一些综合研究的文章，我国考古界则从1964年孙守道、徐秉琨两位同志对这类铜剑作了一些综合分析[6]以来，尚无更深入细致

---

[1]辽宁省博物馆通史陈列最近展出的朝阳出土的铜鼎和凌源新出大铜鼎，形制均有二里冈期的特征。

[2]锦州市博物馆：《辽宁兴城县杨河发现青铜器》，《考古》1978年6期，图版玖，1、2。喀左县文化馆、朝阳地区博物馆、辽宁省博物馆：《辽宁省喀左县山湾子出土殷周青铜器》，《文物》1977年12期，图八，新民大红旗出土的3件有銎铜斧。

[3]岛田贞彦：《南满州老铁山麓郭家屯附近发现の铜剑に就いこ》，日本《考古学杂志》28卷11号。

[4]秋山进午：《中国东北地方の初期金属文化の样相》，日本《考古学杂志》53卷4号、54卷1号、54卷4号。

[5]金用玕、黄基德：《纪元前一千纪前半期的古朝鲜文化》，朝鲜《考古民俗》1967年2号。

[6]孙守道、徐秉琨：《辽宁寺儿堡等地青铜短剑与大伙房石棺墓》，《考古》1964年6期。

的研究著作问世。

朝鲜和日本的研究者之所以重视我国东北早期金属文化的研究，是因为不论各自的具体见解有何差异，都以为我国东北的早期金属文化同朝鲜、日本的早期金属文化有亲缘关系。从这个意义上说，系统地研究我国东北的早期金属时代的遗物，是研究朝鲜、日本早期金属文化的一个重要基点。在这方面，我国考古工作者有义不容辞的责任。像铜剑这一富有代表性而有重要编年意义的器物，更是目前亟须研究的重点。

因此，本文打算在原有研究的基础上，参照近年积累的新资料，对我国东北地区的这类铜剑再作一次综合研究。当然，由于所见资料有限，加以对资料掌握的肤浅，只能是一种初步的尝试。如果所提出的看法，能引起同志们的兴趣而展开讨论，或许可以促使这方面的研究有更快的进展，那就很值得庆慰了。

## 一、 东北系铜剑的类型学研究

东北地区的这种铜剑形态富于变化，其类型学的研究有助于建立东北地区青铜时代考古的年代标尺。在已发表的文献中，类型学的研究以日本秋山进午的最为详细[7]，但在型式划分和断代上都有值得商榷之处。因此，我们首先针对秋山进午的研究结果，讨论一下这种铜剑的类型学问题。

秋山进午对这种铜剑进行类型学研究的一大特点，是把丁字形铜剑柄的形态变化作为核心。这一创举不无可取之处。然而他对铜剑柄的资料收集不全，分析也欠严密，有重新研究之必要。

丁字形的剑柄的确是这种铜剑的一个基本特征。秋山进午认为，没有铜质剑柄的这种剑，当有有机质剑柄，这一点已由沈阳郑家洼子M6512的发掘所证实。该墓编号为33号的剑和剑把头之间发现丁字形剑柄残痕，质地非纯木，而是由"杂有铁石粉之类的混合材料粘固

---

[7] 同注[4]。

制成"[8]。由此推断，这种铜剑的剑柄可先按质地分为两大型：A 型，非铜质剑柄；B 型，铜质剑柄。而其形状则均为丁字形。

B 型剑柄的分式，据现有资料，应分为五式。

Ⅰ式：以沈阳郑家洼子第一地点出土一件为例[9]。特点是柄端之"盘"两端略向上翘，盘沿较浅，俯视呈 8 字形。剑把头护件上明显起几道棱。柄端两端上翘的特点，与郑家洼子 M6512：33 的非铜质柄相似，而剑把头护件有棱，则与锦西乌金塘铜剑的柄端铜附件[10]相似。其他如锦西寺儿堡出土铜剑的铜柄[11]、京都大学文学部博物馆藏品 No.3996[12]，均属此式。

Ⅱ式：以喀左南洞沟石椁墓出土的一件[13]和旅顺楼上 M1 出土的两件[14]为例。特点是柄端之"盘"底近平或两端稍有下垂，盘沿稍深，俯视仍呈 8 字形。剑把头护件上之凸棱消失。其他如旅顺博物馆所藏传为锦州小凌河畔出土的铜柄[15]、东京帝大考古研究室旧藏的天津所购之铜柄[16]，均属此式。

Ⅲ式：以旅顺老铁山麓"聖周墓"所出的一件为例[17]。特点是柄端之"盘"两端下垂，盘沿较深，俯视呈梭形。剑把头护件侧视如山字形。其他如海城大屯所出铜剑的剑柄[18]、京都大学文学博物馆藏

[8] 沈阳市故宫博物馆、沈阳市文物管理办公室：《沈阳郑家洼子的两座青铜时代墓葬》，《考古学报》1975 年 1 期，图版叁，复原图见图五。

[9] 沈阳市文物工作组：《沈阳地区出土的青铜短剑资料》，《考古》1964 年 1 期，图一，11；图版柒，1。

[10] 锦州市博物馆：《辽宁锦西乌金塘东周墓调查记》，《考古》1960 年 5 期，图版贰，4。

[11] 同注[6]，图一，3；图版伍，6。

[12] 同注[4]，图二，1。

[13] 辽宁省博物馆、朝阳地区博物馆：《辽宁喀左南洞沟石椁墓》，《考古》1977 年 6 期，图二；图版叁，5。

[14] 旅顺博物馆：《旅顺口区后牧城驿战国墓清理》，《考古》1960 年 8 期，图三；图五，29；图四。

[15] 岛田贞彦：《满州国锦州省锦州出土の剑柄铜器》，日本《考古学杂志》27 卷 5 号第 335 页所附照片。

[16] 原田淑人：《牧羊城》，图 34，6。

[17] 同注[16]，图 30；图 39，2。

[18] 同注[6]，图二，2；图版伍，7。

品 No.3518（传抚顺出土）的剑柄[19]、法国比奈氏所藏的剑柄[20]，均属此式。

Ⅳ式：以法库尚志水库所出的一件为例[21]。特点是其柄端之"盘"变为"台"，剑把头不是置于其内，而是附于其上；台之两端仍作下垂状。华盛顿弗利尔美术馆所藏一器[22]即属此式。

Ⅴ式：以旅顺博物馆旧藏传朝阳出土一件为例[23]。特点是形状基本和Ⅳ式相似，惟"台"显著加长，因而近似于秋山进午所分的Ⅲ式铜剑柄上的长板[24]。实际上，秋山进午所分的Ⅲ式剑柄，在我国东北地区尚无发现，仅见于朝鲜和日本。

以上各式剑柄可参看本文图一。

秋山进午氏对剑柄的分式有以下缺点：1. 忽略上述Ⅴ式剑柄的存在。2. 未注意Ⅳ式和Ⅲ式之柄端有"盘"和"台"之别，故把Ⅳ式和Ⅱ、Ⅲ两式混为一谈。3. 对各标本的细部特征的差别缺乏综合分析，故未把握丁字形剑柄形态演变之主要线索。例如，我们所分的Ⅱ、Ⅲ式剑柄中有些个体的柄部上下两段之分段不明显，或根本不分段，但考虑到我们所分的Ⅳ、Ⅴ式剑柄和秋山进午所分的Ⅲ式剑柄分段仍很明显，所以分段不明显就没有断代上的普遍意义。秋山进午却把分段不明显作为分式标准之一，当作晚期的普遍特征，是不妥当的。又如，三角鳞形纹饰虽出现较晚，然而在辽中和辽西，三角勾连纹——回纹从Ⅰ式到Ⅴ式一直存在。秋山进午却把三角鳞形纹也当作晚期普遍特征而作为分式标准，同样是不妥当的。

实际上，B型剑柄形态演变的主线可归纳为：柄端由"盘"变

---

[19] 同注[16]，图34，7。梅原末治：《剑柄形铜器の新例》，日本《考古学杂志》27卷11号，751页，图3。

[20] 同注[16]，图34，2。

[21] 同注[9]，图一，4；图版柒，19。出土地点误作"石柱子村"，后更正。

[22] 同注[16]，图34，4。

[23] 岛田贞彦：《满州国新出の古银铜面及二三の青铜遗物についこ》，日本《考古学杂志》28卷2号，112页，图五。又见《考古学上より见ドる热河》一书之第三十七图（左），但此书谓"锦州出土"。

[24] 同注[4]，图四，9。

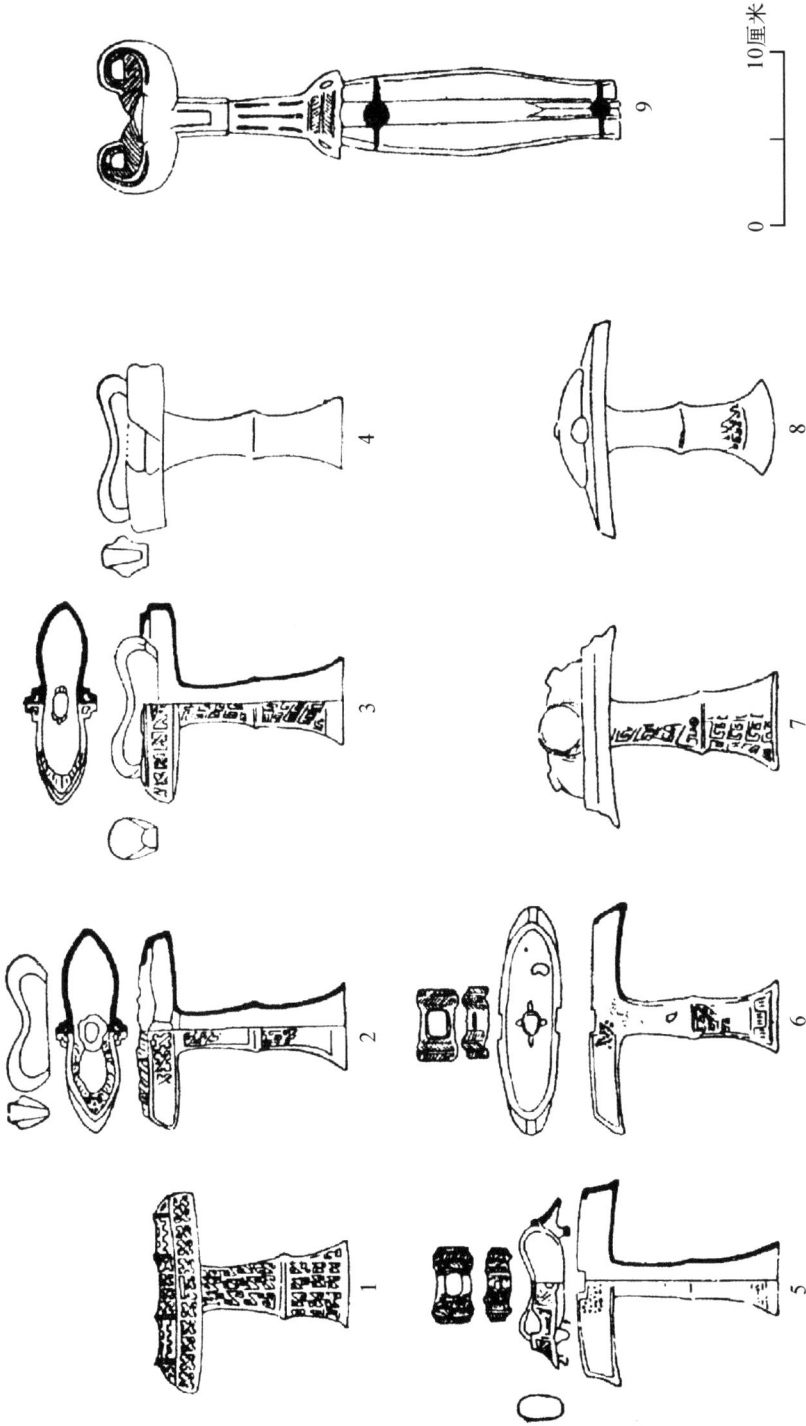

图一　东北系铜剑铜质剑柄及剑把头的型式

铜质剑柄　1、2. B型Ⅰ式（沈阳郑家洼子第一地点、锦西寺儿堡）　3、4. B型Ⅱ式（喀左南洞沟石椁墓、旅顺后牧城驿M1）　5、6. B型Ⅲ式（旅顺营屯子河聖周墓、传抚顺出土）　7. B型Ⅳ式（法库尚志水库）　8. B型Ⅴ式（传朝阳出土）　9. C型（传中国出土）

剑把头　2. Ⅰ式　3～5. Ⅱ式　7、8. Ⅲ式

"台",柄端之两头由上翘变下垂,柄端俯视之轮廓由8字形变为梭形。考虑到后两点,我们才把Ⅱ、Ⅲ两式加以区别。

另外还应指出,秋山进午把剑身和剑柄分别铸成,作为"辽宁式铜剑"的基本特征之一,这是正确的。但根据这一原则,把"触角式铜剑"当作另一文化系统的遗物,这是不对的。

梅原末治所发表的山本梯二郎所藏"支那古铜剑"[25],在剑身形式上无疑是我国东北地区所特有的(详下文剑身型式的讨论,此剑应属东北系铜剑之B型),但连铸着所谓"触角式剑柄"。江上波夫在《径路刀考》一文中提出这类剑可能是南朝鲜、北九州所产,而归为"斯基泰式"的系统[26],影响了不少研究者,在此有略加讨论之必要。第一,"触角式剑柄"之铜剑虽在日本、朝鲜有出土,却并非日本、朝鲜所特有。山本梯二郎所藏的那件,虽然出土情况不详,但剑身形式本身证明它应是中国东北所产(详下文)。而且,形式上显然和这种剑柄有渊源关系的铜柄铁剑,解放以来在我国西丰县西岔沟[27]、吉林市两半山[28]均有发现。这些迹象,证明这类剑柄在我国东北也流行过。第二,这种剑柄虽然和双鸟回首式的"斯基泰式"剑柄有些相似,但总体上仍保持"丁字形剑柄"的许多特征:横长的柄端,柄分上下两段,无显著的护手,柄体横截面呈梭形,"杉叶"形纹饰。这些特征与"斯基泰式"剑柄有本质上的不同,因此,顶多只能视为丁字形剑柄受斯基泰式影响下产生的一种变体,绝不能归入斯基泰式的系统。这种剑柄与剑身连铸的形式也可以看作是受斯基泰式影响的表现,但不能根据柄身连铸这一点就把它划归另一系统。

根据以上分析,我们把山本氏所藏铜剑的剑柄同丁字形剑柄归为同一系统而定为C型(图一)。

其次,讨论一下剑把头的问题。

---

[25]梅原末治:《支那出土の有柄铜剑》,日本《人类学杂志》48卷2号,115页插图。

[26]江上波夫:《径路刀考》,日本《东方学报》第3册,1932年。

[27]中国社会科学院考古研究所:《新中国的考古收获》,文物出版社,1961年,图四三,右。

[28]吉林市博物馆藏品,库藏号K039。

　　剑把头是附在柄端部分的加重物，在我国东北发现者，均以比重颇大的黑色铁矿石磨制。剑把头的形态演变和剑柄的形态演变有内在的联系。

　　秋山进午把我国东北的石质剑把头分为三式，Ⅰ、Ⅱ式均为瓜棱形，而把平底（Ⅱ式）和尖底（Ⅰ式）加以区别，颇有见地。但像楼上M1出土的剑把头明明有颇宽的平底，他却仍归为Ⅰ式，是不妥的，应归属Ⅱ式为宜。Ⅲ式为十字形，秋山进午只举了法库尚志水库的一件，却漏举了早已发表的旅顺博物馆旧藏朝阳出土的那件，而且，吉林市博物馆1960年文物普查时，在吉林市碾磨山也发现过十字形剑把头。可见十字形剑把头在我国东北分布也相当广。

　　特别要指出的是，秋山进午所定的Ⅳ式剑把头，即"十字形中央有凸形纽"者，1974年在吉林省博物馆和吉林大学考古专业合作发掘大安汉书屯遗址时已经发现，但仍为石制，与朝鲜常见者为铜制不同。相信这种Ⅳ式剑把头在我国东北境内还会有更多的发现。

　　就目前发现的资料来看，秋山进午根据不完整的资料而推测Ⅰ→Ⅳ式剑把头是由辽宁中西部向东南的朝鲜半岛发展，是难以令人同意的。

　　各式剑把头和各式剑柄的共存关系如下表所示：

| 剑柄型式 | A型 | B型Ⅰ式 | B型Ⅱ式 | B型Ⅲ式 | B型Ⅳ式 | B型Ⅴ式 |
|---|---|---|---|---|---|---|
| 剑把头型式 | Ⅰ式 | Ⅰ式 | Ⅱ式 | Ⅱ式 | Ⅲ式 | Ⅲ式 |
| 实　例 | 朝阳十二台营子[29]郑家洼子M6512[30] | 锦西寺儿堡[31] | 喀左南洞沟[32]楼上M1[33] | 圣周墓[34] | 法库尚志水库[35] | 传朝阳出土[36] |

［29］朱贵：《辽宁朝阳十二台营子青铜短剑墓》，《考古学报》1960年1期，图二、三。

［30］同注[8]，图四。

［31］同注[6]，图一。

［32］同注[13]，图二。

［33］同注[14]，图三。

［34］同注[16]，图三〇。

［35］同注[9]，图一，4。

［36］同注[23]，图五。

由上表可以看出，剑把头和剑柄的形态有同步的演变规律，进一步肯定了我们所作的型式划分当有时代上的承袭关系。

最后，讨论剑身的型式划分。

秋山进午把剑身分为四式，就目前资料来看，不仅不够完备，而且分式界限模糊，演变线索也不够明晰。

我们已分析了剑柄的演变系列，现在以此为基点，从附有铜质剑柄即B型剑柄的剑身着手，寻求剑身演变的主要线索。

有B型Ⅰ式剑柄的剑身有郑家洼子第一地点出土和锦西寺儿堡各出土的一件。

有B型Ⅱ式剑柄的剑身有喀左南洞沟出土的一件，楼上M1出土的两件。

有B型Ⅲ式剑柄的剑身有海城大屯出土的一件，圣周墓出土的一件，京都大学文学部博物馆藏品号No.3518（传抚顺出土）的一件。

其中楼上M1出土的两件剑身形状比较特殊，一件为直刃，一件柱状脊上有纵向之凹槽，均应列入异形，暂时不分析。其余六件加以比较便可看出：① Ⅰ、Ⅱ式柄的几件剑身，前部尚有较明显的尖突，柱状脊在相应的部位尚有隆节。Ⅲ式柄的几件剑身，尖突和隆节均趋于消失。② Ⅰ式柄的两件剑身，刃长和刃部最大宽度之比（以下简称为"长宽比"）略大于6，而Ⅱ式柄的一件长宽比大于6.5，Ⅲ式柄的三件长宽比为6.5～7以上。③ Ⅰ、Ⅱ式柄的三件剑身，刃尾作圆弧形收缩；Ⅲ式柄的剑身作折收。④ 剑尖都有一段横剖面呈菱形之"锋"。Ⅲ式柄的几件，剑锋多数较长，海城大屯的那件尤为显著。

根据以上线索，我们可以把已发现的确无铜柄的剑身分为两类。

第一类：如辽阳二道河子石棺墓出土者[37]，楼上M3出土者[38]，锦西乌金塘出土者，朝阳十二台营子出土者。这类剑身都有明显的尖突和隆节，长宽比大多小于5，最小的只有4，刃尾均弧收，绝大多数无"锋"。

---

[37]辽阳市文物管理所：《辽阳二道河子石棺墓》,《考古》1977年5期，图一，5；图二，1。
[38]同注[14]，图六。

　　第二类：如沈阳郑家洼子M6512出土者。在各方面都比较接近上述有Ⅰ、Ⅱ式铜柄者。

　　据此，我们把上两类剑身区分为二式，但因这两类剑身都有尖突和隆节，故统称为A型。

　　根据上面谈到的演变线索，全部不附铜剑柄的A型Ⅰ式剑身，应早于部分附有Ⅰ、Ⅱ式铜剑柄的A型Ⅱ式剑身。但A型Ⅰ式剑身和A型Ⅱ式剑身各自仍有早晚之别。例如在A型Ⅰ式中长宽比仅为4的辽阳二道河子出土的剑身要早于十二台营子出土的长宽接近5的剑身，前者无锋，后者有锋。在A型Ⅱ式中，长宽比不到6的郑家洼子M6512出土剑身要早于喀左南洞沟出土的长宽比大于6.5的剑身。前者短锋，后者长锋。在判断A型剑的年代早晚时，还有一点可供参考：最早的辽阳二道河子剑身，尖突前面的刃长，明显地小于尖突后面的刃长。郑家洼子M6512剑身，尖突前面的刃长则接近于尖突后面的刃长。喀左南洞沟的剑身，尖突前面的刃长却明显地大于尖突后面的刃长。因此以尖突为界把剑刃分为前后两段，这两段刃长的比，也有分式和判定早晚的意义。

　　有Ⅲ式柄的三件剑身，在形态上又可分为两类。传抚顺出土的那件，剑刃后部的弧突很凸出，前部明显地窄于后部。圣周墓出土的那件，剑刃后部弧突不显著，前部也较宽。海城大屯出土者刃缘残损，但显然接近于圣周墓，而不同于传抚顺出土者。根据这种差别，我们把传抚顺出土的那件定为B型，而把另两件定为C型。

　　我们之所以把上述有Ⅲ式柄的剑身分为两型，是考虑到剑身的形态演变在后来有明显的分化现象。

　　与传抚顺出土的剑身属同一类的，有吉林怀德大青山发现的剑身（刃部长宽比约7.5）[39]，辽宁宽甸赵家堡子发现的剑身（刃部长宽比约8）[40]，辽宁新宾大四平公社东升大队发现的剑身（刃部长宽比约

---

[39]吉林省文物管理委员会：《吉林怀德大青山发现青铜剑》，《考古》1974年4期，图一。
[40]辽宁省博物馆藏品，1975年发现。

9）[41]，吉林集安太平公社太平大队方坛积石墓出土的剑身（刃部长宽比大于9）[42]。这些剑身的共同特征是剑身之后部有明显的凸出部，前部较窄。但细分起来，又有差别。抚顺出土的那件，刃部长宽比在7左右。锋较短。前段之尖突虽已消失，但仍可辨有微凸之弧。刃尾之折角大于直角。可定为B型I式。宽甸和怀德那两件，刃部长宽比在7.5～8左右。前段刃缘已无凸弧。锋较长，刃尾之折角近直角。可定为B型II式。新宾和集安的那两件，刃部长宽比在9左右。前段刃缘无凸弧，锋长，刃尾之折角近直角，后段凸出部也出现折角，可定为B型III式。上述有"触角式剑柄"的山本氏所藏铜剑，剑身显然也属B型，但因残断，无法判定究竟属于I式还是II式，但肯定不是B型III式。

与圣周墓出土的剑身属同一类的，有辽阳亮甲山M1、M3各一件[43]，旅顺刘家疃石墓出土的一件[44]，河北涿县采集一件，高碑店采集两件，望都采集一件[45]。这些剑的共同特征是刃的前后部基本同宽，但前后部的双侧各有一不甚鼓的弧凸，在两对弧凸之间形成一束腰，锋均较长。其中如刘家疃石墓出土的一件和亮甲山M1出土的一件，刃部长宽比在7以下，和圣周墓出土的相近，可定为C型I式。高碑店采集而编号为7108的那件，刃部长宽比约为8，可定为C型II式，时代当较晚。另外，还有河北高碑店出土的另一件（编号7109）[46]、旅顺尹家村出土者[47]，刃缘弧凸已完全消失而变成直刃，但保留明显的血槽，柱脊特别粗壮，长宽比有的达到9左右，当是C型II式进一步演化的结果，故定为C型III式。

以上各型式剑身的标本和演变序列可参看图二。

---

[41] 辽宁省博物馆藏品。

[42] 集安文物保管所藏品。器物实测图承该所张雪岩同志提供，特表谢忱。

[43] 同注[6]，图六。

[44] 同注[16]，图二六，5。

[45] 郑绍宗：《河北省发现的青铜短剑》，《考古》1975年4期，图版贰，4～7。

[46] 同注[45]，图版贰，8。

[47] 同注[4]，图三，1。

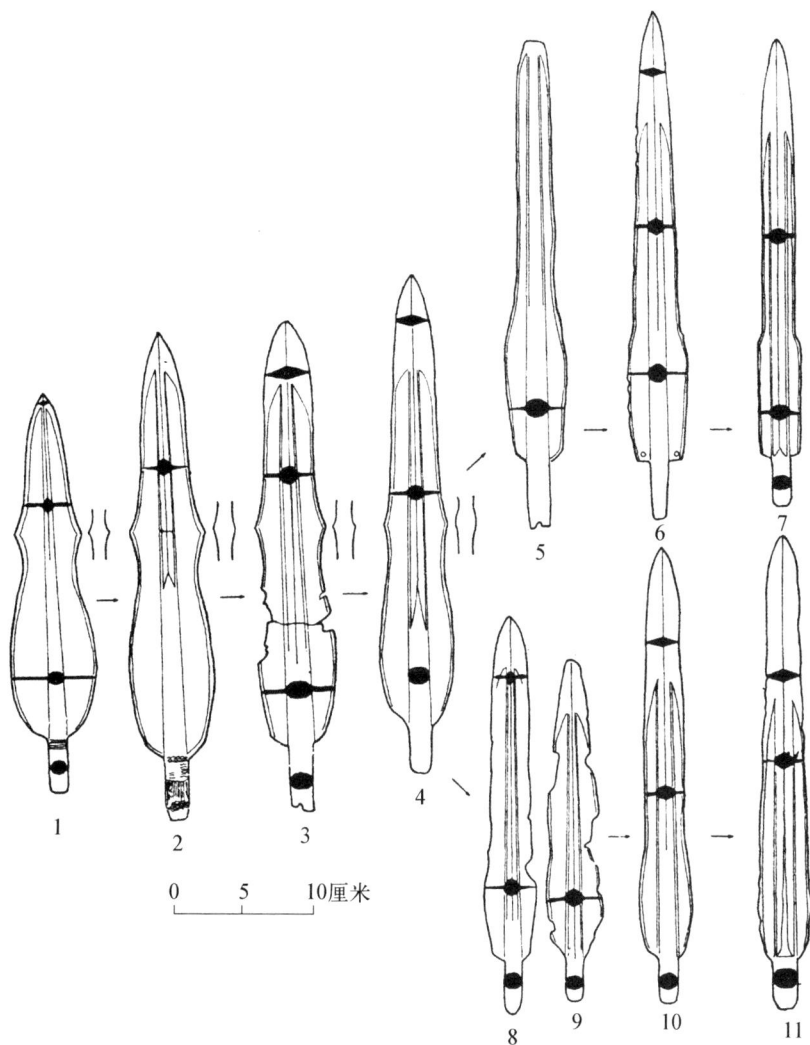

图二　东北系铜剑剑身的型式与演进序列

1、2. A型Ⅰ式（辽阳二道河子石棺墓、朝阳十二台营子）　3、4. A型Ⅱ式（沈阳郑家洼子M6512、喀左南洞沟石椁墓）　5. B型Ⅰ式（传抚顺出土）　6. B型Ⅱ式（怀德大青山）　7. B型Ⅲ式（集安五道沟门方坛阶梯积石墓）　8、9. C型Ⅰ式（旅顺官屯子河里周墓、旅顺刘家疃石墓B）　10. C型Ⅱ式（新城高碑店）　11. C型Ⅲ式（旅顺尹家村）

　　目前，B型Ⅱ式、B型Ⅲ式、C型Ⅱ式、C型Ⅲ式的剑身尚未发现铜柄共出之例，而Ⅳ、Ⅴ式铜柄，Ⅲ、Ⅳ式剑把头则尚未发现剑身共出之例。我们相信将来新发现的资料一定会填补这一空白的。

　　综观上述剑身的型式分析，可以看出，秋山进午氏所分的Ⅰ式剑身和Ⅱ式剑身，大体上相当于我们所分的 A 型 I 式和 A 型 Ⅱ式，但由于他缺乏明显分式标准，故各剑的具体归属有欠妥之处。至于他所分的Ⅲ式剑身和Ⅳ式剑身，因未认识 B 型和 C 型之不同特点，把问题弄混了。

朝鲜研究者所分的"典型琵琶剑"是指我们所分的 A 型 I 式。所谓"细形剑初期型"，大体上是指 C 型。但所谓"变形琵琶剑"，界限不够明确。实际上，如果把刃部长宽比作为演变的主线，并对刃部形式作细致分析，是不难看出 A 型剑身在发展到Ⅱ式时，分化为 B 型和 C 型两个并存的系列而各自演进的。

## 二、年 代 的 讨 论

A 型剑身早于 B、C 型剑身，目前已被普遍公认，但它们的绝对年代，却有不同的见解。

我国考古界自从宁城南山根 M101 中发现 A 型 I 式剑身以来[48]，大都认为 A 型 I 式剑身可以早到西周晚期至春秋早期。这是因为该墓中存在可明确定为西周晚期至春秋早期的中原式簋、簠、鼎、戈等铜器。因此，金用玕、黄基德认为这种剑可以早到公元前 8 ～前 7 世纪，是和我国考古界意见一致的。

问题在于，南山根 M101 出土的那件 A 型 I 式剑身，刃部长宽比大于 5。另外还出一件连铸双兽铜柄的 A 型剑身之短剑，刃部长宽比近 6，尖突也不那么显著，似可定为 A 型 Ⅱ式。那么，刃部长宽比在 4 ～ 5 之间的 A 型 I 式剑身出现的时代能否更早？

以往所有的研究者均未注意到刘家瞳石墓中的一件 A 型 I 式剑身（刃部长宽比为 4.5）与典型的西周式铜镞共出[49]。这种铜镞，双翼的内侧有较深的凹缺，而形成"胡"，和长安张家坡西周遗址所出的形

[48]辽宁省昭乌达盟文物工作站、中国科学院考古研究所东北工作队：《宁城南山根的石椁墓》，《考古学报》1973 年 2 期，图版陆，1。

[49]森修：《南满州发现の汉代青铜器遗物》，日本《考古学》8 卷 7 号。同注[16]，图 26，4、6 ～ 8。

式一致[50]。浚县辛村M18也出这种镞,年代下限不超过春秋初[51]。因此,A型Ⅰ式剑身出现于西周的可能性比出现于春秋初的可能性要大。所以把这种剑的上限推到公元前9世纪的推测[52],也不能说就是荒谬的(图三)。

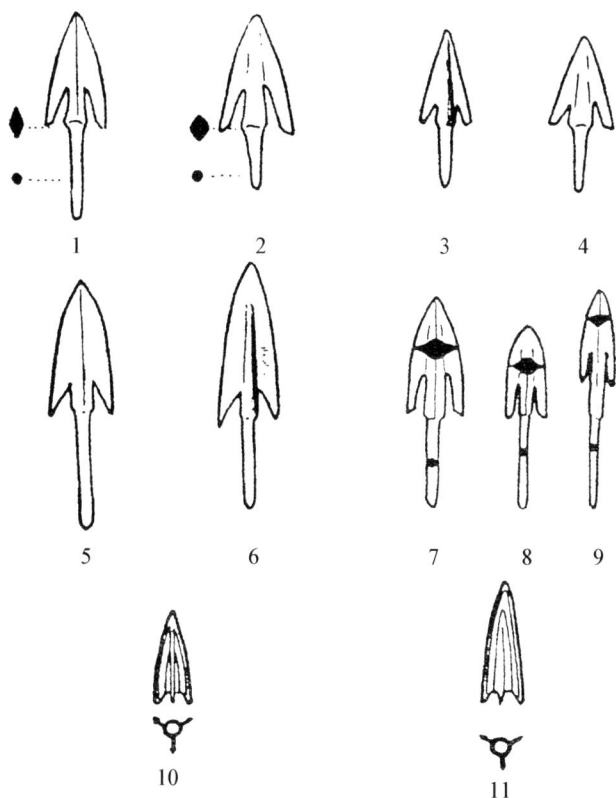

图三　铜镞的对比与断代

春秋初期以前　1、2.旅顺刘家疃石墓A　3.张家坡M204　4.辛村M18
春　秋　中　期　5、6.朝阳十二台营子　7.洛阳中州路M2415　8、9.上马村M13
春　秋　晚　期　10.沈阳郑家洼子M6512　11.怀来北辛堡M2

　　A型Ⅱ式剑身的断代,喀左南洞沟石椁墓出土的器物群提供了较确切的证据。该墓出土的A型Ⅱ式剑身上文已分析过,当属此式中

[50]中国科学院考古研究所:《沣西发掘报告》,文物出版社,1962年,图版柒拾,4。

[51]郭宝钧:《浚县辛村》,考古学专刊乙种第十三号,图版七〇,5。

[52]沈默:《日本和南朝鲜学者讨论青铜器文化问题》,《国外社会科学》1979年1期。

之较晚者，所附的剑柄为B型Ⅲ式，剑把头的棱凸已基本消失，底部有相当宽的平面，也都是较晚的证明。而共出的中原式铜"簋"、车軎、削、戈、带钩、马衔则均可断在春秋晚期。其中铜"簋"几乎和唐山贾各庄M18所出全同，该墓原报告定为战国早期[53]。但根据目前对燕国遗物的研究水平，已可确定为春秋晚期。日本研究者也有同样的见解[54]。铜戈的形式和王子于戈（吴王僚即位、公元前526年以前所铸）[55]、蔡侯申戈（公元前518～前491年所铸）[56]相同，亦应定为春秋晚期。鸭头形带钩曾在安阳大司空村东周墓中发现，据同墓共存的陶鬲可定为春秋中期[57]，但同类带钩在临淄郎家庄春秋晚期墓中也出过[58]。其他如削、軎、衔也是春秋晚期流行的形式。

根据以上分析，A型剑身的出现可上推到西周后期，而存在于整个春秋时代。

过去我国考古文献中有不少把A型剑身的年代定在春秋战国之际，其中有的是出于误解，有的是缺乏证据的推测。

例如，锦西乌金塘墓A型Ⅰ式剑身在原报告中被定为"战国时期"，可能是墓地中采到铁镰而造成的误解。实际上，和A型Ⅰ式剑共生的铜戈，是典型的西周晚期至春秋早期的形式（图四）。而且，这种戈和A型Ⅰ式剑身在南山根M101已有明确的同墓共存关系可以参证。因此，乌金塘A型Ⅰ式剑身的年代不可能晚于春秋早期。

又如，朝阳十二台营子A型Ⅰ式剑身在原报告中被定为"春秋晚期到战国时期"，并未举出理由。该墓实际缺乏可资断代的器物。现在看来，该墓出土的双翼铜镞，形式和刘家疃石墓所出不同，双翼较

[53] 安志敏：《河北唐山贾各庄发掘报告》，《考古学报》第六册，1953年。

[54] 林巳奈夫：《春秋战国时代文化の基础的编年》，《中国殷周时代の武器》一书附论（二）。

[55] 张颔：《万荣出土错金鸟书戈铭文考释》，《文物》1962年4、5期合刊，图一～三。

[56] 安徽省文物管理委员会、安徽省博物馆：《寿县蔡侯墓出土遗物》，科学出版社，1956年，图版二二，1。

[57] 马得志等：《一九五三年安阳大司空村发掘报告》，《考古学报》第九册，1955年，图三二；图三〇，1。

[58] 山东省博物馆：《临淄郎家庄一号东周殉人墓》，《考古学报》1977年1期，77页，图五，1、2。

长，翼缘曲度大，和中原春秋中期的双翼镞较接近，时代当较晚（图三）。但十二台营子所出的铜马镳，均带有不在同一平面上的三穿。综观北亚骑马民族的马镳，这种三穿马镳流行于公元前10～前6世纪，公元前5世纪初叶以后，开始被双穿式所代替[59]。因此十二台营子的 A 型 I 式剑身，大致定为春秋中期较妥。

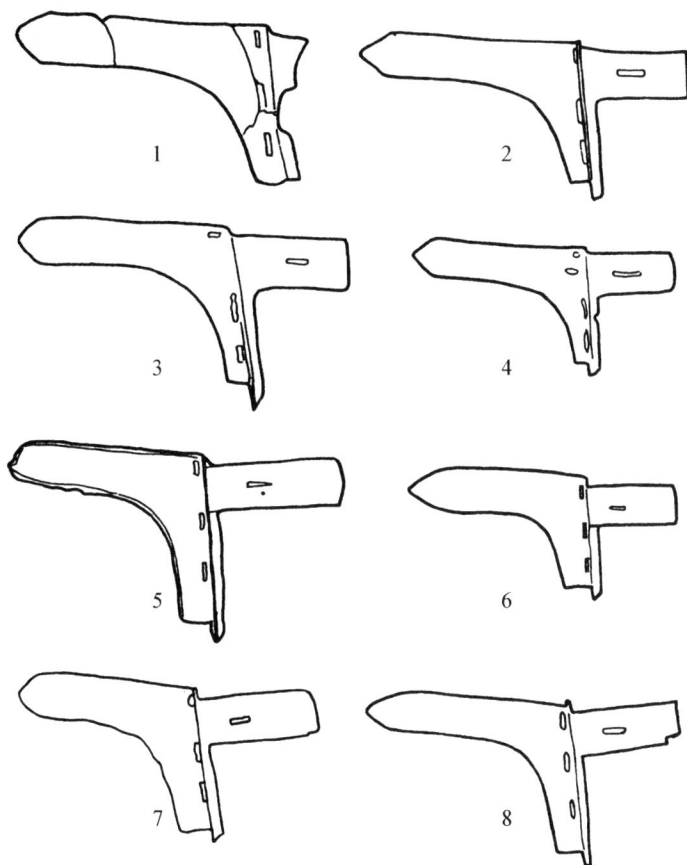

图四　戈的对比与断代

春秋初期以前　1.锦西乌金塘　2.辛村M17　3.宁城南山根M101　4.上村岭M1715
春 秋 晚 期　5.喀左南洞沟石椁墓　6.王子于戈
战 国 中 期　7.凌源三官甸子　8.郾侯夺戈

---

[59] Н. Л. Членова. Происхождениеи ранняя история племен тагарской культуры, М., 1967.37页。

沈阳郑家洼子M6512出土的A型Ⅱ式剑身，原报告定为"春秋末期到战国初期"。该墓出土物也缺乏可资断代的器物，比较容易引人注目的是一批銎式三翼铜镞。这种铜镞在中原出现较晚，始见于沣西客省庄遗址战国早期地层中。但在北方草原地带公元前6世纪已经流行。河北怀来北辛堡墓中就出过完全一样的镞（图三）[60]。该墓原报告定为战国早期，也失之过晚，应定为春秋晚期为宜。另外，郑家洼子M6512出土的铜马衔与喀左南洞沟出土的不同，前者在两端圆环上各附一梯形孔[61]，后者则仅为圆环[62]。前者据西伯利亚米奴辛斯克盆地考古分期研究，流行于公元前7世纪至前6世纪初，后者则流行于公元前5世纪以后[63]。这也是郑家洼子M6512的年代要早于喀左南洞沟石椁墓的一个佐证。郑家洼子M6512的年代目前仍以断在春秋后期为宜。

过去断代问题最大的是后牧城驿"楼上"的两座墓。其中M3出土四件A型Ⅰ式剑身，无铜柄，当为A型柄（非铜质柄），刃部长宽比在4.4～4.7之间。而M1则出两件有Ⅱ式铜柄的异形剑身，一件直刃，一件曲刃而近于C型。由此可见，这两座墓虽相距不远，时代上是不同的。近来乌恩同志因为"楼上"墓地出明刀钱和铁器，故把M3出土的A型Ⅰ式剑的年代说成"相当于战国中晚期"[64]。这是一种误解。因为在原报告中指出，M3的出土物和M1的一半出土物是农民挖肥时取出混在一起了，残铁镰和明刀正在这批器物中，因而无法确定为M3之出土物，当然不能作为M3出土之A型Ⅰ式剑身的断代根据，而A型Ⅰ式剑身的年代仍当定为西周后期至春秋中期为宜。孙守道、徐秉琨同志则认为明刀钱经过火焚，和M1的铜器一样，"它们的伴存关系是确凿的"。故而据此将M1两剑定为"战国晚期"。原发掘此墓地的许明纲同志，也认为明刀钱应属M1。但是，明刀钱是

[60] 河北省文化局文物工作队：《河北怀来北辛堡战国墓》，《文物》1966年5期，图一二，1。
[61] 同注[8]，图一二，4。
[62] 同注[13]，图一，3。
[63] 同注[59]，71页。
[64] 乌恩：《关于我国北方的青铜短剑》，《考古》1978年5期。

否可作"战国晚期"的断代根据，则仍有待今后燕国地区考古工作来确定。目前至少可以说，唐山贾各庄战国早期墓中已出过残明刀[65]，当然，明刀有早晚之别，但M1的明刀是否至战国晚期才出现，尚无考古上的确证。至于铁器在东北出现的年代，目前倾向于战国晚期，也缺乏明确证据。故M1的时代可暂拟为战国后半。

B型剑身出现的年代，过去缺乏明确的证据，只能从类型学上推定它晚于A型。1976年凌源县凌北公社三官甸子大队在修水渠时发现一座有B型Ⅰ式剑身的墓葬[66]，附出B型Ⅲ式铜柄，伴出有中原式的铜戈、削、鼎、剑等可资断代。该墓所出的戈与郭沫若定为燕成侯（公元前358～前330年）的燕侯奪戈最近似（图四）。鼎的时代大致也与此相近。大体可以定为战国中期，为确定B型剑身存在的年代立了一个基点。

C型剑身的出现年代，也没有明确证据，目前只能从类型学上判定它在时代上和B型剑身是平行的。

关于我国东北地区B、C型剑身的年代下限，也是目前悬而未决的问题。我国有些研究者倾向于把年代下限定在战国中期，可能是把燕国版图扩展到辽东作为这类铜剑的结束年代；另一部分研究者则认为这类铜剑在战国晚期仍存在。我们认为，由于B、C型剑身本身都有形态演变的过程，它存在的年代不会是很短暂的。而且，燕国的政治势力和文化直接到达辽东后，不仅在直接统治和移民的地区不可能把土著文化都排除，而在广大的东北地区一定还有许多保持传统文化的居民和燕人共居。旅顺尹家村青铜短剑墓地出有中原式灰陶豆就是一个明证。因此，像秋山进午把B、C型剑存在的下限推到公元前2世纪，是目前可以接受的一种假设。具体确定其下限，则有待今后考古发掘提供实证。

---

[65] 同注[53]，图版贰拾壹，9。

[66] 我在写此文时，该墓的报告尚未发表。在《考古学报》1980年2期上发表此文时，图四之7所示三官甸子的铜戈，是根据辽宁省博物馆孙力见示的草图（残去援部）。今据《考古》1985年2期发表的辽宁省博物馆：《辽宁凌源县三官甸青铜短剑墓》图一上此戈完整的照片改绘于图4。

综上所述，我们可以把各式剑身、剑柄、剑把头的编年问题，大体概括如下表：

| 分　期 | 第一期 | 第二期 | |
|---|---|---|---|
| 时　代 | 西周后期（？）春　秋 | 战　国　汉（？） | |
| 剑　身 | A Ⅰ ⟶ A Ⅱ ⟶ | B Ⅰ ⟶ B Ⅱ ⟶ B Ⅲ<br>C Ⅰ ⟶ C Ⅱ ⟶ C Ⅲ | |
| 剑　柄 | A　B Ⅰ　B Ⅱ　　　B Ⅲ　　B Ⅳ　　　B Ⅴ<br>C | | |
| 剑把头 | Ⅰ　　　　Ⅱ | Ⅱ　　　　Ⅲ　　　　Ⅳ | |

## 三、东北系铜剑的特征及其分布

总括上文讨论的剑身、剑柄、剑把头的型式，我们可以把这种铜剑的特征归结为以下四个要点：① 剑身均有柱状突脊。② 刃部有不同程度的弧曲（仅C型Ⅲ式演变为直刃）。③ 和剑身非连铸的丁字形剑柄（仅C型为连铸）。④ 有石质剑把头。

我国考古界目前对这种铜剑的各种异称，均基于其形态的某些特征而言，但都不足以明确地把这种铜剑同其他铜剑加以区分。

柱状突脊并非这种铜剑所专有，早在商代，我国内蒙古长城地带就有柱脊的北方系短剑存在，西伯利亚和蒙古的"卡拉苏克式"短剑也有柱脊。在周代，欧亚大陆草原地带广布的所谓"斯基泰短剑"仍有许多有柱脊，而且我国中原地区也有多种有柱脊的铜剑。另外，在我国黑龙江省和苏联雅库梯地区还分布有一种特殊的柳叶刃柱脊剑。问题是这些剑的刃缘均不作弧曲状，故显然不属于本系（图五）。

如将柱脊和曲刃这两个特征结合在一起考虑，仍有两类铜剑应与本系加以区别。

1. 在赤峰、宁城、建平、朝阳一带，还分布有一种柱脊曲刃的青铜锋刃器，有的研究者将其定为矛头。根据解放前在赤峰附近曾出

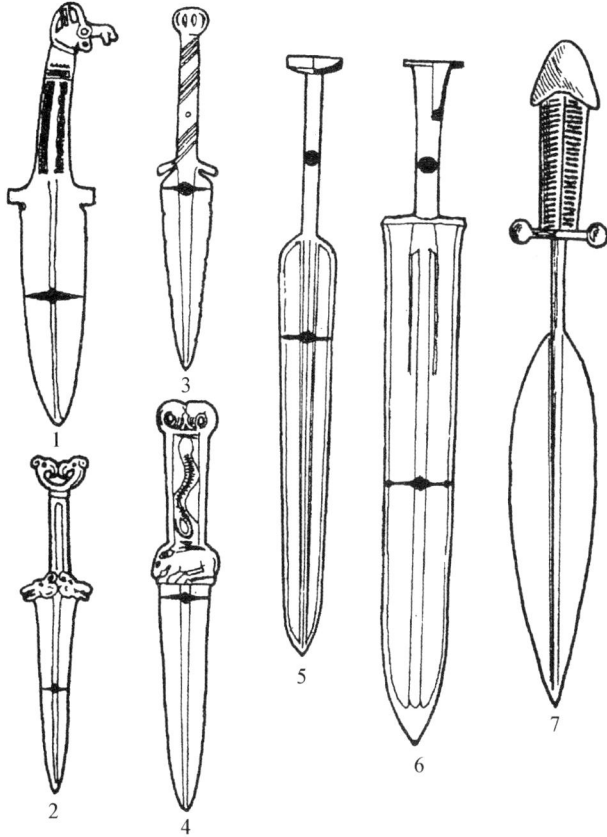

图五　各种柱脊剑
1. 蒙古南戈壁省巴颜塔拉　　2. 苏联南西伯利亚安德罗诺沃
3、4. 中国内蒙古长城地带　　5. 中国河南陕县上村岭
6. 中国河南辉县琉璃阁　　7. 苏联雅库梯乌库拉昂

过一件柄端有铃首的铜剑[67]，可知其不能都归为矛头，至少有一部分是短剑。这种短剑之脊延而为鋬，且刃部作连续波浪形，显然为另一系统，不应与本系混为一谈（图六，1）。

2. 在内蒙古昭乌达盟和河北承德地区还发现过这样一类青铜短剑：剑身完全和本系相同，但连铸有形式完全不同于本系的剑柄。考虑到剑柄形式的不同和剑之把握方式、使用习惯有密切关系，这种非丁字形剑柄的短剑，应视为本系铜剑和他系铜剑之混合结果，也不应

--------

[67] 同注[23]，117页，图八。又见《考古学上より见ドる热河》图二〇。

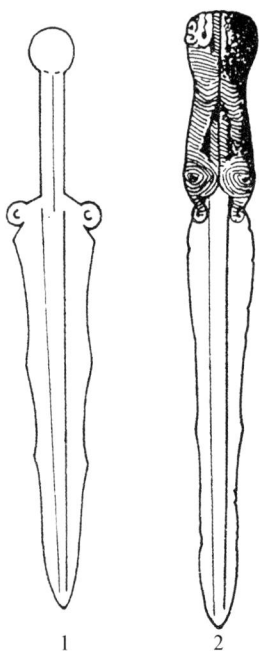

图六　柱脊曲刃剑
1. 赤峰附近出土　2. 宁城南山根 M101

划归本系（图六，2）。

如果把柱脊、曲刃、丁字形剑柄和剑把头四个特征结合在一起考虑，还有一个问题须加讨论，即与朝鲜、日本的"细形剑"如何区分的问题。

首先要指出，本系铜剑的分布范围不限于我国境内，其中A型剑身在朝鲜半岛也曾发现过[68]，但当初梅原末治把朝鲜发现的A型剑身和日本的"平形剑"混为一谈了。其实，后来的研究表明，"平形剑"是在"细形剑"影响下发展起来的日本特有的一种晚期变型，与时代很早的A型剑显然有别。C型剑身在朝鲜半岛发现更多，但多属C型Ⅲ式。这种剑身在对马和日本也有个别发现。但在朝鲜半岛和日本另有一类剑，剑身和C型有明显不同：双侧刃缘均有两个对称的尖突，两对尖突之间形成一段明显的束腰，在束腰部位的柱脊上有相应的凹面，这一组细部特征可名为"节间束腰"。这种有"节间束腰"的剑广布于朝鲜半岛，兼及日本，在苏联滨海省也发现过两件[69]。但在我国境内则从来没有发现过。这类剑所附的铜柄、剑把头也有自己的特点，本文暂不作详细讨论（图七）。

在日本早期研究著作中，把朝鲜、日本的有"节间束腰"的剑和狭长的C型Ⅲ式混称为"细形剑"，这是不妥的。在今天看来，把有"节间束腰"的剑单称为"细形剑"较好。秋山进午认为"细形剑是由辽宁式剑分化出来成为另一系列的文化"，这一提法有一定道理，但其具体分化的途径和年代都有进一步探究之必要。

---

[68] 梅原末治：《朝鲜发现の"平形系剑"》，日本《人类学杂志》45卷8号。郑白云：《关于朝鲜金属文化起源的考古资料》（朝文），图版七○，8、9。

[69] А. П. Окладников, Э. В. Щавкунов. Погребение с бронзовыми кинжалами на р. Майхэ. — Советская Археология, 1960, No. 3.图一，1、2。

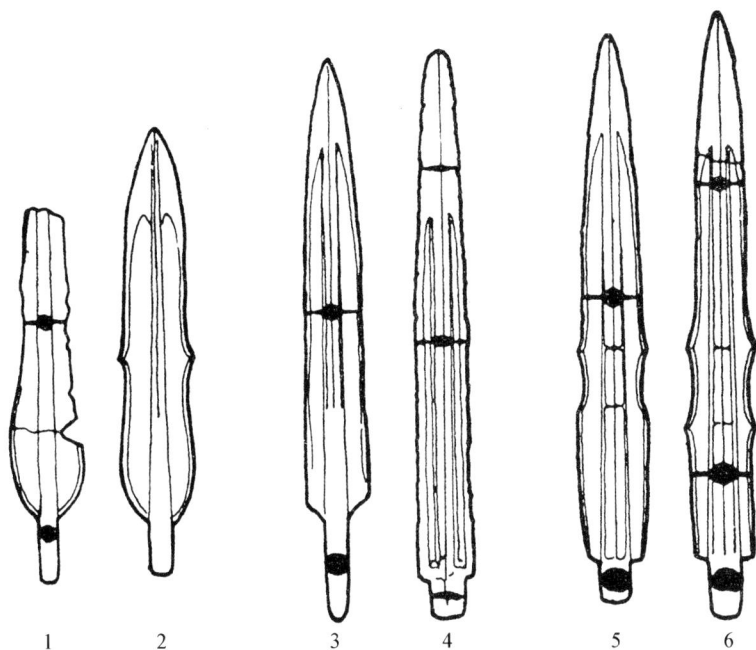

图七　鸭绿江以东出土铜剑举例

1、2. 东北系铜剑A型（江原道春川郡、平安南道大同江面石岩里）　3、4. 东北系铜剑C型（平安南道大同江面将进里、对马）　5、6. 有"节间束腰"的细形剑（夫租薉君墓、庆尚北道庆州入室里）

　　通过以上讨论，我们已经把本系青铜剑在形态上和邻区的各种铜剑明确划定了界限。现在可以最后确定一下本系铜剑的分布情况。

　　A型剑身已知分布地点以县、市计有：旅大、长海、辽阳、沈阳、新宾、清原、锦西、朝阳、宁城、建平、北票、喀左、敖汉、承德、永吉。此外，在朝鲜半岛上的平安南道大同江面石岩里、江原道春川郡、全罗南道高兴郡云岱里均有发现。

　　B型剑身已知分布地点以县、市计有：青龙、凌源、抚顺、新宾、宽甸、集安、怀德。

　　C型剑身已知分布地点以县、市计有：旅大、长海、金县、岫岩、海城、辽阳、涿县、望都、高碑店。此外还有朝鲜各地、日本和苏联滨海[70]。

　　　　　　　　　　　　　　　　　　　　　　　　　　

[70] 鸟居龙藏：《西比利亚から满蒙へ》，《鸟居龙藏全集》第十卷，177页"铜剑の图"
　　（B），朝日新闻社，1976年。

从上述分布情况可以看出，A型剑的分布占有辽宁、吉林、内蒙古东南、河北东北和朝鲜半岛这样一个广大地区。而由A型所分化的B型和C型，则分布地域有南北之别，C型占有辽阳以南的辽东半岛，朝鲜半岛，兼及河北北部，还有传入日本和苏联滨海南部的，总的来说，偏于南方沿海地带；而北方的内陆区则为B型所占据。B、C两型剑身不仅在形态上有别，而且分布上各自成区，这是值得注意的。

综上所述，本系铜剑在形态上有自身特点，历经了相当长时期的发展和演变，分布有显著的地域性，如单从其某一形态特征命名，都不全面，命名为"辽宁式铜剑"也不足以反映其实际分布情况，故建议命名为"东北系铜剑"。至于它在春秋战国之际开始分化为南北两群变体，暂拟以"东北系北支"（B型剑身）和"东北系南支"（C型剑身）之名加以区别。

## 四、东北系铜剑分布区内的文化区域性差异问题

在东北系铜剑的广阔分布区内，存在着一定程度的文化一致性。例如，墓葬结构普遍使用石材，陶器均为手制粗陶，都与中原地区有显著不同。又如，器物纹饰普遍采用几何纹，与北方草原地区的"野兽风"形成鲜明的对照。但是，如果据此将东北系铜剑分布所至之处统归为同一个青铜文化，这种粗略的作法早已受到我国研究者的反对[71]。

就与东北系铜剑共存的青铜器来分析，在东北系铜剑的分布区内，也表现出明显的地域性差异。我们先来分析这个问题。

在东北系铜剑分布区内最引人注目的一种青铜器是所谓"扇形铜斧"。这种斧均无耳，有弧度显著而比銎口要宽的刃，刃部侧视为对称的双斜面。而且，绝不见有单斜面刃的锛。其有纹饰的均为凸弦纹或凸线构成的三角纹、菱形网纹等几何纹。这种铜斧被秋山进午叫作

---

[71] 同注[6]。同注[8]。同注[64]。

"辽宁式铜斧"。

这种铜斧的分布区也很广，目前所知的分布地点，以市、县计有：旅大、辽阳、锦西、朝阳、宁城、抚顺、沈阳、建平、凌源、吉林、永吉、蛟河等地。

对照东北系铜剑的分布区和"扇形铜斧"的分布区可以看出两个问题：

1. 在有东北系铜剑分布的朝鲜半岛上，至今尚未发现过一件"扇形铜斧"。而且一般地说，在朝鲜半岛上未发现任何与战国早期以前的东北系铜剑共存的其他各种青铜器。该地和东北系C型Ⅲ式剑及"细形剑"共存的青铜武器、铜钱、铜镜、车马器、铁器等，大都属于汉代，因而呈现完全不同的另一种面貌。因此，东北系铜剑的A型出现于朝鲜半岛，只能视为个别文化因素的流布，远不足以证明我国东北和朝鲜半岛在战国以前就形成统一的一个青铜文化。

2. "扇形铜斧"西边虽分布到热河山地的东缘。但在该地它已不是唯一的形式。在热河山地铜斧形式相当复杂，有宽刃而接近"扇形铜斧"者，但刃的两端突出如钩[72]；有窄刃者，和"扇形铜斧"迥然有别[73]；又有双耳[74]、筒銎[75]、横向穿孔[76]等多种形式。而且一般地说，东周时期热河山地的全部青铜器均呈复杂的多元性。即以铜剑而言，该地在春秋到战国早期是以"北方系青铜剑"占统治地位，春秋战国之际，中原式铜剑也开始流入此地。因此，东北系铜剑之出于热河山地，以及在该地形成连铸他式剑柄的变体，都只能说明该地是一个特殊的文化交融地区，显然不能把热河山地划归东北系铜剑的主要分布区。

至于在热河山地以南的河北境内所出的东北系铜剑，时代都较晚。那里早就是燕文化的分布区，这些东北系铜剑显然只能视为个别

---

[72] 同注[48]，图版捌，3。

[73] 滨田耕作、水野清一：《赤峰红山后》，图二十四，23。

[74] 《考古学上より见ドる热河》，图十九，2。

[75] 同注[48]，图版捌，8。

[76] 同注[48]，图版捌，11。

文化因素的流布。

总之，参照"扇形铜斧"的分布情况，可以把东北系铜剑占统治地位的主要分布区确定为努鲁儿虎山脉以东，鸭绿江以西，北抵第二松花江。

就目前掌握的资料来看，根据共存的青铜器的差异性，在上述大区中至少可以分出四个亚区，即大小凌河区、辽河区、松花江区、辽东半岛区。

前三亚区是后来B型剑身的分布区，其中松花江区的青铜器有比较突出的特点：① 其他地区一般不存在铜矛（在东北系铜剑主要分布区内，除松花江区外，A型剑身无与铜矛共存之例，近来仅在宽甸发现B型Ⅱ式剑身与特殊的叶形矛共出，在集安发现B型Ⅲ式剑身和叶形矛共出），而松花江区则有与东北系铜剑形式相似的铜矛出土[77]。② 该地区出土的铜刀，以只有刀身而尾部有孔的为主[78]，这种刀在当地遗址中有石质磨制者，不见于其他地区。③ 在其他地区，"扇形铜斧"一般均与铜凿共出，本区则尚未发现过铜凿。④ 未发现青铜马具，而且也未发现非铜质的马具。辽河区和大小凌河区则比较接近。这两区的青铜铸造业看来比较发达，都有马具和多种青铜饰件。其中如蛇（郑家洼子M6512的马镳、十二台营子的铜牌饰）、鱼（喀左南洞沟的铜牌饰）、虾（郑家洼子M6512的节约）、蛙（凌源三官甸子的蛙蛇复合铜饰）等母题颇富特色，不见于其他地区。辽河区和大小凌河区的主要区别在于中原式的戈、剑、环首刀、铜礼器、铜盔等，仅见于大小凌河区，更东地区未见。北方草原地区的"野兽风"饰件，也只见于大小凌河区（如十二台营子的三兽铜牌饰、三官甸子的虎形饰件），更东地区尚无发现。

总的来说，前三亚区又有一些共同性，例如，柄下缘有数个凸齿

---

[77] 吉林市郊长蛇山遗址57FⅡ出土铜矛，见中国历史博物馆展品。吉林市郊采集之铜矛，见吉林省出土文物展览展品。永吉星星哨水库石棺墓出土铜矛，见《考古》1978年3期，147页，图六，5。

[78] 吉林市郊长蛇山遗址墓葬及房子出土的铜刀，中国历史博物馆展出一件。

的小铜刀，在吉林市郊骚达沟山顶大棺[79]、沈阳郑家洼子M6512、凌源三官甸子均有出土，为三区所共有。这种铜刀在热河山地最流行，但在辽东半岛上从来没有发现过。又如銎式三翼镞在大小凌河区和辽河区均有发现，联珠铜饰在松花江区也发现过[80]，都反映了同西边草原游牧区的文化联系。但在辽东半岛上却不曾出过同类青铜器。

辽东半岛这一亚区是后来C型剑身流行的地区。这个地区青铜器的特点，在上面分析中均已提及。需强调的是该区未见马具，是值得注意的现象。

陶器是区分考古文化的重要依据。因此，东北系铜剑主要分布区内要确定究竟存在几种不同的考古文化，最后必须以陶器为依据。可惜目前已有的田野工作成果，还不足以在东北系铜剑主要分布区内系统而全面地分析这个问题。根据目前的认识，只能提出值得注意的两点。

1. 从陶器全貌来说，B型剑身流行区和C型剑身流行区有一个重要的区别。在B型剑身流行区，普遍流行鼎、鬲等三足器。像沈阳郑家洼子M6512中虽然不出三足器，但在墓地附近的遗址中却存在着与墓中陶器质地相同的三足器[81]，沈阳新乐遗址上层出土的鼎、鬲在作风上和吉林市郊青铜时代的陶器相当接近[82]。在C型剑身流行区，辽东半岛南端虽在新石器时代曾存在和山东半岛相似的三足器，乃至鬶这样袋形的三足器，但在青铜器时代三足器在辽东半岛不发达，在该区土著文化中根本不存在鬲。这从另一方面表明了辽东半岛在青铜时代的文化特殊性。所以东北系铜剑在发展中分为南、北二支，非出于偶然。

2. 从陶器来看，东北系铜剑主要分布区内，无疑有多种考古文化，远不止上文根据青铜器的差异所初步分出的四个亚区。而且由陶

[79] 佟柱臣：《吉林的新石器时代文化》，《考古通讯》1955年2期，图二，3。

[80] 康家兴：《吉林江北土城子古文化遗址及石棺墓》，《考古学报》1957年1期，图版肆，7。

[81] 沈阳故宫沈阳地区出土文物展览展品。

[82] 同注[81]。

器所反映的文化分区，随时间的推移，界限也有变迁。这方面的问题，因目前发表的资料很少，这里就不详细讨论了。

总之，在东北系铜剑的主要分布区内，与铜剑同时代的物质文化遗存是复杂多样的，像秋山进午那样提出"以辽宁式铜剑为中心的辽宁文化"，是难于接受的。即使把范围缩小，而提出"以丁字形铜柄曲刃剑为代表的青铜文化"，也是同样无法成立的。问题不仅在文化遗物的形态差别方面，其他如有马具和无马具反映出的当时居民生活习俗的重大差别，长海的贝丘遗址和吉林市郊的梯段式丘岗遗址反映出的经济类型上的明显不同都是值得注意的。因此，在东北系铜剑的主要分布区内，铜剑和其他共有的青铜器（如扇形铜斧、大圆铜牌饰、多纽铜镜），都只能是文化亲缘的标志，绝不能作为某种统一文化的代表。

## 五、族 属 问 题

东北系铜剑既然不是同一考古学文化的代表，秋山进午笼统地提出"铸造辽宁式剑的遗址的民族，是什么民族的问题"，显然是不恰当的。但东北系铜剑的族属问题，毕竟是引起广泛兴趣的问题，特别是研究东北民族史的同志们所关心的问题。在讨论这个问题时，应考虑到两个情况：① 东北系铜剑分布区内不止存在一个考古文化，但究竟存在几个，分布如何？目前尚难以明确划定。② 古代文献对先秦东北地区民族的记载虽不算太少，但肯定不够全面，其活动时代和地域又往往不够明确。因此要把考古发现和文献记载结合起来而推进东北民族史的研究，若企图把文献中记载的族名与已知考古文化一一比定，往往难免穿凿；但把有一定亲缘关系的诸文化同历史上可推考的大民族群加以比定，则是可行而必要的。像东北系铜剑这样有广大的分布区而又存在7个世纪以上的文化遗物，判定它究竟属于历史上记载的哪些民族或某个大民族群，对东北民族史的研究自然有重大的关系。

我国考古学界目前对东北系铜剑族属的见解不一，但以东胡说占优势。该说为20世纪60年代初朝阳十二台营子墓的发掘报告所首先提出。在《新中国考古收获》一书中加以肯定。此说不仅在国内颇有影响，还导致日本的秋山进午也取"东胡说"。此说不仅关系到对东周时代吉林、辽宁全境民族分布的看法，也关系到对内蒙古长城地带先秦时期民族分布的看法。假如东北系铜剑是东胡遗物，则这种铜剑分布区以西的地区就必然全被归为"早期匈奴"的分布区了。我认为，把东北系铜剑判定为东胡遗物，实出于误解，造成误解的原因，主要有三：

1. 60年代初，我国研究者对这种铜剑的了解还不够全面，而且对先秦古器物的断代标准也不如今天所掌握的那样细致和明确。因此未认识到这种铜剑的年代上限可达西周晚期或春秋初。像十二台营子墓被定为春秋晚期或战国，乌金塘墓被定为战国，而且发现地点又均在辽西，才把这种剑和东胡挂上了钩。《新中国考古收获》中也是在战国部分提到这种剑的。这种把东北系铜剑年代定得偏晚的历史误会，至今还影响着一部分研究者。

十二台营子墓报告中曾指出，墓地所在地区是燕、山戎、东胡杂居之处。如果当时认识到这种剑的年代可定为春秋甚至春秋初。那么根据文献记载自然应首先考虑和春秋时代见于记载的山戎相联系，而不会考虑和战国时代才出现的东胡相联系了。可见，年代定得偏晚在这里起了决定作用，否则，"东胡说"甚至可能不会被提出来。

2. 当时，对东北系铜剑的主要分布区也缺乏了解。这种铜剑早已在旅顺发现，在长海县的上马石贝冢还发现过角质仿制品[83]。说它是东胡的遗物，不仅和文献记载的东胡活动区大相径庭，也和东胡是草原游牧民族的传统观念很不协调。

但当时有一种观点起了调和矛盾的作用，那就是认为辽西的这种剑比辽东的年代早。因为日本早期的研究者都错误地把旅大地区的东北系铜剑定为"汉代遗物"，而新发现的后牧城驿"楼上"墓地，又因混出明刀钱和铁器而被定为战国晚期。所以后来不少研究者都倾向

---

[83] 岛田贞彦：《大长山贝冢发掘记》，《鸡冠壶》，1944年。

于这种铜剑是辽西起源向东传布的。这样，就可以把不适于游牧民族的地区出现的这种剑作为晚期流布的结果。

实际上，"自西向东流布说"也是对资料掌握还不全面的情况下产生的错觉。就现有资料分析，最早的A型Ⅰ式剑并不限于辽西，而是遍布于整个东北系铜剑的分布区。而A型Ⅰ式剑中最早的形式目前发现于辽阳，并不在辽西地区。就共存遗物而言，刘家疃石墓所出的铜镞，时代显然不晚于南山根M101和乌金塘所出的铜戈。究竟有什么根据能证明这种铜剑是起源于辽西而向东传布的呢？

在摒弃"自西向东流布说"的情况下，东北系铜剑的分布区同史籍所载的东胡活动区的矛盾是十分明显的。当初如果认清这一点，也绝不会贸然提出"东胡说"。

3. 南山根M101的新发现，把东北系铜剑的年代明确地提到了西周春秋之交，本来可能因而引起对"东胡说"的怀疑，但却一度作为"自西向东流布"的新证据。更重要的是引起了一种新的误解：把东北系A型剑误认为"属于夏家店上层文化"[84]。夏家店上层文化近来虽有人认为是山戎遗迹[85]，但不少研究者则和东胡相联系，因而又加深了东北系铜剑是东胡遗物的印象。

其实，南山根M101的报告中指出：该墓出土的器物群可分为三组：① 具有显著地区特色的遗物（和夏家店上层文化陶器形式相同的铜器被归为此组）。② 与邻近地区相类似的器物（东北系A型剑身被归入此组）。③ 中原文化的典型器物。其中一组占主要地位，二组次之，三组最少。可见原报告作者认为，南山根M101属夏家店上层文化的墓葬，但A型剑身则并非该文化固有因素。今试分析其出土的铜剑：在七件铜剑中四件是"北方系青铜短剑"[86]，一件则有典型的中原纹饰[87]，只有一件是东北系A型剑身，还有一件剑身为A型式样却连铸北方系的铜

[84] 同注[64]。

[85] 河北省博物馆、文物管理处：《河北平泉东南沟夏家店上层文化墓葬》，《考古》1977年1期，55页。

[86] 同注[48]，图版陆，2～5。

[87] 同注[48]，图版陆，6。

柄。可见，在该墓铜剑中，"北方系青铜短剑"占主要地位，可视为夏家店上层文化的有显著特色的成分，而东北系铜剑只能认为是次要的非原生的成分，原报告中把它归为邻区影响的结果是正确的。

上文已经指出，热河山地（夏家店上层文化的主要分布区）并非东北系铜剑的主要分布区。这就从总体上否定了东北系铜剑属于夏家店上层文化。因此，夏家店上层文化即使属于东胡，也只能说东北系铜剑有少量流入东胡，而产生多种变体。东北系铜剑的主要分布区在热河山地以东，则恰恰证明它不是东胡遗物。

总之，现在我们已经可以确定：① 东北系铜剑的年代上限可以达到西周晚期。② 东北系铜剑的主要分布区是在奴鲁儿虎山以东的广大地区。③ 热河山地不是东北系铜剑的主要分布区，更不是发源地。因此，"东胡说"实难以成立。

我们重新考虑东北系铜剑的族属问题，当把基点放在汉代以来有关东北民族分布的较确切的记载上。当时，在战国后期已设立的辽东郡的北面和东面，大体为濊（或作秽、薉）貊（或作貉）、真番、朝鲜所占据。

> 《史记·货殖列传》："燕……北邻乌桓、夫余，东绾秽貊、朝鲜、真番之利。"
>
> 《史记·匈奴列传》："（匈奴）诸左方王将居东方直上谷以往者，东接秽貉、朝鲜。"
>
> 《汉书·武帝纪》："元朔元年，东夷薉君南闾等口二十八万降为苍海郡。"
>
> 《汉书·食货志》："彭吴穿濊貊、朝鲜，置苍海郡，则燕齐间靡然发动。"
>
> 《汉书·匈奴传》："汉东拔秽貊、朝鲜以为郡。"
>
> 《汉书·地理志》："玄菟、乐浪，武帝时所置，皆朝鲜、濊貉、句骊蛮夷。"
>
> 《史记·朝鲜列传》索隐引应劭云："玄菟本真番国。"
>
> 《后汉书·东夷列传》："句骊一名貊。有别种，依小水为居，

因名曰小水貊。出好弓，所谓'貊弓'是也。"

《三国志·乌丸鲜卑东夷传》："（夫余）印文言'濊王之印'，国有故城名濊城。盖本濊貊之地，而夫余王其中，自谓'亡入'，抑有以也。"

至于一度曾被盛强的匈奴所击破的东胡则分布于上述各族之西，汉代分为乌桓（乌丸）和鲜卑两大支。

汉代的这种民族分布的形势，是有其历史渊源的，因此我们认为，在主要分布区上同汉代的濊貊等族分布区有相当大的重合部分的东北系铜剑，应是濊貊（包括高句丽、夫余等）、真番、朝鲜等族的祖先所共有的一种遗物。

1958年，在朝鲜平安南道平壤市贞柏里的土坑墓中出土的"细形剑"伴有"夫租薉君"银印[88]。1977年在我国吉林省集安县太平大队的高句丽早期方坛积石墓中又发现了东北系 B 型 Ⅲ 式剑身。这就使东北系铜剑同汉代濊貊等民族的关系得到了初步实证。

相反地，目前在考古界初步断定为汉代及汉以后的乌桓、鲜卑考古遗存中，却找不到任何与东北系铜剑及其相关遗物有渊源关系的迹象。可见，把东北系铜剑定为东胡遗物，不仅在地域上有矛盾，在文化渊源关系上也得不到任何证明。

在我国史籍中本来有一种传统的民族分类法，即把匈奴、乌丸、鲜卑归为"北狄"，而把濊貊（包括高句丽、夫余）等族归为"东夷"。这种大民族群的区分，当有其历史根源。在我国北部先秦时期分布着两系铜剑，东边为本文所讨论的东北系铜剑的分布区，西边为"北方系青铜短剑"的分布区。我们认为，这两系剑的分布区的交界线大体反映了这两个民族群的交界线，可以作为研究我国北部古代民族史的一个重要线索。

1979年11月修订

---

[88] 冈崎敬:《关于夫租薉君银印诸问题》，日本《朝鲜学报》46辑。

载《考古学报》1980年2期。后收入《林沄学术文集》。

**按　语：**

　　此文是1962年在北京大学考古专业的毕业论文，到1979年经修改补充，提交吉林省考古学会成立大会后，才得到发表的机会。蒙严文明先生在1985年4期《考古与文物》上发表的《考古资料整理中的标型学研究》一文作为类型学的推荐论文。实际上，该文过度相信器物表征在判定相对年代时的作用，把辽阳二道河子石棺墓的短剑定为A型I式剑最早的形式，故定这种剑起源在辽东后向西传布。但是在越来越多的新资料公布的情况下，本来认为剑身的"后前比"和"长宽比"是同步渐变，并非事实。因为剑在使用过程中屡经磨砺，"后前比"的变化程度完全会大于"长宽比"的变化，这在本文集所收的《中国东北系铜剑再论》中已经讨论过了。所以这种剑是否一定是"自东而西流布"，现在我并不认为是定论了。

# 关于青铜弓形器的若干问题

在商周青铜器中，有一种略似弓形的器物，从前被古董商称为"旗铃"。这种器物引起过不少考古研究者的兴趣，但其性质及用途至今未有定论，所以在我国考古界中目前仍然只是按其形状特点而称为"弓形器"。

形状与之相似的青铜器，在西伯利亚南部也早就有所发现。所以，在研究黄河流域青铜文化与北亚草原青铜文化的相互关系时，这种器物也受到某些研究者的重视。

但是，过去中外考古界对青铜弓形器的研究，一则对他国考古资料缺乏了解，一则均未能作全面细致的分析，所以造成了不少混乱和谬误。本文试图综合中、蒙、苏三国的考古资料，作一新的探索，以求澄清青铜弓形器研究中的几个主要问题。

## 一、青铜弓形器的分布范围

我国过去发现过很多青铜弓形器，但多数是出土地点不明的传世品。考古发掘品初以安阳殷墟出土者为大宗[1]。解放后，由于考古工作迅速发展，有明确出土地点的弓形器数量大增。目前所知的出土地

---

[1] 最早的考古发掘品的报道，是《殷墟最近之重要发现附论小屯地层》，《中国考古学报》第二册，1947年。

点，西达甘肃灵台[2]、陕西宝鸡[3]，东抵山东长清[4]、滕县[5]，北至北京昌平[6]、河北卢龙[7]，但南面则仅限于陇海铁路一线的洛阳[8]等地，更南的地区尚无发现。

在远离黄河流域而处于蒙古高原彼侧的南西伯利亚，也发现过不少相似的弓形器，而以米奴辛斯克盆地所出者居多。目前所知的出土地点，除米奴辛斯克盆地的阿斯寇兹[9]、萨尔戈夫[10]、拉伊可夫[11]等地外，最西处为鄂毕河中游的托姆斯克城郊[12]，东面则发现于外贝加尔的乌兰乌德附近[13]。

黄河流域和西伯利亚南部的弓形器，都有扁平板状的器身和互相对称的一双曲臂（图一）。但是，除了纹饰显著的区别外，形制上也有差异性，例如，安阳等地出土的弓形器，在身臂转折处往往有小孔或卯窝；西伯利亚出土的却在身臂转折处有小凸柱。安阳等地出土

---

[2] 甘肃省博物馆文物队：《甘肃灵台白草坡西周墓》，《考古学报》1977年2期。

[3] 王光永：《陕西省宝鸡市峪泉生产队发现西周早期墓葬》，《文物》1975年3期。

[4] 山东省博物馆：《山东长清出土的青铜器》，《文物》1964年2期。山东省文物管理处、山东省博物馆：《山东文物选集》，文物出版社，1959年，图72。

[5] 齐文涛：《概述近年来山东出土的商周青铜器》，《文物》1972年5期。

[6] 北京市文物管理处：《北京地区的又一重要考古收获——昌平白浮西周木椁墓的新启示》，《考古》1976年4期。

[7] 1972年在卢龙县东阚各庄村发现青铜弓形器一件，同出晚商铜鼎、铜簋各一件。1973年河北省出土文物展览展出（鼎和弓形器后来发表于河北省博物馆等编：《河北省出土文物选集》，文物出版社，1980年，图79、80）。

[8] 郭宝钧、林寿晋：《一九五二年秋季洛阳东郊发掘报告》，《中国考古学报》第五册，1951年。

[9] Giessing G. *Minussinske oldfunn*. Helsinki, 1941.

[10] Н. Л. Членова. Основные вопросы происхождения тагарской культуры Южной снбири. — Вопросы истории Сибири и Дальнего Востока. Новосибирск, 1961. "米奴辛斯克盆地卡拉苏克—塔加尔过渡期的诸阶段" 集成图之130。

[11] 同注[10]所引图之125。

[12] М. Н. Комарова. Томский могильник, Памятник истории древних племен лесной полосы Западной Сибири. — МИА, No.24, M., 1952. 图20之1。

[13] 据 Н. Л. Членова. Об оленных камнях Монголии и Сибири. — Монгольсий археологический сборник. М., 1962. 32页，转引Г. П. Сосновский. Плиточные могилы Забайкалья. Л., 1941. 302页，图14，1（按：实际上这件器物并不是弓形器，写此文时因未见索斯诺夫斯基原书而致误。本文集所收《再论挂缰钩》一文中对此已作更正，可参看）。

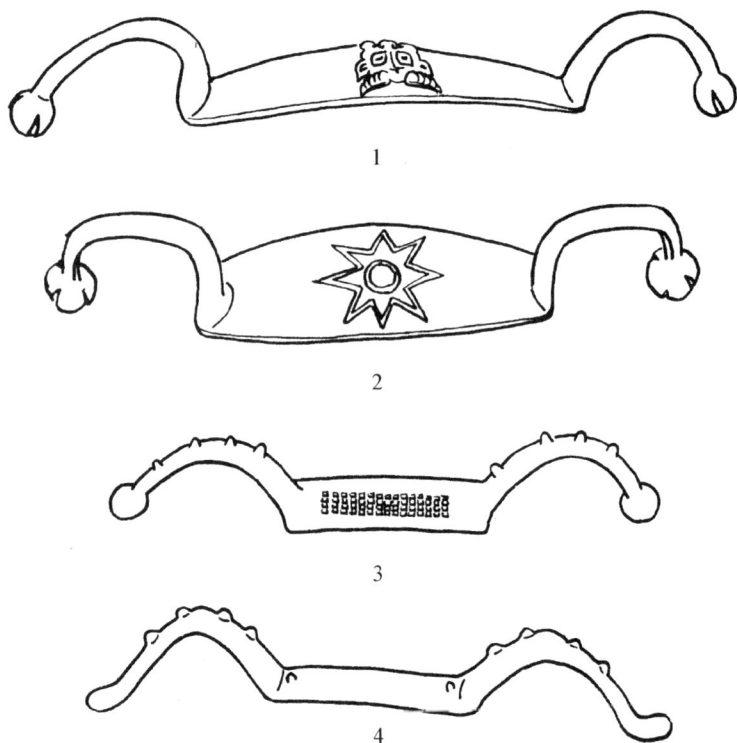

图一    黄河流域（1、2）和南西伯利亚（3、4）的青铜弓形器

的弓形器曲臂上多附以镂孔瓣状的响铃，西伯利亚出土的却附以实心的球体。所以，单凭整体形状的相似性，尚不足以断言两地之弓形器必为同一种器物。

1975 年新发表的蒙古人民共和国木伦附近"鹿石"上所刻的图像[14]，为解决黄河流域和西伯利亚两地青铜弓形器的亲缘关系，提供了可贵的线索。

广布于蒙古北部、苏联图瓦和外贝加尔的"鹿石"，早就有人推测是一种概略化的人像[15]。这次在乌施金—乌魏尔所详细勘查的"鹿

[14] В. В. Волков, Э. А. Новгородова. Оленные камни Ушкийн — Увэра ( Монголия ). — Первобытная археология Сибири, Л., 1975.

[15] Н. Л. Членова. Об оленных камнях Монголии и Сибири. — Монгольсий археологический сборник, М., 1962.

石"中，第14号"鹿石"的上端有仔细刻出的人面，从而确证其他"鹿石"亦源于不同程度的简化了的人像。早先，在不刻人面的"鹿石"上，已经发现过刻有腰带的例子，而在腰带上挂着短剑、战斧、小刀、砺石等物，而且还挂着弓形器（图二）[16]。乌施金—乌魏尔第14号"鹿石"之可贵处，则在于有人面而可以确凿判断弓形器是挂在腰带正前方的（图三）。

从这一重要线索出发而检验过去的考古发掘资料，可以发现：无论在西伯利亚还是在黄河流域，青铜弓形器均有在墓中位于死者腰际的例子。1957年里普斯基在米奴辛斯克盆地的一座卡拉苏克墓葬中发现的青铜弓形器，正是"和铜刀都放置在死者的腰部"[17]。1887年安德里亚诺夫在托姆斯克南郊的大岬第28号墓中发现的弓形器，也正是和青铜短剑、镜一起压在死者股骨的近腹一端之上，在弓形器上还残留有绳子的痕迹[18]。我国解放前发掘的小屯第164号墓中，青铜弓形器也正是压在俯身葬的死者的骨盆下面，显然当初是和铜刀、砺石等物一起挂在腰带上的[19]。总之，青铜弓形器本来是挂在腰带正前方的，但因腰带本身易于腐朽，故今日惟赖"鹿石"刻像的启示，才真相大白。

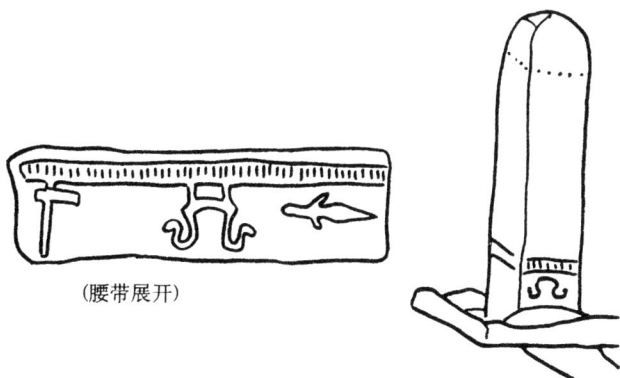

（腰带展开）

图二　乌盖伊—诺尔鹿石上的腰带

［16］В. В. Радлов. Сибирские древности. вып. Ⅱ. СПб., 1891. 图版23。
［17］С·В·吉谢列夫：《苏联境内青铜文化与中国商文化的关系》，《考古》1960年2期。
［18］同注[12]，33页，图19。
［19］同注[1]，22页，图6。

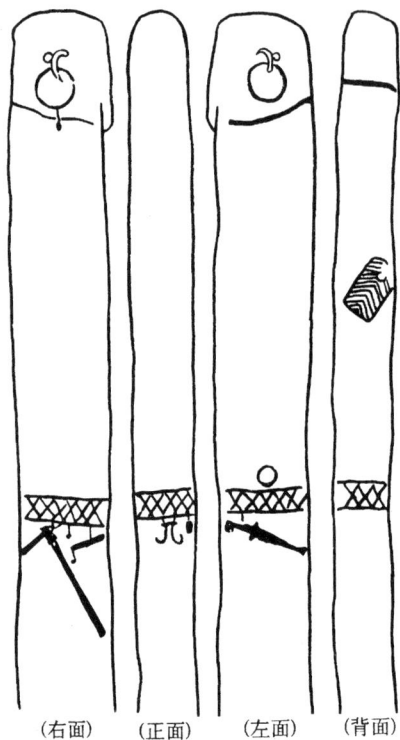

（右面）　（正面）　（左面）　（背面）

图三　乌施金—乌魏尔14号鹿石上的腰带

殷墟的车马坑中往往出青铜弓形器，故而有人怀疑弓形器是车的附件。其实像1953年在大司空村第175号墓（车马坑）中发现的弓形器，虽位于轭上，但跟铜刀、石镞等腰佩物距离很近，并有若干蚌泡、贝分布在周围[20]。看来，弓形器和刀、镞等物应为同一条以贝蚌装饰的腰带上的悬挂物（顺便说一句，这种以贝为装饰的腰带，应即《穆天子传》中提到的"贝带"）。有名的小屯C区第20号墓（车马坑）中弓形器的出土位置，被一些研究者作为它是"弓柲"或"弣"的证明。他们却都忽视了在该坑中位于车内的那件弓形器和位于车内的铜刀、砺石等腰佩物自成一组，而位于车外的那件弓形器和位于车外的铜刀和砺石等腰佩物自成一组[21]。所以这一车马坑中的弓形器，也应属乘车武士腰带上的佩物，在附着于腰带的情况下葬入的。最近有的研究者根据矢箙和弓形器共存的现象而推测弓形器是"与弓有关的东西"[22]，其实，矢箙也是挂在腰带上的东西，如果在附着于腰带的情况下葬入，自然和弓形器就彼此靠近。这是无足为怪的。

过去，已经有研究者注意到，弓形器的身臂转折处有孔、卯、小

---

[20] 马得志、周永珍、张云鹏：《一九五三年安阳大司空村发掘报告》，《考古学报》第九册，1955年，图23。

[21] 同注[1]，18页，图5。

[22] 中国社会科学院考古研究所安阳工作队：《1969～1977年殷墟西区墓葬发掘报告》，《考古学报》1979年1期。

凸柱，并有革带绑扎的残迹，但是却被作为它是绑于弓上的证据[23]。其实，从"鹿石"上的图像来看，它不是绑在什么弓上，而是挂在腰带上。至于上述种种细节，恰恰是为了用来固定绑带的位置，以免左右滑动的。而且，像图一之1那样的有兽面装饰的弓形器，如像"鹿石"所示横系于腰带上，则兽面可处于正立位置。若说是绑在弓上，则举弓时兽面反而横倒，是不合情理的。

综上所述，黄河流域和西伯利亚的青铜弓形器，不仅形式相似，而且都是挂在腰带上的用具，确实属于同一类器物。至于在蒙古地区虽未发现实物，却有鹿石图像可证也存在过这种器物。所以现在可以断言：挂在腰带正前方的弓形器，分布于蒙古高原南北两侧的广大地区，东达渤海沿岸，西抵鄂毕河畔。

## 二、各地弓形器的年代问题

在上述广大地区内，弓形器存在的年代是有差异的。

在我国，以郑州二里冈为代表的前期商文化中，还没有发现过青铜器。根据邹衡对商文化分期研究的结果，青铜弓形器始见于"殷墟文化第二期"，约相当于武丁—祖甲时代[24]。例如，1950年发掘的武官村大墓中，E9殉葬者腰部出土弓形器一件[25]。据对该墓中木炭进行碳十四年代测定，其绝对年代约为公元前 $1255 \pm 160$ 年[26]。商代结束的年代，据《竹书纪年》和现代天文学研究，当以公元前11世纪末比较可信。《竹书纪年》又记载盘庚迁殷到商亡共历273年，所以殷墟文化至少当始于公元前14世纪。武官村大墓是"殷墟文化第二期"的墓，参照碳十四测定年代的数据而定在公元前13世纪，是相当可靠的。

[23]唐兰：《"弓形器"（铜弓柲）用途考》，《考古》1973年3期。

[24]邹衡：《试论殷墟文化分期》，《北京大学学报（人文科学版）》1964年4期。

[25]郭宝钧：《一九五○年殷墟发掘报告》，《中国考古学报》第五册，1951年，图版肆，3。

[26]中国科学院考古研究所实验室：《放射性碳素测定年代报告（一）》，《考古》1972年1期。夏鼐：《碳—14测定年代和中国史前考古学》，《考古》1977年4期。

　　至于我国中原地区青铜弓形器的年代下限，目前应定为西周早期。例如，1973年在陕西岐山贺家村1号墓中发现的弓形器，据同墓其他铜器断代，不晚于成王时期[27]。1972年在甘肃灵台白草坡2号墓中发现的弓形器，据同墓其他铜器断代，不晚于昭王时期[28]。1975年在北京昌平白浮2号墓、3号墓中发现的弓形器，据共出的铜器、陶器断代，亦属西周早期，而对木椁进行碳十四测定年代，为公元前1120±90年[29]。在我国已发现的西周中、后期遗存中，均未见有青铜弓形器。因此，唐兰先生把西周后期铜器铭文中提到的"金簟弼"说成是弓形器[30]，是没有实际根据的。

　　西伯利亚的青铜弓形器存在年代与中国有所不同。

　　米奴辛斯克盆地的青铜弓形器，过去传统上被归属于"卡拉苏克文化"[31]。实际上，它在"塔加尔文化"早期遗存中也屡有发现。一般认为，卡拉苏克文化始于公元前12世纪，而塔加尔文化始于公元前7世纪。但青铜弓形器是否从公元前12世纪到前7世纪都存在，目前有不同的看法。这是因为近年来在卡拉苏克文化的研究中出现了相当大的分歧。

　　例如，奇连诺娃在1961年就提出一种见解，认为在米奴辛斯克盆地，卡拉苏克文化存在于公元前12～前11世纪，当时在该盆地（主要是南部）还存在着不同于卡拉苏克文化的"鲁加夫文化"。公元前10世纪到公元前7世纪初则为"卡拉苏克—塔加尔过渡期"（又分为巴伊诺夫、伊尔因、可可列沃三个阶段）。而在公元前7世纪的塔加尔第一期文化的有些遗存中，还有保留个别"过渡期的因素"者。根据她的意见，上文提到的里普斯基在1957年发现的青铜弓形器是属于卡拉苏克文化的，即属公元前12～前11世纪之物。奥尔辛

[27]陕西省博物馆、陕西省文物管理委员会：《陕西岐山贺家村西周墓葬》，《考古》1976年1期。

[28]同注[2]。

[29]同注[6]。

[30]同注[23]，179～181页。

[31] С. В. Киселев. Древняя история Южной Сибири. М., 1951. С. В. Киселев. К изучению минусинских каменных изваяния. — историко — археологический сборник, М., 1962.

在1914年于阿斯寇兹3号墓中发现的青铜弓形器被归入"巴伊诺夫阶段"，即属公元前10世纪之物。里普斯基在1945年于拉伊可夫发现的青铜弓形器，则被归入保留过渡期因素的塔加尔第一期文化，即属公元前7世纪之物。而且她还认为，在纯粹的塔加尔文化中，弓形器已不复存在[32]。

但是，格里亚兹诺夫和马克西缅可夫则持完全不同的见解。他们认为，所谓"鲁加夫文化"根本不是平行于卡拉苏克文化的另一种文化，而是卡拉苏克文化的晚期阶段。他们把卡拉苏克文化划分为两期，早期叫卡拉苏克期，晚期叫"石峡期"。马克西缅可夫指出，卡拉苏克期和石峡期有许多共同的文化特征。但是，像奇连诺娃等人那样把青铜短剑、战斧、弓形器、折背式青铜小刀等物称为"卡拉苏克的"，是不够准确的，因为这些青铜器是石峡期才出现的，在卡拉苏克期遗存中并未遇到过。奇连诺娃等人是把卡拉苏克期实际上并不存在的东西，按传统观念而当成了卡拉苏克期应有之物，才把石峡期的遗存错认为同卡拉苏克期遗存时代上平行的另一种文化。而且，奇连诺娃把"鲁加夫文化"提早到公元前12世纪的其他证据也是经不起推敲的[33]。格里亚兹诺夫等人认为，石峡期亦始于公元前2千纪和公元前1千纪之交，下面和塔加尔文化相衔接。至于所谓"巴伊诺夫阶段"，实际应属塔加尔文化初期，即属公元前7世纪。目前，石峡期遗存有两项碳十四测定年代的数据。一为公元前980年，一为公元前760年[34]，是和这种观点相符的。

由此可见，米奴辛斯克盆地出土的青铜弓形器，虽然有人认为其年代可早到公元前12世纪，但比较可靠的说法则是公元前11世纪末到公元前7世纪。

---

［32］同注［10］。Н. Л. Членова. Памятники переходного карасук-тагарского времени вминусинской котловине. — СА, 1966, No.2。

［33］Г. А. Максимеков. Современное состояние вопроса о периодизации эпохи бронзы минусинской котловиины. — Первобытная археология Сибири. Л., 1975.

［34］据注［33］的注36转引 С·И·鲁登科：《米奴辛斯克地区的青铜文化与放射性碳素年代》，《苏联地理学会报告》1968年5期。

鄂毕河中游出土的青铜弓形器，被科马罗娃定为公元前7～前6世纪[35]。应该指出，和这件青铜弓形器同墓所出的青铜短剑，在器形和纹饰上都属"卡拉苏克式"。但该墓地也确实出有典型的塔加尔式的青铜小刀[36]，所以该墓地的时代大约相当于米奴辛斯克盆地的卡拉苏克文化与塔加尔文化互相交替之际，这件弓形器属于公元前7世纪的可能性较大。

至于外贝加尔和蒙古等地刻有弓形器的"鹿石"的年代，过去多数研究者认为不早于公元前7世纪[37]，但最近伏尔可夫和诺夫哥罗多娃在发表乌施金—乌魏尔"鹿石"群的资料时，提出了新的看法，认为根据"鹿石"腰带上短剑等武器具有"卡拉苏克式"的特点，可把一部分"鹿石"归于公元前1千纪之初[38]。可是，所谓"卡拉苏克式"的青铜武器出现的年代虽早，沿用时代也颇长，所以目前尚难对"鹿石"的出现年代作出肯定结论。因此，外贝加尔和蒙古地区弓形器的存在年代，尚待发现更多的资料才能解决。

由以上讨论可知，就目前资料而言，安阳殷墟出土的青铜弓形器时代最早。米奴辛斯克盆地青铜弓形器的出现要晚于黄河流域。而当黄河流域青铜弓形器已绝迹时，西伯利亚尚在使用。

## 三、弓形器的用途

弓形器究竟是做什么用的？这一问题过去有非常不同的种种解

---

［35］同注[12]。

［36］同注[13]。

［37］А. П. Окладников. Оленный камень с реки Иволги. — СА，XIX，1954. 定为公元前7～前5世纪。Н. Н. Диков. Бронзовый век Забайкалья. Улан — Удз. 1958. 定为公元前7～前3世纪。策·道尔吉苏荣：《北匈奴的墓葬》，《科学院学术研究成就》第1期（新蒙文），1965年，定为公元前7～前3世纪。Ю. С. Гришин. Бронзовый и ранний железный век Восточного Забайкалья, М. 1975. 定为公元前7～前3世纪。

［38］同注[14]。

答。大体上可归为以下几类：1. 认为是铃，但或以为是"旗铃"[39]，或以为是"马铃"[40]，或以为是"和铃"[41]。2. 认为和弓有关，但或以为是"弣"[42]，或以为是"檠"[43]，或以为是"铜弓柲"[44]。3. 认为是车马器，但或以为是轭具之模型[45]，或以为是车轼上的附件[46]。4. 认为是装饰品，但或疑是盾面之装饰，或疑是弓箭袋之装饰[47]。5. 认为是仪式性物品，但或以为是巫师法杖之杖首[48]，或以为是随葬专用的明器[49]。

　　上文已论证了弓形器是系在腰带正前方的附件，所以上列诸说有很多是不攻自破的了。对于我国考古界近来比较流行的弓檠或弓柲的说法，只需指出一点：不论柲和檠究竟是一种东西的异称还是两种东西，总之都是在弓不使用时加于弓上的。实在难以设想有什么必要把这类器物平时挂在腹前。再说，即使是长达40厘米以上的弓形器，其板状器身也只有20厘米长，用之以校正或维持弓的弯度已嫌过短，更何况有的弓形器的板状器身是平直的，最小的弓形器的板状器身只有6厘米长，怎么能用来校正或维持弓的弯度呢？

　　研究"鹿石"的人，不少都自然而然地把弓形器视为某种"钩"[50]。但是如将弓形器理解为钩挂需要随身携带之物的挂钩，也有一定的疑问：第一，无论是骑马或步行，挂钩以置于腰侧或腰后才方

［39］唐兰先生说，把青铜弓形器称为"旗铃"始于《博古图录》。但该书卷二十七所著录的"汉旗铃"并非弓形器。把青铜弓形器称为"旗铃"还是起源于古董商的比附。

［40］同注[23]。

［41］马衡：《中国金石学》（双剑誃抄本）。

［42］石璋如：《小屯殷代的成套兵器》，《历史语言研究所集刊》第二十二本，1950年。

［43］于省吾：《商周金文录遗》，科学出版社，1957年。

［44］同注[23]。

［45］*International Exhibition of Chinese Art*. Illustrated Supplement to the Catalogue. London, 1935～1936. 第204、206号。

［46］同注[25]。

［47］同注[25]。

［48］Н. П. Членова. Памятники переходного карасук — тагарского времени в минусинской котловине. — СА, 1966, No.2. 55页。

［49］苏联学者据注[45]的说法而认为弓形器是轭具模型者，即认为是明器。

［50］同注[14]、注[15]。

便利捷，置于腹前似颇不合理。第二，如按"鹿石"所示，弓形器悬垂之时，板状器身有纹饰的一面反而向下，则其装饰部分岂不是失去被人观赏的机会而成为无谓之举了吗？

从另一方面考虑，弓形器又确乎同马有多方面的联系：① 在小屯C区第164号墓中，腰带前方有弓形器的死者是和一匹马共葬的。② 车马坑中经常出土弓形器。③ 殷墟出土的弓形器，有不少在器身中央铸出一个八角星的图案（图一，2），这种纹饰除弓形器外只见于小屯出土的青铜轭饰和马笼头的铜泡饰上[51]。④ 弓形器曲臂两端的镂孔瓣球形响铃为西周流行的车衡上所置的銮铃所继承。当然，镂孔瓣球形响铃也见于青铜刀、青铜短剑等器物上[52]，但铃首器流行的地区也正是历史上骑马民族的活动区，而且铃首器多属挂在腰带上随身携带之物，有理由推想这类器物上的响铃跟车衡所设响铃一样，都和用马有关。

弓形器一方面确为腰带正前方的钩状器，另一方面又和马有关。要把这似乎矛盾的两方面统一起来，最合理的中介联系乃是马缰。缰和腰带的联系，在今天的蒙古族中仍然存在。现代的蒙古骑者，仍有把马笼头的缰绳（"洛克登索尔不日"）系或掖在腰带上的习惯，骑行之时可免缰绳甩荡缠绊，下马之际便于立即握缰引马。至于马衔另有缰套（"哈佳伦索尔不日"），于骑行时以手执之，但需要双手从事其他动作时，则置缰套于鞍桥之上，以免甩荡缠绊。

我们知道，在古代，无论是骑乘的马还是驾车的马，都是用缰来操纵的。马在被骑驾的始驯时代，更时刻不能脱离缰的控制。因此，腰带正前方的青铜弓形器，最有可能正是古代的骑马者和驾车者用来绊挂马缰而解放双手的工具。其功用一则是双手松缰之后可防缰绳甩荡缠绊，并便于收回手中；一则是在双手松缰时也不致对马缰完全

---

[51] 同注[1]。

[52] 这种铃首器在我国内蒙古长城地带到南西伯利亚的广阔地区均存在。新中国成立后我国考古新发现者举例如下：河北省文化局文物工作队：《河北省青龙县抄道沟发现一批青铜器》，《考古》1962年12期，图版5（铃首刀）。吴振录：《保德县新发现的殷代青铜器》，《文物》1972年4期，图版7，5；封底3，3（铃首剑、铃首觚等）。

失去控制（这一点是后来的鞍桥
也不能起的作用）。

把青铜弓形器理解为"挂缰
钩"，不仅可以解释这种钩具为什
么位于腰带的正前方。而且，挂缰
后弓形器受前方的拉力而使有纹
饰的一面转向前方，才能使弓形
器的纹饰得到合理解释（图四）。

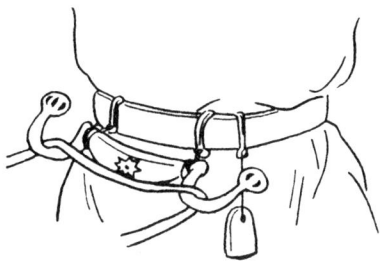

图四 "挂缰钩"用法示意图

基于上述诸理由，我把青铜弓形器拟定为系于腰带正前方的挂缰
钩。但这一新的假设，仍有待今后更多的考古发现来验证。

## 四、余 论

青铜弓形器在20世纪50年代曾被吉谢列夫作为安阳商文化对北
亚草原地区"自东而西"之影响的例证之一[53]。在今天看来，吉谢列
夫对青铜弓形器的研究诚然是很粗疏的，但其结论并不算错。从现有
的全部资料只能得出这样一个结论：青铜弓形器——挂缰钩是安阳商
文化在公元前13世纪首创之物。因为，在商文化分布区的北面还不
曾发现时代更早的弓形器，而且商文化中青铜弓形器上的纹饰和弓形
器的高超的铸造技术，也都证明它们是黄河流域本地铸造的。

安阳商文化已有相当进步的双轮马车，这是考古发掘早已证明了
的。安阳商文化已经知道骑马术，也早已有小屯C区164号墓这样的
人马合葬墓提供了实证。武丁时代的甲骨卜辞中已经有使用"多马"
打猎或作战的记载。"多马"既可以像"多羌"一样解释为俘获的马
方之人，也可以像"多射"一样解释为一种军队，即骑兵。由于在卜
辞中"多马"常与"亚"、"族"、"射"等身份性称谓并举，所以应
该把"多马"解释为骑兵。卜辞中还有"马其先，王兑（锐）从"（粹
1154），"其令亚走马"（甲2810）等记载，西周令鼎铭文中又有"令

---

[53] 同注[17]。

罴奋先马走"的描写。《诗经·緜》中追述周族先祖古公亶父时也提到了"来朝走马"。这都证明我国黄河流域早就知道骑术，绝非到赵武灵王胡服骑射之时才开始从北方民族那儿学会骑马。因此，青铜弓形器——挂缰钩这种控马的工具，是在商文化本身已经掌握马车和骑马的背景上创造的。由此可见，把青铜弓形器作为安阳商文化对北方草原地区的青铜文化产生影响的例证，是符合目前考古资料的实际状况的。

最后，附带应指出，吉谢列夫早先提出的卡拉苏克文化起源于东方的论点，有待进一步分析研究。别的暂且不论，单就青铜弓形器而言，它并不是米奴辛斯克盆地的卡拉苏克文化一开始就有的因素，而是和所谓"卡拉苏克式"的短剑、战斧等物一道在石峡期才出现的。可见，米奴辛斯克盆地在卡拉苏克时代同东方地区的文化共同性是逐步增加而并非一下子形成的。这种文化共同性的形成必有相当复杂的历史过程。而且如果把米奴辛斯克盆地和黄河流域之间这样广大的地区的青铜文化，像吉谢列夫那样只分为"卡拉苏克文化"和"卡拉苏克—安阳文化"，未免低估了这一广大地区青铜文化的复杂性和历史地位。在这一地带划分出某些独立的青铜文化，并分析它们和其他青铜文化的互相关系，将是今后北亚考古学上的迫切课题。

1978年5月1日　第一稿
1979年3月20日　修改稿

载《吉林大学社会科学论丛（2）》，吉林大学社会科学学报编辑部，1980年。后收入《林沄学术文集》。

**按　语：**

文中图三鹿石上原有人面图像，实际是后来加刻的，鹿石原来人脸处均不刻出五官，仅有一部分刻出表示髣面的平行线条。所以这次删除了人面。而文字部分则未作改动，将此说明。

# 商文化青铜器与北方地区青铜器关系之再研究

　　商文化青铜器与北方地区的关系，是一个很早就引起世界各国研究者注意的问题。我国学者高去寻曾对20世纪50年代以前诸家的见解作过较全面的简介[1]。在南西伯利亚和蒙古进行大量考古工作的苏联学者吉谢列夫，对苏联境内的青铜文化与中国商文化的关系也作过探讨，1959年访华时曾阐发其观点[2]，在当时历史条件下，对中国考古界产生过一定影响。

　　60年代以来，从南西伯利亚到黄河流域及其中间地带的发掘工作和资料刊布都有很大的进展，特别是商文化分布区以北的我国北方地区，有不少引人注目的考古新发现，这为进一步探讨商文化青铜器和亚洲北方诸青铜文化的关系，提供了更实际的可能性。本文拟就我国商代考古的一些新成果为出发点，对此问题再作一次讨论。

## 商文化的北界

　　据《竹书纪年》的说法有496年历史的商文化，在现代考古学上是由殷墟发掘开始被认识的。但殷墟文化只占有273年的历史，并不能代表整个商文化。从郑州二里冈发掘之后，现已确定殷墟文化的前身——二里冈文化——也是商文化。而且，对二里冈商文化和殷墟商

---

[1] 高去寻：《殷代的一面铜镜及其相关之问题》，《历史语言研究所集刊》第二十九本下册，1958年。

[2] С·В·吉谢列夫通讯院士在北京所作的学术报告（二），《苏联境内的青铜文化与中国商文化的关系》，《考古》1960年2期。

文化的陶器群特征及分期，均已有相当明确的认识。

　　著名的河北藁城县台西遗址，包含二里冈文化晚期到殷墟文化早期的不同地层[3]。但它并非二里冈文化分布的最北点。郑绍宗报道：在满城县要庄也有"早商文化层"[4]。邹衡则说："根据近年来调查的情况得知，它最北已抵拒马河一带。"[5]实际上，在更北的张家口地区也已发掘出二里冈式的陶器[6]。而二里冈式的青铜器则不仅在满城要庄[7]、平谷刘家河[8]，甚至在辽宁朝阳地区[9]均有发现。在西北方，二里冈文化遗址在晋东南和晋西南均有分布，在长子县北郊发现典型的二里冈晚期青铜器墓[10]，在夏县东下冯则发掘出二里冈文化的建筑群和城墙[11]。最近，在晋中的太谷县也发现了二里冈式陶器与地方式陶器共存的文化层。在西方，二里冈文化沿渭河河谷向西分布，华县南沙村[12]、蓝田县怀珍坊[13]都发掘过二里冈文化的遗址，在更西的扶风白家窑水库也发现了同二里冈文化很近似的陶器群[14]。若就单件铜器而言，非但黄土高原南部的铜川发现了二里冈式铜鼎[15]，黄土高原北部的长子也出土了二里冈晚期的铜瓿[16]。

　　总之，二里冈商文化的居民，循太行山东麓北上，溯黄河、渭水西渐，对黄土高原东南两翼形成钳形包围，并由诸河谷渗进黄土高原

---

［3］台西考古队：《河北藁城台西村商代遗址发掘简报》，《文物》1979年6期。

［4］河北省博物馆、文管处编：《河北省出土文物选集》，文物出版社，1980年，26页。

［5］邹衡：《夏商周考古学论文集》，文物出版社，1980年，126页。

［6］张家口考古队：《蔚县考古纪略》，《考古与文物》1982年4期。

［7］同注[4]，图版45。

［8］北京市文物管理处：《北京市平谷县发现商代墓葬》，《文物》1977年11期。

［9］文物编辑委员会编：《文物考古工作三十年》，文物出版社，1979年，89页，图6。

［10］郭勇：《山西长子县北郊发现商代铜器》，《文物资料丛刊（3）》，1980年。

［11］东下冯考古队：《山西夏县东下冯遗址东区、中区发掘简报》，《考古》1980年2期。

［12］同注[5]。

［13］安志敏：《西周的两件异形铜兵——略说商周与我国北方青铜文明的联系》，《文物集刊（2）》，1980年。半坡博物馆等：《陕西蓝田怀珍坊商代遗址试掘简报》，《考古与文物》1981年3期。

［14］罗西章：《扶风白家窑水库出土的商周文物》，《文物》1977年12期。

［15］铜川市文化馆：《陕西铜川发现商周青铜器》，《考古》1982年1期。陕西省考古研究所等：《陕西出土商周青铜器（一）》，文物出版社，1979年，图版3。

［16］陕西省考古研究所等：《陕西出土商周青铜器（一）》，文物出版社，1979年，图版4。

的东南部，至少推进到晋中。

但是，到了殷墟时期，商文化这种向西北扩展的势头消失了。虽然殷墟式青铜器向黄土高原腹地传布甚远，到达忻县[17]、保德[18]、绥德[19]、清涧[20]一带，而且向西到达宝鸡[21]，向北到达内蒙古的克什克腾旗[22]，但不应根据这些脱离殷墟文化陶器群而孤立存在的铜器来讨论殷墟文化的分布范围。在研究得比较充分的渭河流域，已可确定：基本陶器群与殷墟文化判然有别的先周文化，约当殷墟的大司空村二期之后的时期，已经形成一种独立的文化。在该文化的青铜器中，虽有一部分是殷墟式的，但也有一部分是有本身特点的[23]。而且在渭河流域发现的殷墟式青铜器，有相当数量应是武王克商后劫掠来的。以1973年冬岐山贺家村M1出土的铜器为例[24]，斝和瓿显属二里冈向殷墟早期过渡的形式，而簋和卣则是殷墟晚期的形式。瓿、簋、卣上又有三种不同的商人氏号。分属至少三个商人的父权家族而时代不同的铜器，共存于一座周人故地的墓中，当然应该理解为战胜者分配到的战利品。

有了渭河流域的这种经验，再考察其他分布有殷墟式青铜器的地区，问题就比较容易清楚。

在山西的石楼[25]、永和[26]一带发现的大量殷墟式青铜器，大多

[17] 沈振中：《忻县连寺沟出土的青铜器》，《文物》1972年4期。

[18] 吴振录：《保德县新发现的殷代青铜器》，《文物》1972年4期。

[19] 黑光、朱捷元：《陕西绥德墕头村发现一批窖藏商代铜器》，《文物》1975年2期。又同注[16]，图版79～92、93～98。

[20] 戴应新：《陕西清涧、米脂、佳县出土古代铜器》，《考古》1980年1期。又同注[16]，图版61～68。

[21] 王光永：《陕西省宝鸡市峪泉生产队发现西周早期墓葬》，《文物》1975年3期。

[22] 克什克腾旗文化馆：《辽宁克什克腾旗天宝同发现商代铜甗》，《考古》1977年5期。

[23] 同注[5]。

[24] 陕西省博物馆：《陕西岐山贺家村西周墓葬》，《考古》1976年1期。同注[5]，图版22～40。

[25] 山西省文管会保管组：《山西石楼县二郎坡出土商周青铜器》，《文物参考资料》1958年1期。杨绍舜：《石楼县发现古代铜器》，《文物》1959年3期。谢青山等：《山西吕梁县石楼镇又发现铜器》，《文物》1960年7期。郭勇：《石楼后兰家沟发现商代青铜器简报》，《文物》1962年4、5期合刊。石楼县人民文化馆：《山西石楼义牒发现的商代铜器》，《考古》1972年4期。杨绍舜：《山西石楼褚家峪、曹家垣发现商代铜器》，《文物》1981年8期。

[26] 石楼县文化馆：《山西永和发现殷代铜器》，《考古》1977年5期。

可判定为墓中随葬之物，但从墓主使用特殊形式的金耳饰和弓形头
（？）饰来看，显然不是商人。共存的其他青铜器，在种类、造型和纹
饰方面均有不同于殷墟的特点（详下文）。而且，在曾有二里冈文化
分布的晋西南地区，迄今尚未发现有殷墟文化陶器的遗址，这也很值
得注意。《左传》记载周初唐叔在受封于晋地之时，对属下之民"启
以夏政，疆以戎索"（用夏的政教来开导，用戎的规矩来驾御），正
反映了商代后期这里不是商人的占据区。至于灵石县 1976 年发现一
墓中出土的一批殷墟晚期青铜器[27]，共有四种不同的氏号，完全可以
解释为克商之军事联盟的参加者所分配到的战利品，因而不是商人在
殷墟晚期仍占据晋南的确证。

　　在河北北部及辽西、赤峰发现的殷墟式铜器亦不伴有殷墟文化陶
器。北京平谷县刘家河一墓中出土的成批铜器中，有典型二里冈晚期
的标本，多数属二里冈向殷墟过渡的式样，但墓葬的年代，据其中形
式最晚的爵[28]，可以晚到大司空村二期。这座墓的墓主使用一端呈漏
斗状的金耳环和接头处呈扇面状的金臂钏，显然也不是商人。1972
年，在卢龙县东阚各庄曾发现殷墟晚期式铜鼎及弓形器[29]，该地也有
同类金臂钏出土（据 1973 年石家庄市"河北省出土文物展览"的展
品，同地尚发现雷纹乳钉簋）。这种金臂钏还在喀左县和尚沟的所谓
"魏营子类型"墓葬中发现过。同类型的青铜耳环则多次出土于夏家
店下层文化的墓葬和遗址中[30]。1961 年北京大学考古专业在昌平县
雪山的墓中还发现过金质的[31]。但目前河北境内确知含有大司空村二
期以后陶器的殷墟文化遗址，则集中在邢台地区及以南，这也是值得
注意的。在元氏县新发现的周初铜器，有铭文记载周初的邢侯在这一

[27] 戴尊德：《山西灵石县旌介村商代墓和青铜器》，《文物资料丛刊（3）》，1980年。

[28] 北京市文物管理处：《北京市平谷县发现商代墓葬》，《文物》1977年11期，图28。

[29] 同注[4]，图版79、80。

[30] 安志敏：《唐山石棺墓及其相关的遗物》，《考古学报》第七册，1954年，77页。琉璃河
　　考古队：《北京琉璃河夏家店下层文化墓葬》，《考古》1976年1期，图4，2。天津市文
　　管处：《天津蓟县张家园遗址试掘简报》，《文物资料丛刊（1）》，1977年，图17，3。

[31] 北京大学历史系考古教研室商周组：《商周考古》，文物出版社，1979年，135页。

带领导对戎的搏战[32]，由此亦可推想商末该地区的大体形势。

由此可见，商文化的分布区，到了殷墟时期，不仅西面受到先周文化的压迫而东退，北界也发生了南移。

与这一现象平行的另一现象，是北方系青铜器在北方地区的广泛传播。

## 中国的北方系青铜器

如果单就青铜器这一种遗存进行区系的研究，则整个商周时代，在商周式青铜器即中原系青铜器分布区的北面，曾有两种不同系统的青铜器，可分别命名为北方系青铜器和东北系青铜器。

东北系青铜器是在西周后期才兴起的，北方系青铜器则在商代殷墟文化时期已颇发达。中国境内的该系青铜器旧称"绥远青铜器"或"鄂尔多斯式青铜系"，但其分布远远不止鄂尔多斯一地，而且延续时代很长，据已有认识，可划分为三大期。其第一期的上限尚不甚清楚，下限则可定在西周前期。北京市昌平县白浮村西周早期墓[33]中所出的该系青铜器，可视为第一期的较晚形式。

北方系青铜器第一期的代表性器物有三（图一）。

1. 短剑

商文化自身没有青铜短剑。周人初期使用的柳叶形扁茎短剑，据宿白的意见，可能起源于西方的伊朗高原，需另外安柄。北方系的短剑以连铸的铜柄和护手（格）为特征，第一期的短剑又以较窄的一字形格为特点。保德县林遮峪出土的一件[34]和柳林县高红出土的一件[35]据共存的殷墟式铜器可定为商代。昌平县白浮木椁墓中出土的六件，据共存器物可定为周初（木椁的碳十四年代为公元前

---

[32] 河北省文管处：《河北元氏县西张村的西周遗址和墓葬》，《考古》1979年1期。

[33] 北京市文管处：《北京地区的又一重要考古收获——昌平白浮西周木椁墓的新启示》，《考古》1976年4期。

[34] 同注[18]，图版6，5。

[35] 杨绍舜：《山西柳林县高红发现商代铜器》，《考古》1981年3期，图版5，1。

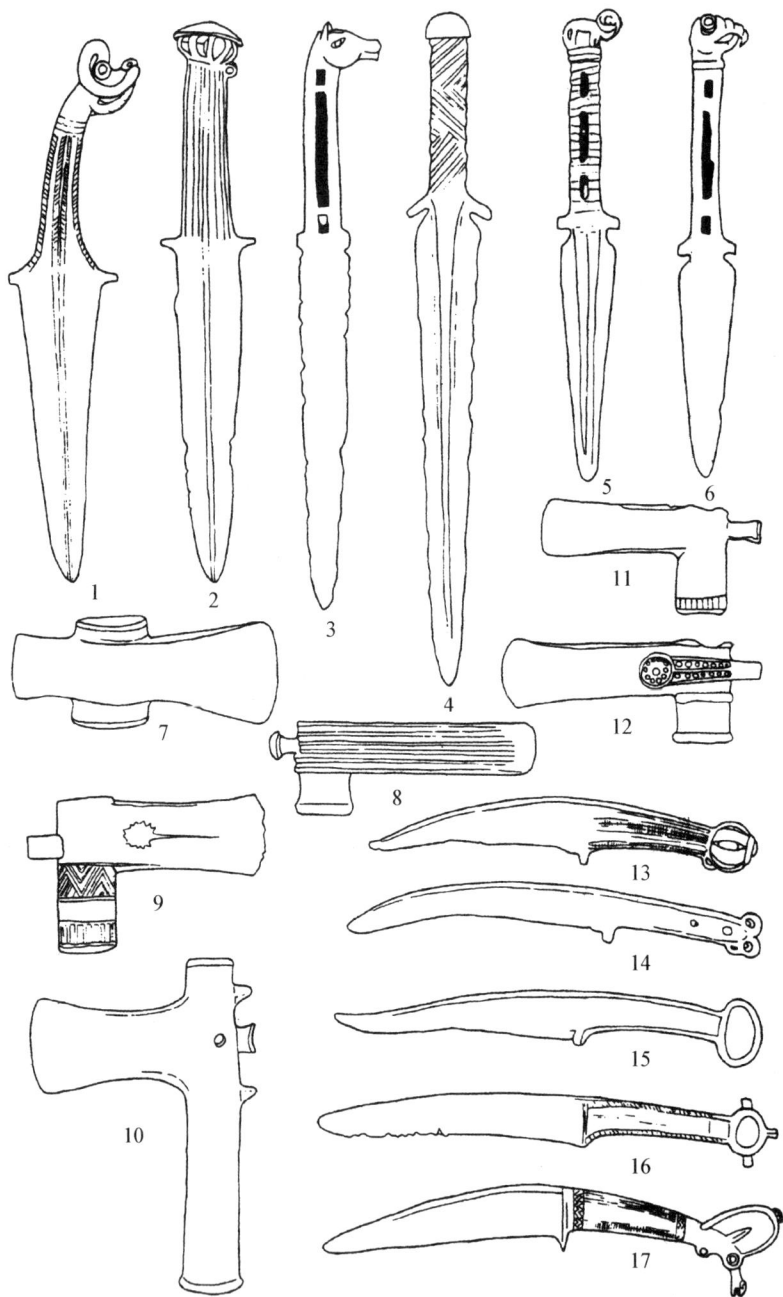

图一　中国北方系青铜器的三种代表性器物

1～6. 短剑　7～12. 管銎战斧　13～17. 小刀（1、11、13、15、17. 河北青龙抄道沟　2. 山西保德林遮峪　3、4、6. 北京昌平白浮　5. 传出山西　7、14. 柳林高红　8、9. 辽宁新民大红旗　10. 山西石楼曹家垣　12. 辽宁兴城杨河　16. 山西石楼二郎坡）

1122±90年）。白浮出土的除一件无格外，凡有格的在剑身近格处均有明显的凹缺，而且六件剑柄均空心而有镂孔，应为较晚的时代特征。该期短剑的柄首有多种形式。铃首者除林遮峪、高红各出一件外，1967年在河北张北县收集到一件（"河北省出土文物展览"展品），内蒙古伊金霍洛旗出土一件（内蒙古博物馆藏品），瑞典远东博物馆藏有购自北京的一件[36]，《绥远青铜器》著录北平山中商会所见一件[37]山羊首者，1966年在张家口市发现一件[38]，北京市近年收购到一件[39]，瑞典远东博物馆藏传安阳出土的一件[40]。绵羊首者，1961年在河北青龙县抄道沟出土一件[41]。环首者，《绥远青铜器》著录两件[42]，出土地不详；但伊克昭盟曾发现过一件。蘑菇首者，白浮出土四件[43]，罗越则发表过据说是鄂尔多斯的两件[44]。鹰首和马首的仅白浮各出一件[45]，可能是较晚才出现的。Watson发表过一件传出自山西的北方系短剑，形制和白浮的为一类，柄首作立羊形[46]，可能也是较晚出现的。

　　2. 管銎战斧

　　这种战斧刃狭身厚，斧身横截面甚至呈椭圆形，与商文化扁薄而扇形刃的钺有明显区别。第一期战斧斧身特别狭长，管銎的长度总是大于斧身的宽度，而且有很长的。在岐山王家嘴发现两件[47]，林遮

[36] J. G. Andersson. "Hunting Magic in the Animal Style". *MFEAB* No.4 1932，图版5，3。

[37] 水野清一、江上波夫：《绥远青铜器》，《内蒙古·长城地带》，东亚考古学会，1935年，集成图2，1。

[38] 同注[4]，图版87。

[39] 北京市文管处：《北京市新征集的商周青铜器》，《文物资料丛刊（2）》，1978年，图13。

[40] 同注[36]，图版32，182。

[41] 河北省文化局文物工作队：《河北青龙县抄道沟发现一批青铜器》，《考古》1962年12期，图版5，5。

[42] 同注[37]，集成图2，2、4。

[43] 同注[33]，图版3，6、7、9、11。

[44] M. Loehr. "Weapons and Tools from Anyang and Siberian Analogies". *American Journel of Archaeology* vol.53，No.2 1949.

[45] 同注[43]，图版3，8、10。

[46] W. Watson. *Cultural Frontiers in Ancient East Asia.* Edinburgh, 1971.图版82。

[47] 同注[16]，图版12、13。

峪两件[48],高红一件[49],据共存的殷墟式铜器均可定为商代。美国弗利尔美术馆所藏的河南省东北部出土的周初十二器中,也有一件[50]。至于白浮墓中一件[51],形态上已明显受钺的影响,不能视为北方系战斧的典型了。第一期管銎战斧还发现于石楼县曹家垣[52]、青龙县抄道沟[53]、承德地区("河北省出土文物展览"展品)、辽宁新民县大红旗[54]、辽宁兴城县杨河[55]。怀履光还著录过一件传出于安阳的[56]。

3. 刀子

商文化中的青铜刀,在二里冈期一律作短茎式。殷墟时期尚有大量这种形式的刀。这种短茎非供直接握持,而是插在其他质料的柄中起固定作用[57]。北方系的青铜刀在第一期时均有连铸的铜柄,柄体扁平或有镂孔,横截面也有呈椭圆形者,较晚的则和短剑柄一样有空心而镂孔者;刀背有一道明显的凸棱;柄端有和第一期短剑同类的装饰;刀身后部宽度明显地大于柄宽,刃和柄之间每有凸出于刃缘之外的尖突或舌状突。这种北方系的青铜刀在殷墟发掘中屡有发现[58],最近在妇好墓中又出一件[59]。此外,与殷墟式铜器有共存关系的,还有石楼县的二郎坡出土一件[60],褚家峪出土一件[61],后兰家沟出土一

---

[48] 同注[18],封底里图版,1。

[49] 同注[35],图版4,1。

[50] Freer Callery of Art. *A Descriptive and Illustrative Catalogue of Chinese Bronzes Acquired during the Administration of John Ellerton Lodge*. Washington, D.C. 1946. 编号34–13。

[51] 同注[33],图版3,4。

[52] 杨绍舜:《山西石楼褚家峪、曹家垣发现商代铜器》,《文物》1981年8期,图26、28。

[53] 同注[41],图版5,2。

[54] 喀左文化馆等:《辽宁省喀左县山湾子出土殷周青铜器》,《文物》1977年12期,图8。

[55] 锦州市博物馆:《辽宁兴城县杨河发现青铜器》,《考古》1978年6期,图版9,2上。

[56] W. White. *Bronze Culture of Ancient China*. Toronto, 1956.

[57] 高去寻:《刀斧葬中的铜刀》,《历史语言研究所集刊》第三十七本上册,1967年,图一。

[58] 李济:《记小屯出土之青铜器(中篇)》,《中国考古学报》第四册,1950年,图版22,29;图版32,1。同注[57],图版7,2;图版2,2。

[59] 中国社会科学院考古研究所:《殷墟妇好墓》,文物出版社,1980年,图版66,1。

[60] 陕西博物馆:《陕西岐山贺家村西周墓葬》,《考古》1976年1期,图5。

[61] 同注[52],图5,12。

件[62]，绥德县墕头村出土一件[63]，均可定为商代。白浮木椁墓出土一件[64]，可据共存遗物定为周初。第一期的北方系青铜刀还发现于北京地区[65]；河北的青龙县抄道沟[66]、承德地区（羊首一件，承德博物馆藏品）、张家口市（马首一件）、崇礼县（环首一件）、沽源县（蘑菇首一件，以上三件为"河北省出土文物展览"展品）；内蒙古的赤峰地区（双环首一件，赤峰博物馆展品）、奈曼旗白音昌（山羊首一件，吉林省博物馆展品）；辽宁的抚顺市[67]、兴城县杨河[68]。在鄂尔多斯采集品中，柄首的装饰还有双环首、角撑架形首、单环加铆钉状纽首等，总的来说，刀子的柄首装饰较短剑更多样，尤以单环三纽首最富特征。

综观这三种器物，尚有以下几项共同特点：① 器面纹饰以连续小方格、三角形锯齿、平行线或平行线间加短斜线成麦穗形、波折线、圆圈、粟点等简单几何形为特色。② 有固定表现法的立体形动物装饰，眼部通常呈凸出的圆筒状；多瓣球铃和帽钉状饰也是常见的。③ 器上多有环或附以小形纽，以便悬挂。

从上文举出的这三种器物的具体发现地点来看，北方系青铜器在商代后期最南面已分布到渭河流域和豫北的殷墟文化及先周文化的领域之内，东面分布到辽东沿海。它在北面，则远远超出现在的中国国界，发现于蒙古[69]、外贝加尔[70]、图瓦[71]、米奴辛斯克盆地[72]、克拉

［62］山西省文物工作委员会编：《山西出土文物》，文物出版社，1980年，图版47。

［63］同注[16]，图版90。

［64］同注[33]，图8，5。

［65］北京市文管处：《北京市新征集的商周青铜器》，《文物资料丛刊（2）》，1978年，图15。

［66］同注[41]，图版5，1、3。

［67］抚顺市博物馆：《辽宁抚顺市发现殷代青铜环首刀》，《考古》1981年2期，图1，1。

［68］同注[55]，图版9，1。

［69］В. В. Волков. Бронзовый кинжал из гобн. — СА, 1961. No.3. 图1。

［70］A. A. Salmony. *Sino-Siberian Art*. Paris, 1933. 图版36，1。В. Ю. С. Грищин. Бронзовый и ранний железный век Восточного Забайкалча. М., 1975. 图版13，8。

［71］Л. Р. Кызласов. Этапы древней истории Тувы. — Вестник МГУ серия историко-филологигеское No.4, 1958. 图版2，25；图版4，36。

［72］Н. Л. Членова. Происхождение и ранняя истоия племев тагарской культуры. М., 1967. 图版8，1；图版6，4～6。С. В. Киселев. Древняя исгория Южной Сибири. М., 1951. 图版12，62；图版11，2、5。

斯诺雅尔斯克地区[73]、阿尔泰[74]。更西面在吉尔吉斯草原[75]、鄂毕河中游[76]直到黑海沿岸[77]也有零星发现,在伊朗高原的古代青铜器中也有相似的标本[78]。我认为,北方系青铜器的主要分布区,在其发展的第一期,同苏联学者契尔耐赫所划的晚期青铜时代之"中央亚细亚区"[79]是一致的。

在这样广阔的地理范围内,与上述三种铜器共存的青铜器是有地域性差异的(图二)。仅就中国境内而言,与这三种铜器共存的蛇首匕[80]仅见于黄土高原地区,匕身是横断面为三角形的直杆。台西出土的"羊首匕"[81]则是浅凹的"匙",在承德博物馆藏有一件完全同类的铃首者,这种匙在黄土高原未曾发现。在抄道沟那批北方系青铜器中,有一件原报告称为"曲柄匕形铜器"的武器[82],略似殷墟文化的銎内戈,但援部有粗壮的柱状脊,主要性能应如鹤嘴锄,可名为"銎内啄"。这种武器在杨河那批北方系铜器中也存在[83],鸭绿江口东沟县沿海地区也发现过(东沟县文化馆藏品),台西遗址也出过一件,但在黄土高原却未曾发现。黄土高原屡见的多

---

[73] Г. А. Максименков. Новые данные по археолотии района Красноярска. — Вопросы истории Сибирн и Дальнего Востока. Новосибирск, 1961. 图 1, 1～4。

[74] М. П. Грязнов. Памятники майэмирского этапа эпохи ранних кочевиченего на Алгае. — КСИИМК ⅩⅧ. 1947.

[75] Н. Л. Членова. Происхождение и ранняя истоия нлемен тагарской кулътуры. М., 1967. 图 10, 26。

[76] М. Н. Комарова. Томский Могильннк, памятник историн древних племен лесной полосы Западной Сибири. — МИА No.24. 1952. 图 20, 2。

[77] А. И. Тереножкин. Киммерийские мечи и кинжалы. — Скифский мир. Киев, 1975. 图 1, 5、6。

[78] 同注[75], 图版 15、17。

[79] Е. Н. Черных. Металлурчнтеские провинчии и периодизадяя эпохи раннего металла на территории СССР. — СА, 1978 No.4. 图 9。

[80] 同注[62], 图版 47。石楼县人民文化馆:《山西石楼义牒发现的商代铜器》,《考古》1972 年 4 期, 图 6。同注[52], 图 14。同注[16], 图版 89。

[81] 同注[4], 图版 52。

[82] 同注[41], 图版 5、6。

[83] 同注[68], 图版 9, 1 下。

钉长刀[84]，在北京地区曾征集过一件[85]，更东地区尚未发现。又如装
饰品之弓形铜饰[86]与金饰[87]，仅见于黄土高原，一端呈漏斗状的铜
耳环或金耳环却仅见于黄土高原以东的地区。因此，似乎可以太行山
为界，把北方系青铜器分为有一定差异的东西两群。内蒙古地区的北
方系第一期青铜器，至今缺乏成群的发现，但像鄂尔多斯这样积累了
许多零星发现品的地区，上述六种器物却一种也没有发现过，则至少
还可以假设有一个北群存在。因此，就目前认识而言，已不宜再用
"鄂尔多斯"这样有区域色彩的名称来泛指中国的北方系青铜器。

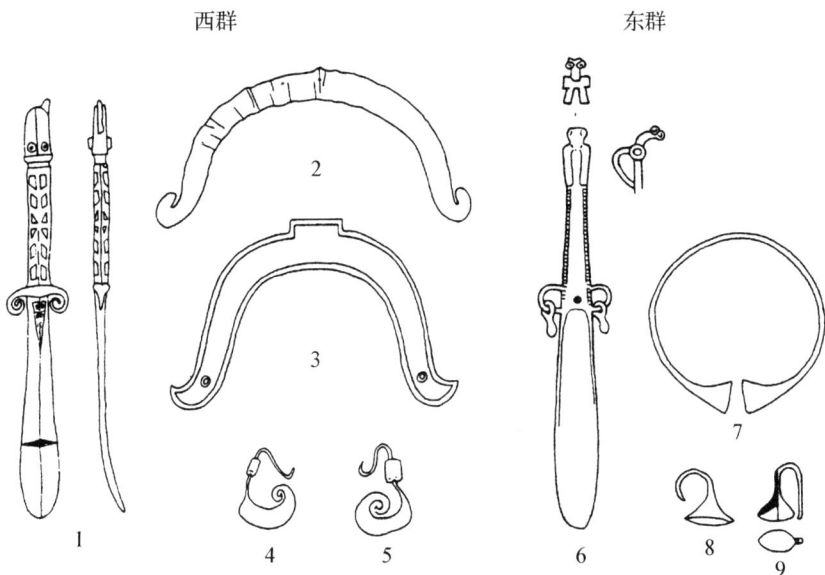

图二　中国北方系青铜器的地域差异举例

1. 蛇首匕（石楼褚家峪）　2、3. 头饰（保德林遮峪）　4、5. 耳饰（石楼后兰家沟、永和下辛角
村）　6. 羊首匕（藁城台西村）　7. 臂钏（平谷刘家河）　8、9. 耳饰（平谷刘家河、唐山小官庄）
1、3、6、9. 青铜　2、4、5、7、8. 金

---

[84] 同注[60]，图36。石楼县人民文化馆：《山西石楼义牒发现的商代铜器》，《考古》1972
　　年4期，图7。杨绍舜：《山西石楼新征集到的几件商代青铜器》，《文物》1976年2期，
　　图4。同注[16]，图版79。

[85] 同注[65]，图17。

[86] 谢青山等：《山西吕梁县石楼镇又发现铜器》，《文物》1960年7期，图4。郭勇：《石
　　楼后兰家沟发现商代青铜器简报》，《文物》1962年4、5期合刊，图26。

[87] 同注[18]，图16。

中国境内的北方系青铜器究竟始于何时，尚待进一步探讨。就台西出土的羊首匕而言，羊首和短剑、刀子的羊首一致，附加的带坠环纽，和石楼的蛇首匕上的相同[88]，是一件典型的北方系青铜器。与之同批发现的殷墟式铜器，没有一件是比大司空村一期晚的[89]。所以这件羊首匕的时代至少应早到大司空村一期。但就其制作技术来看，已代表一种相当成熟的铸造技术和艺术风格，故北方系青铜器在这以前肯定已有一段独立发展的历史了。根据河北省文物管理处和吉林大学考古专业联合考古队在河北蔚县的发掘，已可断定敖汉旗大甸子墓地所出的夏家店下层文化陶器均不晚于二里冈文化[90]。则该墓地所出的青铜器（已有使用内范者）也不晚于二里冈文化。另一方面，内蒙古文物队在伊金霍洛旗朱开沟发掘的多层遗址，其第五期堆积的碳十四年代为距今3420±70年，而在第四期堆积中便发现了青铜器。可见我国北方地区的青铜器不仅应该和二里冈文化的青铜器曾有平行发展的关系，而且还可以推到更早。因此，在二里头文化晚期的青铜器中，已发现有北方系特色的环首柄刀[91]，以及器身类似北方系战斧而以扁平的"内"代替管銎的奇特武器[92]，可以理解为北方系青铜器在二里头文化晚期已经存在，而且对二里头文化的青铜器发生了影响。过去中外研究者往往囿于中国的北方系青铜器时代较晚的成见，主观地假设中国境内的北方系青铜器是中原系青铜器派生的支系或源于西北方，都是不可取的。

## 北方系青铜器对殷墟文化的影响

单从青铜器的种类和型式而划分的青铜器区系，不同于由陶器群

---

[88]杨绍舜：《山西石楼新征集到的几件商代青铜器》，《文物》1976年2期，图3。同注[52]，图23。

[89]河北省博物馆等：《河北藁城台西村的商代遗址》，《考古》1973年5期。

[90]同注[6]。

[91]二里头工作队：《1980年秋河南偃师二里头遗址发掘简报》，《考古》1983年3期，图10，9。

[92]二里头工作队：《偃师二里头遗址新发现的铜器和玉器》，《考古》1976年4期，图3，2。

来划分的考古学文化。不应该从"鄂尔多斯青铜器"提出什么"鄂尔多斯青铜文化"，因为某一系的青铜器，往往流行于很多可明确区分的考古学文化之中；也不应该把殷墟文化中遇到的全部青铜器都认为是中原系青铜器，因为某一考古文化往往兼有两种以上不同系统的青铜器。本文使用的"殷墟式青铜器"一语，并非泛指殷墟文化中遇到的全部青铜器，而是指其中的中原系青铜器。因为，在殷墟文化中也存在北方系青铜器（图三）。

　　妇好墓出土的 V 式铜刀，是一件非常典型的北方系山羊首刀[93]，但羊头的鼻喙部残损，颏下的环纽也残去一半，故被原报告描写成"似龙形"[94]了。从前在 HPKM1311 中所出的"兽首刀"，本来也是一件北方系山羊首刀，但它的弯角和长耳似乎是被使用者有意除掉的，李济把长筒状的双眼误认为双耳。在这个圆筒上明显地可以看出两个圆形的角根的残部[95]，后方还有耳的残迹。现在我们已经知道了许多这种北方系山羊首刀的完整标本，可以准确无误地判断这种刀对商文化来说是一种外来成分。

　　仅就妇好墓而言，这种外来成分尚有四面铜镜[96]。在殷墟，除这四件镜外，还在 HPKM1005 发现过一件[97]。高去寻对铜镜在殷墟是外来成分的见解持否定的倾向，由文献来推测铜镜可能源于中原本地。但从现有考古发现来看，殷墟以前的二里头文化和二里冈文化均无铜镜；先周文化和周初的周文化中，铜镜也极少[98]；西周末到春秋初，仍只有上村岭墓地出的三件[99]，浚县辛村墓地出土的一件[100]，以

---

[93] 同注[59]，103页，图版66，1。

[94] 同注[93]。

[95] 同注[58]，图版34，5a。

[96] 同注[59]，彩版12，1、2；图版68，4、5。

[97] 同注[1]，图2，图版2。

[98] 王光永等：《宝鸡市郊区和凤翔发现西周早期铜镜等文物》，《文物》1979年12期，图6、7。同注[16]，图版144。

[99] 中国科学院考古研究所：《上村岭虢国墓地》，科学出版社，1959年，图版23，1、2；图版40，2。

[100] 郭宝钧：《浚县辛村》，科学出版社，1964年，12页。

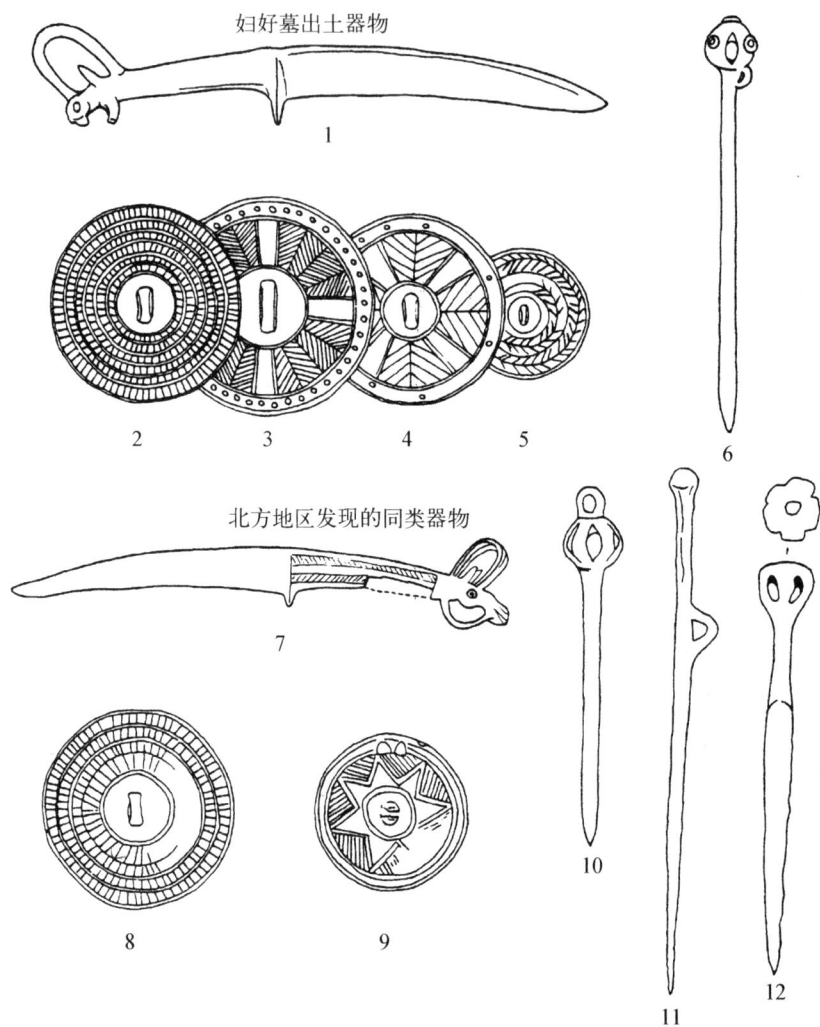

妇好墓出土器物

北方地区发现的同类器物

图三

1～6.妇好墓出土  7.绥德墕头村  8.内蒙古  9.青海尕马台  10.保德林遮峪  11.苏联外贝加尔地区东部  12.苏联克拉斯诺雅尔斯克地区契尔诺科沃

及扶风刘家水库窖藏出土的一件[101]。铜镜在中原地区的流行要晚到春秋晚期以后。但在北方系青铜器的主要分布区内，同类桥形纽的铜镜较早就流行了。以考古工作比较充分的米奴辛斯克盆地为例，在卡拉苏克文化（公元前8世纪以前）中就已经发现不少桥形纽的铜镜，

[101] 罗西章：《扶风出土的商周青铜器》，《考古与文物》1980年4期，图版3，2；图11。

在接着发展起来的塔加尔文化之前期，这种铜镜已很流行，奇连诺娃1967年统计[102]，凡435件（墓中出土者158件）。当然，我并不认为殷墟的铜镜是从米奴辛斯克传来的，这不仅因为卡拉苏克文化的年代上限并不能早到殷墟文化早期，而且米奴辛斯克盆地的这类铜镜是素面的，而殷墟这五件都是有纹饰的。妇好墓中44号铜镜的纹饰和内蒙古旧时发现的一件完全相同[103]，其他三件的纹饰也和北方系青铜器刀、剑柄部和战斧上的纹饰属同一类型。这种纹饰的铜镜，在青海尕马台齐家文化遗址中也发现过[104]。这些铜镜上的纹饰和中原传统的纹饰迥异，正如上村岭出土的铜镜的纹饰和中原两周之际的铜器纹饰迥异，而和夏家店上层文化中北方系青铜器的纹饰一致。由此可见，妇好墓出土的这几面铜镜都是从中国的北方系青铜器分布区传来的。

妇好墓中还有一件"铜铃头笄形器"[105]，从柄首的球铃及铃下的小环纽来看，也是一件典型的北方系青铜器。保德县林遮峪铜器群中的一件"钉形器"[106]与之属同类器物，只是环纽的位置不同。这类器物在遥远的外贝加尔和克拉斯诺雅尔斯克地区都发现过[107]。由于它有供悬挂用的小环纽，可推知是如刀、剑一样挂在腰带上的随身用具，估计是锥具。

虽然妇好墓出土的一刀、四镜、一锥，在该墓全部青铜器中只占很小的比例，但证明商人至少在武丁时代已经使用少量的北方系青铜器。这和战争中掠获的异族之随身携带品意义上又有所不同。由此可见，在整个殷墟范围内出土更多的北方系青铜器是无足为怪的。像安特生发表的传出自安阳的山羊首短剑和罗越发表的传出自安阳的长管

［102］Н. Л. Членова. Происхождение и ранняя истоия племев тагарской культуры. М., 1967. 图版8，1；图版6，4～6。

［103］同注[36]，图版14。

［104］安志敏：《中国早期铜器的几个问题》，《考古学报》1981年3期，图2，11。

［105］同注[59]，图版68，2。

［106］同注[18]，封底里图版3，4。

［107］同注[73]，图1，6。Ю. С. Гришин. Бронзовый и ранний железный век Восточного Забайкалья. М.，1975。

銎战斧，我看并无怀疑之必要。在小屯的正式发掘品中，曾出过管銎战斧的石质仿制品[108]；1975年在小屯村北的F10中出土的所谓"蚌镶"，安志敏也已经指出是管銎战斧的仿制品[109]，这些发现都是耐人寻味的。

　　商文化并非只是简单地借用一些北方系青铜器成品，在商文化自己生产的青铜器中，也反映出北方系青铜器的一定影响。

　　小屯H181的马头刀[110]和M020的马头刀、牛头刀、羊头刀[111]是商工匠模仿北方系动物头饰刀的代表作品。这几件刀在总体造型上与北方系刀子是一致的，只有动物头部的表现方法和典型北方系的不同，而牛、羊角的表现法与殷墟式青铜器上"饕餮"的角是一样的，H181那件的马额上有菱形，也和许多"饕餮"的额部图案一样。四件刀子的动物头均具浑圆的作风，也和北方系的动物头有别。颈下有长孔而无小环纽，也和北方系的习惯作法不同。这些显然是有着自己传统工艺技术和审美观念的商工匠在仿制北方系刀子时流露出的痕迹。

　　比仿制更重要的，是引进北方系青铜器的某种因素以改进自己的工具和武器。

　　中原系青铜器中传统的武器戈和钺，从二里头文化以来，一直是在扁平的"内"上安柄的。但到了殷墟文化的大司空村二期，开始出现了新式的銎内戈和銎内钺，这应该是在不断接触管銎式的北方系武器之后，对改进安柄方式的一个尝试（图四）。但戈作为"钩兵"，受力方向和战斧不同。为了防止援与銎的接触部发生断裂，殷墟式的銎内戈采取了援本增厚的办法。另一种办法是增加援和銎接合部的

---

[108] 李济：《殷墟有刃石器图说》，《历史语言研究所集刊》第二十三本下册，1952年，609、610页。同注[58]，图版32，3。

[109] 安志敏：《西周的两件异形铜兵——略说商周与我国北方青铜文明的联系》，《文物集刊（2）》，1980年。

[110] 李济：《记小屯出土之青铜器（中篇）》，《中国考古学报》第四册，1950年，锋刃31，图版34，1。

[111] 同注[110]，锋刃32～34，图版34，2～4。

北方系

二里冈商文化

殷墟商文化

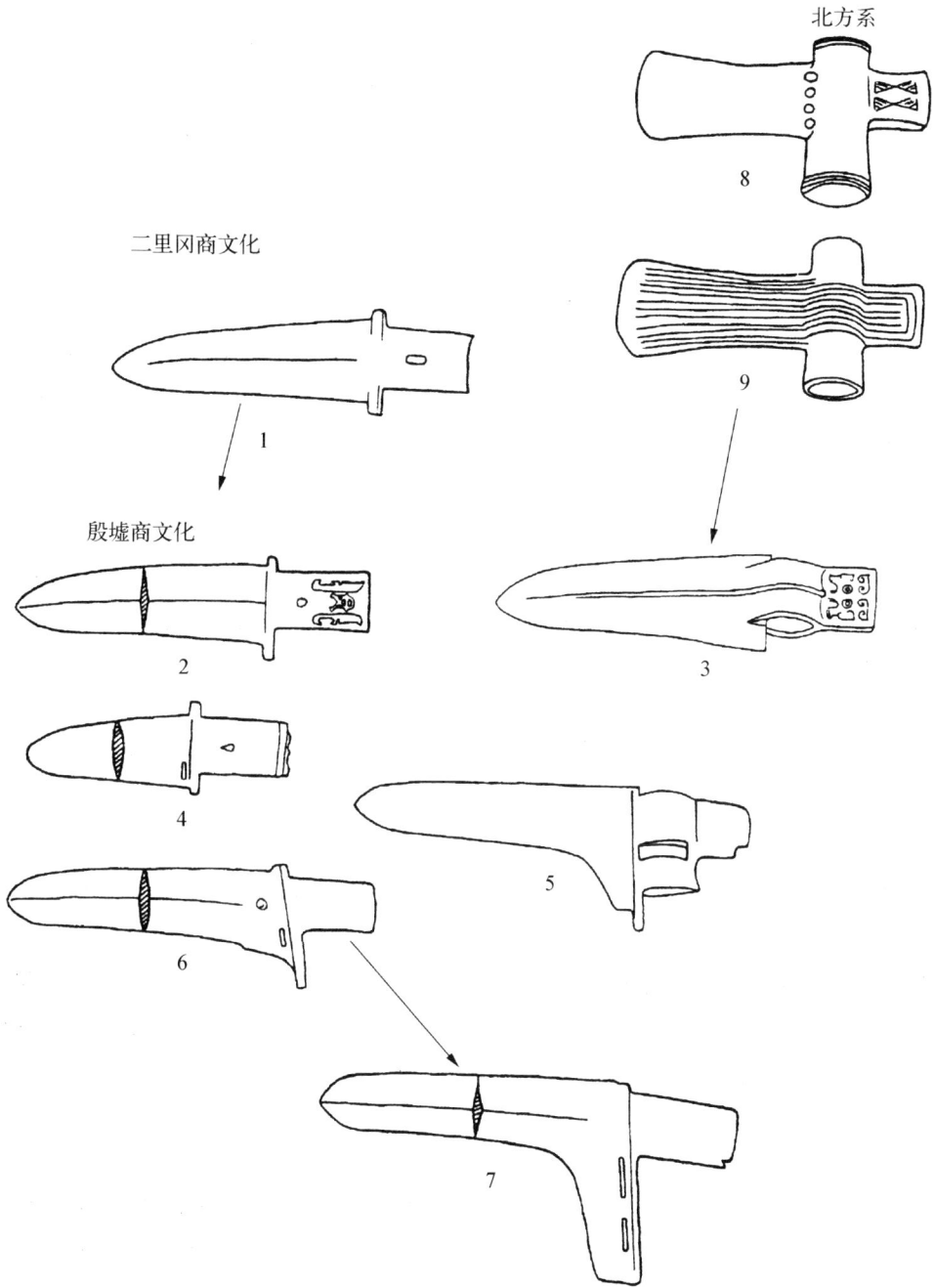

图四  北方系青铜器对殷墟文化之戈的影响
1. 辉县琉璃阁 M123  2. 殷墟西区 M692  3. 妇好墓  4. 殷墟西区 M626  5. 后岗圆葬坑  6. 殷墟
西区 M1129  7. 殷墟西区 M729  8、9. 保德林遮峪

长度而形成胡[112]。但直接抵达木柄的胡并进而在胡上加"穿",则不必有銎也可以很容易把戈头更稳固地绑紧在柄上[113]。这种式样既省铜料,又便于铸造(不必用内范),故銎内武器到周代并未流行,而长胡有穿的形式得到了不断发展。

中原系青铜器的刀,本来是另外加柄的。周代则环首连柄的刀占了绝对优势。其转变期正是殷墟文化时期(图五)。目前,除了二里头文化晚期的那件环首连柄刀外,仅发表过一件二里冈文化的环首连柄铜刀[114],殷墟文化中则自大司空村二期以后渐多,始终和传统的短茎刀并存。环首刀在第一期北方系青铜器中是常见之物。唯一可能早到二里冈文化时期的环首连柄刀也是在偏北的山西夏县发现的。殷墟文化中的环首连柄刀有相当一部分很接近北方系的形式,如妇好墓出土的几件[115],刀身形状和柄部的三道平行凸棱都和青龙县抄道沟、兴城县杨河的北方系环首刀相同,只是刀身和柄的交界处没有凸出于刃缘的小尖突或舌状突。另一部分殷墟文化的环首刀,则在刀身形式上明显地保持了传统的扁茎刀的特点,前部宽而有翘尖[116]。因此,可以推断商文化中的环首连柄刀是从仿制北方系的环首刀进而改造自身的扁茎刀的过程中发展起来的。环首连柄刀有两个优点:柄部和刀身接合稳固,且便于制作;便于随身佩带取用。因而它终于完全取代了传统的扁茎刀,而在中原地区一直流行到铁器时代,并在形式上形成中原系自身的特点。

有些研究者,特别是中国的研究者,往往把中原文化中的一切成分都视为当地古已有之或当地创生的。李济研究小屯青铜器时,就假定一切殷墟发现的刀子都是由当地的石刀演进而成的[117]。实际上,

---

[112] 郭沫若:《安阳圆坑墓中鼎铭考释》,《考古学报》1960年1期,图版4,1。

[113] 同注[112],图版4,2。

[114] 同注[11],图11,1。

[115] 同注[59],图版66,2～6。

[116] 安阳工作队:《1969～1977年殷墟西区墓葬发掘报告》,《考古学报》1979年1期,图69,11。河南省博物馆等:《河南灵宝出土一批商代青铜器》,《考古》1979年1期,图4,5。

[117] 同注[110],图版22,29;图版32,1。

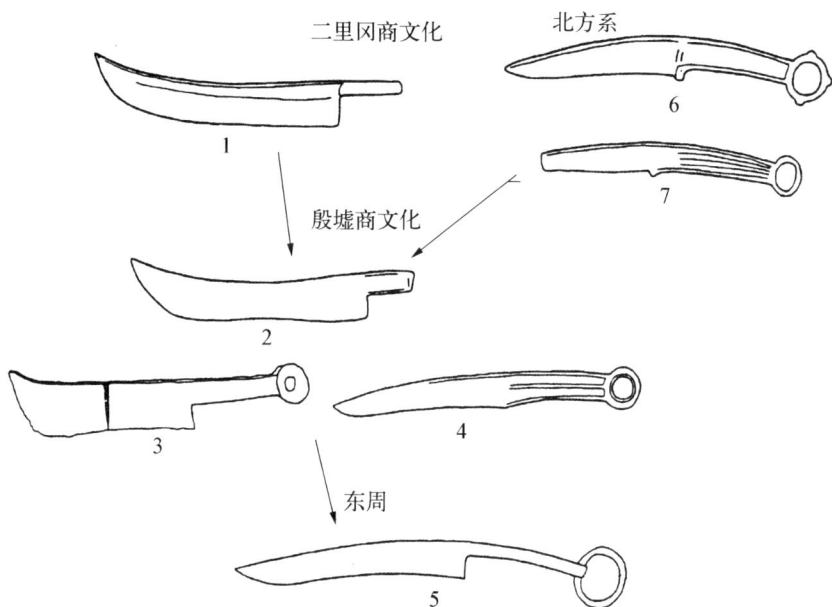

图五　北方系青铜器对殷墟文化之小刀的影响

1. 辉县琉璃阁 M123　2、3. 妇好墓　4. 殷墟西区 M1665　5. 陕县山村岭 M1705　6. 青龙抄道沟
7. 兴城杨河

无论哪一种文化，之所以能经久而充满活力地不断发展，并不在于它一开始就先有了所有好的东西的胚胎，很重要的一个原因，是它能不断从其他文化中引进新的东西，而在实际应用中进行检验和取舍，把有用的成分融合到自身之中。这里讨论的銎内武器和环首刀，仅仅是这方面的一种探索而已。

## 殷墟式青铜器对北方青铜器的影响

在商文化分布区以北的邻近地区，已经发现了一定数量的典型殷墟式青铜器和北方系青铜器共存的例子，在这样的地区划出的一些考古学文化，应是兼有中原系青铜器和北方系青铜器的文化。

黄土高原的黄河两岸是殷墟式青铜器和北方系铜器共存现象最显著的地区。这里发现的殷墟式铜器包括有各种礼器和戈、钺、箭头等武器，而且在数量上占相当大的比例。该地居民不只是接受商文化的青铜制成品，已能在自身文化的基础上对殷墟式青铜器加以改造，像石楼桃花庄和清涧张家坬出土的那种铜簋[118]，就是殷墟所不见的特殊式样。当地的产品有的表现出殷墟式特点和北方系特点交融的性质。举例而言，斗是商文化中一种重要礼器，在黄土高原也发现了年代相当于殷墟文化时期的斗（图六）。绥德墕头村出土的一件[119]，是纯粹的殷墟式斗。石楼县后兰家沟出土的一件[120]，形式和殷墟出土者相同，斗身和柄面的纹饰也是殷墟式的，但在柄首却饰以一蛙，双侧各附一蛇。这种蛙、蛇装饰是我国北方系青铜器特有的动物题材。在商代，见于黄土高原地区的蛇首匕、蛙首匕[121]、蛇首匙[122]和

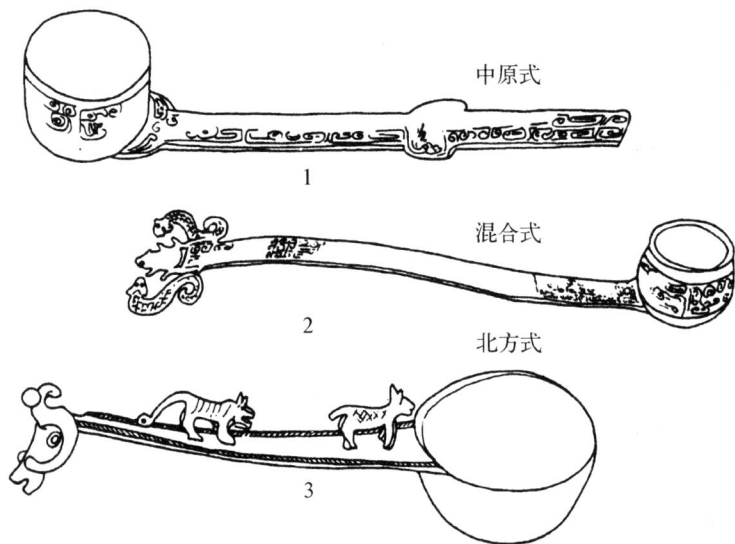

中原式

混合式

北方式

图六　黄土高原的铜斗

[118] 同注[62]，图版40。同注[16]，图版4。
[119] 同注[16]，图版85。
[120] 同注[62]，图版44。
[121] 同注[17]，图6。
[122] 同注[88]。

刀柄[123]，北京平谷县刘家河墓中也出过蛙形铜饰[124]。故后兰家沟的这件斗是混有北方系成分的。清涧解家沟出土的一件[125]，长度和后兰家沟那件差不多，但斗柄接在斗的口沿上，斗大而浅，和殷墟式斗有别，除柄面上的立虎略似殷墟兽形风格外，柄面的花纹和柄首的绵羊头纯粹是北方系的作风。因此，它可以视为在殷墟式铜器影响下产生的北方系特有的斗。

殷墟式青铜器正是以这样的地区为中介，影响到没有殷墟式青铜器的广大地区。

殷墟式青铜器对北方系青铜器的影响可分为两大类，第一类是使北方系已有之物混进殷墟式的成分而发生变化，第二类是使北方系中本来没有的东西，从无到有。

作为第一类情况的很好的例子是"啄戈"的产生（图七）。在北方系青铜器中，与管銎战斧同时存在一种管銎的啄。它藉尖喙进行杀伤，是后来北方系青铜器中的"鹤嘴锄"的前身。这种武器在伊朗有断为公元前2300～前2100年者[126]，可知其出现年代甚早。在我国，1953年大司空村M24出过一件[127]，可定为商代后期；甘肃灵台白草坡M1出过一件[128]，可以定为西周早期。前一件原报告名之为"铜斧"，高去寻则认为"可能是长方形具銎铜斧（按：即管銎战斧）与戈头的混合体"[129]。实际它并无端刃，非斧；又无边刃，与戈也毫不相干。安特生在河北张家口地区的龙关县汤池口采集到过这类武器的石制品[130]，表明这种与商人传统武器迥异的武器在我国北方是存在的。但在殷墟式铜戈的影响下，出现了真的混有戈的成分的"啄

［123］郭勇：《石楼后兰家沟发现商周铜器简报》，《文物》1962年4、5期合刊，图4。

［124］同注[8]，图10。

［125］同注[16]，图版78。

［126］Н. Л. Членова. Происхождение и ранняя истоия племев тагарской культуры. М., 1967. 34页，图版10、18、19。

［127］郭宝钧：《一九五〇年春殷墟发掘报告》，《中国考古学报》第五册，1951年，图版13，6。

［128］甘肃省博物馆文物队：《甘肃灵台白草坡西周墓》，《考古学报》1977年2期，图13，2。

［129］同注[1]。

［130］同注[110]，图38，a。

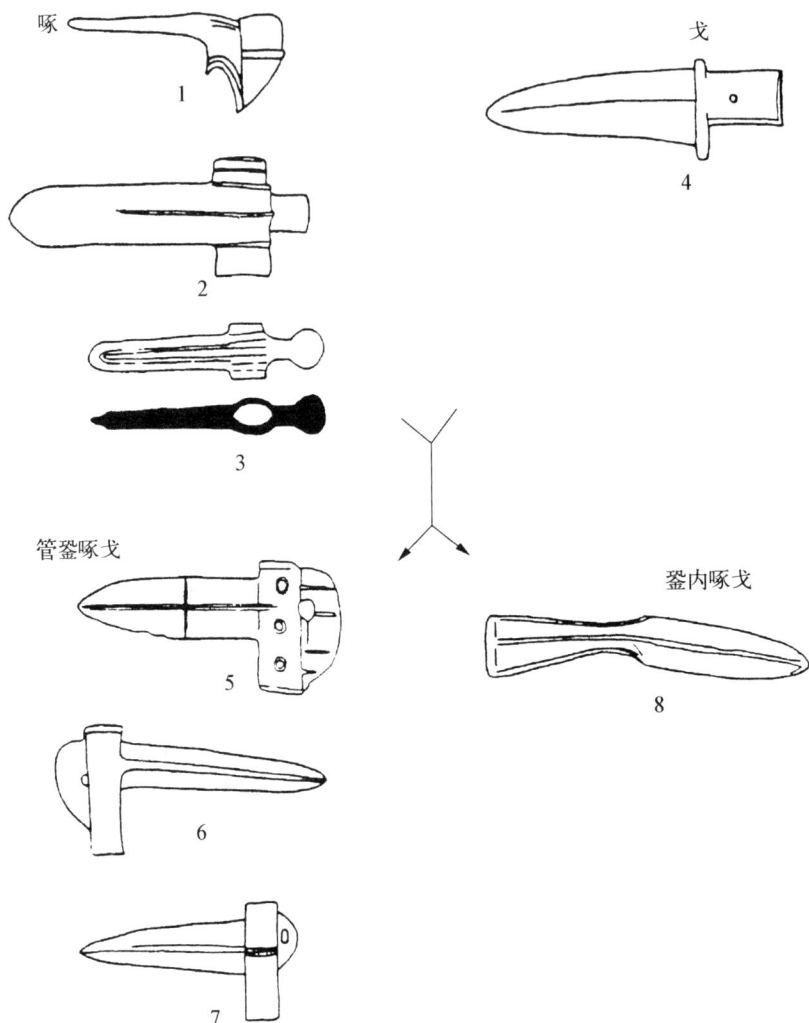

图七　啄与戈的混合产物

1. 伊朗鲁里斯坦　2、4. 殷墟武官村大墓　3. 甘肃灵台白草坡西周早期墓　5. 昌平白浮西周早期墓　6. 外贝加尔基达河　7. 米奴辛斯克盆地　8. 青龙抄道沟

戈"，一种是上文提到的中国北方系青铜器东群中的"銎内啄"，连它的安柄装置也接近殷墟式的"銎内戈"而不是管状长銎了。但其主要作用仍是啄，所以，在白浮西周早期墓中有不安柄而直接握在手中、可像匕首一样插刺的变体[131]，这种"啄戈"似乎只分布于河北

--------

[131] 同注[33]，图8，4；图版3，2。

北部和辽宁。另一种是保持管銎的"管銎啄戈"，在白浮西周早期墓中曾出土一件[132]。这种啄式虽很像戈，但一律有很高的中脊，不便最大限度发挥边刃的钩割功能，主要作用仍在于啄。这种啄戈则曾发现于山西、绥远、外贝加尔、米奴辛斯克盆地[133]，成为广大地区北方系青铜器第一期的代表性武器之一。

　　上述在殷墟文化影响下北方系特有的斗的产生，是第二类情况的实例。一般地说，第一期北方系青铜器的特点之一，就是容器、挹取器之阙如或极度贫乏，黄土高原地区却在殷墟青铜器的斗、匕（石楼桃花庄商代铜器群出有一匕[134]，乃典型中原系之尖首匕，我在山西省博物馆曾见原器）之类器物影响下产生了本地的羊首斗、蛇首匙。而且还产生了有别于殷墟的铜簋。稍晚一些，则在辽宁喀左县小波汰沟之商末周初铜器群中，出现了一件饰有典型北方系三角锯齿纹和粟点纹、顶部作小环纽的器盖（辽宁博物馆藏品）。更晚一些，当西周和春秋之际，在赤峰地区的夏家店上层文化墓葬中出现了各种按本地陶器式样铸造的铜匕、铜鼎、铜豆、铜罐等大型容器（赤峰博物馆还展出宁城黑山墓葬出土的一批，吉林大学文物陈列室藏有同类的铜鬲）[135]。由此可见，从商代起，在北方系青铜器分布区的东南边缘，受中原系青铜器的影响，陆续产生了自身的铜容器、挹取器。有些种类的分布区相当有限，但在黄土高原、燕山地区商代已出现的蛇首匙、羊首匙、铃首匙的影响下，到北方系青铜器第二期，即西周后期到春秋前期之时，铜匙已广布于我国的内蒙古长城地带[136]，直达外贝加尔[137]，成为北方系青铜器东部地区的代表性器物之一。

［132］同注[33]，图6，2；图7，4；图版3，1。

［133］Н. Л. Членова. Происхождение и ранняя истоия племев тагарской культуры. М., 1967. 图版10，1～4。

［134］谢青山等：《山西吕梁县石楼镇又发现铜器》，《文物》1960年7期，42页。

［135］昭盟文物工作站等：《宁城南山根的石椁墓》，《考古学报》1973年2期。

［136］同注[135]，图11，1～5。北京市文管处：《北京市延庆县西拨子村窖藏铜器》，《考古》1979年3期，图2，3。

［137］В. Ю. С. Грищин. Бронзовый и ранний железный век Восточного Забайкалчя. М., 1975. 图版23，11。

　　过去，在研究殷墟式青铜器与北方地区的关系时，青铜弓形器是引起普遍注意的器物之一。对这种弓形器的用途曾有种种推测。根据这种器物在殷墟及西伯利亚的墓葬中均位于死者的腰际，而且在蒙古地区的具人形的"鹿石"上，这种弓形器总是位于腹部的腰带下方[138]，可以肯定它是系在腰带上使用的一种工具。我推测是"挂缰器"，即古代的马车御者或骑马者"用来绊挂马缰而解放双手的工具"[139]。这种器物在东起渤海湾、西达鄂毕河的广大地区均有发现（图八）。

　　目前，青铜弓形器可确定年代者，以殷墟文化大司空村二期的武官村大墓 E9[140] 及妇好墓所出的[141]最早。妇好墓据甲骨卜辞可断在武丁晚期，武官村大墓中木炭的碳十四年代为公元前 1255±160 年，总之，可以早到公元前 13 世纪。另外解放前 YM238 出土的那件[142]，从形态演进序列的观点来看，应早于 E9 和妇好墓出土者。林巳奈夫把 YM238 定为大司空村一期[143]；邹衡却定为"殷墟文化第三期"，相当于大司空村三期[144]。我认为，把 YM238 定为"殷墟文化第三期"的地层依据是有问题的[145]，该墓的整个铜器群和妇好墓的相同，应亦属大司空村二期。这种器物在我国中原地区一直流行到西周早期，即公元前 10 世纪或公元前 9 世纪初，然后就消失了。在米奴辛斯克盆地，青铜弓形器发现于卡拉苏克文化和塔加尔文化早期的墓中，马克西缅可夫据实际发掘资料分析，青铜弓形器在卡拉苏克文化早期

[138] Н. Л. Членова. Об оленных камнях Монголии и Сибпри. — Монгольский археологигеский сборник. М., 1962. 林沄：《关于青铜弓形器的若干问题》，《吉林大学社会科学论丛（2）》，1980 年。Д. Г. Савинов. и Н. Л. Членова. Заладные предлы распространения оленных камней и вопросы их культурно. — этнической принадлежностн-Археология и этнография Монголии. Новосибирск, 1978。

[139] 林沄：《关于青铜弓形器的若干问题》，《吉林大学社会科学论丛（2）》，1980 年。

[140] 同注 [122]，图版 2，3。

[141] 同注 [59]，图版 75，1～6。

[142] 石璋如、高去寻：《小屯》第一本，《遗址的发现与发掘》丙编，1970 年，图版 291，1、2。

[143] 林巳奈夫：《中国殷周时代の武器》，1972 年，附论（一）。

[144] 同注 [5]，图 3。

[145] 胡平生：《安阳小屯 YM238 的时代问题》，《考古与文物》1982 年 3 期。

中国　　　　　　　　　　　　　西伯利亚

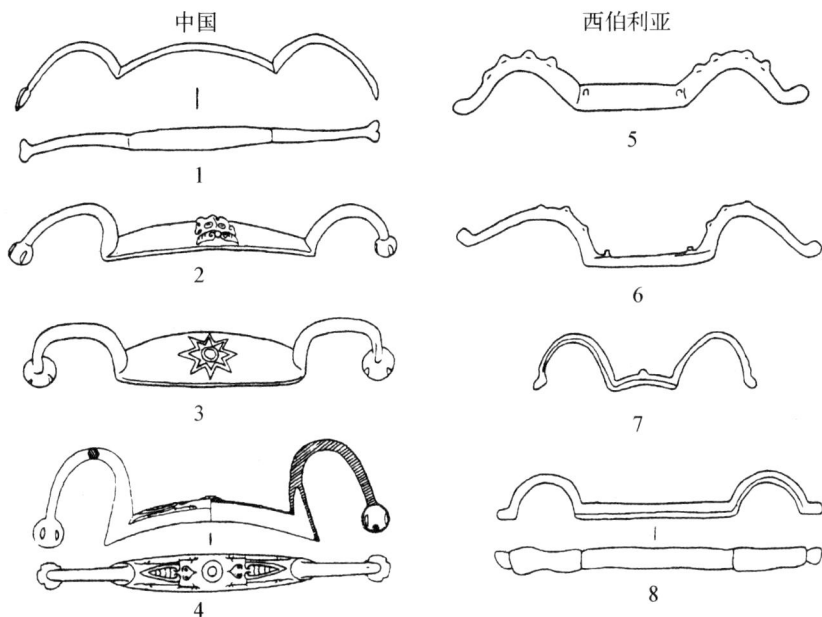

图八　青铜弓形器诸例

1. 安阳 YM238（殷墟前期）　2. 安阳武官大墓 E9（殷墟前期）　3. 安阳大司空村 M175（殷墟后期）　4. 灵台白草坡 M2（西周前期）　5. 阿斯寇兹3号冢　6. 托姆斯克大岬28号墓冢　7. 拉伊科夫古墓葬　8. 萨尔戈夫3号冢

（即卡拉苏克期）的墓中未见，是晚期（即石峡期）墓中才开始有的[146]。石峡期有两个碳十四年代数据，分别为公元前980年和公元前760年，其上限不超过公元前11世纪末。鄂毕河中游托木斯克出土的青铜弓形器，则被科马罗娃定为公元前7～前6世纪[147]。

　　青铜弓形器被吉谢列夫作为殷墟文化对包括卡拉苏克文化在内的广大北方地区诸青铜文化产生广泛影响的重要例证之一[148]。我过去也认为青铜弓形器是殷墟文化的首创之物[149]。现在看来，这些提法是

[146] Г. А. Максименков. Современное состояние вопроса о периодизации эпохи бронзы минусинской котловнны. — Первобытная археология Сибири. Л., 1975.

[147] М. Н. Комарова. Томский могильиик, памятник истории древних племен лесной полосы западной Сибири. — МИА No.24 1952.

[148] 同注[2]。С. В. Киселев. Неолит и бронзовый век Китая. — СА，1960，No.4；С. В. Киселев. К изучению минусинских каменных изваяний. — Историко-археолотический сборник. М., 1962。

[149] 同注[139]。

值得重新考虑的。这是因为：① 青铜弓形器在殷墟文化中刚出现时，就饰以非商文化传统的铃首和马首，反映出北方系青铜器的色彩。唐兰发表过一件故宫博物院藏的青铜弓形器[150]，作双铃首，器面饰平行弦纹，和殷墟式弓形器判然有别，唐兰也认为"是我国古代北方少数民族的"[151]，但他说这件弓形器"时代可能很晚了"是毫无根据的。这件器物的双铃首，使人想起保德县林遮峪商代铜器群中的"双球铃"[152]，这一对"双球铃"正相当于上述弓形器的双臂。这就是说，不仅唐兰发表的那件弓形器的年代可以早到商代，甚至可以合理地推测：弓形器和轭一样是可以用木制的，或仅在双臂上套上铜饰。因此，虽然内蒙古长城地带目前缺乏青铜弓形器的发现，并不能就此断言这一地区弓形器的产生年代比殷墟的青铜弓形器要晚。② 青铜弓形器在殷墟文化中出现后，很快就形成了自己的特点：花纹上用饕餮、蝉纹等，器身普遍作成梭形，在身臂交界处的背面作出小穿孔。而且从武丁时代到西周早期，双臂的弯度逐渐加大。殷墟式青铜弓形器目前所知的最北分布点，只到达河北的卢龙县[153]。米奴辛斯克盆地出土的青铜弓形器饰以纯北方系的连续小方格纹、乳钉纹，器身呈矩形板状，身臂交界处的正面有小凸榫。特别是在相当于西周早期的时代，其双臂弯度仍和殷墟前期的弓形器相似，因此不可能是直接受黄河流域弓形器的影响而产生的。

因此，就目前资料来看，最合理的假设是：弓形器最先创生于邻近殷墟文化的北方地区，先影响到殷墟文化而产生殷墟式的青铜弓形器，在黄河流域器形有较快的发展；而在北方地区保持较原始器形的弓形器，在较晚的时期又传布到米奴辛斯克盆地及更西的地带。如果要说殷墟式青铜弓形器对北方地区的影响，则仅达到河北北部而已。

苏联学者奥克拉德尼科夫还提出过一个有趣的论点：东西伯利亚

---

[150] 唐兰：《"弓形器"（铜弓柲）用途考》，《考古》1973年3期，183页，图3，右5。
[151] 同注[150]。
[152] 同注[18]，封底里图版3，1、2。
[153] 同注[4]，图版80。

大森林南部的"安加拉—叶尼塞式"铜斧,"乃是古代中国殷代样板的变体"[154]。这种空首铜斧的特征是,横截面作矩形、无耳,有相当数量的刃部微成扇形,饰以三角、平行线、圆圈等几何纹[155]。由于在米奴辛斯克盆地、蒙古、内蒙古和苏联中亚地区的广大草原地带,均分布着一种有单耳或双耳、横截面作椭圆形或六边形的铜斧[156],北方森林地区的这种似乎是孤立的地方性特色是引人注目的。奥克拉德尼科夫认为,"安加拉—叶尼塞式"铜斧,在横截面形状和通体比例方面,均和殷墟式铜斧相同,而其上所饰的一对圆圈和下方的倒三角纹是殷墟式铜斧上的饕餮及倒三角形图案的简化,因而可以跳过大草原地带在黄河流域找到其母型。

　　重新估价这一论点时,首先应该指出:殷墟式空首斧是继承了二里冈文化中已经存在的空首斧的。二里冈文化晚期堆积中木炭的碳十四年代,可早到公元前1620 ± 140年[157]。即使单凭文献记载的商纪年,也可以把黄河流域的空首斧推定为不晚于公元前16世纪。在商文化分布区的北沿,据共存器物可确定为殷墟时期的空首斧,目前只有石楼[158]、绥德[159]、灵寿[160]数例。《绥远青铜器》著录了三件同类的斧[161],可惜出土地不明。这些铜斧的确在形制和花纹上和二里冈时期至殷墟时期的铜斧有明显的亲缘关系,可以认为是二里冈—殷墟式空首斧的派生物。而且,正是这些铜斧上的花纹,和"安加拉—叶尼塞式"铜斧的花纹最为接近:倒三角纹、竖向平行弦纹、类似双眼的圆圈、十字纹。

---

[154] А. П. Окладников. История Якутскнй АССР. том 1. М. – Л., 1955, 182页。

[155] Г. А. Максименков. Бронзовые кельты красноярско — ангарских типов. — СА 1960. No.1.

[156] 同 注[79], 图11、42、43、45、61。В. В. Волков. Бронзовые кельты из музеев МНР. — Памятниик каменного и бронзового веков. 1964.图1、10、12。同注[37], 图版35, 1。

[157] 河南省博物馆:《郑州商代城址试掘简报》,《文物》1977年1期。

[158] 同注[123],图6。同注[52],图21之中。

[159] 同注[19],图2。

[160] 正定县文物保管所:《河北灵寿县西木佛村出土一批商代文物》,《文物资料丛刊(5)》,1981年,图6。

[161] 同注[37],集成图1,14〜16。

在更北的地区，现在还缺乏可明确断为商代的铜斧。不过，就内蒙古地区而言，虽然发现过带耳的铜斧，据可明确断为周代中期的夏家店上层文化墓葬中成批的发现来判断，带耳铜斧并未占优势地位，而仍以方銎无耳斧为主。我们知道，在从鄂尔多斯往东到昭乌达盟而北抵外贝加尔这样一个弧形地带，都存在一种肥袋足、饰泥条堆纹的陶鬲[162]，据朱开沟和大甸子的发掘品，其出现时代均不晚于二里冈文化时代。黄河流域起源的方銎无耳斧，可能由这一弧形地带传布到贝加尔湖地区，而在大森林南沿流行起来。这一过程比有耳铜斧在草原地带的广泛流行发生还要早。在有耳铜斧向南影响、使殷墟文化的铜斧和周代前期铜斧也有一部分带耳的时候，东西伯利亚大森林南沿的铜斧却保持了源于华北的古老形式。

所以，奥克拉德尼科夫的论点，直到今天仍可视为一种可取的假设（图九）。

## 卡拉苏克文化和商文化的关系问题

黄河中下游与米奴辛斯克盆地相距甚远，但两地的考古工作都较早就取得重大成果，因而对周围地区的考古发现起着"标尺"作用。所以从前的考古研究首先注意殷墟文化和卡拉苏克文化的相似成分而争论谁影响了谁，是认识过程中的必然现象。

卡拉苏克文化和殷墟文化就陶器群而言是毫无关系的两种文化，引起讨论的相似成分仅限于青铜器。但是，与殷墟文化有相似之处的青铜器在米奴辛斯克盆地出于墓中者并不多，主要是零星采集品。然而这种孤立存在的青铜器，也被用来作为整个卡拉苏克文化断代的依据。因此，偏重于研究青铜器的奇列诺娃，虽然承认最大量的卡拉苏克文化遗存是属于公元前11～前8世纪的，却坚持卡拉苏克文化年代上限可早到公元前13世纪，而最古老的发现物可属公元前14世

[162] В. Ю. С. Грищин. Бронзовый и ранний железный век Восточного Забайкалчя. М., 1975. 图9。

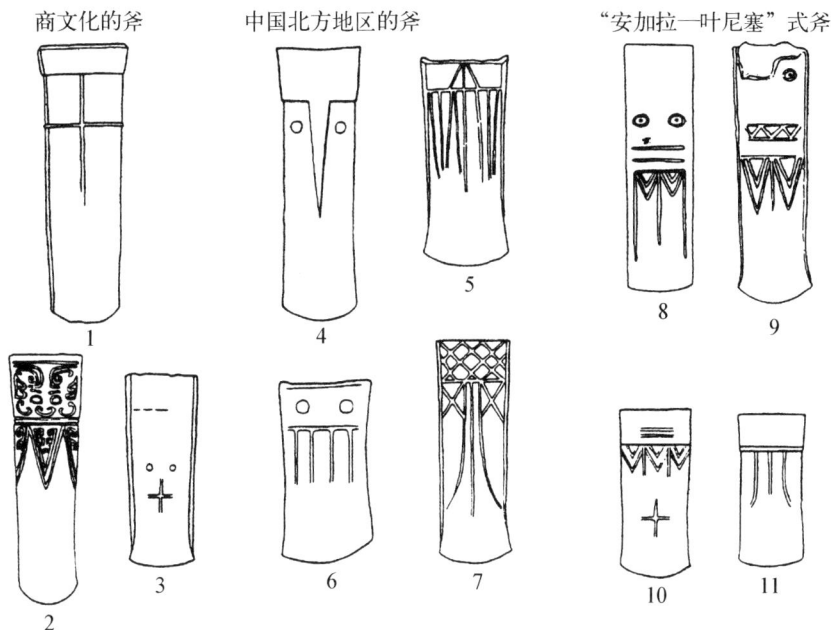

图九　商文化铜斧对北方地区的影响

1. 郑州　2. 安阳　3. 灵宝　4. 绥德　5、7. 石楼　6. 出土地不明　8. 安加拉河上索科洛夫沃村
9 ～ 11. 叶尼塞河流域

纪[163]。应该承认，米奴辛斯克盆地发现的个别青铜器从形式上考察
是可能早到殷墟文化时期的。但它们不出于卡拉苏克墓中，对卡拉苏
克文化的断代就没有决定性的意义。马克西缅科夫着重由科学发掘的
墓葬资料进行分析，是继捷泼洛乌霍夫、吉谢列夫后对米奴辛斯克盆
地古代文化分期研究有重大贡献的学者之一。他把卡拉苏克文化分为
卡拉苏克期和石峡期两个阶段，批评奇列诺娃等人是把不出于卡拉苏
克期的青铜器作为卡拉苏克期的断代依据，并指出像短剑、弓形器、
折背刀等铜器，是在石峡期才出现于卡拉苏克文化的墓中的[164]。由
于马克西缅科夫所定的石峡期的年代上限是公元前 2 千纪和公元前 1
千纪之交，这就在很大程度上从年代上排除了殷墟文化青铜器和卡拉

---

[163] Н. Л. Членова. Хронологии памятников карасукской культуры. М., 1972. Н. Л.
　　　Членова. Карасукские кинжалы. М., 1976.

[164] Г. А. Максименков. Современное состояние вопроса о периодизации эпохи бронзы
　　　минусинской котловины. — Первобытная археология Сибири. Л., 1975.

苏克文化青铜器有直接互相影响关系的可能。

另一方面，越来越多的资料表明，在米奴辛斯克盆地和黄河流域之间，是一个广大的北方系青铜器的分布区，米奴辛斯克盆地只是这个分布区最北的一小部分，黄河流域则是这个分布区的最南缘，而北方系青铜器在殷墟文化时期已经很发达。从这样一种观点出发，殷墟文化的青铜器和卡拉苏克文化墓葬中出土的青铜器之所以有一些相似之处，应该理解为：北方系青铜器先传入殷墟文化的分布区并影响了一部分殷墟式青铜器，也传到米奴辛斯克盆地，在稍晚的时代为卡拉苏克文化所采用。而卡拉苏克文化所采用的北方青铜器，主要是西周时代的。这样，卡拉苏克文化采用的北方系青铜器和殷墟文化采用的北方系青铜器虽有相似之处，实际上可以观察到因时代演进而发生的变化；而如果把卡拉苏克文化的青铜器和受北方系影响下产生的殷墟式青铜器比较，则除了时代性差异之外，还有地域性的差异。

当然，这样又会提出一个问题：分布于广大地域的北方系青铜器的共同成分究竟是起源于何地的呢？

我觉得，从目前研究的进展来看，北方系青铜器中的每种共同成分是有不同的来源的。例如，背部呈磬折状的折背刀，的确应如诺夫戈罗多娃推断的，是起源于贝加尔湖地区格拉兹科沃文化和米奴辛斯克盆地奥库涅沃文化所共有的、斜着安非铜质柄的铜刀[165]。它后来成为北方系青铜器分布区中广泛流布的形式之一，既见于南西伯利亚，也在殷墟有个别的发现。而管銎啄戈，则可能源于伊朗高原年代最早的啄。但是，肯定受到商文化特有的戈的影响而产生这种混有戈成分的啄，又流行于北方青铜器广大分布区中。因此，我们虽然尚不能查明北方系青铜器的每一种成分的来源，但大体上可以设想这样一种图景：中央亚细亚的开阔草原地带，是一个奇妙的历史旋涡所在。它把不同起源的成分在这里逐渐融合成一种相当一致而稳定的综合体，又把这种综合体中的成分，像飞沫一样或先或后地溅湿着四周地区。

---

[165] Э. А. Новгородова. *Ножи карасукского времени из Монголии и Южной Сибири.* — Монгольский археологический сборник. M., 1962.

　　不考虑中央亚细亚草原地区的这种历史作用，在讨论卡拉苏克文化和殷墟文化的关系时，是难以作出正确理解的。

　　最后，附带说一下罗越在1949年就提出的塞伊玛式青铜器影响殷墟青铜器的论点[166]。吉谢列夫在1959年来华时曾对此作了发挥[167]，但他在中国较具体地认识了二里冈文化的青铜器之后，在返苏后发表的论文中对此有了些修正[168]。然而他立论的基点是塞伊玛式青铜器的年代早到公元前十五六世纪，较殷墟文化为早，他死后发表的遗作中仍持此见[169]。苏联考古界目前也有些研究者采用这种年代推断[170]。塞伊玛式青铜器是分布在西伯利亚到东欧之森林草原和森林区南沿的一种遗存，兼有东方"卡拉苏克式"的成分（如柄首为动物的弧背刀）和西方"安德罗诺沃—木椁墓文化"的成分（如短剑）。单就米奴辛斯克盆地的文化分期表来说，安德罗诺沃文化是早于卡拉苏克文化的。但早已公认：当米奴辛斯克盆地安德罗诺沃文化已被卡拉苏克文化取代时，在盆地以西的广大领域内，安德罗诺沃文化一直继续存在到公元前1千纪初。近来，苏联学者契尔耐赫在《苏联境内早期金属时代冶金业的分区和分期》这一综合研究论文中，把塞伊玛式青铜器作为"中央亚细亚区"和"欧亚区"接触地带混合有东西方成分的代表，认为它时代上同卡拉苏克文化平行，其含有卡拉苏克的成分应视为东方"中央亚细亚起源之影响的明显证据"[171]。这种观点，代表了相当一部分苏联考古学家在实事求是的认识过程中达到的新认识。因此，我认为所谓"塞伊玛文化"对商文化的影响，实际上已经是一个"过时"的话题了。

---

[166] M. Loehr. "Weapons and Tools from Anyang and Siberian Analogies". *American Journel of Archaeology* LⅢ No.2 1949.

[167] 同注[2]。

[168] С. В. Киселев. Неолит и бронзовый век Китая. — СА, 1960, No.4.

[169] С. В. Киселев. Бронзовый век СССР. — Новое в советской археологии. М., 1965. 51、52页。

[170] О. Н. Бадер и В. Ф. Черников. Новый Могильник сейминского типа на Оке. — СА, 1978. No.1.

[171] Е. Н. Черных. Металлурчигеские провинчии и периодизация эпохи раннго металла на территории СССР. — СА, 1978. No.4. 78页，图2。

# 余　　论

从中国考古学的角度来看，在首先认识了黄河中下游为中心的商周文化之后，开始逐步认识到北方地区还存在着与中原青铜器有别而自成一系的青铜器，进而认识到这种北方系青铜器至少在商代后期就已经分布在现时中国国境以外很大的一片地域。

目前的研究已可以确定，商文化青铜器和商代北方系青铜器是彼此独立的两个系统，但又互相渗透，彼此丰富了各自的内容，推进了各自的发展。因此，即使单就研究商文化本身而言，如无视商代北方系青铜器的存在，对商文化的青铜器也无法作出正确的理解。

然而，"北方系青铜器"是在认识过程中产生的一个相当笼统的概念。分布于广大地理范围内的北方系青铜器，在不同的地区因不同的历史传统和不同的外界影响，在共性之外都有一定的差异性，按现在惯用的方法，应该是以研究陶器群为根本手段，划定明确的考古学文化，从而把青铜器分别归纳为"某某文化的青铜器"。这样看来，似乎提倡"北方系青铜器"这一概念是多余之举，甚至有害无益。

然而，目前的实际情况是，可确定为商代的北方系青铜器已经发现了不少，但除了在商文化的遗址和墓葬中的个别发现外，它们几乎不同陶器有确定的共存关系。北方地区相当于商代的有陶器的遗址和墓葬也已经发掘了一些，但在这些发掘中尚未遇到一件典型的北方系短剑、战斧和刀子。虽然邹衡按相同分布区和相同时代的原则，把黄土高原出土的北方系青铜器均归为光社文化，把冀北地区的北方系青铜器归为夏家店下层文化，但毕竟缺乏直接的证据。当然，我相信商代北方地区有发达陶器的诸文化是应该有青铜器的。他们除了采用商式青铜器外，自然也可以采用北方系青铜器。但是，是否另外还可以作这样一种设想：在使用和商文化有某种相似性的陶器和生产工具的这种定居的农业人民之外，在北方地区还活动着使用北方系青铜器而因主要采取游动的生活方式（例如流动的牧羊业）故陶器很不发达甚至不用陶器的人群。正是因为他们越来越频繁地往来穿插于邑落尚颇稀疏的农业居民之间，并与定居者发生战争、交易等接触，以及征服、同化等融合过程，才使北方系青铜器在颇大的范围内出现普遍的一致性。那么，全凭陶器群划分考古学文化的方法就有一定的欠缺；以同时同地的原则把一切青铜器都归为定居者文化的原则也并非绝对可靠了。我想，如果我们在注意与北方系青铜器共存的陶器之外，还能特别注意采集和鉴定共存的人骨，或许可能为解决上述问题找到新的突破口。

1982年5月4日于长春

1983年5月28日修订

1982年9月在美国火奴鲁鲁召开的"商文化国际研讨会"上宣读的论文。1986年以英文发表于张光直主编的《商代考古学研究》，耶鲁大学出版社。载《考古学文化论集（1）》，文物出版社，1987年。后收入《林沄学术文集》。

# 马其顿城堡、元碑和辽金砖塔

## ——永宁寺考古史漫话

在黑龙江下游，阿姆贡河流入黑龙江的河口对面的高崖上（现苏联境内），有明代修建的永宁寺遗址。永宁寺始建于永乐十一年（1413年），重建于宣德八年（1433年），是明代在黑龙江和库页岛设立奴儿干都司进行统治的重要历史见证。

1433年重建的永宁寺颓圮于何时，已不可考。作为考古遗迹而出现于文献记载，则是17世纪后期的事。

1675～1676年作为俄国使节而来过中国的斯帕法里，在1678年写成了一部题为《名为亚细亚而包括中国在内的世界第一大洲记》的手稿，在《中国及其疆界有怎样的边限和何等宏大》一章中，有如下记述："20年前在阿穆尔河（即黑龙江）上及阿穆尔河入海口同中国人打过仗的我国的哥萨克们说：从阿穆尔河入海口溯航二日，有一处在悬崖上似经翻掘过的地方。在该地发现重逾21普特（1普特约合16.38公斤）的中国钟，还有三处发现石碑上的中国文字。而异族人告诉我国的哥萨克：在古代某个中国皇帝从海上到达阿穆尔河上，为了标志和纪念，在该地留下了钟和文字。"

这段记载显然说的是永宁寺遗址。

这部手稿直到1910年才在喀山出版，但荷兰人Witsen在1692年于阿姆斯特丹出版的《东鞑靼之北部》第二卷中，已采用了这段记载，可见这一手稿当时已有抄本流传到西欧了。

从1675年上推20年，正是俄国殖民强盗别凯托夫、斯捷潘诺夫领着哥萨克在黑龙江上的库马拉堡遭到清军围攻之年，在清军撤离后，他们又顺江流窜到黑龙江下游的"吉里亚克人之地"（俄称"吉里亚克"即永宁寺碑之"吉列迷",今俄国境内之尼夫赫族),在那里强索貂皮,并筑堡过冬。正是在这种情况下,他们在阿姆贡河口见到了永宁寺遗址,并从当地居民中得知古代的"中国皇帝"早就到过此地。

随着中国军队在黑龙江上开展对俄国入侵者的军事斗争,在我国文献中也出现了有关永宁寺遗址的记述。1658年至1683年生活于宁古塔(今黑龙江省宁安县)的吴兆骞(清初诗人),在他当时作的《送阿佐领奉使黑斤》一诗中就提到了"曲栈荒林纷积阻,剥落残碑昧今古"。此诗自注中提到"老羌(俄国哥萨克)屡侵掠黑斤(今赫哲族,即俄国今称之那乃族,并包括今苏联境内之乌尔奇族)、非牙哈(即俄称之'吉里亚克')诸种,宁古塔岁出大师救之,康熙三年五月,大将军巴公(巴海)乘大雪袭破之于乌龙江(黑龙江),自是边患稍息"。而他为送巴海出征的《送巴参领》一诗中又写道:"迹荒青海外,驿断雪山西,上将铭功处,残碑待尔题。"吴兆骞诗中的"剥落残碑"显然是指永宁寺碑。所以,在康熙三年(1664年)以前,黑龙江下流,阿姆贡河流入黑龙江河口对岸处有古碑的消息已经传到宁古塔。

在17世纪末中俄双方的记载中,永宁寺遗址都只是时代不明的古迹,不过在当地居民的记忆中,肯定了它是中国的中央政权所建的。所以它在俄国殖民者向黑龙江下游野蛮侵略时,向他们宣告这一地区并非历史上的"无主地带"。但这一消息传到有学问的俄国人中,却出现了十分荒唐可笑的"改造"。

17世纪至18世纪初的俄国学者列蓂佐夫编了一本很有名的《地图集》,在第23号图即"西伯利亚的城市和土地"中,在黑龙江入海口附近的左岸,简略地画出了一个带有尖顶塔楼的城堡,并标有如下题记:"亚历山大·马其顿王到达该地,并埋藏火枪与置钟。"在该城堡旁还画出一个圆形物,用以表示题记中提到的钟。

显然,这座有钟的城堡,就是哥萨克发现有300多公斤重的大钟的永宁寺遗址。虽然永宁寺遗址是在黑龙江右岸而非左岸,但对于不知道黑龙江下游实际地理情形的列蓂佐夫来说,根据哥萨克简略的报道，只要把这一遗址画在离黑龙江入海口不远处的江边也就是尽了努力了。然而，古代中国皇帝到达黑龙江的传说，却是列蔑佐夫这样的博学之士所不能接受的。他宁肯相信在17世纪俄国文学中异常流行的有关希腊名王亚历山大·马其顿（公元前336～前323年）远征到世界尽头的翻译故事，认为把太平洋沿岸当作亚历山大到达的世界尽头是合适的。这固然从一个侧面反映了俄国历史地理学的水平还很低，但这种学术上的幼稚恰恰可以摆脱中国皇帝到过黑龙江的不愉快话题，所以，永宁寺遗址就变成了"马其顿的城堡"了。

当然，在那个时代，中国学者中也没有人对永宁寺遗址达到应有的认识。杨宾在《柳边记略》中说："己巳年（1689年，即《尼布楚条约》订立之年），人传飞牙喀（即前引吴兆骞诗序中之非牙哈）一碑，本属汉文而译为满，不能录其大要。其地为二岗国，十年教养之后立此碑版……又有都指挥同知官名。"可见由于当时我国肯定有人实地看到过永宁寺碑的碑文，而将片断的文句流传到东北内地。只是原铭中的"奴儿干"在杨宾的转述中成了"二岗"这样的不确切音译，然而当时对于永宁寺遗址的性质和年代尚无条件作进一步的探索。后来，在乾隆元年（1736年）编撰的《盛京通志》卷十五载有"海边古城"，即在宁古塔"城东北三千余里，在混同江（指同松花江合流以下的黑龙江）东南入海处，城外有元时石碑，路远莫考其详"。这里提到的"古城"很可能就是曹廷杰（清末学者）后来踏查过的永宁寺以东的奴儿干都司治所遗址。而永宁寺碑则可能由于传闻其上有蒙古人名或蒙文铭刻而被误定为"元碑"。乾隆和嘉庆年间二次修的《大清一统志》则均载有"殿山，在宁古塔城东北二千七百二十里，上有二碑"，未能作进一步考证。

到了1809年，日人间宫林藏至黑龙江下游"探险"，在访问清政府设于德楞的"赏乌绫木城"后返回时，曾在江船中遥望永宁寺遗址，并在《东鞑纪行》一书中留下一段记述："昔俄罗斯贼由洪科河（即阿姆贡河）乘船而下，至此地筑室傍夷而居，以掠夺其物产，而欲吞食此地。为满洲夷所败，遂自此地逃亡。其时贼夷于河岸之高处建立黄色之石碑二座，林藏自舟中眺望之，不知是否镌有文字。众夷至此处，每持所携之米粟草实散布河中，向此碑遥拜。其意如何，不得知也。"

间宫林藏的记述中，把二碑说是俄人所建，显系不通当地语言而于传译之间听闻有误。但他是头一个记载了当地土著居民对废圮后的永宁寺仍然进行礼拜的人。

1855年，俄人帕尔米金到永宁寺遗址实地考察，他在1856年出版的《帝俄地理学会西伯利亚分会会刊》第二本中发表了《阿穆尔河航行志》，报告了考察的结果："在帝尔村（按：尼夫赫语称岩崖为'帝尔—巴哈'，帝尔村由此得名）中的吉里亚克人顺便转告我的译员，在离村一俄里的阿穆尔河右岸上，有一些石头的遗迹，这一消息特别使我感兴趣，于是我立意要去看看它们，画下并记述它们。"

6月24日，他和吉里亚克人一起乘船到达该遗址。

"离帝尔村不到一俄里（1俄里 = 1.06公里），巨大而陡峭的悬崖突入江中，而在其开敞的崖顶，使我惊讶的是真的看到了妙不可言的古迹。其中第一个高2俄尺（1俄尺 = 0.71米），竖立在离河岸两步远的地方，它的底座为花岗岩所制，而上部则以灰色的细粒大理石制作。碑身呈不规整的矩形，上部略为浑圆：它的两个宽面上各刻四个字，在这些字的下面有成行的小字；在石头的两个侧面也各刻两行字"（图一）。

"第二个遗物位于离第一块出色的有文字的石头四步远的地方，离河岸则为一步远。看来，它原是由三部分构成：八角形的底座和两根柱子，一一相叠，彼此用榫固定。岁月，可能还有人

图一　帕尔米金绘之永乐碑

为的因素，毁掉了柱的上部，使它塌入河中。而且，在居民中有这样的传说：当俄罗斯人头一次经过之时，推倒了这些遗物，可是满洲人重新恢复了它们。这个石柱为斑岩所制，其上没有任何铭刻"。

"离该柱五步远处有第三个遗物，跟第一个相像而且大小一样。它用细颗粒的灰色花岗岩凿成，下部稍稍宽展；在宽的向着阿穆尔河的那面上有文字。更远处，离这些遗物150俄丈（1俄丈约合2.134米）远，在陡然插进江中的狭窄的岬地上立着八角形的柱子，跟第二个遗物相仿。这个柱子也由三部分构成，彼此有相当明显的区分。顶上那部分作成瓶形，但其上没有任何文字"（图二、图三）。

图二　帕尔米金绘之八角石柱　　　　图三　帕尔米金绘之宣德碑

"……必须承认，它们是由高手制作的。特别使我诧异的，是在花岗岩上如此清晰地刻出笔画相当细的文字，就连现代最好的匠师也难以刻成这样。凿出这些石块的原料就在阿穆尔河岸上。斑岩的遗物是用它们竖立在其上的同一种斑岩石崖所造的。大理石和花岗岩则在稍远之处。我为了按尺寸比例摹出遗物的精确图形并同样地摹下文字而费了很大的劲……"

帕尔米金的报道中，首次提到了17世纪哥萨克强盗对永宁寺遗址进行破坏的可耻罪行。由此推想，大钟之所以消失，很可能是哥萨克第一次经过该遗址时就当作财物而劫回他们的巢穴。否则，他们不会对钟的重量有如此具体的了解。至于他们当初见有三处石刻文字，究竟是把"永乐碑"的正面和反面算作两处，还是另有一处石刻遗物而被他们推入江中，目前只能是一个历史之谜。

在回到伊尔库茨克后，帕尔米金把他画的图交给了舍契夫斯基，后者断定这些遗迹"属于元朝时期"。据帕尔米金说："（舍契夫斯基）自己从吉里亚克人中听说，在遗迹的稍靠上游之处，在山上曾建有不大的庙宇，庙的痕迹现在已经看不出来了。他在古代石碑上认出来的一些文句，更清楚地证明了这一点。他发现刻在石上的古藏文（按：实际是梵文）和蒙文，并把碑铭归结为喇嘛教的祈祷文。"帕尔米金还请教过蒙古族喇嘛苏里顿·巴特马耶夫，他也在帕尔米金的摹本中读出了大明陀罗尼真言。

1859年在纽约出版了美国人柯林斯所著的《黑龙江顺航记》，书中报道了他继帕尔米金之后到达永宁寺遗址实地考察的情况。1861年英国人拉文斯坦因在他著的《俄国人在黑龙江上》一书中，把1861年以前所有西方人对永宁寺遗址的报道和研究作了一个综述。除了帕尔米金详细报道的二碑二柱之外，"在高平之处，在诸纪念物后不远，可以见到古代墙垣的遗迹，高九至十英尺，有数块方形石散布，石上由一头到另一头刻有一道一英寸深的沟，可能直到现在仍时而被吉里亚克人在祭祀时使用。土人以崇敬之心看待该地；萨满巫师在此地进行他们的宗教仪式，柯林斯还发现一些石块上有作成花形的薄木片"。

由此可知，哥萨克当年说永宁寺遗址是一处"翻掘过"的地方，是指当地留有墙垣等遗迹。而舍契夫斯基相信"庙的痕迹现在已经看不出来"，是并未实地勘察的错误判断。

当时，西方学者对永宁寺遗址的看法，已经从"马其顿的城堡"之类的荒诞神话中解脱出来，认识到是一个寺庙遗址。但帕尔米金本人不识碑文，他的摹本只摹了碑额和碑侧，而且有错误，别人根据这样的摹本自然不能作出正确的判断。在拉文斯坦因的书中写道："我们由这纪念碑上的两种铭文得知，从前此地曾立有寺庙。解释铭文的阿瓦库主教认为，它们是某些不太精通中文文法的蒙古喇嘛所为，本应是'永宁寺记'，亦即'永久安息之寺庙的铭记'，却写成了'记永宁寺'。在碑后有同义的蒙文铭记。在左侧，是梵文的'唵—嘛呢—叭弥—吽'，接着是中文'大元之手力广布'，意即'伟大的元朝普及其有力之手于各处'。同侧第二列，'唵嘛呢叭咮吽'一语被译为中文及尼格兰文。"

实际上"永乐碑"的题额本来是"永宁寺记"，被帕尔米金误摹为"记永宁寺"。而碑侧本来是梵文、女真文、汉文和蒙文的大明陀罗尼真言，但是当时西欧学术界对女真文毫无所知，因而把女真文"唵嘛呢叭咮吽"的不精确摹本误读为汉文的"大元之手力广布"了。因此，他们把永宁寺遗址定为元代，并未超过100多年前《盛京通志》把永宁寺碑定为"元时石碑"的水平。

正确地认识了永宁寺遗址的性质和年代的头一个学者，是我国的曹廷杰。他在光绪十一年（1885年）到永宁寺遗址实地考察过。在此之前，他在《东北边防辑要》原稿（据北京图书馆藏嘉业堂抄校本）中，已经提到黑龙江下游有"碑额曰永宁寺"的古碑，并指出："今三姓人贸易东海者多知之，亦多见之。惟王守礼、守智兄弟亲至碑所，思拓其文，因被俄夷禁阻未果。故其弟守信能为余述其详云。"由此可见，在1885年以前，中国识字的商人曾有亲至永宁寺遗址考察者，中国方面也早已知道石碑乃是永宁寺的碑记。但因未有拓本传入中国，无法进行详细研究。

曹廷杰在永宁寺考古史上最大的功绩有二。第一大功，是首次手拓了二碑的碑文各六份。据《库页岛志略》引甘药樵《明奴儿干永宁寺二碑跋》记载："一呈希侯（指当时清政府大臣希元），一呈枢府（指军机处存档），一呈总督（可能指吴大澂），一自藏。余二本为喇嘛（指永宁寺遗址当地的俄国东正教教堂的教士）持去呈俄政府。海内无第五本，盖彝卿（即曹廷杰）自述如此。"曹廷杰本人由拓本对汉文碑文进行的研究，明确了二碑是明代遗物，"皆述太监亦失哈征服奴儿干及海中苦夷事"。进而指出"论者谓明之东北边塞尽于铁岭、开原，并谓《明实录》、《明会典》诸书所载四百五十八卫皆属空名，今以此碑证之，殊不足据"（《特林碑说》）。稍后，在1906年圣彼得堡出版的《俄国考古学会东方分会会刊》第16卷中，发表了俄国汉学家波波夫的《论帝尔遗迹》，也对碑文进行了考释，所据的正是传到俄国首都的曹氏手拓本。根据他识出的汉文字句，他也理解到明朝皇帝渗入黑龙江下游并在该地想巩固自己的势力，但他和后来其他谈到永宁寺碑和永宁寺遗址的俄国学者一样，只肯承认明朝有此企图而解释为一种终于失败的枉然努力。

曹廷杰的第二大功，是他通过细心考察，发现了与永宁寺遗址有密切关系的明代奴儿干都司遗址。在他的《西伯利东偏纪要》中记述："由特林（按：居住在阿姆贡河的涅基达尔族称河岸边之高地为'特林'，我国文献中称永宁寺所在高崖为'特林崖'实源于当地之涅基达尔语）喇嘛庙（按：指1880年俄人在永宁寺废墟上所建的东正教教堂）西北下山，沿江行里许，有石岩高数丈，上甚平旷，有古城基，周约二三里。街道形迹宛然，瓦砾亦多。今为林木所翳，非披荆履棘不能周知。"这一发现非常重要，因为由特林崖北面下山而沿江行，势必向东行，故此古城基必在永宁寺遗址的东北。永宁寺"永乐碑"碑文在叙述永乐九年"开设奴儿干都司"之后，接着说"十一年秋，卜奴儿干西……山高而秀丽……造寺塑佛"，则此位于寺东北之古城，当为明代奴儿干都司治所无疑。

曹廷杰到达永宁寺遗址的时候，其地已因不平等的《瑷珲条约》而属俄凡20余年，在永宁寺寺基上已建立了俄国教堂，遗址遭到进一步的破坏。但当曹廷杰拓碑时，"有喇嘛（指俄国教士）铺拉果皮与土著济勒弥种（即吉里亚克人）六七人在旁观望，均谓此碑系数百年前大国平罗刹所立，士人以为素著灵异，喇嘛斥之"（《西伯利东偏纪要》）。所谓"大国平罗刹所立"之说当然是一种误传。但由此可知，明朝政府建立的这座寺庙，直到19世纪末仍在当地土著居民中保持着经久不衰的崇敬心理，这实在是俄国侵略者所烦恼的事情。

在曹廷杰之后，中国学者再也没有实地考察这个遗址的机会。倒是日本学者鸟居龙藏曾于1919年、1921年、1928年三次到过该地调查。但在他第一次到达特林崖时，两座石碑已被俄人用船运到海参崴博物馆秘藏，完整的那个石柱，则在企图运走之际"因处于丘陵绝壁之尖端，乃坠入江中，遂致沉于水底"（鸟居龙藏：《奴儿干都司考》），其他地上遗迹亦已破坏无余。所以鸟居龙藏的调查，仅限于地面采集古代遗物和探询当地居民以了解遗址过去的情况。其调查结果发表于《黑龙江和北桦太》（汉译本名《东北亚洲搜访记》）和《从西伯利亚到满蒙》两书。最后在1947年的《燕京学报》第33期上发表的《奴儿干都司考》一文中作了总结和补充。

曹廷杰当年在永宁寺以东发现的"林木所翳"的古城基，在鸟居龙藏头一次到达以前已变成耕地。鸟居龙藏先后在此地获得陶器破片、青瓷片、米色的白瓷片、宋钱和永乐钱。并由俄人告知，于耕种时曾发现过矩形砖墓，底部铺砖，至于其随葬品则不详。在《东北亚洲搜访记》中，鸟居推测这种砖墓"大抵系明人墓地"。这些报道，进一步证实了该地是明代奴儿干都司治所。此外，鸟居首先公开报道了永宁寺寺址一带有水藻状纹的花纹砖、龙纹及鬼脸纹瓦当之瓦，并在1923年于海参崴博物馆摄得永宁寺碑的照片而公布于世，均不失为有益之举。

但是，鸟居龙藏犯了一个很大的错误。他在伯力博物馆见到了帕尔米金所绘的那个完整的石柱的图像（图二），但始终未能读到帕尔米金的原报告（直到他写《奴儿干都司考》时，仍误将拉文斯坦因书中对帕尔米金、柯林斯等人调查结果的综述，当成是拉文斯坦因引用帕尔米金报告的原文），因此把帕尔米金报告中写得清清楚楚的三截叠合的斑岩石柱，想象成为一座"砖塔"。而鸟居龙藏在《东北亚洲搜访记》中重新发表该图时，却解说为："俄人初到此地所画砖塔之形，此塔今已崩坏。"还硬说间宫林藏当年从江上看到的是塔而不是碑。而且，他以实地考察者的身份，宣称他在东正教教堂以西不远找到了"塔之废基"，且可以根据当地居民的追述，推定此砖塔和其他地上遗迹的原有布局。

只要读一下帕尔米金的原报告，就可以知道：永乐碑（"第一个遗物"）和宣德碑（"第三个遗物"）相距仅九步远，其间则有一残

八角石柱（"第二个遗物"）。被鸟居龙藏当作"砖塔"的那个石柱
（"第四个遗物"）是在离二碑330余米的尖岬上。由此可见，鸟居龙
藏以"实地调查结果"自诩的遗迹分布图，完全是他捕风捉影、向壁
虚造的东西。

　　自从鸟居龙藏虚构了"砖塔"之说后，日本学者就对"砖塔"进
行考证。像京都大学的建筑学权威和田治郎在《满洲建筑》一书中
说："此塔非中国式者，其类似印度之柱，如称其为明代建筑，则不
及视为元代者较是。"和田清在《明初之满洲经略》（载《满洲历史
地理研究报告》第15册）中，则干脆把拉文斯坦因书中发表的两个
石柱之图都说成是"砖塔"，谓其均为元代。鸟居龙藏又辩论说"实
地调查之结果仅有一座砖塔"，在《奴儿干都司考》一文中又论考它
是辽金之塔。

　　当然，奴儿干一名，在元代文献中已经出现。《元一统志》和
《明一统志》中都提到奴儿干城，说是"元废，城址犹存"，并认为
是"辽金之旧"。明代《辽东志》还指出，明代开设的奴儿干都司，
"元为东征元帅府"。所以《明实录》记载永乐七年奴儿干鞑靼头目
忽剌冬奴在奴儿干地区明政府已立卫所之后"复奏其地冲要，宜立元
帅府，故置都司"。永宁寺遗址的"永乐碑"碑文也提到："……开设
奴儿干都司。昔辽金畴（？）民安故业，皆相庆曰：□□今日复见而
服矣。……"所以，永宁寺遗址所在的地区是应该可以发现明代以前
的考古遗存的。但是鸟居龙藏所虚构的"辽金砖塔"，只是徒然在永
宁寺考古中混淆视听，制造混乱而已。应该看到，永宁寺及明奴儿干
都司遗址的地上残迹虽已被俄人破坏无遗，但其地下堆积肯定还是相
当丰富的。有一部分沉入江底的，也始终没有重见天日。俄国的施坦
恩别格虽在特林崖上进行过试掘，在苏联人种学和民族学博物馆、伯
力博物馆、海参崴博物馆保存着一些出土遗物，但据奥克拉德尼科夫
报道，在特林崖上仍保存着分布有序的筒瓦堆积（《关于黑龙江下游
考古遗迹的首批报道——纪念帝尔遗址发现300年》，《全苏地理学会
会报》第87卷4期）。如果能全面揭露这一地区的地下堆积并配合以
"江底考古"，必能对这一地区的历史有更全面而深入的了解。但这

种希望只能寄托于将来。

　　总之，学识上的浅薄、政治上的偏见、个人的臆断都可以在某一部分人中间掩盖或歪曲历史的真相，但不断创造着历史的全体人类，最终必将对自己的历史获得全面而正确的认识。

　　载《黑龙江文物丛刊》1982年1期。后收入《林沄学术文集》。

# 论团结文化

　　把一定的考古遗存同文献中一定的族称相联系，是考古研究者和民族史研究者的共同企望。然而往往因为资料的片断性和方法的不当，这种企望反而造成众说纷纭的混乱局面，并不能得出科学的结论。就东北古代民族史而言，西晋陈寿《三国志》中的东夷部分，是对东北诸族有较明确的相对位置、分布区及文化特征的最早记载。这些记载以三国时代中原人与东北诸族的实际接触中所获的知识为依据，追述的史实多仅止于秦汉之际。但东北考古中文化特征和分布范围已经比较清楚的考古学文化，却绝大部分都是西汉以前的。至于东汉—魏晋时代的考古遗存，除以辽阳为中心的汉族遗存和以桓仁、集安为中心的高句丽族遗存之外，只有很零星的发现，广大地区在考古上尚属空白。文献中较系统的记载和考古上已知的考古学文化既然有这种时代上的脱节，对某类考古遗存是某族的讨论便每因缺乏可靠的基点而有很大的随意性。因此，要对东北古代民族进行确切的探讨，当务之急是加强对东汉魏晋时代东北考古的实际研究，划分该时期有哪些考古学文化，明确其分布范围。从这个意义上说，新近提出的"团结文化"，因其下限已进入东汉，是应该受到充分重视的。

　　由于历史的原因，目前对什么是团结文化有不同的理解，从而对其分布区域和起讫年限的看法也不同。因此，本文拟就如何划定团结文化作进一步讨论，并对有关该文化族属的已有见解再谈一些看法。

一

"团结文化"一称，1979年始见于文献[1]。这类遗存的发现，至少可追溯到1953年吉林省汪清县百草沟新安间遗址的发掘[2]。

发掘新安间的王亚洲等人，把该遗址分为两个文化层。据发表资料来看，上层（即"第二文化层"）出土的陶器，显然具有团结文化的特征。但该遗址只发掘了约45平方米，所以虽在简报中提到了上下层陶器有些差别，仍把整个遗址和新华间的石棺墓地都判断为"同一时期、同一部落"的遗存，并和延吉小营子的石棺墓也混为一谈，认为它们都"可能属于东北古代北沃沮族的文化遗存"，并笼统地把这些遗存的年代下限定到东汉初期。

到了1972年又有两处重要发现。春季，吉林省博物馆在珲春县试掘了一松亭遗址[3]，虽只发掘了41.1平方米，但发现了一座房址，获得了较多的完整陶器和其他遗物，系单纯的团结文化遗存。可惜发掘者仍和王亚洲一样笼统地认为"多与汪清百草沟遗址和延吉小营子遗址所出的相似"。夏季和秋季，黑龙江省博物馆在东宁县大城子遗址进行两次试掘，共发掘165平方米[4]。特别是秋季发掘了一座相当完整的房址（F2），提供了比一松亭遗址更丰富的同类文化的资料。但发掘者在当时并未注意到这批资料跟新安间上层、一松亭遗址的相似性，在报道这批资料时说："从大城子遗址的文化特征和内涵来看，与我省牡丹江流域的东康遗址很接近。"又说："东康遗址同牛场、大牡丹、莺歌岭上层在许多方面是相近的，属于牛场类型文化的晚期遗址。"

1977年黑龙江省文物考古工作队和吉林大学考古专业在东宁县大肚川公社团结大队所在的团结村进行了较大规模的发掘，总面积达

[1]杨虎、谭英杰、张泰湘：《黑龙江古代文化初论》，《中国考古学会第一次年会论文集》，文物出版社，1979年。
[2]王亚洲：《吉林汪清县百草沟遗址发掘简报》，《考古》1961年8期。
[3]李云铎：《吉林珲春南团山、一松亭遗址调查》，《文物》1973年8期。
[4]黑龙江省博物馆：《黑龙江东宁大城子新石器时代居住址》，《考古》1979年1期。

1 300余平方米。上层为渤海时期堆积，下层则为团结文化的堆积。下层共发现房址12座、灰坑2个。出土了大量遗物，并有铁器[5]。从此，这类遗存才被作为一种独立的考古学文化而引起普遍的重视。起初被称为"大城子—团结类型"[6]，进而被命名为"团结文化"。在后来的文物普查和抢救性清理中，各地又有不少新的团结文化遗址被发现。

由于上述的发现和认识的历史，目前对"团结文化"这一概念有着不同的理解。一方面，有的研究者仍然把图们江流域的原始文化笼统地当作一个文化来看，对该地区的团结文化与更早的遗存缺乏明确的区分界限。另一方面，有的研究者继续把绥芬河流域的团结文化遗存和牡丹江流域的同期文化当作同一种文化。例如，杨虎等同志主张在牡丹江流域另立"莺歌岭上层类型"、"东康类型"而与团结文化相区别，但把汪清百草沟、延吉小营子都列为团结文化的代表性遗址[7]。杨志军同志则认为"牛场、大牡丹、东康、东升、大城子、团结等遗址属于同一种文化类型"而统称为团结文化[8]。匡瑜同志把"团结文化"作为他所划定的"北沃沮文化"的同义语，不仅包括牛场、大牡丹、百草沟新安间下层和新华间墓地，甚至连珲春大六道沟、东宁大杏树等新石器时代遗址都包括进去了[9]。究竟应该如何确定"团结文化"的含义和限界，不仅涉及对具体资料的分析，也涉及划分考古学文化的理论认识，实有必要作进一步讨论。

## 二

在认识图们江流域原始文化的过程中，佟柱臣先生曾提出"以延吉小营子为代表的墓葬"和"以汪清百草沟为代表的墓葬和遗址"这

[5] 黑龙江省文物考古工作队、吉林大学历史系考古专业：《东宁团结遗址发掘报告》(吉林省考古学会第一次年会会议材料)，1979年。

[6] 黑龙江省博物馆、黑龙江省文物考古工作队：《黑龙江文物考古三十年主要收获》，《文物考古工作三十年》，文物出版社，1979年。

[7] 同注[1]。

[8] 杨志军：《牡丹江地区原始文化试论》，《黑龙江文物丛刊》1982年3期。

[9] 匡瑜：《战国至两汉的北沃沮文化》，《黑龙江文物丛刊》1982年1期。

两个分类概念[10]，主要用意是要强调前者的时代比后者早。他虽然把百草沟的新安闾上下层同新华闾墓地都归并为一类，却分析了新安闾上层和下层在陶器、骨器和石器方面的差别。后来的研究者往往忽略了佟柱臣先生提出问题的本意及具体的分析，只接受了百草沟的墓葬和居址是同类遗存的看法，因而在许多文献中都对新安闾上下层及新华闾墓地不加区别而统称为"百草沟遗址"。

实际上，从后来的考古发现来看，新华闾墓地和新安闾下层，跟延吉柳庭洞遗址[11]、延吉金谷墓地[12]、汪清金城墓地[13]的文化面貌是一致的。陶器只有筒形罐、盆、碗、杯等较简单的器形，少数有较小的乳突耳或扁耳，个别的碗有圈足，圈足较高的已可称为豆，只有少数的口沿作轻微的曲折（图一）。新安闾上层则与珲春一松亭遗址、珲春原教师进修学校院内遗址[14]、延吉大苏遗址[15]、延吉砖瓦厂遗址[16]的文化面貌是一致的。有圆柱状耳的大瓮和筒形罐、高足豆、甑等较复杂的器形，与前一类遗存有显著差别（图四）。而且，柳庭洞F1内木炭的碳十四年代为公元前1405±155年，金谷石棺墓中朽木的碳十四年代为公元前1545±200年（按：本文引用的碳十四年代数据，均为《中国考古学中碳十四年代数据集》中经树轮校正的年代，下文不再一一注明），约当商代；大苏遗址居住址出土的木炭的碳十四年代为公元前340±80年，约当战国。可见，上述两类遗存在年代上也有很大差距，继续笼统地提"百草沟遗址"而把两类遗存混为一谈是不妥当的。新安闾上层及同类的遗存，应划归团结文化。新安闾下层及新华闾墓地这类遗存，陶器群明显不同于团结文化，完全可以划为另一种考古学文化，但考虑其分布区尚不甚明了，我建议暂

[10] 佟柱臣：《东北原始文化的分布与分期》，《考古》1961年10期。

[11] 延边博物馆：《吉林延吉柳庭洞发现的原始文化遗存》，《考古》1983年10期。

[12] 延边博物馆：《延吉德新金谷古墓葬清理简报》，《东北考古与历史（1）》，1982年。

[13] 刘法祥、何明：《金城墓葬发掘简报》（吉林省考古学会第二次年会会议材料），1980年。

[14] 郑永振：《珲春镇内发现一处原始社会遗址》，《延边文物资料汇编》，1983年。李正风：《珲春镇原始文化遗址中出土一件铁镬》，《延边文物资料汇编》，1983年。

[15] 朴龙渊、严长禄：《延边历史沿革和遗迹概述》，《延边文物资料汇编》，1983年。

[16] 杨再林：《浅谈延吉市近郊原始文化》，《延边文物资料汇编》，1983年。

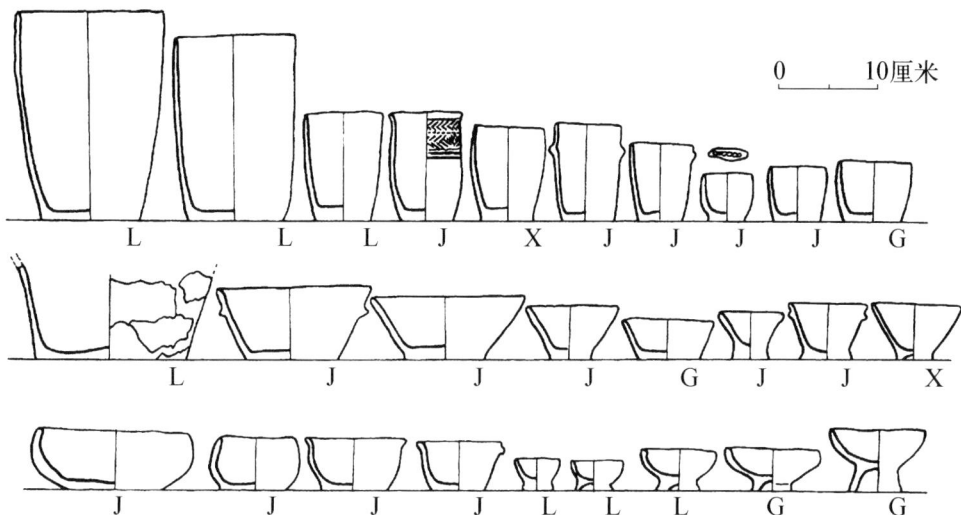

图一　柳庭洞类型陶器群

L.柳庭洞　X.新安间下层　J.金城墓地　G.金谷墓地

名为"柳庭洞类型"。

据新安间的地层叠压关系和上引碳十四年代数据，柳庭洞类型是延边地区早于团结文化的一种考古学文化。过去王亚洲把新华间墓地采集到的双梁铜扣和铁器，跟明确出自石棺中的器物一起发表，造成了柳庭洞类型已进入铁器时代并下延至汉代的印象。王亚洲分析这件双梁铜扣是汉代遗物，这是正确的。但后来发掘的柳庭洞类型的石棺墓中都不出这种铜扣，也未见任何铁器。因此，没有理由把不是从石棺中清理出来的双梁铜扣和铁器归属于柳庭洞类型。但金谷M2、金城80M20均出圆形单梁铜扣，金谷M1出残铜饰件，可证柳庭洞类型已进入青铜时代。

至于延吉小营子墓葬，佟柱臣先生早已指出它在年代上要早于新华间的墓葬。小营子随葬器物的突出特点是黑曜石器的数量多，有特殊的嵌石刃的骨短剑，并有少量的磨光红衣陶[17]。在延边地区迄今尚未发掘到第二个同类的墓地。根据朝鲜咸镜北道雄基屈浦里西浦项、茂山虎谷洞、会宁五洞等多层遗址的研究，在新石器时代晚期的西浦

---

[17] 藤田亮策：《延吉小营子遗迹调查报告》，1942年。

项第五期和虎谷洞一期，黑曜石器非常发达；而在青铜时代之初的西浦项第六期和五洞一期，仍有大量黑曜石器，但比前一时期已有减少（西浦项第六期遗存中有与小营子相同的嵌石刃骨短剑）；虎谷洞二期的黑曜石器大幅度减少，黑曜石镞仅占板岩镞的一半；到虎谷洞三期和五洞二期，黑曜石器就很少见了。在新石器时代晚期开始流行的磨光红衣陶，到虎谷洞三期和五洞二期也绝迹了[18]。小营子A区52座墓共出黑曜石器300余件，其中出黑曜石镞20件以上的有M13、M22、M35、M41、M48。M13实际是两座墓，共出黑曜石矛3件、镞67件、石片22件。而新华闾墓地的总墓数并不止王亚洲所清理的12座，全部出土物中一共只有20件黑曜石器（其中15件是无第二次加工的打片）。金谷墓地的14座墓，只有M4和M12各出一件黑曜石器。金城墓地33座墓均无黑曜石器。而且，后三个墓地都未见红衣陶。虽然小营子的陶器一件都没发表图像，我们无法确知它除了有红衣陶之外，是否与柳庭洞类型的陶器群有其他的差别，但至少可以肯定它比前文列举的柳庭洞类型诸墓地和遗址的时代更早，当然更不能归为团结文化之列。

　　过去把延边地区从小营子到一松亭一系列的原始文化遗存均视为同一种考古学文化，主要是着眼于它们均有矛、镞、斧等磨制石器，有些标本的具体形式也彼此相似。但是，考古遗存分类的经验表明，石器的种类和形式远不如陶器变化迅速而富于地域性差异。某种形式差别不大的石器往往存在于广大地域和漫长时期的许多种考古学文化中。在中原地区，如果只是以形式相差不很大的石镰、石斧和石铲为分类依据，会把龙山时期至周代的许多不同考古学文化都混成一体。我们并不否认石器在划分考古学文化上的意义，但划分考古学文化时一定不能只着眼于某种（甚至某几种）石器之有无，而要特别注重这种石器在细部上的差别，并全面考察全部石器以及石器与其他类遗存在组合关系上的特点。例如，延边地区在小营子、新安间下层和一松

[18] 朝鲜民主主义人民共和国社会科学院考古研究所：《朝鲜考古学概要》（李云铎译），黑龙江省文物出版编辑室，1983年。

亭遗址都发现一种有明显可以区别之铤部的石矛。虽然我们目前由于标本较少并缺乏深入研究,尚难以确指它们的细部差别在哪个方面可以认为是有分类学上的意义,但很明显的是:在小营子墓地中,这种石矛是和大量的黑曜石打制石矛及较多的骨矛共存的。新安间下层以及柳庭洞类型其他遗址、墓地中,这种石矛较多,却未见一件黑曜石打制石矛,而只有新安间下层发现过唯一的一件骨矛。一松亭以及所有的团结文化遗址,则连骨矛也没发现过,磨制石矛本身亦属罕见。结合其他共存的文化因素,特别是上文已谈过的共存陶器群的差别,可以看出这种基本相似的有铤石矛,是处于不同的文化特征组合之中的。因此,单凭存在一种或几种形式差别不大的石器,就把延边地区延续一千年以上的各类遗存都并为一种考古学文化,是很不妥当的。

## 三

把绥芬河流域的团结文化遗存与牡丹江流域的莺歌岭上层、牛场、大牡丹、东康、东升等遗址视为同一文化的看法,是从大城子遗址发掘就开始形成的。这是因为在当时黑龙江省境内已被认识的各类遗存中,牡丹江流域的这批遗址的文化面貌比其他遗存更接近于大城子。这主要表现在陶器为素面手制褐陶和生产工具以磨制石器为主。地理上的彼此邻近,更加强了这种印象。

但是,在我国东北及其邻区,素面手制粗褐陶和磨制石器是很大地域内从新石器时代晚期经青铜时代到铁器时代早期普遍具有的两大文化因素。众所周知的西团山文化和前述的柳庭洞类型就都具备这两个特征,近来在黑龙江省合江地区的普查中也发现了具备这两个特征的原始文化遗存[19]。因此,划定考古学文化不能只看某类遗存是否具有这两种文化因素,而要进一步对陶器、磨制石器的具体种类、形式及其组合关系进行分析对比。

---

[19]双鸭山市文物管理站:《双鸭山市部分地区考古调查》,《黑龙江文物丛刊》1982年2期。

　　牡丹江流域莺歌岭上层F1的木炭和桦树皮的碳十四年代分别为公元前1240±155年和公元前1190±145年，约当商末周初。莺歌岭上层陶器除素面的以外，尚有不整齐的划纹和划纹组成的大方格纹，陶罐口沿多饰齿状花边；石器除磨制之外，有较多的黑曜石打制石器[20]，无论在时代上或文化特征上都和团结、大城子有较大的差别。杨虎等同志把它另定为"莺歌岭上层类型"是很对的。至于1958年清理的牛场遗址[21]和1960年发掘的大牡丹遗址[22]，限于当时的发掘水平，有可能包含着不同时代的遗存。有一部分遗物或许是"莺歌岭上层类型"的，另一部分则时代要晚得多，但颇难一一区分。为讨论方便起见，我们可以用1964年、1973年两次发掘的东康遗址[23]和1972年调查的东升遗址[24]为主要资料（下简称"东康组"），与团结下层和大城子遗址的资料（下简称"团结组"）作一对比，来说明两者为什么不应划归同一考古学文化。

　　东康组和团结组在陶器种类和形式上的主要相似点，一是都有筒式罐、碗、杯，二是均有一部分陶器上有乳突状耳。但团结组中很流行的折沿或短直颈的、下腹内收成小平底的大型瓮不见于东康组，团结组中特别发达的豆在东康组只是偶尔遇见；团结组常见的甑，在东康和东升均未发现，只在大牡丹见到一例（见注[8]杨志军文附图三之5），而东康组的椭圆形钵（牛场、大牡丹也有）和小口短颈的罐，是团结组中没有的。而且团结组的瓮和罐都因下腹内收而底小于口，即使是通高70厘米以上的大瓮，底径也没有超过20厘米的；而东康组的罐则有小口、斜肩、垂腹、底大者，大型器底有直径30厘米以上的。团结组中很常见的圆柱状耳，在东康组中不发达。因而两组陶器的差别性是相当显著的（图二、图四）。

[20]黑龙江省文物考古工作队：《黑龙江宁安县莺歌岭遗址》，《考古》1981年6期。
[21]黑龙江省博物馆：《黑龙江宁安牛场新石器时代遗址清理》，《考古》1960年4期。
[22]黑龙江省博物馆：《黑龙江宁安大牡丹屯发掘报告》，《考古》1961年10期。
[23]黑龙江省博物馆：《东康原始社会遗址发掘报告》，《考古》1975年3期。黑龙江省博物馆考古部、哈尔滨师范大学历史系：《宁安县东康遗址第二次发掘记》，《黑龙江文物丛刊》1983年3期。
[24]宁安县文物管理所：《黑龙江宁安县东昇新石器时代遗址调查》，《考古》1977年3期。

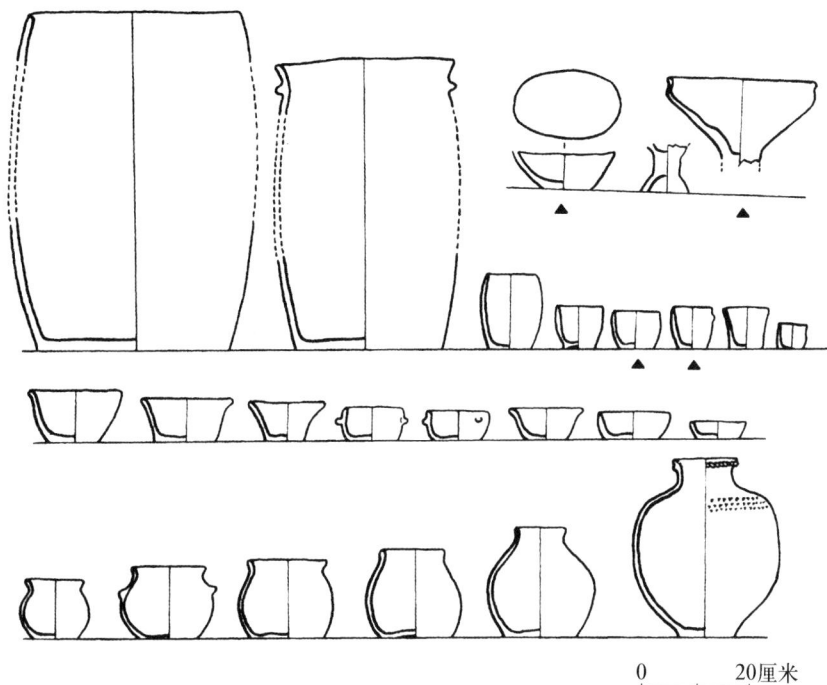

图二　东康类型陶器群（有▲号为东升采集，余东康出土）

就磨制石器而言，两组颇有形式相似者，但石刀有显著的不同。东康组盛行凸弧刃，穿孔多在两个以上（大牡丹的石刀也如此），与西团山文化流行的石刀相似。团结组的石刀多直刃或凹弧刃，单孔或无孔，与柳庭洞类型流行的石刀相似（图三）。

此外，如东康组的骨器显然比团结组发达，且有特殊的骨钩或"钩网器"（大牡丹也有）；团结组住房中的取暖"火墙"，在东康组未见。这些也都是明显的差别。

主张把东康组和团结组划归同一考古学文化的研究者，并非完全没有注意到这两组之间的差异。有的同志把两者文化特征上的差异看成是同一文化早晚的演化，这是因为原先发表的东康遗址的碳十四年代数据是公元255±85年 [25]（未经树轮校正，经校正为公元315±95年），明显地晚于团结组已测定的碳十四年代数据（见下文）。然而，

[25] 中国科学院考古研究所实验室：《放射性碳素测定年代报告（三）》，《考古》1974年5期。

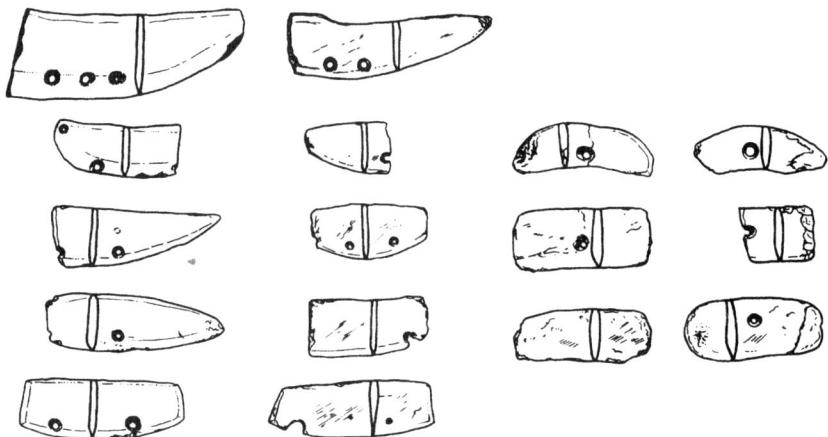

图三　东康组与团结组石刀的对比

左起第一列：东康出土；左起第二列：东升（1～3）、大牡丹（4、5）出土

右起第一列：团结出土；右起第二列：大城子出土

东康的碳十四年代是由F2陶瓮中的炭化"粟稷"测得的，由于谷粒与木炭中碳的同位素组成有所不同，必须经过分提效应校正后，才可与木头、木炭标本测得的年代数据作比较。东康标本的 $\delta^{13}$ 校正年代是公元前70±105年，和团结F1房内木炭的碳十四年代很接近。而且上文分析的两组之差异，有的很难用同一文化的演进来解释。总的说来，东康组虽也发现了铁器，但从陶器器形比较简单和骨器发达等方面看，反而似乎比团结组面貌更原始些。

　　杨志军同志也看到东康组和团结组有差异，但仍然主张把两者当作同一个"团结文化"的牡丹江类型和绥芬河类型。当然，东康组和团结组确有共同性的一面，究竟要有多大的共同性才可算作一个考古学文化是很难有一个定量的标准的。考古学文化是用于考古遗存分类的概念，其定义只能是："在一定时期、分布于一定地域的具有相同文化特征组合的一群遗存。"至于"时期"的长短，"地域"的大小，"文化特征组合"中包括因素的多少，都有很大的伸缩性。因而，我国目前已定名的考古学文化各自内涵的宽窄实有很大的不同。但一般说来，早期定名的文化往往对文化特征组合的规定相当粗疏，故而内涵甚宽；晚近定名的文化对文化特征组合的规定渐趋精密，而内涵较窄。"类型"也是一种用于遗存分类的概念。从我国考古学发展史上看，使用"类型"一名起初是为了把分类标准太粗而内涵过宽的"文化"进一步分成亚类。例如，把仰韶文化分为半坡类型、庙底沟类型。在这种情况下，类型是从属于文化的次一级分类名称。但原文化的进一步分类如得到公认，则类型往往就被改称文化而取得独立地位，如半坡类型之改称半坡文化（有时，原文化的进一步分类直接就以文化命之，如龙山文化之分为山东龙山文化、河南龙山文化等，赤峰二期文化之分为夏家店下层文化、夏家店上层文化）。较后起的一种办法，是把发现较少而文化特征组合之特点尚不够明确或分布范围还不清楚的某类遗存，也称之为"类型"，如东干沟类型、魏营子类型。这种"类型"并非从原有文化中分出，与"文化"其实是同一级的分类概念。一旦有更多的资料使这类遗存的文化特征组合基本明确或分布区大体了解，类型就正式改称文化，如东干沟类型之改称二里头类型文化，又改称二里头文化。由此可见，一定类别的考古遗存之被称为类型还是被称为文化，多出于历史的原因，就实质而言，"类型"也是指"存在于一定时期、分布于一定地域的具有相同文化特征组合的一群遗存"。东康组和团结组这两类遗存，目前既然已经能较明确地指出在文化特征组合上的不同，又各有不同的主要分布区，就是分别命名为东康文化和团结文化亦无不可。只是因为东康组已发现的遗址较少，且未经较大规模的发掘，对其文化特征组合的认识与对其分布范围的判断都不如团结组已达到的水平，所以按惯例可暂称为"东康类型"。杨志军同志承认东康组和团结组是两个不同的类型而统一于一个文化，其实质不过是表示他认为这两类已可区别的遗存之间有较多的共同因素或较亲密的关系而已。

把原有的一种文化进一步区分为类型（或直接区分为两个以上的文化），是认识上的进步；因为已可区别的几种文化（或各自独立的类型）彼此有某些方面的共同性而合并为一个文化，却是不可取的。每一具体的考古学文化，都与其先行文化和后继文化有相承发展的关系而存在种种共同性，又都与其同期的邻近文化有相互作用的关系而存在种种共同性。例如，王湾三期文化正因为和同期邻近文化（后岗二期文化等）有某些共同性，过去被混称为"河南龙山文化"；但它又和二里头文化有渊源关系而具有某种共同性，所以在20世纪60年代初有人把王湾三期文化和二里头文化不加区别地称为"夏文化"。恰恰是在王湾三期文化被独立划为一种考古文化之后，我们才逐渐弄清了它和其他各类遗存之间共同性的程度和性质上的差别。我们对于已划分的考古学文化之间的各种共同性，完全可以用"A文化发展为B文化"、"C文化和D文化在互相影响下渐趋一致"等说法作具体的表述，而不宜使用并成一个文化的办法来表示它们之间的某种共同性。否则，我们是把王湾三期文化和后岗二期文化并起来好，还是和二里头文化并起来好呢？无论哪一种合并，不但无助于认识的深化，反而成了倒退。特别是在一种考古学文化初被识别出来，对其先行文化、后继文化及四邻文化的复杂情况尚无足够的了解的情况下，只着眼于它和另一个已识别的考古学文化有一定的共同性就并成一个文化，是不利于进一步全面探讨诸文化之间源流和亲缘关系的。因此，与其把已可区分的"东康组"和"团结组"并为一个文化来表示它们之间具有某些共同性，还不如承认它们是两种考古学文化而具体探讨它们究竟有什么程度和何种性质的共同性。

## 四

综上所述，图们江流域的柳庭洞类型和更早的遗址，牡丹江流域的莺歌岭上层类型和东康类型，都不应划归团结文化。这样，以团结下层、大城子、一松亭和新安闾下层为代表的团结文化之主要特征，可概括如下：

1. 陶器壁较厚，胎土明显夹杂砂粒。均手制，因使用泥圈套接成型，故往往在接合部断开。火候不高，呈红褐、灰褐至黑褐色。器表趁湿略为抹光，但多不甚平滑，素面陶占绝对统治地位。有通高70～80厘米的大型贮器。最有特征的器形是：下腹内收成小平底的大瓮和罐，常有粗大的圆柱形耳；圆台形高圈足的豆或柱把豆；多孔或单孔的甑；流行敞口或微敛口的罐、盆、碗、钵、杯，但也有相当一部分器物口沿作明显的折曲。圆柱形耳很常见，也流行较小的乳突状耳（图四）。

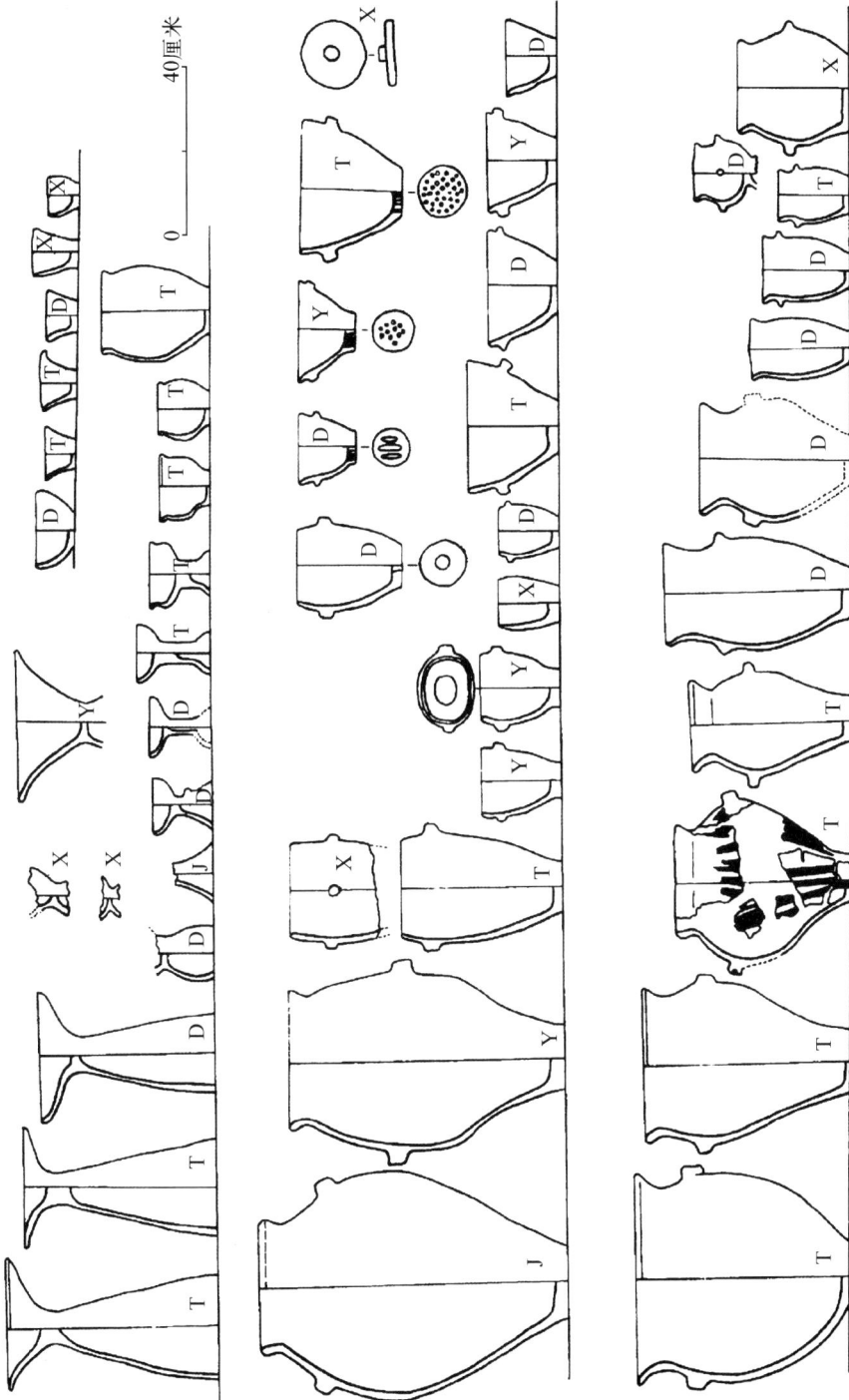

图四 团结文化陶器群

T. 团结下层 D. 大城子 X. 新安闾上层 J. 珲春教师进修学院 Y. 一松亭

2. 磨制石器工具继续存在，包括斧、锛、刀、镰、镞、矛等。但压剥法制的黑曜石石器已绝迹（在团结遗址一千多平方米的发掘中一件也没发现，可证新安闾上层的黑曜石器应是从下层堆积被扰动到上层的）。平刃或微凹刃的石刀和剖面为矩形的长身石斧较有特点。骨器甚少见。铁工具已出现，可确知的器形有斧（珲春原教师进修学校院内遗址）、镰和锥（均团结下层）。与此相应的是遗址中发现不少一端穿孔以便随身佩带的小砺石，应是平时磨砥金属工具锋刃的用具。

3. 已发现的房子均为长方形或近方形的半地穴式住房，有的有斜坡门道，有的没有门道。一部分房子在北部墙根有土和石板筑成的厂形或冂形"烟道—火墙式"取暖设施，是一个突出的特点。

凡具有以上文化特征组合的遗存方可划归团结文化。目前已知的团结文化遗址，除前文所举的延吉、汪清、珲春、东宁诸地外，在更北的穆棱[26]、鸡东[27]境内也有发现（图五）。

该文化的碳十四年代数据已测定了6个：

团结下层F5（门道踏板）　公元前420±105年

大苏第二层居住址（木炭）　公元前340±80年

大城子F2（房木）　公元前205±100年

团结下层F6（木炭）　公元前150±100年

团结下层F9（木炭）　公元前110±105年

团结下层F1（木炭）　公元65±85年

在团结下层发现的西汉五铢钱，也是一个重要的年代证据。

## 五

苏联考古学家于1957年在绥芬河下游乌苏里斯克城（双城子）

---

[26]《我省文物普查取得新成果》，《黑龙江文物丛刊》1982年1期。

[27] 据1982年鸡东县文物普查记录，承牡丹江地区文物站同志的厚意见示。

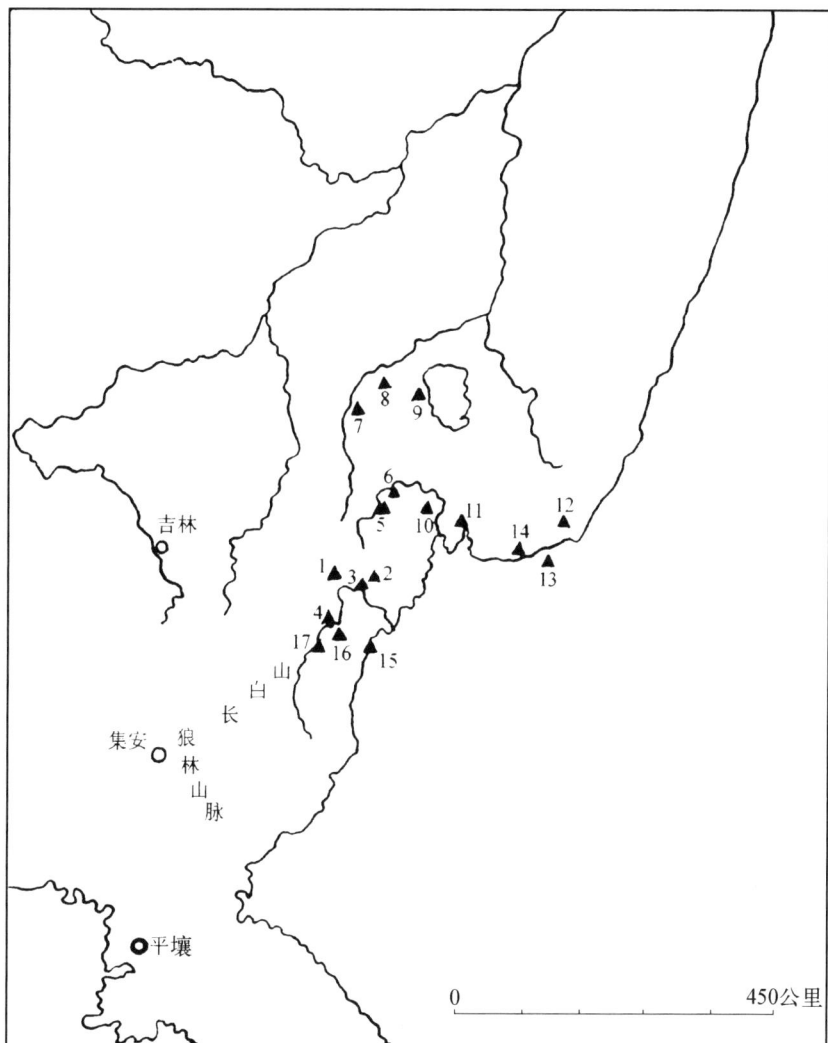

图五　团结—克罗乌诺夫卡文化分布示意图

1. 汪清新安间　2. 珲春一松亭　3. 珲春镇内　4. 延吉大苏　5. 东宁团结　6. 东宁大城子　7. 穆棱小四方山　8. 鸡东保安　9. 谢米亚特纳雅谷　10. 克罗乌诺夫卡（夹皮沟）　11. 奥列尼 I　12. 索科里奇　13. 彼得罗娃岛　14. 布洛奇卡岗　15. 罗津草岛　16. 会宁五洞　17. 茂山虎谷洞

附近的夹皮沟发掘了一个多层遗址[28]，下层属锡迭米文化（当时叫"贝丘文化"，今或称扬科夫斯基文化）；上层是一种当时新见的文

[28] A·П·奥克拉德尼科夫：《滨海遥远的过去》（莫润先、田大畏译），商务印书馆，1982年，192、193、197、74～79页。

化遗存，跟1956年在兴凯湖西岸诺沃卡恰林斯克村附近谢米皮亚特纳雅谷一座房址[29]中的出土物相同。这类遗存，起初被称为“夹皮沟文化”，后因夹皮沟改名为克罗乌诺夫卡河，故而改称为“克罗乌诺夫卡文化”。该文化经发掘的遗址，有乌苏里湾岸的奥列尼Ⅰ上层[30]、套河左岸的索科里奇中层[31]、纳霍德卡附近的布洛奇卡岗中层[32]、彼得罗娃岛上层[33]等。截止于1977年的统计，已近20处[34]（图五）。

据苏联考古学家的报道资料来看，克罗乌诺夫卡文化无疑就是团结文化。安德列耶娃以索科里奇中层的资料为例说明克罗乌诺夫卡文化的陶器时指出：“特点是发红、发黄或褐色的厚壁陶器，有略为弄光的表面。其陶土中含有大量粗粒的石英和硅石。器皿均为手制：小平底的大型鸡蛋形容器、带粗大的贴附的疙瘩状把手的罐形器、小碗、有座的杯（按：即指高圈足豆）。”“有纹饰的器皿罕见”，陶器也常在泥圈衔接部位裂开[35]。勃罗强斯基把克罗乌诺夫卡文化的陶器按器形分为十一类，第一类即带圆柱状耳的筒形罐，第十类即高足豆，第十一类即甑（图六）[36]。克罗乌诺夫卡文化也有各种磨制石器，石刀也是单孔直刃的。在克罗乌诺夫卡遗址出土铁斧、铁锛、铁刀；奥列尼Ⅰ遗址出土两件铁铚。谢米皮亚特谷也发现了铁刀。而且，在

[29] 同注[28]，193页。А. П. Окладннков, А. П. Деревянко. Далекое прошлое Приамурья и Приморья. Владивосток, 1973. 257～289页。

[30] А. П. Окладников, Д. Л. Бродянский. Многослойное поселенис Олений Ⅰ в Приморс. — Археологические открытия 1967 года. М., 1968. 155、156页。

[31] Г. И. Андреев, Ж. В. Андреева. Работы Приобрежного отряда Дальневосточной экспедиций в Приморье в 1959г. — КСИИМК. вып. 88, 1962.

[32] А. П. Окладников, С. В. Глинский, В. Е. Медвсдев. Раскопки древнето посслсния Булочка у г. Находка в Сучанской долине. — Иэв. Сиб. отд. АН СССР 1972, No.6.

[33] Д. Л. Бродянский. Укрепленное поселение культуры раковинных куч на острове Петрова. — Восьмая конфереция молодых ученых Дальнего Востока. Владивосток, 1965.

[34] Ж. В. Андреева. Приморье в эпоху первобытно-общинного строя. М., 1976. 101、105～108。

[35] 同注[34]。

[36] Д. Л. Бродянскнй. О соотношений двух культур раннего железа в Приморье. — Бронзовый и железный вск Сибири. Новосибирск, 1974. 115页。

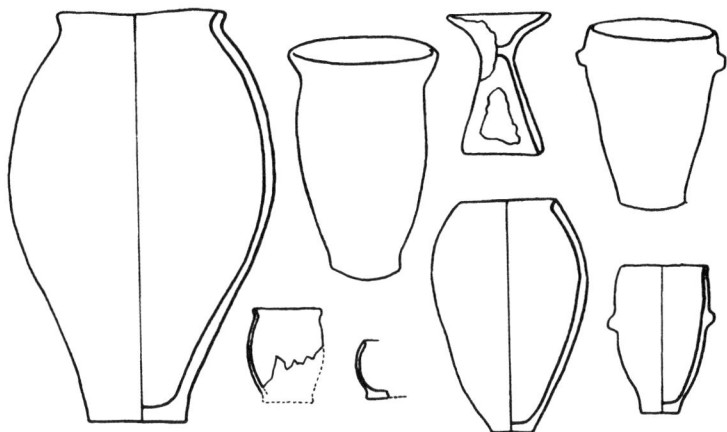

图六　克罗乌诺夫卡文化陶器举例

克罗乌诺夫卡、彼得罗娃岛、奥列尼Ⅰ等遗址的住房遗迹中都发现了用土和石板所筑的"烟道—火墙式"取暖设施。既然克罗乌诺夫卡文化和团结文化所指的是同一类遗存，考虑到苏联考古学家已有的定名，不妨把团结文化称为"团结—克罗乌诺夫卡文化"。

在奥列尼Ⅰ和彼得罗娃岛都发现了青铜容器的残片，在奥列尼Ⅰ还发现了四件青铜矛的残部。彼得罗娃岛的1号住房内部有熔铸青铜的场所，这是用石块围砌的涂有红烧土的坑状地炉，在两块石头之间有陶鼓风管。旁边还有两个内含带木炭黑土的圆形坑，两件凝有铜滴的陶坩埚[37]。在奥列尼则发现了锡块[38]。克罗乌诺夫卡和索科里奇发现的家畜骨骼，经鉴定有猪、牛、狗和马[39]。这都丰富了我们对团结—克罗乌诺夫卡文化的认识。

奥克拉德尼科夫起初把该文化定在"公元前6世纪至公元前3世纪的战国时代"[40]。这主要是根据该文化的高圈足豆与旅大地区原定为战国时代的豆在形态上的相似性。1961年发表的谢米皮亚特谷房

[37] А. П. Деревянко. Приамурье — Ⅰ тысячелстис до нашей эры. Новосибирск, 1976. 176、174、181页。

[38] 同注[37]。

[39] 同注[34]。

[40] 同注[28]。

子中木炭的碳十四年代为公元前910±80年（未经树轮校正）[41]，这使苏联考古学家一度把克罗乌诺夫卡文化的年代看得很早。勃罗强斯基把克罗乌诺夫卡文化的早期定在公元前1千年纪的前半[42]。捷列维扬科起初认为该文化在苏联滨海地区的出现要早到公元前8～前7世纪[43]，后来则明确表示："该文化碳十四测定的年代明显偏早，现在显然不应加以考虑。"把该文化年代改定为公元前6～前1世纪[44]，这与安德列耶娃对该文化年代的看法基本相同[45]。这种基于与较遥远地区之陶器对比的年代判断是不够可靠的，现在既已可肯定克罗乌诺夫卡文化就是团结文化，根据我国考古中所获的新的年代证据，可把团结—克罗乌诺夫卡文化的年代初步定在公元前5世纪至1世纪。

在朝鲜境内（图七），1949年发掘的咸镜北道罗津草岛遗址[46]，包含有不同时代的遗存。主要的所谓磨光红陶层，与苏联考古学家所划定的锡迭米文化基本一致。但有一部分遗物与较晚的团结—克罗乌诺夫卡文化是一致的。1954～1955年发掘的会宁五洞遗址[47]，在以F6为代表的最晚期堆积中，也发现了团结—克罗乌诺夫卡文化的陶器和空首铁斧。1959～1961年发掘的茂山虎谷洞遗址[48]，其第六期遗存无疑属于团结—克罗乌诺夫卡文化。虎谷洞第六期遗存中的一批铁器是很可贵的资料（图八）。

由于朝鲜考古学家认为铁器在朝鲜出现于公元前7～前5世纪，以上三个遗址的年代下限都被认为不晚于公元前3世纪。但图们江南北两岸同一种文化的年代下限似乎不应有如此大的差距，可

[41] В. В. Артемьев, С. В. Бутомо, В. М. Дрожжин, Е. Н. Романова. Результаты определения абсолютного возраста археологических и геологических образцов по радиоуглероду（C[14]）—СА.1961. No.2.

[42] Д. Л. Бродянский. Южное Приморье в эпоху освоения металла. Автореф, канд. дисс. Новосибирск, 1969. 18、19页。

[43] А. П. Деревянко. Ранний железный век Приамурье. Новосибирск, 1973. 270、276页。

[44] 同注[37]。

[45] Ж. В. Андреева. Древнее Приморье. М.,1970. 78、80～82页。

[46]《罗津草岛原始遗迹发掘报告书》（朝鲜文），平壤，1956年。

[47]《会宁五洞原始遗址发掘报告》（朝鲜文），平壤，1959年。

[48] 黄基德：《茂山虎谷遗址发掘报告》，《考古民俗论文集》6（朝鲜文），平壤，1975年。

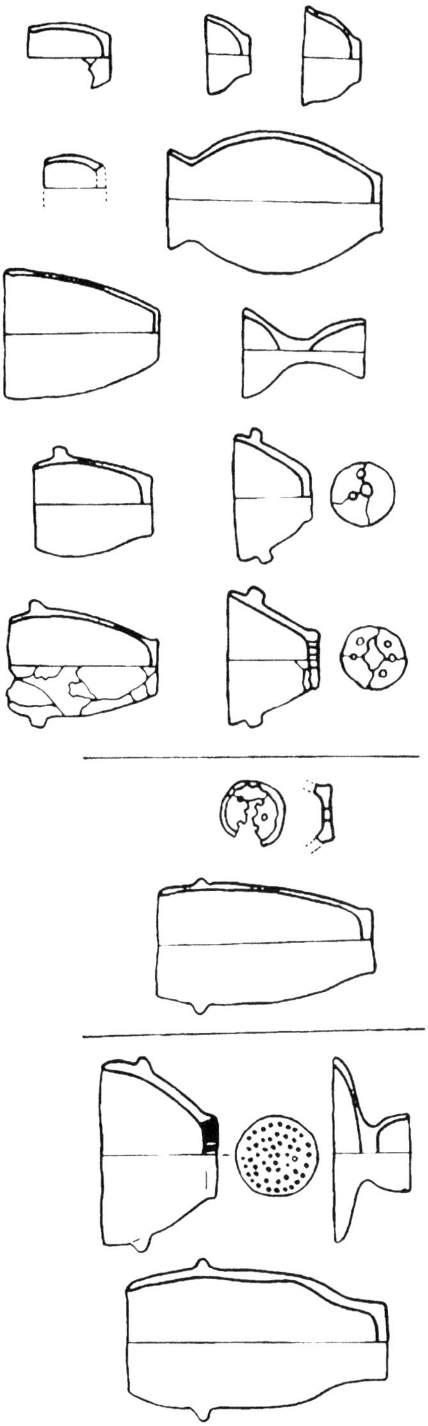

图七　朝鲜发现的团结文化遗址陶器举例
左：草岛出土　中：五洞出土　右：虎谷洞出土

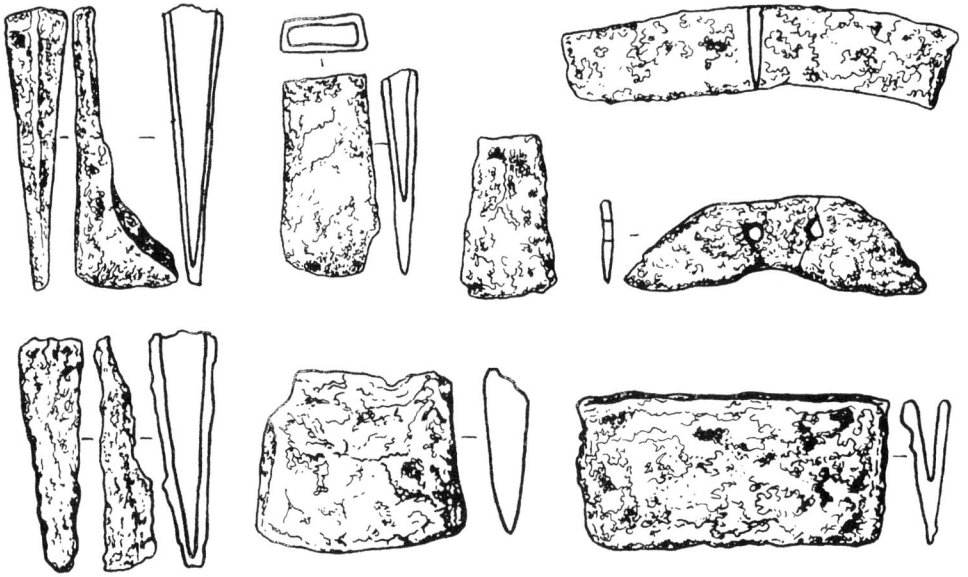

图八　虎谷洞六期的铁器

推想团结—克罗乌诺夫卡文化在图们江以南也是延续到1世纪或更晚的。

## 六

就文化本身的研究而言，团结—克罗乌诺夫卡文化还有两个亟待解决的问题。

第一个问题是，目前还未能确定该文化的墓葬是什么样的，因而对其文化面貌的了解尚有重大的缺欠。安德列耶娃把离奥列尼不远的鸽岗发现的一座石棺墓[49]，作为克罗乌诺夫卡文化的墓葬。从该墓出土的青铜"细形剑"的型式来看，据冈内三真的分类是BⅡ型，这种型式的铜剑，在朝鲜出现于秦汉之际，在朝鲜东北部至少延续到西汉

---

[49] А. П. Окладников, Э. В. Шавкунов. Погребение с бронзовыми кинжалами на реке Майхэ. — СА 1960, No.3.

中期<sup>[50]</sup>。所以该墓的年代是在团结—克罗乌诺夫卡文化的年代范围之内的。但因墓中不出陶器，仍难以判断是否一定属于该文化。匡瑜同志把汪清百草沟北的复兴间"石室墓"<sup>[51]</sup>视为该文化的墓葬。然而这批墓中未见任何遗物可作为时代与文化属别的直接证据，这种推测也不能成为定论。所以，确定该文化的墓葬，仍是今后田野工作的一个重要任务。

第二个问题是，该文化的分期研究虽已开始，尚无满意的结果。勃罗强斯基曾提出把克罗乌诺夫卡文化分为三期的设想<sup>[52]</sup>，但并无层位学的依据，只是从类型学观点出发的一种推测。他假设取暖设施从无到有，由原始到成熟；认为高圈足豆出现于第二期而圆柱形耳出现于第三期。这种分期的假说受到安德列耶娃颇尖锐的驳难<sup>[53]</sup>。我国团结遗址的发掘，第一次为该文化的分期提供了层位学的根据。由于同属团结文化的团结下层又可分为两层，即发掘中所分的第三层和第四层，遗迹和地层彼此有较多的打破、叠压关系，不少同志均据之而把团结文化分为一期和二期。但看法并不一致。主要问题有三：① 据发掘记录，压在第二层下而打破第三层的房子有F3、F5、F7、F11、F14，压在第三层下而打破第四层的有F1、F2、F4、F6、F9、F12、F13。发掘报告原稿根据F1出土的陶器跟F6、F9有较大差别，把F1、第三层及打破第三层的F5、F7等合并为第二期，这在层位学上是讲得通的。但是与F5的碳十四年代早于F6、F9是矛盾的。当时主持发掘的张泰湘和匡瑜同志，在后来各自的论文中<sup>[54]</sup>，都信从碳十四年代而把F5归入第一期，这又和发掘时的层位判断互相抵触。因而，利用团结下层的发掘资料作分期研究，究竟是相信发掘中的层位判断，从而认为个别碳十四年代数据有偏差；还是相信碳

[50] 冈内三真：《朝鲜铜剑の始终》，《小林行雄博士古稀记念论文集——考古学论考》，东京平凡社，1982年。

[51] 同注[2]。

[52] 同注[42]。

[53] 同注[34]。

[54] 同注[1]。同注[9]。

十四年代数据，从而认为个别单位的层位判断有失误，就会使研究的基点不一致，器物演化序列的排法也就会不同。② 由于出土陶器较多的单位只有 F1、F6、F9，其次为 F7、F5，而 F5 的期别又在两可之间。所以虽然大家都同意把 F6 和 F9 作为第一期的代表，把 F1 作为第二期的代表，可是因为资料本身的不足，颇难判定两者陶器上的差异，何为因时代不同而有规律性的现象，何为无关于演进规律的偶然现象，而且究竟哪类器物是从哪类器物演变而来，也可以有多种假定的可能性。例如，《黑龙江古代文化初论》一文中把直口筒式罐作为早期代表器物，侈口筒式罐作为晚期代表器物。然而作为早期代表的那件标本实际是出于 F1 的（该文图六，5），作为晚期代表的那件标本也是出于 F1 的（该文图六，2）。而且，直口筒式罐在 F1 出了不止一件，在打破第三层的 F7 和打破第三层而碳十四年代又最早的 F5 中也有。在压在第三层下打破第四层的 F4 中也有。当然，F1 中出土的侈口筒式罐比直口的数量多，但在早期的 F6 中也有侈口筒式罐。究竟是假设侈口为直口发展而来，在晚期比直口流行；还是假设侈口和直口各为一类，自有演变序列，根据仅有的材料颇难有定论。③ 正因为这样建立起来的器物分期标准并不明确，同其他遗址的资料作对比时就产生不同的见解。在和大城子遗址作对比时，杨虎等同志认为大城子 F2"与二期内涵相当"。但张泰湘同志在后来单独写的论文中[55]，又说大城子 F2 的碳十四年代和团结一期接近，可并入第一期。杨志军同志却认为大城子全部陶器"都和团结一期的同类器物相同"，而把整个大城子遗址都划归团结一期[56]。由此可见，团结文化的分期并未最后解决。我认为，分期研究的基点应放在层位学和陶器类型学上，而不应放在经验证明每有误差的碳十四年代数据上。目前资料中，大城子 F1 的陶器组合和团结 F6 相当，大城子 F2 的陶器组合和团结 F1 相当，仍是该文化分期的一个重要线索。但要树立可靠的分期标准，仍有待于更多的层位证据和更丰富的成组陶器的发

---

[ 55 ] 张泰湘 :《绥芬河流域原始文化初探》,《社会科学战线》1982 年 2 期。

[ 56 ] 同注 [8]。

现。而且，一个遗址的占居年限，不等于整个团结文化的年限，只有对更多的遗址进行分期研究，才能弄清该文化的整个分期。

## 七

综上所述，团结—克罗乌诺夫卡文化是一种上限约当春秋战国之交，下限至少进入东汉时代的考古学文化。已知的分布区包括图们江流域、绥芬河流域、穆棱河上游，以及这一带的沿海地区（图五）。

《三国志·乌丸鲜卑东夷传》记载："东沃沮在高句丽盖马大山之东，滨大海而居。其地形东北狭，西南长，可千里。北与挹娄、夫余，南与濊貊接。……汉初，燕亡人卫满王朝鲜，时沃沮皆属焉。汉武帝元封二年，伐朝鲜……分其地为四郡，以沃沮城为玄菟郡。后为夷貊所侵，徙郡句丽西北……沃沮还属乐浪。汉以土地广远，在单单大岭之东分置东部都尉，治不耐城，别主领东七县，时沃沮亦皆为县。汉建武六年省边郡，都尉由此罢。其后皆以其县中渠帅为县侯，不耐、华丽、沃沮皆为侯国。……国小，迫于大国之间，遂臣属句丽。"这段话总的是说，至少从西汉初直到东汉，在长白山以东沿海地区有一个特殊的民族集团——沃沮（又称"东沃沮"者，乃就其总的居住方位而言，正如濊又称东濊一样）。它经历了属卫氏朝鲜、为汉玄菟郡、降为县、废县为侯国和属高句丽五个阶段。1961年在平壤市贞柏洞高常贤墓中发现的"夫租长印"，是汉在沃沮设县的实证（该墓车盖柄上有"永始三年"纪年，下距建武六年废县仅44年）[57]。由于这种历史背景，西汉以来中原人对沃沮应有相当的了解。特别是《三国志》作于毌丘俭征高句丽的军队直接到达沃沮分布区内之后不久，对沃沮的记述，应有可靠的来源。团结—克罗乌诺夫卡文化无论在时代上和地域上都是和这个沃沮相合的。目前该文化已知的分布区，南北直线距离已近400公里，和"可千里"的记载也大体相当（魏晋时里小于今里，今天得见的魏晋古尺一尺合23.8～24.5厘

---

[57] 冈崎敬：《有关"夫租薉君"银印的诸问题》，《朝鲜学报》第46辑，1968年。

米）。所以我认为该文化就是这个沃沮的遗存。

过去，黑龙江境内的团结文化，连同东康类型，曾被张泰湘、杨保隆等同志视为挹娄人的遗存[58]。但是，在匡瑜同志的《战国至两汉的北沃沮文化》一文发表后，团结文化是北沃沮文化的意见，受到更多同志的赞同。我和匡瑜同志的意见有两点不同。下面就这两个问题谈一些看法。

第一个不同点是，匡瑜同志认为前引《三国志》那段记载谈的是南沃沮，而团结文化是在这个沃沮以北八百余里的北沃沮。

关于存在南北两个沃沮，《三国志·乌丸鲜卑东夷传》的记述是："毌丘俭讨句丽，句丽王宫奔沃沮，遂进师击之，沃沮邑落皆破之，斩获首虏三千余级。宫奔北沃沮，北沃沮一名置沟娄，去南沃沮八百余里。其俗南北皆同，与挹娄接。"对《三国志》有关沃沮记载的传统理解是：东沃沮即南沃沮，而另有北沃沮。匡瑜同志既然是如此理解问题，所以推断在他所考定的北沃沮人活动中心珲春八连城以南八百里才是南沃沮。其实，我们完全可以这样来理解《三国志》的记载：全体沃沮人因居住在东方而统称东沃沮，其南部被称为南沃沮，而其北部某一特定区域被称为北沃沮；北沃沮"去南沃沮八百余里"，正是在整个沃沮"可千里"的范围之内。《三国志·毌丘俭传》记载他派王颀追击高句丽王宫，就并不分举南沃沮、北沃沮，只说"过沃沮千有余里，至肃慎氏（按：即挹娄之代名）南界"，正是从沃沮的南部一直追到北部。并非在"可千里"的东沃沮以北八百余里另有一个北沃沮。而且，既谓"其俗南北皆同"，反映在考古遗存上应有基本相同的文化特征。

匡瑜同志在列举"北沃沮文化"的遗址时，未曾提及朝鲜境内的同类文化遗址，并说东沃沮（即他认为的南沃沮）在"高句丽盖马大山之东，即在今之长白山以东，大体在今咸镜北道"，看来是想把朝鲜境内的团结—克罗乌诺夫卡文化作为南沃沮文化。但目前咸镜北

[58] 张泰湘：《关于黑龙江省考古学研究中的若干问题》，吉林省考古学会第一届年会论文，1979年。杨保隆：《肃慎考略》，《民族史论丛》，吉林人民出版社，1980年。

道发现的这类遗存，仅限于图们江流域，和珲春离得很近，根本够不上相距"八百余里"。而真要在珲春以南八百余里有一个本身"可千里"的南沃沮，就根本不可能是在长白山以东，无法限于咸镜北道，至少要占据整个狼林山脉以东的海岸地区了。可是，《三国志》明确记载，在单单大岭（即狼林山脉）以东的七个县"皆以濊为民"，而濊的北面才是沃沮。所以，无法在珲春以南八百余里安排一个"可千里"的南沃沮，是很显然的。

因此，我认为目前把团结—克罗乌诺夫卡文化视为全体沃沮人的文化，才是比较稳妥的。其中哪一部分是南沃沮，哪一部分是北沃沮，应在对该文化分布的南北界有明确的了解，并对该文化较细微的地域性差异有相当知识之后，才能作进一步的讨论。当然，单从《三国志》记载狼林山脉之东主要是濊民来看，沃沮的南界似乎不可能离图们江很远。所以我倾向于推测图们江流域的团结—克罗乌诺夫卡文化是南沃沮的遗存。而最早的玄菟郡治——沃沮城，也应该在这一带去寻找。

第二个不同点是，我认为不能因为团结—克罗乌诺夫卡文化被定为沃沮的遗存，就把该文化分布区内的前期文化均冠以"沃沮文化"之称。

从理论上说，民族集团的性质和具体观念在历史上是不断变化的。文献记载中存在于汉代的"沃沮"集团，并不见得在商代乃至新石器时代就已存在。在中原考古中，我们根本不把新石器时代的文化称为商人文化、周人文化，因为在那个时代未必就有什么"商人"、"周人"的观念。当然更不把哪个考古学文化定为"汉文化"。后来形成的民族集团，自然可以从体质上和文化上追溯其来源，所以有所谓"先商文化"和"先周文化"的探讨。但是历史上的民族集团并非总是单线相承发展，而是不断地发生复杂的合并和分化。越是晚期形成的民族集团，来源往往越复杂。前期存在过的民族集团，也有完全被消灭的例子。而且因为人群可以迁徙，族源的讨论往往要涉及很广的地域。所以，即使是在考古研究比东北充分得多的中原地区，先周文化、先商文化究竟是什么的讨论也仍处于热烈争论的阶段。可见，简单地把团结文化分布区内的前期文化视为"先沃沮文化",也是未必可信的。

　　具体地说,我们目前对团结—克罗乌诺夫卡文化已知分布区和四邻地区的全部前期文化还了解甚少,已知的一些文化或类型彼此之间的关系也多缺乏研究,讨论团结—克罗乌诺夫卡文化的来源还缺乏坚实的基础,只能提出一些推测、假设。目前可以肯定的是:虽然在新石器时代,我国东宁大杏树遗址[59]、延吉金谷西山岗遗址[60]、朝鲜茂山虎谷洞一期[61]、苏联的格拉德卡亚 I (札伊桑诺夫卡)遗址[62]呈现相当一致的文化面貌,但到了青铜时代,在这一地区内却有着不止一种考古学文化。北部兴凯湖附近哈林谷遗址的陶器群[63],东方沿海以沙碛半岛遗址[64]为代表的锡迭米文化的陶器群,延边地区的柳庭洞类型的陶器群,就有相当大的差别。它们各自的起源尚不够明了,它们和团结—克罗乌诺夫卡文化的关系,目前也有不同的看法。

　　在苏联考古界,奥克拉德尼科夫认为克罗乌诺夫卡文化是从锡迭米文化发展来的,这一观点由安德列耶娃进一步加以阐述[65]。但勃罗强斯基认为克罗乌诺夫卡文化是由哈林谷类型的文化发展而来的,在初期和锡迭米文化共存,后来向南发展,排挤了锡迭米文化[66]。捷列维扬科则认为该文化在苏联滨海地区没有当地的根源,是外来(暗指南方)居民带来的[67]。匡瑜同志把"北沃沮文化"分三期的实际含义,是认为团结文化的直接前身就是柳庭洞类型。这个见解是值得重视的,但论证不足。单就延边地区来说,目前柳庭洞类型和团结文化

[ 59 ] 同注[55]。

[ 60 ] 朴龙渊:《延吉县金谷原始遗址简介》,《延边文物资料汇编》,1983年。

[ 61 ] 同注[48]。

[ 62 ] 同注[28]。

[ 63 ] А. П. Окладников, В. И. Дьяков. Поселение эпохи бронзы в пади Харинской. — Новое в археологни Сибири и Дальнего Восгока. Новосибирск, 1979.

[ 64 ] А. П. Окладников. Древнее поселение на полуострове Песчаном у Владивостока. — МИА No.112 М.–Л., 1963.

[ 65 ] 同注[45]。

[ 66 ] 同注[42]。

[ 67 ] 同注[43]。

之间显然存在缺环。朝鲜的虎谷洞四期、五期遗存似可作为过渡的证据，但要说广大地区的团结文化均由柳庭洞类型演变而来，尚有不少问题需要解释。何况，张泰湘同志又提出了一种"大杏树类型"→锡迭米文化→团结文化的假说[68]。可见，对团结—克罗乌诺夫卡文化的来源要作确切的结论，还需要做更多的工作。沃沮的族源当然远未解决。

因此，我认为我们不应该在具体考古学文化的划分和研究尚且没有充分开展的情况下，先用文献上的族称，把时代不同、系列不明的许多类遗存都混为一谈。像匡瑜同志提出的"北沃沮文化"一名，作为他个人对沃沮族起源的一种学术见解是有意义的，但不能作为一种考古学文化的术语看待。

总而言之，团结文化的划定，只是对该文化本身研究的一个新起点。还有许多问题需要我们去做切实的田野工作和细致的分析研究以求得解决。不过，划定了团结文化，又可以作为研究它上下左右诸文化遗存的出发点。它不仅为探讨文献上的沃沮族的实际状况及其族源提供了确切的基点，随着对该文化北方、西方、南方的同期遗存的研究的开展，论定什么是挹娄、夫余和濊貊的考古遗存的日子，已经不会很遥远了。

载《北方文物》创刊号，1985年2月。后收入《林沄学术文集》。

---

[68] 同注[55]。

# 肃慎、挹娄和沃沮

　　确定某种考古学文化是文献记载中某一民族集团的遗存，是考古研究中经常遇到的课题。但在文献记载简略而考古工作不充分的情况下，每一具体问题的探索，往往经过漫长而曲折的道路，依然聚讼纷纭。

　　对于文献中没有明确地域描述而只指出大体方位的古代民族集团，研究者往往只能根据它们的某些文化特征的记载去找寻相应的考古遗存，从而产生非常不一致的设想。

　　商周之际北方的肃慎族，因为和"圣人"孔夫子的传说发生关系而著称于史，在满族入关统治全中国时，又被官方著作追认为满族的先祖。因此，找寻肃慎族的考古遗存引起许多研究者的兴趣。远的不说，从20世纪以来，日本考古学者提出过肃慎在辽东半岛的设想[1]，我国考古界多主张在吉林中部[2]，近来则有人主张在黑龙江省牡丹江流域，有人以为在夏家店下层文化分布区[3]。苏联考古界曾有人认为是在滨海边区的南部[4]，还有人认为在山东半岛[5]。

　　苏联的沙夫库诺夫所提出的肃慎原居山东半岛的看法，是基于他似懂非懂地读了一些中国编年史，因为肃慎在编年史中照例归入《东夷传》，而《后汉书·东夷列传》中有："武乙衰敝，东夷浸盛，遂分

───────────

[1] 古谷清：《旅顺发现石器时代遗物》（日文），《考古界》七卷十号，1908年。

[2] 佟柱臣：《吉林的新石器时代文化》，《考古通讯》1955年2期。

[3] 邹衡：《夏商周考古学论文集》，文物出版社，1980年，266～268页。

[4] А. П. Окладников. У истоков культуры народов Дальнего Востока. М., 1954. 见该书中《在挹娄部落的境土》一节。

[5] Э·В·沙夫库诺夫：《公元1至3世纪的滨海与邻近的（中国）东北及北朝鲜》，《苏联科学院西伯利亚分院远东部集刊》历史类第一辑，萨兰斯克，1959年。

迁淮、岱，……"的说法。像这种根据过于薄弱的推测，在我们看来可以置而不论。至于其他各家的看法，大体上都是以石镞、养猪、有麻布、有五谷等文化特征作为依据。这些特征既然同样存在于多种考古文化之中，所以可以各执一词而均自以为言之成理。

不过，这些研究者在一点上是都一致的，就是都相信《三国志》的一个盖然性推断："挹娄……青石为镞，古之肃慎氏之国也。"故而是把古籍中有关肃慎和挹娄的记载糅合在一起来抽选文化特征的。我们姑且不论挹娄和肃慎究竟是不是一家子，只想指出一个起码的事实：《国语》关于肃慎进贡石镞和《逸周书》关于肃慎进贡大麈（据古注是一种鹿）的记载都说的是西周初年的事情。而《三国志》以后诸书关于挹娄的文化特征的记载都说的是汉代以后的事情。将相距上千年的关于文化特征的记载混合在一起，然后去找不管是哪个时代的考古文化具有这些特征，这种方法从根本上说就很值得怀疑。

文化特征是随历史发展而变迁的，搞考古的人尤其应该深深地感受这一点。因此，如果是根据文献记载的文化特征去找寻某个民族集团的考古遗存，首先必须弄清这种记载所属的时代，而到该时代的考古遗存中去找寻。像周初和中原发生过关系的肃慎，我们只能从周代"肃慎、燕、亳吾北土也"（《左传》）的说法知道它在北面（至于是正北、东北或西北，周代既无记载流传，汉代人也说不清楚）。而其可靠的文化特征不过是石镞这一项（顶多再加捕鹿一项）。可是，就今天考古发现来看，商末周初在广大北方地区普遍都存在石镞，所以要想根据这一特征去确定肃慎的实际所在地，只能是一种无谓的努力。

要说到挹娄，情况就不同了。晋惠帝时陈寿所撰《三国志》中关于挹娄的记载，是246年曹魏的毌丘俭攻打高句丽时派军队追高句丽王宫而越沃沮抵挹娄之境，亦即中原人和挹娄发生直接接触后的可靠记录。根据这一记载，寻找该族考古遗存的主要标准可归纳如下：1. 这类遗存在时代上不能去魏晋太远。2. 在分布地域上，除了"在夫余东北千里"、"南与北沃沮接"等相对关系可作参考外，"滨大海"应予特别重视。因为这是王顸的队伍实地考察过的，而且滨海本身是不容更易的确切地理标志。3."有五谷、牛马、麻布","常穴居","俗好养猪","青石为镞","东夷饮食类皆用俎豆,唯挹娄不法"等文化特征。

但是,过去我国东北地区的考古工作开展不够,除了辽宁的汉、晋遗存和吉林、辽宁的高句丽遗存外,长期不知道还有哪些考古遗存可确切断在两汉魏晋时代。1973年黑龙江省博物馆和哈尔滨师范学院历史系发掘了宁安县的东康遗址[6],碳十四测定年代为公元255±85年,大体在东汉—西晋这一范围,故黑龙江考古界有人提出这一遗址属挹娄遗存。但是,第一,这类遗存目前只是一个孤立的发现,并无分布到海边的任何迹象。第二,这类遗存中有陶豆,和挹娄不用豆的记载直接牴牾。

由于近年来黑龙江、吉林两省田野考古工作的进一步开展,以及苏联、朝鲜邻境考古工作的发展,在东方近海地区,已可确定一种至少延续到汉代的颇具特色的考古文化。这种文化分布在我国境内的,黑龙江考古队已拟命名为"团结文化类型",业已发掘的遗址有黑龙江东宁大城子遗址[7]、东宁团结遗址[8]、吉林珲春一松亭遗址[9]等。其分布于苏联境内的,已被定名为"克罗乌诺夫卡文化"(旧称"夹皮沟文化"),业已发掘的遗址有乌苏里斯克地区的克罗乌诺夫卡遗址(夹皮沟遗址)[10]、兴凯湖附近的谢米皮亚特谷遗址[11]、乌苏里湾岸的奥列尼遗址[12]、套河左岸的索可里奇遗址[13]等。同类文化在朝鲜半

---

[6]黑龙江省博物馆:《东康原始社会遗址发掘报告》,《考古》1975年3期。

[7]黑龙江省博物馆:《黑龙江东宁大城子新石器时代居住址》,《考古》1979年1期。

[8]黑龙江省博物馆:《东宁团结遗址发掘的主要收获》,《光明日报》1978年7月23日。

[9]李云铎:《吉林珲春南团山、一松亭遗址调查》,《文物》1973年8期。

[10]А·П·奥克拉德尼科夫:《滨海遥远的过去》(莫润先、田大畏译),商务印书馆,1982年。А. П. Деревянко. Приамурье I тысячелетие до нашей эры. Новосибирск, 1976. 图86,图版79。

[11]同注[10]。

[12]А. П. Деревянко. Приамурье I тысячелетие до нашей эры. Новосибирск, 1976.

[13]Ж. В. Андреева. Поселения раннего железного века в Ольгинском и Лазовском районах Приморского края. — МИА, No.86, 1960.

岛的东北部也有发现，例如会宁五洞 5 号房址的出土物即是[14]。这种文化以大型手制的深腹陶瓮为特点，口沿下多有柱状握手，豆形器很发达。住房中出现折尺形的石砌取暖烟道，已有铁器。大致分布在绥芬河和图们江两流域的近海地区，及这两条河入海口两翼的海岸地带。碳十四测定的年代，大城子遗址为距今 2100 ± 85 年，团结遗址的四个数据中最早为距今 2285 ± 100 年，最晚为距今 1870 ± 80 年，亦即战国晚期至东汉这一范围（而且团结遗址中还出有汉代"五铢"钱）。

黑龙江省考古队在《黑龙江省原始文化初论》（1979 年）中一度认为团结文化类型"应为汉代挹娄人一个支系的文化"。这一考虑是欠妥的。第一，从分布地域上看，虽然符合《三国志》记载的"滨大海"，但与"在夫余东北千余里，……未知其北所极"是大相径庭的。第二，这种文化中大量使用陶豆，也和有关挹娄独无俎豆的记载不合。

我们认为，"团结—克罗乌诺夫卡文化"不是挹娄遗存，而是《三国志》记载的另一个"滨大海而居"的民族集团——沃沮的遗存。因为，根据现有考古发现，高句丽的地域是比较明确的。《三国志》明确记载高句丽"东与沃沮……接"，又说沃沮在"高句丽盖马大山之东"。所谓"盖马大山"当指今长白山、狼林山一线（此线之东侧，朝鲜今仍称"盖马高原"），因此，从时代和地域来看，"团结—克罗乌诺夫卡文化"是舍沃沮莫属的。而且就现有发掘资料来看，并无和文献记载的沃沮的文化特征相矛盾之处。

既然"团结—克罗乌诺夫卡文化"不属挹娄而属沃沮，那么挹娄遗存自然应该到"团结—克罗乌诺夫卡文化"分布区以北的地区去找。在那里，确实存在着一个分布区很广阔而且东滨大海的文化，即苏联考古学中已定名的"波尔采文化"[15]。

---

[14]《会宁五洞原始遗址发掘报告》（朝鲜文），平壤，1960 年。

[15] 这一文化是 1963 年在库凯列沃村附近波尔采地方的居址发掘后，才在苏联考古学中被列为一个新的考古文化。А. П. Деревянко. Приамурье I тысячелетие до нашей эры. Новосибирск, 1976. 即关于这一文化的专著。

　　根据苏联现在的考古发现，波尔采文化分布于黑龙江中游以下的黑龙江沿岸，直达海口。而且向南分布到滨海边区。在我国黑龙江省的三江地区，目前已发现不少地点有相似的遗存。这样一个分布区，和文献对挹娄的记载是最相符合的。特别值得注意的是，奥克拉德尼科夫在滨海边区南部苏昌河上布洛奇卡冈的发掘中，发现克罗乌诺夫卡文化被压在波尔采文化层之下的现象[16]。这和《三国志》记载挹娄和沃沮比邻而不断寇抄沃沮的情况互相对照，是很耐人寻味的。

　　波尔采文化目前碳十四测定的年代在公元前 980 ± 80 年至公元前 310 ± 100 年之间。但这一文化的主要研究者捷列维扬科认为这种文化大体可分三个阶段，早期始于公元前 7 世纪，而将其晚期阶段的年代拟为 1～4 世纪。在我们看来，早于波尔采文化的黑龙江中下游的乌尔采文化中已经出现铁器，它的年代不可能早于战国。铁器相当发达的波尔采文化的早期大概不会早于汉代，而那些偏早过甚的碳十四年代数据是难以信凭的（应该指出，据苏联测定克罗乌诺夫卡文化的谢米皮雅特谷住房木炭的碳十四年代也是公元前 980 ± 80 年，捷列维扬科本人就表示："该文化碳十四测定的年代明显偏早，现在显然不应加以考虑。"[17]但对波尔采文化碳十四测定的年代却未能也作应有的怀疑）。

　　从现有资料来看，波尔采文化有 30～40 座房子组成的村落，房子是半地穴式，由顶部烟孔出入。住房中器物的多寡表明已有相当程度的财产分化。住房中普遍发现储藏的粟，有家畜，有纺织业，仍有石镞等石器，陶器中始终未发现豆形器。这些都跟《三国志》所描述的挹娄的文化特征相合。

　　可惜波尔采文化的墓葬至今尚未发现。不过，埋葬习俗究竟如何，对判定某一考古文化是否是魏晋时代的挹娄，本来是没有什么重要意义的。我国研究者似乎有不少人以为"交木作小椁、杀猪积其上，以为死者之粮"是肃慎—挹娄族的一个重要文化特征。其实，在

---

[ 16 ]  А. П. Окладников и т. д. Раскопки древнего поселения Булочка У г. Находка в Сучанской долине. — Изв. Сиб. отд. АН СССР, 1972, No.6.

[ 17 ]  А. П. Деревянко. Приамурье I тысячелетие до нашей эры. Новосибирск, 1976.

《三国志》和南朝时根据《三国志》所写的《后汉书·东夷列传》中都没有这一记载。这一记载见于正史是唐代成书的《晋书·四夷传》，该书的资料来源大概是根据时代相当晚的《肃慎国记》（当时人相信挹娄就是古之肃慎，故以肃慎为挹娄之雅称）。应该指出，在黑龙江流域确实发现过时代较晚的随葬猪头墓。例如1927年在海兰泡附近的新博克罗夫卡村就发现过周围散布着十多个猪头的石冢墓，墓中随葬有银镯、铁镞等[18]，但这种习俗在黑龙江上究竟起源于何时，目前是悬而未决的问题。至于一定要以有无猪头随葬来判定魏晋时代的考古文化是否是挹娄，就未免有些可笑了。

对于《晋书》的记载，还有两个问题要说明一下。

第一个是"土无盐铁"，或使人以为挹娄人到很晚还不知道铁。过去不少研究者长期在新石器遗存中去找挹娄遗存，与此不无关系。实际上，"土无盐铁"完全可以是指当地不产盐、无铁矿（现在来看黑龙江流域中下游确实没有铁矿）。因为《三国志·魏志》卷四明明记载，262年"肃慎国"（即挹娄）遣使入贡的物品中已经有"皮骨铁杂铠二十领"。这和波尔采文化中已发现有相当数量的铁甲片正相合。所以，把有铁器的波尔采文化比定为挹娄遗存，和"土无盐铁"的记载并不矛盾。倒是把"土无盐铁"理解为没有盐、不知道铁，是肯定错误的。

另一个问题是"作瓦鬲，受四五升"。搞考古的人多以为鬲非得是有三个空足的器物。所以认为一定要有三空足的鬲的考古文化才是挹娄遗存。其实周代以后的人使用"鬲"这一名词并不限于有三空足的器物。汉代扬雄《方言》中记载："鍑，北燕朝鲜洌水之间或谓之锕，或谓之鉼。江淮陈楚之间谓之锜，或谓之镂。吴扬之间谓之鬲。"又说："釜……自关而西或谓之釜，或谓之鍑。"搞考古的人当然都知道，在汉代，三空足的炊器已经消亡，连吴扬地区也不例外，所以当时方言中保存的鬲这一语汇，当然不过是指釜一类的炊

[18] А. П. Окладников. Новые сведения по археологии и истории Приамурья ( Записки Амурского областного музея краеведения и Обшества краеведения, т. 2 ) — СА, XXII. 1955.

器而已。又如《礼记·丧大记》:"陶人出重鬲。"唐代孔颖达作疏说:"悬重之器也。"干脆理解为瓦瓶了。我们何以就能肯定《晋书》上所说的鬲就非是三空足的炊器不可呢?从考古发现的实际来说,历史上有过三空足鬲的地区,其东北边缘在苏联外贝加尔和我国呼伦贝尔盟("石板墓文化")、黑龙江嫩江流域(所谓"白金宝文化类型")、吉林的吉长地区("西团山文化")、辽宁的沈阳地区("新乐上层文化")。在此线的东北方只有极零星的发现。至于到了汉代,三空足的鬲在所有地区都退出历史舞台了,不论何地的何种考古文化中都不再有它存在。如果一定要抱着有三空足的鬲的考古文化才是挹娄遗存的观念去寻找挹娄遗存,肯定是没有希望达到目的的。

总之,根据现有考古成果,从时代相近、地域相合、文化特征相符这三个原则来考虑,可以断言"团结—克罗乌诺夫卡文化"就是沃沮遗存,并从而推定波尔采文化是挹娄遗存。如果谁相信古代的肃慎确实是挹娄的前身,那么肃慎遗存应该是一种在商末周初已经存在而又和波尔采文化有渊源关系的考古文化。至于在我国十分流行的西团山文化即肃慎遗存的说法,由于西团山文化和波尔采文化根本看不出有渊源关系,甚至找不出一点儿亲缘关系,所以根本不值一驳。

载《辽海文物学刊》创刊号,1986年5月。后收入《林沄学术文集》。

**按　语:**

此文最初在1980年吉林省考古学会第二次年会上宣读。当时在团结—克罗乌诺夫卡文化东北方、黑龙江中游以下到滨海地区,以及我国黑龙江省的三江地区,只发现了波尔采文化(我国称蜿蜒河类型)是无豆形陶器的考古学文化。但是1981年在双鸭山市发现滚兔岭遗址,并在1984年发掘。通过进一步的调查和试掘,在三江地区明确了也是无豆形器的"滚兔岭文化"的存在。它和波尔采文化同时共存,而且在陶器上有一定的共性。所以中国史籍中的"挹娄",很可能不是仅对应于波尔采文化,而还包含了留下滚兔岭文化遗存的人们。

# 考古学文化研究的回顾与展望

考古学文化的研究是现代考古学中的一项基础性研究。

考古学以古代遗存为研究对象，大多数考古工作者认为研究遗存的目的是增进对人类古代社会历史的了解。孤立的、单件的遗存不足以成为科学的研究资料，因而现代考古学注重从科学发掘中获取有明确层位关系和共存关系的成批遗存。但是，即使是这样的成批遗存，乃至相当大的建筑群或墓群，仍然只是历史上人类活动的零星而片断的残迹。只有把它们分别划属一定的考古学文化，从而串连成一个个更大的整体，并因之而纳入确定的时空框架，才能为利用遗存研究人类历史提供坚实的基础。

还有一部分考古工作者，对于能否通过遗存如实复原古代人类社会生活有很大的怀疑，认为考古学研究实际能达到的最高目标，只是阐明遗存直接能表明的文化史诸问题。在这样的研究中，像陶器史、墓葬史可算作专题研究，而考古学文化的研究既是专题研究的基础，同时又是最高层次的综合研究。

考古学界习惯于把考古学文化简称为"文化"。这个术语乃是专指考古遗存中所能观察到的一个个具有相同文化特征的共同体。在世界考古学史上，起初划定的"文化"都是表示人类文化发展的不同阶段的。到20世纪初，才逐渐认清不同的"文化"是同时并存的。因此，现代意义上的考古学文化，是一个个存在于一定历史时期，分布于一定地域的历史文化共同体。

考古学文化研究的基本问题是划分不同的考古学文化。从方法上说，这是一种分类的研究。但是，这种分类的特点是：1. 它不是对单件东西的归类，而是对以"群"为单位的一个个内涵丰富多样的遗存群进行归类。2. 这种分类不是"即时性"的，即对同一时刻存在于各地的诸遗存群作平面的分类；而是"历时性"的，即对既因分布地点不同而彼此相异，又因时间推移而产生变化的诸遗存群作立体的分类。3. 在大多数考古工作者心目中，这不是纯粹的逻辑分类，而是想要通过遗存群的分类，间接了解到当时族的共同体的情况。因此，这种分类研究有其特殊的复杂性，在长期实践中不断提出需要解决的理论问题。

考古学文化的研究在我国已有颇长的历史，现在正经历自己的全盛期。在这方面，我们不仅取得了许多具体研究成果，在研究方法上也有很多独创的发展。总结我们自己的历史经验，从而进行理论建设，应该是当前大家都来关心的一件事。

一

欧美不少国家都经历过以考古学文化为主要研究课题的历史阶段。看来，这是一个必须经历的历史阶段。

张光直说："一般来说，20世纪初英美考古学研究的主要对象是古器物。研究的方法是类型学和地层学。研究的目的是文化的分类、文化的起源、文化与文化相互间的关系、器物的演变与比较以及各个文化之间的交流和影响关系、文化与文化之间的年代关系、文化是怎样形成的；是从更早的那几种文化直接发展形成的，还是互相交流以后形成的。这种研究的主要基础是对器物资料的掌握和细致的分析，从器物的分类引起文化的分类，以及绝对年代和相对年代的建立；器物排队是建立相对年代学的一个主要方式。"[1]

实际上，北美的考古学文化研究比欧洲起步要晚一些，应该从1914年祁德（A.V. Kidder）在亚利桑那州的田野工作算起。从此而开始了北美考古史上的所谓"分类——历史复原时期"

---

[1] 张光直：《当前美国和英国考古概况》，《考古与文物》1985年3期。

（1914～1960年）[2]。这一时期盛行祁德所开创的"文化史研究法"。这是基于严密的田野工作之上的归纳方法，先在要研究地区内的调查资料中，用类型学方法选出时间变化上最敏感的标本，排出暂定的编年序列；以此为线索选择多层堆积的遗址进行科学发掘，以检验这种编年序列；对发掘品进行更细密的类型学分析，使编年序列不断精确化。陶器的类型学分析通常作为遗址内部分期的主要手段，从单个遗址的分期再扩大到一定区域内多个遗址的综合编年，同时，也区划出特定遗存形式的空间分布。这样，不仅划定许多考古学文化，而且弄清了许多史前文化的序列，划分出一个个"文化区"。这种研究，就叫"文化历史的复原"[3]。

现代考古学在中国的兴起又晚于美洲。考古学文化的概念和现代考古学是同时传入中国的，但在20世纪50年代以前，由于田野工作开展不多，考古学文化的研究只能说是方兴未艾。建国以后，随着田野考古广泛开展，考古学文化的研究才不断发达起来。

50年代到60年代的中国考古学研究主要有三大类：1. 与传统的金石学、考据学有联系的对遗物（包括有文字的）和遗址的考证。2. 以地层学、类型学为主要方法的考古学文化研究。3. 用遗存复原古代人类社会生活，阐明历史唯物主义原理和社会发展规律。其中第一类研究的阵地是逐渐缩小的，第二类研究则逐渐扩大。虽然在历次政治运动中，总是强调应该搞第三类研究，而把第二种研究当作资产阶级学术思想加以批判。但实际上就当时考古队伍的规模和素养，根本不足以在一二十年内获得能科学地复原古代社会生活、阐明历史发展规律的足够资料，而考古学文化的研究，在客观上是综合、整理田野发掘新资料必要的科学手段。因此，批判归批判，在具体工作中以层位学、类型学方法研究考古学文化的人反而越来越多了。确实，如果没有考古学文化的分期研究为基础，即使发掘了半坡这样完整的村落遗址，我们无法弄清众多的房址究竟哪些是同期共存的，又怎么能

[2] G. R. Willey, J. A. Sabloff. *A History of American Archaeology*, London, 1974.

[3] R. J. Sharer, W. Ashmore. *Fundamentals of Archaeology*, Pennsylvania, 1979.

从村落布局以推论社会组织情况呢？就算是发掘了像宁阳堡头村这样重要的墓地，因为还弄不清它所属的考古学文化和龙山文化的关系，甚至把它所反映的贫富分化现象解释为出现于龙山文化之后，把历史事实都搞颠倒了。所以，虽然经过了资产阶级学术思想批判的高潮还不久，尹达在1963年仍然强调：如果想要利用考古资料来探索氏族制度，"必然要进行艰巨吃力而富有高度理论性的学术综合工作"。这种综合研究具体地说就是考古学文化的研究。通过这种研究"把长时期内各种不同文化在不同地区的发展过程弄清楚。这是科学研究的一个重要阶段，我国氏族社会能否科学复原其历史的真实面貌，将取决于综合研究工作的科学水平"[4]。

在这一时期，立足于细密的考古学文化研究，在这一基础上又进而探讨原始社会史上一些重大问题的代表作，当推苏秉琦的《关于仰韶文化的若干问题》[5]。他的研究方法和路子，在当时已经影响到一批年轻的考古工作者，不但在当时推进了考古学文化的研究，而且为后来研究的开展培养了一批骨干。

"文革"使中国考古学的发展一度完全停滞。在考古研究开始复苏的头几年中，曾有一些基于考古学文化研究而又探讨原始社会史诸问题的论文问世。但正如苏秉琦在1965年那篇论文中说的，由于许多考古学文化的"文化特征及其类型、年代分期、文化分布和分区、社会发展阶段及其性质、同其他原始文化的关系等，虽然都已有所探索，但距离获得比较满意的成果，进而复原我国这一历史阶段的社会文化面貌，还有一段很长的距离"。因而，随着田野考古恢复和掀起新的高潮，许多有头脑的考古工作者都把重点放在进一步打好基础的工作上，亦即埋头从事考古学文化的研究。单纯是考古学文化研究性质的论文越来越多，田野工作也越来越多地是为解决考古学文化研究中的关键问题有目的地进行。这时，苏秉琦很及时地提出了"考

---

[4] 尹达：《新石器时代考古工作的回顾与展望》，《考古》1963年11期。
[5] 苏秉琦：《关于仰韶文化的若干问题》，《考古学报》1965年1期。

古学文化的区系类型"这一新的课题[6]。他主张"各地同志应立足于本地区的考古工作，着力于把该地区的文化面貌及相互间的关系搞清楚。要选择若干处典型遗址进行科学的发掘，以获取可资分析的典型材料。然后在准确划分文化类型的基础上，在较大的区域内以其文化的内涵的异同归纳为若干系统。这里，区是块块，系是条条，类型则是分支"。粗看起来，"区系类型"的研究似乎是把原有考古学文化合成条条块块或细分成若干分支，但苏秉琦后来又解释说："（区系类型）问题的提出正是针对学科发展过程中出现的对考古学文化的种种模糊认识，从方法论角度进行的尝试性探索中逐步形成的。……从认识论角度，是否也可以概括为，从建国以来大量实际考古工作中，经大家不断实践——认识——再实践——再认识的阶段性成果。"[7]因此，这里提出的课题显然不是对原有考古学文化简单的分一分、合一合，而应该理解为：依据新的发掘资料，用更严密细致的方法，重新考虑考古学文化的区分。苏秉琦说："我在'十年动乱'中考虑到，考古学文化的划分，是个关键问题。当我们还没有真正认识到它的意义和重要性，并在实践中不断总结、提高的时候，再挖多少宝贝，实现学科的目标等等，都将是一句空话。"[8]从而把考古学文化的研究提高到头等重要的地位。

从区系类型的角度出发对中国境内诸考古学文化的再认识，现已吸收了成批的考古工作者。20世纪80年代以来，围绕一项或多项在建立考古学文化编年方面具有突破性的田野考古新成果，召集区系考古的专题系列座谈会；或是为了解决区系考古的关键问题，实行相邻数省的田野工作的相互配合，使考古学文化的研究提高到一个新高度。可以说，考古学文化的研究在中国已进入全盛期。

总之，考古学文化研究在中国虽已有60年的历史，但因受两次

[6]苏秉琦等：《关于考古学文化的区系类型问题》，《文物》1981年5期。文中提到，这一新课题是1979年4月苏秉琦在全国考古学规划会议上提出的。

[7]苏秉琦：《燕山南北、长城地带考古工作的新进展——1984年8月在内蒙西部地区原始文化座谈会上的报告提纲》，《内蒙古文物考古》第4期，1986年。

[8]苏秉琦：《燕山南北地区考古——1983年7月在辽宁朝阳召开的燕山南北、长城地带考古座谈会上的讲话》，《文物》1983年12期。

大战乱的干扰和建国以来历次政治运动的影响，一直是断断续续的。要说整个考古学界都比较自觉地认识到这种研究是每个国家考古发展史上必经的打基础的重要阶段，恐怕还是近十年的事。在美国，这一打基础的阶段大约持续了半个世纪，考古研究的热点才发生转移，开始了"说明时期"（1960年至今）。由于中国考古学文化的复杂多样而目前尚有不少空白区、空白期，又因为考古学文化的研究不断细致化和深入化，在中国，这一打基础的历史阶段，恐怕还要持续相当长的时期。

## 二

划分考古学文化包含两件互有联系的事：第一，把不断发现的遗存群——归属于一定的考古学文化。第二，对每一考古学文化进行越来越精密的界定。

从历史上看，划分考古学文化的方法大体可归纳为四大类。

第一种姑称之为"突出特征法"。这是只用单项（偶尔也用两项）最显著的文化特征来作为划分考古学文化的标准。比如凡是以细石器为主要工具的遗存群都划归细石器文化，凡是陶器上大量饰几何形印纹的遗存群都划归几何形印纹陶文化。这种方法简单易行，但划分的考古学文化往往时代很长，分布范围很大，有时甚至漫无边界。严文明说："这种文化内部联系比较松散，或者根本就没有直接联系，只是因为所处地理环境相似，经济发展水平相近，才在实物遗存上反映出一些共同的特征。"[9]也就是说，这种"文化"往往并不是和族的共同体相对应的。这种方法在我国自20世纪50年代以来就一再被批判，现已基本不用。

第二种可称为"总体相似法"。这是由研究者根据两个遗存群在总体上是否相似来决定属不属于同一考古学文化。当然，所谓总体上相似，并不是两者所含有的全部文化特征都彼此相同。只是研究者观察到的相同点比相异点更多而已。这种方法有比较浓的主观色彩，而

---

[9] 严文明：《新石器时代考古研究的两个问题》，《文物》1985年8期。

且往往会使一个考古学文化的内涵变得越来越庞杂。这可以用下图来
示意：

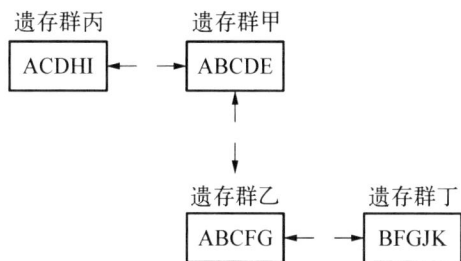

```
    遗存群丙          遗存群甲
   ┌───────┐        ┌───────┐
   │ ACDHI │ ←－－→ │ ABCDE │
   └───────┘        └───────┘
                        ↕
    遗存群乙          遗存群丁
   ┌───────┐        ┌───────┐
   │ ABCFG │ ←－－  │ BFGJK │
   └───────┘        └───────┘
```

我们用方框中的字母表示遗存群所含有的各种文化特征。在把遗存群甲
和乙比较时，因为它们有三个相同点而只有两个不同点，故可以划属同
一考古学文化。继续把甲和丙、乙和丁比较，因同样理由也被划属该文
化。但把丙和丁比较，其实已无相同点了。可是，在总结该文化的文化
特征时，我们往往把出现频率最高的 A、B、C 作重要特征，D、F、G
算次要特征，而 E、H、I、J、K 也会被当作一般特征而一一列举出来。
这样，这种考古学文化界限会越来越模糊，像滚雪球似的越滚越大。像
"龙山文化"、"青莲岗文化"都是有过这种经历的[10]。这种方法之不科
学是很明显的，但直到现在还有研究者不自觉地使用这种方法。最近还
有一篇用模糊数学划分考古学文化的论文，把这种方法当作划分考古学
文化的基本方法[11]，可见这种方法还有一定影响。

　　第三种方法可称为"成群特征法"。这是在夏鼐于 1959 年发表了
《关于考古学上文化的定名问题》[12] 一文之后，得到明确而流行起来
的。夏鼐在该文中引用了柴尔德（V. G. Childe）对考古学文化的定
义："一种文化必须是有一群具有明确特性的类型品。这些类型品是
经常地、独有地共同伴出。"强调了划定一个考古学文化必须以"成
群的"而且是"具体的"文化特征为标准。每一个考古学文化都应由

---

[10] 严文明：《龙山文化和龙山时代》，《文物》1981 年 6 期。马洪路：《试论青莲岗文化》，
　　　《考古学集刊（4）》，1984 年。
[11] 王迅：《模糊数学在考古学研究中的应用》，《考古与文物》1989 年 1 期。
[12] 夏鼐：《关于考古学上文化的定名问题》，《考古》1959 年 4 期。

固定的一群具体特征来界定，这样就不会再出现"滚雪球"的弊病。要解决新发现的遗存应该划归哪个考古学文化的问题，也有了客观的依据。如用图示，我们假定以A、B、C、D四项具体特征成群出现作为文化一的标准，L、M、N、O成群出现作为文化二的标准，我们很容易把遗存群甲、乙划归文化一，丙、丁划归文化二。遗存群戊虽有四项特征和划属文化一的遗存群乙相同，却不能划属文化一，应另定一类。遗存群己虽有四项特征和遗存群甲相同，却不能划属文化一，反而应该划归文化二。60年代以来，我国考古学文化的划分，大都是在这种思想指导下进行的。

　　虽然大家都使用基本相同的方法，但在考古学文化划分上仍然有许多分歧。其原因是多方面的。事实上，我们不可能先定出一群具体特征作为划分某一"文化"的标准，而只能在已发现的诸遗存群及其已作的分类情况下，总结出可以界定不同考古学文化的一组组常有共存关系的具体特征。然而，两个研究者即使都赞成同一种分类法，例如，

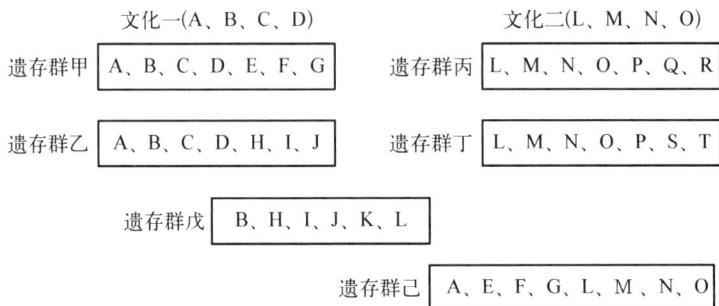

文化一(A、B、C、D)　　　　　文化二(L、M、N、O)

遗存群甲 | A、B、C、D、E、F、G　　遗存群丙 | L、M、N、O、P、Q、R

遗存群乙 | A、B、C、D、H、I、J　　遗存群丁 | L、M、N、O、P、S、T

遗存群戊 | B、H、I、J、K、L

遗存群己 | A、E、F、G、L、M、N、O

都赞成上图中的遗存群丙和丁划归同一文化，但由于各自观察的角度、分析的方法不同，某甲总结的文化二的划分标准可能是必须有L、M、N、P共存，而某乙总结的则是必须有L、N、O、P共存。这样，如果新发现了一个遗存群庚，是含有L、M、N、P、U、V的。某甲就认为它应该划归文化二。某乙则认为它既然没有O，就应该另立一类。这是目前在考古学界常见的一种争论。另一种情况是不同的研究者在分类标准的宽严上尺度不同。例如某甲主张文化二必须有L、M、N、O、P五项共存，所以只有遗存群丙、丁可算是文化

二，遗存群己和庚是另外两种文化。而某乙可能主张文化二只要有L、M、N三项共存就行了，便认为遗存群丙、丁、己、庚都是文化二，只是"类型"不同而已。第三种情况则是不同的研究者从不同的角度对已有的遗存群进行分类。例如，某个研究者主张应该把上图中的遗存群乙和戊划归一个文化，以B、H、I、J共存为标准；遗存群甲和己划归一个文化，以A、E、F、G共存为标准。这样，文化一就取消了，遗存群己究竟划归哪个文化也成了争论的问题了。

当然，上文的分析已经把复杂的实际情况作了极度简化。首先是把每一遗存群中包含的特征都当作同等重要。事实上，同是A，它在遗存群甲和乙中出现的数量以及在总体中所占的比重是互不相同的，它和其他特征在同一单位中共存的概率也是互不相同的。其次，每个文化特征即使像夏鼐要求的那样已经很具体，比如是"朱绘泥质黑陶曲腹杯"，但每一件这种杯仍然各有自己的个性特征，如果我们把它称为A，实际还有$A_1$、$A_2$、$A_3$、$A_4$……的不同，而这种不同究竟是有时代意义的，还是有地域意义的，还是纯粹偶然的变异，每个研究者有不同认识，意见一时也难以一致。由此可见，在实际问题的研究中出现分歧意见是难免的。

从纯粹逻辑学的观点来看，只要被分类的每个单体具有多方面的客观属性，就必然会有多种可能的分类方案。由于每一个遗存群包含的客观属性是多层次而又极为复杂的，遗存群的分类自然会有非常多的可能性。不过考古学文化的分类目的，是在于探索留下这些遗存的人们之中存在的族的共同体，只有符合这一目的的分类才是可取的。柴尔德之所以主张划分考古学文化需要"有一群具有明确特性的类型品"，是因为他认为这样的一群东西"我们可以假定是把一个民族团结起来的、共同社会习俗的具体表现"[13]。其实，能起凝集族的作用的习俗，都是历史上形成的一种文化传统，因此，我们划分考古学文化，绝不是把遗存群区划成一个个即时性的文化共同体，而是应该划成一个个有各个独特文化传统的历时性的"历史文化共同体"。

---

[13] 张光直：《考古学专题六讲》，文物出版社，1986年，73页转引。

经过长期的丰富的实践，又经过深思熟虑，苏秉琦在1983年朝阳考古座谈会上指出："要解决考古学文化划分问题，我们的考古学方法论必须向前推进一步。"[14]并在划分考古学文化的方法上提出了两条新的原则。第一，"考古学文化的本质应该是一个运动的事物的发展过程，而不是静态的或一成不变的种种事物或现象"。"只有具备某些相对稳定的文化特征、因素、发展序列和它们之间的平行共生关系的代表性材料，并且体现一定的规律性，这种文化类型的存在才是明确的"。这也就是说，不能靠一组固定不变的文化特征来划定考古学文化，而是应该找到一组文化特征，它们都有互相平行的渐变现象，即构成平行的发展序列（这方面，苏秉琦在《关于仰韶文化的若干问题》中对庙底沟、半坡类型各自有特点的小口尖底瓶及彩陶盆的平行发展序列的分析，可作为实例）。因为只有这样，才能表示确实有一个有自身特点的历史文化传统的存在，从而确定一个人们的历史文化共同体。第二，"从揭示每一种考古学文化的来源……和去向，……各自周围文化的关系，以及每一种文化在其发展过程中的分解、转化等方面入手，那我们就有可能比较正确地划分考古学文化"。这是强调，只有和前后左右作广泛的比较，才能确切判定究竟在哪个特定时期，在什么样的特定地域内，存在过一种特有的历史文化传统。

我们把这样的方法暂且称为"平行序列法"。当然，按这一方法的要求，就需把遗存群按更细密的时间刻度加以区分，对文化特征的微小变化作更细致的分析，才能排出它们的发展序列。而且需要对相当广大地区中相当长时期内的遗存群，从纵向和横向作反复比较，才能判定究竟把每个考古学文化的地域界限和年代界限划在何处为好。所以划分考古学文化的难度比以前更大了，但是其科学性显然更强了。目前，已有相当一部分考古工作者接受了这种方法。一方面用这种方法对已有的考古学文化进行再分析和再综合，从而对已有的考古学文化进行重新界定。另一方面，对新发现的遗存群（尤其是在尚未

---

[14] 同注[8]。

划定考古学文化的地区）更加细致地分析其内涵，并与上下左右的遗存群作详尽的比较，并不急于把它们划归某个考古学文化，更不贸然提出新的文化命名。这些都标志着我国在考古学文化的划分上正步入一个较成熟的新时期。

<h1 style="text-align:center">三</h1>

考古学文化是由田野工作中发现的遗存群综合而成的，这种综合是否正确，取决于遗存群的区分是否正确；而考古学文化研究的精细程度，也是和遗存群区分的精细程度相联系的。

遗存群首先是按发掘地点来分的，同一地点发掘出的诸遗存，如果在层位上不能区分，便被视为一个遗存群。如在层位上能区分，就被区分为几个遗存群了。

安特生在仰韶村的发掘，并未按实际层位区分遗存，因而发掘的新石器时代遗存被笼统地视为代表仰韶文化的遗存群。现在我们知道，仰韶村实际含有仰韶文化庙底沟类型、西王村类型、庙底沟二期文化、河南龙山文化三里桥类型这样四种文化遗存。若把这四种遗存混为一群，作为划分考古学文化的一个基本单元，就连仰韶文化和龙山文化都分不开了。幸而1931年梁思永在后岗的发掘，按层位把遗存分为三期。由于"后岗一期"（仰韶文化）和"后岗二期"（"龙山文化"）分开了，才认识到仰韶村出土的东西含有仰韶和龙山两种遗存。由此可见地层学在考古学文化研究中的重要地位。

建国以来，按层位发掘的技术逐步普及，一个发掘地点的遗存按层位分"期"成为普遍的做法。新划分的考古学文化的命名也采用"夏家店下层文化"、"庙底沟二期文化"这样的名称。但按层位分期，大体可分两大类。第一类侧重于按地层分期，而且一度还流行一种不成文的规定：凡是在某一地层下开口的诸遗迹及其堆积中包含的遗物，均归属该地层。当然，随着发掘者对工作地区古代遗存认识的加深，在分期时也可以参照遗物的特征。这样，在上下两个地层之间开口的遗迹，也可以根据包含遗物的特征而分别归属上层或下层。但如果包含物是难以判定的，仍然归属上层。而且，发掘者如果认为相邻的两个以上的地层中出土遗物特征是大体一致的，还可以把这些地层合并为一期。结果，一个多层遗址发掘出来的遗存所分的"期"，只可能比地层数少，绝不会比地层数多。经验证明，这样划出来的每一"期"，往往会包含有同一考古学文化的不同发展阶段的遗存，甚至还会含有早晚不同的两种考古学文化的遗存。所以用这样的"期"来研究考古学文化，仍然会造成混乱。

第二类按层位分期的办法，是除地层之外，遗迹和遗迹之间、遗迹和地层之间的叠压打破关系，都可以作为分期的依据。其实，早在20世纪50年代初，苏秉琦就单根据遗迹互相打破关系把西安附近的古文化遗存分为早晚不同的三大群（仰韶、客省庄二期、周）。那三个互相打破的遗迹都开口在同一个周代文化层下，打破生土层[15]。可见，没有地层，单凭遗迹单位也可以代表一个"期"，并可据此而划出独立的遗存群。总之，在发掘中分辨出来的每一遗迹都可以和地层一样视为一个基本的时间单位，每个单位中出土的遗存都应单独存放、分别研究，尽可能细致观察有无类型学上的差异，最后才能确定究竟把这一遗址的全部遗存细分为多少"期"好。如果是这样按层位分期，则全部遗存所能划分的"期"数，往往会超过发掘中所分的地层数。这种方法在田野工作中实际使用是在70年代才开始比较流行，并越来越显示其优越性。因为这种方法的时间刻度较细，划出的遗存群更精确，从而在研究考古学文化时能把问题引向深入，像朱延平[16]、李健民[17]对"夏县东下冯龙山早期"遗存群的再分析，郭引强[18]、王仁湘[19]对"宝鸡北首岭下层"遗存群的再分析，都是使用这种方法的实例。

显然，越是细密的分期，越需要类型学研究发挥其独特的作用。

———————

［15］苏秉琦等:《西安附近古文化遗存的类型和分布》,《考古通讯》1956年2期。

［16］朱延平:《山西夏县东下冯龙山文化遗址读后》,《考古》1984年9期。

［17］李健民:《东下冯"龙山文化早期遗存"的再认识》,《考古》1984年9期。

［18］郭引强:《宝鸡北首岭的分期及有关问题》,《中原文物》1987年3期。

［19］王仁湘:《论渭河流域早期新石器文化发展的两个阶段》,《考古》1989年1期。

发掘中提供的层位现象，毕竟只能提供遗存在相对年代上孰早孰晚的依据，至于这些有早晚差别的遗存彼此之间是否有变化，变化有多大？这些变化究竟是渐进的还是跳跃的？究竟是同一文化传统的发展还是不同文化传统的更代？这都是类型学研究才能解答的问题。解决头一个问题，才能确定是否可以分期，把哪些单位归为同一期，共分几期。解决第二个问题才能推定所分各期之间是否有较大的时间间隔。解决第三个问题才能认清所分的"期"究竟是同一考古学文化的不同发展阶段，还是代表不同的考古学文化。要弄清这些问题，就需要对不同层位中出土的遗存作详尽的种、类、型、式的分析排比，弄清楚它们哪些是同时共存的关系，哪些是先后发展的关系，哪些是虽有先后而并非发展的关系。属于先后连续发展的可以分几个阶段，是否有缺环现象？这些问题往往单凭一个遗址的发掘资料不能都解决好，还需要参照别的遗址的资料才能尽量多解决一些。总之，只有作过细的类型学研究，才能使遗存群的划分尽可能地精细、准确，有利于进一步作考古学文化的综合研究。

如果我们通过层位学和类型学的综合研究，在一个地区内的好几个遗址发掘地点，都比较精细地划分出一系列时代上有序的遗存群（苏秉琦称之为"纵剖面"）；又根据类型学研究，在横向上比定不同遗址中年代相近的一系列遗存群（苏秉琦称之为"横剖面"），便可以构成一个立体的框架。在这样一个框架中，能很方便地考察各种文化特征的发展序列（注意：不是一成不变的文化特征）在时空两方面的分布状况。然后，从全局出发来确定每一个考古学文化最适当的时空边界。这就是以"平行序列法"划分考古学文化的具体方法。

现在考古界普遍承认应该用地层学和类型学结合的方法进行考古学文化的研究。但在实际研究中有两种倾向需要注意。第一种倾向是只强调地层在划分遗存群上的作用，以及在考古学文化分期上的作用，忽视精细的类型学研究。这样就使遗址发掘中区划出的遗存群往往太粗，内涵较复杂，由之而综合成的考古学文化界限模糊。而在考古学文化分期的讨论中，虽然每一期都列举一系列文化特征，却缺乏贯穿每期的文化特征发展序列的分析。第二种倾向是过多的作层位根据薄弱或无层位依据的器物排队，有时只根据很零散的资料或只靠一种器物的排队就进行很细的分期。应该说，类型学在分期上的确有独立解决问题的能力。但无层位依据的器物排队需要有较大量的共存关系（如不同器类的同墓共存）为前提，以排定较多的细部特征之平行发展序列及各器类之平行发展序列作为论证依据。如果既无这种研究条件，又达不到严密的论证，就难以令人信服了。

<h2 style="text-align:center">四</h2>

通过这些年的研究实践，我国的考古工作者已经认识到：考古学文化的划分是多层次的，而每一个考古学文化本身仍然可分解为不同组成因素。

从实际历史看，考古学文化的划分是越来越细的。龙山文化先按地域差异分为山东沿海区、豫北区、杭州湾区[20]，继而又分为"庙底沟二期文化"、"后岗第二期文化（河南龙山文化）"、"客省庄第二期文化（陕西龙山文化）"、"典型龙山文化（山东龙山文化）"四个类型或文化[21]，"杭州湾区"则分立为"良渚文化"[22]。后来，单是"河南龙山文化"，又被区分为"王湾三期"、"后岗二期"、"造律台（王油坊）"、"下王岗"、"三里桥"[23]等类型。并有人主张王湾三期、后岗二期、造律台类型都应划为独立的考古学文化[24]。

考古学文化越分越细，是和资料越来越丰富和研究越来越深入相应的自然趋势。苏联考古学家指出，在欧洲考古遗址分布图上看，苏联的考古遗址不如其他地区密，所以苏联考古学文化也分得大而粗，不像中欧分得那么细，研究已经由"分子"水平进入了"原子"水

---

[20]梁思永：《龙山文化——中国文明的史前期之一》，《考古学报》第九册，1954年。
[21]中国科学院考古研究所：《新中国的考古收获》，文物出版社，1961年。
[22]夏鼐：《长江流域考古问题》，《考古》1960年2期。
[23]中国社会科学院考古研究所：《新中国的考古发现与研究》，文物出版社，1984年。
[24]李伯谦：《论造律台类型》，《文物》1983年4期。

平；并推测，考古资料的不断积累也将使苏联考古研究达到"原子"水平[25]。英国的克拉克（David Clarke）从西方考古学文化研究的情况总结出一个文化的面积大约是半径为20 ～ 200英里（约32 ～ 320公里）[26]。按这种标准来看，我国的考古学文化有不少还可以分得更细一些。

现在在我国，有许多"文化"都进一步被分为若干"类型"，虽然常常有文章争论某一类遗存群究竟叫一种"文化"好，还是只算"类型"好，然而并没有人能说清楚文化面貌有多大的差别才可以独立为"文化"，否则就只能算不同的"类型"。从实际情况来看，当一个文化被分为若干类型时，便表明研究者已经认识到它有可能被划分为几个独立的文化。一旦这些类型都被改称文化，就标志着这一认识过程的完成。其实，我们称它们为"文化"也好，称它们为"类型"也好，实质都是指一种"历史文化共同体"，通过实践，我们认识到，这种历史文化共同体的划分是可以多层次地进行的。

严文明已经预见到，目前所称的"类型"还可以再分"小区"，而"小区"之下还能划分出四个层次。他大胆设想，如果能这样多层次地分析下去，"从而把从考古遗存中所能观察到的共同体缩小到与部落或部落联盟大体相当的规模，如果把这种多层次的划分方法同对于个别遗址所反映的氏族、部落组织结构的研究结合起来，就将使复原远古时代社会历史面貌、探索氏族——部落及其活动、发展的历史工作，成为可行的方案"[27]。这样，我国考古学文化的研究也该说是达到原子水平了。

在考古学文化越划越细的情况下，原先的一个文化对于新划分的诸文化来说，就是高一层次的历史文化共同体。这种现象也促使我们去研究这样一个问题：一般来说，在"文化"之上，还有哪些层次的范围更大的历史文化共同体。实际上，苏秉琦提出过"区"、"系"

———————————

［25］Б·А·布尔金等：《苏联考古学的成就和问题》，《史前研究》1985年1期。

［26］David Clarke. *Analytical Archaeology.*（2nd ed.）London, 1978.

［27］同注[9]。

这两个概念，并作了"区是块块、系是条条"的简单说明。但是，他本人有时把"区系"作为一个复合词使用，例如说"北方、中原两大区系"[28]，这时，"区系"一词似可理解为一个区域内的一个文化系统，而且范围很大。有时又把"区"和"系"当作不同层次的分类级别，如在"中原"这一区之下，分"仰韶文化东支"、"仰韶文化西支"这样两个系；在"赤峰、朝阳地区"这一区之下，分"红山文化"、"富河文化"、"赵宝沟文化"这样三个系，每一系之下直接分为"类型"[29]。则"系"这一概念似乎并不比一般考古学文化的概念范围大。但无论如何，目前在考古文献中，"历史文化区"、"文化系统"这类术语已越来越频繁地出现。俞伟超对"文化系统"一词作过解释，认为一个系统中可以同期并存好几个考古学文化或类型，"但由于基本的共同性，应当归属于一个大的文化系统而和别的系统相区别"[30]。他所划定的甘肃至青海东部的一个文化系统包括19种已命名的文化或类型，似乎比苏秉琦的"系"大得多。但他把分布在该区内的半坡类型、庙底沟类型、客省庄二期文化也划归这一文化系统，不知如何与更东部的别的系统相区别。他所划定的长江中游新石器时代文化系统，既包含了以仰韶文化因素为主的遗存，又说它们"和长江中游原始文化有联系而属于不同系统的文化"，更显得有些自相矛盾[31]。张忠培则较早就提出了"同一谱系的诸考古文化"这样的概念[32]，可惜对"谱系"一词未作明确定义。而且，由于他在后来的论文中又强调任何一种考古学文化都是不同谱系的多元结构，"不同谱系的文化因素，结合成统一的考古学文化"[33]，则"同一谱系诸考古

———————

[28] 苏秉琦：《环渤海考古与青州考古》，《考古》1989年1期。

[29] 同注[7]。

[30] 俞伟超：《关于"卡约文化"和"唐汪文化"的新认识》，《先秦两汉考古学论集》，文物出版社，1985年。

[31] 俞伟超：《楚文化的渊源与三苗文化的考古学推测》，《先秦两汉考古学论集》，文物出版社，1985年。

[32] 张忠培：《地层学与类型学的若干问题》，《文物》1983年5期。

[33] 张忠培：《研究考古学文化需要探索的几个问题》，《文物与考古论集》，文物出版社，1986年。

文化"的提法就更有必要作进一步说明了。严文明建议在比"文化"更高的层次上使用"文化群"一词[34]，目前尚未见多少响应者。

总之，关于考古遗存中分析出来的历史文化共同体的多层次性，已经引起考古工作者的注意，甚至出现了"多层结构的考古学文化"[35]这种提法。目前需要的是大家在实践中加紧探索，希望较快地出现一个适合中国国情的多层次的历史文化共同体分类体系，以便大家共同遵循。

每一个考古学文化，不论它已经被划得多么小，总是还可以分解为不同的组成因素的。这种认识也是在研究实践中逐渐成熟的。在考古学文化研究的初期，由于被划分出的考古学文化较少，彼此在时空两方面往往都不衔接，因而相互的差别是显著的。所以我们在思想上往往把一个考古学文化看作一个整体。对考古学文化之间的关系也只限于研究它们是时代先后还是同时并存。后来考古学文化发现多了，时代的缺环和地域的空白逐渐被填补，不同的考古学文化具有某些相同或相近的文化因素的现象，越来越引起研究者们的注意。于是文化之间关系的研究也进而发展为哪些早晚不同的文化有源和流的关系，哪些同期共存的文化有互相影响交融的关系。这种研究和划分考古学文化的研究是结合在一起进行的，结果研究者们发现，不管我们怎样划分考古学文化，这些考古学文化总还是你中有我、我中有你。因此，我们必须如实地把考古学文化看成是一种多元文化因素的复合体。

当然，每一个考古学文化本来都是由非常多的各种遗物、遗迹组成的，自然是一种多因素的复合体。但这里所说的"文化因素"是有特定含义的，专指一个考古学文化和另外的考古学文化相比较而得到的一组组相同的文化特征或文化特征发展序列。也就是说，这一概念是在把考古学文化互相比较时产生的特定概念。

俞伟超指出，当我们对考古学文化的认识还处在孤立观察它们

---

[34] 同注[9]。
[35] 同注[33]。

自身的阶段时，"很容易把若干考古学文化当作一个单纯的总体而寻找其单线条的变化序列"。"但任何考古学文化，至少从新石器时代以来，几乎都不是孤立发展的，某一文化只要和其他文化发生一定的接触，就会相互影响，内部就会出现来自其他文化的因素。所以要把一个考古学文化的特征讲得很准确，应该是包括了一组以上的那些文化因素的一个总体概括，当然还应该是指出了各组文化因素所占比重的一种概括，也一定是自身文化的传统因素总要占主体位置的一种概括"[36]。因此，他主张对任何考古学文化、考古遗存群都应该用"文化因素分析法"加以分析，也就是说，分析它们内部所包含的不同文化因素的组成情况，确定它们各是源自哪个考古学文化。张忠培也主张这样的研究方法，但是他把这种方法称为"谱系分析"[37]。在理论上总结出这种方法，无疑对今后深化考古学文化的研究会起推动作用。

## 五

考古学文化的研究，一开始就是和民族史的研究联系在一起的。现代的考古学文化的概念形成，是和19世纪末民族学家提出的"文化复合体"、"文化圈"等概念有密切关系的。

在我国，考古学上发现了仰韶文化和龙山文化后，就出现了仰韶文化为夏、龙山文化为夷的假说。建国后，长江中游屈家岭文化等有地方特色的文化发现后，又和中国古史上有东、西、南三大民族集团的学说很快就挂上钩。当然，后来考古学文化越发现越多，说明问题要复杂得多，但讨论考古学文化的族属，始终是一个经久不衰的常见题目。而且，对考古学文化的界定也往往是和族属的讨论结合在一起的。举例来说，认为以东下冯遗址晚于龙山的遗存群为代表的文化遗存是夏人遗存的，就同时主张它应算作二里头文化的一个类型。而

---

[36] 俞伟超：《楚文化的研究与文化因素的分析》，《楚文化研究论集》第一集，荆楚书社，1987年。

[37] 同注[30]。

论证它应该算作独立的"东下冯文化",最后归结到它不是夏人遗存而是商人遗存[38]。至于一些历史时代初期的考古学文化,直接以族来命名,如巴蜀文化、滇文化之类,也说明了考古学文化和族的密切关系。

　　考古学文化和族的共同体是否基本一致,在考古学界有不同说法。苏秉琦说:"虽然考古学文化与族的共同体能否等同尚可讨论,但这两者具有同一性当无疑问。一个族的共同体的地域与一种考古学文化分布的范围应有其一致的方面。"[39]俞伟超却说:"一个考古学文化所包含的族属往往不止一个;而一个族属也往往可以创造出一个以上的文化(至少是类型)。"[40]产生这种完全相反的说法并不奇怪。因为,我们通常在讨论这类问题时,所使用的"族"这一词,本来是一个非常不确定的概念。可以用它来泛指一切见于古代文献的有某种统一专名的人群,只要人群的规模不小于原始社会的部落或部落联盟。这种种人群的历史背景和实际性质是有非常大的差别的。比如,"陶唐氏"、"有虞氏"可算是族,"晋人"、"楚人"也可以算作族。"华夏"、"诸夏"是族,单称的"夏人"也是族。这些族的范围大小差别很大,而考古学文化的范围大小也差别很大,所以难怪各人有各人的说法了。

　　考古学文化的实质是历史上存在过的有共同文化传统的人们共同体。从历史学和民族学的研究成果可知,这种历史文化共同体可以有不同的划法,也有不同层次。每一个这样的共同体,有时可能相当于一个民族共同体,有时相当于一个多民族共同体,有时可能只相当于一个民族的一个组成部分。也有的时候,它只是一个民俗共同体,即这个共同体内的人们虽有共同文化传统,却并不自认为是同一个族[41]。而且现代民族学实际调查表明,文化共同体的分布区和民

――――――――

[38] 郑杰祥:《夏史初探》,中州古籍出版社,1988年。

[39] 苏秉琦:《地层学与器物形态学》,《文物》1982年4期。

[40] 俞伟超:《关于当前楚文化的考古学研究问题》,《湖南考古辑刊》第一集,1982年。

[41] Ю·А·勃罗姆列伊:《论历史文化共同体的基本类型及其发展趋向》,《民族译丛》1981年5期。

族共同体的分布区往往并不密合而只在一定程度上重合[42]。还应该看到，凭考古遗存划定的历史文化共同体，由于根据的资料是有片面性的（比如我们对新石器时代的服饰就所知极少，竹木器、编织器几乎没有发现，歌曲或舞蹈无从知晓等），也会发生种种偏差。由于有这种种复杂的情况，我们想要一般性地讨论哪一种层次的考古学文化和什么样的族的共同体相合，是不切实际的。

我们现在应该做的，只是根据实际考古资料本身尽可能精确地划定多层次的历史文化共同体。同时又根据比较可靠的文献记载，具体讨论：在一定的历史时期内，哪一层次的文化共同体和哪一种"族"有大体相同的分布范围；或者某一层次的文化共同体的分布范围，究竟和某一种族的分布范围有什么样的不同。在这方面，像李伯谦研究造律台类型和"有虞氏"的分布范围的关系[43]，俞伟超分析楚文化分布区和楚国疆界的关系[44]，都是很有启发性的。只有这种研究积累较多的经验，才能有比较深入的理论总结。

当前在考古学文化族属问题的研究中，有两种倾向是应该坚决反对的。第一种是对考古学文化本身的划分不下功夫，便急于和一定的见于文献的"族"拉上关系，再以这种先入之见来左右对该考古学文化划分的研究，以致偏离考古资料所反映的实际情况。第二种是对文献记载的产生年代与可靠程度都不加分析，把时代不明、地域不明的族，甚至还有一些是否在历史上真正存在过都不能肯定的族，随意地向已知的考古学文化上贴标签。这就纯属哗众取宠了。

## 六

目前我国考古学文化研究的进展，各地很不平衡，要在全国范围内建立一个史前时代至历史时代初期的、完整的、多层次的考古学文

---

[42] 后藤明：《欧美考古学的动向》，《史前研究》1986年1、2期（参看该文图二）。

[43] 同注[24]。

[44] 同注[40]。

化体系，并在一部分地区把考古学文化的研究推进到"原子水平"，是一个重大而艰巨的历史任务，还需要几代考古工作者的共同努力。

　　然而，划定考古学文化、分析它们的多元结构，搞清它们的复杂关系和各自的发展和源流，都只是从纷繁的现象中理清客观历史事实。但随之而产生的问题乃是："为什么客观历史会这样。"克拉克说："考古学完全可以称为对历史文化特征在时空分布上的研究，以及对这种分布控制因素的研究。"[45]考古学文化研究的第一步是弄清诸历史文化特征在时空分布上的客观事实，然后需要解释的是：有哪些"控制因素"使历史文化特征作如此的分布。如果我们不仅能理清事实，又能进而作出比较深入的解释，那么考古学文化的研究就能进入一个新的高度。也只有这样，才能达到苏秉琦从1978年以来反复强调的阐明多民族统一国家形成和发展的学科目标。

　　从世界考古史来看，一个国家或地区的考古工作是不会一直停留在考古学文化的研究上的。只要考古学文化的研究提供了科学利用考古材料的一定基础，很快就会开拓出许多利用遗存研究历史的新领域。因此，我们不能等到这个基础完全打完了再作新的打算，而应该不失时机地边打基础、边开拓新领域，加快我们前进的步伐。苏秉琦1985年在辽宁兴城座谈会上提出的"古文化古城古国"这一课题，体现了高度的战略眼光。他主张在研究考古学文化时，"对原始文化（或史前文化）同古城古国紧密联系的一部分加以重点研究"[46]，正是把考古学文化研究和文明起源、原始社会到阶级社会过渡的研究有机结合之举。很可能，实现这一战略的结果是：在考古学文化研究继续保持旺势的同时，中国考古学家便利用这种优势而开创一个利用考古资料研究社会发展史上重大问题的新时代。而且，在这种研究中取得的成果，将成为继续深入进行考古学文化研究的巨大动力。

1989年4月26日于长春

---

[45] 格林·丹尼尔：《考古学一百五十年》（黄其煦译），文物出版社，1987年，314页转引。

[46] 苏秉琦：《辽西古文化古城古国——兼谈当前田野考古工作的重点或大课题》，《文物》1986年8期。

**附　记：**

本文系由我给考古专业研究生讲授中国考古学史的部分章节扩充改写。此外，为行文方便，对诸位我所敬爱的师长，文中均直书其名，敬祈谅解。

1989年6月在长沙召开的"中国考古学会第七届年会"上宣讲。载《辽海文物学刊》1989年2期。后收入《林沄学术文集》。

# 中国东北系铜剑再论

从我的《中国东北系铜剑初论》一文发表到现在已经有10年了。在这10年中，一方面陆续发表了一系列这种剑的新资料，另一方面有不少同志对这种剑进一步探讨研究[1]，提出不同的见解，使研究不断深入。这都是非常可喜的。

东北系铜剑是东北地区一种很重要的考古遗物。它既对广大地区的考古遗存起一种"穿针引线"的联系作用，又在青铜时代至早期铁器时代的年代学中有一种标尺的意义。因此我深感有必要根据新发表的资料对《初论》提出的论点逐一检验，并认真考虑同志们对《初论》提出的不同意见，就东北系铜剑的几个主要问题再谈一些自己的看法，这对继续推进这项研究也许是有益的吧。

一

在《初论》中，我根据类型学方法，把辽阳二道河子的剑身排定为已发表资料中最早的形式，并由此而驳斥了东北系铜剑"自西向东流布说"。但我的意见遭到迟雷的断然否定。靳枫毅进而提出，二道河子这类剑乃是辽东地区富有地方性特点的剑，主要特点是"体形短小"，因而在分类上立了一个"BS型"（S即short的缩写，故下文称

---

[1] 王成生：《辽河流域及邻近地区短铤曲刃剑研究》，《辽宁省考古博物馆学会成立大会会刊》1981年。迟雷：《关于曲刃青铜短剑的若干问题》，《考古》1982年1期。靳枫毅：《论中国东北地区含曲刃青铜短剑的文化遗存》，《考古学报》1982年4期、1983年1期。张锡瑛：《试论我国北方和东北地区的"触角式"剑》，《考古》1984年8期。翟德芳：《中国北方地区青铜短剑分群研究》，《考古学报》1988年3期。

之为"短型"），认为这类剑"看来形式较早，……年代上限不会早于春秋早中期"，而辽西地区最早的东北系铜剑（即他所分的Ｂ Ⅰ式）出现于西周晚期，所以仍坚持"曲刃青铜剑起源于辽西"。

靳文分出一个"短型"的主要分类标准是剑身短，虽另附加了体轻薄、铜质较恶等条件，其实短的当然比长的轻，而薄和铜质较恶则并非靳文所分"短型"的剑都具有的特点。靳文对剑的具体分类办法是不论剑刃形式有何不同，只要长度在30厘米以下的剑身都归为"短型"。至于为什么要以30厘米为界，是讲不出道理的。即使就以30厘米为界，不仅在辽东、吉长和朝鲜半岛等地区都有"短型"剑身，连辽西地区也有"短型"剑身。如锦西乌金塘的剑仅长29厘米[2]，只比辽阳二道河子那件长0.2厘来[3]。喀左和尚沟M13的剑身仅长29.1厘米[4]。而且，在河北的承德也发现过26.3厘米长的剑身[5]。显然无法认为"短型"是某地区特有的地方性变体。因此，用长度作为分型标准是不妥当的。

当初我之所以认为二道河子剑的时代最早，是因为它刃部的"后前比"（后段叶刃的长度∶前段叶刃的长度）数值最大，达1.49；而"长宽比"（叶刃总长度∶叶刃最大宽度）数值最小，仅4.07。靳文在总结东北系铜剑剑身（即他所分的"B型剑身"）的演进规律时也认为早期节尖位置偏前，晚期则偏于中后部，即承认刃部的后前比值是逐渐减小的。而他所排列的Ｂ Ⅰ至Ｂ Ⅹ式的顺序，实际上反映出长宽比逐渐增大的总趋势。可惜他似乎只从绝对长度考虑问题，不确切地总结为早期"长大"，晚期"相对较短"。

当然，随着新资料的不断发现，我们认识到，并不是刃部长宽比越小，后前比就一定越大。现在把一些我所分的Ａ Ⅰ剑身长度不足30厘米者按后前比的大小顺序排列成表（表一）。可以看出它们的长宽比实际呈颇大的波动状态（图一）。

---

[2] 锦州市博物馆：《辽宁锦西县乌金塘东周墓调查记》，《考古》1960年5期。

[3] 辽阳市文物管理所：《辽阳二道河子石棺墓》，《考古》1977年5期。

[4] 辽宁省文物考古研究所等：《喀左和尚沟墓地》，《辽海文物学刊》1989年2期。

[5] 郑绍宗：《河北省发现的青铜短剑》，《考古》1975年4期。

表一

| 出　土　地 | 长度（厘米） | 后前比 | 长宽比 | 资　料　出　处 |
|---|---|---|---|---|
| 新金双房 | 26.7 | 2.95 | 5.14 | 许明纲等:《辽宁新金县双房石盖石棺墓》,《考古》1983年4期。 |
| 永吉星星哨AM1g | 24.5 | 1.82 | 4.77 | 吉林市博物馆等:《吉林永吉星星哨石棺墓第三次发掘》,《考古学集刊（3）》,1983年。 |
| 抚顺甲帮 | 25.3 | 1.68 | 3.94 | 徐家国:《辽宁抚顺市甲帮发现石棺墓》,《文物》1983年5期。 |
| 旅大双砣子 | 27 | 1.60 | 3.96 | 日本东北亚考古学研究会译:《岗上·楼上》,六兴出版,1986年。 |
| 辽阳二道河子 | 28.8 | 1.49 | 4.07 | 辽阳市文物管理所:《辽阳二道河子石棺墓》,《考古》1977年5期。 |
| 清原门脸 | 21.8 | 1.44 | 3.73 | 清原县文化局:《辽宁清原县门脸石棺墓》,《考古》1981年2期。 |
| 清原李家堡 | 21.9 | 1.38 | 3.58 | 清原县文化局等:《辽宁清原县近年发现一批石棺墓》,《考古》1982年2期。 |
| 旅大岗上M3 | 28.7 | 1.35 | 4.67 | 日本东北亚考古学研究会译:《岗上·楼上》,六兴出版,1986年。 |
| 旅大楼上M3 | 28.4 | 1.27 | 4.31 | 旅顺博物馆:《旅顺口区后牧城驿战国墓清理》,《考古》1960年8期。 |
| 延安郡金谷洞 | 24.2 | 1.26 | 4.42 | 《考古学资料集》4,1974年,平壤（朝文）。 |
| 旅大楼上M3 | 25.5 | 1.21 | 3.94 | 旅顺博物馆:《旅顺口区后牧城驿战国墓清理》,《考古》1960年8期。 |

（续表）

| 出 土 地 | 长度（厘米） | 后前比 | 长宽比 | 资 料 出 处 |
|---|---|---|---|---|
| 锦西乌金塘 | 29 | 1.16 | 5.1 | 锦州市博物馆：《辽宁锦西县乌金塘东周墓调查记》,《考古》1960年5期。 |
| 磐石小西山 | 28.4 | 1.14 | 4.46 | 吉林省文物工作队：《吉林磐石吉昌小西山石棺墓》,《考古》1984年1期。 |
| 旅大刘家疃 | 28.2 | 1.13 | 4.5 | 原田淑人：《牧羊城》,1931年，图24，4。 |
| 喀左和尚沟 | 29.1 | 1.10 | 5.68 | 辽宁省文物考古研究所等：《喀左和尚沟墓地》,《辽海文物学刊》1989年2期。 |
| 旅大楼上M3 | 25.2 | 0.93 | 4.51 | 旅顺博物馆：《旅顺口区后牧城驿战国墓清理》,《考古》1960年8期。 |
| 阜新胡头沟M2 | 27 | 0.92 | 5.65 | 方殿春等：《辽宁阜新县胡头沟红山文化玉器墓的发现》,《文物》1984年6期。 |
| 承德 | 26.3 | 0.87 | 4.46 | 郑绍宗：《河北省发现的青铜短剑》,《考古》1975年4期。 |
| 传出平壤 | 27.8 | 0.75 | 6.06 | 冈内三真：《朝鲜铜剑の始终》,《小林行雄博士古稀记念论文集——考古学论考》,东京平凡社，1982年。 |

　　由此可见，无论是用后前比的大小还是用长宽比的大小作为判定早晚的绝对标准都有其片面性，彼此会有矛盾。尤其是像新金双房那一件，虽然后前比特别大，但长宽比相当大，而且节尖圆钝，未必是最早的形式。但总体上说长宽比小的剑身，后前比一般都是较大的，从器形发展的逻辑关系来说，时代应该较早。

　　在辽西地区，乌金塘剑据共存铜戈的形式可以定在西周晚期至春秋早期。而南山根M101出土的AⅠ剑（靳文归属BⅠ），只比乌

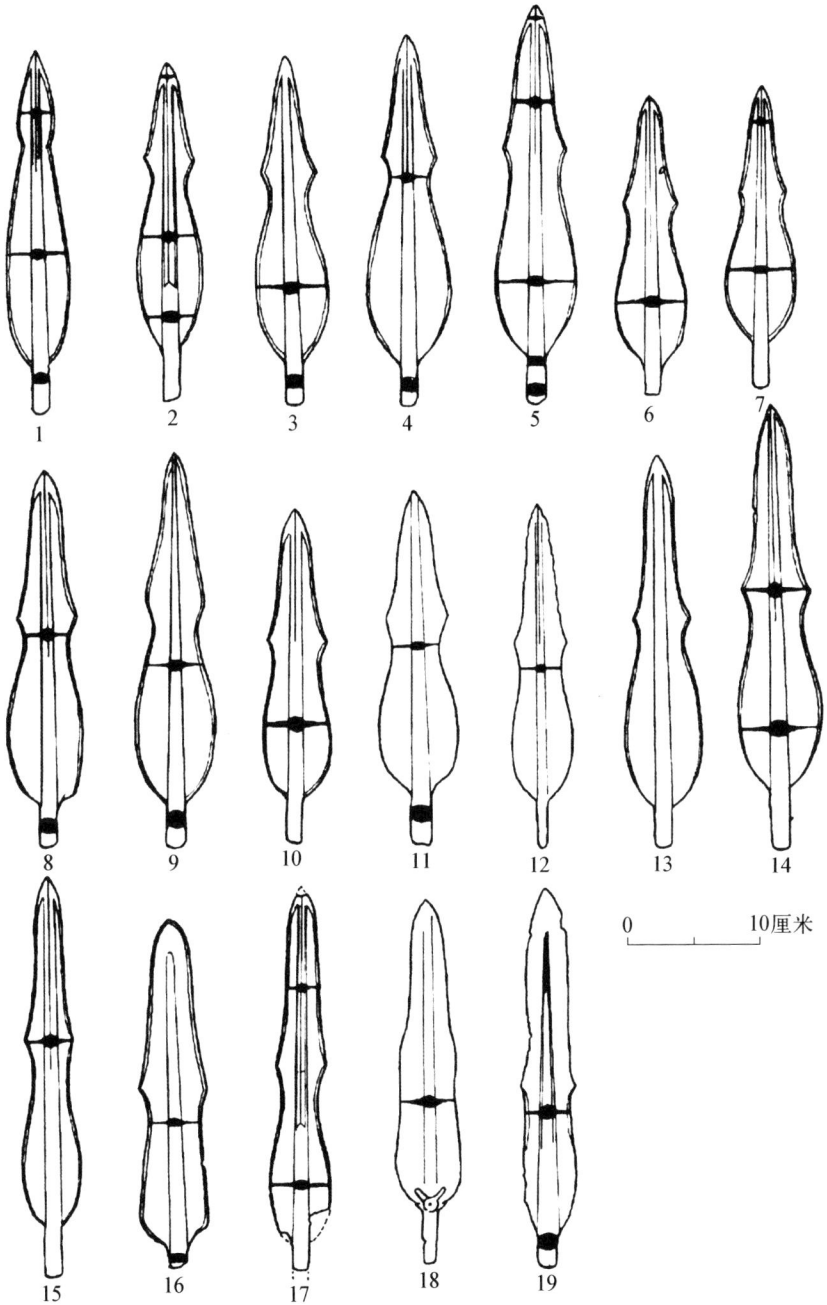

图一　短A I 剑身的比较

1. 新金双房　2. 永吉星星哨　3. 抚顺甲帮　4. 旅大双砣子　5. 辽阳二道河子　6. 清原门脸
7. 清原李家堡　8. 旅大岗上 M3　9、11、16. 旅大楼上 M3　10. 延安郡金谷洞　12. 锦西乌金塘
13. 磐石小西山　14. 旅大刘家疃　15. 喀左和尚沟　17. 阜新胡头沟 M2　18. 承德　19. 传出平壤

金塘的长了 2.9 厘米，后前比 1.2 和长宽比 4.98 都和乌金塘的很接近。同出铜戈的形式也和乌金塘的相同，所以南山根 M101 剑的年代也不会早于西周晚期。而且，在这一地区我们迄今尚未发现后前比比这两件剑更大而长宽比比这两件剑更小的 AⅠ剑身。

在辽东半岛上，旅大刘家疃与西周式铜镞同批发现的那件 AⅠ剑身，后前比和乌金塘的几乎一样，长宽比则略小。无论就剑本身的形态还是就共存物而言，都没有理由把刘家疃这件剑的年代断得比乌金塘、南山根的更晚。迟雷在他的文章中批评我把刘家疃发现的一件铜剑定为 AⅠ，而另一件定为 CⅠ，是"将共出一墓的两把短剑分别断为不同的两个时期"。其实，这批遗物在森修的原报告中只说是当地农民在耕作时偶然发现[6]，因而无法断言是"共出一墓"。我在《初论》中特别注明出 AⅠ剑和两周铜镞的是"刘家疃石墓 A"，而出 CⅠ（本文改属 B 型）剑的是"刘家疃石墓 B"，已明确表明我认为这两件剑不是共出一墓的。当然，刘家疃 AⅠ剑和西周式铜镞之可能共出一墓，也只是不悖于情理的推断，有待于新的发现来验证。就现有发现而言，把该剑的年代上限推到西周的看法，仍然是可以成立的。

在吉长地区，磐石小西山剑在形制上和乌金塘、南山根 M101 及刘家疃石墓 A 均彼此相似。过去，由于西团山石棺墓发掘报告把年代估计在"春秋—战国之际"[7]，所以吉长地区的石棺墓普遍被推定在较晚的时代。但 1981 年公布了永吉星星哨 CM21 人骨的碳十四年代为公元前 1105±100 年，树轮校正为公元前 1275±160 年。则吉长地区石棺墓的年代上限应早于西周，显然没有任何理由说吉长地区 AⅠ剑的出现要晚于辽西。

现在再来看上表中前 7 件剑。这些剑或是长宽比小于 4，或是后前比大于 1.4，或两个条件兼备。在形态上显然比年代可以断为西周晚期至春秋早期的 AⅠ剑还要早。就共存物而言，双房、甲帮、二道

---

[6] 森修：《南满州发现の汉代青铜器遗物》，日本《考古学》8 卷 7 号。

[7] 东北考古发掘团：《吉林西团山石棺墓发掘报告》，《考古学报》1964 年 1 期。

河子、门脸的剑，都伴出一种垂腹的盘口壶，壶上均饰有人字形的贴附器耳。而双砣子剑伴出的陶罐上也有同样的贴附耳。靳枫毅已经指出这种陶壶"在旅顺于家砣头积石墓已露端倪"。于家砣头墓地据原报告推定为商末周初，该地出土的铜镞也确有商代特点[8]。当然，像朴晋煜那样把双房墓的年代跟于家砣头墓地等同而定在公元前12世纪[9]，是很难使人信从的。因为两者的陶壶在形态上有较大差异，说明两者只是因袭关系而并非同时关系。但像靳枫毅那样把"双房类型"定在春秋时代，认为下限到春秋晚期，则显然失之过晚。这是因为：第一，岗上积石墓中出土的ＡⅠ剑在形态上和可断为西周晚期至春秋早期的乌金塘剑相近，但该墓出土的陶器已不见垂腹陶壶，而代之以有肩的陶壶[10]。可推测垂腹壶的流行应在春秋早期以前或西周晚期以前。第二，在吉长地区，西团山文化的陶壶，也有从垂腹发展为鼓腹有肩的趋势。提供了很早的碳十四年代的星星哨ＣＭ21所出的壶，就是最大腹径很靠下的[11]。这从另一个侧面表明垂腹壶的年代完全可以早到西周。综合以上情况，我们完全有理由认为和垂腹壶共存的ＡⅠ剑的年代可以早于西周晚期。

　　靳枫毅之所以认为二道河子剑的年代上限不会早于春秋早中期，是因为同墓出土的镞范"其两翼瘦长下垂，外张角度很小，已不具西周铜镞作风，也不及十二台营子1号墓的双翼铜镞形制原始"。关于这个问题，翟德芳已经指出"这种铜镞与中原商代至春秋时代的铜镞均不相同，应属不同系统的产品，恐不能简单地与中原式镞比附"，我认为是对的。二道河子的这种镞应看成是在商代中原铜镞影响下产生的一种地方型式，分布区域也甚广，如清原门脸和磐石小西山与铜剑共出的石镞都是这种型式。辽宁西丰阜丰屯南山梁家坟石棺墓[12]

［8］旅顺博物馆等：《大连于家村砣头积石墓地》，《文物》1983年9期。

［9］朴晋煜：《关于琵琶形短剑相关文化的发源地及其创造者》，《历史科学》1984年4期（李云铎译，《东北亚历史与考古信息》1985年1期）。

［10］日本东北亚考古学研究会译：《岗上·楼上》，六兴出版，1986年，图57。

［11］宋玉彬：《试论星星哨墓葬的分期》，《博物馆研究》1989年3期。ＣＭ21出土的陶壶见该文图一，10。

［12］裴耀军：《西丰和隆的两座石棺墓》，《辽海文物学刊》1986年创刊号。

和吉林蛟河小南沟2号石棺墓[13]也出过这种石镞。看来，十二台营子的铜镞，特别是两翼狭长的一种，似亦受这种地方型镞的影响，在《初论》中我只把它们和中原式镞简单比附是不对的。

总之，迄今为止形态较早而共存器物年代也可能早于西周晚期的东北系铜剑只在辽东和吉长地区被发现。辽西地区东北系铜剑发现的数量多，且多长大而精美者，只能说明这里的铸剑业一度很昌盛，却无法证明这里是东北系铜剑的发源地。所以，这种剑的"自西向东流布说"在我看来仍是一种虚构的理论。

<h1 style="text-align:center">二</h1>

在《初论》中我把东北系铜剑的剑身分为A、B、C三型并进一步分式，拟定了它们的演变序列。现在看来，总的演化趋向及分支式的发展设想都仍然可以成立。但根据新的资料来检验，显然有以下两个问题：1. 分型分式的标准还不够准确，而且有些标准尚不能纳入已有分类之中。2. 机械地设想各型式是先后更替的关系，看来是把问题简单化了。所以，有必要重新考虑型式划分问题和各型式的时空分布问题。

在《初论》中我把既有节尖（原称"尖突"）又有脊突（原称"隆节"）的剑定为A型，但在实际标本中，这两项特征并不一定是共存的。为了使分类具有穷尽性，现将A型的范围扩大为兼有节尖和脊突两项特征或仅有其中一项。按这样的标准，则靳文的BⅠ、BⅡ、BⅢ、BⅣ、BⅤ、BⅦ、BSⅠ、BSⅡ、BSⅢ、BSKⅠ、BSKⅢ 都可以划归A型剑身。

靳文虽然把我说的A型细分为11个式，但他只是每式举一代表而并未一一说明分式标准。由于A型剑身各项特征的变化多端，所以随便举出一件标本仍有可能不知应归属何式，所以我认为这样的分式是不可取的。

---

［13］匡瑜：《吉林蛟河县石棺墓清理》，《考古》1964年2期。

　　我在《初论》中提出把A型分为两式，区分的标准有三项：第一看"尖突"和"隆节"的明显程度，第二看长宽比的大小，第三看锋之有无和长短。但实际上用于具体标本时便可发现这三方面标准会互相矛盾，使分式陷入窘境。现在重新考虑各方面因素，觉得不如按刃尾是圆收还是折收将A型剑分两大式为好。这种分式标准直观、明确、容易把握，而且这样分式基本上可以勾出A型剑发展的两大阶段（图二）。

　　一般说来，刃尾圆收的AⅠ剑身绝大多数是无锋或只有极短的锋，长宽比在4～5之间（现有标本长宽比最小是抚顺甲帮的3.94，最大是伊敏河矿区的，约为7[14]），节尖和脊突都显著，后前比在1以上。但也有不少例外。刃尾折收的AⅡ剑身则绝大多数有锋，而且较长，长宽比在5～6之间（最小是朝阳十二台营子M1的4.89[15]，最大是北票何家沟的7.32[16]），尾角变小，节尖角变大，脊突不显著或消失，后前比减小（最大是沈阳郑家洼子M6512∶33的1.2[17]，最小是凌源三道河子的0.64[18]）。但也有例外。以上诸项特征的变化都可以说明AⅡ剑身在总体上要晚于AⅠ剑身，但这绝不是说AⅡ出现之后AⅠ就消失了。因为在比AⅡ更晚的B、C型剑身标本中仍可发现刃尾圆收的例子。因此，我们只能说刃尾折收的作法出现肯定较晚，却不能说刃尾圆收的作法肯定是早期的。

　　从分布地区来看，AⅠ剑身的分布区最广，西南达河北承德，西北到内蒙古伊敏河矿区，东北达吉林市，东南则在朝鲜半岛南部的清道郡礼田洞[19]、扶余郡松菊里[20]、丽川市积良洞[21]等地均有发现。

---

[14] 此器乃1982年以前由呼盟伊敏河矿区工人掘出，承刘晓东同志寄示线图。

[15] 朱贵：《辽宁朝阳十二台营子青铜短剑墓》，《考古学报》1960年1期。

[16] 靳枫毅：《朝阳地区发现的剑柄端加重器及其相关遗物》，《考古》1983年2期。

[17] 沈阳故宫博物院等：《沈阳郑家洼子的两座青铜时代墓葬》，《考古学报》1975年1期。

[18] 靳枫毅：《论中国东北地区含曲刃青铜短剑的文化遗存》，《考古学报》1982年4期、1983年1期，图十一，7。

[19] 金钟彻：《庆尚北道清道郡礼田洞出土的辽宁式铜剑》，《东亚考古与历史（冈崎敬先生退官记念论集）》上册，同朋舍，1987年。

[20] 冈内三真：《朝鲜铜剑の始终》，《小林行雄博士古稀记念论文集——考古学论考》，东京平凡社，1982年。

[21] 全南大学校博物馆：《发掘遗物特别展》，1989年，图25～27（朝文）。

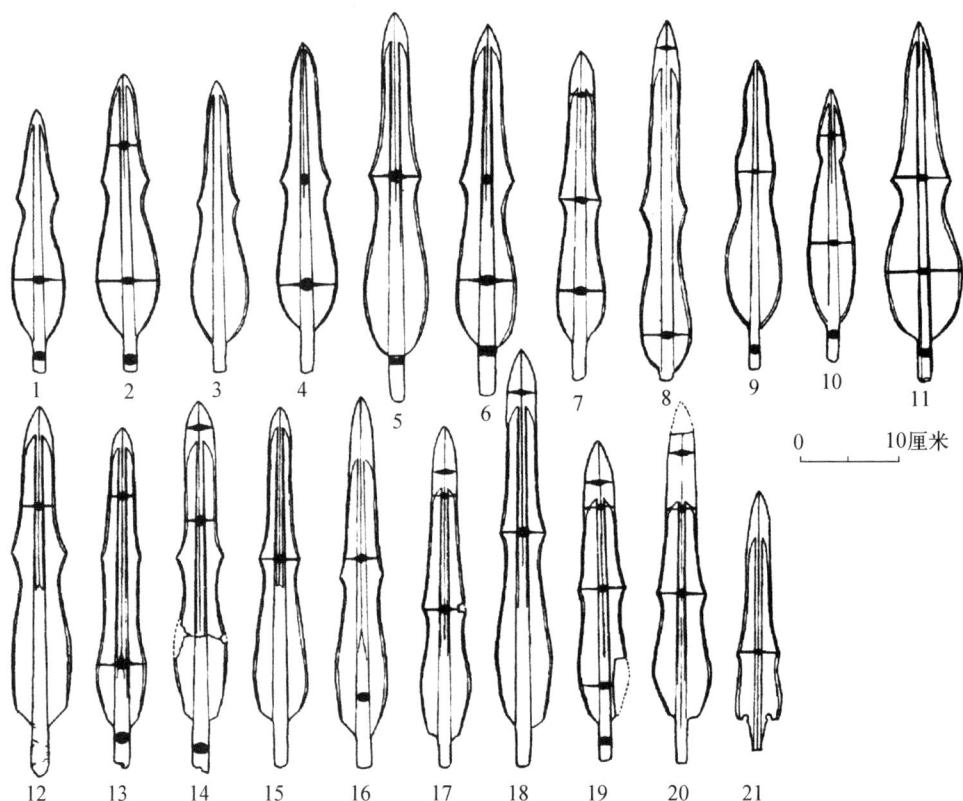

图二　A型剑身举例

A Ⅰ：1. 抚顺甲帮　2. 辽阳二道河子　3. 磐石小西山　4. 旅大刘家疃　5. 朝阳十二台营子　6. 建平大拉罕沟
7. 建平采集1号　8. 伊敏河矿区　9. 旅大楼上M6　10. 新金双房　11. 清道郡礼田洞
A Ⅱ：12. 朝阳十二台营子　13、14. 沈阳郑家洼子　15. 喀左桃花池　16. 喀左南洞沟　17. 凌源（20号）　18. 北
票何家沟　19. 建平老窝卜　20. 凌源三道河子　21. 海参崴博物馆

　　A Ⅰ剑身的出现年代实有可能早到西周中期或更早，而有相当确切
的证据证明它在西周晚期至春秋早期很流行。其出于十二台营子M2
者，或许可定为春秋中期。

　　A Ⅱ剑身的分布区则比较有限，目前仅在A Ⅰ剑身分布的西南部
有发现。即分布在沈阳、北票、宁城一线以南。此外，只有鸟居龙藏
记述过一件海参崴博物馆的藏品似可归入A Ⅱ一类[22]，尚不知该剑是
如何传到那里的。十二台营子出的A Ⅱ剑身，长宽比不到5，后前比

[22] 鸟居龙藏：《西比利亚から满蒙へ》，《鸟居龙藏全集》第十卷，朝日新闻社，1976年。

接近1.2，应是这种剑的早期形式，时代或可定为春秋中期。喀左南洞沟剑的长宽比为6.62，后前比为0.83，是这种剑的较晚形式，据共存的中原式铜戈、曹、篦，年代可断在春战之际[23]。

　　由于在ＡⅠ剑身分布区的北部和东部没有发现ＡⅡ剑身，我们有理由推测在这里的ＡⅠ剑身一直存在到战国初，因而才出现了像伊敏河矿区和蛟河洋犁地[24]那样刃部很狭长而有长锋的ＡⅠ剑身。当然，这还需要更多的证据。

　　我原来设想Ａ型剑身后来分化为南北两种地方性变体，10年来新发表的资料证明这是可取的。但我原来的Ｂ、Ｃ两型的划分还不够准确，本文准备把Ａ型以外的剑身重新分为Ｂ、Ｃ、Ｄ三型（图三～图五）。

　　现在重新划定的Ｂ型的特征是：脊突消失，尖节已变成弧突而且有的弧突的弯度很小，因而整个刃部呈束腰状。这一型包括了我在《初论》中分的ＢⅠ、ＣⅠ、ＣⅡ，靳文所分的ＢⅥ、ＢＳⅣ、ＢＳⅤ，实际上还有许多其他形式。有些剑的刃部的弧曲并不太规则，左右不一定对称，也可以归入此型。Ｂ型的一部分标本，非常明显是由ＡⅡ演化而成，但也有一些标本可以推测是由ＡⅠ直接演化，还需要找更多的证据才能论定。由于其形态多变，脉络还有待理清，目前可暂不分式。Ｂ型剑身一般均有相当长的锋，也有个别短锋甚至无锋。长宽比最小的只有5.33（长海上马石M2[25]），最大为7.1（新城高碑店[26]）。这类剑目前发现地点以县市计，有抚顺[27]、沈阳[28]、朝阳[29]、

────────────

[23] 辽宁省博物馆等：《辽宁喀左南洞沟石椁墓》，《考古》1977年6期。

[24] 董学增：《吉林蛟河发现"对头双鸟首"铜剑》，《北方文物》1987年3期。

[25] 辽宁省博物馆等：《辽宁长海县上马石青铜时代墓葬》，《考古》1982年6期。

[26] 同注[5]。

[27] 梅原末治：《剑柄形铜器の新例》，日本《考古学杂志》27卷11号。抚顺市博物馆：《辽宁抚顺市发现青铜短剑》，《考古》1981年5期。

[28] 沈阳市文物工作组：《沈阳地区出土的青铜短剑资料》，《考古》1964年1期，图版七，3。

[29] 同注[18]，图五，28；图一七之右二。

0 　　　　　　10厘米

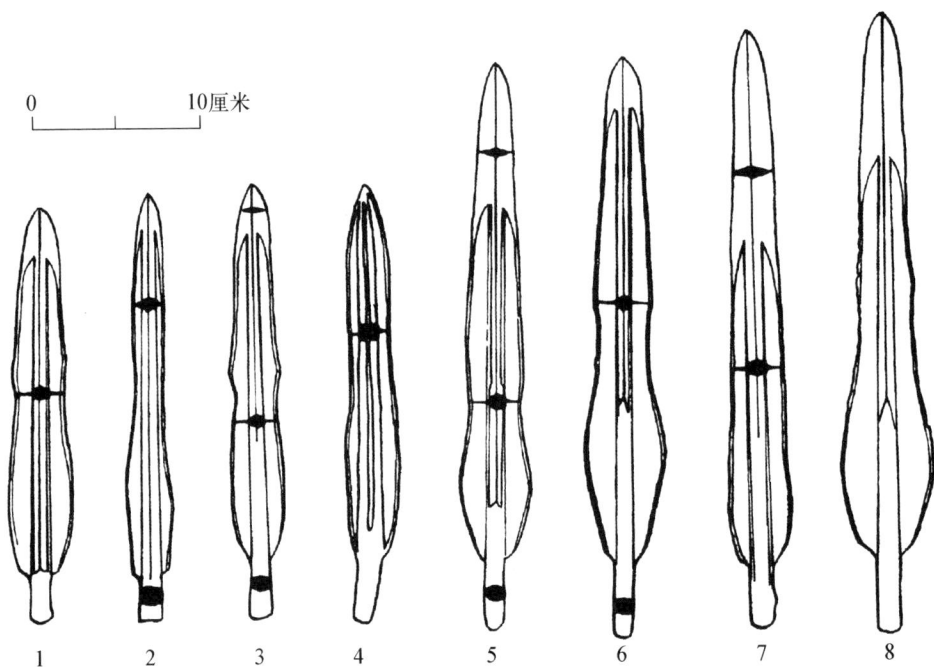

图三　B型剑身举例

1. 金县卧龙泉　2. 长海上马石M2　3. 抚顺针织一厂　4. 旅顺楼上M1　5. 建平采集2号　6. 锦西寺儿堡
7. 新城高碑店　8. 凌源三官甸

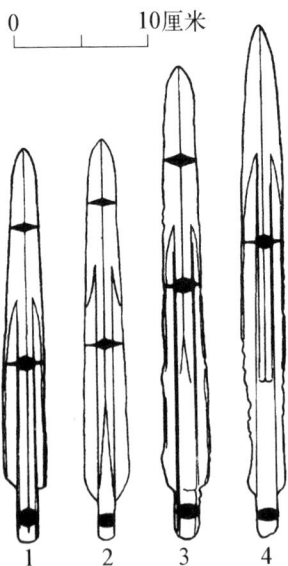

0 　　　　10厘米　　　　　　0 　　　　10厘米

图四　C型剑身举例

1. 新城高碑店　2. 本溪梁家村
3. 旅大尹家村　4. 凤城小陈家

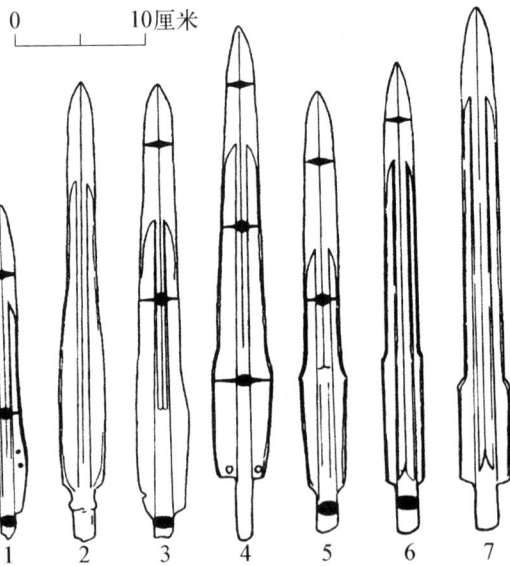

图五　D型剑身举例

DⅠ：1. 桦甸西荒山屯　2. 双辽吉祥屯　3. 宽甸赵家堡　4. 怀德大青山
DⅡ：5. 东沟大房身　6. 集安五道沟门　7. 昌图翟家村

建平[30]、锦西[31]、凌源[32]、辽阳[33]、海城[34]、金县[35]、旅大[36]、长海[37]、涿县、新城、望都[38]。也就是说和 A Ⅱ 剑身的分布区大致相当。

关于 B 型剑身的年代，迄今只有凌源三官甸子墓葬中与之共存的铜戈、铜鼎是较可靠的根据。我在《初论》中已经指出该戈和燕侯载戈（燕成侯，公元前358～前330年）最近似。三官甸子剑无论从锋的长度还是长宽比来看，都应视为 B 型剑身中较早的。因此大体可认为 B 型剑身始于战国中期或更早，或许下延到战国中晚期。

在 B 型剑身的分布区内，还发现有一种两侧刃部平直的剑身，现在划定为 C 型。这也就是我在《初论》中分的 C Ⅲ，靳文的 B Ⅷ。这种剑可以视为 B 型的刃部弧曲进一步减小的结果，也可以认为是受了中原式剑的影响。C 型剑身的锋一般更长，有的甚至占刃部长度之半（新城高碑店[39]）。长宽比最大的超过 10（凤城小陈家[40]）。值得注意的是这种剑的分布区较 B 型剑显著东移，在辽西地区还没有发现这种剑，而在沈阳[41]、本溪[42]、凤城、旅大[43]、新城以及更东面的朝鲜半岛上[44]均有发现。C 型剑身的断代由新金后元台的发现提供了

［30］建平县文化馆等：《辽宁建平县的青铜时代墓葬及相关遗物》，《考古》1983年8期，图版二，5。

［31］孙守道等：《辽宁寺儿堡等地青铜短剑与大伙房石棺墓》，《考古》1964年6期，图版伍，6。

［32］辽宁省博物馆：《辽宁凌源县三官甸子青铜短剑墓》，《考古》1985年2期。

［33］同注[31]，图版伍，4。

［34］同注[31]，图版伍，7。

［35］日本东北亚考古学研究会译：《岗上·楼上》，六兴出版，1986年，图78，1～3。

［36］原田淑人：《牧羊城》，1931年，图24，5；图30，1。旅顺博物馆：《旅顺口区后牧城驿战国墓清理》，《考古》1960年8期，图三。

［37］同注[25]，图版捌，6。

［38］同注[5]，图一，4～7。

［39］同注[5]，图一，8。

［40］许玉林等：《丹东地区出土的青铜短剑》，《考古》1984年8期，图一，1。

［41］中国社会科学院考古研究所东北工作队：《沈阳肇工街和郑家洼子遗址的发掘》，《考古》1989年10期，图九，1。

［42］魏海波：《辽宁本溪发现青铜短剑墓》，《考古》1987年2期，图二，2。

［43］日本东北亚考古学研究会译：《岗上·楼上》，六兴出版，1986年，图93。

［44］郑白云：《关于朝鲜金属文化起源的考古资料》，1957年，图版20，4～6（朝文）。

线索[45]。该地农民平整土地时发现了一件C型剑身的前段,据说和一戈一矛是同出于一座石墓的。戈的铭文表明是战国魏国都邑启封(后来改称开封)所铸,第二次加刻的"启封"二字则有秦隶作风。推想此戈应是秦军所获,伐燕时传入辽东。则C型剑身应延及秦代。冈内三真认为朝鲜半岛上的直刃铜剑年代早的(AⅥ型)是战国末至西汉初[46],可以互相参证。

在东北方的吉长地区和长白地区,还分布有另一种形式的剑身。其特征为前段刃部平直,后段则有明显的凸出部,形成前段窄、后段宽的形状。现在我把它们划为D型。包括了《初论》所分的BⅡ、BⅢ,靳文的BⅨ、BⅩ、BSⅥ。已发现D型剑身的县市有双辽[47]、永吉[48]、怀德[49]、集安[50]、桦甸[51]、昌图[52]、新宾[53]、宽甸、东沟[54],也有个别流布到辽西地区[55]。这种剑身可以看作是B型剑身刃部前段弧曲完全消失的结果,但也有可能是A型剑身直接演化而来。

D型剑身可按凸出部转角形式的不同分为两式。转角呈弧形者为Ⅰ式,转角呈折线者为Ⅱ式。从型式演变的逻辑关系来看,Ⅰ式应早于Ⅱ式。Ⅰ式的长宽比为7.25(桦甸西荒山屯M6)至9.14(双辽吉祥屯)。Ⅱ式的长宽比为8.8(东沟大房身)至11.4(昌图翟家村)。从这方面也可以看出Ⅱ式晚于Ⅰ式。西荒山屯M6的DⅠ剑身和中原

[45]许明纲等:《辽宁新金县后元台发现铜器》,《考古》1980年5期。

[46]同注[20]。

[47]顾铁民:《双辽县文物志》,96页。

[48]陈家槐:《吉林永吉乌拉街出土"触角式剑柄"铜剑》,《考古》1984年2期。

[49]吉林省文物管理委员会:《吉林怀德大青山发现青铜短剑》,《考古》1974年4期。

[50]集安县文物保管所:《集安发现青铜短剑墓》,《考古》1981年5期。

[51]吉林省文物工作队等:《吉林桦甸西荒山屯青铜短剑墓》,《东北考古与历史(1)》,1982年,图六,3、4。

[52]裴耀军:《辽宁昌图县发现战国、汉代青铜器及铁器》,《考古》1989年4期。

[53]抚顺市博物馆考古队:《抚顺地区早晚两类青铜文化遗存》,《文物》1983年9期,图九,1。

[54]同注[40],图一,2、3。

[55]王成生:《辽河流域及邻近地区短铤曲刃剑研究》,《辽宁省考古博物馆学会成立大会会刊》1981年,图二,5,出于"朝阳袁台子"。

式的铁镰、铁锛、铁刀共存，原报告认为时代上限早不过战国晚期，下限截止于汉初，可能偏晚一些。由于1987年在梨树二龙湖岸发现了战国时代燕人所筑的古城，并出土不少中原式铁器[56]，可以证明大约在燕昭王时代（公元前311～前279年）燕人已进入吉林省境并把铁器传布至此。因此西荒山屯墓的年代实有提早到战国中晚期之交的可能。由此推论，DⅡ剑身则可能流行于秦汉之际。

三

在《初论》中我对铜剑柄和剑柄端加重器的型式分析是很粗疏的。这是因为当时发表的资料有限，而且，我实际观察的标本又很少，甚至有些剑柄的描述都有错误。例如，认为原分的BⅣ和BⅤ柄端是由"盘"变"台"，就是未见实物而产生的误解。靳枫毅实际观察测量了大量标本，并发表了大批新资料，把这方面的研究大大推进了一步。

现在看来，我在剑柄分式方面的一个明显的错误，是认为随着柄端盘底由平直而变成两头明显下垂，俯视形状也由8字形变成梭形。其实，在实际标本中，盘底平直者俯视亦有呈梭形的，盘底两端明显下垂者俯视也有呈8字形的。特别是靳枫毅发现了朝阳木头沟M1的铜木复合柄的铜柄端[57]，这件剑的剑身是AⅠ，枕状加重器也是早期形式，而铜柄端却是俯视作椭圆形的。这使我认识到，我本来根据少量标本设想柄端俯视形状由8字变为梭形，是不符合实际的，应该认为椭圆—梭形及8字形并非早晚之差，而是两种并存的形式。

靳枫毅根据他所见到的资料，把铜剑柄分成8式。但我觉得仍有可商之处，因为这8式仍然不能把已知的各种形式都包罗在内，而对剑柄的发展脉络也没有理清。

靳枫毅设想了五条演进线索，头一条就是盘的俯视形状由束腰

---

[56]四平地区博物馆等：《吉林省梨树县二龙湖古城址调查简报》，《考古》1988年6期。

[57]同注[18]，图十七之左二。

明显→束腰内凹弧度减小→无束腰之梭形，这是和我一样搞错了。至于另外四条是：1. 侧视形状由盘底两头明显上翘→平直→两头下垂。2. 柄筒长度和盘底长度的比值不断增加（由0.8变到大于1）。3. 纹饰趋向简化。4. 柄筒中段的突节在晚期有退化趋势。

　　我看这四条都是可以成立的。还应指出的是，他认为西荒山屯的那种剑柄是最晚的形式，这是不对的。西荒山屯的比较短宽的DⅠ剑身，是D型剑身中形式较早者，双辽吉祥屯较狭长的DⅠ剑身及昌图翟家村的DⅡ剑身都应晚于西荒山屯。吉祥屯和翟家村的铜剑柄的形式是同类的，特点是盘沿较深，且呈阶梯状。这应该是一种最晚的剑柄。

　　根据现有资料，东北系铜剑的剑柄首先可分以下几大类型：A型：非铜质剑柄（包括木质和混合材料）。AB型：铜木合体剑柄。B型：和剑身不连铸的铜剑柄。C型：和剑身连铸的铜剑柄。

　　关于B型剑柄的进一步分类，我建议如下：可按盘的俯视形状先分为两个亚型，即俯视为8字形的名为Ba型，椭圆—梭形的名为Bb型。两个亚型统一分为四式：Ⅰ式：盘底两头翘。Ⅱ式：盘底平直。Ⅲ式：盘底两头下垂。Ⅳ式：盘底两头下垂，深沿作阶梯状。

　　现在我们已经发现的有BaⅠ、BaⅡ、BaⅢ、BbⅠ、BbⅡ、BbⅢ、BbⅣ七种，各举例如下（参看表二和图六）。

　　今后是否会发现BaⅣ式剑柄？这是很有趣的问题。至于Ⅰ式是否真的比Ⅱ式早，也还是一个有待进一步考证的问题。

# 四

　　在《初论》中我已经指出和剑身连铸的"触角式剑柄"是东北系铜剑固有的一种剑柄形式，因而将之定为C型剑柄。我认为这种形式应"视为丁字形剑柄受斯基泰式影响产生的一种变体，绝不能归入斯基泰式的系统（按：'斯基泰'式的提法是不确切的，现在我已改称'北方系'）"。但这种意见为张锡瑛所反对。

　　张锡瑛驳斥我的意见，所举理由可归纳为两方面。第一，这种触角式剑柄和"鄂尔多斯青铜短剑"柄首的形式有相似之处。除了江上

表二

| 型式 | 标本出处 | 剑身 | 加重器 | 资料出处 |
|---|---|---|---|---|
| Ba I | 京都大学文学部博物馆 No.3996 | 无 | 尖底枕状 | 秋山进午：《中国东北地方の早期金属文化の样相》，日本《考古学杂志》53卷4号，54卷1号，4号，图二，1。沈阳市文物工作组：《沈阳地区出土的青铜短剑资料》，《考古》1964年1期，图一，11。孙守道等：《辽宁寺儿堡等地青铜短剑与大伙房石棺墓》，《考古》1964年6期，图版伍，6。 |
|  | 沈阳郑家洼子第一地点 | B | 无 |  |
|  | 锦西寺儿堡 | B | 尖底枕状 |  |
| Ba II | 喀左南洞沟 | A II | 平底枕状 | 靳枫毅：《论中国东北地区含曲刃青铜剑的文化遗存》，《考古学报》1982年4期，图十七之一。靳枫毅：《朝阳地区发现的剑柄端加重器及其相关遗物》，《考古》1983年2期，图六，2。靳枫毅：《朝阳地区发现的剑柄端加重器及其相关遗物》，《考古》1983年2期，图七，1。 |
|  | 北票何家沟 M7771 | A II | 尖底枕状 |  |
|  | 凌源何汤沟 M7401 | 无 | 平底枕状 |  |
| Ba III | 旅大楼上 M1 | B | 平底枕状 | 旅顺博物馆：《旅顺口区后牧城驿战国墓清理》，《考古》1960年8期，图二。辽宁省博物馆等：《辽宁长海县上马石青铜时代墓葬》，《考古》1982年6期，图六，1，2。吉林省文物工作队等：《吉林桦甸西荒山屯青铜短剑墓》，《东北考古与历史》，1982年（1），图六。 |
|  | 长海上马石 M3 | A II | 平底枕状 |  |
|  | 桦甸西荒山屯 | D I | 双乳 |  |
| Bb I | 法国比奈氏藏 | 无 | 无 | 原田淑人：《牧羊城》，1931年，图三十四，2。 |
| Bb II | 建平二十家子 | 无 | 无 | 建平县文化馆：《辽宁建平县的青铜时代墓葬及相关遗物》，《考古》1983年8期，图十二，3。 |
| Bb III | 京都大学藏传抚顺出土 | 无 | 无 | 秋山进午：《中国东北地方の早期金属文化の样相》，日本《考古学杂志》53卷4号，54卷1号，4号，图四，8。原田淑人：《牧羊城》，1931年，图30。孙守道等：《辽宁寺儿堡等地青铜短剑与大伙房石棺墓》，《考古》1964年6期，图二。靳枫毅：《朝阳地区发现的剑柄端加重器及其相关遗物》，《考古》1983年2期，图一〇，4。 |
|  | 旅大官大官屯 | B | 平底枕状 |  |
|  | 圣周墓大屯 | B | 无 |  |
|  | 海城北票杨树沟 | 无 | 四乳 |  |
| Bb IV | 法库尚志水库 | 无 | 双乳 | 沈阳市文物工作组：《沈阳地区出土的青铜短剑资料》，《考古》1964年1期，图版七，19。顾铁民：《双辽县文物志》，96页。裴耀军：《辽宁昌图县发现战国、汉代青铜器及铁器》，《考古》1989年4期。 |
|  | 双辽吉祥屯 | D I | 多乳 |  |
|  | 昌图霍家村 | D II | 多乳 |  |

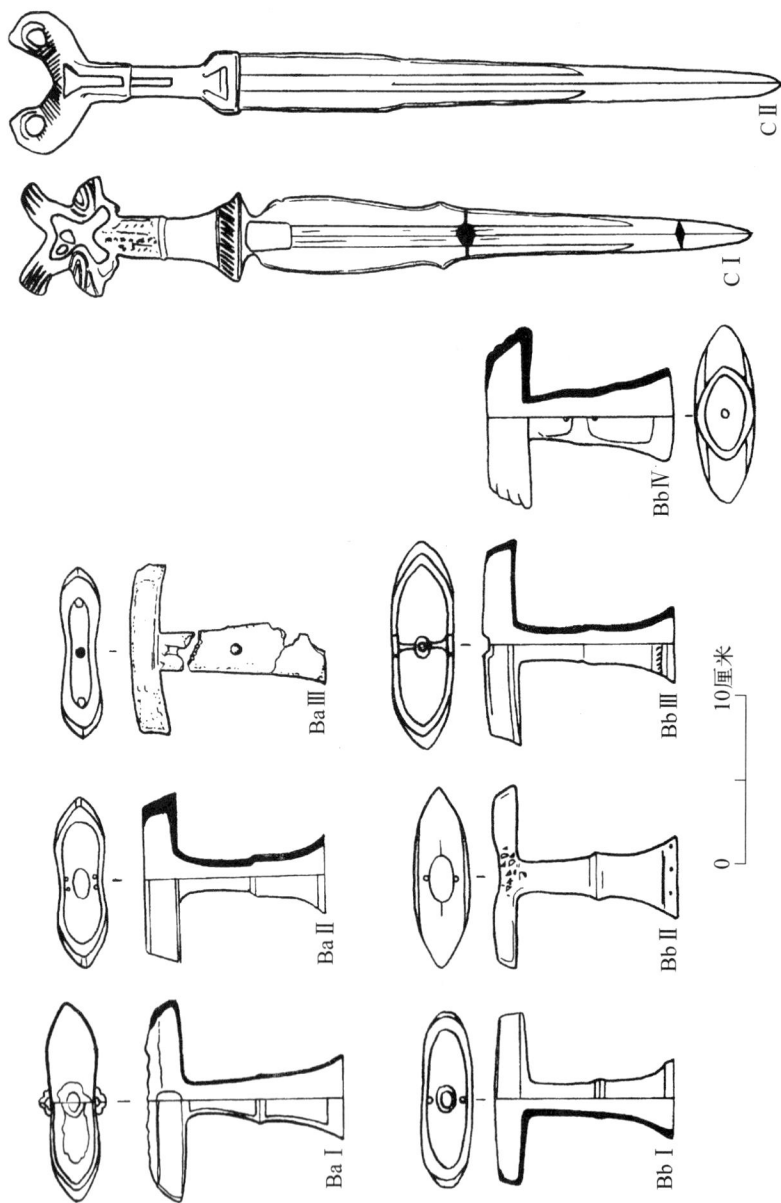

图六　B、C 型剑柄举例

Ba I. 锦西寺儿堡　Ba II. 北票何家沟　Ba III. 桦甸西荒山屯　Bb I. 法国比奈氏藏　Bb II. 建平二十家子　Bb III. 旅大塈周墓　Bb IV. 昌图翟家村　C I. 蛟河洋犁地　C II. 永吉乌拉街

波夫已指出的双环式外，还提出了剑柄分上下两段也见于北方系铜剑剑柄上。第二，剑身和柄连铸迥异于东北系铜剑惯常的做法。

关于第一点，我认为看问题要抓住本质的东西。我并不否认触角式剑柄在外形上确实有跟北方系铜剑相似的一面，但我早已强调过这种剑柄和分铸的丁字形剑柄有许多内在的联系。1. 横长的柄端，其长度和柄体长度差不多，有的甚至长于柄体（如永吉乌拉街那件[58]），这和丁字形剑柄是一致的。而北方系铜柄端没有这样横向特长的。2. 柄体横截面呈梭形或椭圆形，也和丁字形剑柄一致。北方系铜剑剑柄剖面是呈矩形的。3. 柄体分为两段，也是丁字形剑柄的普遍特征。北方系铜剑虽有分段者，但并不普遍。4. 护手部分的形状和丁字形剑柄一致，和北方系铜剑完全不同。5. 装饰花纹和丁字形剑柄上的杉叶纹有因袭关系，和北方系铜剑无关。还可以补充一点：触角式剑柄的柄端特别厚重，和丁字形剑柄附加重器也有相似之处。如果触角式剑柄和丁字形剑柄没有这么多的内在联系，只有和北方系铜剑形式上相似的一面，那么它和东北系剑身铸在一起，倒是可以解释为北方系铜剑在剑身上借鉴了东北系的形式。现在实际上却是具有一系列东北系剑柄特点的柄和纯东北系剑身铸在一起，所以当然只能说它是东北系之物而略受北方系的影响而已。

还需要强调的一点是，触角式和北方系铜剑柄的外形相似，实际上只限于"双环"这一很概略的一致性，从来源看来则是完全不同的。晚期北方系铜剑的双环式柄首，是由一对鹰头或一对有耳的"格里芬"鸟形神物的头简化而成，鹰或格里芬是草原地区十分流行的装饰母题。"触角式剑柄"则不同。张锡瑛认为是"把两只伫立回首以喙理羽的仙鹤对称并连在柄上"，其实，榧本龟生早就发表过一件在平壤附近发现的残铜柄端[59]，乃是回首的一对雁或野鸭之类的水禽，喙贴在背上，总体形状和触角式剑柄的柄端非常接近。1986年在吉林省蛟河新农乡洋犁地北岗发现了一件柄和剑身连铸的东北系铜剑，

---

[58] 同注[48]。
[59] 榧本龟生：《青铜柄铁剑及青铜制柄端饰》，日本《考古学》7卷9号，图5。

柄体和丁字形剑柄完全一致，柄首则为一对喙部相接的"戴胜鸟"，不但有头、颈和身，还有足[60]。由此可见，东北系铜剑和北方系铜剑不仅在装饰母题上有猛禽和非猛禽之别，在表现手法上也有只表现头部和兼及躯体的不同。

关于张锡瑛所举的第二条理由，也是失之片面的。每一类事物的区别特征，乃是由该类事物的种种实例中抽象出来的，因而，随着对该类事物的各个个体之认识的不断积累，对其特征的总结是不断发展变化的。我们不能因为先已发现的北方系铜剑柄身不连铸，就断言凡柄身连铸者就不是东北系铜剑。否则，一旦遇到洋犁地这样的标本，难道也能因为它是柄身连铸就排斥在东北系铜剑之外而归入北方系铜剑之列吗？

因此，我仍然认为把具有东北系铜剑自身特点的柄身连铸的剑归入东北系铜剑是对的。这类剑的柄，可称为 C 型柄。目前所见 C 型柄已有两式。Ⅰ式的柄体和丁字形剑柄完全一致，目前已发表的仅有蛟河洋犁地一例。这件剑的剑身仍为 AⅠ，时代应较早，估计不晚于战国早期。Ⅱ式的柄体有一段的横剖面已变成六边形。其中山本梯二郎旧藏的一件[61]，为 DⅠ式剑身，和桦甸西荒山屯 M1、M6 所出的剑身近似。西荒山屯 M1、M3 还出 CⅡ剑柄的剑，可惜锈蚀严重，剑身型式已无法判定。这些剑的年代应不晚于战国晚期。永吉乌拉街出土的那件，剑身为 DⅡ，时代可能为战国晚期到汉初，其进一步演化则成为西丰西岔沟[62]、东辽石驿[63]、柳河大泉眼[64]、吉林两半山[65]那种触角式铜柄铁剑。其剑身完全和中原铁剑相同，剑柄则保持 CⅡ剑柄的形状，但柄体变成扁平，时代则可定在西汉中期或更晚。从以上情况看，C 型柄的故乡和主要分布地是吉林东部的松花江流域。

[60]同注[24]。

[61]梅原末治:《支那出土の有柄铜剑》，日本《人类学杂志》48 卷 2 号，115 页插图。

[62]中国科学院考古研究所:《新中国的考古收获》，文物出版社，1961 年，图四三之右。

[63]刘升雁:《东辽县石驿公社古代墓群出土文物》，《博物馆研究》1983 年 3 期，图四，1。

[64]吉林省文物考古研究所王洪峰、张志立 1980 年于柳河县圣水公社大泉眼大队采集一件触角式铜柄铁剑。

[65]吉林市博物馆藏品。

　　C Ⅱ 剑柄的分布不限于中国，在日本肥前东松浦郡玉岛村早就发现过 C Ⅱ 剑柄的铜剑，但刃残缺颇甚[66]。后来在对马三根发现过 C Ⅱ 剑柄的柄端[67]。伦敦 Eumorfopoulos 氏所藏的一件[68]，虽云中国出土，但其剑身有两对尖节。这种剑身在我国还从未发现过，而是朝鲜半岛常见的"细形剑"（属冈内三真所分 B Ⅱ 剑），很有可能原产于朝鲜，其在朝鲜流行的时间是战国末到西汉。

　　1990年9月在大连召开的第三届"环渤海考古学术讨论会"上宣读的论文。载《考古学文化论集（4）》，文物出版社，1997年。后收入《林沄学术文集》。

---

[66] 高桥健自：《铜铎铜剑考》，日本《考古学杂志》6卷12号，712页，图22。

[67] 对马遗迹调查会：《长崎县对马调查报告》，日本《考古学杂志》49卷1号。

[68] Koop Albert J. *Early Chinese Bronzes*. London, 1924. 图版65，B。

# 对南山根M102出土刻纹骨板的一些看法

宁城南山根M102是1963年发掘的，其中出土的一件刻纹骨板（图一），是很罕见的文物[1]。

刻纹骨板的两端边缘有繁简不同的曲折带纹，原报告以为是"栅栏"、"山岳"，但恐怕只是装饰花纹而已。右上方有手持弓矢的一个男子，矢头方向有两只鹿。中下部是两辆驾双马的单辕马车。后一辆车的双马之前各有一狗。这种图像在我国北方地区属首次发现。

原报告认为："车马的图像几乎和甲骨文、金文的字体一致。"这只说到了事情的一个方面。实际上，骨板上的图像和蒙古发现的岩画有更多的一致性。

首先，商周文字中的车字均不附以所驾之马。蒙古岩画中则有大量驾双马的马车图像。而且绝大多数都是马背朝向车辕，和南山根M102刻纹骨板上的构图方式完全一致。同类构图的双驾马车图像，也见于苏联图瓦、阿尔泰和中亚各地的岩画（图二）[2]。

第二，骨板上马车的挽驾系统表现作Ψ状，在商周古文字中也找不出相同的表现法，而在蒙古岩画中却颇多相似的例子，同类表现

---

[1] 中国社会科学院考古研究所东北工作队：《内蒙古宁城南山根102号石椁墓》，《考古》1981年4期，图六，图版柒。

[2] 图二的岩画出处为：1，Э. А. Новгородова. Мир петроглифов Монголии. М.，1984. 图19之2。2、4、5、7，Э. А. Новгородова. Древнейшие изображения колесниц в горах Монголни. — СА，1978，No.4. 图9、6。3、6，П. М. Кожин. Колесничные сюжеты в наскальном искусстве Цептральной Азии. — Археология, этнография и антропопогия Монголии. Новосибирск，1987. 集成图A之22、Г之17。

法在阿尔泰和哈萨克斯坦也有（图三）[3]。

　　第三，马车、射手、狗、鹿组合在一起的图景，在蒙古岩画中也可以找出相同的例子。例如，在巴彦洪戈尔省南部的毕其特恩—阿姆峡谷中发现的一组岩画，包括一辆驾双马的马车，车厢中有一人，车上方有两只鹿，下方还有一只鹿，并有两人持弓箭射此鹿，此外还有一些种类不明的动物。车左轮所附之物，有可能是简略的侧视之狗（图四）。苏联考古学者诺夫戈罗多娃对此解释说："要说这一场景，非常可能是描绘狩猎，和殷代中国已为人熟悉的乘车狩猎相似。"[4]南山根M102骨板上的场景也可以作同样的解释。

　　第四，骨板上的男子，特别画出外生殖器以表明其性别，这正是蒙古岩画中习见之举（图五）[5]。

　　因此，这块骨板上的图像和以蒙古高原为中心的岩画艺术有密切关系，和我国中原地区的艺术传统是不同的。我过去曾提出过，夏家店上层文化的青铜器是以北方系青铜器为主体的[6]。这块骨板出自夏家店上层文化的墓葬中，进一步证明该文化在艺术上也是属于"北方系"的。

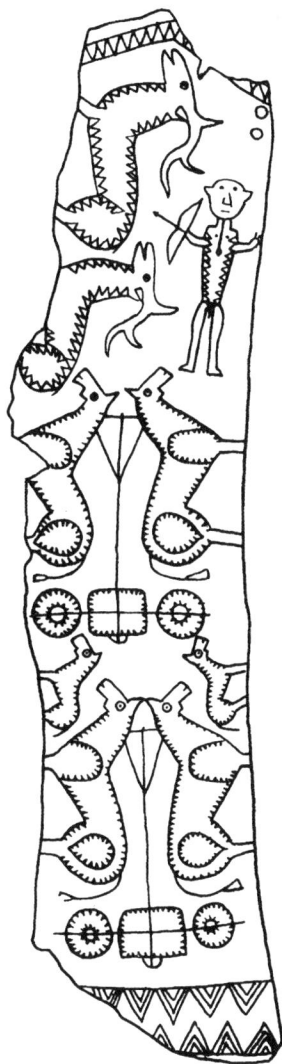

图一　宁城县南山根M102出土的刻纹骨板

---

[3] 图三岩画出处均为：Э. А. Новгородова. Древнейшие изображения колесниц в горах Монголии. — СА, 1978, No.4, 图1上、2a上、3、6。

[4] Э. А. Новгородова. Мир петроглифов Монголии. М., 1984. 64页，图19，3。

[5] А. П. Окладников. Петроглифы Цеитралвной Азии. Л., 1980. 图版149，2，图版168，2。又同注[3]，图26。

[6] 林沄：《中国东北系铜剑初论》，《考古学报》1980年2期，159页。

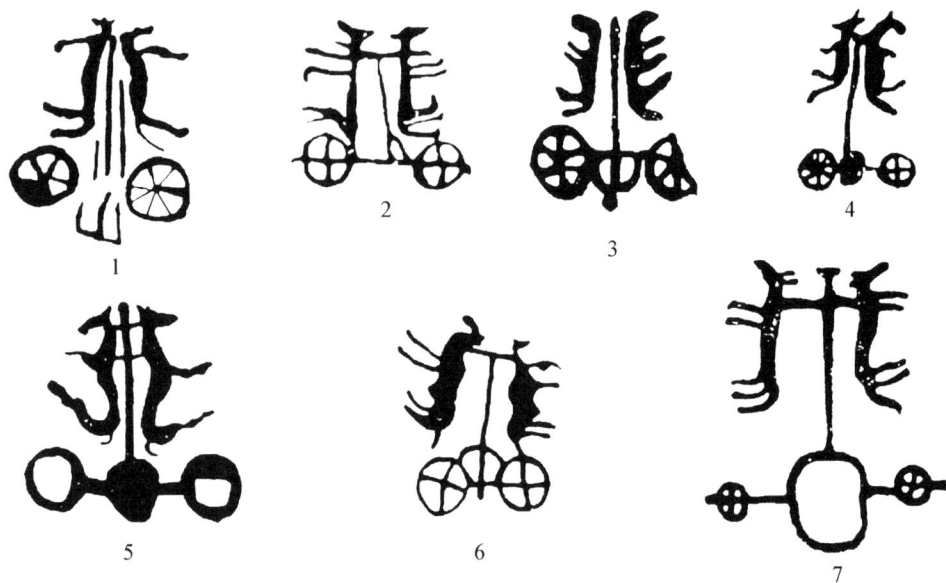

图二　苏联、蒙古、中亚各地双驾马车岩画图像

1、5.蒙古　2.图瓦　3.塔吉克斯坦　4.吉尔吉斯斯坦　6.哈萨克斯坦　7.阿尔泰

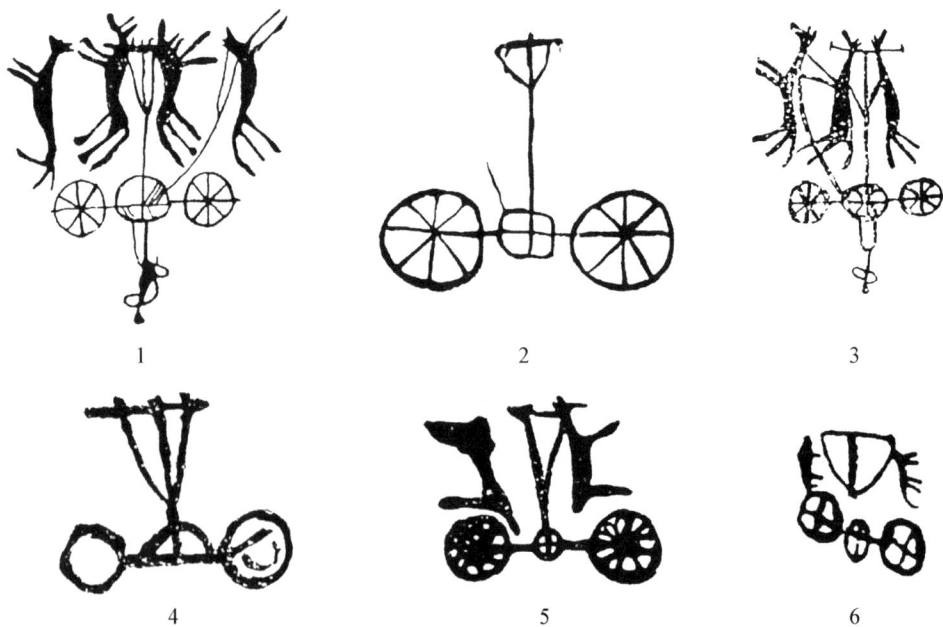

图三　马车挽驾方式的岩画图像

1～4.蒙古　5.阿尔泰　6.哈萨克斯坦

图四　毕其特恩—阿姆峡谷岩画　　　图五　蒙古岩画中的男子图像

1、2. 特布希山　3. 牙玛乃·乌斯峡谷

这块刻纹骨板发现的另一个意义，是为确定蒙古等处岩画马车的年代提供了一个可靠的基点。起初，苏联考古学者奥克拉德尼科夫曾把蒙古岩画马车的年代定为公元前 7～前 5 世纪[7]。后来，苏联的研究者大多把早期的岩画马车定为公元前 16～前 13 世纪的卡拉苏克时代[8]，但蒙古学者仍有认为是公元前 1 千纪末出现的[9]。应该指出，我们即使同意岩画马车的出现确实是早于"斯基泰时代"（因为，和马车共存的鹿的角是直立而分叉的，和斯基泰的定式显然不同，共存的人形所持武器形式也较早等），却很难证明它们能早到公元前 16～前 13 世纪。现在南山根 M102 的年代可以定在"西周晚期至春秋早期"。

---

[7] А. П. Окладников. Олень золотые рога. М., 1964. 210、211 页。

[8] 同注[4]，64 页，还提到 В·В·伏尔科夫和 П·М·柯仁也持同样观点。

[9] 同注[4]，64 页，持此观点的有道尔吉、赛尔—奥布扎夫。

至少可证明蒙古的相类似的岩画马车确实可以早到公元前8世纪以前，的确出现于前斯基泰时代。

在中国历史学界，过去普遍认为北方的戎、狄是不使用马车来作战的。这是因为《左传》隐公八年："北戎侵郑，郑伯御之，患戎师，曰：'彼徒我车，惧其侵轶我也。'"又昭公元年："晋中行穆子败无终及群狄于大原，……将战，魏舒曰：'彼徒我车……'"从这类记载中，人们甚至推论戎、狄根本不用马车。但是，从比《左传》早得多的西周金文来看，当时北方民族是和中原各国一样使用驾马的战车的。

西周早期的小盂鼎："王〔令〕孟以□□□伐鬼方……俘人〔万〕三千八十一人，俘〔马〕□□匹，〔俘〕车卅两。"[10]

西周中期的师同鼎："……折首执讯，寽车马五乘，大车廿，羊百……寽戎金胄卅，戎鼎廿，釜五十，剑廿。"[11]

西周晚期的多友鼎："用严允方兴，广伐京师。……武公命多友率公车羞追于京师。……甲申之晨搏于漆，多友右，折首二百□又五人，执讯廿又三人，俘戎车百乘十一又七乘。……或搏于龚，折首卅又六人，执讯二人，俘车十乘。"[12]

以上铭文有两点值得注意：1. 鬼方、严允（即《诗经》中的"猃狁"）都是我国古代著名的北方民族。师同鼎因铭文缺失前半部分，不知作战的对象是何族，是在记述俘获物时，提到了戎的胄、鼎、釜、剑，形象地描绘了一个使用北方系青铜器的民族。这些民族都拥有马车。2. 美国学者夏含夷已经指出，多友鼎铭中，严允"损失的人员与马车之比，恰恰是3∶1。假如猃狁采用与周人相同的戎车制度，即每一戎车配备三名车骑，那么猃狁所有的死伤及被俘者都应当是车骑"[13]。至少，战车当时在北方民族军队中占的比重很大，他们的军队组成和中原各国是差不多的。

---

[10] 罗振玉：《三代吉金文存》卷四，44页。

[11] 陕西周原扶风文管所：《周原发现师同鼎》，《文物》1982年12期，图8。

[12] 《人文杂志》1981年4期。

[13] 夏含夷：《中国马车的起源及其历史意义》，（台）《汉学研究》7卷1期，1989年。

　　因此，把刻纹骨板、岩画和金文资料结合在一起，可以肯定在整个西周时代，北亚草原上的各族曾广泛使用马车，不仅用于狩猎，而且用于战争。所以，把蒙古岩画马车的年代定在公元前 2 千纪末至公元前 1 千纪初，是完全可信的。至于这一地区的马车出现是否更早，则尚需寻求新的可靠依据。

　　当然，按照中国传统的观点，我们很容易把刻纹骨板上的马车，看作是中原商代马车向外围传布的结果，而且对蒙古和中亚地区的岩画马车亦作如是观。然而，我们应该考虑事情也存在相反的可能。这是因为：1. 中国商代马车的出现，就目前的考古发现而言，仍然是个突兀的现象。还不曾发现它在黄河流域的原始、萌芽状态，而在殷墟一下子就达到了相当完善而复杂的地步。2. 不仅在蒙古和中亚地区存在一系列和甲骨文、金文车字形式非常一致的岩画马车，而且在这个地区的西端，在苏联亚美尼亚赛万湖南岸的恰申古墓中，出土了两辆保存甚佳的马车（图六），其碳十四年代为公元前 1250 ± 100 年，校正值为公元前 1500 年左右。其结构和商代马车无异，而年代略早于我国中原最早的马车[14]。3. 中国古代文献中有关马车发明者的记载，《荀子·解蔽》是比较早的："奚仲作车，乘杜作乘马。"《世本》则说"相土作乘马"。据《左传》定公元年："薛宰曰：薛之皇祖奚仲居薛，以为夏车正。奚仲迁于邳。"奚仲似是中原人氏。但奚字据于省吾考证是像辫发民族的形象[15]。因此，奚仲也可能是来自北方的辫发民族。而相土是商族的先公，现在有不少学者都认为商族原先是在北方地区活动而逐渐南下的。

　　因此，我们不妨把刻纹骨板的发现作为一个起点，今后进一步探讨马车在我国北方地区的实际历史。其实，除了图像资料外，并不是

---

[14] 据注[13]引 C·A·叶萨扬：《古代亚美尼亚的武器和军事》，埃里温，1966 年。本文图六系转引夏含夷文中之图二。夏含夷指出："车辕垂直地架附在车轴之上，向后一直延伸到车箱的尾部，向前延伸原有 3.5 米，不过发掘时早已腐朽得不见任何痕迹。考古学家在复原这段车辕时，曾假定它从车箱下向前探出并沿着一条直线向前延伸，不过这样的一根直辕根本无法达到马的肩隆以上，不可能用来套马。因此，车辕的前端一定是向上翘的。这一点也从同一遗址出土的几辆小型铜制马车之模型上得到证实，模型的车辕确确实实都是向上翘起的。"

[15] 于省吾：《殷代的奚奴》，《东北人民大学人文科学学报》1956 年 2 期。

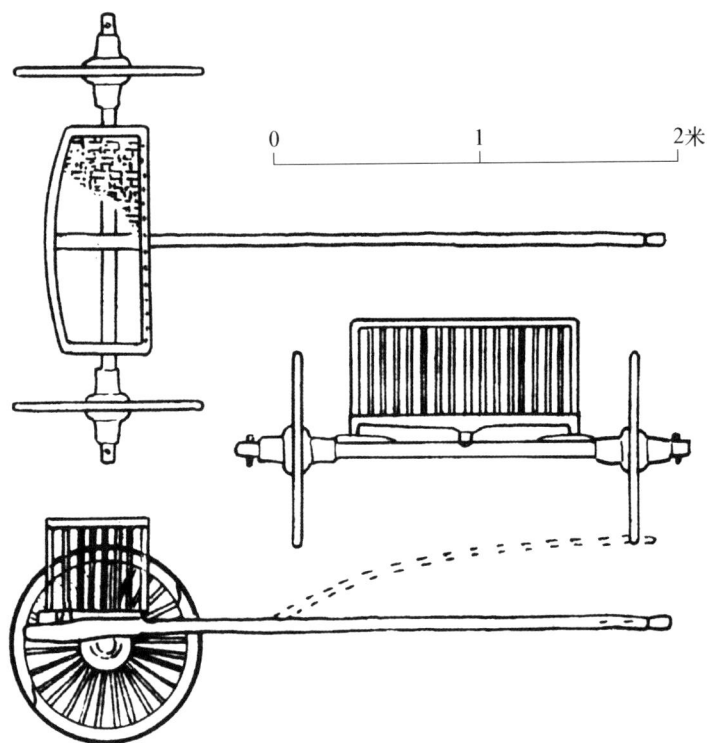

图六    恰申古墓出土马车

没有希望在长城地带或更北地区发现商周时代车的实物，或发现和车
有关的其他遗物的。这是一个摆在我们面前的新的研究课题。

　　1990年10月在赤峰召开的"内蒙古东部地区考古学术研讨会"
上宣读的论文。载《内蒙古东部区考古学文化研究文集》，海洋出版
社，1991年。后收入《林沄学术文集》。

# 关于中国的对匈奴族源的考古学研究

## 一、研 究 的 背 景

因《史记·匈奴列传》是记述匈奴早期活动的基础性文献，故在研究匈奴族源时司马迁的观点一直有很大的影响。

在记述冒顿建立匈奴大联盟的经过时，司马迁用了"大破灭东胡王"、"南并楼烦白羊河南王"等说法，表明他清楚地知道东胡、楼烦等群体和原先的匈奴本体有别。但他对这个原先的匈奴本体所知甚少，只写道："自淳维以至头曼千有余岁，时大时小，别散分离，尚矣！其世传不可得而次云。"于是把秦以前见诸史籍的北方诸族一一列举，统统算作汉代匈奴的前身。这种把先秦北方诸族一体化而当作匈奴祖先的观点，在汉代并非司马迁一个人所持的观点。例如，汉武帝给霍去病的诏书中就把匈奴人称为"荤允之士"（见《史记·卫将军骠骑列传》及《汉书·卫青霍去病传》），也把历史上的荤粥（《孟子》作"獯鬻"）、猃狁（西周金文作"严允"）和匈奴等同。

这种观点形成的主要条件有二：第一，匈奴联盟兼并了许多本来各自分立的族团。例如，楼烦白羊河南王在被匈奴兼并后便被称为"匈奴河南白羊楼烦王"（《史记·刘敬叔孙通列传》）。从汉人看来，既然楼烦此时已是匈奴的一部分，则战国时代的楼烦自然可看作汉代匈奴的前身。第二，当时的汉人对北方各族的了解还较肤浅，他们只知道北方地区在漫长的时代中一直存在一个和农业民族相异的世界，那里的人们"随畜牧而转移，其畜之所多则马、牛、羊"，"随畜因射猎禽兽为生业"，"咸食畜肉衣其皮革"，"人习战攻以侵伐"（《史记·匈奴列传》），具有相当多的共性，因而很自然便把这些人统归为一个大族团。

这种先秦北方各族一体化的观点，经《匈奴列传》的系统表述，成为长期流行的观点。汉代以降对古书中北方各族族称所作的各种注解，虽互有分歧，但都是在这种观点指导下进行的。直到近代精于考史者如王国维，在《鬼方昆夷猃狁考》中考来考去，结论仍然是："见于商、周间者曰鬼方，曰混夷，曰獯鬻。在宗周之季则曰猃狁。入春秋后则始谓之戎，继号曰狄。战国以降又称之曰胡，曰匈奴。"只不过在某些族称出现的具体年代方面比《匈奴列传》精确化了，总的观点是完全一样的。

中国近代史学兴起后，有不少学者企图按当代民族学的观点区分先秦北方各族的族系，从而重新讨论匈奴的族源。但开始时只有古书中相当贫乏的记载和纷乱的注解可供研究。所以基本方法只是对族名和注文作字义或字音上的分类或比附，其结果往往是自以为走出了迷魂阵，却仍然走进了《匈奴列传》早已定的框子里。

由于许多考古工作者艰苦而不懈的劳动，现在已经积累起一批先秦两汉时期北方民族的考古资料，揭示出文献所未载的具体文化面貌和体质类型特点。这样，我们终于拥有了检验司马迁的观点是否正确的实际依据。对考古学工作者来说，当然不应仍按司马迁的观点去看匈奴的族源问题，而应该首先注意汉代匈奴联盟所占据的广大地域中的前期遗存在文化上和人种上是否真有一体性，抑或可分出不同系统，在这样的基础上再重新考虑匈奴的族源问题。

## 二、实例的分析

综观长城地带已发现的春秋晚期到战国时代的北方民族的遗存，大体上可以分为以下几个区。

A区：河北北部桑干河河谷中围绕燕然山的地区。主要发现如延庆的葫芦沟、西梁垙、玉皇庙等墓地和其他发现[1]，怀来的北辛堡墓地[2]，宣化的小白阳墓地[3]，张家口的白庙墓地和遗址[4]。

B区：内蒙古阴山东段的山前地区。主要发现如凉城的毛庆沟墓地和遗址[5]、饮牛沟墓地[6]、崞县窑子墓地[7]，和林格尔的范家窑子铜器群[8]，土默特旗的水涧沟门铜器群[9]。

C区：内蒙古河套内的东北部地区。主要发现如准格尔旗的宝亥社铜器群[10]、速机沟铜器群[11]、哈拉图墓葬、西沟畔墓地[12]、玉隆太墓葬[13]、瓦尔吐沟铜器群[14]，杭锦旗的公苏壕墓葬、桃红巴拉墓地[15]、阿鲁柴登金银器群[16]，东胜的碾房渠金银器群[17]。

D区：宁夏南部的清水河流域。主要发现如中卫的狼窝子坑墓地[18]，中宁的倪丁村墓地[19]，彭阳的孟塬乡墓葬、白杨林村墓葬和

———————

[1] 北京市文物研究所山戎文化考古队：《北京延庆军都山东周山戎部落墓地发掘纪略》，《文物》1989年8期。北京市文物研究所编：《北京考古四十年》，北京燕山出版社，1990年。

[2] 河北省文化文物工作队：《河北怀来北辛堡战国墓》，《考古》1966年5期。

[3] 张家口市文物事业管理所等：《河北宣化县小白阳墓地发掘报告》，《文物》1987年5期。

[4] 张家口市文物事业管理所：《张家口市白庙遗址清理简报》，《文物》1985年10期。

[5] 内蒙古文物工作队：《毛庆沟墓地》，《鄂尔多斯式青铜器》，文物出版社，1986年。

[6] 内蒙古自治区文物工作队：《凉城饮牛沟墓葬清理简报》，《内蒙古文物考古》第3期，1984年。

[7] 内蒙古文物考古研究所：《凉城崞县窑子墓地》，《考古学报》1989年1期。

[8] 李逸友：《内蒙古和林格尔县出土的铜器》，《文物》1959年6期。

[9] 郑隆：《大青山下发现一批铜器》，《文物》1965年2期。

[10] 伊克昭盟文物工作站：《内蒙古准格尔旗宝亥社发现青铜器》，《文物》1987年12期。

[11] 盖山林：《内蒙古自治区准格尔旗速机沟出土一批铜器》，《文物》1965年2期。

[12] 伊克昭盟文物站等：《西沟畔匈奴墓》，《文物》1980年7期。

[13] 内蒙古博物馆等：《内蒙古准格尔旗玉隆太的匈奴墓》，《考古》1977年2期。

[14] 内蒙古文物工作组：《几年来的内蒙古文物工作》，《文物参考资料》1957年4期。内蒙古文物工作队：《内蒙古出土文物选集》，文物出版社，1963年。

[15] 田广金：《桃红巴拉的匈奴墓》，《考古学报》1976年1期。

[16] 田广金、郭素新：《内蒙古阿鲁柴登发现的匈奴遗物》，《考古》1980年4期。

[17] 伊克昭盟文物工作站：《内蒙古东胜市碾房渠发现金银器窖藏》，《考古》1991年5期。

[18] 周兴华：《宁夏中卫县狼窝子坑的青铜短剑墓群》，《考古》1989年11期。

[19] 钟侃：《宁夏中宁县青铜短剑墓清理简报》，《考古》1987年9期。

其他发现[20]，固原的石喇村墓葬[21]、鸦儿沟墓葬、蒋河墓葬[22]，大北山墓葬、平乐墓葬[23]、撒门村墓地、芦子沟嘴墓葬、田洼墓葬、侯磨村墓葬和其他发现[24]，西吉的半子沟铜器群、陈阳川墓葬和其他发现[25]。

　　E区：甘肃东部的庆阳地区。主要发现如宁县的袁家村墓葬[26]，镇原的庙渠墓葬、红岩墓葬、吴家沟圈铜器群[27]，正宁的后庄墓葬[28]，庆阳的五里坡葬马坑[29]和马寨、李沟等地的其他发现[30]。

　　F区：内蒙古阴山西段地区。主要发现如乌拉特中后旗的呼鲁斯太墓地[31]。

　　上述六区的确有许多共同的文化因素，在此选取春秋晚期到战国初期已存在的主要共有器物汇为图一。六个区的墓都随葬马、牛、羊，也是众所周知的。由此可见，在当时"冠带之国"居民的眼里，上述六区的人们是有相当大的文化一致性的。

　　但如略为深入分析，又可发现各区遗存实际上有许多差别，从单纯考古学的观点看，并不能把它们划归同一考古学文化。

　　各区墓中随葬陶器的差别就很明显。图二是各区随葬陶器的综合对比，还需作一些说明。

　　A区的陶器可分两类。泥质灰陶的豆和折肩罐明显是受中原文化影响的产物（图二，1、2）。夹砂陶器最常见的是短颈鼓腹罐（图

---

［20］罗丰、韩孔乐：《宁夏固原近年发现的北方系青铜器》，《考古》1990年5期。

［21］罗丰：《宁夏固原石喇村发现一座战国墓》，《考古学集刊（3）》，1983年。

［22］钟侃：《宁夏固原县出土的文物》，《文物》1978年12期。

［23］钟侃、韩孔乐：《宁夏南部春秋战国时期的青铜文化》，《中国考古学会第四次年会论文集》，文物出版社，1985年。

［24］同注[20]。

［25］同注[20]。

［26］刘得祯、许俊臣：《甘肃庆阳春秋战国墓葬的清理》，《考古》1988年5期。

［27］同注[26]。

［28］同注[26]。

［29］庆阳地区博物馆等：《甘肃庆阳城北发现战国时期葬马坑》，《考古》1988年9期。

［30］同注[26]。

［31］塔拉、梁京明：《呼鲁斯太匈奴墓》，《文物》1980年7期。

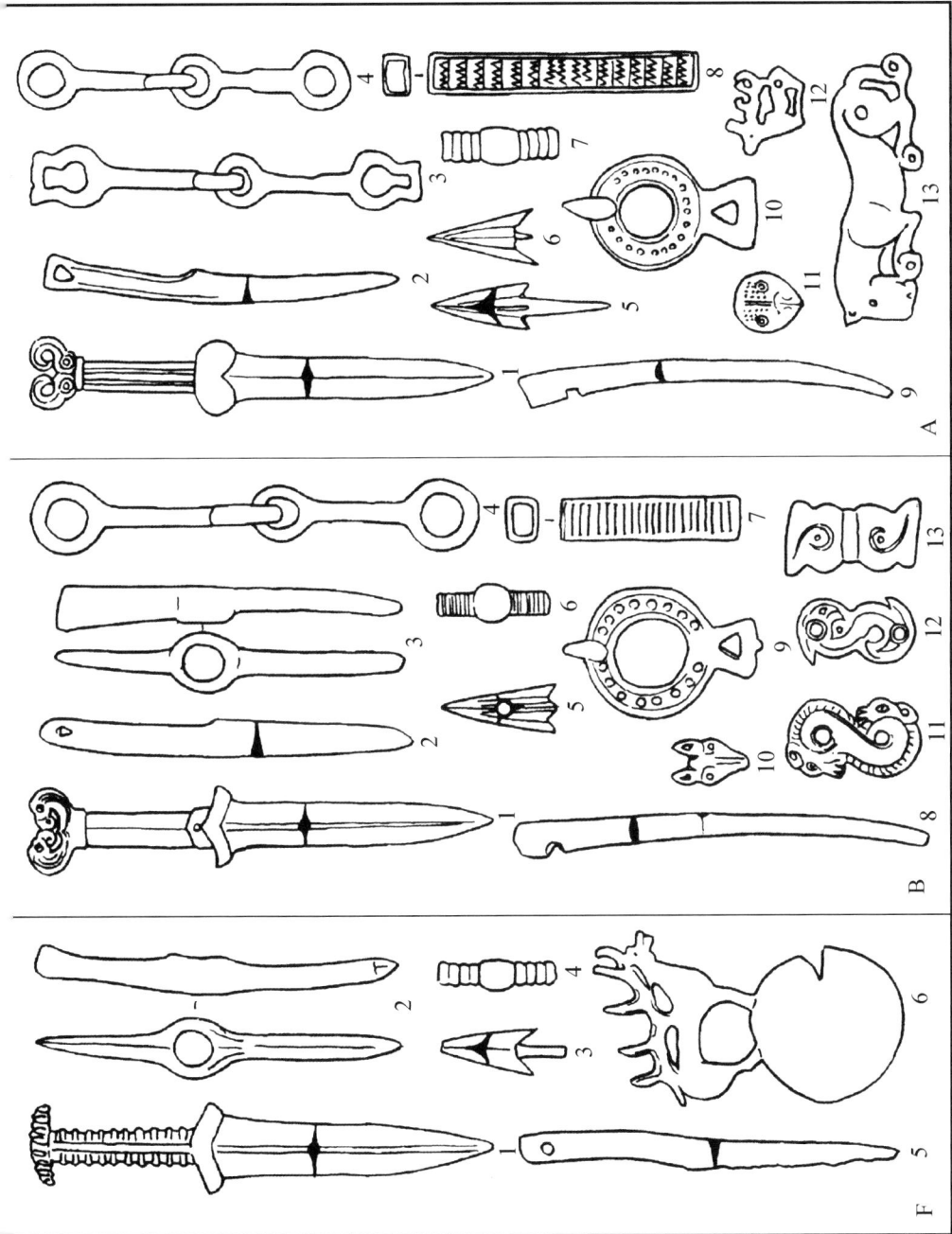

图一（一）

A区：1、4、9、11.北辛堡　2、5、6、10.玉皇庙　3.葫芦沟　7.白庙　8、12、13.小白阳　B区：1、3～7、10～13.毛庆沟　2.水涧沟门　8、9.崞县窑子　F区：1～6.呼鲁斯太

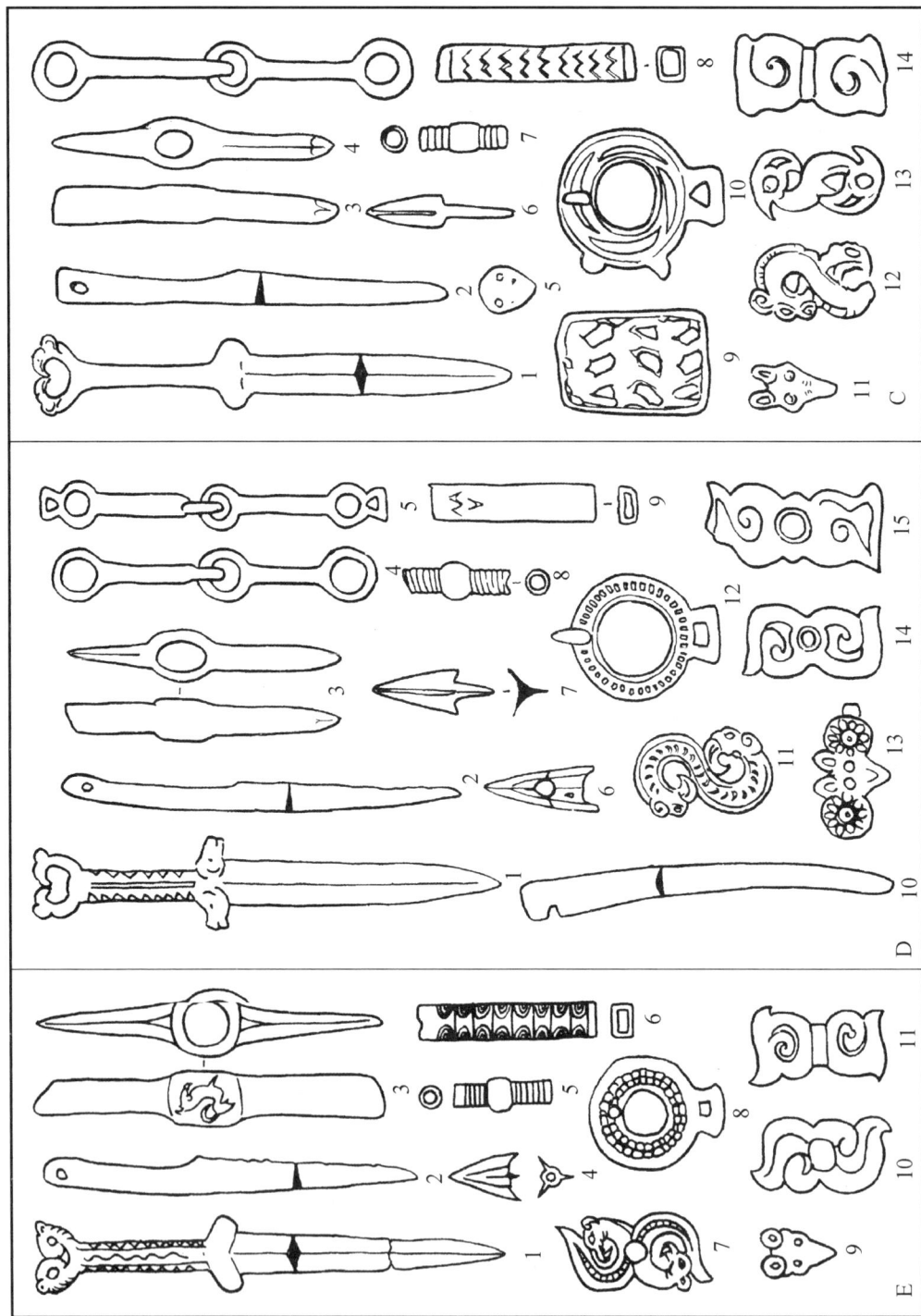

图一（二）

C区：1～3、14.公苏壕　4～13.桃红巴拉　D区：1、2.石喇村　3、4、6.固原县　5、7、12.倪丁村　8～11、13、15.撒门村　14.芦子沟嘴

E区：1.李沟　2.马寨　3、5、6.庙渠　4、7.袁家村　8、9、11.红岩　10.吴家沟圈

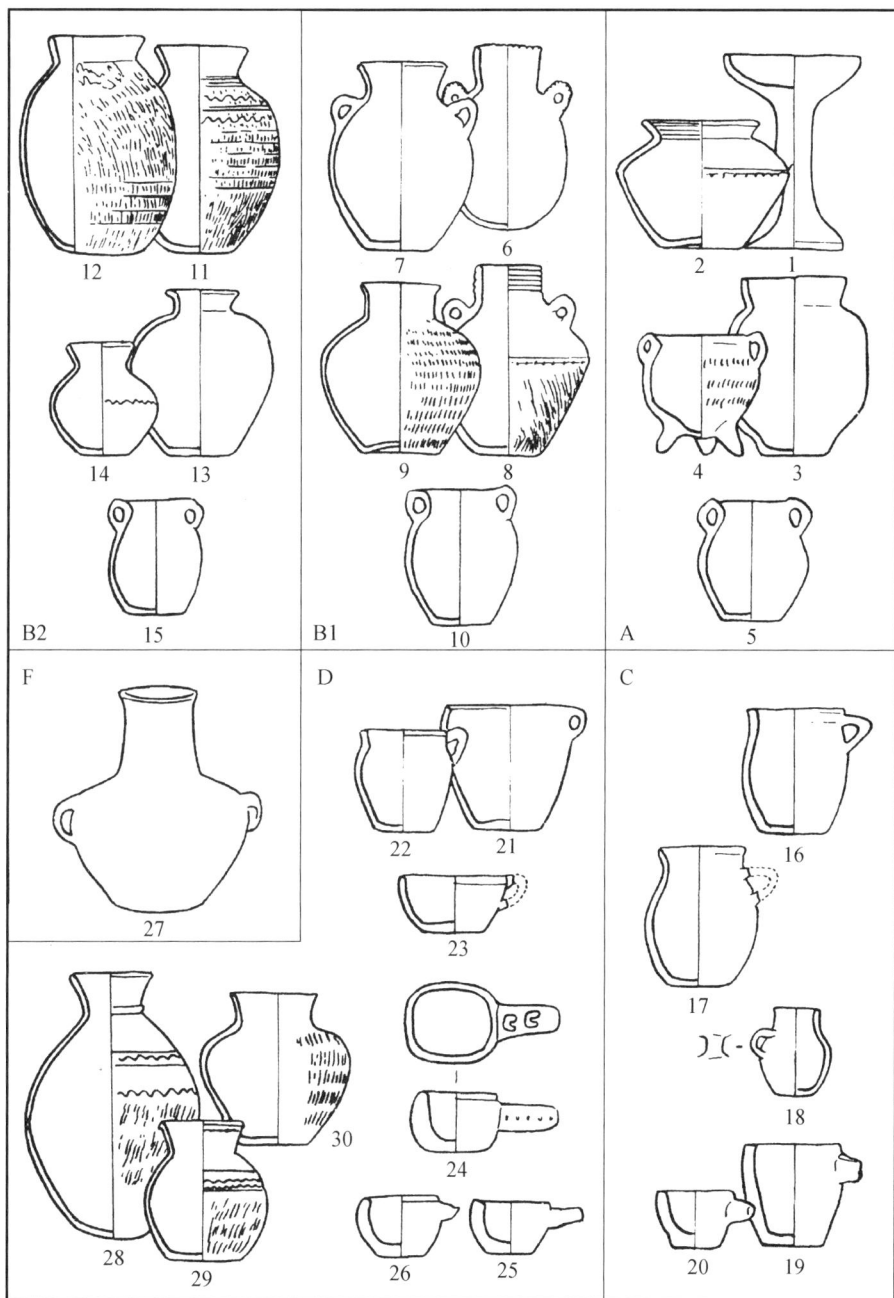

图二

A区：1、3. 玉皇庙　2、4. 葫芦沟　5. 白庙　B区：6～10. 崞县窑子　11～15. 毛庆沟　C区：16、
17、19、20. 桃红巴拉　18. 哈拉图　D区：21～23、25、26. 狼窝子坑　24. 倪丁村　28、29. 侯磨村
30. 陈阳川村　F区：27. 呼鲁斯太

二，3），三足的双耳罐为数不多，却很有特色（图二，4）。

在B区中，毛庆沟和饮牛沟的陶器相同，崞县窑子所出陶器和上述两处有显著差别，故区分为二组。崞县窑子陶器双耳的居多，3/4是素面的，素面的"双耳壶"几乎占全部陶器的半数。其中一件圜底的，似为最原始的形态（图二，6）。轮制灰陶和绳纹可能是中原技法的影响所致。毛庆沟陶器绳纹发达，存在火候较高、通体轮制的灰陶，受中原技法影响更明显，而且85%无耳，少数陶器肩部施波状划纹也是引人注目的特点。

以上两区都发现耳与口平或略高于口的双耳素面罐，显示两区之间的文化联系。但因这种陶器数量上只占不大的比例，只能看作不同考古学文化之间文化因素的交流。可注意的是唐山贾各庄的燕国墓地也发现过这种双耳罐加上三足的例子，以及类似崞县窑子的短颈双耳壶[32]。辽宁喀左的一座石椁墓中，和崞县窑子很相似的"双耳壶"和中原式的陶鼎共存[33]。甘肃永昌沙井文化遗址也有类似的"双耳壶"[34]（图三）。

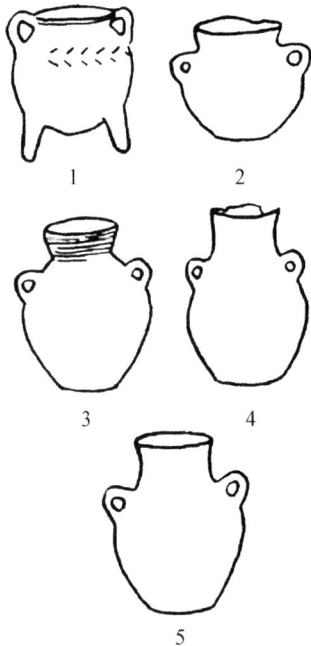

图三

1、2. 河北唐山贾各庄燕国墓地　3、4. 辽宁喀左石椁墓　5. 甘肃永昌三角城

C区墓中出土陶器很少，均素面，手制。主要是单耳的有颈罐。由碳十四测定断为春秋晚期的桃红巴拉M1中就有这种罐。西沟畔M2由所出的金银器上的刻款表明该墓年代可能晚到秦代，所出残陶器据报告说和哈拉图M3所出的单耳罐同一形式（图二，18）。如果确实无误，则这种陶器在C区延续了很

[32] 安志敏:《河北省唐山市贾各庄发掘报告》,《考古学报》第六册, 1953年。

[33] 傅宗德、陈莉:《辽宁喀左县出土战国器物》,《考古》1988年7期。

[34] 甘肃省博物馆文物工作队等:《甘肃永昌三角城沙井文化遗址调查》,《考古》1984年7期。

长时间，似表明该区的居民也长期未变。

D区的春秋晚期至战国前期的随葬陶器，目前只发现于清水河流入黄河的地区。倪丁村和狼窝子坑的陶器面貌一致，均以无领带耳罐和陶勺为基本组合。陶勺或代以石制品，可推测桃红巴拉M2的"石制杯形器"与之类同，表现出C、D区之间的联系（图二，19、20、25）。

需要指出，在清水河上游较早的墓中，迄今未见陶器，E区的墓发现很少，均无陶器。究竟是否在一定地区存在过不随葬陶器的习俗，现在无法确定。

在清水河上游的固原侯磨和西吉陈阳川的墓中有绳纹陶器，据共存金饰件判断，时代应至少晚到战国中期，或者更晚。已有研究者指出它们和B区陶器颇有近似之处[35]，是很有趣的现象。

F区呼鲁斯太出了7件磨光涂朱陶器，完整的一件是细长颈双耳壶（据报告中记述"肩部饰有一周波状纹"，发表的照片上分辨不清，故图二中未画）。这批陶器非常独特，也许和更西地区的彩陶有一定关系。

由于陶器的差别性在某些考古学家看来很重要，而另一些考古学家则不以为然，所以，想就另外两个角度讨论一下文化差异性问题。

第一，上述各区无疑均有发达的畜牧业，但各区随葬家畜的种类并不一样。A区除马、牛、羊外还有狗，而且随葬狗最普遍，数量最多。其他各区，则除B区的崞县窑子组外都不随葬狗。崞县窑子组除狗外还随葬猪，崞M8、崞M19均兼有猪头、狗头。两墓墓主均为女性，随葬的猪似应是家猪。这反映该组人们生活方式的特点。而且该组还有四座墓随葬野生马鹿。除了可能是独特的风俗传统之外，也可以考虑反映经济结构上的特点。E区则把整匹马葬在和墓坑并列的另一坑中，这种习俗和其他各区均不相同。白庙遗址堆积层厚0.5米以上，毛庆沟遗址堆积厚1米以上，还有陶窑和制骨场所，显然都有沿用时间颇长的定居点。由此可以想见，当时长城地带的众多牧民，在

---

[35] 同注[20]。

经济类型、生活方式和习俗方面都并不单一。

　　第二，就"人习战攻以侵伐"这方面而言，各区的武器构成也有明显的区别。在D、E区很发达的矛，其他地区几乎不见（仅毛庆沟M58有一例，但这件矛显然是中原制造的）。B区以西地区流行的"鹤嘴斧"，在A区一件也没有。在B区崞县窑子组中燕尾式镞是骨镞中数量最多的一种，但在以西地区还没发现过这种镞。

　　单就各区普遍流行的青铜短剑分析，一方面，各地均有相同形式的所谓"斯基泰式"短剑，另一方面，各区又有特有的形式反映出不同的文化传统。A区颇常见的一种短剑，显然是在本地前期短剑的基础上受中原系剑的影响而形成的（图四），不见于其他各区。B区及以西地区的许多剑都不是纯粹的"斯基泰式"，共同的特点是在靠近护手处的剑身微向内凹，或刃部呈一定弧度。这显然是本地周初以来传统形式影响所致（图五）。这类剑在A区未发现。各区的柄式和装饰手法也各有差异，本文不拟专门讨论。在此仅举一例，D、E两区

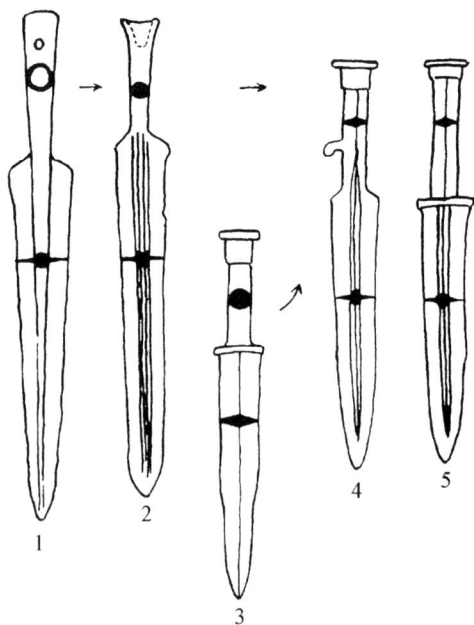

图四

1. 内蒙古翁牛特旗大泡子西周时期墓　2. 河北滦平白旗砖厂墓　3. 张家口白庙采集　4、5. 宣化小白阳墓地

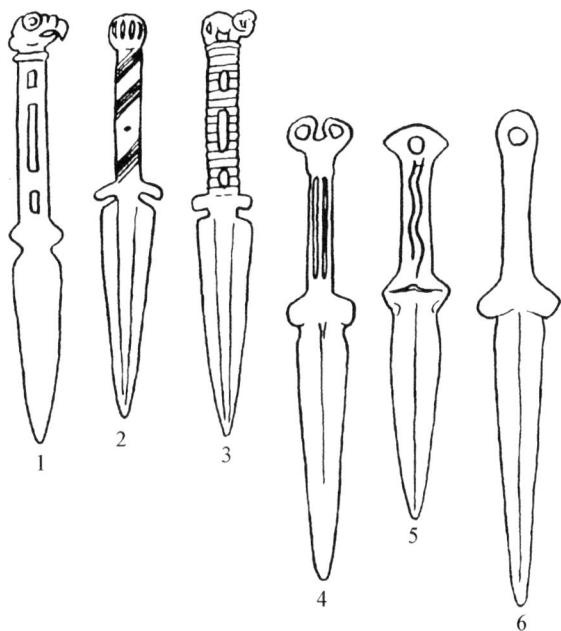

图五

1. 昌平白浮西周墓出土　2. 传出鄂尔多斯（据《内蒙古长城地带》）　3. 传出山西（据 Watson, *Cultural Frontiers Ancient East Asia*, 1971, 图版 82）　4. 和林格尔范家窑子　5. 准格尔旗西沟畔　6. 中宁县倪丁村

有一种三叉式护手的铜剑或铜柄铁剑，为长城地带其他各区所无。但在川西高原[36]和滇西地区[37]却分布甚广（图七）。这为研究北方草原青铜文化南下的问题，提供了重要的新线索。

当然，过去已有不少研究者分别指出过上述六区遗存之间的其他差异，也并没有一位考古学家曾建议把六区遗存划归同一考古学文

---

[36] 安志敏：《四川甘孜附近出土的一批铜器》，《考古通讯》1958 年 1 期。会理县文化馆：《四川会理出土的一面铜鼓》，《考古》1977 年 3 期。黄承宗：《泸沽湖畔出土文物调查记》，《凉山彝族奴隶制研究》1978 年 1 期。

[37] 云南省博物馆文物工作队：《云南德钦永芝发现的古墓葬》，《考古》1975 年 4 期。云南省博物馆文物工作队：《云南德钦县石底古墓》，《考古》1983 年 3 期。云南省博物馆文物工作队：《云南宁蒗县大兴镇古墓葬》，《考古》1983 年 3 期。大理县文化馆：《云南大理收集到一批汉代铜器》，《考古》1966 年 4 期。张增祺：《云南祥云大波那发现木椁铜棺墓》，《考古》1964 年 7 期。云南省博物馆文物工作队等：《云南楚雄县万家坝古墓群发掘简报》，《文物》1978 年 10 期。童恩正：《我国西南地区青铜剑的研究》，《考古学报》1977 年 2 期。

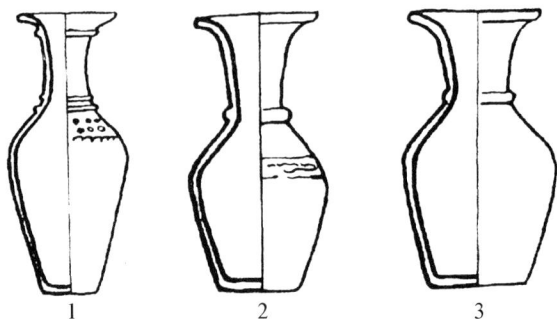

图六

1. 西沟畔 M9　2. 包头固阳县北魏墓　3. 呼和浩特美岱村北魏墓

化。但有人总是觉得，这些相异的文化既然有相同的成分，也不妨假设为同一文化母体的发展中分化所致，因而仍可以视为同源的一个大族团的众多分支。这种想法似乎也有点司马迁观点的味道。因为司马迁干脆把匈奴的始祖淳维说成是"夏后氏之苗裔也"，那就连匈奴和汉的区别也是分化的结果了。但是，对考古发现的人骨资料进行体质人类学研究的不断发展，使上述假设越来越站不住脚了。

A 区的白庙墓地（1978 ～ 1979 年社科院考古所发掘一百多座墓，报告未发表）的人骨已经鉴定，初步观察时即被分为两个体质形态类型，白庙 I 组"与东亚人种的关系密切"，和夏家店上层文化人群很接近；白庙 II 组则含有更多的北亚人种的成分，和夏家店上层文化人群差别较大[38]。

B 区的毛庆沟墓地的人骨亦经鉴定[39]。该墓地情况和白庙不同。白庙 I 组和白庙 II 组在葬俗上无别，文化上已同化。毛庆沟则在同一墓地中有两种葬俗：南北向的墓全部不随葬牲畜的头，且除带钩外几乎没有其他随葬品，且大多把带钩打成两段分置头足两处；东西向墓则多随葬牲畜头，有各种随葬品，带扣置于腹部。据测量数据按不同葬俗分组研究，发现南北向墓的颅骨为较纯的东亚人种，东西向墓

[38] 潘其风：《从颅骨资料看匈奴的人种》，见《中国考古学研究——夏鼐先生考古五十年纪念论文集（二）》，科学出版社，1986 年。

[39] 潘其风：《内蒙古凉城毛庆沟匈奴墓人骨的研究》，《鄂尔多斯式青铜器》，文物出版社，1986 年。

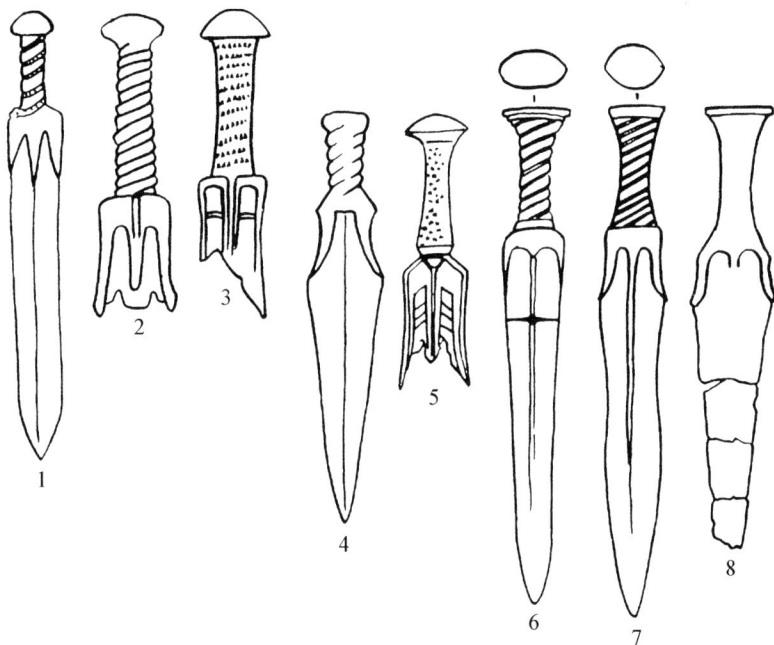

图七

1. 宁夏中卫狼窝子坑 M3　2. 甘肃庆阳城北葬马坑（铜柄铁刃）　3. 宁夏西吉陈阳川村墓葬（铜柄铁刃）　4. 四川阿坝藏族自治州汶川石棺葬　5. 四川理县龙袍寨采集（据童恩正）　6. 云南德钦永芝古墓　7. 云南弥渡苴力　8. 江川李家山 M21（铜柄铁剑）

的死者虽以东亚人种成分为主，但有北亚人种成分。饮牛沟墓地和毛庆沟一样有两种葬俗，人种分析结果也一样[40]。这说明在同一群体中生活的体质形态有别的两种人，在习俗上尚未完全融合。

B区的崞县窑子墓地，不仅在陶器方面和毛庆沟有别，颅骨鉴定也表明可归属北亚人种范畴，但含有某些东亚人种特征[41]。该墓地的墓中不随葬弓箭以外的任何武器，目前长城地带先秦时代只发现这一墓地有这种葬俗。

C区目前只对一具男性残颅（桃红巴拉 M1）进行了人种鉴

[40] 朱泓：《内蒙古凉城东周时期墓葬人骨研究》，《考古学集刊（7）》，科学出版社，1991年。
[41] 同注[40]。

定[42]，部分可测数据"显示出与亚洲蒙古人种的北亚人种相近"[43]。由于数据不全，又仅有一例，尚难对C区的人种特征有较明确的认识。

A、B两区的研究结果都揭示了不同体质形态的人群犬牙交错的状态，证明了长城地带的既有共同因素又各有特点的多种文化，不是同一族源的人群在文化上分化所致，而是不同族源的人群各自创造而又互相渗透的结果。

《匈奴列传》描述春秋时期的北方居民说："各分散居溪谷，自有君长，往往而聚者百有余戎，然莫能相一。"我们无法设想，已分析过的这些文化上族源上各异的人群，如果连稳定的联盟关系也没有，就会产生大范围的民族的认同。

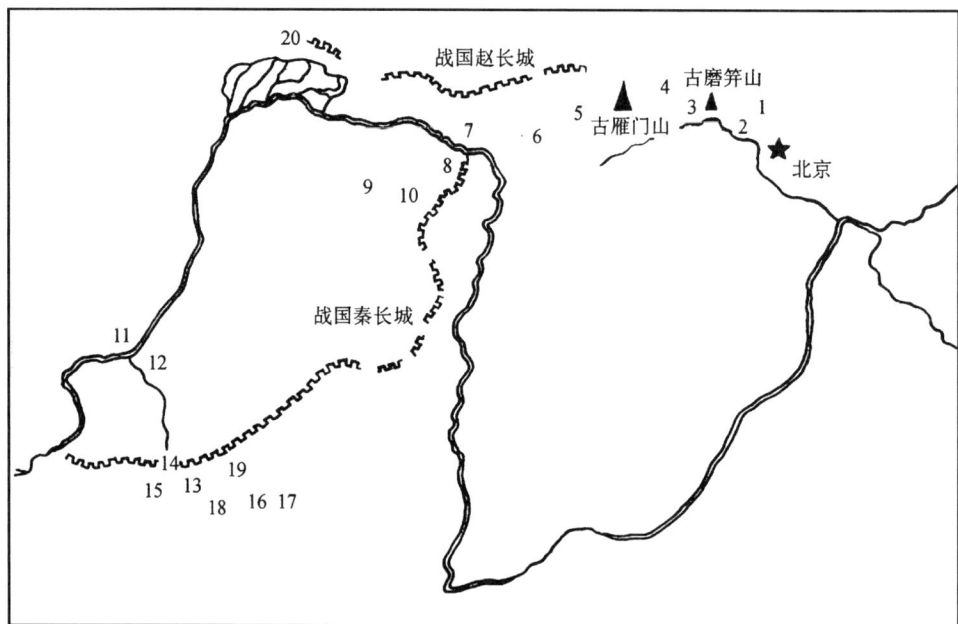

图八

1. 延庆　2. 怀来　3. 宣化　4. 张家口　5. 凉城　6. 和林格尔　7. 土默特旗　8. 准格尔旗　9. 杭锦旗　10. 东胜　11. 中卫　12. 中宁　13. 彭阳　14. 固原　15. 西吉　16. 宁县　17. 正宁　18. 镇原　19. 庆阳　20. 乌拉特旗

[42] 潘其风、韩康信：《内蒙古桃红巴拉古墓和青海大通匈奴墓人骨的研究》，《考古》1984年4期。

[43] 同注[38]。

总之，后来的冒顿匈奴联盟，并不是在北方已经形成一个大族团的背景上建立的，而是在存在许多小族团的背景上成立的。这些族团的体质形态和文化特点互不相同。在这样的背景下考虑匈奴的族源，其实质就是考虑冒顿赖以建立联盟的核心力量，究竟是具有什么样体质形态和文化特点的某一个或某几个较小族团（因为应该估计到在冒顿之前，匈奴也可能已经是包含几个族团的小型联盟），这样才能比司马迁前进一步。

## 三、族 属 的 讨 论

那么，上述六区中的各个族团，究竟有没有哪一个或哪几个是匈奴本体的前身呢？

A区遗存已被冠以"山戎文化"之名。但从时代和地望来看，实际上应该是被赵国所灭的"代"。

A区遗存的墓葬中有相当多的中原式的礼器、车马器和其他日用品（如小刀、带钩、原始的尖首布），绝大部分都是春秋晚期至战国初流行的式样，而没有战国中期才出现的器物。这和《史记》中赵襄子元年（公元前457年）灭代的记载是相符合的。

春秋时代的代国的地望，历来史家都据汉代的代县所在地定在今蔚县一带，即桑干河谷地的西部。但是襄子灭代时发生过一场悲剧：他的姐姐是代王夫人，因为襄子用诡计杀了她的丈夫，灭了代，在襄子派使者接她回国时，她磨笄于山而自杀。战国时张仪在谈到此事时说"故至今有摩笄之山，天下莫不闻"（《战国策·燕策一·张仪为秦破连横》）。磨笄山的所在地，据《水经注》"漯水（即今桑干河）条"引《魏土地记》的记载，有两种不同的传说，一说在今蔚县以东；一说在今涿鹿东北，为燕然山西南端的鸡鸣山，两地均有为代王夫人所建的祠屋。如果春秋的代国确实在蔚县地区，为什么在燕然山地区会出现另一个民间流传的磨笄山呢？现在我们既然已经在燕然山地区发现了直到春战之际非常发达而突然衰落的遗存群，而且在蔚县地区已作过比较详细的考古调查，尚未发现类似情况，自然应该承认鸡鸣山才是正宗老牌的磨笄山，而蔚县以东的那一座是后起的冒牌货。《水经注》引西汉时梅福上事之言："代谷者，恒山在其南，北塞在其北。谷中之地，上谷在东，代郡在西。"可见汉代仍把整个桑干河谷地统称为代谷，把春秋的代确定在这个河谷的东部，和古代的地理概念是毫无矛盾的。

《墨子》的《非攻中》和《兼爱中》都把"燕、代、胡、貉"并列。《匈奴列传》也说"赵襄子逾句注而破并代以临胡、貉"，可见代不是胡。《史记•赵世家》记载赵简子的梦，以天帝赐给他儿子（即将来的赵襄子）一头翟犬象征赵将灭代，可知代是某一支狄人建立的国家。它在战国初年已破灭，自然不是匈奴本体的前身。

D区南部固原地区的遗存从春秋后期一直延续到秦汉之际。罗丰已指出这是《匈奴列传》中提到的"乌氏之戎"[44]，很正确。《匈奴列传》说乌氏是在泾水以北的诸戎之一。《汉书•地理志》记载乌氏县"乌水出，西北入河，都卢山在西"。在泾水以北，只有上游之地有一条清水河是向西北流入黄河的，其余均南流而汇入渭河。固原正是清水河的发源之地，西面又有六盘山，乌水即今清水河，都卢山即今六盘山，是无疑的。固原的古城乡古城村曾发现汉初铜鼎，由刻款表明是先置于朝那，后置于乌氏的[45]。在古城乡还发现过西汉的错金银铜羊，附近有汉代墓葬[46]，可推定古城乡的古城遗址即汉代乌氏县故址。

《史记》集解引《括地志》说乌氏是"周之故地，后入戎，秦惠王取之置乌氏县也"。固原地区已发现过很典型的西周早期墓葬和车马坑[47]，也发现过典型秦风的鼎、壶、戈、剑等，鼎上还有"咸阳"刻款[48]，与《括地志》所言符合，可证该地于秦惠文王时（公元前337～311年）被秦占领。《史记•货殖列传》记乌氏族名倮者善于和戎王做买卖，"畜至用谷量马牛。秦始皇帝令倮比封君，以时与列臣

[44] 罗丰：《固原青铜文化初论》，《考古》1990年8期。

[45] 韩孔乐、武殿卿：《宁夏固原发现汉初铜鼎》，《文物》1982年12期。

[46] 同注[22]。

[47] 固原县文物工作站：《宁夏固原县西周墓清理简报》，《考古》1983年11期。

[48] 同注[22]。

朝请"。可见乌氏当时仍继续发展经济，后来可能被同化了。

D区北部的遗存，和南区早期遗存如固原的孟塬乡墓葬、撒门墓地、石喇村墓葬文化面貌很相近。在无文献记载可比证的情况下，可暂定为乌氏的早期遗存。

E区是《匈奴列传》里提到的"义渠之戎"的所在地，历来史家无异辞。义渠和秦国的关系见于史籍最早的一条是《史记·六国年表》："厉共公六年（公元前471年）义渠来赂。"其后长期互相攻伐，直到秦昭襄王三十五年（公元前272年）被秦所灭。因而把该地区发现的春秋晚期至战国的遗存定为义渠的遗存是无可争议的。但现在通行本的《墨子·节葬下》和《列子·汤问》都记载："秦之西有仪渠之国者，其亲戚死，聚柴薪（列子作积）而焚之。熏上（列子作熏则烟上），谓之登遐，然后成为孝子。"而现在E区发现的只有一座保存较好的墓（宁县袁家村），内有棺木，仰身直肢葬，骨架基本完整，未报道任何火葬痕迹。这个问题，需要发掘更多的墓才能搞清。需指出的是，晋代张湛注《列子》已指出有的本子中"仪渠"作"仪康"，而旧本《墨子》中"仪渠"本作"仪秉"，是清代毕沅据《列子》和《太平广记》改成"仪渠"的。《荀子·大略》说："氐羌之虏也，不忧其系垒也，而忧其不焚也。"《吕氏春秋·义赏》作："氐羌之民，其虏也，不忧其系累，而忧其死不焚也。"都说火葬是氐羌的习俗，未提具体国名，义渠在东周时被列为"西戎"之一，能不能算"氐羌"，殊属可疑。因此，今后的发掘只能证明义渠是否火葬。而不能因为不火葬就说不是义渠。

乌氏和义渠古称西戎，秦本身也是出于西戎，所谓"在西戎，保西垂"（《史记·秦本纪》），后来吸收周文化强大了，"遂霸西戎"（《左传·文公三年》）。整个东周时期秦一直在和西戎打交道，直到秦昭襄王"起兵伐残义渠，于是秦有陇西、北地、上郡，筑长城以拒胡"，此时，秦才和胡有了正面接触。乌氏和义渠当然不是胡，更不可能是匈奴本体的前身。

需要提到的是，《史记》在《张仪传》中颇具体地记述了公元前318年义渠君参加东方五国伐秦之举的经过（《战国策·秦策二·义渠君之魏》所述同），在《秦本纪》中却写成"韩、赵、魏、燕、齐帅匈奴共攻秦"。这是可以理解的：司马迁既然把义渠写进了《匈奴列传》，自然也不妨在行文时把义渠称为匈奴。但若据此以论证义渠就是匈奴，那就真是孟子说的"尽信书不如无书"了。

　　要确定B区、C区、F区遗存的族属比较困难，因为缺乏明确的文献记载。《战国策·赵策二·武灵王平昼间居》记赵武灵王变服骑射（公元前307年）之事，提到"襄主（即赵襄子）兼戎取代以攘诸胡"，可见赵在战国初年已经和胡有接触，而且胡不止一种，而有多种。而公元前307年的具体形势是"东有燕、东胡之境，而西有楼烦、秦、韩之边"，"变服骑射，以备其参（通叁）胡、楼烦、秦、韩之边"。《史记·赵世家》记同事，文字略有不同，作"北有燕，东有胡，西有楼烦、林胡、秦、韩之边"，"变服骑射，以备燕、三胡、秦、韩之边"。这里"诸胡"有了"东胡"、"林胡"、"三胡"等名目，却不知"三胡"指哪三种胡。但可以确定：《战国策》把三胡和楼烦并列，可见楼烦不是胡，否则何以不说"四胡"？此外《史记·廉颇蔺相如传》记述赵悼襄王元年（公元前245年）以前不久李牧的重大战绩时，除东胡、林胡外，还提到了襜褴。不知是不是胡。

　　战国后期有具体名称的族团，其活动地区均无法确定。林胡和楼烦的所在地，《战国策》本身就有不同说法。《赵策二》说在赵之西，《燕策一·苏秦将为从》则说在燕之北。司马迁在《史记·赵世家》和《苏秦传》中两存其说，并把苏秦说林胡、楼烦在燕之北的时间定在公元前334年。莫非林胡、楼烦是在公元前334～前307年这段时间内从东面跑到西面去了？如果不信《燕策》，认为林胡、楼烦一直在赵之西，究竟在哪里也不好说。《赵世家》记载，赵武灵王二十年（公元前306年）"西略胡地，至榆中，林胡王献马"。但"榆中"在何处，又有不同说法。《中国古今地名大辞典》根据唐代张守节《史记正义》的说法，定为"鄂尔多斯黄河北岸之地"，《辞源》则根据宋末元初人胡三省《资治通鉴音注》的说法，定为"准格尔旗"。《赵世家》又记载，赵惠文王二年（公元前297年）"主父行新地，遂出代西，遇楼烦王于西河，而致其兵"。"西河"指什么，也不好说。

在先秦到汉代古籍中，它可以指黄河南流段本身，也可以指这段黄河的两岸地区。所以，既可主张楼烦是在河东，这可以用汉代的楼烦县在河东（今山西宁武）为证；也可以主张楼烦在河西，这可以用汉代卫青"遂略河南地……走白羊楼烦王"（《史记·卫将军骠骑列传》）为证。当然，也不妨认为这段黄河的两岸都是楼烦之地。还有一个公元前245年前不久见于史籍的"襜褴"，《史记》也没说是在何地。《史记集解》引如淳说是"在代北"，也不过是姑妄言之，姑妄信之而已。

既然文献记载只有这些，具体族名又都是战国后期的，要和现已发现的春秋晚期以来的遗存对号，无法得出任何肯定性的结论。只有在较大范围内继续进行考古工作，弄清当时族团的总体分布情况，才能对上述片断记载作出较好的解释。

最后还要说说匈奴。关于匈奴本体最早的记载，是《史记·廉颇蔺相如列传》记述，在公元前245年前不久，李牧"居代、雁门备匈奴"，由于李牧"大破杀匈奴十余万骑"，"其后十余岁匈奴不敢近赵边城"。这时的赵边是"筑长城自代、并、阴山下至高阙为塞"（《匈奴列传》）。这条长城是赵武灵王北破林胡楼烦后所建，即建于公元前3世纪前期。由于赵长城的西段已经实际调查，确定是从临河县东北的两狼山口（即赵时的高阙）沿阴山山脉东段的大青山南麓向卓资县以北方向延伸[49]，可知李牧备匈奴所居之雁门，绝不是现在山西代县西北的雁门关地区。《山海经·海内西经》："雁门山，雁出其间，在高柳北。高柳在代北。"汉到北朝时代的高柳县一直在今山西阳高县境内，则古之雁门山当指阳高和内蒙古兴和之间的连片山地。《水经注》"漯水"条描述它"其山重峦叠嶂，霞举云高，连山隐隐，东出辽塞"。有雁门水出于此山，"东南流经高柳县故城北"，即今发源于浑源，流入南洋河之河流。此山乃古代代谷西北面的屏障。李牧防备匈奴而居代、雁门，可以推测匈奴本体的大本营是在赵长城东段以

---

[49] 盖山林、陆思贤：《阴山南麓的赵长城》，《中国长城遗迹调查报告集》，文物出版社，1980年。

北。这和《匈奴列传》记载汉初"单于庭直代、云中"是相符的。

虽然战国晚期匈奴本体是在赵长城以北，但并不能肯定在赵长城建立以前匈奴不曾到此线以南活动或居留。因此，不能说赵长城一线以南地区春秋到战国时期的遗存一定不是匈奴本体的前身。不过，要断定是不是，先应该有一个足资比较的标准。那就是战国晚期居于长城以北的匈奴本体究竟有什么样的体质类型特点，有什么样的文化特征。因此，加紧开展赵长城以北地区战国晚期遗存的探寻，乃至早日解开匈奴漠南王庭之谜，是中国考古工作者的重大历史任务。在目前尚无足资比较的可靠标准的情况下，如果只是根据图一所示的那种在许多族团中都广泛流行的共同因素，就指认赵长城一线以南的某类遗存是匈奴本体的前身，是毫无科学性可言的。

## 四、间 接 的 推 测

在战国晚期的标准匈奴本体遗存尚待发现的情况下，现在实际可以做的，是根据已发现的汉代匈奴遗存来对匈奴本体面貌作一定的推测。

中国境内已被确认的汉代匈奴遗存有以下诸例。

1. 青海大通上孙家寨匈奴墓[50]。该墓由"汉匈奴归义亲汉长"印可确认为匈奴墓，据墓葬形制和器物型式定为东汉晚期（2世纪后半叶至3世纪初）。可惜葬俗已彻底汉化，不能据以探讨匈奴本身的文化特点。但三具颅骨的体质特征均"表现出与北亚蒙古人种有较密切的关系"[51]。

2. 宁夏同心倒墩子墓地[52]。根据两方面证据定为匈奴墓地：① 出土的陶罐和透雕牌饰、铜环等和蒙古地区汉代匈奴墓相同。② 出土的"五铢"钱和满城汉墓（公元前113～前104年）相同。史载元狩

---

[50] 青海省文物管理处考古队：《青海大通上孙家寨的匈奴墓》，《文物》1979年4期。

[51] 同注[42]。

[52] 宁夏文物考古研究所等：《宁夏同心倒墩子匈奴墓地》，《考古学报》1988年3期。

二年（公元前121年）于天水、安定等五郡故塞外黄河以南的地方置五属国以处来降的匈奴。同心正在安定郡故塞外河南之地，即天水属国所在地。

《汉书·武帝纪》记载，元狩二年来降的匈奴，是匈奴居西方的昆邪王（即浑邪王）杀了休屠王而并其众降汉的，原来的分地在河西走廊的武威、张掖一带，但史书上没有明确记载他们是匈奴本体在击走月氏后占据河西走廊，还是非匈奴本体而并入匈奴联盟的。墓地的葬俗很特殊。葬制明显分两类，一类是竖穴墓，均不随葬牲畜头蹄；一类是偏洞室墓，除一座婴儿墓外，都随葬牲畜头蹄。两类墓在随葬器物上并无明显数量差别，虽然二例金耳环均出于偏洞室墓，但钱币最多的是竖穴墓M18。因而很难说不同葬制是社会地位的差别，应该是同毛庆沟墓地一样，反映同一人群中保留不同的习俗传统。可惜颅骨鉴定尚未见报告，人种情况不详。所有墓中都不见武器（连弓箭也没有），是特别引人注目的。

3. 内蒙古准格尔旗西沟畔墓地[53]。这批墓地是根据和蒙古的汉代匈奴墓的相似器物（近底处有孔的罐、饰波纹的瓮、动物纹饰件等）定为匈奴墓的，由中原式的长袖舞人石饰可定在西汉初期，因此可以判定是已经并入匈奴的楼烦白羊王部族的遗存。《匈奴列传》明确记载匈奴是在楚汉相争之际"南并楼烦白羊河南王"的，而《史记·刘敬叔孙通列传》又记公元前198年"刘敬从匈奴来，因言'匈奴河南白羊楼烦王去长安近者七百里，轻骑一日一夜可以至秦中'"。直到公元前127年卫青"击胡之楼烦白羊王于河南，得胡首虏数千，牛羊百余万。于是汉遂取河南地"（《匈奴列传》）。在大约80年间，河套的黄河南岸只有这么个"楼烦白羊王"或"白羊楼烦王"（《卫将军骠骑列传》）。把它击破了，它跑了，汉也就占了河南全境，建立了朔方郡。所以从公元前3世纪末到前127年这段时间内河套内部的遗存，非"楼烦白羊王"之部族莫属。该部族本非匈奴本体，可能有不

---

[53] 伊克昭盟文物站等：《西沟畔汉代匈奴墓地调查记》，《内蒙古文物考古》创刊号，1981年。

同于匈奴本体的自身特点。

原报告说，M6和M9发现羊、马骨骼，还具体说M9随葬的是两具羊骨架和一个狗头，"说明殉牲习俗还流行"。但从发表的M9的随葬陶器形式和出铜指环看，此墓应是北朝时期的鲜卑墓[54]（图六）。因此，未报道任何随葬器物的M6也不能定为西汉初期。

像M4那样的出精美金冠饰和包金带饰的墓，不随葬任何牲畜骨骼，除铜镞外不随葬武器（整个墓地也未发现其他武器），应代表西汉初期该地葬俗的特点。

4. 内蒙古东胜补洞沟墓地[55]。该墓地也是根据和蒙古的汉代匈奴墓相似的陶器和铁器而定为匈奴墓地的，墓中随葬残半铜镜的习俗也和蒙古、外贝加尔的匈奴墓一致。如果从蒙古和苏联考古学家的眼光来看，这应该是"匈奴味"最足的一批墓。墓地的年代据所出"规矩镜"（即博局镜）可知应属西汉晚期至东汉初期的范围。《后汉书·南匈奴传》记载东汉初南、北匈奴分立之事，建武二十六年（50年），汉助南匈奴单于建庭于五原郡西部塞八十里处，迁居云中，又入居西河郡美稷县，即今准格尔旗一带。所以补洞沟墓地应是东汉初年南匈奴单于庭附近的嫡系部族所遗，因而自然应与诺音乌拉一带北方的单于嫡系部族所遗墓葬有很大的一致性。

补洞沟匈奴墓和蒙古的匈奴墓一样，随葬马、牛、羊头。唯一的不同是诺音乌拉一带的大中小型墓中都不随葬弓箭以外的武器，而补洞沟却有一座墓中随葬了一件汉式的铁剑。这应是南匈奴附汉以后习俗上的变化。

诺音乌拉地区已鉴定的一具女性颅骨和一具男性颅骨均属北亚人种的古西伯利亚类型[56]。可惜补洞沟没有可供对比的颅骨鉴定资料。

根据仅有的这些资料，很难对早期的匈奴本体应该是什么样作出

---

[54] 包头市文物处：《包头固阳县发现北魏墓群》，《考古》1987年1期。内蒙古文物工作队编：《内蒙古文物资料选辑》，内蒙古人民出版社，1962年。内蒙古文物工作队：《内蒙古呼和浩特美岱村北魏墓》，《考古》1962年2期。

[55] 伊克昭盟文物工作站：《伊克昭盟补洞沟匈奴墓地》，《内蒙古文物考古》创刊号，1981年。

[56] 同注[38]。

任何肯定的判断，只能提出某些没想。

1. 一般情况下，人种的同化要比文化上的同化缓慢得多。上孙家寨匈奴墓就是一个鲜明的例子。因此，根据上孙家寨的颅骨种族鉴定，参照诺音乌拉的颅骨种族鉴定，我们有理由设想早期匈奴本体应属北亚人种范畴。

2. 从墓葬资料能反映的文化面貌而言，葬俗一般比器物有更大的保守性。毛庆沟墓地和倒墩子墓地都在随葬器物的形式并无不同的情况下保留不同的葬俗，是很好的实例。因此，根据补洞沟墓地的葬俗，参照诺音乌拉一带的葬俗，有理由设想早期匈奴本体也在墓中随葬马、牛、羊头，是竖穴土坑墓，而且除弓箭外不随葬任何武器。西沟畔墓地和倒墩子墓在不随葬弓箭以外的武器或不随葬任何武器这点上，或许也是本族团固有的传统；也有可能是进入匈奴联盟后，受到匈奴本体固有习俗的强烈影响所致。

战国时代是否有兼具以上特征的族团？崞县窑子墓地就是一个实际证据。但我们绝对无意把崞县窑子墓地所安葬的人群当作匈奴本体的前身。这个人群在战国前期已入居河套地区，已有养猪业所暗示的某种定居生活，很难说是战国后期活跃于赵长城外的匈奴本体的前身。它倒很有可能是《战国策》所说的"诸胡"之一，从它身上可以看到尚待发现的战国时代匈奴本体的影子。

## 五、结　　语

1973年田广金、李作智冒着风沙发现并发掘了桃红巴拉和公苏壕的墓葬，开创了用我国考古发掘资料研究匈奴史的时期。

从司马迁以来，由于史料的贫乏，始终只能笼统地认为文献上出现的北方诸族都是匈奴的祖先。现在考古发现越来越多，我们在认识上已比司马迁有了很大进步。

1. 文献记载的北方诸族（如代、义渠、乌氏）和文献上不一定记载过的族团（如毛庆沟、崞县窑子等遗存所代表的族团），在人种和文化特征上彼此相异，不能把它们混在一起，或在不同族称之间任意画等号。

2. 既然存在众多的相异族团，自然需要区别哪些族团在匈奴兴起以前已经灭亡或已被中原民族同化，哪些族团一直延续发展而真地参加了汉代匈奴族的熔炉。不能简单地把汉代匈奴联盟曾占据的地域的所有前期居民都当成匈奴的祖先。

3. 即使在匈奴联盟建立后，文化上的一致性进一步加强了（如陶器形式也走向一致），联盟内的各部族仍有考古学上可以分辨的各自传统的特点。

这些认识使我们感到，有必要把匈奴本体的族源问题从整个汉代匈奴的族源问题中区分出来，专门进行研究。而且，我们有信心地认为从考古学上去研究匈奴本体的族源是可行的。

当然，也可以设想这个匈奴本体曾在中国境外度过早期生涯。因此这是一项国际性的研究任务。但从文献记载判断，在公元前3世纪后期到前2世纪中期，匈奴本体应活动于内蒙古中部偏北的地区。中国考古学家应为此而庆幸，自然也负有更重的责任。

我们已经比司马迁前进了一步，应该再跨进一大步。


1992年8月在呼和浩特召开的"中国古代北方民族考古文化国际学术研讨会"上宣读的论文。载《内蒙古文物考古》1993年1、2期合刊。后收入《林沄学术文集》。

# 东胡与山戎的考古探索

渤海湾的东北岸地区是我国文化史和民族史上至关重要的地区。新石器时代前期，这里属于东北亚古老的以平底筒形罐为代表的文化区[1]。从新石器时代晚期开始，来自不同方向的文化流和人流不断反复撞击这一地区，使该地长期在文化上和人种上呈现错综复杂的情势，每每令考古学家产生一种扑朔迷离之感。

由于周初在现今北京附近就建立了周王室嫡支的燕侯之国，而晚周时它已扩展到为燕长城所表明的范围[2]，因而中原文献中先后出现了一些关于这一地区古国古族的记载，其中最重要的便是东胡和山戎。究竟它们留下的考古遗存是什么？不仅使考古学家感兴趣，也受到史学界的普遍注意。

20世纪60年代初，有人提出东北系曲刃剑的墓葬应属东胡族的观点[3]。后来对这类剑的研究不断发展，越来越多的人认识到这类剑的分布甚广，为多种考古学文化所共有，不宜作为某一民族的标志物[4]。另一方面，则有人提出夏家店上层文化为东胡族的观点，这在靳枫毅的论文中作了系统论证[5]，而研究东北史者亦多持同类见解[6]。

---

[1] 冯恩学：《东北平底筒形罐区系研究》，《北方文物》1991年4期。

[2] 李庆发、张克举：《辽西地区燕秦长城调查报告》，《辽海文物学刊》1991年2期。

[3] 朱贵：《辽宁朝阳十二台营子青铜短剑墓》，《考古学报》1960年1期。

[4] 乌恩：《关于我国北方的青铜短剑》，《考古》1978年5期。林沄：《中国东北系铜剑初论》，《考古学报》1980年2期。靳枫毅：《论中国东北地区含曲刃青铜短剑的文化遗存》，《考古学报》1982年4期、1983年1期。

[5] 靳枫毅：《夏家店上层文化及其族属问题》，《考古学报》1987年2期。

[6] 孙进己等：《东北历史地理》，黑龙江人民出版社，1989年。

　　但随着考古研究的进展，夏家店上层文化是东胡的说法出现了越来越多的破绽。

　　起初，因为在一些遗址中战国燕文化堆积直接叠压在夏家店上层文化堆积之上，给人的印象是夏家店上层文化延续到燕国破东胡之际，即公元前300年左右[7]。然而迄今为止，并没有找到该文化晚到春秋中期的任何明确证据。

　　靳枫毅认为夏家店上层文化至少晚到战国中期，是因为他把大凌河中下游和小凌河的青铜短剑墓作为"十二台营子类型"而划归夏家店上层文化。这批墓中确有晚到战国中期者，但"十二台营子类型"是否可以算作夏家店上层文化的一个类型，是非常值得怀疑的。他在区分"南山根类型"和"十二台营子类型"时详细讨论过两者在陶器和铜器上的一系列差别。这些差别之大，足以把这两个"类型"区分为两种考古学文化。从陶器说，朱永刚指出，仅据陶质、陶色、制法上的共同性把不同遗存划归一个考古学文化，显然理由不充分。要分析具体器形的话，十二台营子类型早期只有一种鼓腹钵可以和南山根类型相比较，而十二台营子类型的春秋晚期以后的随葬陶器，更难看出和南山根类型有什么渊源关系。相反地，"肩部饰疣状耳的深腹罐（壶）和长颈壶，其形式与下辽河流域的陶罐和陶壶比较接近"[8]。从铜器说，靳枫毅已指出，南山根类型混出A（曲刃銎柄）、B（曲刃短茎）、C（曲刃匕首）、D（直刃匕首）四型剑，而"尤以A型剑为发达"。可见南山根类型的铜剑以A型为主（实际上这类剑的基本特征是銎柄，刃部并不都是曲的，也有直刃的）。而十二台营子类型从早到晚都"基本上是属于单纯含B型剑的遗存"。而且，如扇形铜斧、发达的几何纹也均与南山根类型异趣，而跟东面的下辽河流域有更密切的关系。如将"十二台营子类型"排除，则靳枫毅也认为夏家店上层文化的"大井类型"下限为西周晚期或春秋初期，"南山根类型"下限为春秋早期或春秋早中期。

---

[7]《中国大百科全书·考古学卷》，中国大百科全书出版社，1986年。

[8] 朱永刚：《夏家店上层文化的初步研究》，《考古学文化论集（1）》，文物出版社，1987年。

这就和文献上见到的东胡活动时间发生了很大差距。

先秦东胡有年代可考的记载只有以下几条：

1.《战国策·赵策》："自常山以至代、上党，东有燕、东胡之境，西有楼烦、秦、韩之边。"这是公元前307年赵武灵王在推行胡服骑射时说的话。

2.《史记·匈奴列传》在记述赵武灵王胡服骑射，破林胡、楼烦，筑长城之后，接着写道："其后，燕有贤将秦开为质于胡，胡甚信之，归而袭破走东胡，东胡却千余里。与荆轲刺秦王舞阳者，开之孙也。燕亦筑长城，自造阳至襄平，置上谷、渔阳、右北平、辽西、辽东郡以拒胡。"此事年代不具体，但总之发生在公元前307年和公元前227年荆轲刺秦王之间，一般推测在燕昭王（公元前311～前279年）时。若推测为燕武成王（公元前271～前258年）时亦颇合理。

3.《史记·赵世家》赵惠文王二十六年（公元前272年）"取东胡欧代地"。"欧代"应即《匈奴列传》提到的东胡"与匈奴间，中有弃地莫居千余里，各居其边为瓯脱"，其地当在燕、赵长城之外。

以上记载均属战国后期。当然，我们并不因此而否定东胡在春秋时代已经存在于燕国之北的可能性，也不可能否定它的历史可以追溯到更远。但有一点可以肯定，东胡在燕筑长城之前仍在今赤峰以南活动，筑长城之后，则在离燕、赵长城不远处活动。我们目前发现的夏家店上层文化却到春秋中期以后就不知下落了，两者怎么能说是"相合不悖"呢？

由于颅骨种族研究的开展，我们还发现了一个更大的矛盾。

业经鉴定的夏家店上层文化的颅骨已有红山后、夏家店和南山根三批[9]，他们的体质特征彼此非常接近，其种族类型基本一致。朱泓把夏家店上层文化混合组与亚洲蒙古人种的北亚、东亚、东北亚和南亚四个区域性类型作细致比较后的结论是："夏家店上层文化居民的基本体质特征属于亚洲蒙古人种的东亚类型，但在个别因素上

---

[9] 三宅宗悦等：《赤峰红山后石柱子墓之人类学的研究》，《赤峰红山后》，东方考古学会，1938年。中国科学院考古研究所体质人类学组：《赤峰、宁城夏家店上层文化人骨研究》，《考古学报》1975年2期。

又混入了某种程度的北亚类型因素。因此，该文化居民的种族类型可概括为：以东亚类型成分为主导地位的东亚、北亚蒙古人种的混血类型。"[10]

可是，《三国志》说"鲜卑即古所谓东胡也"，古来治史者无异说。目前对汉代鲜卑颅骨鉴定的结果表明，他们均非东亚蒙古人种。现考古界多数学者认为属汉代鲜卑遗存的完工、扎赉诺尔、南杨家营子三批颅骨的研究结果是："完工组显示出与北极（按：即东北亚）蒙古人种相似的成分居多，可能还包含有一些西伯利亚（按：即北亚）和东亚蒙古人种的因素。扎赉诺尔组主要是西伯利亚蒙古人种和北极蒙古人种的混血类型，某些个体上反映出较强的西伯利亚蒙古人种的性状。同时，不排除在某种程度上还有一些东亚蒙古人种的因素。南杨家营子组的情况同扎赉诺尔组有些类似，但在该组所见之西伯利亚蒙古人种的性状更趋明显。"[11]后来又对扎赉诺尔墓地第三次发掘中所获颅骨进行研究，发现这批颅骨上的西伯利亚蒙古人种特征更为明显[12]。综合扎赉诺尔三次发掘的资料，朱泓认为该地居民可分为两个体质类型，A组为西伯利亚蒙古人种，B组为西伯利亚蒙古人种和北极蒙古人种的混血类型。A组非常接近于外贝加尔的匈奴墓地的颅骨，B组则和完工组有相当的关系[13]。此外，对河北蔚县庄窠遗址属魏晋时期的一座出鲜卑式陶器的墓（M202），也进行了颅骨鉴定，亦显示典型的北亚（即西伯利亚）蒙古人种性状[14]。

根据现有资料，对鲜卑的种族特征可以有两种不同认识。一种是设想早期鲜卑的种族特征可能以完工组为代表，即以东北亚（即北极）蒙古人种成分为主。由于在鲜卑族发展过程中加入了许多匈奴族

---

[10] 朱泓：《夏家店上层文化居民的种族类型及其相关问题》，《辽海文物学刊》1989年1期。

[11] 潘其风、韩康信：《东汉北方草原游牧民族人骨的研究》，《考古学报》1982年1期。

[12] 朱泓：《扎赉诺尔汉代墓葬第三次发掘出土颅骨的初步研究》，《人类学学报》1989年2期。

[13] 朱泓：《从扎赉诺尔汉代居民的体质差异探讨鲜卑族的人科构成》，《北方文物》1989年2期。

[14] 朱泓：《人种学上的匈奴、鲜卑与契丹》，《北方文物》1994年2期。

的成分，而不断加强了北亚蒙古人种的性状。另一种则可以设想早期鲜卑和匈奴人一样，属北亚蒙古人种范畴。只是在发展过程中，吸收了东北亚蒙古人种的部落，并和东北亚蒙古人种通婚，才出现完工组和扎赉诺尔B组那样的情况。

但是，无论如何，目前无法设想鲜卑能有夏家店上层文化人群那样的以东亚人种成分为主体的祖先。

此外，《新唐书·契丹传》："契丹，本东胡种，其先为匈奴所破，保鲜卑山。"对察右前旗豪欠营和宁城山嘴子辽代契丹墓的颅骨研究表明："辽代契丹人的种族成分中主体因素应该是北亚（西伯利亚）蒙古人种的特征。"[15]

再从夏家店上层文化本身的文化内涵来看，也很难令人相信是东胡的文化遗存。

靳枫毅很详细地讨论了殉犬、覆面、髡发等习俗，以证明夏家店上层文化应是东胡文化。但这些习俗很难说是某一民族所专有的。例如，被靳枫毅定为"山戎文化"的燕然山地区东周遗存，也同样盛行殉犬和覆面之俗[16]。满族也髡顶发而留辫，不能以此证明他们也是东胡后裔。

夏家店上层文化的一个突出特征是，它有明显是定居生活的较大的村落，虽然堆积层不如夏家店下层文化厚，但有用石块、石板或土坯建筑并栽柱的长期性住房，房子外面有的还有围墙。有相当发达的陶器，颇多大型容器。遗址内有许多窖穴（建平水泉遗址还发现三座贮有大量炭化谷物的粮窖遗迹[17]）。遗址中发现猪、狗、马、牛、羊、鸡的骨骼，而猪和鸡的饲养是定居生活的显著标志。这和《三国志》裴注引王沈《魏书》所记"乌丸者，东胡也。……随水草放牧，居无常处，以穹庐为宅"，"鲜卑亦东胡之余也。……习俗与乌丸同"

---

[15] 同注[14]。

[16] 北京市文物研究所山戎文化考古队：《北京延庆军都山东周山戎部落墓地发掘纪略》，《文物》1989年8月。靳枫毅：《军都山山戎文化墓地葬制与主要器物特征》，《辽海文物学刊》1991年1期。

[17] 辽宁省博物馆文物工作队：《概述辽宁省考古新收获》，《文物考古工作三十年》，文物出版社，1979年。

是有明显差异的。因此说夏家店上层文化是乌丸、鲜卑式文化的前身，是一般人在常识范围内难以接受的，如果说有某种特殊机制能使人们的生活方式产生这种剧变，那就必须在文化史和民族志上举出实例认真论证，并从考古学上证明这种特殊机制确实存在。

因此，夏家店上层文化是东胡文化的流行观点，需要重新考虑。

大小凌河地区的"十二台营子类型"一直延续到战国中期。它有没有可能是东胡呢？我认为也不可能是。第一，它在文化特征上与更东地区的同期遗存有更大的相似性，显属同一文化系统。第二，这类遗存在西面没有发现，在燕长城以北更无踪迹。因此和文献中的东胡也是根本对不上号的。我想，这类遗存加上更东地区的相似遗存，有相当一部分是战国文献中常提到的"貉（或作貊）"。应该注意《诗经·韩奕》中提到一位"韩侯"，他在周宣王时入觐，并和周厉王的外甥女结婚。他的都城是燕国的军队帮助修筑的。诗中描写了周王对他的隆重礼遇、丰厚赏赐和亲自册命："王锡韩侯，其追其貊，奄受北国，因以其伯。"全诗文辞和西周金文有很大的一致性，当属信史无疑。这位貊地的霸主，他的都城和部众的遗存，正应该在大小凌河及更东地区去探索。这一地区以东北系铜剑为代表的遗存，上限至少可以到西周晚期或更早，和《诗经》记载的韩侯和貊在时代上是相合的。《墨子》一再提到"燕、代、胡、貉"，《荀子》、《晏子春秋》、《管子》也都"胡、貉"兼举，可见在燕国以北不能只考虑有胡，而忽略貉的存在。

《三国志》裴注引鱼豢《魏略》："昔箕子之后朝鲜侯见周衰，燕自尊为王，欲东略地。朝鲜侯亦自称为王，欲兴兵逆击燕，以尊周室。其大夫礼谏之，乃止。使礼西说燕，燕止之不攻。后子孙稍骄虐，燕乃遣将秦开攻其西方，取地二千余里，至满潘汗为界。"（《盐铁论·伐功》也提到"燕袭走东胡，辟地千里，度辽东而攻朝鲜"。）不论"朝鲜侯"是否就是"韩侯"，"攻其西方"究竟是朝鲜侯的西部领地，还是朝鲜侯领地以西的地区，至少可以肯定：燕国在秦开时期开拓的北边五郡（上谷、渔阳、右北平、辽西、辽东），并非全从东胡夺来，也有从攻朝鲜侯西方而得来。因此，显然不能把燕长城以南的早于战国燕文化的遗存都当作东胡。既然考虑到貉的存在，就一定有东周的貉文化遗存。

综上所述，东周时代在燕国以北地区活动的东胡的遗存，目前仍是一个谜。当然也并不完全是闷葫芦，因为已经看到了东胡的一些影子。

第一，先秦东胡的体质类型应该不是以东亚人种成分为主体，可能和匈奴一样属北亚（西伯利亚）人种范畴，也可能属东北亚（北极）人种范畴。

第二，先秦东胡应该是定居性较弱的以畜牧马、牛、羊为主的民族。在汉代至北朝的鲜卑墓中普遍随葬马、牛、羊和狗的头及蹄足，这种习俗完全可能追溯到先秦。

这种流动性大的非东亚人种的人群在先秦时代是否真到达过渤海湾的西北沿岸地区，在该地区的定居性遗存中可以间接看出许多迹象。

以定居性十分显著的夏家店下层文化为例，敖汉旗的大甸子墓地中存在两种不同的体质类型。从已发表的测量数据来看[18]，大甸子Ⅰ组是比较纯的东亚人种，大甸子Ⅱ组是混有北亚人种成分的东亚人种。但这两种人在葬俗及随葬器物的种类和型式方面是混同莫辨的。显然，只有定居的东亚人种和某种北亚人种有接触，吸收了北亚人种加入自己的族团，才会产生这种现象。而且，夏家店下层文化的铜耳环，一端作喇叭口形，与分布在叶尼塞河以西的安德罗诺沃文化的铜耳环很奇怪地有相似性（图一）[19]。在两个相距如此遥远的定居族团之间会发生这种交流，不正说明其间必有流动性强的人群在作媒介吗？

再以定居的夏家店上层文化为例。该文化的居民是混有北亚人种因素的东亚人种，可推测他们的祖先是和北亚人种有所接触的东

[18]潘其风：《我国青铜时代居民人种类型的分布和演变趋势》，《庆祝苏秉琦考古五十五年论文集》，文物出版社，1989年。

[19] Н. А. Аванесова. Серьги и височные подвески андроновской культуры. — Первобытная археология Сибири. Л., 1975.

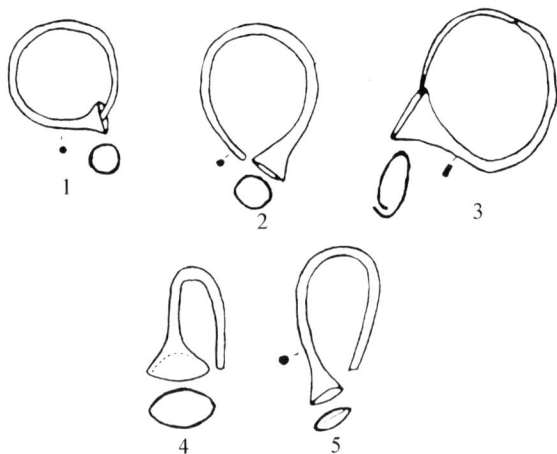

图一

上：安德罗诺沃文化　1. 黑湖Ⅰ M76　2. 叶洛夫卡Ⅱ M3　3. 姆米纳巴德 M3
下：夏家店下层文化　4. 唐山小官庄　5. 阜新平顶山

亚人种。在他们的文化遗存中可以看到更多的和遥远的西北方相似的因素。一个小小的例子是克什克腾旗龙头山的Ⅱ M1中出一件柳叶形镞，保存的一段木箭杆以劈裂成四个尖的方式夹住镞身[20]。器形上反映这种独特安杆方式的铜矛，即所谓"塞伊玛分叉式矛"，其原始形式和铸范均发现于西伯利亚的叶尼塞河和额尔齐斯河之间（图二）[21]。另一个例子是南山根 M102 出土的刻纹骨板，其题材与构图都明显与蒙古的岩画有联系[22]。再从该文化的青铜短剑看，被靳枫毅分为C型的"直刃匕首"，在鄂尔多斯地区已发现的众多短剑中几乎找不出与之相近的例子，却与南西伯利亚塔加尔文化的一种短剑颇为相近（图三）[23]。

[20] 内蒙古自治区文物考古研究所等：《内蒙古克什克腾旗龙头山遗址第一、二次发掘简报》，《考古》1991年8期。

[21] В. Г. Тихонов. Металлические изделия эпохи бронзы на Среднем Урале и Приуралье. — МИА, No.90. М. – Л., 1960.

[22] 林沄：《对南山根 M102 出土刻纹骨板的一些看法》，《内蒙古东部区考古学文化文集》，海洋出版社，1991年。

[23] Г. А. Максименков. Новые данные по археологии района Красноярска. — Вопросы истории Сибири и Дальнего Востока. М., 1961. 图2、3、4。Н. Л. Членова. Происхождение и ранняя история племем тагарской культуры. М., 1967. 图版3, 27 ~ 29。

还可以以定居的燕然山地区的东周遗存为例。张家口市白庙墓地中也存在两种不同的体质类型，从发表的数据来看[24]，白庙A组和夏家店上层文化人群性质上非常接近，白庙B组则又混有更多的北亚人种因素。这无疑表明了和新的北亚人种人群的接触。这两种人在葬俗和随葬器物上并无差别。与这种情况相应的是，这类文化中出现了一批新的与欧亚大陆辽阔草原地带相似的文化因素，我在最近一篇文章中[25]已经举出一些例子（参看该文图一之A），不再多说。

特别值得注意的是，就某一有限的地域而言，这些定居的文化遗存并非绵延不绝、一脉相承，而是彼此之间存在着"间歇期"。在现今赤峰附近，夏家店下层文化最晚的只到商代前期[26]，而夏家店上层文化最早的大约在西周早中期或西周中期前后[27]。可见，在商代晚期到西周初，这里就有一个定居文化的

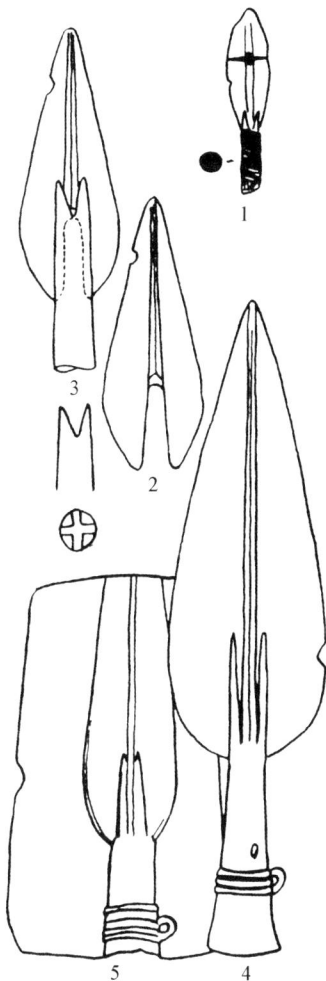

图二

1. 龙头山Ⅱ M1　2. 克拉斯诺雅尔斯克州　3. 2之插木杆方式　4. 托木斯克　5. 额尔齐斯河

[24] 潘其风：《从颅骨资料看匈奴族的人种》，《中国考古学研究——夏鼐先生考古五十年纪念论文集》，文物出版社，1986年。

[25] 林沄：《关于中国的对匈奴族源的考古学研究》，1992年在呼和浩特召开的"中国古代北方民族考古文化国际学术讨论会"上宣读的论文。后刊于《内蒙古文物考古》1993年1、2期合刊。

[26] 张忠培、孔哲生、张文军、陈雍：《夏家店下层文化研究》，《考古学文化论集（1）》，文物出版社，1987年。李伯谦：《论夏家店下层文化》，《纪念北京大学考古专业三十周年论文集》，文物出版社，1990年。

[27] 刘观民、徐光冀：《内蒙古东部地区青铜时代的两种文化》，《内蒙古文物考古》1981年创刊号。

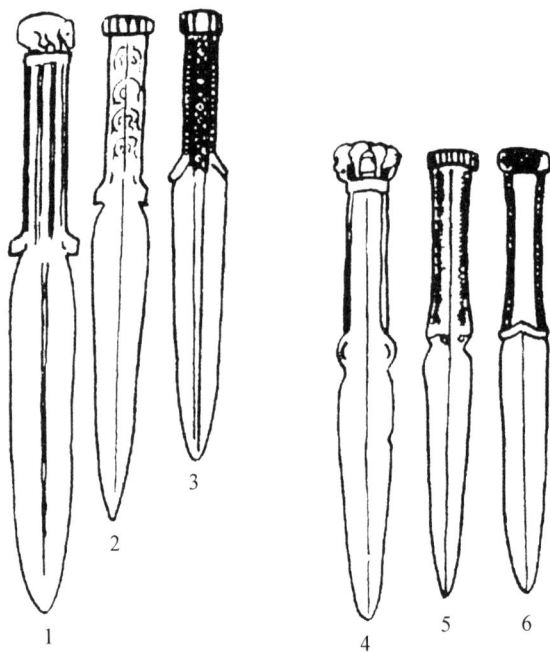

图三

左：夏家店上层文化　1～3.宁城南山根　右：塔加尔文化
4、6.克拉斯诺雅尔斯克州　5.杰辛斯科耶

间歇期。恰恰在这段时间内，周邻地区出现了一系列纯粹的北方系青铜器群,分布直抵渤海之滨[28]。同时还出现了至今仍使许多人感到困惑的"魏营子类型"陶器群[29],它的引人注目的成分——花边口沿鼓腹鬲,恰恰和同期的北方系青铜器一样,从渤海湾的西北岸一直分布到山西北部、内蒙古中南部,甚至更西[30]。这种情况难道不值得我们深思吗？

　　关于后代的鲜卑如何大规模地消灭农业居民和耕地,把大片土地

[28] 河北省文化局文物工作队：《河北青龙县抄道沟发现一批青铜器》,《考古》1962年12期。王峰：《河北兴隆县发现商周青铜器窖藏》,《文物》1990年11期。建平县文化馆等：《辽宁建平县的青铜时代墓葬及相关遗物》,《考古》1983年8期。锦州市博物馆：《辽宁兴城杨河发现青铜器》,《考古》1978年6期。

[29] 郭大顺：《试论魏营子类型》,《考古学文化论集（1）》,文物出版社,1987年。

[30] 韩嘉谷：《花边鬲寻踪》,《内蒙古东部区考古学文化研究文集》,海洋出版社,1991年。

变成牧场和游猎之地,马长寿选取典型的文献记载进行过描述[31]。先秦时代的游牧族团自然早已演出过同样的情景。综合以上考古发现,我们可以描绘出渤海湾西北岸的这样一幅历史图景:

在一片宜农宜牧的土地上,散布着定居的属东亚人种的聚落群。不时有来自西方或北方的游动的北亚人种穿插其间,就像流水迂回于岛群之间。当水是涓涓细流时,它和岛之间只发生局部的拍击或崩解。一旦来了汹涌大波,岛体便被统统冲毁或裹走,形成淹没一切的洪泛区。只有当洪水撤退,或是因为浊流本身的沉积,或是因为新的定居人群的迁入,才重新出现新的定居者的岛群,开始新的历史循环。

从这个观点看,在燕长城以南夏家店上层文化和战国燕文化之间的间歇期,正预示着有一批确确实实的东胡遗存有待发现和研究。我想,东胡遗存分布的中心区域,也可能偏向西北方面。昭乌达盟南部、河北北部、辽宁西部只不过是它的波及地带而已。但即使如此,在这些地区也不是全无线索可寻。例如,在喀左县市政园林处偶尔发现的一座石椁墓中[32],和中原式附耳陶鼎共存两件双耳壶,其中一件倒不妨说是唐山贾各庄所出的燕式陶壶或铜壶的不太成功的仿制品[33],另一件颈部饰七道凸弦纹而广肩者,在已知资料中只有内蒙古凉城崞县窑子出的双耳壶与之相近[34]。这就是一条应该抓住不放的线索。

现在再说说山戎遗存问题。

何为山戎遗存,目前主要有两种意见。一种认为夏家店上层文化是山戎遗存[35],另一种认为燕然山周围地带的东周遗存是山戎遗存[36]。

我认为,无论从时代还是从地望看,前说均优于后说。

---

[31]马长寿:《乌桓与鲜卑》,上海人民出版社,1962年。

[32]傅宗德、陈莉:《辽宁喀左县出土战国器物》,《考古》1988年7期。

[33]安志敏:《河北省唐山市贾各庄发掘报告》,《考古学报》第六册,1953年。

[34]内蒙古文物考古研究所:《凉城崞县窑子墓地》,《考古学报》1989年1期。

[35]河北省文物管理处:《河北平泉东南沟夏家店上层文化墓葬》,《考古》1977年1期。
　　河北省文物管理处:《滦平发现山戎族墓地》,《光明日报》1977年12月6日。

[36]同注[16]。

　　夏家店上层文化最发达的时期无疑是在西周晚期到春秋早期。这时，不仅有墓葬超过百座的大型墓地，而且有随葬器物很丰富的大型墓葬。其中最突出的是宁城小黑石沟被群众破坏的一座大墓（编号M8501），出土器物达七百余件[37]。仅中原式青铜礼器一项，就包括商末周初至春秋初期的各时代之物，其中不乏精美重器。说明当时在宁城附近已出现了显著的权力和财富的集中现象，墓主的权势实不下于中原的中等诸侯。而且该地与中原国家已有相当的接触。

　　众所周知，山戎之闻名于史，实际上只有一件事，就是春秋初年齐桓公因山戎威胁燕国而伐山戎。此事《春秋》仅记鲁庄公三十年（公元前664年）"齐人伐山戎"，《左传》则解释说，"以其病燕故也"。战国至汉初的古书如《国语》、《管子》、《韩诗外传》、《盐铁论》提到山戎者，也都说的是这件事。《史记》在《齐太公世家》和《燕召公世家》中所记的也是此事。只是在《匈奴列传》中又说："山戎越燕而伐齐，齐釐公与战于齐郊。"很可能是因为《左传》桓公六年（公元前706年，即齐釐公二十五年）有"北戎伐齐"之语而加以推衍。更晚的刘向《新序》虽有"孔子北之山戎"的故事，但难以据为信史。至于《大戴礼记·五帝德》说虞舜时有山戎，《逸周书·王会解》说周成王时有山戎，在我看来都是晚周以后的演义故事，可备一说而已。无论如何，山戎在春秋初最强大，是没有问题的。夏家店上层文化正与之相符。而燕然山地区东周遗存最发达的时间是在春战之际，和史载山戎显然不合。

　　从地理位置上说，《国语·齐语》："齐桓公……遂北伐山戎，弗令支，斩孤竹而南归。"《管子·封禅篇》："桓公曰：寡人北伐山戎，过孤竹。"旧说一般认为孤竹在河北卢龙，令支在河北迁安，均在燕国之东，今滦河下游。由滦河上溯，从今天的喜峰口越过燕山，正进入夏家店上层文化的分布区。如把山戎安在北京西北面的燕然山地区，虽然是有山，方位是不合适的。

［37］内蒙古自治区文物考古研究所：《内蒙古文物考古工作的新进展》，《文物考古工作十年》，文物出版社，1990年（按：该墓正式报告见项春松等：《宁城小黑石沟石椁墓调查清理报告》，《文物》1995年5期）。

其实，燕然山地区被靳枫毅称为"山戎文化"者，乃是公元前457年被赵襄子所灭的代。代是狄人的一支所建之国。这些我在另一篇文章里讨论过[38]，不再赘述。我在这里只想郑重地作一个建议：当一种文化遗存的族属尚有可讨论之余地时，不要用族名作为考古学文化的名称。过去西岔沟遗址被发现后，被称为"匈奴西岔沟文化"。不同意是匈奴遗存的人，还可以把"匈奴"去掉而单称"西岔沟文化"。现在把一批遗存统统先安上"山戎文化"之称，不同意是山戎的人，怎么办？我看这样的事应该是智者所不为，建议这批遗存还是按最初发现地点而称之为"北辛堡文化"。

最后，还想赘上几句也许不算题外的话。如果夏家店上层文化是山戎和北辛堡文化是代的说法可以成立，那么史称之"戎狄"，至少是东北部的戎狄，仍属东亚蒙古人种范畴，和史称为"胡"的匈奴以及史称为"东胡"的鲜卑、契丹，在人种上是有区别的。而且，先秦文献中也总是把胡和戎狄并举，以示有别。因此，我们切不可相信汉代以来的史家们把戎狄和胡混为一谈的说法，以免干扰考古学的实事求是的探索。

1992年8月在石家庄召开的"第四次环渤海考古国际学术讨论会"上宣读的论文。载《环渤海考古国际学术讨论会论文集》，知识出版社，1996年。后收入《林沄学术文集》。

---

[38] 同注[25]。

# 西岔沟型铜柄铁剑与老河深、彩岚墓地的族属

## 一

　　1956年发现的西丰西岔沟墓地[1]，由于出土一批有北方游牧民族特点的牌饰，最初被认为是匈奴遗存[2]，后来又有人认为是乌桓遗存[3]。1961年冬我在辽宁省博物馆蒙李文信、孙守道先生热心指导，看到了大批西岔沟墓地出土实物，对该墓地形式奇特的铜柄铁剑发生浓厚的兴趣。当时我觉得，该墓地的出土物含有不同的文化成分，虽然牌饰是北方游牧文化的一种成分，但这种剑却是在北方游牧文化中不存在的。特别是剑身已采用和汉文化相同的长铁剑时仍铸上形式独特的铜柄，应反映使用者的根深蒂固的习惯。因此，这种铜剑柄比只起装饰作用的铜牌饰更能说明墓主的民族文化传统。

　　西岔沟出土的铜柄铁剑迄今只发表、展出了一小部分。据我所见到的而言，柄首有二式：Ⅰ式为"触角式"，Ⅱ式为长杆穿环式。Ⅰ式的柄身剖面为扁矩形；Ⅱ式的柄身剖面为凸透镜形，多数中段略肥（Ⅱa式），少数呈竹节状，分为两段（Ⅱb式）。护手则均为扁喇叭形，上饰平行细线纹。这类铜剑柄在西岔沟首次被发现，可统称为"西岔沟型"剑柄（图一，A）。

　　西岔沟型Ⅰ式剑柄很容易使人想起早已发表的三件铜柄铜剑：许

---

［1］孙守道：《西岔沟古墓群被掘事件的教训》，《文物参考资料》1957年1期。孙守道：《匈奴西岔沟文化古墓群的发现》，《文物》1960年8、9期。

［2］孙守道：《匈奴西岔沟文化古墓群的发现》，《文物》1960年8、9期合刊。

［3］曾庸：《辽宁西丰西岔沟古墓群为乌桓文化史迹论》，《考古》1961年6期。

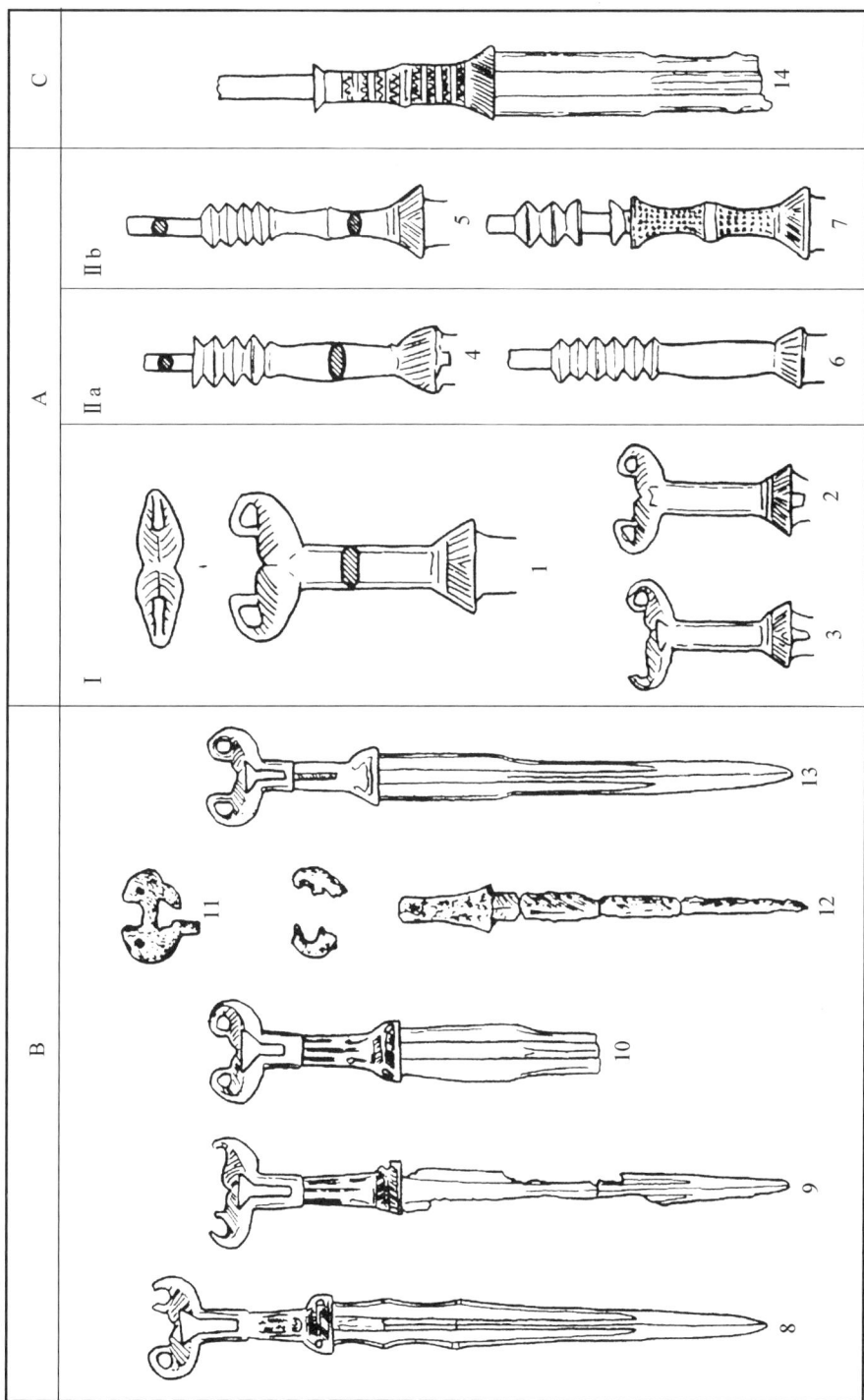

图一

1、5. 西岔沟 2. 彩岚 3. 大泉眼 4、6、7. 老河深 8. Eumorfopoulos藏（传中国出土） 9. 佐贺柏崎 10. 山本梯二郎藏（传中国出土） 11、12. 西荒山 13. 汪屯 14. 舒兰斐仪七氏旧藏日本佐贺县柏崎出土的[4]；伦敦 Eumorfopoulos 氏藏传中国出土的[5]；山本梯二郎氏藏传中国出土的[6]。三件剑连铸的剑身均属柱脊曲刃剑，这类剑广布于中国东北南部、朝鲜半岛，并越海到达日本，与欧亚大陆草原地带的短剑显然不属同一文化系统。而且，Ⅱ式剑柄柄身剖面作凸透镜形，Ⅱb式剑柄柄身作竹节状分段，Ⅰ式、Ⅱ式剑柄护手的扁喇叭形，都可在中国东北南部和朝鲜半岛的柱脊曲刃剑分铸的铜柄中发现相似之处，而与欧亚大陆草原地带的短剑完全异趣。因此，我在1962年春写了一篇短文，从西岔沟剑柄的溯源出发，否定西岔沟墓葬为匈奴或乌桓遗存。当时任北京大学考古专业主任的苏秉琦先生看过后，认为这一题目是有意义的。但鉴于当时对柱脊曲刃剑尚缺乏全面系统的研究，他建议我首先对中国东北境内的柱脊曲刃剑作较深入的探讨。这就是我研究中国东北系铜剑的原由。

现在已经过了30年，由于新资料的积累和柱脊曲刃剑综合研究的进展，西岔沟型剑柄的渊源已经越来越清楚了。

第一，上文列举三件触角式铜柄铜剑，有两件无具体出土地点，江上波夫曾怀疑第二件或是南朝鲜或日本北九州出土者[7]。1979年在吉林省桦甸西荒山屯附近的山岗上发掘清理了7座墓葬，M1出土两件触角式铜柄铜剑，M3出土了一件残柄[8]。1981年吉林省永吉汪屯农民在菜园中于地表下0.6米处又挖出一把完好无损的这种剑[9]。去年秋天我在黑龙江省阿城县文管所又看到一件虽折断但可完整复原的这种剑，是1991年9月在大岭乡上雷木屯西北的一撮毛山顶上挖出的[10]。因此可以判定这种柄身连铸的触角式铜剑在松花江上中游有一

[4] 高桥健自：《铜铎铜剑考》，《考古学杂志》6卷11、12号，7卷2、3、5号。金关恕等：《弥生文化研究》第6册《工具和技术》，雄山阁，1986年。

[5] Albert J. Koop. *Early Chinese Bronzes*, London, 1924.

[6] 梅原末治：《支那出土の有柄铜剑》，《人类学杂志》48卷2号。

[7] 江上波夫：《径路刀考》，日本《东方学报》第3册，1932年。

[8] 吉林省文物工作队等：《吉林桦甸西荒山屯青铜短剑墓》，《东北考古与历史（1）》，文物出版社，1982年。

[9] 陈家槐：《吉林永吉县乌拉街出土"触角式剑柄"铜剑》，《考古》1984年2期。

[10] 阎景全：《黑龙江省阿城市出土青铜短剑》，《北方文物》1992年3期。

个较广的分布区。而且，这种剑的剑身，除了Eumorfopoulos氏所藏的一件外，剑身都是前窄后宽而没有尖节的。这种型式的剑身，我起初称之为B型[11]，后改称为D型[12]，迄今只发现于中国吉林和辽宁的东北部。由此可推断柄身连铸的触角式铜柄铜剑是以吉林中部的松花江流域为故乡的[13]，其铜柄可名为"西荒山型"（图一，B）。

第二，1974年吉林省舒兰县溪河乡四家村分销店购进一件连铸的铜柄铜剑，1992年归吉林市博物馆收藏[14]。这件剑的柄部无疑是"西岔沟型"Ⅱb式柄的源，而其剑身很特殊，可视为前窄后宽的D型剑身上加了四个小尖节，和日本山口县向津具出土的一件铜剑的剑身最接近[15]。这种剑身和Eumorfopoulos氏藏剑的剑身以及朝鲜半岛流行的四个尖节的"细形铜剑"显然有亲缘关系，在中国境内尚属首次发现。这件剑的剑柄可名为"舒兰型"（图一，C）。

第三，西岔沟型的铜柄铁剑后来陆续又有发现。据我所知，沈阳故宫博物馆展出过一件Ⅱb式的，说明牌所标地点为沈阳郊区柏官屯。吉林市博物馆收藏一件吉林郊区两半山农民交来的Ⅰ式铜柄，残留很小一部分铁剑身。1979年吉林省博物馆在东辽县彩岚墓地收集到一件Ⅰ式铜柄铁剑[16]。1980～1981年吉林省文物工作队在榆树县老河深墓地发掘出7件西岔沟型铜柄铁剑，其中Ⅱa式6件（1件无柄首）、Ⅱb式1件[17]。1980年吉林省文物工作队在柳河县大泉眼采集到2件，其中Ⅰ式1件、Ⅱb式1件（无柄首）。

老河深M115：9Ⅱb式铜柄（图一，7）特别接近于舒兰型铜柄。大泉眼的一件Ⅰ式铜柄（图一，3）的柄首上，在西荒山型铜柄镂孔的部位，有一凹陷部。这都更有力地证明了西岔沟型剑柄渊源于

［11］林沄：《中国东北系铜剑初论》，《考古学报》1980年2期。

［12］林沄：《中国东北系铜剑再论》，《考古学文化论集（4）》，文物出版社，1997年。

［13］同注[12]。

［14］董学增：《吉林舒兰发现一件青铜剑》，《考古》1987年4期。

［15］冈内三真：《朝鲜铜剑の始终》，《小林行雄博士古稀记念论文集——考古学论考》，东京平凡社，1982年，图8，1。

［16］刘升雁：《东辽县石驿公社古代墓群出土文物》，《博物馆研究》1983年3期。

［17］吉林省文物考古研究所：《榆树老河深》，文物出版社，1987年。

西荒山型、舒兰型剑柄。

　　从分布图（图二）可以看出，西岔沟型铜柄铁剑的分布区和西荒山型、舒兰型铜柄铜剑的分布区以及 D 型东北系铜剑身的分布区的相互关系。西岔沟型铜柄铁剑无疑是东北系铜剑晚期一个地区性变体，是继承本地固有的文化传统的。

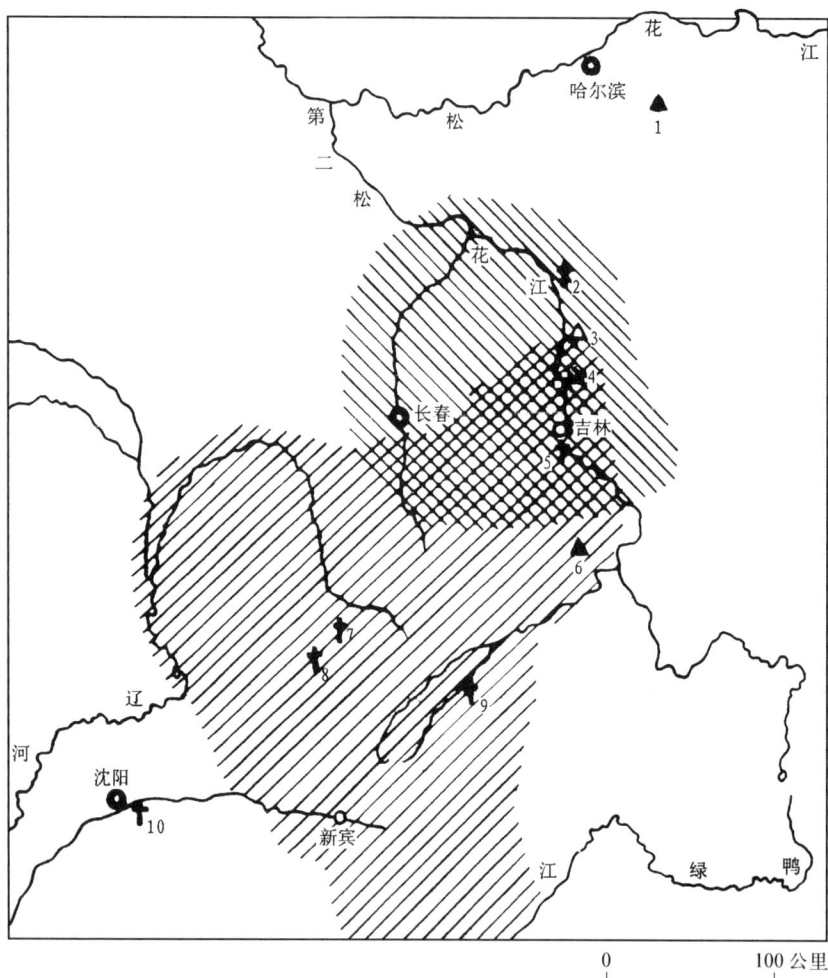

图二

1. 阿城一撮毛山　2. 榆树老河深　3. 舒兰溪河乡　4. 永吉汪屯　5. 吉林两半山　6. 桦甸西荒山屯　7. 东辽彩岚　8. 西丰西岔沟　9. 柳河大泉眼　10. 沈阳柏官屯

（图例）✚西岔沟型剑的出土地点　▲西荒山型剑的出土地点　△舒兰型剑出土地点　▨D型东北系铜剑分布区　▧老河深二期文化已知分布区

目前，除西岔沟墓地外，只有老河深墓地、彩岚墓地的西岔沟型铜柄铁剑与其他遗存有明确的共生关系。因此，我们先分析这两个墓地的全部遗存，再讨论其族属问题。

## 二

彩岚墓地未经正式发掘，墓葬被严重破坏后只征集了一部分出土物[18]。从四面铜镜和钱币来看，原报告定为汉武帝前后到西汉晚期是正确的。

该墓地除出西岔沟型Ⅰ式铜柄铁剑外，还有一件残断的铜剑身，血槽以前的剑锋很长，是东北系铜剑中最晚的形式。该墓地出土的有几周同心圆凸棱的"护心镜"也见于西岔沟和老河深墓地，在北方草原游牧民族的遗存中从来没有发现过。所出山字形背的铜梳，也只在西岔沟墓地发现多件，不见于任何北方草原游牧民族的遗存中（图三，A）。

出土器物中明显属汉文化的有：汉"半两"钱、"五铢钱"、铜镜、环首铁剑、铁矛。有些小件器物，如双梁椭圆形铜扣，和西岔沟、老河深出土的一样，也是从汉文化传来的，因为这种铜扣不仅在辽宁的汉墓中有，在关内的汉墓中也有（图四，A）[19]。

有强烈北方游牧民族文化色彩的首先是野兽纹铜牌。彩岚墓地出土的有一件和宁夏同心倒墩子匈奴墓所出的几乎完全相同[20]。但单凭这一点并不能断定彩岚墓地的族属，因为在广西平乐县银山岭汉墓中也出过题材和构图都一样的铜牌[21]。1985年在东辽县石驿乡又出土过一件长方形铜牌，系两人摔跤而两旁各立一马，背景为树木[22]，和过去在陕西省长安县客省庄140号墓中发现的相同[23]，在西伯利亚也

[18] 同注[16]。

[19] 山东省菏泽地区汉墓发掘小组：《巨野红土山西汉墓》，《考古学报》1983年4期。

[20] 宁夏文物考古研究所等：《宁夏同心倒墩子匈奴墓地》，《考古学报》1988年3期。

[21] 广西壮族自治区文物工作队：《平乐银山岭汉墓》，《考古学报》1978年4期。

[22] 中国考古学会：《中国考古学年鉴（1986）》"东辽县石驿乡汉代透雕铜牌"条，文物出版社，1988年。

[23] 中国科学院考古研究所：《沣西发掘报告》，文物出版社，1963年。

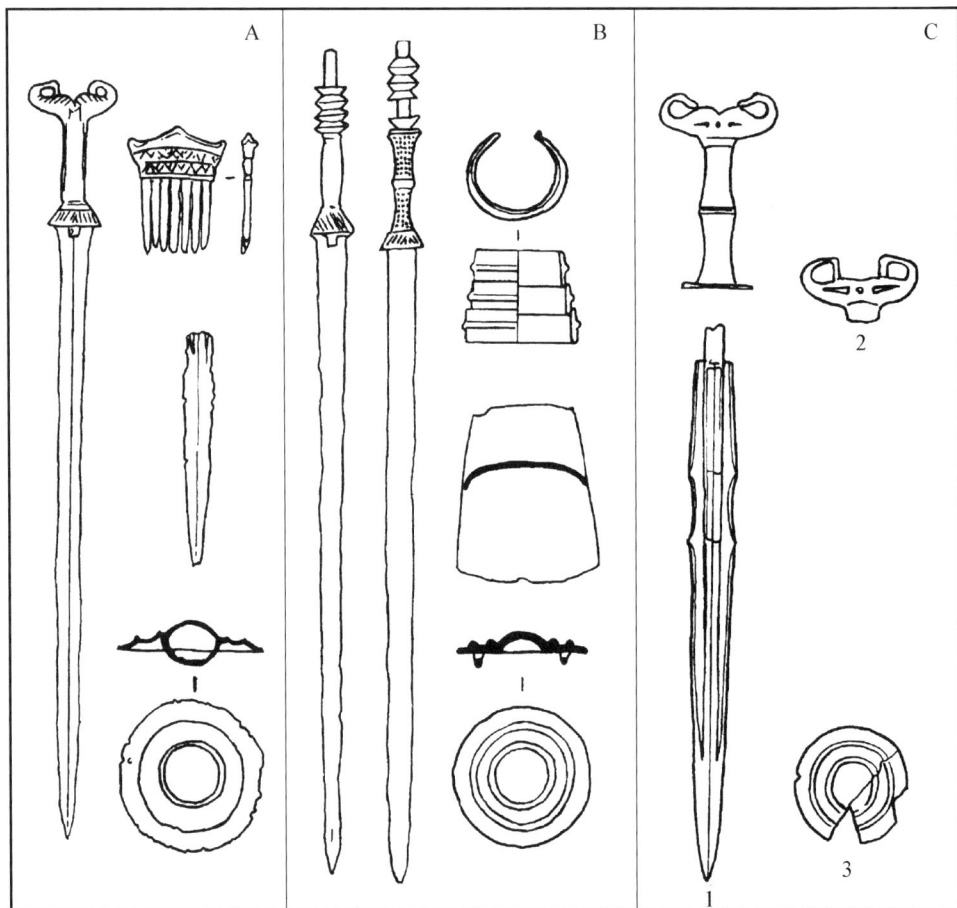

图三

A. 彩岚　B. 老河深　C. 参考（朝鲜半岛　1. 大邱飞山洞　2. 大邱池山洞　3. 庆州竹东里）

发现过同类的铜牌[24]。该墓地出土的铜泡、铜铃、铁镞、串珠、贝饰也是广大北方草原地区墓中常见之物（图五，A）。

　　值得讨论的是两件金耳饰和两件银耳饰。这种形式的耳饰在西岔沟和老河深都很多。《榆树老河深》的作者把这种耳饰和内蒙古陈巴尔虎旗完工墓葬出土的银耳饰[25]相比较，确有一定道理。完工和倒

[24] М. А. Дэвлет. Сибирские поясные ажурные пластины. Москва，1980.

[25] 内蒙古自治区文物工作队：《内蒙古陈巴尔虎旗完工古墓清理简报》，《考古》1965年6期。

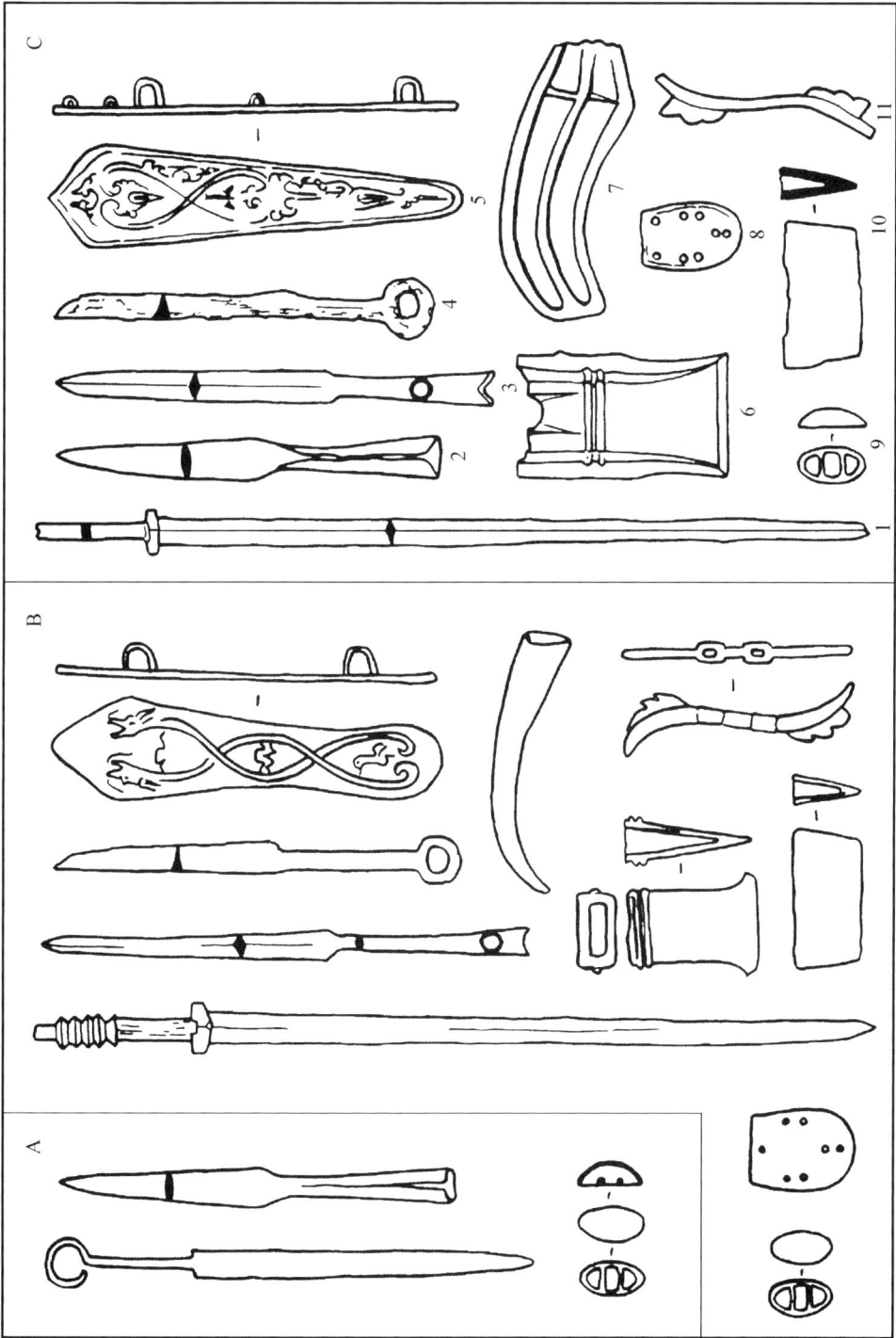

图四

A. 彩岚　B. 老河深　C. 中原（1～3. 湖南资兴　4. 河南洛阳　5、8. 河北满城　6、7. 山东莱芜　9. 山东巨野　10. 河北定县　11. 江苏仪征）

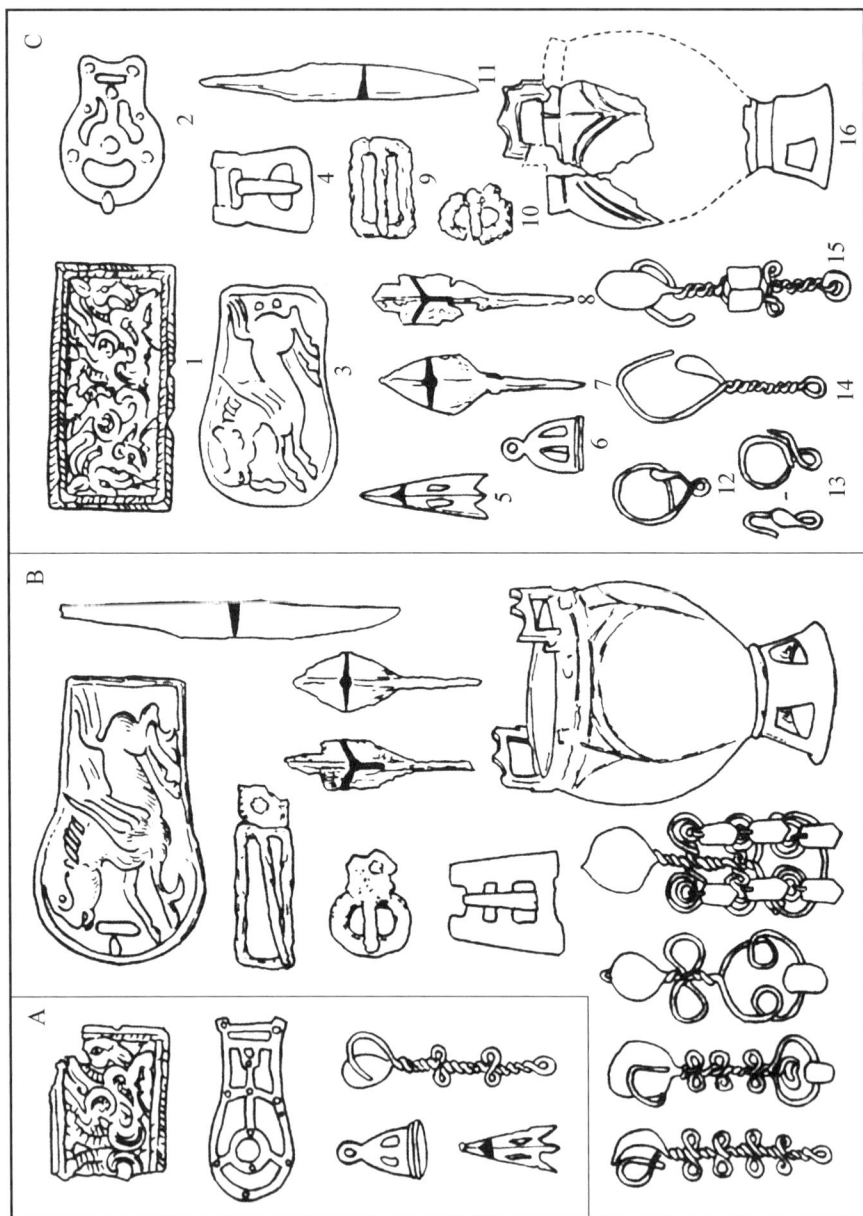

图五

A. 彩岚　B. 老河深　C. 北方草原［1、12. 同心倒墩子　2、6、13. 陈巴尔虎完工　3、4. 扎赉诺尔　5、15. 泰来平洋　7～9. 东胜补洞沟
10. 巴林左旗南杨家营子　11.（俄）伊伏尔加古城　14. 通辽兴隆山　16.（蒙）诺音乌拉匈奴墓地］

墩子[26]出土的耳饰都是用金银丝扭成，且一端作扁片形。这和彩岚的耳饰有一致性。但彩岚、西岔沟和老河深的耳饰，形状比完工、倒墩子的复杂得多。除以上三地外，目前只在吉林通榆兴隆山古墓[27]和黑龙江泰来平洋M107[28]中发现过。因此，我倾向于把这种耳饰视为受北方草原地区文化影响而在松花江上中游发展起来的有地方性的文化因素。

总之，彩岚墓地的全部发现物，在文化属性上可分辨出三个来源：地方性的；汉文化的；北方草原文化的。

<h2 style="text-align:center">三</h2>

老河深有三个不同时期的遗存，出西岔沟型铜柄铁剑的墓葬属第二期遗存。这一时期的墓葬分布的冈地上，是一片颇大的墓地。此次共发掘了129座墓，所获资料特别丰富[29]。根据发掘得到的三面铜镜和征集的一面铜镜来看，均属西汉后期至东汉初的产品，因而整个墓地的年代应略晚于彩岚墓地。

墓中出土器物和彩岚的一样，可以分为三群。

有地方性的器物，除了7件西岔沟型铜柄铁剑外，有和彩岚、西岔沟一样的多周同心圆凸棱的"护心镜"。还有目前尚不见于其他地点的多圈套接的铜腕饰、铁箭囊（图三，B）。

属汉文化的器物数量甚多。大量的铁器，如斧、锸、镰、凿、小刀、锥、剑、矛、甲胄、衔镳、车軎等，都是中原习见的式样，甚至可以认为有直接从中原输入之物。铜器中的镜、钱、带钩（有的带汉字）、当卢、椭圆双梁铜泡，以及琉璃的或骨制的耳瑱，也是如此。说明该墓地的葬者和汉人有密切的联系，比时代稍早的西岔沟、彩岚

[26] 同注[20]。
[27] 吉林省文物工作队：《通榆县兴隆山鲜卑墓清理简报》，《黑龙江文物丛刊》1982年3期。
[28] 杨志军等：《平洋墓葬》，文物出版社，1990年。
[29] 同注[17]。

墓地更多地接受了汉文化。M56出土的一件剑很有趣：它的护手部分已采取汉式，握手处已为木柄，仅柄首部分仍是长杆穿环式，这说明当地文化传统在汉文化影响下逐步衰落（图四，B）。

属北方草原文化的器物数量也不少，突出之物是双耳上部呈山字形、底附镂孔圈足的铜釜。这种铜釜除见于中国的内蒙古[30]、甘肃[31]、陕西[32]外，也见于蒙古[33]和俄国的外贝加尔[34]、山地阿尔泰[35]。蒙古的诺音乌拉匈奴墓中出过此式铜釜[36]。老河深出土的另一件铜釜是平底环耳的，类似的平底釜在诺音乌拉匈奴墓中也出过[37]。但应注意的是这种平底釜在吉林舒兰嘎呀河砖厂窖藏[38]和集安太王乡墓葬中[39]都出土过，可见并非匈奴族独有的器物。另一种引人注目的随葬品是吻有弯角、胁生双翼的马形神兽牌饰，这种牌饰在多数学者认为是鲜卑遗存的扎赉诺尔古墓中也发现过[40]。此外，如铁镞、直柄小铁刀、铁带卡、铜牌饰（有的鎏金）、铜钏、串珠、金银耳饰等，均有草原文化的风格（图五，B）。

该墓地的一个特点是有大量随葬陶器。横桥状双耳陶壶最常见，约2/3的墓都在死者头部的椁上放置一件这种壶。此外还有罐、碗、豆等。均为火候不高的夹砂褐陶，手制，素面（有的腹部可看出曾施绳纹而后经抹平）。同类陶器曾见于吉林市永吉县学古村的墓中。该墓所出铁矛、铁镰、铜釜、铜腕饰、双梁椭圆铜扣等都和老河深墓地

［30］田广金等：《鄂尔多斯式青铜器》，文物出版社，1986年。

［31］江上波夫等：《内蒙古·长城地带》，东方考古学会，1935年。

［32］卢桂兰：《榆林地区收藏的部分匈奴文物》，《文博》1988年6期。

［33］С. И. Руденко. Культура хунну и ноинулинские курганы. М.-Л., 1962.

［34］И. П. Засецкая. Погребение и села Кизил-Адир оренбургской области. — Древние памятники культуры на территории СССР. Л., 1982.

［35］O. J. Maenchen – Helfen. *The World of the Huns*. Berkely, 1973.

［36］同注[33]。

［37］Ц. Доржсурен. Раскопки могил хунну в горах Ноин-ула на реке Хуни-гол（1954–1957г. г.）— Монгольский археологический сборник. М., 1962.

［38］吉林省文物志编委会：《舒兰县文物志》，1985年。

［39］吉林省文物志编委会：《集安县文物志》，1984年。

［40］郑隆：《内蒙古扎赉诺尔古墓群调查记》，《文物》1961年9期。

一致，只是昭明镜表明的年代较老河深墓地稍早。此地是一处和老河深文化性质相同的墓地[41]。剖面为圆形的横桥状双耳的陶壶还发现于吉林市泡子沿前山[42]和农安田家坨子[43]。在泡子沿前山，可完整复原的这种陶壶出于晚于西团山文化房址的"上文化层"中，同出有和老河深墓地相类似的实心豆柄、罐、碗。在田家坨子F1中出土的陶壶双耳已残，但据剩下的根部可判定确系剖面为圆形的横桥耳。同一房址中还出土两件陶鼎，共同特征是鼎足矮而呈钝头圆锥形。该遗址也有实心豆柄和碗。房址所打破的地层中发现有汉书二期文化的残陶器，表明该种陶器晚于汉书二期文化。综观该群陶器，双耳壶和鼎的器形以及全部陶器的陶质和表面处理方面显然继承了西团山文化的传统。实心高柱柄豆的流行，应是受中原文化影响所致。双耳壶的颈部下段变粗，则正如马德骞所设想，可能是受汉书二期文化影响的结果[44]。因此，从老河深墓地的陶器来看，也是在当地文化传统的基础上兼受南方和西北方文化影响的（图六）。

## 四

《榆树老河深》的作者认为老河深墓地是鲜卑遗存，这和把西岔沟墓地定为匈奴或乌桓遗存一样，是由于只注意了老河深墓地某一方面的文化因素，而没有全面分析整个文化构成，尤其是忽视了基于当地文化传统的这一根本方面。

该书的图104把老河深、完工、扎赉诺尔、兴隆山四处的个别出土物相比较，就把这四处遗存称为"同类型考古学文化"，这是难以令人同意的。

单从图104所举器物就可以看出，老河深出土的铜柄铁剑是其他三处根本不见的，而且这四个地点的陶器存在明显差别。以最邻近老

［41］尹玉山：《吉林永吉学古汉墓清理简报》，《博物馆研究》1985年1期。

［42］吉林市博物馆：《吉林市泡子沿前山遗址和墓葬》，《考古》1985年6期。

［43］吉林大学历史系考古专业：《吉林农安田家坨子遗址试掘简报》，《考古》1979年2期。

［44］马德谦：《夫余文化的几个问题》，《北方文物》1991年2期。

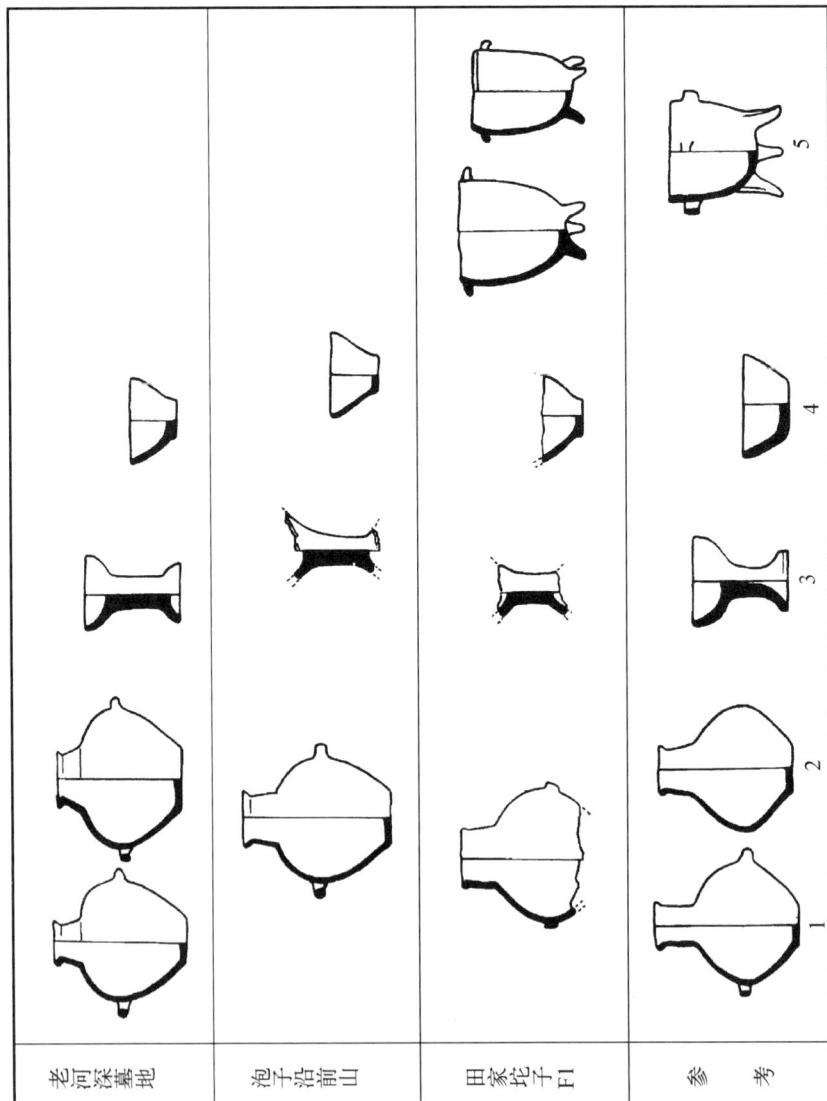

图六

1. 吉林市长蛇山（西团山文化）
2. 奈曼平洋墓地（汉书二期文化）
（有红衣）3. 奈曼旗沙巴营子古城
战国层（泥质灰陶）4、5. 榆树老
河深下层（西团山文化）

河深的兴隆山而言，"陶器为细泥（？）红褐陶，质地坚密，素面磨光，施有红色陶衣"[45]，器形为无耳长颈壶和鸭形鼎。这些都和平洋墓地最相近，而且小铜鬲的形状也和平洋墓地的陶鬲最接近。而老河深未出任何光面红衣陶，也没有鸭形鼎、长颈无耳壶和鬲，区别是十分显著的。完工的陶器以火候低、质地疏松的夹砂陶为主，但个别有施红衣者，且有鸭形鼎残器（原报告称"三耳器"）和鬲，反映出和兴隆山陶器有一定的共性，但其主体则和兴隆山大相径庭。图104中只举了一件横桥状双耳壶来表示完工和老河深的共通之点。且不论完工有15件壶而只有一件有双耳，单就这件双耳壶而言，它的耳是扁泥条制成的，也和老河深的不同；而且恰恰这一件又是挂红陶衣的。至于扎赉诺尔的陶器，是夹砂陶和泥质灰陶共存，在器形和组合上和老河深更加难以找到共通点。关于这四处的陶器的详细对比，陈雍的专门论文可供参考[46]。总之，仅就陶器来看，这四处遗存也很难归为"同类型考古文化"。更何况四处的葬式、葬俗也有显著差别，乃人所共见，不烦一一列论。由于有种种文化传统上的根本性差别，所以绝不能把四处的遗存说成"同类型考古学文化"，再由扎赉诺尔为鲜卑遗存来推论老河深也是鲜卑遗存。

## 五

在过去的考古调查资料中，以夹砂粗陶的圆形剖面桥状耳、高柱柄豆、钝头圆锥形鼎足为代表的遗存，在吉林、永吉、德惠、榆树、蛟河、农安、双阳等地均有发现，尤以吉林市及其郊区发现最多。这类遗存被张忠培称为"文化三"[47]，而在陈全家、徐光辉的调查报告中称为"E类型"[48]，实质上都是和老河深墓地随葬陶器同类的文化

---

[45] 同注[27]。

[46] 陈雍：《扎赉诺尔等五处墓葬陶器的比较研究》，《北方文物》1989年2期。

[47] 张忠培：《吉林市郊古代遗址的文化类型》，《吉林大学社会科学学报》1963年1期。

[48] 吉林大学历史系考古专业：《吉林省农安德惠考古调查简报》，《北方文物》1985年1期。

遗存。这类遗存分布于现今吉林省中部的山前地带及其西侧的平敞之地（图二）。从这类遗存的年代、地理分布和文化面貌来看，定为夫余遗存无疑是合适的。

夫余之名始见于《史记·货殖列传》，也就是说它在西汉武帝时业已存在。这和永吉学古村古墓中出土昭明镜是相符的。《三国志》记载："夫余在长城之北，去玄菟千里。南与高句丽、东与挹娄、西与鲜卑接，北有弱水，方可二千里。……多山陵、广泽，于东夷之域最平敞。"这和上述以老河深墓地为代表的考古学文化的分布区也完全相合。如果我们把这种文化分布最密集的吉林市视为夫余的中心，无论是从第二玄菟郡所在的辽宁新宾县境，还是从第三玄菟郡所在的抚顺市或沈阳市境，到吉林市的路程均约合当时千里之数。而且，这种考古学文化正分布于既"多山陵"而兼有"平敞"之地的特定区域。至于这里所说的"北有弱水"，池内宏早已有"弱水即东流松花江"的见解[49]。但要更周到地看待当时的"弱水"，应该像李健才那样，把第一松花江（即东流松花江）和黑龙江与松化江合流后的下游段统称为弱水[50]。

据东汉王充《论衡·吉验篇》记载，北夷橐离国王侍婢有娠，自言有气大如鸡子从天而下致孕，产子后弃于猪圈、马棚，而猪、马均以口气嘘之，王才允许其母收养，名东明。王奴畜东明，令牧牛马。但东明善射，王恐夺其国而欲杀之。"东明走，南至掩淲水，以弓击水，鱼鳖浮为桥，东明得渡。鱼鳖解散，追兵不得渡，因都王夫余，故北夷有夫余国焉"（按："橐离"，《三国志》注引《魏略》作"槖离"，《后汉书》作"索离"。古音索、橐韵部相同，声母发音部位相近，显系同音异写。则槖应是"橐"字传写致误）。这一记载虽有明显的神话传说色彩，但西晋陈寿《三国志·乌丸鲜卑东夷传》也记载夫余"国之耆老自说古之亡人"，"其印文言'濊王之印'，国有故城名濊城，盖本濊貊之地而夫余王其中。自谓'亡人'，抑有以也"。

───────────

[49] 池内宏：《夫余考》，《满鲜地理历史研究报告》第 13 册。

[50] 李健才：《松花江名称的演变》，《学习与探索》1982 年 2 期。

可见，《论衡》所记的神话传说是有真实的历史背景的，也就是夫余国是由来自北方橐离国的"亡人"和土著的濊人合成的。上述老河深墓地中当地传统文化和北方草原文化共存的现象，一方面可以和夫余建国的历史传说互相印证，另一方面应由夫余和草原民族邻近而继续有文化交流来解释。

《三国志》记载："夫余本属玄菟。汉末，……更属辽东。""汉时，夫余王葬用玉匣，常豫以付玄菟郡，王死则迎取以葬。"《后汉书·东夷列传》更具体列举了东汉建武二十五年（49年）以来夫余和汉朝的交往和相互攻战。因此，老河深墓地反映的强烈的汉文化影响是完全可以理解的。

过去已有不少文章主张老河深墓地为夫余遗存，而把老河深墓地和《三国志》记述的夫余的具体文化特征相对比[51]。这方面我认为还有三个问题需谈一谈。

1. 老河深墓地随葬陶器有豆，而且，与之属同一考古学文化的各遗址中豆很常见。这和《三国志》记载夫余"食饮皆用俎豆"是相符的。这一点，过去的研究者均未提及。

2.《三国志》记载夫余"以弓矢刀矛为兵，家家自有铠仗"。这和墓中随葬兵器、甲胄是相合的。但为什么墓中出剑颇多而《三国志》却没有提到，需要解释。杨泓指出两汉时代在中原地区有一个环柄铁刀取代铁剑而成为主要短兵器的过程，并分析其主要原因是在骑兵的冲击中，毙敌主要靠劈砍而不是推刺，环柄长刀是比长剑更适用的劈砍武器。大体上说，环柄长刀在西汉已经出现，到东汉已成为军队中大量装备的短兵器，而剑则丧失实战武器的性质，到三国时期军队中的实战短兵器就只有刀了[52]。从老河深墓地来看，这里出土大量马具并有随葬马牙的习俗，表明当时应有发达的骑兵，又和汉文化有密切联系，因而自然也会有相应的以刀代剑的发展过程。西晋时夫余

[51] 李殿福：《汉代夫余文化刍议》，《北方文物》1985年3期。刘景文等：《吉林榆树老河深墓葬群族属探讨》，《北方文物》1986年1期。田耘：《两汉夫余研究》，《辽海文物学刊》1987年2期。同注[44]。

[52] 杨泓：《中国古兵器论丛》，文物出版社，1986年。

族完全可能已完成了以刀代剑的过程，所以《三国志》的记载中不再提到剑。至于《后汉书》乃南朝刘宋时范晔所撰，所记夫余风俗全本《三国志》，所以不能根据《后汉书》中没提到夫余有剑来证明夫余在东汉时不用剑。

　　3.《榆树老河深》报告报道约60%的墓有"棺具"，而《三国志》却说夫余"死则有椁无棺"。这是否有矛盾？我认为，《榆树老河深》作者把该墓地发现的木质葬具称为"棺具"是不确切的。该墓地发现的木质葬具有的明显在四角或侧壁的外侧有木柱痕迹（如M5、M15），有的头脚两端的横板明显长于两侧壁板的堵头处（如M25），有的两侧壁板明显长于两端横板的堵头处（如M51），还有的墓明显看得出在葬具内部还隔出"头箱"（如M11、M5）。因此这些木结构是在挖出墓穴后直接在穴底构筑起来的，应该像马德骞那样称之为"椁"[53]，而不宜称之为"棺具"，因为，这样的木构在当时中原人的观念中并不会认为是棺。

　　当前，这种以老河深墓地为代表的考古学文化亟须正式命名。虽然我认为这种考古学文化无疑是夫余遗存，但由于目前一方面有人仍不同意这种意见；另一方面，虽有不少人已赞成老河深墓地是夫余遗存，但对夫余遗存的界定范围又互不相同，因此我认为尚不宜用"夫余"这一族名来命名本文所区划的考古学文化，还是按考古学惯例以地名命名为好。对此，我有两种建议：1. 根据已正式发掘而遗存特别丰富的地点，称之为"老河深二期文化"（该处的一期遗存为西团山文化，三期遗存属鞑鞨遗存）。这一名称已有人使用过，但未给予界定[54]。2. 根据这类遗存最早见诸报道的发现地[55]，而且可能是夫余王城的所在地[56]，即吉林市东郊的东团山遗址，称之为"东团山

　　　———————

[53] 同注[44]。

[54] 同注[51]李文。

[55] 李文信：《吉林市附近之史迹及遗物》，《历史与考古》（沈阳博物馆专刊第一号），1946年。董学增：《吉林东团山原始、汉、高句丽、渤海诸文化遗存调查简报》，《博物馆研究》1982年创刊号。

[56] 李健才：《夫余的疆域和王城》，《社会科学战线》1982年4期。

文化"。究竟用哪个好？请大家讨论。

## 六

　　主张老河深墓地为夫余遗存的人，有的把西岔沟墓地也归属夫余遗存[57]。我对此持怀疑态度。

　　老河深和西岔沟两地的随葬品的确有很多共同性，但是陶器有很大差别。西岔沟墓地出土的陶器过去只发表了很少几件，其中只有一件高约10厘米的小陶壶[58]和老河深出土的一种无耳陶壶有点相似，其他如四耳陶罐、注壶、单把杯均为老河深所未见。我在辽宁省博物馆看到的实物中，则有和辽阳汉代墓葬、遗址所出完全相同的灰陶罐和豆，这也是老河深墓地完全没有的。还有口沿下饰堆纹并加施切割纹的侈口罐以及袋足鬲，更是老河深所未见。西岔沟墓地简报中还提到该墓地除红褐色和灰黑色的夹砂粗陶外，有"一部分是精致的红褐色砂质细陶"，而且有"篦纹磨光涂朱长颈红陶壶"。1992年8月在呼和浩特的"中国古代北方民族考古文化国际学术研讨会"上，孙守道先生放映了相当多的西岔沟出土陶器的幻灯片，表明西岔沟墓地确实有不少陶器是和平洋墓地、兴隆山墓葬相同或很相近的，其余陶器也和老河深有很大不同。而且，西岔沟墓地的葬俗、葬式迄今未正式报道，无法和老河深墓地作详细比较。在这种情况下，不宜贸然断言西岔沟墓地和老河深墓地属同一考古文化。西岔沟墓地的文化属性和族属，应留待正式报告发表而弄清遗存全貌后再行讨论。

　　关于彩岚墓地的文化属性和族属，目前也应采取审慎的态度。第一，该墓地未经发掘，葬式不详。第二，该墓地采集的陶器，只有一件陶碗似与老河深出土的相似，但也可以在西岔沟出土的陶碗中找到

---

[57] 田耘：《西岔沟古墓群族属问题浅析》，《黑龙江文物丛刊》1984年1期。李殿福：《汉代夫余文化刍议》，《北方文物》1985年3期。田耘：《两汉夫余研究》，《辽海文物学刊》1987年2期。

[58] 同注[2]，图12。

近似的例子，而其他的陶片则和上述"老河深二期文化"或"东团山文化"有明显不同。

　　根据近年的调查资料，东辽河流域的汉代遗存和辉发河流域的东丰县大架子山上层遗存比较一致，很可能划分出一个单独的考古学文化[59]。

## 七

　　综上所述，西岔沟型铜柄铁剑是东北系铜剑晚期阶段在吉林省中部松花江流域形成的一种地区性变体，它有相当一部分是汉代夫余的遗物，但并不能认为是夫余族所专有。

　　有一个现象很值得注意：和西岔沟型剑柄很相近的剑柄，在朝鲜半岛和对马岛上也有发现，一种作写实的双禽回首形，柄首中空而有圆形和三角形镂孔，有明确出土地者为1956年大邱飞山洞所出，柄和剑身分铸，剑身为典型的细形铜剑（图三，C，1）[60]。根据细形铜剑的形式和同批出土的铜戈、铜矛的形式，按沈奉谨的编年研究[61]，可定为1世纪，即西汉末至东汉初。过去在平壤附近也发现过这种铜剑柄，但仅残存柄首部分[62]。另一种形式较简单，和西岔沟型Ⅰ式剑柄更接近，但柄首仍是中空而有镂孔，传大邱池山洞出土者同出有六件汉式日光镜（图二，C，2）[63]，年代可定为西汉中期或更晚。在更南的对马岛上也发现过这种铜柄首[64]。还应注意到在传庆州竹东里出土的一批器物中，有和老河深、彩岚、西岔沟的有同心圆凸棱的"护

------

［59］吉林省考古研究所等：《1985年吉林东丰县考古调查》，《考古》1988年7期。金旭东：《东辽河流域的若干种古文化遗存》，《考古》1992年4期。

［60］国立中央博物馆等：《韩国的青铜器文化》，汎友社，1992年。

［61］沈奉谨：《韩国的墓葬和古国》，《日本考古学协会1990年度大会发表资料集》，1990年。

［62］榧本龟生：《青铜柄铁剑及青铜制柄端饰》，《考古学》7卷9号。

［63］同注[60]。

［64］对马遗迹调查会：《长崎县对马调查报告》，《考古学杂志》49卷1号。

心镜"相似之物[65]。这都表明在汉代夫余及其邻近地区的文化因素向朝鲜半岛流布。从这种实际历史背景来看,《魏书·百济传》记载百济王余庆在给北魏皇帝的表书中说百济"与高句丽源出夫余",是确有可能的。

1992年11月在韩国九里市召开的"东北亚古代文化的源流与发展国际学术会议"上提交的论文。载《马韩百济文化》(韩)第13辑,圆光大学校马韩百济文化研究所,1993年。后收入《林沄学术文集》。

---

[65] 同注[60],49页,图75,1。

# 完颜忠神道碑再考

　　现藏于符拉迪沃斯托克（海参崴）地志博物馆的"大金开府仪同三司金源郡明毅王完颜公神道碑"碑首（图一），是一件很珍贵的文物。1961年冬我还在北京大学当学生时，有机会借到奥克拉德尼科夫亲笔签名送给佟柱臣先生的俄文原版《滨海遥远的过去》一书，始知此碑额的存在，书中还提到吴大澂曾对铭文加以释读。当时虽觉得它十分重要，却限于学识，谜团难解。1972年在复县农村教书时，曾写信向吉林大学罗继祖先生求教。罗先生非常热情，从图书馆借出吴大澂所著《皇华纪程》寄给我，方知吴大澂在1886年释读此铭的经过。因吴大澂并未详考墓主为谁，罗先生又赠我一部亲自圈读过的《金史》供查检，乃于《礼志》的"功臣配享"条查得"开府仪同三司金源郡明毅王完颜忠阿思魁"，官阶封谥与碑铭全同。我回吉林大学任教后，又在学校图书馆的"亚细亚文库"中找到了费多罗夫1916年写的《尼古尔斯克—乌苏里斯克城及其郊区的古代遗迹》一书，对该碑首又得到新的知识，遂于1976年以华泉为笔名在《文物》第4期上发表了《完颜忠墓神道碑与金代的恤品路》一文。到1979年夏，我在上海图书馆徐家汇藏书楼查到原"亚洲文会"（Royal Asiatic Society）所藏的俄国地理学会的会刊，从所载俄国汉学家卡法罗夫从滨海地区发出的信中得知，此碑首在1870～1871年间由卡法罗夫发现，并至少已识出"完颜"姓氏定为金代。直到1982年6月，才在社科院考古所读到拉里契夫在1974年发表的《金帝国亲王的碑额》一文[1]，发现拉里契夫先于我已推定墓主为迪古乃（完颜忠

---

[1] В. Е. Ларичев. Навершие памятника князю золотой империи（Уссурийск Приморье）. — Бронзовый и железный век Сибири. Новосибирск, 1974. 205～244页。

本名迪古乃，字阿思魁），而且还发表了碑首的照片。他研究此碑首时查阅了大量原始档案和旧报刊，纠正了过去俄国研究者的一些误解，包括奥克拉德尼科夫《滨海遥远的过去》一书中的错误。《滨海遥远的过去》已译成中文[2]，在中国考古界颇有影响，我在1974年的文章中也引用了费多罗夫、奥克拉德尼科夫的说法，自然也有需要重新考虑的问题。1991年7月我有机会在哈巴罗夫斯克（伯力）的地志博物馆中实际考察了拉里契夫认为此碑首原属的碑身和龟趺。最近，又承拉里契夫惠寄他所著《石龟的秘密》一书的复印本，了解了他研究此碑的详细经过[3]。再写此文，一则想把俄国研究此碑首的历史介绍给中国同行，二则重新进行一次研究，并纠正我过去那篇文章中的失误，以免继续以讹传讹。

一

首先，谈一谈碑首本身的发现经过和铭文释读的历史。

从学术研究角度而言，碑首是俄国汉学家卡法罗夫为首的考察队在1871年发现的。他受帝俄地理学会委托，于1870年春季由北京出发，经瑷珲、伯力而溯乌苏里江南下，于7月初到达双城子，住在俄国移民所建的尼古尔斯克村中一个名叫斯比里东·那查连科的农民家里。后来又考察了南部滨海地区的许多地方，但对古迹特别丰富的双城子地区尤为重视。他1870年8月末至1871年1月一直住在尼古尔斯克村。1871年5月13日，当他在苏昌河（即曹廷杰在《西伯利东偏纪要》中所说的"苏城沟"）古城时，在日记中记道："消息——在尼古尔斯克附近发现了这样的古迹：墓室和带铭文的石头……"[4]

---

[2] A·П·奥克拉德尼科夫：《滨海遥远的过去》（莫润先、田大畏译），商务印书馆，1982年。本文引用该书时，有些文句是按 A. П. Окладников. Далекое прошлое Приморья（очерки по древней и средневековой истории Приморского края）. Владивосток，1959. 重新译的。但所标页码均按中译本。

[3] В. Е. Ларичев. Тайна каменной черепахи. Западно-Сибирское книжное издательство，1966.

[4] 据注[3]87页转引，日记原件现存于俄国地理学会档案（55类1目11号）。

为此他又去过尼古尔斯克。6月4日他从海参崴给地理学会发的信中说："在结束此信时，不能不提到在尼古尔斯克城附近偶然发现的墓碑。我不久前探访过该地，遗迹是金代的。"[5]他回到北京后，在1872年8月曾专就此碑给地理学会写了一封信，并附有碑额铭文的摹本。可惜原信和摹本都下落不明了[6]。但由于卡法罗夫据铭文判定该碑是为"13世纪初最显赫的女真姓氏或甚至出自金国皇家的人物"所建[7]，所以可以肯定他发现的就是完颜忠神道碑碑首。

　　但是，1881年俄国学者博里亚科夫到尼古尔斯克村时，这一"带铭文的石头"已经找不到了。1885年曹廷杰探访双城子时也未见到这一碑首。幸而，在该年初冬，俄国学者米哈依洛夫斯基在农民那查连科家里重新找到了它，当时已被作为冰窖入口的阶石了。据1885年11月3日《符拉迪沃斯托克报》报道："这是一块长约1.5俄尺、宽1俄尺而厚半俄尺的石板，侧沿有龙雕像，石板的一面有20个古文字。"[8]米哈依洛夫斯基当即把它运到当地的驻军公园里（这个公园位于双城子东古城内），并将碑额文字翻制出字迹凸起的模型[9]。后来，这一模型又翻拍成照片分送有关专家研究。在苏联科学院的档案中，至今仍保存一张当时由阿穆尔边区研究会主席布谢寄给瓦西里利耶夫院士的这种照片[10]。碑首本身则于1894年运到符拉迪沃斯托克[11]，一直存于地志博物馆中。

　　其实，识读碑额上的篆字，对有一定文化程度的中国人来说并非难事。早在俄国殖民者来到之前，当地已流行关于"完颜公"的民

————————

［5］Известия императорского русского географического общества, том Ⅶ, вып. 7. 364页。

［6］俄国地理学会曾将此信列入1872年11月11日的议程，但档案中现在找不到这封信。在符拉迪沃斯托克地志博物馆收藏的布谢的私人文献档案中，存有布谢在1893年向俄国地理学会索取摹本的信稿。拉里契夫推测此档案中有一份完颜忠神道碑碑额铭文的摹本就是卡法罗夫的，但无确证。可参看注[3]的55、144页。

［7］Известия императорского русского географического общества, том Ⅷ, вып. 1. 270页。

［8］据注[1]207页注11转引。

［9］据注[1]208页注12所引俄国地理学会档案中保存的1885年11月28日米哈依洛夫斯基给布谢的信。

［10］同注[3]。

［11］据注[1]注12所引《阿穆尔边区研究会1894年度报告》，参看注[3]142、143页。

间传说。拉里契夫认为："传说中'完颜公'之称可能出现于受过教育的当地居民知道古老的双城子郊区的碑首铭文之后。"[12] 这是很正确的。然而，对俄人来说，除了识字不易之外，还有语言和历史文化知识方面的障碍，解读碑文就困难重重了。

布谢很快就把铭文的复制本分送给有可能帮助解读其内容的个人和机构。最先提供译文的是一个名叫米哈依尔·格里戈利耶维奇·舍维列夫的资本家，他是阿穆尔边区研究会的主要资助人，本人则尤其爱好东方语言的学问。他的译文由拉里契夫在俄国地理学会档案滨海分档中查得，他把全铭译为："伟大的金王朝，对三个官厅同样对待（即按其地位而言）的城市的地方管理机构的创立者，金源、完颜亲王、明……碑。"[13] 其中"金"、"金源"、"完颜"、"明"均为音译。显然，有几个篆字他没认出来，而且由于不知道"开府仪同三司"是官阶名称，望文生义地作了错误的解释。可是，布谢在

图一　完颜忠神道碑碑首（据拉里契夫发表的照片绘制）

上：碑额篆字　中：正面　下：背面

[12] 见注[1]209、210页。有关"完颜公"的传说见注[3]25～34页。
[13] 据注[1]210页转引。

给彼得堡的考古委员会写信报告碑首发现之事时，却主要依据舍维列夫的译文又作了推衍："这块石碑是满洲人的金朝（1115 ~ 1234年）为了纪念各个城邑采用中国的国家法典而竖立的，这些城邑的土垣和壕沟至今仍保存完好。"[14] 这是把舍维列夫的译文和碑首发现地附近的双城子遗迹（东西两座古城，其间还有两个小城堡）进一步比附。

后来，奥克拉德尼科夫在写《滨海遥远的过去》时，只看到了布谢给考古委员会的信，并未查到舍维列夫的原译文。由于布谢所说的铭文内容表面上和完颜公神道碑碑额铭文毫不相干，遂判定信中所说是另外一碑。由于拉里契夫查到了舍维列夫的原译文，才弄清了这一误会。我在1979年发表的一篇论文中曾引用奥氏错误的说法，也以为另有一碑，应订正[15]。

1886年中国学者吴大澂以会办北洋事务大臣身份赴珲春重勘中俄边界，在日记中记述："（四月）初九日……接俄官廓米萨尔（俄语'委员'音译）来信，……代致布席（即布谢之异译）来书，并寄双城子碑额照本一纸，文曰'大金开府仪同三司金源郡明毅王完颜公神道碑'，篆书五行二十字，首一'大'字仅有一直隐约可辨。考《盛京通志》，金臣封金源郡王者二，一为娄室，完颜部人；一为完颜勖。惟娄室谥庄毅，与碑不符。勖不载谥。惜无《金史》可考。不知其碑文尚可读否。"[16] 他在4月10日即复信给俄方界务委员，此信至今仍保存在苏联科学院所藏的俄国地理学会档案滨海分档中。信中附有全铭的楷书转写本，而且对铭文逐词作了解说。拉里契夫在1974年发表了该信的全文（俄译本）[17]。因为是俄文，无法推定吴大澂原来的措辞，但可以看出，吴大澂解释了神道碑是建于神道上的碑，"开府仪同三司"是相当于总督（省长）的官衔，"郡王"的"王"和清代的王爵同义，"完颜公"的"公"相当于"君"（俄文的господин）。

---

[14] 据注[2]364页转引。原件在考古研究所列宁格勒分所的档案中。

[15] 林沄、杨建华：《舒兰河上出土的金代上京宜春县镜》，《吉林大学学报（社会科学版）》1979年1期，注24。

[16] 吴大澂：《皇华纪程》，殷礼在斯堂丛书本，14页。

[17] 据注[1]211、212页转引。原件在俄国地理学会档案中。

吴大澂的释文在1908年以俄文形式发表[18]。后来，奥克拉德尼科夫在《滨海遥远的过去》中也引用了[19]。但不知道为什么，布谢在1887年给考古委员会的信中，完全不提吴大澂的释读，反而相信舍维列夫的错误译解。

　　另一个最早从事译读碑额铭文的俄国人是米哈依洛夫斯基。他比舍维列夫认真得多，为此还查考了篆文字典，设法获得金代历史和中国古代官制的知识，直到1890年6月24日才致函布谢，通知最后的释读结果，此信也存于俄国地理学会档案中[20]。他把全铭译成"大金国高级长官最光辉的金源郡的亲王完颜公光荣功绩的纪念碑"[21]。其中"金源郡"、"完颜"、"公"是音译的。布谢在1893年12月10日在博物馆做报告时公布了这一研究结果。但1893年12月16日在《远东报》上报道时，译文略有更动，是"为大金国高级长官、金源郡高度聪慧的亲王完颜公爵所立的纪念碑"[22]。从米哈依洛夫斯基给布谢的信来看，他已正确读出全部铭文（包括头一个"大"字），对文义的理解也比舍维列夫大有进步。他已经知道"神道碑"是"立在显贵人物墓旁记述其功德的纪念碑"，并知道"开府仪同三司"是"从前金代的职位名称"，还在《远东报》报道时进一步说明是"一等官"。但是，他把"完颜公"的"公"理解为爵号；把"神道"的"道"理解为"生活道路"，从而把"神道"译成"神圣的功绩"、"光荣的功绩"；而且在把"毅"字对译成俄文 энергичый 后，没有取正确的"坚毅"之解，而取了"效力大"之解，故将"明毅"译成"最光辉的"、"高度聪慧的"，这些都是不对的。

　　在俄国地理学会的档案中还保存了当时法国驻北京使团武官德阿

---

[18] 据注[1]注29所引 Ф·Ф·布谢、Л·А·克拉波特金：《阿穆尔边区的古代遗迹》，《阿穆尔边区研究会会刊》，1908年12卷，19页。

[19] 同注[2]，361页。

[20] 据注[1]，注23。该文注36～38、40、42、43都引用了该信的原文。

[21] 这一译文最早正式发表于注[18]所引布谢、克拉波特金的文章，20页。可参看注[2]，362页，注[2]的中译文中漏译了"最光辉的"一词，而且把"Главно-начальствующего"译成"总长官"有失米氏原意。

[22] 据注[1]211页转引；212页转引；220页。

马德上尉致布谢的复信，附有法国使团的译员维谢列就碑额铭文所写的译文和简单的解释，译文是"为大金（或契丹）王朝一等官阶金源省明昭亲王完颜君的灵魂所建之碑"[23]。其中"金源"、"明昭"、"完颜"为音译。他把"完颜公"的"公"理解为一般尊称是很对的，把"开府仪同三司"译成"一等官阶"也比米哈依洛夫斯基的"一等官"更准确，把神道碑译成"为……灵魂所建之碑"似略优于"光荣功绩的纪念碑"，把"郡"译成法国的省，就字面意义是可以的。但他把毅字读成昭的音，且以为金或指契丹，都显然有误。

20世纪初期，著名的俄国学者阿尔谢耶夫把该铭文不很确切地表述为"12世纪的为金帝国的总司令金源的亲王完颜氏所建的碑"[24]。

又过了半个世纪，拉里契夫再次对铭文逐词逐字进行了研究，把全铭译成"大金的开府仪同三司，金源郡明毅王，完颜公的圣洁的生活历程的纪念碑"（其中开府仪同三司、金源郡明毅王、完颜公三词均音译），而他认为更自由的译法是"大金帝国的元帅、明达而坚毅的金源郡亲王、完颜公爵的卓越事业的纪念碑"[25]。

可以看出，外国学者即使读对了碑额上的每一个字，却仍对铭文有种种误解。

先说"神道碑"。汉代已称墓前之道为"神道"。《汉书·霍光传》："太夫人显改光时所自造茔制而侈大之，起三出阙，筑神道。"《后汉书·中山简王传》："大为修冢茔，开神道。"注："墓前开道，建石柱以为标，谓之神道。"古代等级高的大墓才设神道，神道两侧除石柱外还有石人、石兽。以金代完颜希尹墓为例，靠近墓的神道两侧有成对的石人、石羊、石虎、石柱，而神道碑则建于离石雕群约30米的神道另一端，在其父完颜欢都的墓地，发现的有"代国公"封号的完颜欢都墓碑残段是在石人北侧5米，即靠近墓的一侧。在完颜

---

[23] 据注[1]212页转引。

[24] 据注[1]211页转引，乃引自 B·K·阿尔谢耶夫：《乌苏里边区上古史研究资料》，《阿尔谢耶夫全集》第4卷，符拉迪沃斯托克，1947年，303页，该文发表于1912年。

[25] 据注[1]220页转引。

希尹家族墓地还发现了许多完整或残缺的墓碑，形制和神道碑完全不同[26]。金代完颜娄室墓的神道碑也是建在离墓约45～46米远的神道另一端[27]，而且碑文中明确写了是"建碑墓隧"[28]（"隧"即道路，《诗·桑柔》"大风有隧"毛传"隧，道也"）。吴大澂早已解释了神道碑是建于神道之上的碑，但直到拉里契夫之时仍未弄清楚什么是"神道"，仍说这里的"道"字应作"生活道路"来理解，转义是"生平"、"一生遭遇"、"事业"、"业绩"[29]。这是对中国陵墓制度不够了解而产生的误会。

再说"开府仪同三司"。在金代这是官阶名。《金史·百官志》："文官九品，阶凡四十有二：从一品上曰开府仪同三司，中曰仪同三司，中次曰特进，下曰崇进。……武散官，凡仕至从二品以上至从一品者，皆用文资。"《大金国志》卷三十四"千官品列"条所记略有不同，说文武官都是"正一品：开府仪同三司、仪同三司，从一品：特进、崇进"。追溯历史，"开府"本指开建府署，自置僚属。汉制唯三公（即司马改称的太尉、司徒、司空）可以开府，汉末，有实力的将军也可以开府。魏晋以来，开府者增多，诸州刺史多以将军开府。《魏书·官氏制》记载：北魏"神麚元年（428年）……七月，诏诸征镇大将依品开府，以置佐吏"。这原是一种特权，并无一定品级。但到太和年间议定百官时，"诸开府"统一定为"第一品下"。"仪同三司"之称始于东汉，三司是指司马（太尉）、司徒、司空。延平元年（106年）拜邓骘车骑将军仪同三司，这是荣誉加衔，指地位、待遇比照三司。《宋书·百官志》："汉末奋威将军晋江右、伏波、辅国将军并加大而仪同三司。江左以来，将军则中（中军）、镇（镇军）、抚（抚军）、四镇（镇东、镇南、镇西、镇北）以上或加大，

---

[26] 吉林省文物志编委会：《舒兰县文物志》，1985年，76～80页，图版三、七。

[27] 张英、方起东：《金完颜娄室墓地和神道碑的复原论证》，《博物馆研究》1989年1期，39页。长春市文物管理委员会办公室：《长春市石碑岭金代墓地发掘简报》，《考古》1991年4期，354页。

[28] 杨宾：《柳边纪略》，《辽海丛书》辽沈书社影印本，第1册，264页。

[29] 见注[1]，215页。

余官则左、右光禄大夫以上，并得仪同三司，自此以下不得也。"北魏太和年间议定百官，"仪同三司"也定为"第一品下"。北齐时又区分为从一品的"开府仪同三司"和正二品的"仪同三司"两等。《隋书·百官志中》追述北齐官制："三公下次有仪同三司，加开府者亦置长史已下官属。"北周建德四年（575年）曾改"仪同三司"为"仪同大将军"（见《北周书·卢辩传》）。南方的齐、梁、陈也是"开府仪同三司位次三公，诸将军、光禄大夫优者则加之，同三公置官属"（《隋书·百官志上》）。"开府仪同三司"、"仪同三司"成为正式官名后，前者简称"开府"，后者简称"仪同"。隋初又分为上开府（从三品）、开府（正四品）、上仪同（从四品）、仪同（正五品）。或有实权而设僚属（如左、右卫，军马牧），或作为酬勋的散官，并不理事。炀帝改制，又以"开府仪同三司"为从一品（均见《隋书·百官志下》）。唐代乃以"开府仪同三司"为正第二品文散官名，"不带职事"，但"朝参、禄俸并同职事"（《旧唐书·职官志》）。北宋仍以"开府仪同三司"为文散官名，元丰三年（1080年）以阶易官，"开府仪同三司"成为文官第一阶的阶名（《宋史·职官志九》）。金代沿用宋制，但文、武官均以"开府仪同三司"为阶名。综上所述，"开府"和"仪同三司"本来是具体的特权或荣誉待遇，后来结合在一起成为官名。初期实散官均用此名，唐代始专用于文散官，北宋后期又变成官阶名。此名明代已废，但清代多借古"开府"之名作为各省督抚的雅称。所以吴大澂在未查《金史》的情况下便把它解释为相当于总督，实际不够准确。拉里契夫未能全面了解"开府仪同三司"之称的演变历史，把它分成"开府"、"仪同"、"三司"三个部分来讨论其含义。他引用了西魏府兵制中皇帝亲领的禁军中有开府、仪同为统领的资料，又误将"三司"当作宋代的户部司、度支司和盐铁司。虽作了很长的分析，最后的结论是："因此，'开府仪同三司'这一尊号，是由'开府仪同'和'三司'两个部分组成。尊号的第一部分是由皇帝禁卫军各部队的首领的称号构成。尊号的第二部分证明拥有开府仪同三司尊号的活动家和财政部的原先的关系。……这些部队想必是由三司的一个部门或两个部门（管盐的部门和管铁的部门）供养，可能还有管钱的部门。"[30]这显然纯属误解。他把这一称号意译为"元帅"以及阿尔谢耶夫译为"总司令"都是不符合金代实际的。

至于"完颜公"的"公"，拉里契夫沿米哈依洛夫斯基之误，仍译成"公爵"。而且因为完颜希尹碑额也称"完颜公"，就推论这是"只有统治王朝的代表、对皇帝有特别重大功劳的人或皇帝的近亲才有的崇高称号"[31]。这也是误会。中国古代墓碑、墓志铭中在男性墓主姓氏之后习惯加"公"这一般性尊称，犹如后来称"先生"。完颜忠、完颜希尹、完颜娄室均姓完颜，故神道碑额均称"完颜公"。

另外应该说明的是，金代并无"金源郡"这一行政建置，而是专用于封郡王而虚设的郡号（详见《金史·百官志一》"封王之郡号十"条），因此没有必要作地理考证。在"金源郡明毅王"这一词组中，"金源"是郡号，"郡王"是封爵（《金史·百官志一》"封爵"条"正从一品曰郡王，曰国公"），"明毅"是死后追赠的谥。凡谥号，每字均有特定的义界，不能在字典里查一下字义任意挑一个义项来解释。

## 二

再谈对墓主的考证。

最早试图探究墓主名字的人是米哈依洛夫斯基。他在1890年6月24日给布谢的信中提出了墓主人是纥石烈撒合辇的看法。所据史料是《大金国志》："大定二十年。是年有亡辽贵族耶律斡罕为群牧使，聚兵十万，自号后辽皇帝，结北地诸部为援，主遣宣徽使纥石烈撒合辇为元帅，将兵八千以讨之，生擒斡罕，割耳鼻五十车。主封撒合辇为金源郡王、右丞相。"而推论方式如下：1. 碑额上有纥石烈撒合辇所获的封号"金源郡王"。2. 撒合辇虽非"开府仪同三司"，但他是"右丞相"，也是最高品级的官。战争中还当过"元帅"。3. 纥

[30]同注[3]，215～218页。
[31]同注[3]，220页。

石烈部居于松花江以东、朝鲜以北，占有完颜部之地的一部分，故撒合辇可按继承权而袭封"完颜公"。正因为不是他这一代始封"完颜公"，所以《大金国志》中没有记载。4. 战事发生于靠近完颜族诸部发源之地，故受封为"金源郡王"[32]。

米哈依洛夫斯基误将"完颜公"当作封爵，才有把撒合辇比附为墓主之举。撒合辇即纥石烈志宁，《金史》卷八十七有传（《金史》把他本名写作"撒曷辇"）。《金史·礼志四》记载他最后所获的官阶、官职和封谥是"开府仪同三司右丞相金源郡武定王"。而且，米哈依洛夫斯基所引的《大金国志》那条记载，本身是错误百出的。据《金史·纥石烈志宁传》，他死于大定十二年，不可能在大定二十年领兵平叛。耶律斡罕即《金史》的移剌窝斡。据其本传及《世宗本纪上》，西北路契丹部族反金起事在正隆五年（1160年），窝斡称帝在正隆六年（1161年），纥石烈志宁参加平叛是在大定二年（1162年），他当时只是元帅监军，并非元帅。《大金国志》世宗至义宗的诸帝纪年实为低劣的续作,讹谬至多[33]。米哈依洛夫斯基没能读到《金史》，未可深责。

拉里契夫在研究墓主是谁时，利用了《金史》，对金始兴时期经营乌苏里江以东滨海地区的历史有了比较全面的了解。他注意到了耶懒路完颜部的首领直离海及其三子石土门、阿斯懑、迪古乃是很重要的人物，而且知道了迪古乃为该部首领时率部徙居苏滨水（即绥芬河）这一重要事件。他在《金史》中还查到了迪古乃最后的名号是"开府仪同三司金源郡明毅王"，和碑额所载全同，所以确定了墓主是迪古乃。这是完全正确的。

但是，拉里契夫似乎并未直接利用中文版的《金史》，而是转译的资料，因而考述中颇有遗误，需要作一些补正。

1. 拉里契夫说，迪古乃称"开府仪同三司金源郡明毅王"是

[32] 同注[3]221、222页转引。
[33] 崔文印:《大金国志校证》前言，中华书局，1986年。

《金史·本纪》所载[34]，这是搞错了。实际上《金史》中只有《礼志四》的"功臣配享"条有此记载。据该条记述，天德二年太庙祫祭时，配太祖位的只有五人，"阿思魁忠"位居第五。大定三年配享太祖的仍选五人，"阿思魁"仍居第五。到大定八年"上命图画功臣于太祖庙，有司第祖宗佐命之臣勋绩之大小、官资之崇卑以次上闻"。左庑有撒改为首的十人，右庑有宗翰为首的十人。"开府金源郡王完颜忠"在右庑，位居第七。大定十六年、十八年、二十二年配享功臣有增有黜，位次变化语焉不详。明昌四年（1193年）次序始定，以法令形式加以确定。东廊十三人，西廊十七人。"开府仪同三司金源郡明毅王完颜忠阿思魁"位居东廊第六，比大定八年位次提高。拉里契夫还弄错了两点。一是他的引文中把"完颜忠"的"忠"字误作"公"。二是他误以为完颜忠在1193年才获得"开府仪同三司金源郡明毅王"这一全称，并进而推论完颜忠神道碑应建于1193年或其后不久[35]。其实，大定八年的"开府金源郡王"，开府乃开府仪同三司的简称，只比明昌四年所记少了一个谥号而已。而且，大定八年所记功臣二十人，均不带谥号。如果查《金史》中这二十人的传，只有完颜忠、斡鲁、娄室三人未记受谥年代，其他人均在大定年间受谥。其中阇母、宗雄是大定二年，撒改、习不失、宗望、撒离喝是大定三年，其余的除习失（习室）、宗翰、阿离合懑只笼统地说是"大定间"之外，都是大定十五年。可见，完颜忠在大定八年时也可能已有谥号，而其受谥至少不晚于大定十五年。据《金史·完颜忠传》，追封为金源郡王是大定二年，追授开府仪同三司及谥明毅很可能也是同时。总之，完颜忠拥有"开府仪同三司金源郡明毅王"的称号，一定不早于1162年，至少不晚于1175年。因此，完颜忠神道碑的建立年代不能肯定是在1193年之后。

2. 拉里契夫说："由迪古乃传可知，1116年耶懒的完颜部首领石土门死后，迪古乃成为部长。由于该族原先占居的土地不很肥沃而又

---

[34] 见注[3]，注47。

[35] 同注[3]，223页。

'碱化'，他过了两年决定把全体部众迁移到绥芬河流域。"[36]也就是认为迪古乃率部众徙居绥芬河流域是在1118年。这也搞错了。

《完颜忠传》原文是："太祖入燕京，迪古乃出德胜口，以代石土门为耶懒路孛堇。二年，以耶懒地薄斥卤，迁其部于苏滨水，仍以术实勒之田益之。"但《金史》的《太宗本纪》和《地理志》"恤品路"条都记载完颜忠率部徙居绥芬河是在天会二年（1124年），所以中华书局点校本在《完颜忠传》的"二年"前补上"天会"二字。

所谓"太祖入燕京，迪古乃出德胜口"，是天辅六年（1122年）的事。《金史·太祖本纪》："六年，……十二月，上伐燕京……迪古乃出得胜口，银术哥出居庸关，……戊子，次居庸关。庚寅，……上至燕京，入自南门。"迪古乃领兵由北而南"出德胜口"，在太祖进入燕京之前。

关于石土门卒年，《金史·石土门传》只记："继闻黄龙府叛，与睿宗（即宗辅）讨平之，……师还，赏赉良渥，至是卒。"而《太祖本纪》把"黄龙府叛，宗辅讨平之"系于天辅六年十二月之最末。则石土门亦当于1122年卒。由于迪古乃在石土门死后当耶懒路都部长是在1122年，到1124年正是两年。所以《完颜忠传》中的"二年"其实不必再加"天会"二字。

拉里契夫可能是把"太祖入燕京"跟1116年金攻陷辽东搞混了。所以把两个年代都定错了。

3. 拉里契夫还说："迪古乃在此地住了30年，努力从事农耕，解决人民的事情，有事和族人商量，由此可以得出结论，他死于1148年。"[37]这实在不知何所据。《完颜忠传》在记他率部徙居苏滨水之后，只有"熙宗即位，加太子太师。十四年，加保大军节度使，同中书门下平章事。薨"。熙宗于天会十三年即位，当时没有马上改元，

---

[36] 见注[3]，223页。在注[1]227页说明根据《完颜忠传》，但《完颜忠传》中并未记载完颜忠代石土门为部长的具体年代。所谓1116年乃出于推算。

[37] 见注[3]，223页。在注[1]227页有一段类似的记述："阿思魁在绥芬河住了30年，努力从事农耕，使之变成繁荣的边区。他贤明地统治人民，有事和亲属、心腹商量，死于1148年……"而且也说是根据《完颜忠传》。或有可能是对传中"仍以术实勒之田益之"等语不得其解而误加推衍。

"十四年"就是天会十四年，公元1136年。迪古乃在绥芬河一带只住了13年，而不是30年。

另外，关于耶懒路完颜部的原居地，《金史》卷七十《习室（失）传》只说"苏滨、耶懒二水相距千里"（《地理志》恤品路条作"耶懒、速滨相去千里"），并未指明具体所在。拉里契夫先推测耶懒水在乌苏里江上游[38]，后来又改在下游[39]。实际上，《明太祖实录》卷一百四十二提到元代所设的"牙兰千户所"，《清太祖实录》庚寅年条提到明代所设的"押揽卫"，而清代多种地图都在绥芬河以东标出一条东流入海的"雅兰河"。押懒（耶懒）、牙兰、押揽、雅兰均同音异写，一脉相承，是一地无疑。其地约当今日俄罗斯滨海边区的塔乌黑河（Таухэ）[40]至阿瓦库莫夫卡河一带。

完颜忠一生中最突出的功业，是帮助阿骨打作出了起兵伐辽的历史性决策，即《金史》卷七十传赞中说的"取辽之策，卒定于迪古乃"。这件事在《石土门传》和《完颜忠传》中记载颇详。他在对辽作战中的战功，除本传所载之外，可用《金史》太祖本纪，斡鲁古、完颜希尹、婆罗火等人的传以及完颜娄室神道碑作补充。此外还有两件事应强调。第一件事是，从11世纪上半叶到12世纪初，阿骨打的先辈们一直很注意对绥芬河流域的经营。从昭祖石鲁"耀武至于青岭、白山，……入于苏滨、耶懒之地"（《世纪》、《欢都传》）开始，历经1094～1095年处置斡准部的冶刺和纥石烈部的纳根涅（《世纪》、《钝恩传》、《斡赛传》），1096年平定敌库德、留可、诈都、钝恩等势力的联合举兵（《世纪》、《留可传》、《太祖本纪》），1104年治苏滨水不听命诸部（《世纪》、《斡赛传》、《斡鲁传》），虽多次用兵，当地各部仍有一定独立性，时服时叛。直到1124年完颜忠率部徙居绥芬河之后，金政权才巩固了对当地的统治，整个岭东地区不再发

---

［38］同注[3]。

［39］同注[3]。

［40］张锡彤等：《中国历史地图集释文汇编（东北卷）》，1988年，中央民族学院出版社，167、203、260页。从《吉林通志》所附《吉林旧界全图》中所标雅兰河的河形和入海港湾形来看，应是由奥耳加湾入海的阿瓦库莫夫卡河。

生战事。第二件事是，完颜忠在1117年攻下显州后，和完颜娄室一起上奏，建议迁降附之民，"贫者徙内地"。此建议实施时又有"饥贫之民，官赈给之"的附加措施，使辽境人民自动来附（《斡鲁古传》）。后来，天辅七年（1123年）有"徙诸部民人于岭东"（《太祖本纪》）之举，天会二年曾"赈……新徙岭东之人"（《太宗本纪》）。这对老爷岭以东的滨海地区的进一步开发是有积极意义的。把以上两件事加在一起，可以说，完颜忠是绥芬河流域在金代一度出现和平、繁荣局面的一个关键性历史人物，的确值得立碑纪念。

关于完颜忠神道碑的建立年代，我在过去那篇文章中已经提出，大概是在大定八年十月"命图画功臣于太祖庙，其未立碑者立之"（《世宗本纪》）之后。完颜希尹和完颜娄室的神道碑都是大定十七年由皇帝下命令追建，而完颜希尹神道碑文实际是1181～1182年写的[41]。完颜忠神道碑的具体建立年代应与以上二碑相近。

## 三

最后，重新讨论一下碑首所属的碑身、碑趺与相关遗存。

俄国移民到达双城子地区时，该地有两个龟趺引人注目。我在1976年的文章中所附的这两个龟趺位置的示意图，是根据1916年费多罗夫所绘古迹分布图而制成的。拉里契夫在俄国地理学会的档案中，找到了1870～1871年卡法罗夫的测绘员那赫瓦尔内实测的《双城子及其郊区的平面图》。测绘此图时，两个龟趺还都在原地，未被迁走，无疑要比费多罗夫的图可靠得多。拉里契夫在《石龟的秘密》中发表了这幅非常可贵的图，现转载，以便于讨论（图二）[42]。

第一个龟趺在图中的7号地点。最先记述该龟趺的是19世纪60年代初到过此地的俄国学者洛巴金："在一个冢形小岗（可能就是封土堆）上，平放着一个石头雕凿的乌龟，长达2俄尺。龟背上凿有长

[41] 陈相伟：《金完颜希尹碑建碑年代考》，《博物馆研究》1989年1期。
[42] 见注[3]，77页。原图在俄国地理学会档案中（3类1目508号第5夹），是彩色图。

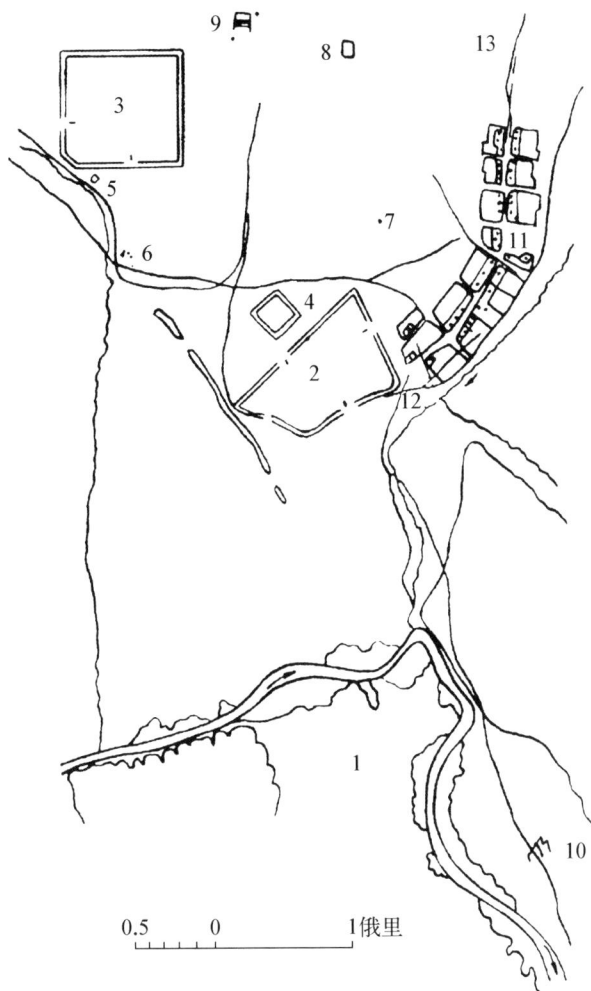

图二 那赫瓦尔内所绘双城子及其郊区的平面图

1.“山麓有墙围绕的山” 2.“傅尔丹城” 3.周围筑墙的古代营垒 4.向前突出的堡垒 5.小堡垒 6～8.墓地 9.可能原来有庙宇地点 10.守望哨遗迹 11.尼古尔斯克村 12.据某些迹象,此地为古代城市的郊区 13.古代道路的一部分(图下方由西向东又折向南的河流,是绥芬河。两条向南流入绥芬河的小河,东面一条原图标为“东大沟”,后来俄人改称拉科夫卡河,西面一条原图标为“Пансихэ”,可能是磐石河之音译,后改称斯拉维扬卡河)

方形的沟槽。龟甲和龟头仍保留清晰。距这件雕像不远,有一块长方形石板,上面刻有一物,似盾,以二兽支撑。”[43] 1868年他再次到达

---

[43]据注[2]9页转引 И·А·洛巴金:《东西伯利亚滨海地区绥芬河以东的南部概况》,《俄国地理学会西伯利亚分会会刊》第7卷,1864年,182～184页。

此地，并绘了龟趺、碑、碑首的图形（图三）[44]，在他的手稿中还注明了它们的具体地点是"军队所住的城堡以北0.5俄里"[45]。1868年著名旅行家普尔热瓦尔斯基也到过此地，记述更为详细："在通向另一座城寨（按：指双城子西古城）的路上，距离我们住的村庄（按：指尼古尔斯克村）半俄里的地方，有一个用淡红色花岗岩草率打凿的石龟平放在一座小土包上。石龟长7英尺、宽6英尺、厚3英尺。旁边横放着一块石碑，从龟背上的槽沟看来，石碑原来是安放在龟背上的。这块石碑用大理石制成，长约8英尺，碑首已被打掉，也横放在旁边，上刻龙纹。"[46]据费多罗夫记载，该碑的碑身在1868年被移作尼古尔斯克村木教堂钟楼的基石。1914年教堂迁到新尼古尔斯克村之际，米丘林神甫发现了此碑，并在建新教堂时把它砌在门前石阶上看得见的地方。费多罗夫在碑从钟楼下起出时看过它，他和米丘林都看不出有字[47]。拉里契夫在1954年到教堂台阶上又考察过此碑，也未找出字迹。龟趺则在1885年移到驻军公园。搬运这样沉重的大型石雕当时只能用雪橇在冬季拖拉。为了在龟下设置雪橇，需在龟下的土堆上挖一条沟。布谢主持了这次发掘，他还画了龟和土堆的平面略图（图三，8）[48]。"挖沟的过程和发现物的位置都做了详细记录，不过很少有价值的资料，只发现一些砖块、瓦片、陶制的屋檐装饰（其中1件是龙的塑像）和几块带植物浮雕的瓦当"[49]。显然，这个土堆并非墓冢，而是碑亭的基座。该龟搬到当地公园后，至今仍留在那里。我在1976年的文章中所附该龟的照片，是从奥克拉德尼科夫《远东各民族文化探源》一书转引的（图五，2）。

---

[44] 据注[3]45页转引，原图绘于1868年6月15日，现存于考古研究所列宁格勒分所档案中，是洛巴金未发表的手稿《阿穆尔地区49个古代遗址的若干资料》的附图。

[45] 据注[3]44页转引。俄国驻军一直住在双城子的东古城，曹廷杰在《西伯利东偏纪要》中也有记述。

[46] 据注[2]360页转引 H·M·普尔热瓦尔斯基：《1867～1869在乌苏里边区的旅行》，莫斯科，1937年，67页。

[47] A·Э·费多罗夫：《尼古尔斯克—乌苏里斯克城及其郊区的古代遗迹》，1916年，19页。

[48] 见注[1]，注7；据注[3]133页转引。原图存于符拉迪沃斯托克地志博物馆档案中。

[49] 据注[2]18、19页转引阿穆尔边区研究会给彼得堡的俄国考古委员会的报告。原报告存于考古所列宁格勒分所档案中。

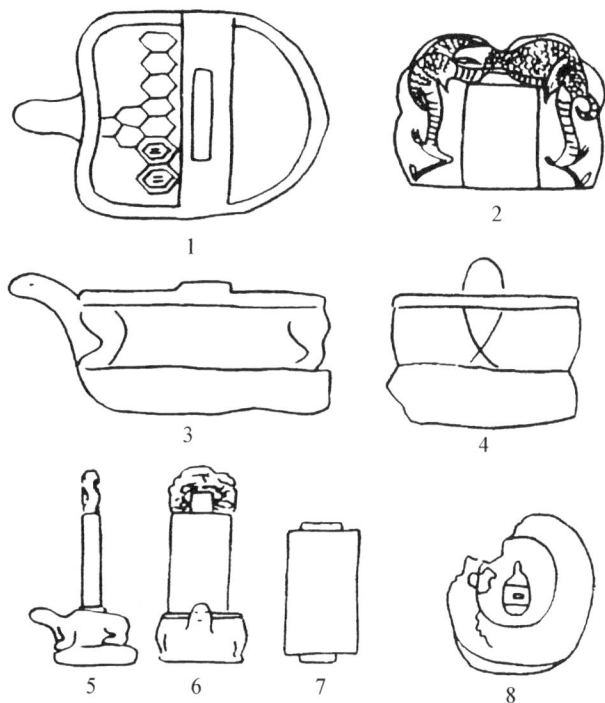

图三　7号地点之龟趺及碑

1～7. 洛巴金所绘线图（1为龟趺俯视图，2为碑首，3为龟趺侧视图，4为龟趺后视图，5、6为
复原示意图，7为碑身）　8. 布谢所绘龟趺及所在土堆的平面略图

　　1885年在那查连科家里发现了完颜忠神道碑碑首，米哈依洛夫斯基和布谢都认为它就是洛巴金和普尔热瓦尔斯基所记述的第7地点的碑首，后来的研究者们也都沿用此说[50]。我在1976年的文章中也采用了此说。

　　第二个龟趺在图中的6号地点。布谢在1866年初次到尼古尔斯克村考察古迹时已注意到它的存在[51]。此龟背上一直保留着半截残碑。卡法罗夫在1870～1871年对6号地点有过较细致的考察。他初到尼古尔斯克村不久，在1870年7月11日的日记中就记述了已被驻军连长孔托夫特移到营房前的4个石人和两个石羊，它们是从一

[50] 见注[1]注14所列举的大量论著。

[51] 据注[3]130页所引现存于符拉迪沃斯托克地志博物馆档案中的布谢《南乌苏里边区尼古尔斯克村的考古发掘》报告稿中说："当我在1866年首次访问尼古尔斯克时，我见到了两个龟雕像……"

座墓前搬来的，这座墓"在第一座土城（按：即双城子东古城）以西，也就是在绥芬河汛泛区的岸边，那儿还有碑的龟座和没有铭文的碑；墓早已被人探访和挖掘过"[52]。他的测绘员还对这个墓地的土堆和土墙绘了平面详图（图四，1）[53]，可惜没有标明驮碑的龟趺是在哪个土堆。德国人林德戈尔姆后来在此建了一个面粉厂。1885年曹廷杰探访双城子时，记述了在双城子西城的"东南里许，有德商火磨房一。……院内有古碑。……今此碑字迹剥蚀，仅存'其台'二字，台字旁写，必有缺文"[54]。即指此龟趺所驮残碑。正因为字迹剥蚀已甚，卡法罗夫把它当成没有字的碑了。但后来布谢已记述碑上犹存二字[55]。在1893年10月，由于打算把龟趺搬到公园，对龟趺所在的土堆也挖了沟。主持发掘的布谢画了一些平面图（图四，2～4）[56]，他在发掘报告中写道："龟在形状不规整的坟堆上，它的位置不在坟堆的几何中心，它在最高点之西，露在地面上的只有背和头。……第二个坟堆与此直接相连，它的总体形状是圆的，一部分被面粉厂的设施破坏了。……按龟的长度挖了一条7英尺宽的沟。在揭除厚2～3俄寸的表土时，发现密密的一层瓦，瓦有两种形式，一种较大而弯度小，显然是作为屋顶主要部位的覆盖物，另一种较窄，但截面呈直径为3俄寸的半圆形，用于覆盖屋脊和接缝。……瓦中发现了许多有各种浮雕图样的瓦当。……在离龟13英尺8英寸的地方发现3块规整的方石，它们的上表面磨得很平。"[57]这和长春石碑岭完颜娄室神道碑碑亭遗址的发掘结果[58]，有许多相似之处。显然是一座有石柱础和瓦

[52]据注[3]91页转引。又见注[3]86页。

[53]据注[3]72页转引，此图是注[42]的附图之一。

[54]丛佩远、赵鸣岐编：《曹廷杰集》，中华书局，1985年，69、70页。

[55]据注[47]20页所引Ф·Ф·布谢、Л·А·克拉波特金：《阿穆尔边区的古代遗迹》，《阿穆尔边区研究会会刊》，1908年第12卷，21页。

[56]据注[3]133页转引，原图存于符拉迪沃斯托克地志博物馆档案中。

[57]据注[3]132～134页转引。原稿题为《1893年尼古尔斯克村林德戈尔姆面粉厂院内有龟雕像的墓冢的发掘》，现存于符拉迪沃斯托克地志博物馆档案中。

[58]长春市文物管理委员会办公室：《完颜娄室神道碑碑亭及遗物》，《博物馆研究》1989年1期。长春市文物管理委员会办公室：《长春市石碑岭金代墓地发掘简报》，《考古》1991年4期。

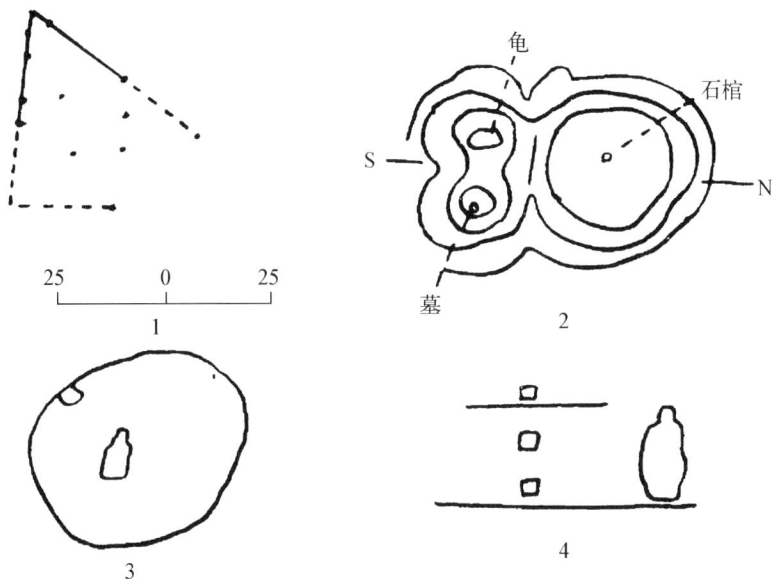

图四  6号墓地诸图

1. 那赫瓦尔内所绘墓地平面布局（图中比例单位为俄文）  2～4. 布谢所绘平面略图（图中原注俄文改为中文）（2为有龟趺之土丘的形状，3为土丘上的龟趺，4为龟趺及柱础石，横线表示探沟两壁）

顶的碑亭残迹。当为安置雪橇而停止该沟内的发掘时，布谢又在北面的"第二个坟堆"上打了一条通过中心的南北向探沟，结果在深处发现了一座石棺[59]。证明这个圆形土堆确实是座墓。至于布谢在平面图上于龟趺之东又标出的"墓"，可能是早已被挖过的墓。这件驮有残碑的龟趺被搬到公园中放了不久，又于1895年搬到火车站，由铁路运到伊曼河。1896年用船由乌苏里江运到哈巴罗夫斯克，置于新落成的博物馆前（图五，1）[60]。

但是，这座碑的碑首哪里去了呢？

实际上，卡法罗夫在日记中早已说明过这个问题。他在1871年5月13日记述了在尼古尔斯克村发现了墓穴和"带铭文的石头"之后，过了两星期，便到尼古尔斯克村去了解情况，他识读完颜忠神道碑碑

---

[59] 据注[3]134～136页所引布谢上述发掘报告稿。参看注[2]20页所引《远东报》1893年第97期的报道（注[2]21页注1中把第97期误为第93期）。

[60] 见注[3]，19页。

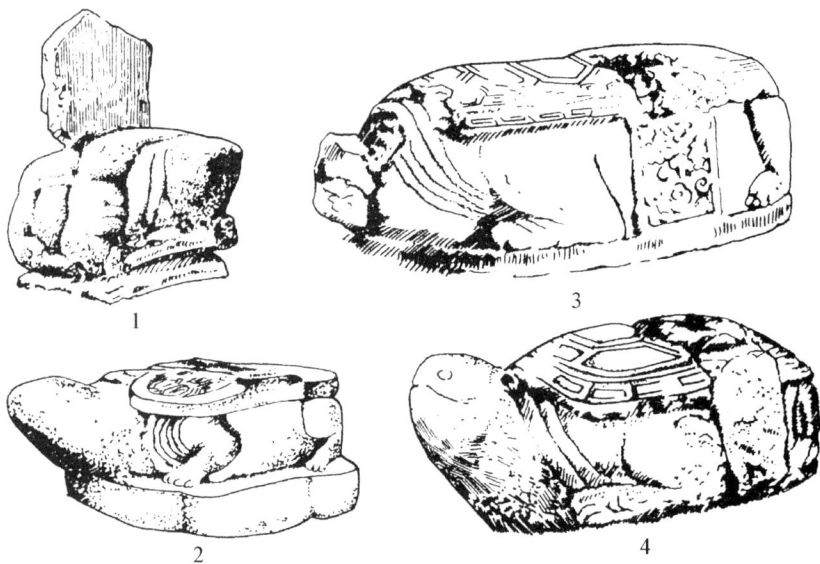

图五　龟趺的比较

1. 6号地点龟趺及残碑（据作者自摄照片）　2. 7号地点龟趺（据奥克拉德尼科夫发表的照片）
3、4. 完颜娄室墓地的龟趺（据安文荣所摄照片）

额文字和作摹本均应在此时。在5月29日的日记中，他明确记载了带铭文的石头是"发现于靠近远处城堡的远处墓地，在岸边的那个墓地，那里有座墓被挖掘过"[61]。在他的测绘员所制的地图上，一共只标出3个墓地，即6号地点、7号地点和8号地点。其中6号和8号都比7号离村子远，而6号又比8号离"远处城堡"（即西古城）更近。特别是6号地点正处于台地边缘，即绥芬河泛滥时期的"岸边"。把这则记载和前引1870年7月11日的记载对照，更可以肯定完颜忠神道碑碑首就是龟驮残碑的碑首，只是它的发现晚了将近一年而已。

　　但是，过去的研究者几乎都不曾见过卡法罗夫的日记。在俄国学术界流行过这样一种观点：由于卡法罗夫在返回彼得堡的海船上突然去世，他在滨海南部考察时写的日记也就随之失落了。拉里契夫在研究龟驮残碑的过程中，历经周折，终于在俄国地理学会的档案中找到

———————————

[61] 据注[3]88页转引。

了卡法罗夫日记的手稿[62]，才察觉了大多数学者把完颜忠神道碑碑首张冠李戴的错误。拉里契夫还指出，洛巴金所绘7号地点的碑首与现存的完颜忠神道碑碑首的实际形状有明显不同。其中最突出的一点是洛巴金所绘的碑额是矩形，而完颜忠神道碑的碑额是五边的圭形[63]。

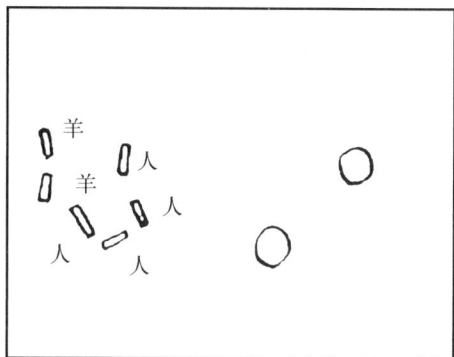

图六　洛巴金所绘墓地平面图
（图中原注俄文改为中文）

他还指出，如果洛巴金和普尔热瓦尔斯基在7号地点看到的是完颜忠神道碑碑首，不可能不注意到它的碑额有字而在记载中提到这一点（洛巴金为寻找铭文还翻转了石头）[64]。另外，他注意到费多罗夫在1916年对6号地点有如下记述："龙的一个大残块今仍在立龟之地，最近将搬走并交地理学会分会保存。"[65]他认为这一残块就是完颜忠神道碑首如今缺失的部分。他推测布谢在此进行发掘时也应该会注意到这一点，所以布谢实际上到1893年冬已改变了对碑首所属的看法。可以证明这一点的是，《远东报》1893年12月16日第97期上巴诺夫以《阿穆尔边区古代史资料》为题报道布谢在12月10日所作的学术报告时，曾提到完颜忠神道碑碑首而说它是属于7号地点龟趺的。但巴诺夫在该报12月19日第98期上继续报道布谢在12月17日所作学术报告时，在文中有一条更正："顺便，我们纠正上一期中的不确之处。带有我们所引述的铭文的碑，属于位于林德戈尔姆面粉厂的龟，而不属于我们曾指明的另一个龟。"[66]这应该代表了布谢最后的看法。

---

[62]拉里契夫后来还发现，卡法罗夫的日记在1898年的《远东报》上早已连载过，但后来的研究者都不知道有这回事。

[63]同注[3]，90、91页。

[64]见注[3]，89、90、37页。

[65]同注[47]。

[66]据注[3]117、118页转引。

不过过去的研究者都忽略了这条更正。拉里契夫还专门到乌苏里斯克
（双城子今名）的地理学会分会所在的院中去找过费多罗夫提到的碑
首残块，可惜没有找到[67]。

　　我认为，卡法罗夫本人的日记记载以及洛巴金所绘碑首和完颜忠
神道碑首形状不同，是证明完颜忠神道碑碑首不属于7号地点龟趺的
最有力的证据。拉里契夫的其他论据虽有一定推论成分，但都很有道
理。因此完颜忠神道碑碑首应届现存哈巴罗夫斯克地志博物馆的驮有
残碑的龟趺。

　　完颜忠神道碑所在的6号地点是一个包括多座墓葬的墓地，卡法
罗夫当时在地面上还可以看出不少土丘，而且墓已被挖过。曹廷杰记
载德商火磨房残碑时说："碑乘以赑屃，旧有石人、石马（按：应是
石羊）在其前，今被俄人毁坏，并将上截凿为阶磋。距碑北丈余，有
古墓形，亦被俄人发掘丈余，迄无所见，掩之。"这些情况应该是当
地华人所告。因为在他到达双城子时，在东古城"城北有华人丁字形
街三道，计华商二三十家，常聚华人数千"。而且德商火磨房的磨机
"皆华人照理"[68]。所谓石人、石羊被俄人毁坏，和驻军连长孔托夫特
把石人、石羊搬到营房似为一事；所谓碑上截凿为阶磋，和那查连
科把碑首当作冰窖阶石似为一事。而俄国移民私挖古墓，则为俄国学
者所不知。另一方面，俄国居民又见过中国人来挖墓。"这是在1872
年，中国人特意为此从宁古塔来。他们有平面图和某种手稿，他们一
边阅读它们，一边在石龟附近进行测量。当找到了地方，中国人雇了
工人让他们挖土。很快就发现了石墓室和其中的棺，棺中是穿着盔甲
备有武器的武士。中国人填平了发掘的地方，过了几天就带着自己的
发现物走了。当时他们还在古堡的其他地方进行了发掘，他们的劳动
在各处都取得了成功"[69]。这次发掘究竟在哪座龟趺附近进行的已无

---

［67］同注[3]，37页。

［68］同注[54]，70页。

［69］据注[47]21页转引 В·К·阿尔谢耶夫：《乌苏里边区上古史研究资料》，原载《滨海东
　　　方学研究会会刊》第1集，46页。这是克拉斯诺亚尔村的旧教徒华西里·布哈列夫回
　　　忆的。

法弄清。但这一记载表明，在曹廷杰到达双城子以前，当地存在古墓的消息，先已传到中国国内。而古墓的被破坏，并不像当地华人所说是由俄国居民单方面造成的。至少可以肯定，布谢在1893年于碑的北面发掘的有石棺的土堆，是早已被人掘过的。因为他在发掘报告中记述："石棺的棺盖有一个不规整形状的穿孔，形近三角形，泥土通过这一穿孔陷进棺内，填满它的全部空间。"在棺内堆积中有瓦、卵石、残骨、残爪，还有几个铁锹，火烧过的碎人骨散布于各处，在棺内发现了不完整的带臼齿的人的下颚，而"在棺的上表面以上约1英尺处发现了人的下颚的一部分和单独的一个臼齿"[70]。这绝不可能是下葬时的原状。因而，在探沟中石棺以上堆积中发现的猪骨和成堆的禽骨、马骨架，也难以解释为原来的葬仪。据《远东报》1893年第97期报道，布谢当时还在北面的六座小土堆中挑选两座进行了发掘，"其中一座出有铁钉和一具木棺，棺板没有钉合。发现炭和烧剩的骨殖（与泥土相混）；另有陶罐2件，其中1件完整，内盛块状物，另1件已破碎"[71]。这些发掘品，包括石棺（图七，1），现在都在符拉迪沃斯托克地志博物馆。1894年布谢再次去该处发掘，由于林德戈尔姆已经把院内所有的坟堆都铲平，填高了低洼之处，并用沙和卵石铺了院子，布谢又只打了一条4俄丈的探沟和一个1俄丈见方的探坑，所以没有再挖到墓[72]。综上所述，该地点估计和舒兰县小城乡完颜希尹神道碑所在地情况相似，也是一处家族墓地。至于究竟哪座墓是完颜忠墓，只能存疑。

　　卡法罗夫日记中提到此墓区的四石人、二石羊被移至驻军营房后，于1882年突然失踪[73]。早在1868年，洛巴金也记录过四人二羊的成组石雕。"在距离驻有军队的城堡（按：即双城子东古城）以北二俄里的地方，发现野绵羊石像两座，人物石像四座，都是用淡玫瑰

---

[70] 同注[57]。

[71] 据注[2]21页转引。

[72] 据注[3]136～140页所引布谢的《尼古尔斯克村林德戈尔姆面粉厂院内的墓》，该发掘报告稿存于符拉迪沃斯托克地志博物馆档案中。

[73] 据注[3]103～104页所引1886年4月13日《符拉迪沃斯托克报》的报道。

图七　石棺　石人　石羊

1. 布谢发掘的石棺（据拉里契夫发表的照片）　2. 符拉迪沃斯托克地志博物馆所藏之文臣像（据奥克拉德尼科夫发表的图）　3、4. 洛巴金所绘武士和羊

色的粗粒花岗石雕成的。……羊的嘴脸想必是被人打掉了，而不是自然剥落的。……只有一座人像还保存有头部，……全部石像的周围挖有小沟，如附图所示。沟深约半俄尺，宽约二俄尺，只是被草掩盖，很不容易发觉。圆圈 A 和 A 标示两个圆形高地，其一直径为三俄丈，上有一坑，可能是不久前挖成的。……这里原先还有两座石熊（按：应是石虎），现已移到尼古尔斯克村一所农舍下面"[74]。他还画了这一墓地的平面图（图六）[75]。拉里契夫认为洛巴金记述的是 6 号地点石

---

[74] 据注[3]44 ～ 46 页所引洛巴金《阿穆尔地区 49 个古代遗址的若干资料》，可参看注[2]362、363 页所引同一资料。但注[2]362 页译文漏掉了"以北"这一关键词。

[75] 据注[3]44 页转引。

雕的原状，这很难令人信服。因为6号地点在东古城西北，且相距不
到1.5俄里。洛巴金所记石雕的位置显然是指那赫瓦尔内的图上的8
号地点。而且6号地点明明还有龟驮的残碑，洛巴金如果真的是记载
了6号地点的石雕，怎么会不提到龟和碑呢？拉里契夫虽推测龟被雪
堆住了，但碑是不可能也被雪全埋没的。洛巴金连草覆盖的浅沟都没
漏掉，不可能忽略如此重要的大型地面遗存。实际上，双城子地区有
墓前石雕的地点，恐怕不止6号和8号两处。因为，洛巴金在1864年
已记述了在7号地点以北约1.5俄里处，有四只石虎在一方形场地之
中[76]，和1868年所记四人二羊似非一地。而布谢则说在1866年见到
过一座墓前有三对石人、石羊和石柱[77]。由于这类石雕体积较小，较
易搬动，所以很难完整地保存于原地。但根据以上片段的记录，可知
当地的石雕本有石人、石虎、石羊、石柱四种。石人则有文臣和武士
两种。现在符拉迪沃斯托克地志博物馆藏有两个石人像，一个石虎。
石人是1886年在拆除炮兵部队的职工所住的木房时，在凉台的地基
中发现的，有可能是6号地点之物。石虎也是双城子地区的，具体地
点不详[78]。石人是文臣像，已无头，所持之笏已折去（图七，2）[79]。
洛巴金在8号地点所绘的是武士（图七，3），在符拉迪沃斯托克地
志博物馆档案中还存有一张1874年由拉宁所摄的照片，已无头，但
可以清楚看出双手所拄为一剑[80]。原物已不知下落。据《宋史·礼志
七十七》"诸臣丧葬等仪"条记载："坟所有石羊、虎、望柱各二，三
品以上加石人二人。"实际上，在吉林省舒兰县小城乡的完颜希尹家
族墓群发现的墓前石雕，其石人有三种情况：二人（文东武西）、四
人（两文两武）、六人（四文两武）[81]。综合以上各方面情况，可以推
测完颜忠墓前原来至少有两文臣、两武士、两虎、两羊、两石柱。

---

[76] 见注[2]10页所引洛巴金：《东西伯利亚滨海地区绥芬河以东的南部概况》，参看注
　　[3]43页所引。

[77] 同注[51]。

[78] 同注[3]。

[79] 据注[2]364页转引，可参看注[3]128、129页之间的插页图版。

[80] 洛巴金所绘图出处同注[44]。拉宁所摄照片详见注[3]141页及该书插页图版。

[81] 庞志国：《完颜希尹家族墓群石雕艺术初探》，《文物》1982年3期。

　　我在1990年7月份到哈巴罗夫斯克博物馆考察过完颜忠神道碑的龟趺和残碑。据热情陪同参观的考古学家麦德维杰夫博士告诉我，它在1977年曾按奥克拉德尼科夫的主张被运往新西伯利亚，因哈巴罗夫斯克方面坚决反对运走这一已成为城市象征的文物，于中途折回，搬进博物馆院内。非常可惜的是，碑的正面已用水泥抹平。这一点拉里契夫早已提到过："石头表面曾经有过字的地方也已经凹凸不平。你乍看不会觉察这一点，因为不知是哪一位馆领导为了弄平凹凸在碑面上抹了一层水泥。"[82] 幸而碑阴仍保持剥蚀已甚的石面。在残碑下部左侧，还可以勉强分辨出10行字迹，有一行竟达10字之多。其中可以确识的是一个字的门字旁，下部略残，可能是门字或闻字。但这至少可以说明此碑也像完颜娄室、完颜希尹神道碑那样是正背两面连写的长篇碑铭。至于曹廷杰提到的"其台"二字，则两次去仔细揣摩始终找不到，不知是原在正面已被水泥覆盖，还是原在背面后来剥蚀。

　　龟趺也用水泥修补过，原有表面也已剥蚀得很厉害，背甲上的六角形分块已完全看不出来了。和长春石碑岭完颜娄室墓前现存的两个龟趺比较，有两个引人注目的共同点，即四肢的下段均作水平状态，颈的两侧均有斜向的皱褶（图五，3、4）。我们知道，目前所知最早的龟趺，如1963年辽宁省朝阳县西台上出土的北魏刘戍主墓志作龟趺驮碑形（辽宁省博物馆展品），龟趺的四肢下段正作水平贴地状。而清碑的龟趺则四肢下段作垂直撑地状。所以哈巴罗夫斯克的这座龟趺无疑是金代龟趺中比较古老的一种形式。原在7号地点的另一座龟趺则不同，它的四肢下段作斜向撑地状，这一点，和吉林省扶余县的大定二十年所建大金得胜陀碑的龟趺、辽宁省博物馆藏大定二十年所建大昊天寺传戒妙行大师行状碑的龟趺相同。但是，目前所知的金代龟趺，背甲上的六角形都是横排的，7号地点的龟趺则是竖排的；目前我见到的金代龟趺皱褶均在颈之两侧（大金得胜陀碑的龟趺，颈褶已几乎磨平，但仍可分辨），7号地点的龟趺却是在前肢的上端有皱

---

[82] 同注[3]，14页。

褶。再加上目前所见金碑碑额均作圭首形，而7号地点的碑额却作明清时代广泛流行的方形。所以，7号地点的龟趺的时代应该比较晚一些。由这一点也可以进一步证明完颜忠神道碑碑首，非德商火磨房之残碑莫属。过去我把它安在7号地点的龟趺上，是对龟趺形式缺乏考虑。

关于哈巴罗夫斯克这一龟驮残碑，还有一件聚讼已久的疑案。曹廷杰对此碑有如下记述："相传原文有'宽永十三年湖北进马三千匹'之语，谛视之，惟'宽永十三年湖北进马，九字尚仿佛可识'，'三千匹'三字已属乌有。查'宽永'为日本国号，岂此地早为日本窃据欤？其曰'湖北'，当指兴凯湖以北，非今内地湖北也。详观碑所，知为日人古墓。"[83]按"宽永"是日本后水尾天皇（1624～1629年）和明正天皇（1630～1644年）共同使用的年号，相当于中国的明末清初。该碑则龟趺形式、碑亭瓦件、墓前石雕均属金代，碑上即使真有"宽永"字样，绝对不可能是日本年号，所以"日人古墓"之说根本不能成立。但近年来，中国学者在不知道该碑即完颜忠神道碑的情况下，有不少人倾向于把"宽永"解释为古书失载的某一地方政权的年号。王崇时对这种地方政权设想了五种可能：1. 唐灭高丽后高丽人民所建。2. 渤海时代所建。3. 渤海亡后渤海遗民所建。4. 蒙古灭东夏后东夏遗民所建。5. 元亡后某个部落所建。他认为第三种可能性最大[84]。罗继祖则认为第四和五种可能性大[85]。王健群认为"宽永"有可能是东夏国余部或金末东偏小国所用的年号[86]。李健才也认为可能是金末地方割据政权的年号[87]。以上研究者之所以认为有所谓"宽永国"、"宽永政权"的根据凡三：碑上有"宽永十三年"；东北各地有"宽永通宝"钱；苏联滨海边区南部有"宽永王"

---

[83] 同注[54]，70页。

[84] 王崇时：《"宽永国"假说》，《社会科学战线》1985年3期。

[85] 罗继祖：《宽永通宝钱》，《枫窗脞语》，中华书局，1984年。罗继祖：《再谈"宽永通宝"钱》，《北方文物》1987年3期。

[86] 王健群：《东北史识小录》，《博物馆研究》1989年1期。

[87] 李健才：《宽永墓碑和宽永通宝》，《北方文物》1989年4期。

建都于苏昌河的"苏城"古城的传说。关于"宽永通宝"，李健才先生已作了专门研究，结论是"东北吉林、黑龙江各地发现的'宽永通宝'是日本铸造的铜钱，迄今还没有发现与日本'宽永通宝'形制完全不同的'宽永通宝'"[88]。日本的宽永钱最早是在宽永二年（1625年）由水户商人佐藤新助向江户政府请铸，宽永十三年改由政府派官员铸造，在200多年中不断铸造，品类极多[89]。其传入中国东北的历史情形，李健才和傅彤都作了讨论[90]。既然迄今无人能在东北地区发现的"宽永通宝"中举出任何一枚为非日本所铸，自然就不能作为当地古代有宽永政权的证据。至于苏城有所谓"宽永王"的民间传说，曹廷杰在1885年写的《西伯利东偏纪要》中简略记载："探苏城沟（即苏昌河）长七百余里，……内有古城，曰苏城。相传为宽永建都之所。"[91]1895年阿里夫坦发表了东西伯利亚步兵第二旅的狩猎队在调查伊曼河和比金河时记录的关于500年前苏城的统治者宽永王的传说[92]。阿尔谢耶夫在1905年在东流入海的塔度施河的老住户那儿也听到了这种传说，讲故事的老人说是从他爱读古书的爷爷那里听来的。1906年阿尔谢耶夫又从住在比金河的一位老人那里详细地记录了这一传说[93]。这个传说，是说在宁古塔附近的一位国王，在他的外甥（或内侄）即住在双城子的"完颜公"的帮助下，打败了住在苏城的好色而阴险的宽永王。国王因爱妻战死而对宽永王恨之入骨，宽永王也倾全力作战，战事遍及乌苏里江至海边的全境。最后宽永王走投无路，率残部出海而不知下落，苏城遗民归附于双城子。战后又流行大疫，滨海地区便荒芜了。整个故事很难看得出有史实的依据，倒不如说是晚期居民面对充满了古城遗迹而人烟稀少的滨海地区作出的传

［88］同注[87]。

［89］丁福保编：《古钱大辞典》（中华书局影印本），2074～2087页引平尾聚泉编：《宽永古钱泉谱》、《宽永新钱泉谱》。

［90］傅彤：《宽永通宝与明清时期的中日贸易》，《北方文物》1991年3期。

［91］同注[54]，98页。

［92］见注[2]22、24页。阿里夫坦：《东西伯利亚第二旅五个狩猎队踏查乌苏里边区概况》，《俄国地理学会阿穆尔地区分会著作集》第2卷，哈巴罗夫斯克，1895年。

［93］见注[3]25～34页转述。

奇性解释。"完颜公"和"宽永"这样具体的名字，恰恰都是双城子古碑文所有，很可能是先有碑文的识读和传闻，再编进传说故事之中。所以这个传说，并不能当作证明古代确有某个宽永政权的独立证据。因此，我们今天讨论古代是否有过一个以"宽永"为年号的地方政权，唯一的依据只是德商火磨房古碑上传有"宽永十三年"之文。在目前无法验证这一点是否是事实的情况下，所谓"宽永国"或宽永政权的问题只能存疑。如果相信碑上原来确有"宽永十三年"之文，在既已考定此碑为完颜忠神道碑之后，只有把"宽永"解释为金政权建立以前的某个地方政权的年号才行得通，因为，完颜忠的早期活动在金政权成立之前，在碑文追述其生平事迹时，或有可能提到某个地方政权的事情。在金政权建立之后，敕撰的碑文自然应使用金的年号。至于把"宽永"推测为金末元初的地方政权的年号，和此碑建碑年代不合，是不能成立的。

载《北方文物》1992年4期。后收入《林沄学术文集》。

# 辽墓壁画研究两则

## 一、旗鼓和旗鼓拽刺

在1972年发掘的库伦1号辽墓墓道北壁的出行图中，男女主人的坐骑和鹿车之前有五面大鼓置于地上，旁后站着六个人（图一）。原报告记述如下："车骑之前为五面大鼓，缚在一起，呈梅花形，外侧由五个黑色长竿做成支架，每竿缚一鼓。支架顶端捆扎在一起，上飘彩带。……在鼓架之旁有五个人，分两排站立。前排三人，后排二人，侧身向鼓。五人装束相同，头戴黑色交脚幞头。……这五个人无论从服装上、发式上都可以肯定是汉人。……这五个人可能是鼓手。在五人之旁有一契丹人，髡发，……双手扶长竿而立。"[1]

报告作者只注意到画面上的鼓，说"鼓是壮声势的，应是作为权力的象征"，并引辽代皇帝的仪仗中有十二旗、十二鼓为证。又说："《辽史·道宗本纪》大康六年七月：'为皇孙梁王延禧设旗鼓拽刺六人卫护之。''拽刺'是走卒，六个走卒执旗鼓，看来旗鼓并不一定太多，但可以肯定，在出行仪仗里，没有皇帝的指示，旗鼓是不能随便列置的。在此墓壁画上画主人出行时列五鼓，虽然没有看到有什么旗，但可以肯定，墓主人应该是一个有权势的显要的贵族。"[2]

细察壁画彩色照片[3]，五面鼓并无"缚在一起"的直接证据，而

[1] 王健群、陈相伟：《库伦辽代壁画墓》，文物出版社，1989年，23～27页。
[2] 同注[1]。
[3] 吉林省博物馆、哲里木盟文化局：《吉林哲里木盟库伦旗1号辽墓发掘简报》，《文物》1973年8期，图版壹，1。

图一

所谓"支架"的五根"长竿"，根本找不到"每竿缚一鼓"的任何迹象。此五根"长竿"的向上延伸部分，因画面剥落而残损，但仍存留彩色飘带的尾部。竿的下端则呈尖锐之圆锥形可插立于地。因此，这五根竿完全可以理解为五面旗的旗杆（图一）。1976年在辽宁法库县叶茂台发现的辽末的萧义墓中，墓门两旁的武士像身后也有五面大鼓，形制和花纹类似于库伦1号墓的鼓，鼓旁亦绘有竖立的长竿，而上方保留的旗帜、飘带更为分明（图二）[4]。两墓互相参照，可知所谓"支架"之说不能成立。库伦1号墓车骑之前所绘者实乃五旗五鼓，正是辽代文献中常提到的"旗鼓"。

　　辽代以旗鼓为重要仪仗，是在特殊历史背景下形成的独特传统习惯。

---

[4] 温丽和：《辽宁法库县叶茂台辽萧义墓》，《考古》1989年4期，图六、七。

图二

　　旗鼓是古代指挥作战的号令之具，故唐代对北方诸族的首领人物以赐旗鼓的方式来承认其专征伐而雄霸一方的权力。如贞观二年"赍诏书、鼓纛，册拜（薛延陀）夷男为真珠毗伽可汗"（《新唐书·回鹘传》），"贞观七年，太宗以鼓纛立（西突厥）利邲咄陆可汗"（《新唐书·沙陀传》）等。契丹首领亦曾受唐所赐旗鼓，"贞观二年，摩会来降。……明年，摩会复入朝，赐鼓纛，由是有常贡"（《新唐书·北狄传》）。后来，旗鼓便成为契丹各部共主的权力标志，"常推一人为王，建旗鼓以统八部，每三年则以次相代。或其部有灾疾而畜养衰耗，则八部聚议，以旗鼓立其次而代之"，被代者则需"传其旗鼓"以表权力的转移（《契丹国志·并合部落》）。辽代皇帝的仪仗中有十二神纛、十旗、十二鼓（《辽史·仪卫志》），又称"天子旗鼓"（《辽史·仪卫志》及《太祖本纪》），正是继承了历史的传统。

　　由于旗鼓为重器，专设有"旗鼓拽剌详稳司，掌旗鼓之事"（《辽史·百官志》）。主管该司的旗鼓拽剌详稳，职位颇高，如题里姑任此职后，即任六部奚王（《辽史·圣宗本纪》）；肖音乐奴任此职后，拜五蕃部节度使（《辽史·列传二十六》）。所谓"旗鼓拽剌"，《辽史·国语解》解释说："拽剌，官名。此则掌旗鼓者。"按"拽剌"乃契丹语音译，《新唐书·房琯传》作"曳落河"，元曲中作"曳刺"，其本义当是勇士、健儿。故《辽史》中称挞刺者，或"手接飞雁"（《太宗本纪》），或"捉生敌境"（《太宗本纪》），或"侦候有功"（《圣宗本纪》），或出使吴越（《太宗本纪》）。旗鼓重器当选身手不凡的健勇者守护掌执，故称"旗鼓挞刺"。辽代祭山大礼，由"旗鼓挞刺杀牲"（《辽史·礼志》），可见旗鼓挞刺是健勇之士中的顶尖人物。《国语解》说挞刺是"官名"，失之于泛。而《辽史·百官志》挞刺军详稳司条说"走卒谓之挞刺"，余靖《武溪集·契丹官仪》说"巡警者呼挞刺"[5]，均失之于偏。

旗鼓初为辽帝的仪仗，但对臣属也有赐旗鼓之举，见于史籍的最早一例是太祖神册五年"攻天德，……节度使宋瑶降，赐弓矢、鞍马、旗鼓"（《辽史·太祖本纪》）。辽代初期赐旗鼓似仅是特殊的褒赏手段或临时赋予兵权的标志。前者如会同三年（940年）乌古部遣使献伏鹿国俘，"赐其部夷离堇旗鼓，以旌其功"（《辽史·太宗本纪》）；后者如统和四年（986年）三月"赐林牙谋鲁姑旗鼓四、剑一，率禁军之骁锐者南助休哥"，四月又"遣抹只、谋鲁姑、勤德等领偏师以助休哥，仍赐旗鼓、杓窊印，抚谕将校"（《辽史·圣宗本纪》）。到辽代后期，各部首脑建旗鼓已渐成常规，太平六年"曷苏馆诸部乞建旗鼓，许之"（《辽史·百官志》，又见《圣宗本纪》），太平八年"北敌烈部节度使耶律延寿请视诸部赐旗鼓，诏从之"（《辽史·圣宗本纪》），都透露了这方面的消息。库伦1号墓和叶茂台萧义墓都是辽代晚期墓。据萧义墓志，他在乾统二年已授辽兴军节度使，乾统五年拜北宰相，次年又封陈国公，天庆元年加授太傅兼中书令，自然属于可以建旗鼓之列。萧义墓墓门所绘鼓数凡五，残存画面中旗数难详，推测应和鼓数相当。则出行仪仗中有五旗五鼓的库伦1号墓，墓主官位应和萧义大致相当，另据报道，库伦8号墓墓道北壁残存壁画中"穿黄袍人身后置鼓架，以五黑杆支撑，已残缺。旁有大鼓一面，仅余上

---

[5]《影印文渊阁四库全书》，台湾商务印书馆，1983年，第1089册，174页。该本"警"上一字作"辵"，字书所无。据厉鹗《辽史拾遗》之引文定为"巡"。这里的巡警指随皇帝出行之宿卫部队中的巡警者，略似现代的宪兵。

半部"[6]，应亦为五旗五鼓而误以旗杆为鼓架，墓主地位也相当高。

《辽史·道宗本纪》"为皇孙梁王延禧设旗鼓挞刺六人卫护之"一语，可以有两种理解。一种是理解为皇帝派六名旗鼓挞刺去做皇孙的侍卫，则"卫护之"的"之"是指延禧。另一种是读成"为皇孙梁王延禧设旗鼓，挞刺六人卫护之"。即在梁王仪仗中置旗鼓，并由六名挞刺卫护，则"卫护之"的"之"是指旗鼓。由于文献和辽墓壁画均证明辽代后期节度使、国公可建旗鼓，则梁王当然可以建旗鼓，所以我赞成取后一种理解，则贵族大臣仪仗队中的旗鼓亦有挞刺执掌卫护。由此可以推想，库伦1号墓出行图五旗五鼓附近的五名装束相同的戴幞头者，正是五名旗鼓挞刺。而梁王有挞刺六人卫护旗鼓，应是设六旗六鼓。这样看来，辽代自天子至各级贵族臣僚所设旗鼓的数量，有等级的差别。关于这一点，有待发现更多的壁画墓材料加以验证。

史载辽代末年"县有驿递、马牛、旗鼓、乡正、厅隶、仓司等役，有破产不能给者"（《辽史·百官志》），成了"民所甚患者……（马）人望使民出钱，官自募役，时以为便"（《辽史·列传三十五》）。史文中"旗鼓"与"乡正、厅隶"等职事并列，当是指充任旗鼓挞刺。可见当时贵族官僚建旗鼓者必甚滥，在民间抓差或用钱雇人来当旗鼓挞刺。库伦1号墓壁画中的五名戴幞头者，大概就是这种身份的旗鼓挞刺。而拄杖而立的那个契丹服者，应是五名旗鼓挞刺的主管，犹如皇帝的旗鼓挞刺有旗鼓挞刺详稳做总管。值得注意的是这五人均面向男女主人而左手握右手拇指置于胸口，这正是《事林广记》中详述的叉手礼。由于是左手握右手的大拇指，或径称"叉大拇指不离方寸"（《警世通言》三十七回）。宋代文惟简《虏廷事实》记载："汉儿士大夫见上位、耆年及久阔交，见则进退周旋，三出头，五折腰，相揖而不作声，名曰哑揖。……契丹之人，叉手胸前，亦皆不作声，是谓相揖。"[7]可见这种叉手之俗本源于契丹，相当于汉人的揖。这五人

---

[6]内蒙古文物考古研究所、哲里木盟博物馆：《内蒙古库伦旗七、八号辽墓》，《文物》1987年7期。

[7]《说郛三种》第五册，上海古籍出版社，1988年，2564页。

向男女主人叉手行礼，而拄杖者不行此礼，表明他们和拄杖者身份不同。可以想见的是，旗鼓拽剌既由民间派差或雇人代役，便徒存"拽剌"之名而不一定是健勇之士，元杂剧中称官衙的差役为曳剌，实始于辽代。

库伦1号墓壁画中的五名旗鼓拽剌均穿汉服，但所行为左手握右手大拇指的叉手礼，可能是汉人而从契丹之俗，但并不能绝对排除契丹人穿汉服的可能。萧义墓壁画中旗鼓旁残存四人，均髡发穿契丹服。一人拄长柄骨朵而立，和库伦1号墓拄杖者身份相当。另外三人，一人持双槌击鼓，一人执双槌伫立，一人似在检查鼓，当亦是旗鼓拽剌。综合文献记载和壁画所见，旗鼓拽剌既是鼓手，又负责守护和保养旗鼓，出行时大概是各扛一旗而以旗杆贯鼓环担鼓，走在主人车骑之前。由于旗鼓在仪仗队中的位置最靠近主人的车骑，旗鼓拽剌也可能兼充主人的贴身侍卫。

## 二、契丹女子髡发

1981年在内蒙古察哈尔右翼前旗豪欠营第6号辽墓中发现一具女尸，死者保存了完好的发型（图三，a）[8]。李逸友撰文说："通常见到的关于契丹人髡发习俗的资料，只绘契丹男子，至于契丹妇女是否髡发，以往一无所知。豪欠营辽墓的女尸，首次提供了契丹妇女髡发的实例，比过去仅从绘画资料所见的男子髡发习俗，更加可靠。"[9]

据原报告记述，女尸的发型是："额头上部剃去宽5.5厘米的一片头发，有0.8厘米长的发根。头顶长发集为一束，用纱带捆扎，带结在头顶中央。在这束头发的右侧抽出一小绺，梳成一条小辫，绕经前颅，返回头顶中央，压在大束头发的上面，辫梢另用一根纱带扎住。其余头发披在脑后耳朵两侧，直至肩上。两鬓只见右侧，剩有3至4

---

[8]乌兰察布盟文物工作站：《察右前旗豪欠营第六号辽墓清理简报》，《文物》1983年9期，6页，图一四、一五。

[9]李逸友：《契丹的髡发习俗——从豪欠营辽墓契丹女尸的发式谈起》，《文物》1983年9期。

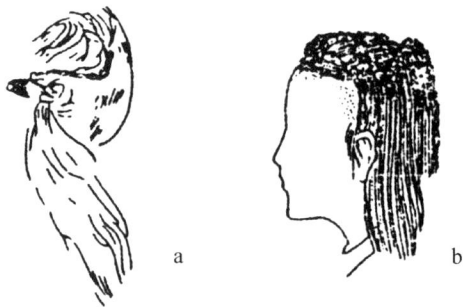

图三

厘米长的头发十余根。"[10]李逸友认为前额边沿部分曾经剃过,"显示了契丹族妇女所特有的一种髡发习俗",又指出头顶长发的带结乃位于"颅顶后",并推断那条小辫压在束发上是"和束发结扎在一起"的,从而作了复原示意图(图三,b)[11]。他还说:"其他绘画资料所见的契丹妇女头上带有巾子,不得见其发式,并不能说明她们不髡发。"[12]

其实,在以往发现的辽墓图像资料中,契丹妇女的发式并非均被巾冠掩覆而不得见,其中有明显是蓄发的。1972年发现的库伦1号辽墓天井北壁所绘四名契丹服侍女,最右面的一个就不裹巾,发型很清楚(图四,a)[13]。她的耳前垂有与契丹男子相同的长鬓,脑后也有披发。颅顶发挽成不太大的髻,覆以灰褐色的巾,用黄色带子束住,带的两端下垂。从额发和眉毛的距离来看,前额不一定剃发。这种发型和汉人女子显然有别,很值得注意。另外,1979年发表的内蒙古翁牛特旗广德公辽墓木棺小门两侧彩画的两个契丹服侍女也是露发的,"发式均作平头短发"(图四,b、c)[14]。而且,新近在辽宁朝阳孙家湾辽墓中出土的石侍女俑,穿契丹式左衽袍,蓄长发左右分梳,"以

[10] 同注[8]。

[11] 同注[9],15页,"契丹髡发图"之4。

[12] 同注[9]。

[13] 同注[1],图一四。但该图比例太小,报告中对其发式又未加记述。本文描述系据吉林省博物馆展出的原大摹件。

[14] 项春松:《辽宁昭乌达地区发现的辽墓绘画资料》,《文物》1979年6期,图一○。

带束双髻于耳后"（图四，d）[15]，亦无髡发之迹。从文献记载来看，宋代庄焯《鸡肋篇》明确地说当时燕山地区"其良家仕族女子，皆髡首，许嫁方留发"[16]。结合《三国志·乌桓传》裴松之注引王沈《魏书》所载乌桓之俗，"父子男女……悉髡头以为轻便。妇人至嫁时乃养发"，可以判定契丹女子和乌桓女子一样是少小未婚时髡发而许嫁后蓄发。豪欠营女尸据牙齿观察，年龄约为25～30岁，由于是单人墓，不能断言她一定已婚，但无疑已进入可以许嫁的年龄段。所谓"许嫁方留发"很可能是头发留长了再出嫁，而不是出嫁后再留发。所以，豪欠营女尸的发式应归入蓄发之例，至于其前额剃去一部分头发，应作为契丹蓄发女子的一种装饰手法或蓄发过程中的特殊处理来理解，不能说契丹女子髡首就是只剃去少许额发。

真正是髡发的契丹女子，以1989年发现的河北宣化下八里2号墓墓室西南壁上所绘侍女表现得最清楚（图四，e）[17]。这个侍女穿褐色的契丹式左衽袍（因腰带以下的敷彩大面积涮褪剥蚀，原报告误以为上衫下裙），叉手而立，颅顶及颅后髡发，保留额发和颅前两侧的头发。这种髡发式样在男子中有相同的例子（图五，a）[18]。其与男子不同之处是在颅顶留一绺头发编成细辫，用红绳结成小髻；并将两鬓长发在耳后上方挽成双髻，髻上有饰物。由此可知契丹女子之髡发实与男子大同而小异。推想女子在颅顶自幼所留细辫，在蓄发后继续保留，便成为豪欠营女尸头上单编的小辫。

但是，该墓报告作者对这个侍女的发式既未加描述，也未作分析，因而这一契丹女子髡发的实例未引起普遍重视。新近发表的论文中仍说"壁画中（契丹）女子皆头戴冠或巾子，……契丹女子

---

[15] 孙国平、杜守昌、张丽丹：《辽宁朝阳孙家湾辽墓》，《文物》1992年6期，图三、1、图五；图版叁，2。

[16] 同注[7]。

[17] 张家口市文物事业管理所、张家口市宣化区文物保管所：《河北宣化下八里辽金壁画墓》，《文物》1990年10期，彩色插页壹，2。

[18] 内蒙古文物考古研究所、哲里木盟博物馆：《内蒙古库伦旗七、八号辽墓》，《文物》1987年7期，图版柒，2。

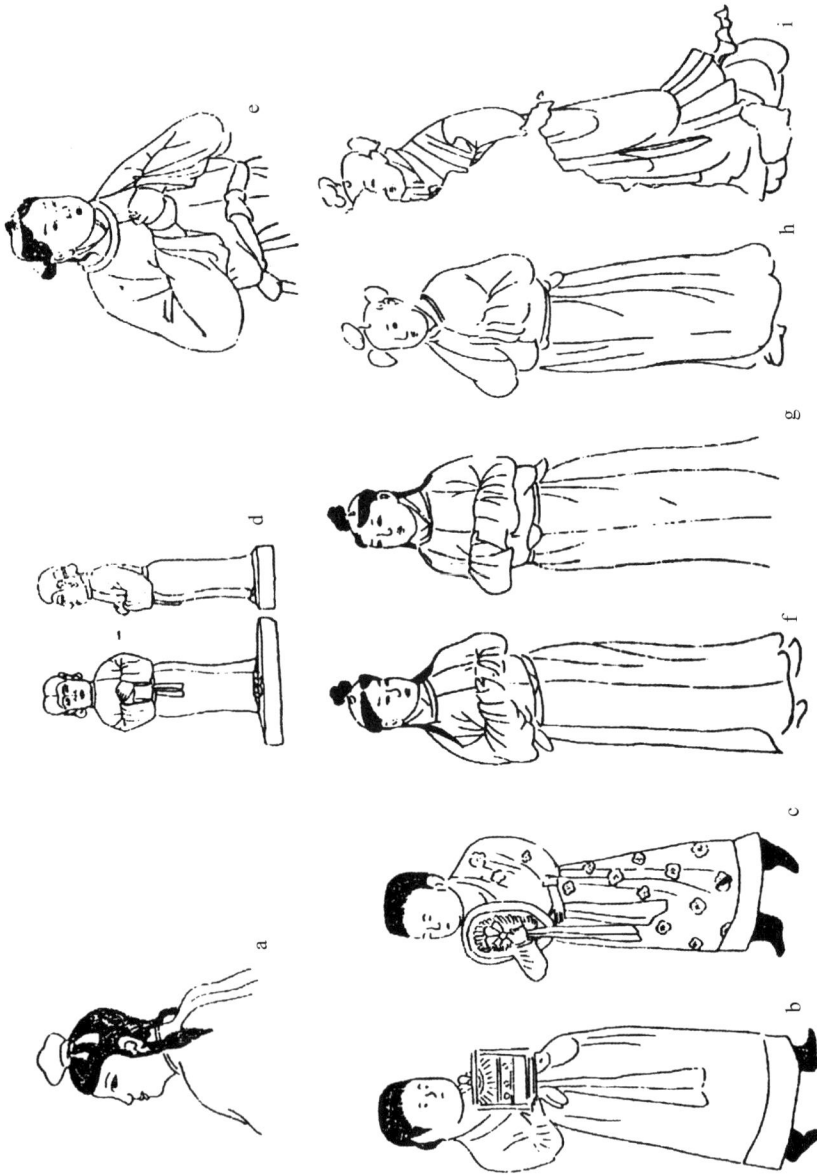

是否髡发在壁画中没有反映"[19]。最近发表的大同市南郊云中大学1号、2号壁画墓，是金初的墓，又有四例髡发契丹女子图像（图四，f～i）[20]。其中两例（1号墓北壁西侧、2号墓北壁东侧）的髡发方式与下八里2号墓的那个侍女相同，但两鬓长发未挽髻而和契丹男子一样垂于双肩，而且颅顶所束的髻较大一些。另外两例（1号墓北壁东侧、2号墓南壁西侧）则连额发也全部髡去，只留颅侧两束长发，这种髡发式样在男子中也有相同的例子（图五，b）[21]。而颅顶留细辫及头上共有三髻则与下八里2号墓全同，只是三个髻上都裹有巾子。2号墓南壁西侧的侍立者，穿汉式宽袖衫，下露多褶之裙，分明是女性。另外三人均穿契丹式窄袖左衽袍，叉手，双手为衣袖所遮，只露出右手的大拇指。原报告作者将此四人均定为"男侍"、"契丹男童"，想来是由于只知契丹男子有类似的髡发方式，而对契丹女子髡发很陌生的缘故。现在既已弄清契丹未嫁女子髡发的式样，可以确定20世纪60年代初在大同北郊卧虎湾发现的4号辽墓西壁宴饮图中的南侧侍立者[22]，也是一个髡发契丹少女。

总之，目前已发现的辽墓壁画资料足以证明《鸡肋篇》关于契丹女子少小时髡发而许嫁后蓄发是可靠的。契丹和乌桓的这一相同习俗，对探讨契丹的族源有一定意义。

最后，还有一个问题需提一下。前举广德公辽墓木棺门侧所绘两名侍女披发而无顶髻，孙家湾墓石侍女俑耳后挽双髻亦无顶髻。当然，可以考虑这三个侍女都只是穿契丹服而并非契丹人；但也可以考虑契丹女子发式本有梳顶髻和不梳顶髻两大类。如取后一种思路，则未许嫁的契丹少女也可以不在颅顶留细辫，如果两鬓所留长发又像

---

[19] 刘冰：《辽代契丹族髡发管窥》，《北方民族文化》（《昭乌达蒙族师专学报》1992年增刊）。

[20] 大同市博物馆：《大同市南郊金代壁画墓》，《考古学报》1992年4期，图三、四、一一、一二；图版拾柒。

[21] 张家口市宣化区文物保管所：《河北宣化下八里辽韩师训墓》，《文物》1992年6期，图版壹、二。

[22] 大同市文物陈列馆：《山西大同卧虎湾四座辽代壁画墓》，《考古》1963年8期，图版伍、6。

图五

云中大学1号墓北壁西侧和2号墓北壁东侧所绘侍女那样并不挽髻，那么就和男子的髡发式样完全相同了。从这种观点来看，宣化下八里韩师训墓墓室西南壁所绘的歌舞小童[23]，也可能是女童。库伦1号辽墓墓道北壁出行图中为女主人套驾鹿车的两个无须侍从[24]，也可能是年轻侍女。但这个问题目前尚无足够的证据，无法论定，需要在今后继续注意探究。

1993年4月20日

载《青果集——吉林大学考古专业成立二十周年考古论文集》，知识出版社，1993年。后收入《林沄学术文集》。

---

[23] 同注[21]，彩色插页壹，1。
[24] 同注[1]，图版一一，1。

# 两个现象，一个假设

　　横贯欧亚大陆，西起黑海、东抵兴安岭的草原地带，是沟通东西文化交流的一条巨大通道。对这条通道上文化交流的考古研究，现在已经从"斯基泰时代"上溯到公元前1千纪以前的青铜时代。但新的考古资料启示我们，这种交流可能始于更早的新石器时代。因为，有两个现象提供了这方面的线索。

　　现有资料已可确定，在草原通道的东端，在新石器时代存在一个独特的平底筒形罐文化区[1]。早在20世纪50年代，苏联考古学家奥克拉德尼科夫就已注意到苏联远东南部（指黑龙江中下游和乌苏里江以东的滨海地区）新石器时代的陶器都是平底的，而以西的贝加尔湖地区的新石器时代陶器则是卵形尖圜底的[2]。我国的考古发现证明，平底筒形器是几乎整个东北三省、内蒙古东南部、河北东北部新石器时代陶器的居绝对统治地位的器形，更南的地区则流行圜底器和圜底三足器，属于另一大文化区了。平底筒形器的分布区还占有朝鲜半岛的东北部和西北小部分地区，更南则为尖圜底器的分布区[3]。

　　在中国，目前所知最古老的平底筒形器出于兴隆洼遗址，所测碳十四年代最早的距今7 000年以上（未校正）[4]。而在俄国伯力附近的加西亚遗址发现了更古老的平底筒形器，碳十四年代达距今10 000

---

［1］冯恩学：《东北平底筒形罐区系研究》，《北方文物》1991年4期。

［2］А. П. Окладников. У истоков культуры народы Дальнего Востока. М., 1954.

［3］韩永熙：《朝鲜半岛新石器文化的地域性》（王培新译），《辽海文物学刊》1993年1期。

［4］中国社会科学院考古研究所实验室：《放射性碳素测定年代报告（一三）》，《考古》1986年7期。

年左右[5]。从器形和纹饰来看，该地区的平底筒形器很像是模仿枝条编成的筐篓。而贝加尔湖地区的最古老的卵形尖圜底器的表面则有绳结网络的印痕，可能是在一种吊悬的网兜中成型的[6]。因此，这两类陶器当有各自不同的起源。尖圜底的陶器在外贝加尔和蒙古的新石器时代均有发现[7]。

　　值得注意的现象之一，是平底筒形器出现在相当遥远的西方。由于草原地带新石器时代陶器发现少且破碎很甚，所以目前只能就早期金属时代的陶器来分析比较。以研究得最充分的叶尼塞河中游的米奴辛斯克盆地为例，约当公元前2500～前1800年的阿法纳羡沃文化的陶器绝大部分是卵形尖圜底和圜底的，而取代它的公元前1800～前1300年的奥库涅沃文化的陶器，则是平底筒形器，而且居民的体质特征，也由欧罗巴人种成分为主变成以蒙古人种成分为主[8]。由于奥库涅沃文化的平底筒形器在形式和纹饰上都和草原地带东端的新石器时代平底筒形器相似（图一，A），可以设想这种陶器是东方起源的一种文化传统。而且，值得注意的是，在米奴辛斯克盆地以北和以西的新西伯利亚地区[9]、托姆斯克地区[10]、阿尔泰地区[11]，在公元前2千纪至公元前1千纪也同样存在有压印纹的平底筒形器（图一，B、

---

[5] 据发掘该遗址的麦德维杰夫1991年在吉林大学讲课录音。后来，А. П. Деревянко, В. Е. Медведев. Исследование поселения Гася. Новосибирск, 1993. 25页发表的具体数字是距今12 960±20年。宋玉彬对该报告的译述，见《东北亚考古资料译文集（俄罗斯专号）》，北方文物杂志社，1996年。

[6] А. П. Окладников. Неолит и бронзовый век Прибайкалья. ч. Ⅰ и Ⅱ. — МИА, No.18. М. — Л., 1950. 166～172页。

[7] З. А. Новгородова. Древняя Монголия. М., 1989. 第三章中"新石器时代的遗存"的有关部分。

[8] З. Б. Вадецкая. Археологические памятники в стелях Среднего Енисея. Л., 1986. 35、36页，图版Ⅹ。

[9] А. С. Московский 主编的 Памятники истории и культуры Сибири. Новосибирск, 1978. 该书的第一部分"新西伯利亚州的考古遗存"。

[10] Ю. Ф. Кирюшин, В. А. Посредников, Л. В. Фирсов. Абсолютный возраст некоторых памятников неолита и бронзы Западной Сибири. — Проблемы западносибирской археологии. Новосибирск, 1981.

[11] Ю. Ф. Кирюшин. Новые могильники ранней на верхней Оби. — Археологические исследования на Алтае. Барнаул, 1987.

图一　有压印纹的平底筒形罐
A.米奴辛斯克盆地　B.新西伯利亚地区　C.阿尔泰地区

C），而且也是和尖圆底陶器交替出现的。

　　在草原地带东端的内蒙古东南部，饰压印纹的平底筒形器在小河沿文化时已经开始衰落，而当夏家店下层文化兴起时已灭绝。如果叶尼塞河乃至鄂毕河中上游地区的压印纹平底筒形器是东方起源的文化传统，那么这种文化因素的西渐，显然应始于新石器时代。

　　在叶尼塞河和鄂毕河中上游发现的平底筒形器，就器形和纹饰而言，都比较接近红山文化的平底筒形器。但如抛开器形不论，而单就纹饰来看，可以发现在西方草原地带的陶器上还反映出一种更古老的起源于东方的文化传统。

　　在绝大部分是尖圜底或圜底的阿法纳羡沃文化陶器上，可看到一个奇妙的现象：有相当多陶器的纹饰都可以在草原地带东端的新石器时代陶器纹饰中找到对应的关系。除了习见的之字纹、平行弦纹外，席纹、席纹和之字纹的组合、横纵两种之字纹的组合、复线之字纹等也有出奇的相符性（图二）。这些纹饰，是兴隆洼文化、赵宝沟文化、左家山一期、小珠山下层等遗存中流行的纹饰，而在红山文化中已经衰落。因此，这些文化因素的西渐，应始于比红山文化更早的时代。

　　当然会有人提出疑问：从相差约3 000年、相距3 000公里的文化相似性来谈文化因素的传播，是否能为人所接受？所以，提出以上两个现象，只不过是为了提供一种可供选择的思路。然而，第一，一种文化传统在几千年中延续不断是文化史上常见的现象，无足为怪。第二，草原地带古来一直存在不同文化传统的人群的互相穿插和复杂的交融。在目前我们对草原地带新石器时代的实际历史所知尚少的情况下，完全可以设想：草原地带因游牧发达而促成远距离文化因素的迅速传播，只是一个漫长历史过程中到达一定阶段才会有的现象。在最初，草原边缘地区有了原始农业辅以多种经济的定居生活，才提供了家畜饲养发生和初步发展的条件。然后才有赶着畜群走向草原的人群，并转化为专事游动牧业的社会集团。起初，游牧人的游动范围相对较小，文化因素的传播距离和速度就很有限。随着游牧业的发达，文化因素的传播范围和速度才像重力加速度那样递增。因此，我们要探索草原地带文化交流的起始阶段，不应受青铜时代以后已知模式的局限，而应实事求是地从新的考古发现去探索历史真相。

　　我相信，草原地带的游牧文化起初是由草原边缘的原始居民从各个方向进入草原而奠基的。从这个意义上说，内蒙古东南部很早就发展起原始农业，而从事定居生活的新石器时代居民，正是后来驰骋草原的游牧人的重要来源之一。

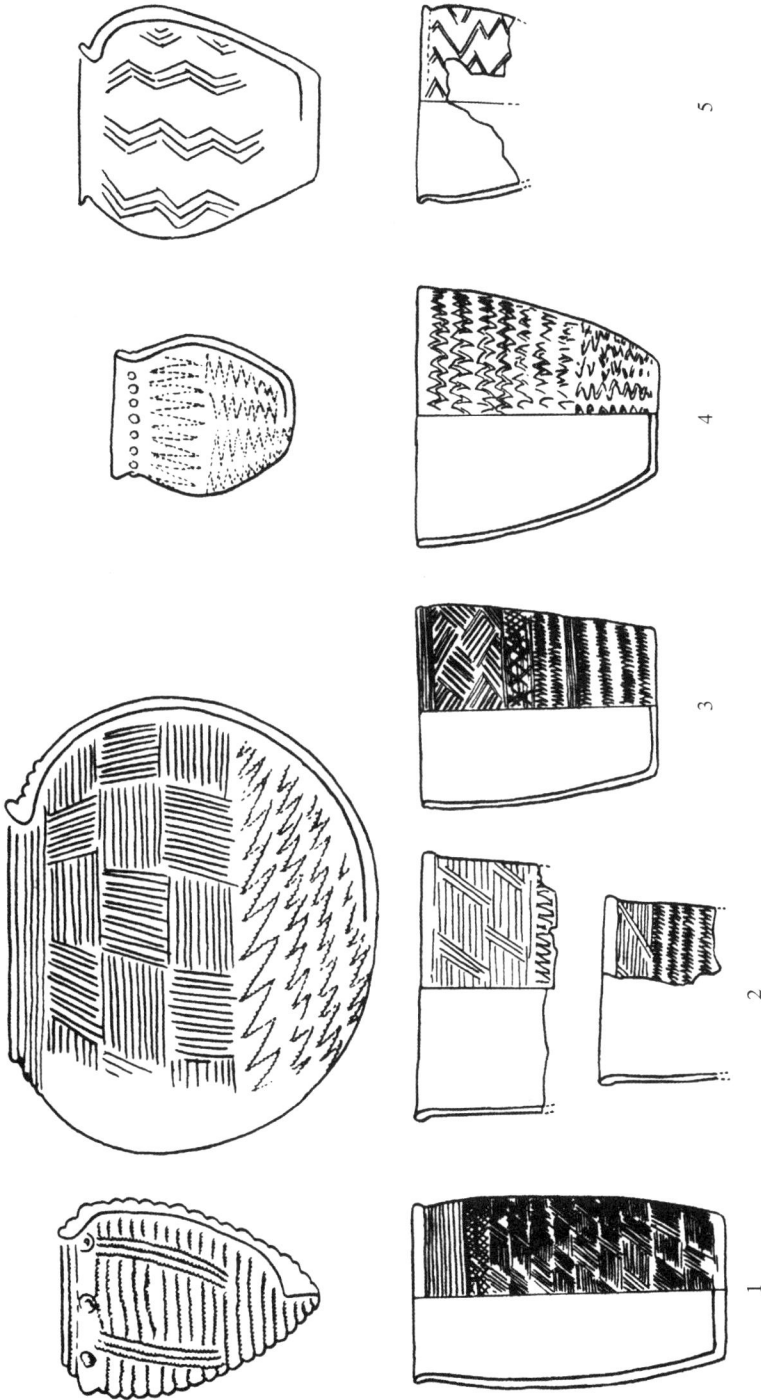

图二　陶器纹饰的比较

上：阿法纳表沃文化陶器　下：中国东北新石器时代陶器（1. 敖汉兴隆洼　2. 农安左家山 I 期　3. 旅顺小珠山　4. 敖汉小山　5. 农安左家山 I 期）

1993 年 8 月在赤峰召开的"中国北方古代文化国际学术讨论会"上宣读的论文。载《中国北方古代文化国际学术研讨会论文集》，中国文史出版社，1995 年。后收入《林沄学术文集》。

# 关于黑龙江流域的篦点之字纹问题

  1865年，俄国医生普费弗尔在距黑龙江入海口60俄里的左岸支流帕特哈河口发现了一处新石器时代居址，这件事被俄国学界视为黑龙江考古的肇端。当时转交到彼得堡的发现物至今仍收藏在人类学与民族学博物馆中。这批发现物中共有四件陶片，引人注目的是有篦齿印具压印的之字纹（图一）[1]。

  1935年，苏联科学院组织了对黑龙江下游的考古考察，奥克拉德尼科夫在苏丘岛也发现了有篦点之字纹的陶器。起初，他把有这种纹饰的陶器视为苏联远东境内最古老的陶器[2]。后来，在苏丘岛和孔东村的多次发掘获得了更丰富的资料，了解到这种篦点之字纹大多

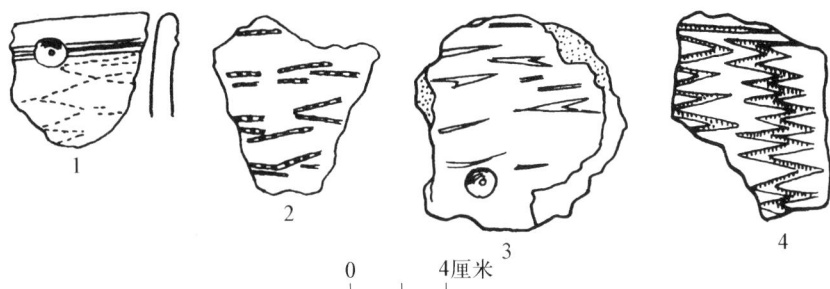

图一　帕特哈出土陶器

[1] А. Г. Шаров. К истории изучения неолитических памятников на Амуре. — Сибирь и её соседи в древности. Новосибирск, 1970.

[2] А. П. Окладников. К археологическим исследованиям в 1935 году на Амуре. — СА, I, 1936. А. П. Окладников. Дрвнейшие культуры Приморье в свете исследовании 1953–1956 гг. — Сб. статей по истории Дальнего Востока. М., 1958.

是和螺旋纹或其他几何形纹同施于一件陶器上；单独存在的例子也
有，但并不多（图二）[3]。而且，根据伏兹涅谢诺夫斯科耶多层遗址的
发掘，这种有篦点之字纹的陶器在相对年代上要晚于有"黑龙江编织
纹"的陶器[4]。

　　饰篦点之字纹的陶器也见于乌苏里江以东的滨海地区。在著名的
鲁德纳亚（河名，旧称野猪河，以前译作捷秋河、捷秋赫河、帖提尤
贺河，俄人后来改为现名）新石器时代居址中，早期房址中出土的陶
器普遍饰"黑龙江编织纹"，而晚期房址中则发现有饰篦点之字纹的
陶器。在瓦连京地峡、奥列尼1号地点等处，也发现有饰篦点之字纹
的陶器（图三）[5]。

　　总之，现在已经确定，篦点之字纹在黑龙江流域并非最古老的陶
器纹饰，它比"黑龙江编织纹"出现要晚。黑龙江下游有篦点之字纹
陶器的新石器时代遗存目前被称为伏兹涅谢诺夫斯科耶文化，乌苏里
江以东有篦点之字纹陶器的新石器时代遗存目前被称为札伊桑诺夫卡
文化。两者大体是同期的文化。而后一文化的绝对年代据鲁德纳亚、
瓦连京地峡、奥列尼1号地点等处的碳十四年代数据，大体可定在
公元前3千纪中叶至公元前2千纪中叶（其中最早的一个数据是距今
4 900±200年）[6]。盛行"黑龙江编织纹"的新石器时代遗存，在黑
龙江下游被称为孔东文化，在乌苏里江以东被称为鲁德纳亚文化。我
国著名的新开流遗址应和这类遗存是同期的。过去由于新开流上层的
碳十四年代是距今5 430±60年，而俄境海上渔人村的碳十四年代是
距今4 160±60年，所以把这类遗存的年代设想得较晚。现在根据在
鲁德纳亚和鬼门洞遗址新获的碳十四年代数据，在8个数据中年代最
早的是距今7 690±80年（灶内木炭），最晚的是距今5 890±45年，

[ 3 ] A. П. Окладников. Керамика древнего поселения Кондон. Новосибирск, 1984.

[ 4 ] A. П. Окладников. Отчет о раскопках древнего поселения у села Вознесеновского
　　　на Амуре 1966г. — Материалы по археологии Сибири и Дальнего Востока. честь I .
　　　Новосибирск, 1972.

[ 5 ] B. H. Дьяков. Многослойное поселение Рудная Пристань и периодизация
　　　неолитических культур Приморья. Владивосток, 1992.

[ 6 ] 同注[5]。

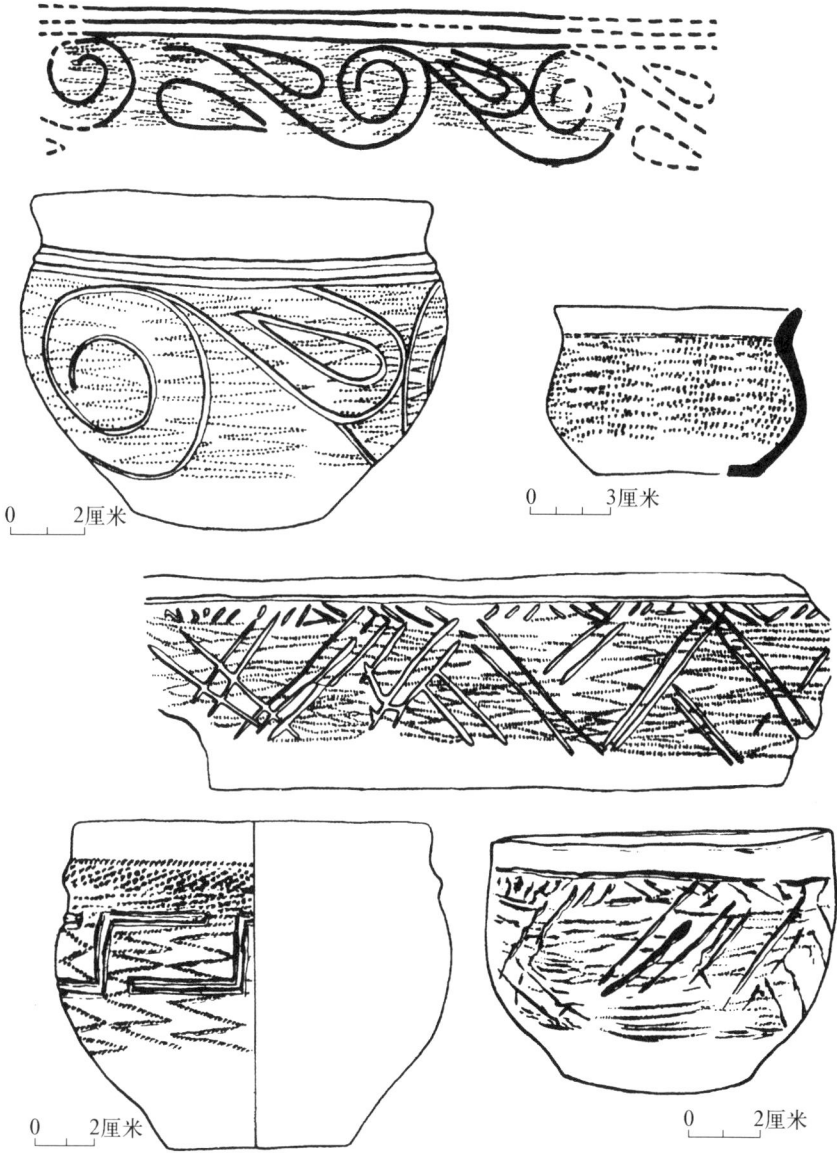

图二　孔东出土陶器

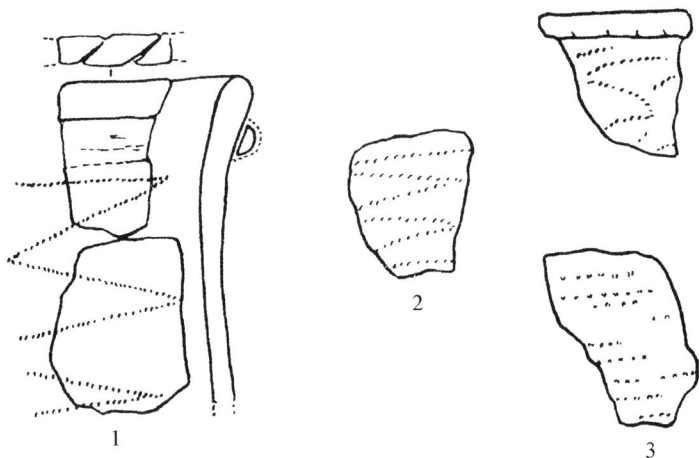

图三　俄国滨海边区出土陶器
1. 鲁德纳亚　2. 瓦连京地峡　3. 奥列尼 1 号地点

则这类遗存的年代应该提前[7]。

在东北亚，陶器上的之字纹目前所知最早出现于兴隆洼文化。而用篦齿印具压印的之字纹是到红山文化时期才盛行的。红山文化的绝对年代大体上是公元前 4 千纪，主要遗存在公元前 4 千纪中叶[8]。我们是否可以考虑黑龙江流域在公元前 3 千纪才出现的篦点之字纹是源于南方的文化因素向东北方传布或影响的结果呢？在考虑这个问题时，另有两个文化现象也是值得深思的。

第一个问题是斜口器（或称偏口罐）的问题。在新乐下层文化中始见的这种奇特的陶器（图四，1），在红山文化中也流行[9]。奇怪的是在黑龙江沿岸的早期靺鞨遗存中，竟然也发现形式相同的陶器，已见诸报道的，有 1970 年在北岸的勃拉戈斯洛文诺耶遗址出土的（图四，2）[10]和 1973 年在南岸的同仁遗址出土的[11]。由于这种特殊陶器

---

[ 7 ] 同注[5]。

[ 8 ] 张星德：《红山文化分期初探》，《考古》1991 年 8 期。

[ 9 ] 在已公布的报告中，红山文化有一种与新乐下层文化形式不同的斜口器。和新乐下层文化形式完全一致的红山文化斜口器，在赤峰市博物馆展品中见到过。

[ 10 ] Alexei Okladnikov. *Ancient Art of the Amur Region*. Leningrad, 1981. 图 127 右上。

[ 11 ] 谭英杰等：《黑龙江区域考古学》，中国社会科学出版社，1991 年，54 页。

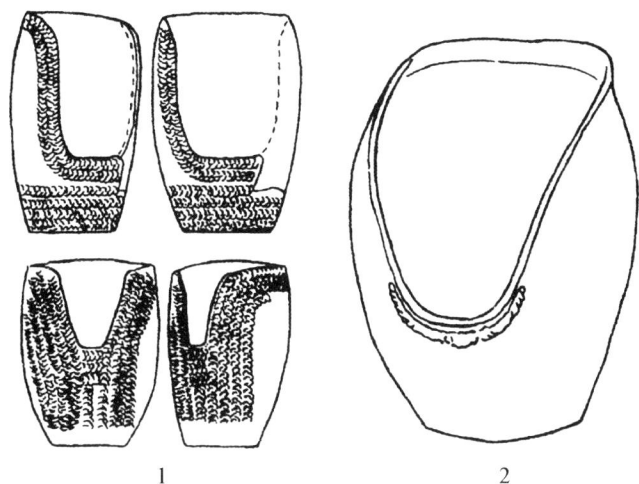

图四　斜口器
1. 新乐　2. 勃拉戈斯洛文诺耶

在黑龙江当地新石器时代文化中迄今尚未发现过，不能不使人考虑黑龙江古代文化中确有起源于南方古代文化的成分。

第二个问题是红山式玉器的问题。于建华已有论文专门讨论过黑龙江省内已发现的红山式玉器[12]。她指出，有红山文化特点的三联玉璧最东北的发现地点已到达尚志亚布力遗址和杜尔伯特的六家子，而有红山文化特点的玉璧最东北的发现地点则到达依兰和鸡西。可以补充的是，有红山文化特点的剖面为柳叶形而外廓不很周正的白玉璧，1966年在黑龙江下游的伏兹涅谢诺夫斯科耶遗址中出土过[13]。这些玉璧在层位上和"黑龙江编织纹"陶器共存，应和鸡西刀背山所出时代相近。还应该指出，像庆安莲花泡、抚远亮子油库发现的所谓"玉匕"，在黑龙江北岸的新彼得罗夫卡遗址中也是和"黑龙江编织纹"陶器共存的[14]。这种玉器在红山文化已发表的资料中虽未见报道，但在更南的天津宝坻县牛道口却发现过4件，同出的石斧具有红山文化、

[12] 于建华：《黑龙江出土的新石器时代玉器及相关问题》，《北方文物》1992年4期。

[13] 同注[4]。彩色照片见注[10]，图79右下。

[14] А. П. Окладников. Археологии долины реки Зеи и Среднето Амура. — СА, 1966, No.1.

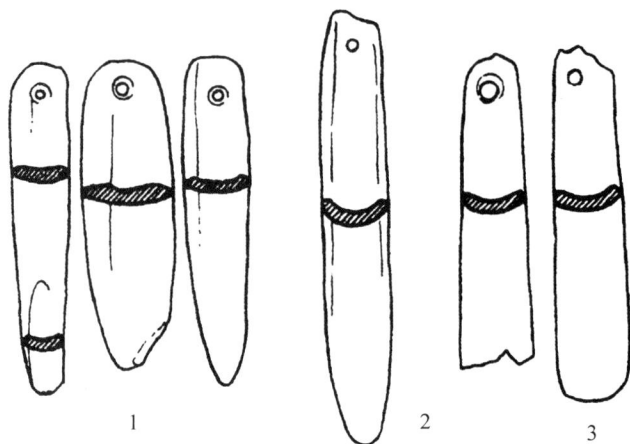

图五　玉器
1.莲花泡　2.伏兹涅谢诺夫斯科耶　3.牛道口

赵宝沟文化的特点[15]，可见这种玉器也应该是南方起源的（图五）。俄国学者过去推测这种玉器是贝加尔湖沿岸新石器时代流行的玉、石质鱼形诱鱼器的简化形式，现在看来是一种误解。

从红山式玉器的传布现象可以看出，早在公元前4千纪，西辽河水系的文化因素就已向东北扩散。因此，公元前3千纪在黑龙江流域出现的篦点之字纹，很可能也并不是本土自生的。

红山文化目前所知的分布范围，东北面到达哲里木盟的新开河流域[16]，其结束年代约在公元前3、4千纪之交，因此篦点之字纹这种在红山文化中曾流行过的文化因素向东北方的扩散，想必是通过相邻考古学文化之间的辗转传递，而具体途径有可能是像红山式玉器一样，先从西辽河流域到嫩江中下游，再进一步传布到广大的黑龙江流域各地。分布比红山文化偏北的富河文化也有篦点之字纹陶器，吉林省西部[17]和黑龙江省西南部[18]也已经发现过篦点之字纹陶器，都有利于作如是设想。

---

[15] 天津历史博物馆考古队等：《天津宝坻县牛道口遗址调查发掘简报》，《考古》1991年7期。

[16] 文物编辑委员会：《文物考古工作三十年》，文物出版社，1979年，101页。

[17] 郭珉等：《吉林省乾安县新石器时代遗址调查》，《北方文物》1992年2期。

[18] 唐国文：《大庆地区新石器时代文化遗存之探索》，《北方文物》1992年2期。

  我认为，在西辽河和嫩江之间自古以来有一条重要的文化通道。现有的考古发现表明，在青铜时代，一方面，以嫩江中下游为中心的白金宝文化的陶器出现于西拉木伦河以南翁牛特旗大泡子[19]，而且在夏家店上层文化的陶器上有显然受白金宝文化影响的篦纹[20]；另一方面，嫩江流域在这时才出现的陶鬲，既有筒腹的，又有有颈鼓腹的，反映出与夏家店上层文化陶鬲的相似性[21]，已足以断言两地之间确实存在文化交流。本文提出的篦点之字纹陶器问题，以及相关的斜口器、红山式玉器问题，只是把这条通道上的文化交流推溯到更早的新石器时代，这将是东北考古中一个值得注意的课题。

  1993 年 11 月在哈尔滨召开的"黑龙江省博物馆七十周年馆庆暨学术讨论会"上提交的论文。后收入《林沄学术文集》。

---

[19] 贾鸿恩：《翁牛特旗大泡子青铜短剑墓》，《文物》1984 年 2 期。

[20] 内蒙古自治区文物考古研究所：《内蒙古克什克腾旗龙头山遗址第一、二次发掘简报》，《考古》1991 年 8 期。

[21] 乔梁：《松嫩平原陶鬲研究》，《北方文物》1993 年 2 期。

# 陈庄1号墓女俑身份商榷

　　北京昌平县文物管理所在1986年发掘陈庄1号墓时，于砖砌骨灰龛的前方两侧发现契丹式髡发的男女陶俑各一，且男俑服装明显为"左衽"，是研究契丹族历史的可贵文物。该墓简报发表于《文物》1993年3期[1]，对这两件陶俑作了重点介绍。简报认为，墓中出土的女俑不但证实了契丹女性髡发的事实，丰富了契丹女性髡发的具体式样的实例，而且还说："倘若鲜卑族'唯婚姻先髡头'的习尚也被契丹人承袭下来的话，那么，陈庄1号墓出土的男、女髡发俑大致说明这是一座夫妻合葬墓。"这一对陶俑"有可能是墓主人生前的形象"。由于墓中出土这一对男女俑是契丹人形象，而且"随葬品中的唾盂、印花盘、熨斗、盏托等也是契丹族极富特色的生活用具"，故认为该墓的墓主人为契丹族。

　　从男、女俑的发式和服装特点判定两俑为契丹人，这是完全可以成立的。但是女俑既然是髡发的，要说男、女两人是夫妻就有问题了。因为，宋代庄绰所著的《鸡肋篇》明确记载，当时燕山地区"其良家仕族女子，皆髡首，许嫁方留发"[2]。汉族自古无髡发之俗，这里所说的"良家仕族女子"显然应指契丹女子。而且要追溯其起源，则《三国志·乌丸鲜卑东夷传》裴松之注引王沈《魏书》记载乌桓之俗说："父子男女……悉髡头以为便。妇人至嫁方蓄发。"又说："鲜卑……其言语习俗与乌丸（即乌桓）同。"《三国志·乌丸鲜卑东夷

---

[1] 昌平县文物管理所：《北京昌平陈庄辽墓清理简报》，《文物》1993年3期。
[2]《说郛三种》第五册，上海古籍出版社，1988年，2564页。

传》说的"乌丸、鲜卑即古所谓东胡也",《新唐书·契丹传》所说的"契丹,本东胡种",表明中国古来史家就有契丹和乌桓、鲜卑族源上一致的见解。因此契丹女子蓄发而嫁的风俗应是有古老传统的。陈庄 1 号墓女俑既然明显是髡发的(图一,6),就应该考虑是未婚的契丹女子,说她是男俑之妻,未免启人疑窦。

简报作者没有直接用宋代的《鸡肋篇》来讨论当时契丹女子的实际发式,而是用鲜卑族"唯婚姻先髡发"来推论墓中均髡发的男女两俑是已婚夫妻。然而,鲜卑族"唯婚姻先髡发"的说法,始见于南朝刘宋时范晔所著的《后汉书》中的《乌桓鲜卑列传》,这种说法本身的可靠性就是值得怀疑的。西晋陈寿著《三国志》时,在《乌丸鲜卑东夷传》中没有记述乌桓、鲜卑的习俗,说是"其习俗、前事,撰汉记者已录而载之矣"。可惜,陈寿以前的这些记述了乌桓、鲜卑习俗的《汉记》今天我们都看不到了。但刘宋时裴松之注《三国志》时,引用了大量我们今天已经看不到全豹的古书,他给乌桓、鲜卑的习俗作注时,没有引用《汉记》,而是大段引了西晋王沈所著的《魏书》的记述。按裴松之作注的体例来看,这应该是他选的最详备的一种记述。各种《汉记》所载大概也超不过《魏书》。关于这两族髡发之俗,《魏书》所述即如前文已引用,但在"鲜卑……其言语习俗与乌丸同"之后,还有一段话:"常以季春大会作乐水上,嫁女娶妇,髡头饮宴。"这段话,本可以理解为鲜卑有一个特殊的风俗,是在暮春时要在作乐水边举行大会,其时除相聚饮宴外,也是习惯上婚嫁、髡头的时节。而且,《魏书》在记述乌桓髡发之俗时,在"男女"之前还加了"父子",合理的理解应该是用"父子"来强调男性老少均髡发,并不是要等到结婚时才髡发。而女性则是未婚时髡发,至嫁方蓄起来。但人的头发髡了还要长,要保持髡发的发式,就还要一次一次髡。和乌桓同俗的鲜卑,只不过有在季春大会时必髡一次发的惯例,这和今天汉族还有"二月二,龙抬头"之日剃头的习俗可以类比,没有什么可奇怪的。但古书本无标点,《魏书》中那段话,一定要点读为"常以季春大会作乐水上,嫁女娶妇髡头饮宴",也可以理解成嫁女娶妇时男女都要髡头。范晔在著《后汉书》时,身在江南,要述前

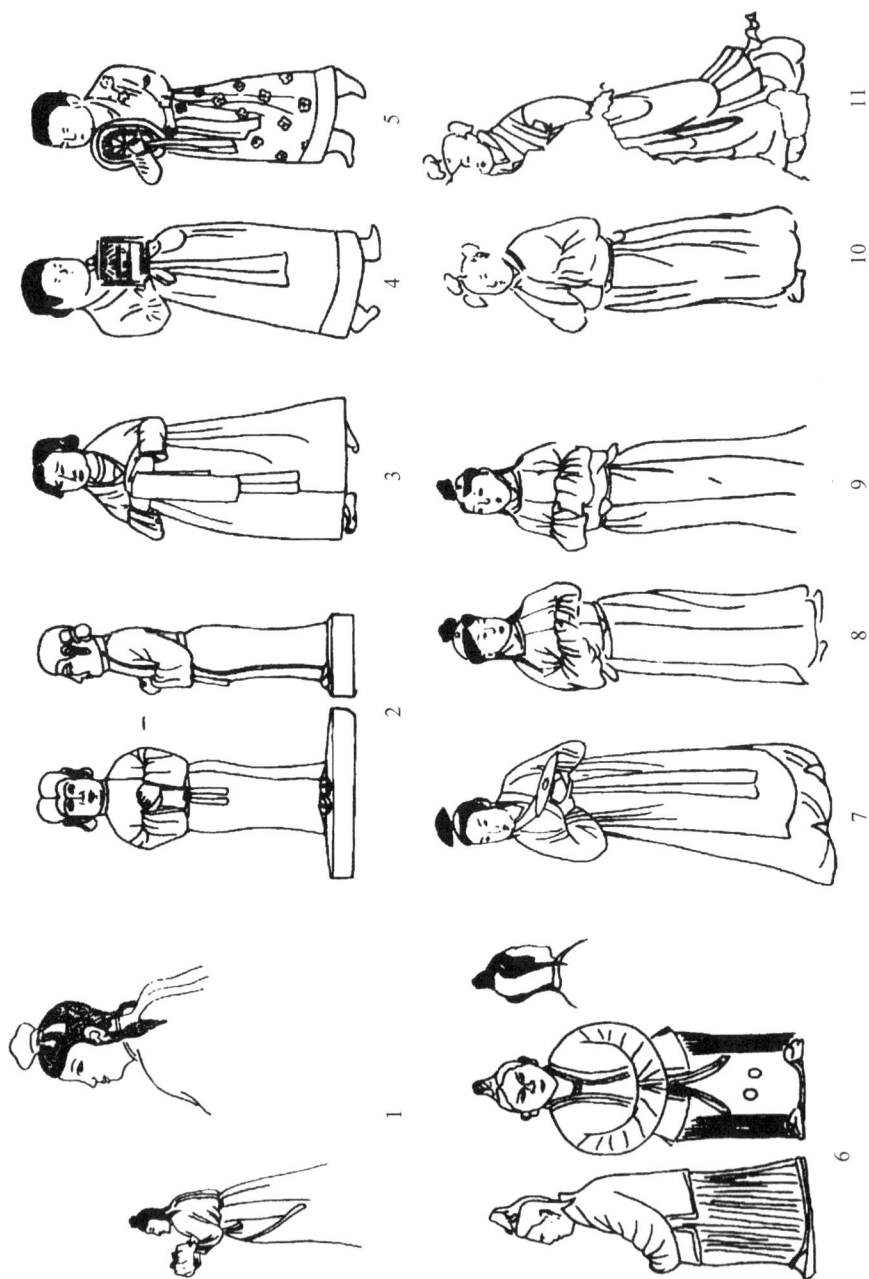

图一　契丹女子发式

1～5. 蓄发者　6～11. 髡发者（1. 库伦1号墓壁画　2. 孙家湾墓石俑　3. 陈国公主墓壁画　4、5. 广德公墓木棺彩画　6. 陈庄1号墓陶俑　7. 下八里5号墓壁画　8、10. 云中大学1号墓壁画　9、11. 云中大学2号墓壁画）

代北方民族的习俗，所依据的也不过就是裴松之能看到的那些书。不过他在引述时又爱加以条理化，对所引的原记载进行剪裁、润饰，所以他记述的乌桓、鲜卑、东夷各族的习俗，有的和王沈《魏书》或《三国志》逐字逐句完全一样，有的却有所不同。像鲜卑髡发之俗，在他笔下就成了"其言语习俗与乌桓同，唯婚姻先髡头。以季春大会于饶乐水上，饮宴毕，然后配合"。这个"唯婚姻先髡头"，究竟是范晔从《魏书》这类记述中理解出来的，还是确实另有所据，岂不是很值得怀疑吗？

《后汉书》"唯婚姻先髡头"的"唯"字，是要强调鲜卑和乌桓有所不同而加的。但只说"婚姻先髡头"，既未指明性别，也不曾说明结婚以前到底髡不髡。所以即使相信范晔说的话完全可信，还是弄不清古代鲜卑人的髡发究竟如何，这是只有等鲜卑考古提供这方面的实证后才能弄清楚的事。但就目前考古中已经发现的契丹人形象的实例而言，男的不论老幼，尚未见不髡发之例，女的则确有髡发和蓄发两类。所以我在过去的论文中，根据《鸡肋篇》和《三国志》的记载，指出契丹女子髡发者为未婚，蓄发者为已婚。并推测豪欠营女尸那样已蓄顶发而尚不太长，前额两鬓又特意剃过的发式，可能是已许嫁而尚未成婚时的情况[3]。在该文写定后才见到的陈庄 1 号墓的髡发女俑，在我看来正是典型的未许嫁的契丹女子，当然不可能和那个男俑是夫妻。

这一对俑既不可能是夫妻，说他们是墓主人也就难以成立了。实际上，该墓除了这两个俑之外，从墓葬形制、葬式、随葬品来看，都无疑应归为汉式墓，而不具备契丹式墓的特征。据简报，陈庄 1 号墓是有墓门的圆形单室砖石墓，墓室直径 2.2 米，有壁画痕迹，墓内有砖砌的须弥座式骨灰龛。随葬品除两件陶俑外，还有 6 件瓷器、41 件各种灰陶明器、7 枚钱币。钱币中年代最晚是"宣和通宝"，始铸于 1119 年，距辽亡的 1125 年很近，简报推断墓的年代"应为辽末金初"是对

---

[3]林沄：《辽墓壁画研究两则》，《青果集——吉林大学考古专业成立二十周年考古论文集》，知识出版社，1993 年。

的。在已发现的辽至金初的这种规格的墓中，墓主火葬而随葬成批灰
陶明器者，有墓志或题记可考定墓主的，都是汉人墓，身份为平民中
的富户或官吏。简报作者所列举的唾盂、印花盘、熨斗、盏托等器类，
只能说是辽墓中常见的生活用具，而绝不能说是"契丹族极富特色的
生活用具"。真正有契丹人特色的随葬品，如马具、兵器、"嘎拉哈"、
砺石、串珠、植毛骨刷、"契丹式"耳环等，在此墓中一样都不见。所
以，该墓墓主应是汉人，这一对契丹男女陶俑乃是墓主的奴婢才对。

在辽末至金初的汉人墓的壁画中，契丹奴婢的形象已屡有发现。
如河北宣化下八里2号墓，据墓志为天庆九年（1119年）下葬，墓
主张恭诱，是不曾做过官的信佛者，其墓西南壁上绘有髡发侍者一
人[4]。宣化下八里韩师训墓，据墓志为天庆元年（1111年）下葬，墓
主是富裕的商人，其前室南壁墓门两侧各绘一髡发男性持杖守门
者[5]。宣化下八里5号墓，据墓志为天庆七年（1117年）下葬，墓主
张世古是不曾做官的信佛者，其后室西南壁绘一髡发侍者，东南壁
亦有一髡发侍者[6]。宣化下八里6号墓，早期被盗，未见墓志，也是
辽代晚期的张氏家族之墓，前室东壁备茶图中有三个髡发侍者[7]。山
西大同云中大学2号墓，据墓志为正隆四年（1159年）下葬，墓主陈
庆，为很低级的军官，北壁东侧有一髡发侍者（对应的西侧壁画未
保留下来），南壁甬道口西侧有一髡发侍者（对应的东侧壁画未保留
下来）[8]。云中大学1号墓无墓志，和2号墓属同一家族墓地，时代也
相近，其在北壁床帐图的两端各绘一髡发侍者[9]。大同卧虎湾4号墓，
被盗未见墓志，随葬钱币最晚是"元丰通宝"（1076～1085年），墓

---

［4］张家口市文物事业管理所等：《河北宣化下八里辽金壁画墓》，《文物》1990年10期，彩
　　色插页壹，2。

［5］张家口市宣化区文物保管所：《河北宣化下八里辽韩师训墓》，《文物》1992年6期，图
　　版壹，1、2。

［6］张家口市宣化区文物保管所：《河北宣化辽代壁画墓》，《文物》1995年2期，封二，1、
　　2；彩色插页贰。

［7］同注[6]。

［8］大同市博物馆：《大同市南郊金代壁画墓》，《考古学报》1992年4期，图版拾柒，1、
　　2；图版拾柒，3。

［9］同注[8]。

葬规格和陈庄 1 号墓大体相当，从保存的壁画看墓主应是汉人富户，在北壁床帐图的东西两端各绘一侍者，东侧的一个发表了照片，可肯定是髡发的侍者；东西两壁的宴饮图中，从发表的照片看至少可分辨出 3 人为髡发的侍者[10]。卧虎湾 6 号墓，朱书买地券纪年为大安九年癸酉（1093 年），墓主为汉人富户，在北壁的围屏图（按：性质相当于后来的床帐图）西侧绘一髡发侍者；其他壁画中人物有无髡发者，因发表的照片不太清晰，难以确知[11]。最近新发表的山西平定西关村 1 号墓，简报判定"其时代当为金代"，从随葬品和壁画内容来看，墓主也是汉人，其北壁床帐图东侧绘有髡发侍者一人[12]。综合以上情况，说明在辽代晚期因政治腐败、连年灾荒，以及辽朝覆灭的社会大动乱，契丹人沦为汉人富户之奴婢者当不在少数。陈庄 1 号墓作为一座很典型的汉式墓而随葬契丹男女侍者俑，正为这种历史状况提供了又一实证。这对于认识当时民族矛盾和阶级矛盾的错综关系，研究中华民族历史上的熔铸过程，无疑都有重要意义。

借此机会，还想对契丹女子的髡发式样再多说几句。

陈庄 1 号墓出土女俑的发式，据简报的描述为："保留了额发、鬓发、颅侧发和顶发，剃去颅顶的四周及颅后发，保留的颅顶发扭成灵蛇髻，髻头垂于颅前顶。整个髻形正看似汉族妇女的'高髻'，侧看成'几'字形。在'几'顶处用发带结扎，额发中分，汇合鬓发、颅侧发成两绺，垂于两耳前、后。"如参照其他壁画资料来看，这一描述中漏掉了一个重要细节，即所留的顶发，在挽髻之前先要编成辫子，而且这条发辫是在发根处用发带束紧的。这在简报图二八从后面拍摄的顶髻照片上是可以看出来的。同类的先结辫再挽髻的侍者，还见于山西大同云中大学 1 号墓北壁床帐图西侧（图一，8）、云中大学 2 号墓北壁床帐图东侧（图一，9）。这两个人物在原报告中都被定为"男侍"，我在以前的论文中已改定为女侍。从陈庄 1 号墓的陶俑

［10］大同市文物陈列馆：《山西大同卧虎湾四座辽代壁画墓》，《考古》1963 年 8 期，图版伍，2～6；图版陆，4、5；图版伍，1、2。

［11］同注[10]。

［12］山西省考古研究所等：《山西平定宋、金壁画墓简报》，《文物》1996 年 5 期，图一八。

来看，我的意见是站得住脚的。宣化下八里5号墓后室西南壁上还有一个捧唾盂的侍女的发式也是这一类的（图一，7）。至于陶俑和壁画人物在辫髻的形式上并不完全一致，这应考虑辫髻本来可挽成多种形式，还应考虑用陶土表现人发时的条件限制，所以是没有什么奇怪的。

推究云中大学1、2号墓壁画中的那两个女侍之所以被误作"男侍"，除了因为过去对契丹女子的髻发式样缺乏了解外，这两个人物穿的衣服和男性无别，想必也是重要原因。陈庄女俑是下系百褶裙，上着对襟小袄；下八里5号墓捧唾盂的女侍是穿红色衣裙，外罩绿色交领右衽衩衣，都一望而知为女装。而云中大学两墓的两个女侍穿的是左衽的圆领袍，这是契丹男子也穿的。不过从服装的民族性而言，前两个契丹女侍实际上已经是改穿了汉式的女装。契丹女子的民族服装本来是和男的一样，也穿左衽圆领袍的，这才是骑马民族的传统装束，就像今天蒙古族的男女都穿"蒙古袍"一样。辽宁朝阳孙家湾辽墓[13]，是一座随葬铁矛、篦纹夹砂陶罐等器物的契丹式辽墓。其中出土二男二女石侍俑，有一件蓄发而耳后梳双髻的女俑就是穿左衽圆领（只是在上面又加了立领）袍的，可以为证（图一，2）。此外，壁画中还有不少契丹女子穿交领长袍。从库伦1号墓[14]天井北壁的侍女像看，这种交领袍有左衽的，也有右衽的，应是受汉人交领服影响所致，已非纯粹的契丹服。

还应该强调的是，云中大学1、2号墓的这两个有顶髻的侍者，都是床帐图的组成部分。从原报告图版拾柒，3的1号墓北壁全貌可以看出，最上方是有四个大帐钩的帐子，文字叙述中被称为"窗"的，实际是床后所围的画有花卉的四扇屏风。文字叙述为窗下的"墙"的，实际表现的是床面。再下面则是下垂的床围，只是画匠画得全无透视感，而且还把两个侍者画得像是凌空站立着。如果和从前发表的大同卧虎湾4号墓北壁的床帐图（原简报误称为"花卉

---

[13] 孙国平等：《辽宁朝阳孙家湾辽墓》，《文物》1992年6期，图三，1；图五。
[14] 王健群等：《库伦辽代壁画墓》，文物出版社，1989年，图一四。

屏")[15],以及最新发表的山西平定西关村1号墓（金墓）北壁的床帐图[16]对照一下，就明白了。床帐是象征墓主的内寝的。中国传统习俗在内寝只用丫环服侍，过去发表的金元壁画墓，帐前所绘侍者可确定性别的也都是女性[17]。因此，把这两个顶髻的帐前侍者定为女侍才对。

　　在云中大学1号墓北壁床帐图的东侧，还有一个有顶髻的侍者（图一，10）也被原报告定为"男侍"。其发式和西侧那个女侍不同之处有二：1.额发全部髡去。2.头部两侧留的头发挽成双髻。至于在顶髻和两侧的双髻上都有白色的裹巾，则是头饰方面的事，和发式无关。额发全部髡去，在契丹男性中是有的，韩师训墓前室南壁的两个男性守门者即是如此，且均蓄短髭。库伦2号墓墓道北壁的一个持骨朵男子也髡去全部额发，并蓄长须。可见这和保留额发为同时流行的不同的式样，和年龄无关。但两侧挽双髻和髻上裹巾，则过去只见于女性。头部两侧头发挽髻的做法，见于孙家湾墓的石女俑（图一，2）和陈国公主墓前室东壁壁画中的捧巾侍女（图一，3）[18]，都是蓄全发的已婚女子，可见也是和年龄无关的发式差异。髻上裹巾见于库伦1号墓天井北壁的一个捧包袱的女侍（图一，1），原报告图一四中绘此女时漏画了裹巾的细节，我在过去的论文中，已据吉林省博物馆展出的原大摹本进行过修正（图一，1右上）。所以我认为云中大学1号墓的这个床前侍者，虽然穿的是圆领左衽袍，且和西侧那个侍女一样脚上是"白色尖头靴"打扮像男的一样，却是一个小丫环。而云中大学2号墓南壁西侧还有一个发式和她完全一样，也是三个发髻上都裹巾子的侍者，穿的就完全是汉式女装（图一，11），当然也是小丫环，而绝不是"男侍"。

　　我在过去论文中有一个错误，是把下八里2号墓西南壁上那个叉

---

[15] 同注[10]。

[16] 同注[12]。

[17] 李方玉等：《金代虞寅墓室壁画》，《文物》1982年1期，图一，6。辽宁省博物馆：《凌源富家屯元墓》，《文物》1985年6期，彩色插页之"探病图"。

[18] 内蒙古自治区文物考古研究所：《辽陈国公主墓》，文物出版社，1993年，彩版二，1。

手的髡发侍者颅顶上的黑色小团当成很小的一个发髻了。后来见到下八里5、6号墓的壁画，才知道应该看成是一根小辫儿的辫根部分才对（图二，1）。过去库伦2号墓天井北壁的持龙头"长竿"者的髡发式样使人觉得很奇怪，原报告说他"唯于脑后多一绺垂发，为其他契丹人所未有"。看来，这"一绺垂发"似也可理解为一条小辫，但"辫"根画得相当靠后，又看不清是否编过，所以还存在一些疑问。下八里诸墓已发现了五个这样颅顶拖一条小辫的髡发侍者（图二），都是穿圆领左衽袍和尖头靴的。上文已经讨论过这种打扮在契丹人中是男女通用的，所以我不能同意孙遇安同志只根据这种服式就把他们一概定为"男童"[19]。在这种情况下，应该对他们的发式和容貌作进一步分析。像下八里6号墓前室东壁备茶图中立在桌后捧着执壶的髡发侍者，虽然头上插着花，但从眉毛的画法来看，不像女的，说他是男童可信（图二，3）。而下八里2号墓西南壁上那个叉手的髡发侍者，把两侧的头发挽成双髻的发式，以前在契丹人形象中只见于女性，而且面容也堪称姣好，目前仍定作丫环为宜。至于其他三人，都像捧执壶者一样，头两侧所留的头发是不挽髻的，但由于梳顶髻而可确知为女子的头两侧所留发也有不挽髻而下垂者，所以并不能说不挽髻的扎小辫者一定是男童。而且年幼的男女孩儿在相貌上并不一定有明显的区别，故并不可能一一分清男女。但有一点应强调：目前已发现的留小辫者，都没有髭须，所以把留小辫视为年龄小的特有发式是可以成立的。

综合以上的讨论，从目前所见的考古资料，可以设想一个契丹女子一生中髡发式样因时变化的模式：童龄期在头顶留一绺发，编成小辫；及笄期把留得粗大些的顶辫挽成辫髻；许嫁后才开始蓄顶发。这对分散居住在广阔草原地区的民族来说，在男女社交活动中无疑可起无声的标记作用。从这个观点来看，陈庄1号墓的女俑当是个进入婚龄期而尚未择配的女奴。

上面我提出的这个模式，当然仍有待今后考古新资料的进一步检

[19]孙遇安：《宣化辽金壁画墓壁画中的服饰》，《文物天地》1996年1期。

图二　留小辫的契丹男孩女孩
1. 下八里2号墓壁画　2. 下八里5号墓壁画　3～5. 下八里6号墓壁画

验、修正、充实，也很愿意就此和孙遇安等同志继续展开讨论。这里我还想再说说我自己仍在考虑的疑问。我在过去的论文中已经指出，蓄发的契丹女子中实际并不是都有顶髻的，所以未婚的契丹女子也可以没有顶髻。在此则补充一下，挽顶髻很有可能是受汉人女子发式影响而产生的，甚至童龄留小辫可能也是受汉人影响所致。那么传统的契丹女子发式，在许嫁前就该是和男青年一样髡去全部顶发，在男女服式又一样的情况下，就只能靠面容来区分男女。最近见到平定西关村1号墓床帐图，床前东侧站着的侍者，就是髡去全部顶发，既无顶髻，也不留小辫，穿绿色圆领袍（衽式不清楚），黑色尖头靴。简报作者认为是"男子"，我却认为是纯契丹发式和服式的未婚女奴。不知诸君有没有以为然的？

载《北方文物》1996年4期。后收入《林沄学术文集》。

# 再论挂缰钩

我国商周时代有一种器身狭长、两端有对称性曲臂的青铜器，考古报告中通常称之为"弓形器"。在西伯利亚也有形状相近的青铜器，俄文考古文献则习称"牛轭模型"（модель ярма）。我在1980年发表过《关于青铜弓形器的若干问题》一文[1]，把这种器物拟定为"系于腰带正前方的挂缰钩"，是"古代的骑马者和驾车者用来绊马缰而解放双手的工具"（图一，1）。但因载此文的刊物发行面很有限，国内考古同行极少有见到的。1993年唐嘉弘在《殷周青铜弓形器新解》一文曾引用过我的看法[2]，但1995年发表的秦建明《商周"弓形器"为"旌铃"说》一文中对我的看法仍一字没提[3]。

我在1989年夏到新西伯利亚访问苏联科学院远东分院历史考古民族研究所时，结识了该所的青年学者 A·B·瓦列诺夫。他送我他对"牛轭模型"功用看法的一篇论文的抽印本，该文的结论是："所谓'牛轭模型'是带在腰带上作为带绊（пряжка）的。它们的弯拱是在作战时系住缰绳用的。"[4] 在文中也附有使用复原图（图一，2）。他的论据和结论基本上和我是不谋而合的。该所的研究人员 C·A·科米萨罗夫在所著的《古代中国的成套武器（青铜时代晚期）》一书中，

［1］林沄：《关于青铜弓形器的若干问题》,《吉林大学社会科学论丛（2）》, 吉林大学社会科学学报编辑部，1980年。

［2］唐嘉弘：《殷周青铜弓形器新解》,《中国文物报》1993年3月7日第三版。

［3］秦建明：《商周"弓形器"为"旌铃"说》,《考古》1995年3期。

［4］A. B. Варенов. О функциональном предназначении《моделей ярма》зпохи инь и чжоу. — Новое в археологии Китая. Исследованея и проблемы. Новосибирск, 1984.

对昌平白浮 2 号墓墓主在战车上作战情景的假想复原图，就采用了瓦
列诺夫的见解（图一,3）[5]。但俄国考古界对瓦列诺夫的见解仍有不
同看法。

　　乌恩在 1994 年发表的《论古代战车及其相关问题》中，专有一
节讨论"弓形器"的用途问题[6]。他同时引述了我和瓦列诺夫两人的
见解，并表示"赞同弓形器不是弓柲，而是一种御马器的观点"，而
且对其根据作了进一步的归纳和分析。

　　我读瓦列诺夫和乌恩的论文都有新的收获，同时也觉得有一些
问题需再讨论，并想借讨论的机会进一步申述我在这个问题上的新的
考虑。

　　我和瓦列诺夫能不谋而合地提出基本相同的假说，是因为我们两
人都是从中、俄两种文献的资料全面分析入手，试图找到能同时解释
中、俄两方面的考古现象的合理构拟，而构拟的基点则是：弓形器是
带在武士的腰带正前方的。

　　中国的研究者们过去只注意到弓形器和弓弭、成束的镞共出的
现象，而设想它是装在弓上的或箭囊上的；或是注意到弓形器出在
车上，而设想它是装在车上的。而俄国的考古学者，则比较早地注
意到这种器物和蒙古、外贝加尔"鹿石"所刻武士腰带上的附件相
似了。例如，Н·Л·奇连诺娃在 1961 年的一篇论文中指出："不论是
在图瓦的，还是在蒙古的（鹿）石上都清楚地表现出腰带和腰带上
带的各种武器：短剑、弓、战斧和弯成天平秤杆形显然还要挂什么东
西的青铜器。与之相类的器物 Г·П·索斯诺夫斯基在外贝加尔塔普
哈尔山旁的 68 号石板墓中发现过。"[7]而 В·В·伏尔科夫在 1965 年作
的副博士学位论文中则进而表示："在窄面之一（前方的一面）上的
腰带旁，有时刻出有天平秤杆形钩子的器物。就其形状看，并不是

[5] C. A. Комиссаров. Комплекс вооружения древнего Китая（эпоха поздней бронзы）.
　　Новосибирск, 1988.

[6] 乌恩:《论古代战车及其相关问题》,《内蒙古文物考古文集》第一辑，中国大百科全书
　　出版社，1994 年。

[7] Н. Л. Членова. Об оленных камнях Монголии и Сибири. — Монгольский
　　археологический сборник. М., 1962.

图一　挂缰钩用法的设想

Г·П·索斯诺夫斯基在外贝加尔石板墓里发现过一件那种器物。可能，这类器物溯源于殷代或卡拉苏克时代的所谓'牛轭模型'，即马车的部件。"[8]后来，Э·А·诺夫哥罗多娃在1970年出版的专著中，Н·В·列昂捷夫在1980年发表的论文中，都有与伏尔科夫相似的见解。就是主张中国的弓形器是装在马车上作为"拴套器"（валёк）用的Π·М·科仁，后来也修正自己的说法，认为不伴马车而单件出土的弓形器，是系在腰带上用的[9]。

　　不过，俄国学者起初并不把弓形器和鹿石上刻的"天平秤杆形器"直接联系起来，是因为鹿石的年代过去被多数学者定在斯基泰时代，即不早于公元前5世纪。伏尔科夫在1965年的学位论文中也只把早期的鹿石定到公元前7世纪，因而他只说鹿石上的有钩的器物可能"溯源于"殷代或卡拉苏克时代的弓形器。但1970年8月，苏蒙联合的历史文化考察队的研究青铜时代和早期铁器时代的工作分队，在木伦附近的乌施金—乌魏尔考察了一批鹿石，由于这批鹿石的腰带下刻出的武器（战斧，特别是短剑）有明显的早期的、卡拉苏克式所特具的特征，"所以这些鹿石可归属于公元前1千年纪之初"[10]。这样一来，鹿石和弓形器的年代就重合起来了。我正是在看到В·В·伏尔科夫和Э·А·诺夫哥罗多娃合写的《乌施金—乌魏尔的鹿石》这一考古报告后才写了那篇论弓形器用途的论文的。瓦列诺夫也同样把乌施金—乌魏尔鹿石作为立论的重要依据。为了论证弓形器就是鹿石腰带下所刻的那种两端有对称的弯钩的器物，我和瓦列诺夫都分析了在未经扰动的墓（包括车马坑）中和弓形器位置相近的其他器物有哪些

［8］В. В. Волков. Бронзовый и ранный железный век северной Монголии. Улан-батор, 1967.

［9］据注[4]所引述的下列论文：Э. А. Новгородова. Центральная Азия и карасукская проблема. М., 1970. Н. В. Леонтьев. Колесный транспорт эпохи бронзы на Енисее. – Вопросы археология Хакасии. Абакан, 1980. П. М. Кожин. К вопросы о происхождении иньских колесниц. — Культура народов зарубежной Азии и Океании. Л., 1969. П. М. Кожин. Некоторые данные о древних культурных контактах Китая с внутренними районами Евразийского материка. — Н. Я. Бичурин и его вклад в русское востоковедение. ч. 2. М., 1977.

［10］В. В. Волков. Э. А. Новгородова. Оленные камни Ушкийн-Увэра （Монголия）. — Первобытная археология Сибири. Л., 1975.

是可佩带在腰带上的。我还特别指出了一些弓形器位于死者腰部的例子。乌恩文中还补充说，殷墟西区M166弓形器出于腰部；此外，大司空村M539的弓形器也是出在死者骨盆的位置[11]。这种现象，我认为可解释为死者是腰间系着佩有弓形器的腰带下葬的。

这方面值得进一步讨论的问题，是瓦列诺夫在论文中自己提出的："引发的问题是：一方面是西伯利亚和殷周的含有带绊（此处实际上是指弓形器）的器物组合，另一方面是鹿石，把这两者相提并论是否合理呢？在蒙古和外贝加尔至今还没发现过一件同样的带绊，在南西伯利亚和中国则没有鹿石。况且，在一系列鹿石上'天平秤杆形器'图形的比例有别于'牛轭模型'所特具的比例。"（图二，1，即瓦氏原文中的图14）他这里提出的疑点是：1. 弓形器和鹿石在分布地区上并不重合。2. 鹿石上所刻图形有不少和弓形器的形状有明显区别。应该指出，我国新疆实际上也有和蒙古、俄国完全相同的鹿石[12]，不过新疆目前也没发现过弓形器，所以不影响瓦列诺夫所提出的质疑。

瓦列诺夫着重指出，在出弓形器的昌平白浮2号墓中，有一件戟和一件戈的内上都有铭文，字形和蒙古鹿石上刻的"天平秤杆形器"非常像[13]。他认为这足以证明弓形器和这种定式化的图像是同时并存的，并推论在考古工作还很不充分的蒙古地区，完全有可能在将来会发现弓形器。这里可以补充说一说，靳枫毅在1983年已发表了朝阳地区博物馆所藏的一件出于建平县的铜斧，说其上凸起的纹饰"与白浮木椁墓出土的一件铜戟铸铭'π'字族徽完全相同"[14]。虽然靳枫毅据此把此斧定为西周早期，即和白浮墓同时，但因斧一般不在这个

---

[11] 中国社会科学院考古研究所安阳工作队：《1980年河南安阳大司空村M539发掘简报》，《考古》1992年6期。

[12] 穆舜英等主编：《中国新疆古代艺术》，新疆美术摄影出版社，1994年，图版330：清河县什巴尔库勒鹿石；图版331：富蕴县恰尔格尔鹿石。

[13] 北京市文物管理处：《北京地区的又一重要考古收获——昌平白浮西周木椁墓的新启示》，《考古》1976年4期。

[14] 建平县文化馆、朝阳地区博物馆：《辽宁建平县的青铜时代墓葬及相关遗物》，《考古》1983年8期。

部位铸铭文，也很可能只是纹饰的偶合而已。

　　瓦列诺夫只举出的白浮墓中发现的现象，并不能完全解除他自己提出的疑问。当然，在同一地区与鹿石上的图像形式相同的青铜实物，实际上还有前引奇连诺娃论文中早已提到过的塔普哈尔山旁第68号石棺墓所出的青铜器。我在写《关于青铜弓形器的若干问题》时，限于图书条件，没有查到该器的图形，误以为这是一件弓形器。后来才在Ю·С·格里申的书中见到该器的照片（图二，5）[15]，格里申把它叫作"Ⅱ形器"，认为它"在很大程度上接近于西伯利亚出土的'天平秤杆形器'（按：也就是指'牛轭模型'）"。但实际上它和中国及西伯利亚的弓形器在形状上有很大的差别。瓦列诺夫在他的论文中把这件器物说成是"牛轭模型"的"晚期变态型式"。乌恩在论文中却根本反对把这件器物和鹿石上刻的两端有弯钩的图像联系起来，说"这件铜器长宽各约10厘米，厚0.5厘米，显然是一种装饰品"。我觉得此论是不对的。在我国内蒙古实际上已发现过弓形器和这种"Ⅱ形器"的中间过渡形式，那就是在宁城小黑石沟M8061出土的一件附有四个球形响铃的挂钩（图二，6）[16]。前年我在敖汉旗博物馆还见到一副铸造这种附铃挂钩的石范，是和镜、斧、凿、刀子等多种石范同出于龙山乡瓦房地村。这件挂钩据实测宽只有8厘米多一点，长7.5厘米，和小黑石沟出的那件大小差不多。从它们和典型的弓形器一样还有能发声的响铃来看，虽小却仍有实用的功能。特别应该强调的是，在蒙古鹿石的腰带上确实有刻出这种带四个球形响铃的挂钩的实例，就是胡布苏古尔省的阿格伦—布里戛达第3号鹿石（图二，2）[17]。外贝加尔石板墓出土的那件器物，显然是这种挂钩的进一步简化形式。

---

[15] Ю. С. Гришин. Памятники неолита, броизового и раннего железното веков лесостепного Забайкалья. М., 1981. 图42，50。

[16] 宁城县文化馆等：《宁城县新发现的夏家店上层文化墓葬及其相关遗物的研究》，《文物资料丛刊（9）》，1985年。

[17] В. В. Волков. Оленные камни Монголии. Улан-батор, 1981. 图213；图236，13。此图像据Э. А.-Новгородова. Древняя Монголия. М., 1989. 198页的"鹿石上的钩"图中的画法作了修正。

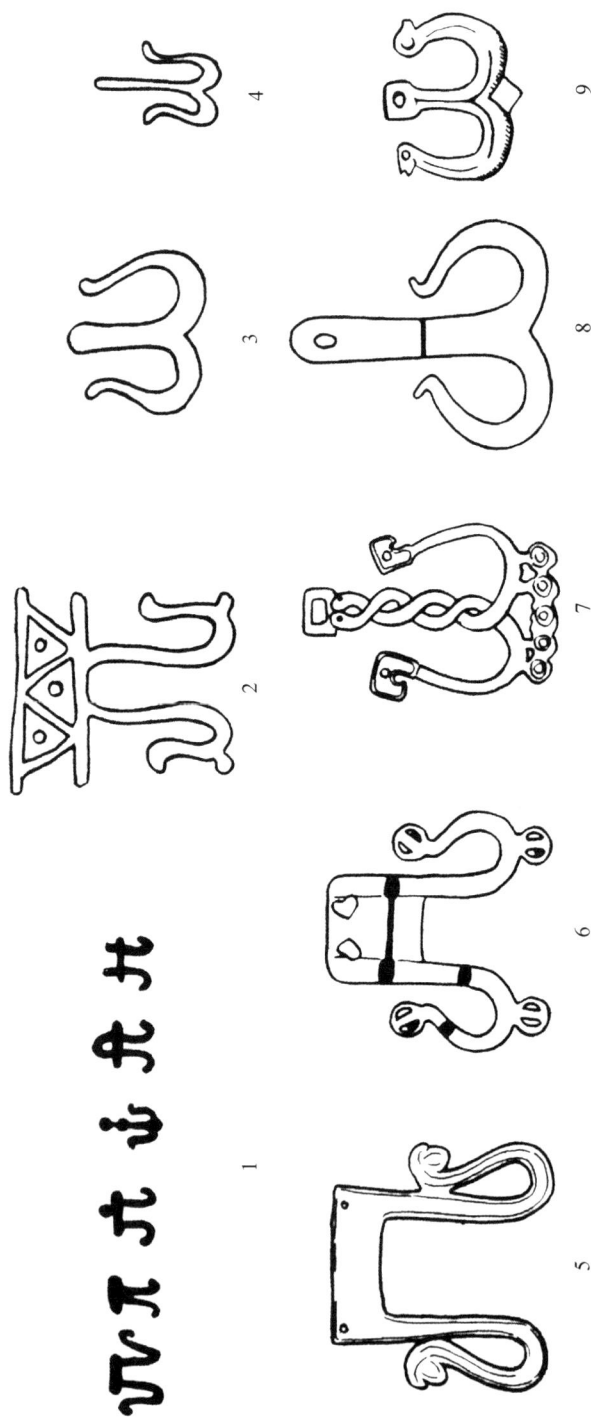

图二　青铜挂缰钩实物和鹿石图像的对照

在蒙古鹿石的腰带上还见到一种中央为竖向单杆的挂钩（图二，1之右起第三例，图二，3、4）[18]。这种挂钩也有青铜实物发现。一件出于辽宁朝阳十二台营子2号墓，原报告称为"双虺纠结铜具"，长10.2厘米，宽7.2厘米，和前举四铃挂钩相近（图二，7）[19]。还有一件出于辽宁凌源五道河子1号战国墓，原报告称为"铜軏"，长15厘米（图二，8）[20]。在南西伯利亚也发现过形式相近的标本（图二，9）[21]。

从中国发现的这几件青铜挂钩来看，宁城小黑石沟和敖汉旗瓦房地出的两件，据共存物都可定为夏家店上层文化之物，年代约在西周晚期至春秋早期。朝阳十二台营子出的一件，年代约在春秋中期。凌源五道河子出土的一件，由共存的戈判断，至少可晚到战国中期。由此可见，刻有不同相应形式挂钩图像的鹿石的年代，有一个相当大的幅度。乌恩说Ⅱ形器所在的石板墓属斯基泰时代，而鹿石的年代偏早，所以Ⅱ形器和鹿石不该有联系。这是对鹿石延续年代之长缺乏正确认识，才产生的误解。

总之，鹿石腰带上刻出的挂钩，并非都是弓形器的定式化的图像，还包含有从弓形器演变而成的其他形式的挂钩。这些不同形式的挂钩的实物，尚有待中、蒙、俄各国考古田野工作的进一步发现。从图三所示的各式挂钩实物来看，它们或有双孔，或有单孔，无疑应是像鹿石上所刻的图像那样悬挂在腰带上的。由此更证实，弓形器在器身和双臂的转折处所发现的纤维或革质残存物，应该也是把弓形器吊挂在腰带上的绳索，即像图一之1、3所设想的，而不是图一之2所设想的固定缠扎在腰带上。

鹿石图像和实物器物的相互印证，相当直观地证明了弓形器是挂在腰带正前方的物件，这就使过去不少的关于弓形器的用途的假说不攻自破了。但这种挂在腰带正前方的物件的实际功用，目前仍然只是

---

[18] 同注[17]，图236，10、14。

[19] 朱贵：《辽宁朝阳十二台营子青铜短剑墓》，《考古学报》1960年1期。

[20] 李恭笃：《辽宁凌源县五道河子战国墓发掘简报》，《文物》1989年2期。

[21] А. И. Мартынов. Лесостепная тагарская культура. Новосибирск，1979. 图版48，16。

从与弓形器共存的其他遗存所作的间接推论。我起初提出它是挂马缰的用具，是根据以下四方面现象：1. 小屯C区M164中，腹前有弓形器的死者，和一匹马同葬。2. 弓形器常出于车马坑。3. 弓形器上的八角星纹，只见于马轭和马笼头的泡饰上。4. 弓形器臂端的镂孔球形响铃，也见于西周马车上的銮。

要解释弓形器与马的联系，最自然的想法，就是设想弓形器的两个弯钩上可以挂马缰。在这一点上，我和瓦列诺夫是想到一起去了。

关于弓形器和马的联系，乌恩又作了一个很重要的补充：弓形器经常和铜质的马鞭柄同出。他一共举了六例，还可以补充以下诸例：1936年在小屯C区M20车马坑中出2件弓形器，共存两件玉鞭柄[22]。1972年在白家坟西北地M43车马坑中出一件弓形器，共存一件铜鞭柄[23]。1986年在苏埠屯M8车马坑中出一件弓形器，共存一件铜鞭柄[24]。安阳市文物工作队1986～1992年间发掘的殷墓M2中出一件弓形器，共存一件铜鞭柄[25]。另外，乌恩还指出了弓形器和其他马具共存的情况。应该强调的是，本文所新举出的几件挂缰钩，小黑石沟一件是和有马头装饰的铜马镳同出的。十二台营子2号墓中有铜马镳（原报告称"镳形铜具"）和十字形节约。五道河子1号墓中有铜马衔、十字形节约，还有铜车害。也都是和马具乃至车器共存的。

在蒙古地区，已经发现过刻有马匹和马车的鹿石。这就是在科布多省达日比县的鹿石[26]。图三所示为该石四面的展开图。右端一幅上方的三条斜道，是表现人的脸部有"鏊面"，由不少表现出五官的鹿石的人脸上也有这种斜道可以推知。左端一幅上方的圆形图像是耳环。在腰部刻出短剑、弓囊、鹤嘴镐等可佩挂在腰带上的武器，腰以

［22］石璋如：《小屯C区的墓葬群》，《历史语言研究所集刊》第二十三本下册，1952年。

［23］中国社会科学院考古研究所安阳工作队：《1969～1977年殷墟西区墓葬发掘报告》，《考古学报》1979年1期。

［24］山东省文物考古研究所等：《青州市苏埠屯商代墓发掘报告》，《海岱考古》第一辑，山东大学出版社，1989年。

［25］安阳市文物工作队：《安阳市殷代墓葬发掘简报》，《华夏考古》1995年1期。

［26］Э. А. Новгородова. Древнейшие изображения колесниц в горах Монголии. — CA. 1978, No.4.

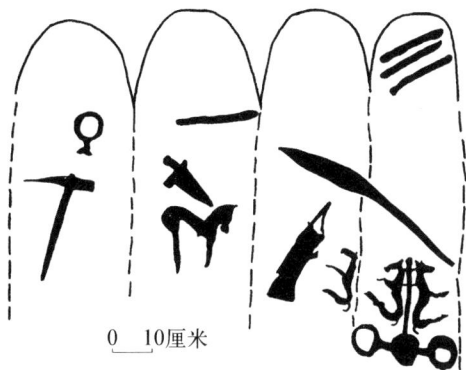

0    10厘米

图三    有马车图像的鹿石

下则有两匹马和一辆驾双马的单辕马车。所以，通过鹿石可证明在蒙古地区弓形器和马、马车是有联系的。

在外贝加尔地区，上述塔普哈尔山第68号石板墓中，与"Π形器"同出的，除乌恩已提到的"一件铜扣"外，实际还有铜刀子、骨短剑、骨针管、铜镞、骨镞，这些都代表了可挂在腰带上的物品，同时还有骨马镳，也表明了和马的联系。

根据以上列举的种种现象，我认为弓形器不论是在中国，还是在蒙古、西伯利亚，都是御马用具，因而也是驾御马车的用具。在没有车共存的情况下，它仍可以解释为御马具，不论在骑马或驾马车时都可以起解放双手的作用。而瓦列诺夫的看法和我的不同之处，是他认为弓形器只在驾乘单座的战车时才使用，在驾驭乘载用的轻便马车时就不用这种器具了。他还说："随着多座战车的出现和骑乘术的发展，带绊（按：指弓形器）丧失了它的作用。"这些推测似乎都缺乏充分的根据。我现在认为，使用挂缰钩的御马技术和马车都是从北方地区传入中原地区的[27]。中原地区年代最早的弓形器是属于殷墟文化二

[27] 关于中原的弓形器起源于北方地区，参看拙著《商文化青铜器与北方地区的关系之再研究》,《考古学文化论集（1）》，文物出版社，1987年。关于中原马车起源于北方地区，参看拙著《对南山根M102出土刻纹骨板的一些看法》,《内蒙古东部区考古学文化研究文集》，海洋出版社，1991年。近年在偃师尸乡沟商城发现了商代早期的车辙（《偃师商城获重大考古新成果》,《中国文物报》1996年12月8日第一版），但车辙的轨距只有1.2米左右，而殷墟马车的轨距都在2米以上（杨宝成：《殷代车子的发现与复原》,《考古》1984年6期），所以这种车辙不是马车的。

期的，到西周早期以后就退出使用了。但在北方地区则仍保存有各种从弓形器演化而成的多种形式的金属挂缰钩。中原地区金属挂缰钩比北方地区早得多就退出使用，很有可能表明中原地区的御马术从西周早期起就有了不同于北方地区的独立发展。故而，我们从先秦图像资料上见到的骑士是手持马缰的[28]，先秦文献中描述的驾车是"六辔在手"（《诗经·驷驖》），西周早期以前中原地区的御马术中也使用过挂缰钩的历史就湮没无闻了。但北方地区使用金属挂缰钩的历史延续较长，甚至有可能由童恩正所说的"边地半月形文化传播带"[29]传至川藏地区。所以，唐嘉弘在不久前去西藏拉萨、青海、四川阿坝州等藏族地区和凉山彝族地区进行社会历史考察时，还能不止一次地目睹用类似弓形器的金属挂钩佩挂大铜泡等饰物的现象。

1988年6月28日定稿

载《林沄学术文集》。

**按　语：**

和我各自独立提出青铜弓形器是挂缰钩见解的俄国学者A.B. Варенов，被我误译为瓦廖诺夫，经他本人指出，这次改正为瓦列诺夫，并特表歉意。

---

[28] 梅原末治：《洛阳金村古墓聚英》，京都小林出版部，1943年。

[29] 童恩正：《试论我国从东北至西南的边地半月形文化传播带》，《文物与考古论集》，文物出版社，1987年。

# 应当加强历史考古学的人才培养与研究工作

　　在这次"迎接二十一世纪的中国考古学国际学术讨论会"上，我们很荣幸地得到一个大会发言的机会，想结合我们所从事的考古教学工作，就21世纪的中国历史时期考古学能与史前时期考古学得到相对均衡的发展，以加强历史考古学的人才培养与研究工作方面的问题，谈一些情况和看法。

　　即将过去的20世纪总的来说是中国近代考古学全面发展的时期。但是，似乎因为中国古代文献相当丰富，而且老一辈的古文献研究者人数稍多的缘故，所以历史时期的考古学，尤其是秦汉以后的考古学的人才培养和作用，在某种程度上没有得到应有的重视，至少可以说在20世纪的后期，历史时期考古学的发展势头已经越来越不如史前时期考古学的那么强劲有力。例如秦汉以后考古学的对象，近20年来似乎主要集中于墓葬，古城的研究相对较少，并且局限于几种专门遗存的研究上，例如陶瓷、钱币、铜镜、漆器、金银器、画像石与石窟寺等，这些方面的研究应该说都取得了显著的成果，但是在研究方向上却比较单一。因此，历史时期的考古遗存作为一种文献史料所不能取代的研究历史的重要作用，还没有得到应有的发挥。举例来说，中国的史前考古学目前在研究文明起源的问题上已经兴起对聚落研究的新的考古热点，这是非常可喜的事情。然而，对于以农立国的中国来说，目前我们几乎极少有东周以来农村聚落的考古资料，以解决农业经济史与社会史方面的重大空白。即使就历史时期最常见的日用器皿和武器来说，也很少能有几种可以自古至今地利用实物遗存来研究它们完整的发展过程，而且往往是时代越近，其间的缺环也就越多。

　　从考古人员的队伍情况来看，历史时期考古学的"人才危机"更为明显。在20世纪50年代初期，由于从历史学出身而转到考古学方面来工作的学者较多，所以历史时期考古学的研究者相对来说还比较多一些，文献基础也比较扎实一些。但是，这批学者由于年龄或其他方面的原因，现在已相继离开考古工作岗位。而近一二十年来高等学校考古专业培养出来的人才，他们的兴趣与实践则多数转向史前考古学。譬如我们吉林大学与南京大学两所高校的考古专业，都是1972年后开办的，我们的教师与历届毕业生的兴趣也多数集中在史前时期。吉林大学考古系最近正在编辑庆祝专业成立二十周年论文集，所收到的39篇论文中，秦汉以后的考古学论文仅有6篇；南京大学考古专业师生的论著中也有类似的情况。目前有一些省市自治区的文物考古研究所实际上已经面临从事秦汉以后考古的人员十分短缺，甚至后继无人的局面。近年来，有关考古机构也曾经不断地向高校考古专业提出要求补充对后段考古具有兴趣和素养的毕业生，但是高校考古专业又往往无力选送出这样的人才。

　　对于历史考古学专业人才的匮乏，目前后段考古的田野工作也处于相对较低的水平，而后段考古学资料的室内整理与研究，更是跟不上去。由于后段考古中发现的各种生活用具、武器与明器种类繁多，但因研究基础薄弱，一些不显眼的残碎而重要的文物，常易于被忽视，甚至被剔除，如盔甲、箭镞与玻璃器之类的文物。这些例子都说明后段考古的田野考古与整理研究工作中缺乏专业人员的危险性。应该指出，目前已发掘出来的后段考古资料被积压在库房内的现象要比史前考古资料的积压更为严重。例如辽宁省自20世纪50年代以来的大批汉墓发掘资料，迄今仍分散在各处，尚未整理发表，更谈不上综合研究建立基本的编年系列以研究汉代的东北历史。又如东北地区自汉魏到辽代的大批壁画墓，至今没有进行充分研究，而在各种综合性考古论著以及高校教科书中也没有对这方面作一定分量的介绍。

　　在这次学术讨论会上苏秉琦先生的开幕词与严文明先生的主题发言中，都提到了21世纪的中国考古学走向世界的问题。我们认为随着改革开放的进一步发展，世界性的考古学交流必然会更为频繁，而中国的历史考古学也必然会在其中占有相当大的分量，正同这次讨论会中所反映出来的那样，外国同行们对中国历史考古学已经表现出越来越浓厚的兴趣。

针对上面这些情况，我们认为有必要在这次盛会上提出一些有关的建议：

第一，为了培养21世纪从事后段考古学的人才，高校考古专业应当在课程教学中注意培养学生从事后段考古的必要知识和研究兴趣。现在的考古专业学生不愿从事后段考古的一个普遍问题是古文献阅读方面的困难。多数高校的考古专业虽然均设有古文字学的课程，但主要只讲授甲骨文与金文。但从事后段考古的青年学者最需要的文字学知识却是小篆以至于繁体汉字和俗体字。有关各校的考古专业似应除了开设历史文选或古代汉语课以外，加设文献目录学以及文史工具书使用方法方面的课程，以加强学生检索和查阅各种文献的能力。另外，除通史性质的课程外，还应利用各校师资的特点，多开设一些各类专门史的讲座、选修课，以增加学生对历史考古学的多方面知识和兴趣，也会对提高学生的业务素质有好处。

第二，现在各考古专业的田野考古训练，多选取商周以前的多层次的遗址和土坑墓作为实习对象，这对掌握考古学的基本规程确有其典型意义。但是，历史时期考古学所遇到的各种墓葬、城址与建筑基址实际上会有多种情况，相当复杂。如果只让高校考古专业毕业出来的年轻人分配到有关单位工作以后自行摸索，常会事倍功半。因此，在高校考古专业的田野考古教材中，急需在各省市考古机构的大力协助下，对历史时期考古中各种类型遗存发掘的具体技术与经验作典型性的介绍，使学生对田野发掘有更全面的了解，而在其工作实践中又有所借鉴。更理想的则是将历史时期各种不同类型遗存发掘中的有代表性的遗存编成录像教材，使学生对这些遗存有更形象的具体认识。

第三，希望各具体从事考古工作机构的领导积极而又有计划地选择后段考古人才的"苗子"，既需要培养他们坚定从事后段考古工作的思想，又应在使他们加速成长方面采取一些倾斜的政策和措施。在当前情况下，既可以采用向高校考古专业本科生及研究生进行先期岗位定向，然后由有关教师在校内强化他们从事后段考古基础的培养；又可采取将有一定实践经验的在职青年考古工作者选送至有关高校进行历史时期考古学基础的强化培训。

第四，希望各种与考古学有关的基金，如全国哲学社会科学基金、中华文化基金、青年基金、国家教委人文社会科学基金等，适当地对历史时期考古学的基础性研究与开拓性研究项目予以有力的扶植。

以上是我们对于历史考古学人才培养与研究工作方面的一些不成熟意见，希望能得到与会代表们的批评、指正与支持。

1998年4月在"纪念北京大学考古专业成立四十周年的国际学术讨论会"上和蒋赞初先生的联合发言。载《"迎接二十一世纪的中国考古学"国际学术讨论会论文集》，科学出版社，1998年。后收入《林沄学术文集（二）》，科学出版社，2008年。

林沄文集

考古学卷 下

上海古籍出版社

# 从张家口白庙墓地出土的尖首刀谈起

　　1979年4～6月，中国科学院考古研究所内蒙古队的刘观民主持发掘了河北省张家口市庞家堡区白庙乡白庙村附近的一片墓地，一共发掘了一百多座墓葬。其中M57和M91各出土一件尖首刀币，这可能是在科学发掘的墓葬中最早发现的尖首刀币。但这批发掘资料迄今尚未发表报告，而刘观民先生已经作古了。当时，吉林大学考古专业的学生参加了这次发掘，而我曾辅导学生全面整理这批资料。现征得当时协助主持工作的刘晋祥学兄的同意，简单介绍这两件尖首刀的形制，并就相关的问题谈一些看法。

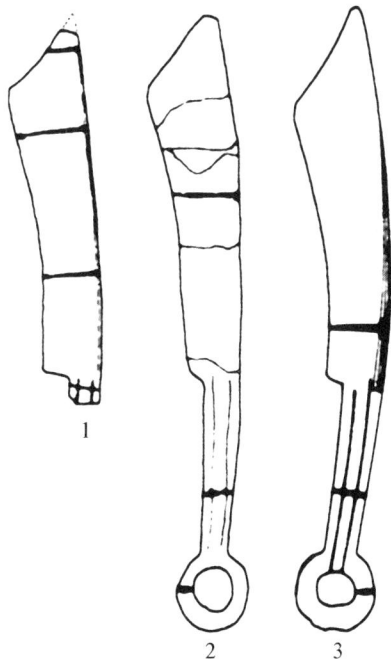

图一　张家口、延庆地区墓葬出土尖首刀
1. 白庙 M91　2. 白庙 M57　3. 葫芦沟 M44

## 一

　　限于当时的工作条件，这两件刀币既未能照相，也未能称重，只是画了原大的线图（图一，1、2）。两件刀币都很薄，柄部扁平而和实用的刀明显有别，柄上都有两道细凸棱。其中M57出土的一件，虽断为五段，但可以拼合而推知全形。全长15.5厘米（尖部略有缺损，所以新出范时全长估计可达16厘米），首宽2.3厘米弱，环径1.9厘米。M91出土的一件柄部已残。形状和大小与第一件差不多。只是首宽只有2.1厘米，而且刃缘明显起窄棱。刀背起脊的形式也和前一件不同。我细察过这两件刀币的表面，似乎隐约有字，但不能肯定其笔画究竟如何，也根本无法拓出。所以为谨慎起见，在线图上完全没有画。

## 二

对于白庙墓地的年代，有一个认识的过程。发掘初期曾因随葬品中有不少北方草原文化色彩的器物而认为是和汉代匈奴有关的遗存。整理过程中才逐渐认识到，它和怀来北辛堡墓葬[1]文化性质相同，应该是东周时代的遗存。

1979年在滦平炮台山[2]，1980年在怀来甘子堡[3]，1983年在张家口白庙[4]，1985年在宣化小白阳[5]，1985～1987年在延庆军都山葫芦沟、玉皇庙、西梁垙[6]，1989年和1993年在滦平梨树沟门[7]，1994年在延庆龙庆峡[8]，一再发掘了文化性质相同的大批墓葬。靳枫毅对先秦文献缺乏必要功底，先入为主地把这类遗存命名为"山戎文化"遗存[9]。而且还把文化性质不同的延庆西拨子窖藏和平泉东南沟墓葬也

---

[1] 河北省文化局文物工作队：《河北怀来北辛堡战国墓》，《考古》1966年5期。

[2] 河北省文物研究所等：《滦平县虎什哈炮台山山戎墓地的发掘》，《文物资料丛刊（7）》，1983年。

[3] 贺勇等：《河北怀来甘子堡发现的春秋墓葬》，《文物春秋》1993年2期。

[4] 张家口市文物事业管理所：《张家口市白庙遗址清理简报》，《文物》1985年10期。

[5] 张家口市文物事业管理所等：《河北宣化县小白阳墓地发掘报告》，《文物》1987年5期。

[6] 北京市文物研究所山戎文化考古队：《北京延庆军都山东周山戎部落墓地发掘纪略》，《文物》1989年8期。

[7] 承德地区文物保护管理所：《河北省滦平县梨树沟门墓群清理发掘简报》，《文物春秋》1994年2期。滦平县博物馆：《河北省滦平县梨树沟门山戎墓地清理简报》，《考古与文物》1995年5期。

[8] 北京市文物研究所：《龙庆峡别墅工程中发现的春秋时期墓葬》，《北京文物与考古》第4辑，1994年。

[9] 同注[6]。

误定为"山戎文化"[10]，给研究造成无谓的混乱。

　　对于以军都山东周墓地为代表的上述遗存的年代，过去看法不一致。最后，吉林大学的杨建华在她的博士论文中，把它们统分为三期（图二）。早期根据墓中出土的中原式青铜器（图三）可定为春秋中期。晚期应定为春秋晚期到战国初。至于炮台山和北辛堡墓葬为代表的末期，是燕文化已经占领该地之后，当地文化的残存。年代已晚到战国中期[11]。

　　根据这种分期观点，1979年发掘的白庙墓葬分属于早期和晚期，例如M54出土的刀子（图四，1），刀身为北方式，刀柄为中原式，和图二所示早期的那种翘尖的环首刀子相似，当属早期墓葬。M18出土两件刀子（图四，2、3），均为弧背，和图二所示晚期刀子相近，当属晚期墓葬。从图二和图四，1～3可以看出，早期的刀子一方面有纯粹的北方式刀子，另一方面也有既受中原文化影响而仍保留北方式翘尖特点的刀子，两种刀子都不可能成为尖首刀币的母型。只有晚期的弧背环首刀才能衍化为刀币。山西侯马上马晋国墓地[12]出弧背环首刀（图四，4、5）的墓葬也是春秋晚期的，可作比证。因此，出尖首刀币的墓都应归入晚期。也就是春秋晚期到战国初。白庙M91随葬的短剑式样和图二所示晚期的左起第四件短剑相似，也证明该墓确属晚期。

　　在这批墓葬中，除了上述1979年白庙M57和M91随葬尖首刀币之外，还有以下各墓也随葬尖首刀币：

　　玉皇庙M164、M172、M380，葫芦沟M44（图一，3）、M61、M87、M114、M151，炮台山M21。

　　此外玉皇庙和葫芦沟还有一些墓随葬"尖首刀币柄首坠"[13]。

　　据上述分期观点，这些尖首刀也可以定为春秋晚期到战国初。

　　应该指出的是，靳枫毅过去因为玉皇庙M18、M32、M34和西

---

[10] 靳枫毅等：《山戎文化所含燕与中原文化因素之分析》，《考古学报》2001年1期。

[11] 杨建华：《春秋战国时期中国北方文化带的形成》，吉林大学博士学位论文，2001年。

[12] 山西省考古研究所：《上马墓地》，文物出版社，1994年。

[13] 同注[10]。

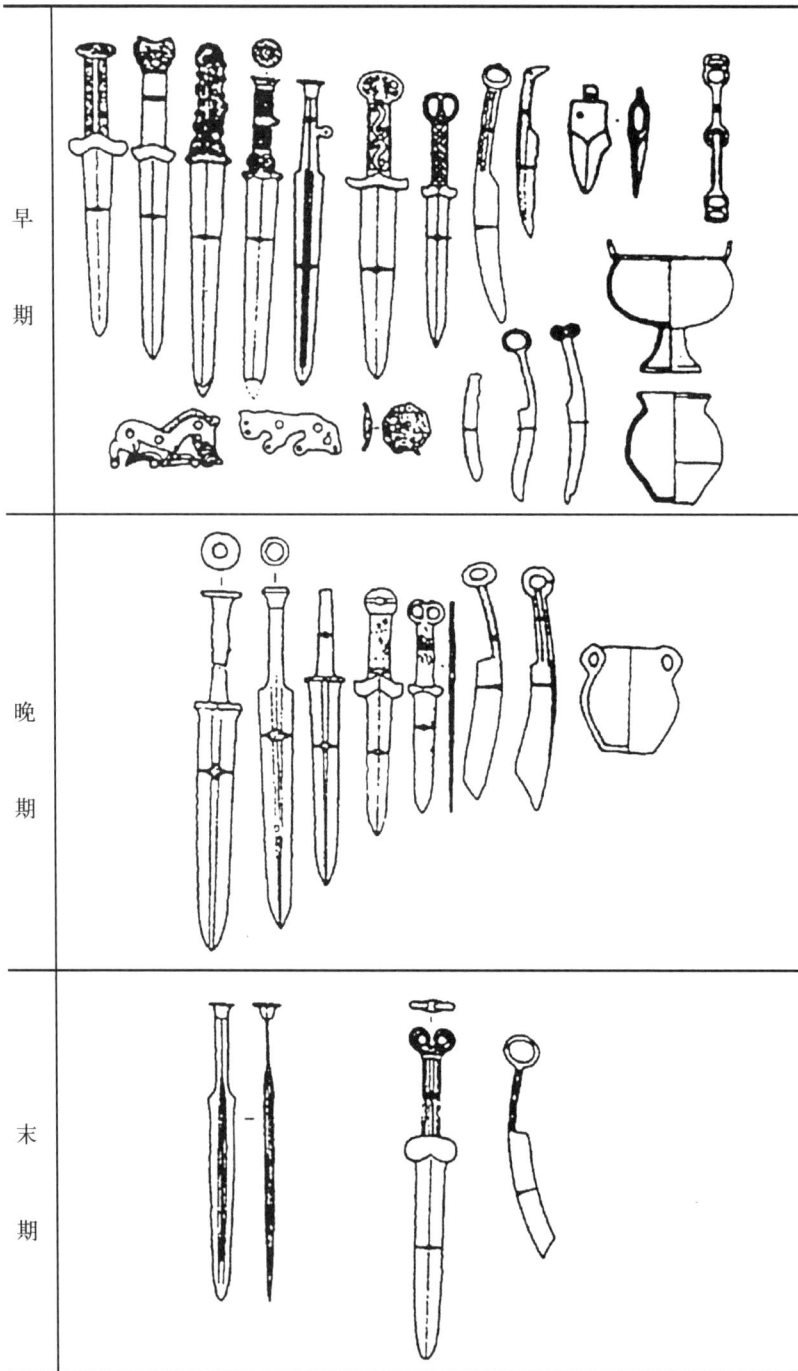

图二　军都山类型墓葬出土器物的分期

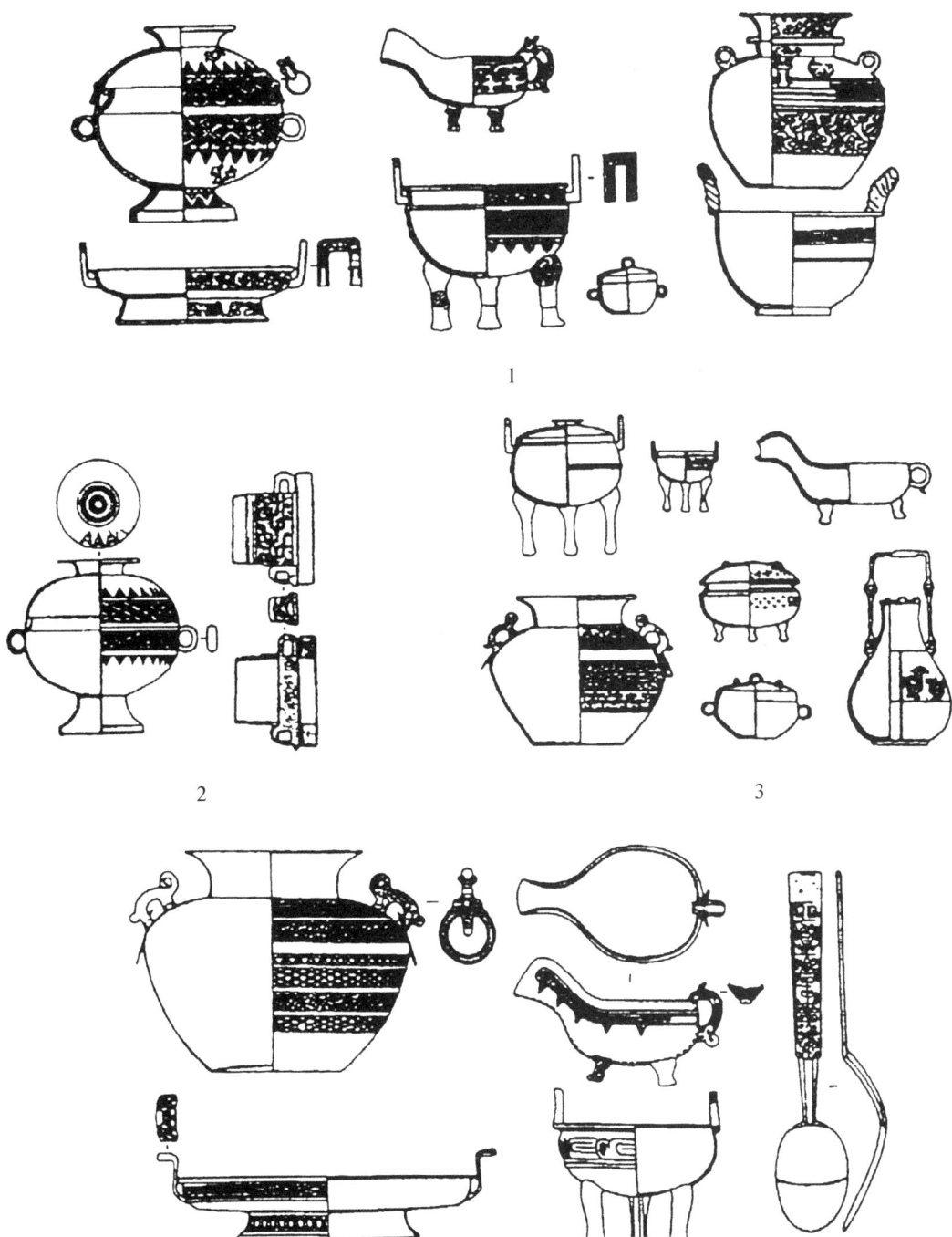

图三　军都山类型早期墓葬中随葬的中原式青铜礼器
1. 甘子堡 M1　2. 西梁洸　3. 甘子堡 M2　4. 玉皇庙 M2

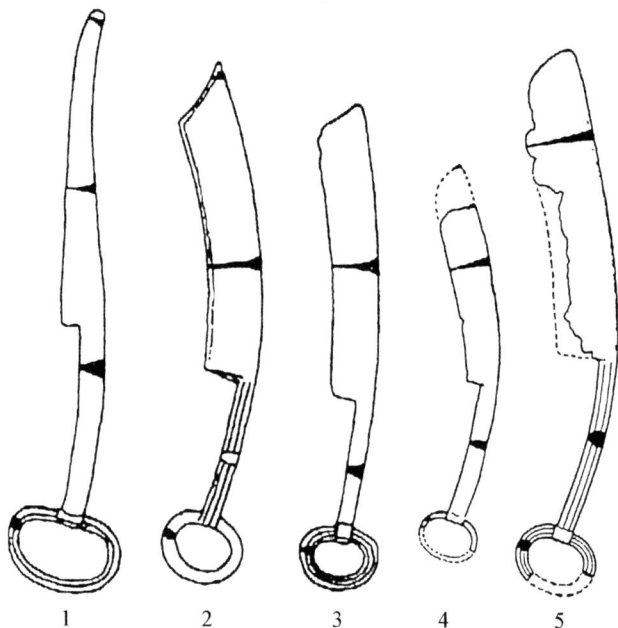

图四　各式实用刀子
1. 白庙 M54　2、3. 白庙 M18　4. 上马 M2008　5. 上马 M1005

梁垈 M25 出土圭首铜戈，推测"葫芦沟、西梁垈、玉皇庙三处墓地的上限，可能在西周、东周之际或春秋初期"[14]。后来又引用西梁垈 M25 木椁木炭的碳十四年代距今 2 800±80 年为证[15]。其实西梁垈 M25 还随葬了铜铌，这种器物要到春秋中期才出现。可见圭首铜戈在该地是沿用到春秋中期才下葬的。而木椁可能是用了树龄很高的或存放多年的木料。所以他在最近发表的文章中不再坚持三个墓地的墓葬都有早到春秋早期的墓，却仍说玉皇庙墓地有春秋早期的墓。但是，既然圭首戈在该地可以沿用到春秋中期，而且玉皇庙墓地的 M250 也是圭首戈和铌同葬于一墓，要证明玉皇庙有早于春秋中期的墓，显然需要拿出圭首戈以外的证据才能站住脚。

　　综上所述，冀北地区目前在墓葬中已发现的尖首刀币的年代均不早于春秋晚期。

────────────

[14] 同注 [6]。

[15] 靳枫毅：《军都山山戎文化墓地葬制与主要器物特征》，《辽海文物学刊》1991 年 1 期。

按黄锡全对尖首刀币的分型意见，葫芦沟M44出土的尖首刀形体较大［长16厘米、首宽3.2厘米（其实是2.3厘米之误）、环径2.15厘米］，刀首相当宽，背部弧度大，被作为甲型Ⅱ式的标本[16]。白庙M57出土的一件，体稍小，刀首稍窄，背部弧度稍小，似可归为乙型。白庙M91出土的一件，体更小、首更窄，背部弧度更小，而且刀刃有廓，似应归为丙型Ⅰ式。实际上，从纯粹的类型学观点来看，黄锡全所分的甲型Ⅱ式→乙型Ⅰ式→乙型Ⅱ式→丙型Ⅰ式可视为同一个型的连续演化的各个式别。而葫芦沟M44出土的那种尖首刀币，在形态上最接近于白庙M18出土的一件实用的弧背环首刀（图四，2）。M18出土的这件刀的刀首像尖首刀币一样作凹弧形，这很有力地证明了尖首刀是起源于该地区的。如果将来冀北地区墓中所出的实用弧背刀和尖首刀币能全部公布出来，相信可以对尖首刀币在春秋晚期到战国的形态演变序列提供更有力的依据。

## 三

上述冀北地区的东周墓葬在文化上有相当多的共性。不过要细分起来，位于西部的怀来、延庆、宣化、张家口的墓葬和位于东部的滦平等地的墓葬是有差别的、东部地区受时代更早的夏家店文化的影响更多，文化面貌更复杂一些。

我过去曾提出过怀来、延庆、宣化、张家口地区的春秋到战国初的墓葬是代国遗存[17]。认为赵襄子元年（公元前457年）所灭代国的中心实际是在怀来、延庆一带，所以在怀来以西不远的鸡鸣山，后来才会有为磨笄于山而自杀的代王夫人（赵襄子的姐姐）所建的祠屋。这种曾经很发达的文化在战国初突然衰落，应该是赵灭代的结果。

在晋北地区也发现过和冀北地区面貌相近的东周墓葬，其中，浑源李峪村墓地在1923年就被盗掘，器物大部流散海外，引起了中外

---

[16] 黄锡全：《尖首刀币的发现与研究》，《广州文物考古集》，文物出版社，1998年。

[17] 林沄：《关于中国的对匈奴族源的考古学研究》，《内蒙古文物考古》1993年1、2期合刊。

学者的重视[18]。1963年后又陆续有新的发现，1978年做过钻探和试掘[19]。李夏廷对这个墓地的器物进行了综合研究，认为墓地的年代早于赵灭代，有可能是代国被灭前最后一处大型墓地[20]。

赵襄子所灭的代，过去一般都认为是在今天河北和山西交界处的蔚县。但是该地迄今为止还没有发现东周的墓葬。

怀来、延庆、张家口、宣化在蔚县以东，浑源则在蔚县以西，相隔颇远，但文化上却确有联系。最突出的一点是：张家口到延庆的东周墓葬中都出一种有指甲纹的三足鼎形罐（图五，3），这种器物在桑干河中下游及其支流洋河、白河、潮河、滦河，伊逊河的考古调查中均有发现。而李峪村则出土了显然是按这种特定形式的陶器铸造的青铜器（图五，1、2），是非常值得注意的。

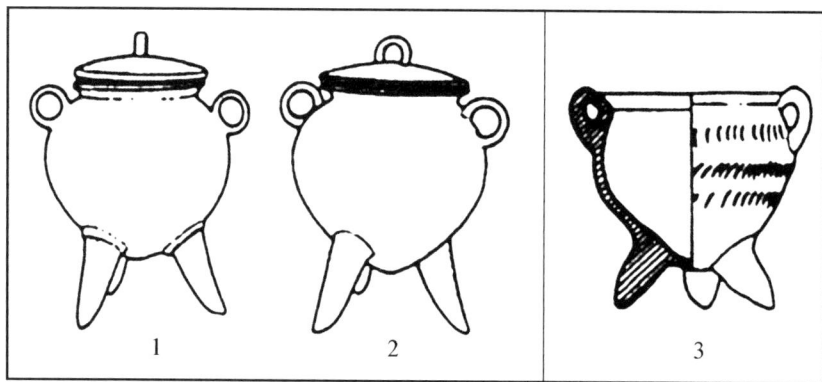

图五　双耳三足器
1、2. 浑源李峪墓葬　3. 葫芦沟 M52

其实，怀来、蔚县、浑源虽然相距较远，但都是在桑干河的河谷中。这个河谷古称"代谷"。如《史记·平津侯主父列传》称刘邦略地于边，"闻匈奴聚于代谷之外而欲击之。……遂北至于代谷，果有平城之

---

[18] 商承祚：《浑源彝器图》，金陵大学中国文化研究所，1936年。

[19] 山西省考古研究所：《山西浑源县李峪村东周墓》，《考古》1983年8期。

[20] 李夏廷：《浑源彝器研究》，《文物》1992年10期。

围"。《水经注·漂水》引西汉时梅福上事之言："代谷者，恒山在其南，北塞在其北。谷中之地，上谷在东，代郡在西。"也就是说，虽然这个谷地后来因分属赵燕，而其地分置为代郡、上谷郡，但在地理上还是统称为代。赵襄子所灭的代，中心究竟在何处? 这是一个需要进一步做考古工作才能最后解决的问题。但在战国初年以前，在这个谷地中可能存在不同于中原各国的同一个考古学文化，则是已经有相当线索了。

如果换一个角度，不是从国别而是从族别来看，代国应该是狄人建立的。所以，《史记·赵世家》记载赵襄子的父亲赵简子自述做了一个梦："吾见儿在帝侧，帝属我一翟犬。曰:'及而子之长以赐之。'"上帝派来替赵简子解梦的使者说:"翟犬者，代之先也。主君之子且必有代。"韩嘉谷认为军都山类型的墓葬应该是白狄的遗存[21]，实则上和我的意见是一致的。

韩嘉谷认为，军都山类型所代表的狄，是由陕北和内蒙古伊克昭盟（现鄂尔多斯市），经过山西北部到达冀北的。根据是桃红巴拉、毛庆沟等地的东周墓葬和军都山墓葬的随葬品有相似性。我基本上同意他设想的狄人东进的路线，但并不同意他的论证方法。因为，从夏到东周，长城地带的文化遗存一般都带有北方草原文化的成分，并不能用这种普遍的共性来论证这一地带一定有族的一致性。但是，如果注意到"代谷"是一条东西向的天然通道，而其西方正通向草原，在这条古代通道向西的延长线上，确实可以找到一些引人注目的特殊的文化一致性，暗示着这条通道上曾经发生过的族群的迁徙。

（一）"秦式剑"

张天恩认为，甘肃宁县宇村M1出土的青铜短剑（图六，1）是在秦地屡有发现的"秦式剑"（图六，2、3）的直接前身[22]。宇村M1其实是兼有周式铜器和北方式铜器（如小罐、匙）的北方民族的墓。时代可定在西周晚期到春秋早期[23]。"秦式剑"竟然也出现于怀来的

[21] 韩嘉谷:《燕国境内诸考古学文化的族属探索》，《北京建城3040年暨燕文明国际学术研讨会会议专辑》，北京燕山出版社，1997年。
[22] 张天恩:《再论秦式短剑》，《考古》1995年9期。
[23] 许俊臣等:《甘肃宁县出土西周青铜器》，《考古》1985年4期。

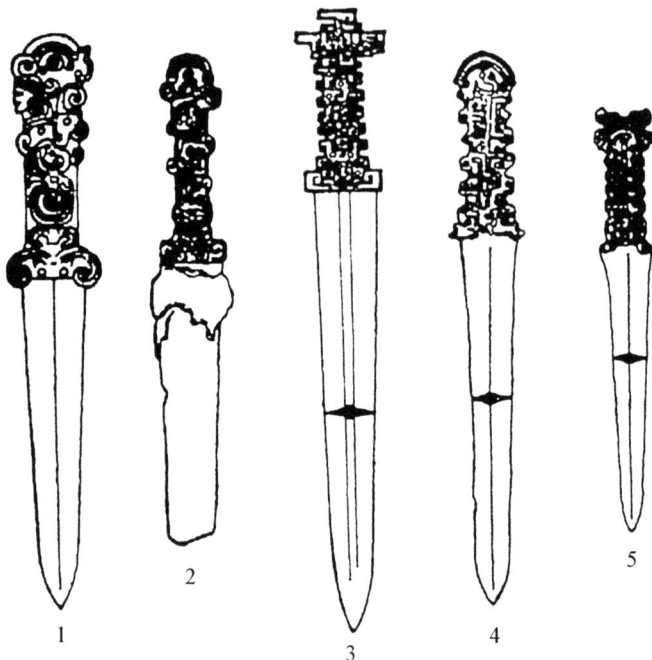

图六　"秦式剑"的分布

1. 宁县宇村　2.陇县边家庄　3.宝鸡益门　4.怀来安营堡　5.滦平西山

安营堡，甚至更东的滦平西山墓中[24]（图六，4、5）。可见这种形式特殊的剑并不是秦文化的剑，而是一种和秦人有一定交往的北方族团特有的剑。在英国不列颠博物院收藏的一件"秦式剑"的金剑首，据称是山西浑源古墓出土的[25]，可见"秦式剑"是沿代谷东传的。

（二）虎形牌饰

宇村M1出土虎形的铜牌饰（图七，1）[26]，这种虎形牌饰也发现于鄂尔多斯地区（图七，2、3）[27]，并发现于延庆、怀来、宣化乃至滦平（图七，4、5）[28]。在怀来、延庆的随葬青铜礼器的墓中，虎形

---

[24] 郑绍宗：《中国北方地区青铜短剑的分期及形制研究》，《文物》1984年2期。

[25] 李学勤：《益门村金、玉器纹饰研究》，《文物》1993年10期。

[26] 同注[23]。

[27] 田广金、郭素新：《鄂尔多斯式青铜器研究》，《鄂尔多斯式青铜器》，文物出版社，1986年，图五八，6、7。

[28] 同注[3]、注[5]、注[6]、注[24]。

图七　虎形牌饰的分布

1.宁县宇村　2、3.鄂尔多斯　4.延庆玉皇庙　5.宣化小白阳　6.行唐钓鱼台（金质）　7.新乐中同

牌饰有金质的，足见其不是一般装饰品。

（三）异型釜

在内蒙古准格尔旗的宝亥社曾发现过圆角方口、附耳的异形釜（图八，1）[29]，口沿还做成子母口，可以加盖（盖已失去）。北方民族的釜本是圆口、立耳、无盖的。显然是受中原文化影响的结果。纹饰也是中原式的了。很相近的器物在浑源出了三件（图八，3、4）[30]，在山西的原平也出过一件（图八，2）[31]。时代较晚的怀来北辛堡墓中出土的釜（图八，5），虽是圆口的，附耳和腹型也反映了中原式铜

---

[29] 王志浩等：《内蒙古准格尔旗宝亥社发现青铜器》，《文物》1987年12期。

[30] 同注[20]。

[31] 李有成：《原平县刘庄塔岗梁东周墓》，《文物》1986年11期。

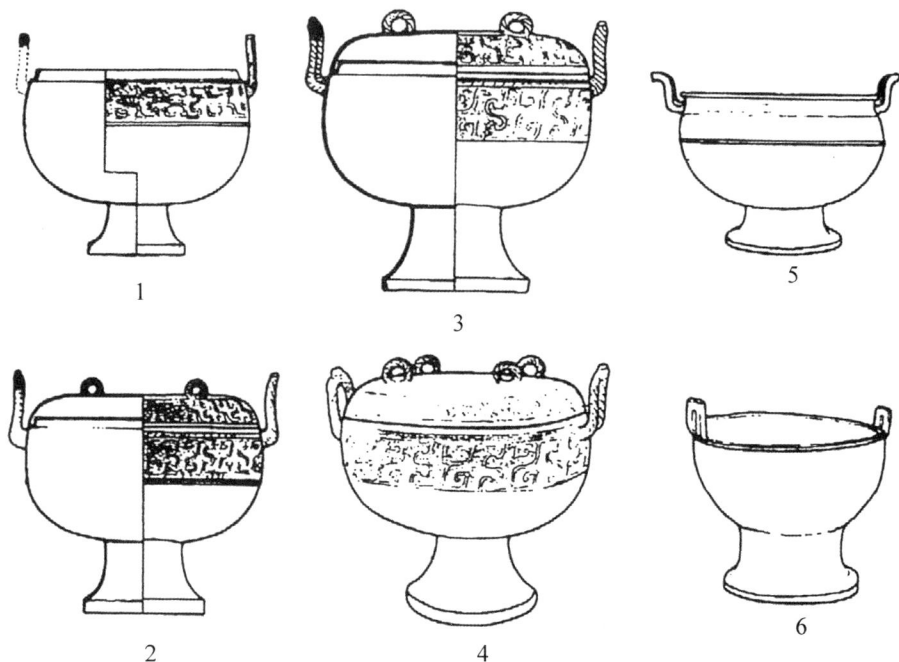

图八　各式铜釜的分布

1.准格尔旗宝亥社　2.原平塔岗梁　3、4.浑源李峪　5.怀来北辛堡　6.新乐中同

器的影响[32]。

　　所以，桑干河谷地中东周时代的居民，确有西来的迹象。

　　在战国初期，桑干河各地原先的文化衰落后，在河北唐县、行唐、新乐、灵寿等地发现的战国墓葬，有继承军都山类型文化的一面。除了和怀来甘子堡[33]、延庆军都山墓葬[34]一样也随葬北方式铜釜（图八，6）[35]外，最明显的两点是：按旧传统在墓中随葬金质的虎形牌饰（图七，6、7）[36]，按新传统在墓中随葬尖首刀[37]。所以，

[32] 同注[1]。

[33] 同注[3]。

[34] 同注[15]。

[35] 同注[20]，图五，7，新乐中同出土。

[36] 同注[20]，图一四，18，行唐钓鱼台出土。石家庄地区文物研究所：《河北新乐县中同村战国墓》，《考古》1984年11期。

[37] 陈应祺：《中山国灵寿城址出土货币研究》，《中国钱币》1995年2期。

这一支建立了中山国的人群，显然和桑干河的人群应该是同一族群的。

综上所述，从尖首刀的主要分布区来看，黄锡全说它是"狄刀"是很有道理的。

## 四

从文献上看，狄人除代和中山之外还建立过一系列古国。从考古上看，狄人至少在春秋晚期已开始铸造有自己特点的金属货币。所以，我们不应该继续被错误的旧史观所束缚而仍把狄人看成是什么"游牧民族"。

把我国古代的戎狄想象成后来匈奴、东胡一样的游牧人，这是在战国秦汉的知识分子中很流行的观念。以至于大史学家司马迁也不例外。我过去写的《戎狄非胡论》一文批驳过这种错误观念[38]，从已有的考古研究成果可以看出，我国现今长城以北的地区，在新石器时代是农业定居文化的分布区，到了夏代，像内蒙古东南部的夏家店下层文化、河套的朱开沟文化、河西走廊的四坝文化，也都是农业定居文化。到气候逐渐干冷化后，这个地区的居民中畜牧业的比重增加了，但仍是农牧兼营的定居文化。例如商周之际在陕北的李家崖文化仍筑城而居，两周之际在内蒙古东南部的夏家店上层文化仍建造石砌墙基的住房，除养牛羊外也养猪鸡。所以，在这种大的历史文化背景下，实在难以设想在西周到春秋广布于北方地区的戎狄会是什么"游牧民族"。从人种鉴定的结果来看，戎狄也应该是和华夏一样的东亚蒙古人种，而不是匈奴、东胡那样的北亚蒙古人种。所以，戎狄和华夏的差别主要只是"我诸戎饮食衣服不与华同"（《左传·襄公十二年》）。当然，他们农业的发达程度可能低于华夏，比如，还没有大规模的固定耕地，所以可以像商人在盘庚迁殷以前那样把都城迁来迁去。就像《左传·襄公四年》说的那样，"戎狄荐居，贵货易土"（《诗·节南山》

---

[38] 林沄：《戎狄非胡论》，《金景芳九五诞辰纪念文集》，吉林文史出版社，1996年。

"天方荐瘥",《云汉》"饥馑荐臻",荐为一再、频仍之义,所以"荐居"应是常常移动居处)。其实盘庚在动员人民徙居时强调要"具乃贝玉",也是"贵货易土"的。

从文献上看,《国语·晋语一》记晋献公伐翟柤,"却叔虎将乘城……被羽先升"。《晋语九》:"中行穆子帅师伐狄,围鼓,鼓人或请以城叛。"都证明狄人是筑城而居的。《左传·昭公元年》记晋人与无终及群狄战于大原,魏舒说:"彼徒我车,所遇又厄,以什共车,必克。"可见狄人只有步兵,没有骑兵。《管子·小匡》中说:齐桓公"禽狄王,败胡貉,破屠何,而骑寇始服"。有不少人用来证明狄人是骑马的游牧人。吕思勉在《读史札记·骑射》中早已指出:《小匡》"乃战国时语,非当时实事"。其实,《小匡》中还提到了"南至牂柯",据《华阳国志》:"楚顷襄王时,遣庄蹻伐夜郎。……既灭夜郎,以且兰有椓船柯处,乃改其名为牂柯。"则此地名战国晚期才出现。而《史记·西南夷列传》记载,要到西汉武帝建元六年(公元前135年),唐蒙出使南越,才听说南越西北有牂柯。然后才有"发巴蜀卒治道,自僰道指牂柯江"。到元鼎六年(公元前111年)才"平南夷为牂柯郡"。所以《小匡》成书的年代甚至可能晚到汉代,不足以证明东周时的狄人真是"骑寇"。

就军都山类型的考古遗存本身来看,它在桑干河谷中留下了分布较密而规模较大的多处墓地,而且在白庙还发现了文化层厚半米以上的居地,很难设想是游牧人所遗下的。从墓葬中普遍殉牲来看,墓主人确有重视畜牧业的传统;但殉马的数量不多,而且集中在有青铜礼器的较大的墓葬,和草原地区殉牲以马为主的情况显然不同;而殉狗特别多是这里的特色。从墓中的随葬品可以看出,在早期(即春秋中期)的墓中,已经出现不少从华夏各国引进的东西。较高等级的墓中常有华夏各国生产的青铜礼器和车马器(图三),但在器类上,当作酒杯的铜最多,贮酒的壶、罍次之。鼎簋不如盘匜受重视,都反映了墓主在生活习俗和理念上不同于华夏。在武器上,中原的戈颇受重视,短剑在晚期已经有不少采用中原式的柄首。工具中中原式的刀(削)在早期已对北方式的刀产生影响,到晚期已基本取代了北方式刀子。正因为他们不断吸收华夏各国的有用的文化成分，所以实际上和华夏的文化交融是逐渐加深的。我们应该从这样的文化背景上来理解，为什么狄人开始铸造自己的金属货币时采取了中原式刀（削）的形式。

我们应该认识到，在春秋时期的戎狄已经受到华夏文化的多方面的浸润。这样才能理解战国时狄人建立的中山国在文化上达到的高度华夏化。

总之，古史上的戎狄不是匈奴的祖先，他们的绝大部分在战国后期融入了华夏，住在长城以南，是后来汉族的重要组成成分。狄刀的产生和发展是古狄族逐步融入华夏这个多元统一体的重要环节之一，所以不但在货币史上，而且在中国文化史和中国民族史上都是应该受到充分重视的。

2001年6月在太原召开的"中国先秦货币学术研讨会"上宣读的论文。载《中国钱币论文集》第4辑，中国金融出版社，2002年。后收入《林沄学术文集（二）》。

# 夏代的中国北方系青铜器

　　中国的北方系青铜器是指中国北部地区在青铜时代所使用的青铜器。

　　中国北方地区青铜时代的文化遗存面貌各异，在中国考古学中被分成许多考古学文化，但在青铜器方面有相当多的共同特征。它们一方面有别于中原地区的青铜器，另一方面又有别于中国东北地区和新疆地区的青铜器。中国北方地区青铜器的共同性并不是单一起源的，而是不同起源的文化因素在这一自然环境相近的地带互相影响和交融的结果。无论把这一地区的青铜时代文化看成是欧亚大草原文化向南方的传播或是中国中原文化向北方的扩展，都是不符合历史实际的。因为，这个地区至少从新石器时代开始就有人居住，形成自己的文化特点和文化传统。这个地区的青铜时代诸文化是在这种本地的文化基础上，吸收北方和南方的双向文化影响而形成的。

　　过去，有相当多的考古学家认为，北方系青铜器是在商代开始形成的，即开始于距今 3 500 年左右，大体相当于中原地区的二里冈文化时期[1]。但我在 1982 年于火奴鲁鲁的"商文化国际研讨会"上已经指出："我国北方地区的青铜器不仅应该和二里冈文化的青铜器曾有平行发展的关系，而且还可以推到更早。……北方系青铜器在二里头文化晚期已经存在，而且对二里头文化的青铜器产生了影响。"[2] 1994 年

---

[1] 田广金：《中国北方系青铜器文化和类型的初步研究》，《考古学文化论集（4）》，文物出版社，1997年。

[2] Lin Yun. "A Reexamination of Relationship between Bronzes of the Shang Culture and of the Northern Zone". *Studies of Shang Archaeology*. Yale University Press, 1986.

我又在一篇论文中进一步阐述了这种观点[3]。后来，更多的新公布的发掘资料进一步证明了这一点。连田广金也已经同意我的观点，把北方系青铜器的开始年代改到夏代[4]。

因此，本文拟就夏代的中国北方系青铜器再作一次讨论。

在北方地区的西部，已发现的年代最早的金属制品是马家窑文化的直柄青铜刀，年代距今5 000年左右，其后的马厂文化和齐家文化也有红铜和青铜的器物[5]。在北方地区的东部，也有一些证据表明距今5 000年的红山文化可能已知铜的冶铸[6]，但还有待更多考古发现的进一步证实。

在相当于夏纪年的范围内（公元前2070～前1600年），分布在甘肃河西走廊的四坝文化，分布在黄河河套及其东、北部地区的朱开沟文化，分布在内蒙古东南部的夏家店下层文化和分布在河北北部的大坨头文化都已经发现了种类不一的铜器。

四坝文化的铜器是在玉门市火烧沟、安西县鹰窝树、民乐东灰山、酒泉干骨沟等地发掘出来的，共有270余件。种类有刀、削、锥、锛、矛、匕首、镞、耳环、指环、手镯、扣、泡、联珠饰、铜四羊首权杖头等（图一）[7]。而且还有可铸2件箭镞的石范，范面留有使用过的痕迹[8]。火烧沟文化年代上大体和二里头文化平行。出铜器最多的火烧沟墓地的四个碳十四年代数据（树轮较正）都在夏纪年范围内。

朱开沟文化的第二段至第四段年代上相当于二里头文化。其第四段的碳十四年代数据属于夏代的晚期阶段。在朱开沟遗址属第三段的墓葬中

[ 3 ]林沄：《早期北方系青铜器的几个年代问题》，《内蒙古文物考古文集》第一辑，中国大百科全书出版社，1994年。

[ 4 ]田广金：《中国长城地带农耕—畜牧—游牧三阶段发展说试论》，《游牧骑马民族文化的生成与发展的考古学研究》，（日本）大手前女子大学，1998年。

[ 5 ]孙淑云、韩汝玢：《甘肃早期铜器的发现与冶炼、制造技术》，《文物》1997年7期。

[ 6 ]白云翔：《中国文明起源座谈纪要》，《考古》1989年12期。韩汝玢：《近年来冶金考古的一些进展》，北京科技大学考古系国际会议论文，1993年。但牛河梁转山子顶部原来以为是红山文化时期的炉壁残片的热释光年代测定表明，实际属夏家店下层文化的年代范围。参看李延祥等：《牛河梁冶铜炉壁残片研究》，《文物》1999年12期。

[ 7 ]李水城、水涛：《四坝文化铜器研究》，《文物》2000年3期。

[ 8 ]同注[5]，图八。

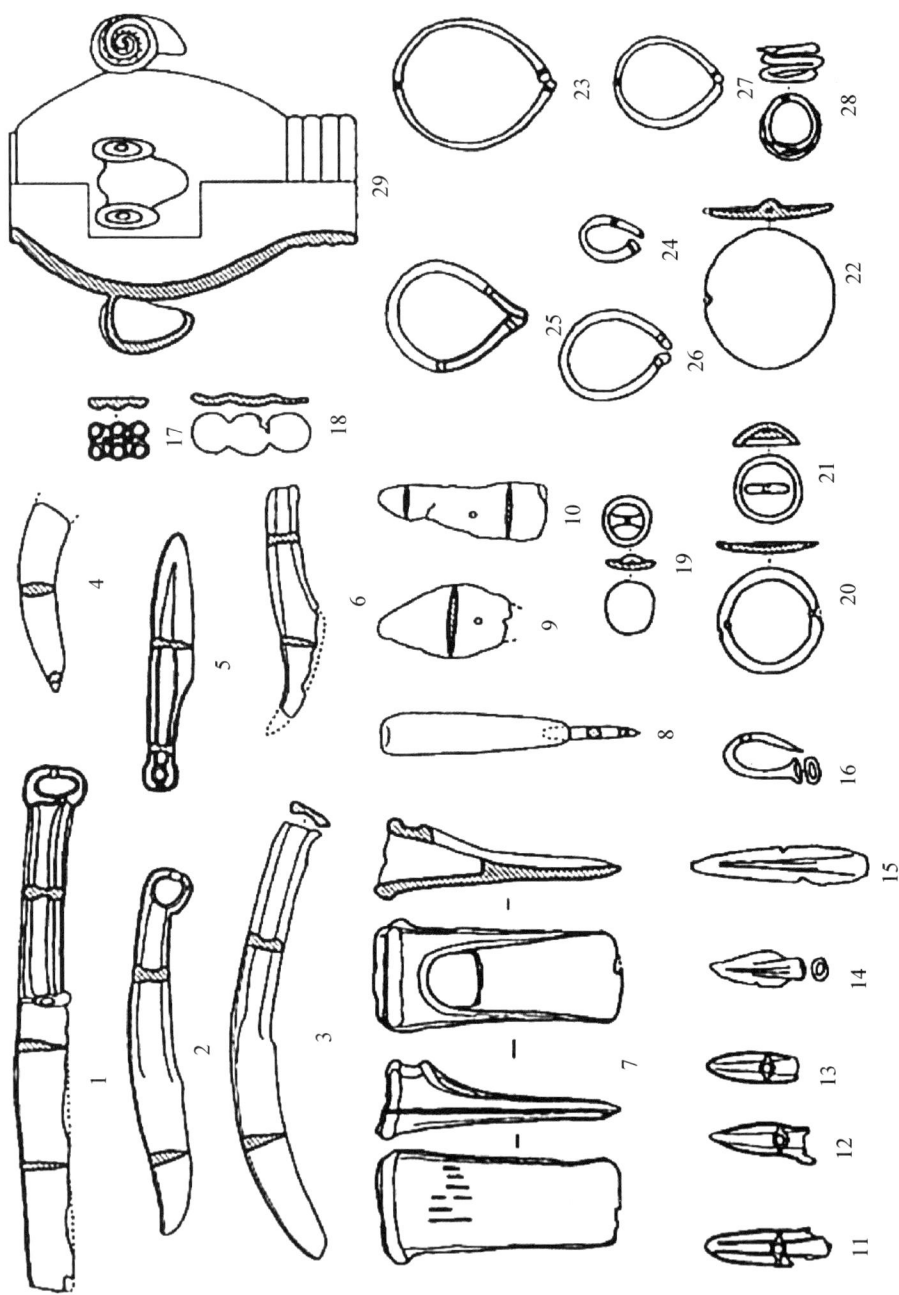

图一　四坝文化的铜器

1～6. 刀　7. 斧　8. 锥（有骨柄）　9、10. 削　11～15. 镞　16、24～27. 耳环　17、18. 联珠形饰　19、21. 扣饰　20、22. 泡　23. 手镯　28. 指环　29. 四羊首权杖头

发现过铜臂钏、铜环、铜指环，属第三段的居址中发现过铜凿、铜锥和铜针。在第四段的墓葬中也发现过铜指环，灰坑中发现过铜锥（图二）[9]。

　　夏家店下层文化的铜器发现于内蒙古敖汉旗大甸子[10]、辽宁兴城仙灵寺[11]、辽宁锦县（今改称凌海市）水手营子[12]、辽宁阜新平顶山[13]、内蒙古喀喇沁旗大山前[14]、辽宁北票康家屯和朝阳罗锅地[15]等遗址。种类有连柄戈、杖首、柄镦、刀子、刻刀、镞、耳环、指环等（图三）。在赤峰四分地遗址H7还出土过铸铜器用的陶范[16]。夏家店下层文化在年代上相当于二里头文化至二里冈文化。目前已获得20个以上的碳十四年代数据，也大多数在夏和商代前期纪年范围内。大山前的两把刀子和一件喇叭口耳环，水手营子的连柄戈，大甸子的杖首、柄镦、指环等铜器，从出土的层位或共存的陶器形态来看，都无疑早于商代。

　　大坨头文化的铜器发现于河北大厂大坨头[17]、天津蓟县张家园[18]、蓟县围坊[19]、河北唐山小官庄[20]、北京琉璃河[21]、昌平雪山[22]、

---

[9] 内蒙古自治区文物考古研究所等：《朱开沟》，文物出版社，2000年，图六三，3、4；图二一五，7、13、15、17；图二一六。

[10] 中国社会科学院考古研究所：《大甸子》，科学出版社，1996年，图八六，4～6。

[11] 高美璇：《兴城县仙灵寺夏家店下层文化遗址》，《中国考古学年鉴（1985）》，文物出版社，1985年。

[12] 齐亚珍等：《锦县水手营子早期青铜时代墓葬》，《辽海文物学刊》1991年1期。

[13] 辽宁省文物考古研究所、吉林大学考古学系：《辽宁阜新平顶山石城址发掘报告》，《考古》1992年5期。

[14] 中国社会科学院考古研究所、内蒙古文物考古研究所、吉林大学考古学系联合组成的赤峰考古队近年的发掘资料，有环首刀、喇叭口耳环等。

[15] 辽宁省考古所近年的发掘资料，均为刀子。

[16] 辽宁省博物馆等：《内蒙古赤峰县四分地东山嘴遗址试掘简报》，《考古》1983年5期，图一一，右。郭大顺：《赤峰地区早期冶铜考古随想》，《内蒙古文物考古文集》第一辑，中国大百科全书出版社，1994年。

[17] 天津市文化局考古发掘队：《河北大厂回族自治县大坨头遗址试掘简报》，《考古》1966年1期。

[18] 天津市文物管理处：《天津蓟县张家园遗址试掘简报》，《文物资料丛刊（1）》，文物出版社，1977年。

[19] 天津市文物管理处考古队：《天津蓟县围坊遗址发掘报告》，《考古》1983年10期。

[20] 安志敏：《唐山石棺墓及其相关的遗物》，《考古学报（七）》，1954年。

[21] 琉璃河考古工作队：《北京琉璃河夏家店下层文化墓葬》，《考古》1976年1期。

[22] 北京大学历史系考古教研室商周组：《商周考古》，文物出版社，1979年，139页。

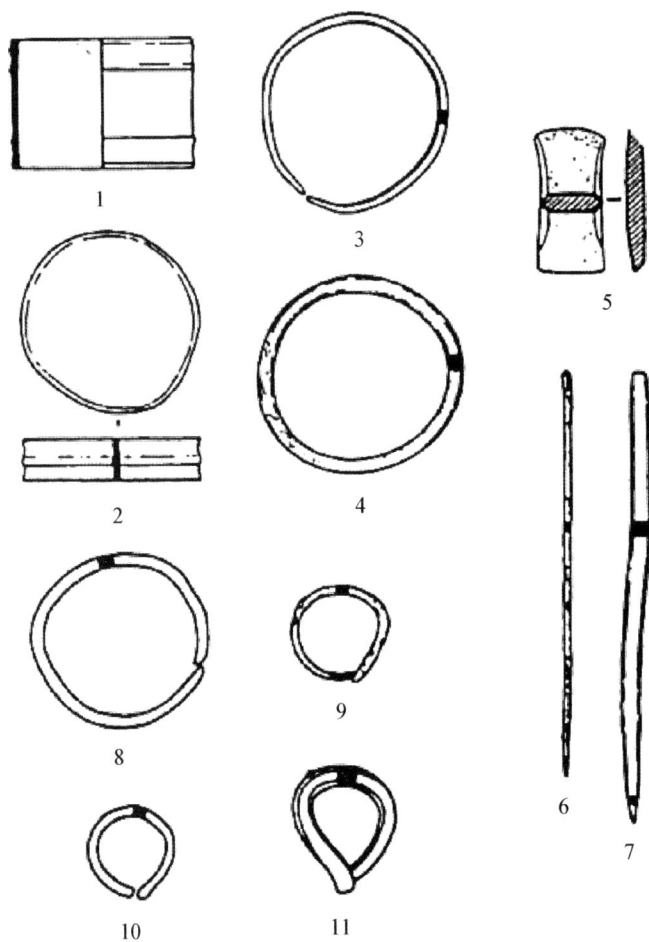

图二　朱开沟文化的铜器

1～4. 臂钏　5. 凿　6. 针　7. 锥　8. 环　9~11. 耳环（1～6、
8、9. 朱开沟第三段　7、10、11. 朱开沟第四段）

河北蔚县三关[23]等遗址。种类有刀、镞、耳环、指环等（图三）。大
坨头文化的年代和夏家店下层文化大体同时。李伯谦认为围坊出的铜
刀、耳环，张家园和三关出的耳环，都早于商代[24]。

---

[23] 张家口考古队：《蔚县考古纪略》，《考古与文物》1982年4期。张家口考古队：《蔚县
夏商时期考古的主要收获》，《考古与文物》1984年1期。

[24] 李伯谦：《论夏家店下层文化》，《纪念北京大学考古专业三十周年论文集》，文物出版
社，1990年。

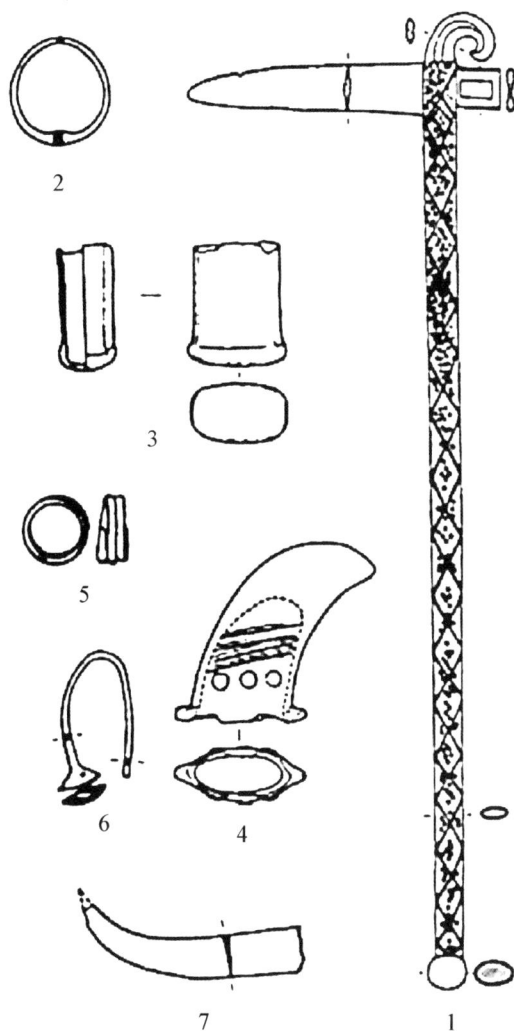

图三　夏家店下层文化和大坨头文化的铜器
1. 连柄戈　2. 指环　3. 镦　4. 杖首　5. 指环　6. 耳环
7. 刀（1. 锦县水手营子　2～4. 敖汉旗大甸子　5. 北京
琉璃河　6、7. 蓟县围坊）

　　四坝文化的铜器经过检测的有红铜、砷铜、青铜之不同。总体上
说，四坝文化的青铜器比齐家文化的数量增加，"不仅用于装饰品，
还用作工具，特别是用作消耗性武器，并有铸范石范出土，说明青铜
的生产量较大。青铜不仅有锡青铜，还有铅青铜和铅锡青铜，已开始

应用复合陶范分铸法铸造器物，反映了四坝文化已属青铜时代"[25]。朱开沟文化第四段以前的铜器发现较少，经鉴定的5件三段铜器有3件为纯铜（其中1件含1.6%砷），1件为锡青铜，1件为铅锡青铜。8件四段铜器则2件为纯铜，4件为锡青铜，2件为铅锡青铜。这也反映了青铜比例的增加。夏家店下层文化和大坨头文化的铜器目前还没有进行较全面的检测。但夏家店下层文化大甸子墓地出土的铜器，据报告说全为青铜质[26]。而且已经出现了要用复合范才能制造的杖首和镦，花纹精美而用铜量甚多的连柄戈，所以中国北方地区总的来说在夏代已经进入了青铜时代。北方地区的青铜器影响二里头文化不再是推想，已经逐步得到实证了。比如，笔者在1982年说二里头遗址1980年Ⅲ区M2出土的环首刀[27]是受北方来的影响，只是根据它和塞伊玛—图尔宾诺文化的刀子相似，而和中原传统的刀子不同，从而作出的推论。现在就可以用四坝文化和夏家店下层文化中实际出土的环首刀来作证了。

下面谈谈夏代的北方系青铜器所受的来自南、北两方面的影响。

上文已经提到的锦县水手营子夏家店下层文化墓葬中出土的连柄铜戈（图四，1），它无疑是中原系铜戈影响下的产物。不过中原的戈只有戈头是青铜质的，柄一般都是木质的。木质的柄虽很难保存下来，但从商代铜器的图形性很强的铭文中（图四，5），可以见到与水手营子连柄铜戈形状完全一致的戈柄，上端作弯钩形，下端有圆形的镦。而且水手营子戈柄上的纹饰是菱形的格子，这和河南罗山县天湖商周之际的墓葬中完存的漆柲柄上的菱格形纹饰相似（图四，6）[28]，也表明来自南方的影响。

从援部的长宽比看，水手营子的铜戈应属二里头文化时代，因为它和二里头文化第三期的铜戈（图四，2）大体相当，早商时代的二里

---

［25］同注[9]，82页。

［26］同注[10]，188～190页。

［27］中国社会科学院考古研究所二里头队：《1980年秋河南偃师二里头遗址发掘简报》，《考古》1983年3期，图10，9。

［28］欧潭生：《河南罗山县天湖出土的商代漆木器》，《考古》1986年9期。

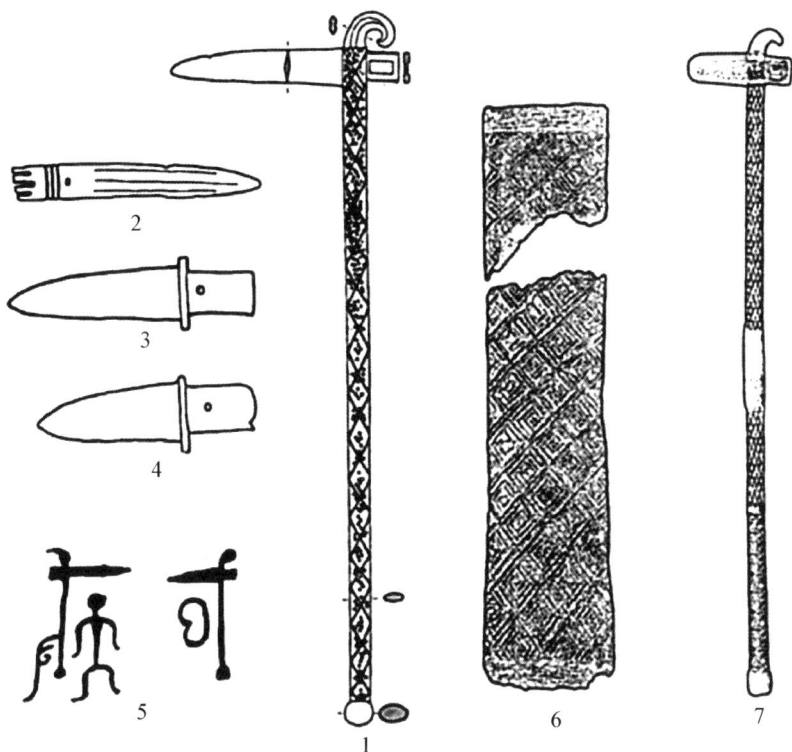

图四　戈的比较

1. 水手营子墓葬出土的戈　2. 二里头文化三期的戈　3. 二里冈文化的戈　4. 殷墟文化的戈　5. 商代青铜器上的铭文　6. 罗山天湖墓地出土的漆柲　7. 京都有邻馆收藏的戈

冈文化铜戈就较短较宽（图四，3），晚商殷墟文化的戈就更短宽了（图四，4）。这表明中原地区的戈在夏代已经影响到北方地区的东部。大甸子M43出土一件铜杖首（图三，4）的形式和水手营子戈的柄端一样是弯钩形的，日本京都藤井齐成会有邻馆收藏的一件连柄铜戈，和水手营子出土的那件是同一类型的（有邻馆的那件援部大概原来有残损，被古董商请匠师修整过，才成为如此奇特的样子，其上还加刻了伪造的铭文），只是柄上的菱形格子比水手营子这件细密些（图四，7）[29]。可见水手营子的戈不是偶然的、孤立的，将来还会有更多的发现。

　　夏家店下层文化是当时中国北方地区受中原文化影响最强烈的一

[29] 东京国立博物馆：《大草原の骑马民族——中国北方の青铜器》，株式会社东京美术，1997年，图3。

种文化，不仅有仿照二里头文化的陶礼器——爵、鬶，就是日用陶器如盆的演变序列都和二里头文化一致。因此在青铜器方面也明显地受中原文化的影响。

中国北方地区的西部则更容易接受来自欧亚大草原的影响，在夏代的北方系青铜器方面已经表现出来。

我在1992年于石家庄召开的"环渤海考古国际学术讨论会"上提交的论文中说："夏家店下层文化（按：当时我说的'夏家店下层文化'是包括大坨头文化在内的）的耳环，一端作喇叭口形，与分布在叶尼塞河以西的安德罗诺沃文化的铜环很奇怪地有相似性。在两个相距如此遥远的定居族团之间会发生这种交流，不正说明其间必有流动性强的人群作媒介吗？"[30]1994年11月在汉城召开的"东亚青铜器文化国际学术大会"上，我宣讲《中国东北地区青铜时代考古的新进展》一文时，再次重申了这一观点，作为中国东北地区受到来自欧亚大陆草原地带文化影响的一个例子[31]。后来在另一篇论文中又举出蒙古中央国立博物馆所藏的一件喇叭口耳环，作为佐证（图五）[32]。艾玛·邦克并不知道我的论文，于1998年发表的论文中也提出相似的意见（图六）[33]。她是取北京平谷刘家河墓葬中出土的金质喇叭口耳环（图六，6），和西方的安德罗诺沃式耳环作比较，认为这种喇叭口形的耳环起源于西方，向东传布到中国的北方地区。她选的比较标本范围较广，最西面的出于咸海地区阿姆河旁（图六，1）[34]，最北的是托

---

［30］林沄：《东胡与山戎的考古探索》，《环渤海考古国际学术讨论会论文集》，知识出版社，1996年。安德罗诺沃文化的耳环采自 Н. А. Аванесова. Серьги и височные подвески андроновской культуры. — Первобытная археология Сибири. Л. 1975。

［31］林沄：《中国东北地区青铜时代考古的新进展（提要）》，《东亚青铜器文化（1994年第三次文化财研究国际学术大会论文集）》，（韩国）文化财研究所，1994年。

［32］林沄：《中国东北和北亚草原早期文化交流的一些现象》，（韩国）《博物馆纪要》12，檀国大学校中央博物馆，1997年。蒙古发现的耳环根据 В. В. Волков. Бронзовый и ранний железный век сеаерной Монголии. Уланбатор 1976.图16，6。

［33］Emma C. Bunker. "Cultural Diversity in the Tarim Basin Vicinity and Its Impact on Ancient Chinese Culture". *The Bronze Age and Early Iron Age Peoples of Eastern Central Asia Volume Ⅱ*. 1998. 611页，图11 ～ 16。

［34］她根据 P. Yankova L. "Central Asia in the Bronze Age : Sedentary and Nomadic Cultures". *Antiquity* 68, 1994. 336页。

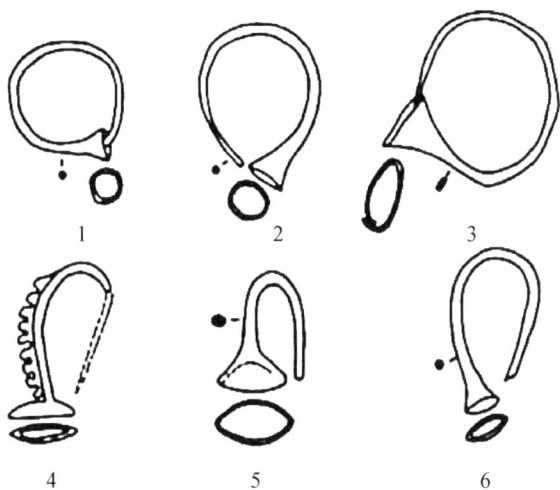

图五　喇叭口耳环的比较（一）

1～3. 安德罗诺沃文化（自左至右：黑湖Ⅰ M76、洛夫卡Ⅱ M3、姆米纳巴德 M3）　4. 蒙古中央博物馆藏品　5. 唐山小官庄　6. 阜新平顶山

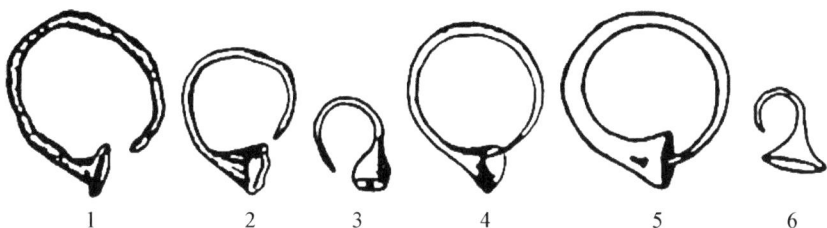

图六　喇叭口耳环的比较（二）

1. 塔吉尔门·塞　2. 西西伯利亚的安德罗诺沃文化　3. 托木斯克附近的小台地　4. 中亚西部的安德罗诺沃文化　5. 阿尔泰（红铜包金箔）　6. 北京平谷刘家河（据艾玛·邦克论文中的插图）

木斯克附近出土的（图六，3）[35]，最东南的是阿尔泰地区出土的（图六，5）[36]。艾玛·邦克选阿尔泰的那件可能还因为它是包金箔的，而阿瓦涅索娃早已指出安德罗诺沃文化的这种耳环除铜的之外，既有金质的，也有包金箔的[37]。平谷刘家河墓葬出土的金质喇叭口耳环，据

--------

[35] М. Н. Комарова. Томский могильник（МИА No.24）М. 1952. 18页，图 8，6。

[36] 她根据 Jettmar Karl. "The Altai before the Turks". *Bulletin of the Museum of Far Eastern Antiquities*, No. 23, 1951. 135～223页。

[37] 同注[30]所引 Н. А. Аванесова 论文。

同墓随葬的商式青铜礼器应属殷墟早期，即商代中期了。其实在大坨头文化的昌平雪山墓葬中就出土过金质的喇叭口耳环[38]，我在北京大学考古系库房中观摩过实物。但是，虽然夏家店下层文化和大坨头文化中的耳环和安德罗诺沃文化的耳环在形状特点和质地方面都有相似性，毕竟相距太远了，所以传播影响的说法不容易得到多数人的赞同。

　　现在火烧沟墓地的喇叭口耳环图像的发表，无疑是为这种耳环的向东传布找到了一个中继站。特别应该指出的是，安德罗诺沃文化的这种耳环的喇叭口都是圆的。而夏家店下层和大坨头文化的这种耳环的喇叭口都是扁的。这也是使人怀疑两者是否有关联的原因之一。现在火烧沟发现的是扁喇叭口的（图一，16），而俄国方面最近发表了在哈萨克斯坦阿拉木图州的考古新资料，在1997～1998年发掘的寇泽尔布拉克Ⅰ号墓地和Ⅱ号墓地中，耳环都是既有喇叭口呈圆形的，又有作扁形的（图七）[39]。这就更具体地表示出喇叭口耳环是从哈萨克斯坦的东部经伊犁河谷，由新疆传布到四坝文化之中的。

　　1997年高浜秀在解说东京国立博物馆收藏的、大概是出于中国北方地区的、有立羊装饰的扁喇叭口"耳饰"时，也认为起源于安德罗诺沃式耳环，并引蒙古中央博物馆收藏的那件为佐证[40]。东京国立博物馆的那件（图八，1）[41]实际上和朱开沟遗址采集到的一件"铜环形器"（图八，3）[42]更接近。而蒙古中央博物馆的那件（图八，2）则与蒙古前杭爱省南部台夫什·乌尔古墓中出土的金"发饰"（图八，4、5）[43]很相似。这两件精美的金饰的顶端不是喇叭口形的，而是

---

[38]同注[22]。

[39]А. Н. Марьвяшев, А. А. Горячев. Памятники кульсайского типа эпохи поздней и финальной бронзы Семиречья — История и археология Семиречья, Алматы, 1999. 图9，1～4、11、12、16。

[40]同注[29]，156页。

[41]同注[29]，图4。

[42]同注[9]，图八八，1。

[43]藤川繁彦：《中央ユーラシアの考古学》，同成社，1999年，图17。

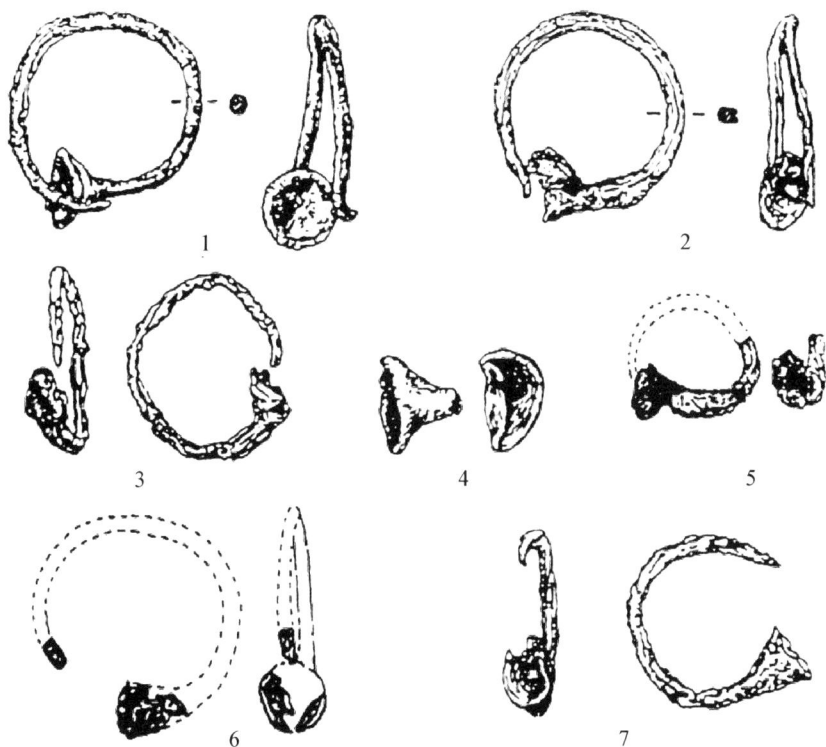

图七　喇叭口耳环的比较（三）

1～5.寇泽尔布拉克Ⅰ号墓地出土耳环　6、7.寇泽尔布拉克Ⅱ号墓地出土耳环

"卡拉苏克式"的卷角羊头。发掘台夫什·乌尔古墓的诺芙哥罗多娃把墓葬年代定为公元前2千纪后半期[44]。台夫什·乌尔墓中的金饰从出土位置来判断应该是约束下垂的鬓发用的（图九）。由此推论，在中国出土的喇叭口形"耳环"，也有一部分应该是束发用的鬓环，需要我们在发掘工作中注意这类器物的出土位置，认真识别。朱开沟采集的那件，看来也可能是鬓环，它的年代应该不会晚于朱开沟第五段，即不晚于公元前1300年。它的一端显然是喇叭口的简化形式。可以作为喇叭口耳环（或鬓环）向东传布的佐证。

　　所以，中国北方地区的喇叭口耳环（或鬓环）是源自西方的安德罗诺沃文化，今天大概已可定论。

──────────

[44] Э. А. Новгородова. Дреаняя Монголия М. 1989. 138页。

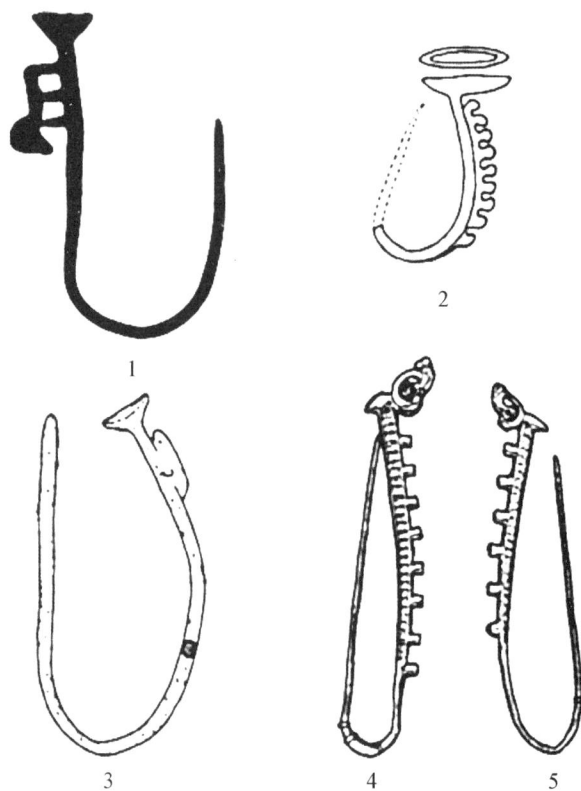

图八　喇叭口耳环的比较（四）

1. 东京国立博物馆藏品　2. 蒙古中央博物馆藏品　3. 朱开沟采集品　4、5. 台夫什·乌尔出土

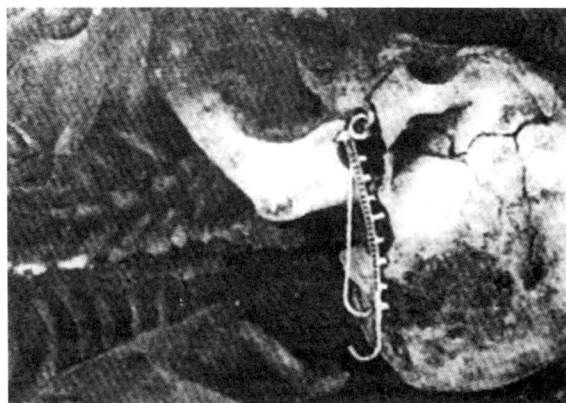

图九　喇叭口耳环的比较（五）

台夫什·乌尔墓葬中金发饰出土情况

　　中国北方地区的青铜器受到来自西北方的文化影响的另一个明显的例子，是所谓"套管式"铜锛。在酒泉干骨崖遗址出土了这种铜锛（图一〇，8），其形式显然和塞伊玛—图尔宾诺文化的一种铜锛有联系，塞伊玛墓地和列申斯基墓地都出过这类锛（图一〇，1、2）[45]。在南西伯利亚的卡拉苏克文化中也有这种锛（图一〇，3）[46]。此外还发现于托木斯克以北的楚雷姆河上（图一〇，4）[47]、蒙古的肯特省（图一〇，5）[48]以及东哈萨克斯坦（图一〇，6）[49]。在我国和哈萨克斯坦交界处的塔城曾发现过这种铜锛（图一〇，7）[50]。这说明这种铜锛也有可能是像喇叭口耳环（或鬓环）一样，是从哈萨克斯坦经新疆传入的。过去在中国北方地区也发现过少量的"套管式"锛，如京都大学旧藏一件，据《京都大学文学部博物馆考古学资料目录》（1963年）记载是滨田耕作在1935年送交的。此锛在水野清一、江上波夫的《绥远青铜器》一书中曾著录（原书图版三六，14），并提到安特生在北京也购入过一件。今年我去京都大学，由森下章司提供方便，实测了这件铜锛（图一〇，9）。但这件锛的出土地不详。田广金和郭素新在《鄂尔多斯式青铜器》中曾发表过一件在鄂尔多斯收集的套管式锛（图一〇，10）[51]。今后我们应该对这种铜锛加强注意，因为根据火烧沟的发掘资料，其年代有可能早到夏代，是夏代中国北方系青铜器的重要器物之一。

　　既然中国北方地区在夏代表现出东部受中原影响较大，西部受欧亚大草原地带影响较大，那么夏代中国北方地区的青铜器自然会产生地区性的差异。但另一方面，夏代中国北方地区的青铜器又表现出自

[45] О. Н. Бадер, Д. А. Крайнов, М. Ф. Косарев. Эпоха бронзы лесной полосы СССР M. 1987.图42，21；图44，38。

[46] Э. Б. Бадецкая. Археологические памятники в степях среднего Енисея. Ленинглад，1980. 图版Ⅴ，22。

[47] А. И. Мартынов. Лесостепеая тагарская культура. Новосибирск，1979. 图版31，18。

[48] 同注[29]，图6，2。同注[32]所引Волков一书，图6，2。

[49] Jianjun Mei. *Copper and Bronze Metallurgy in Late Prehistory Xinjiang*. Oxford, 2000.图2.25，1。转引自С. С. Черников. Восточно-Казахстан в бронзовой веке M. 1960. 图64。

[50] 龚国强：《新疆地区早期铜器略论》，《考古》1997年9期，图二，15。

[51] 田广金、郭素新：《鄂尔多斯式青铜器》，文物出版社，1986年，图二一，3。

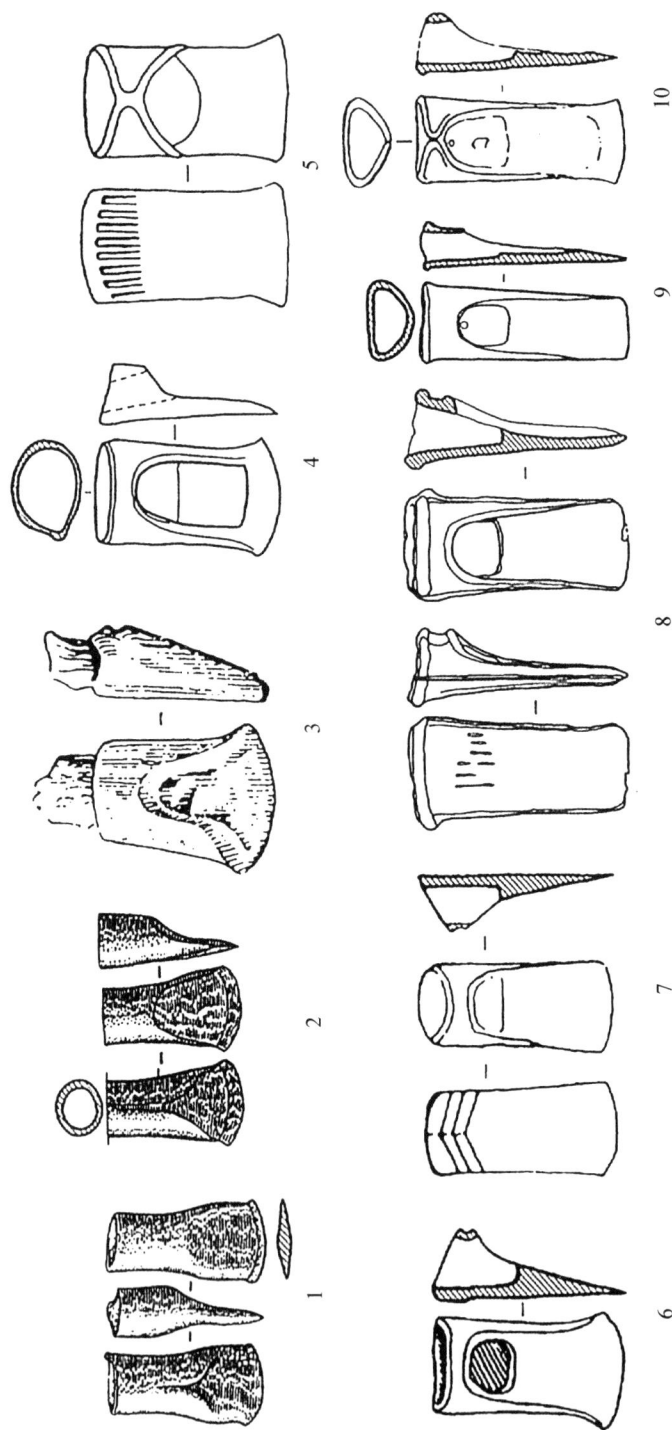

图一〇　銎管式锛的比较

1. 塞伊玛墓地　2. 列申斯基墓地　3. 卡拉苏克文化　4. 楚雷姆河　5. 蒙古肯特省博物馆藏　6. 东哈萨克斯坦　7. 新疆塔城　8. 酒泉干骨崖　9. 京都大学文学部博
物馆藏　10. 鄂尔多斯所收集

身的一致性和不同于其他地区的特殊性。

从现有资料来看，装饰品方面表现的一致性最为明显。如喇叭口耳环（或鬓环），从四坝文化到夏家店下层文化、大坨头文化都是相似的。而且和安德罗诺沃文化相比，除了喇叭口形弯成扁圆的或枣核形的（个别砸扁成实体）和安德罗诺沃文化作圆形不同；而且通体一般都弯成U形或水滴形（图一，16；图三，6；图五，5、6），也和安德罗诺沃文化通常作圆形不同，也就是说，对外来的文化因素加以改造，形成中国北方系青铜器自身的特点了。这种有自身特色的喇叭口耳环在中国北方地区就形成了一种文化传统，除了商代中期的北京平谷刘家河墓葬中有这种形式的金耳环（图一一，1）、辽宁彰武平安堡遗址T106③出土这种形式的铜耳环（图一一，2），属高台山文化三期，相当于商代晚期[52]。在西周早期的河北迁安小山东庄墓葬中仍见到这种形式的铜耳环（简报作者因该器有绿锈而误认为是绿松石，其实绿松石不可能加工成这种形状；图一一，3）[53]。

又如，四坝文化有一种特殊形式耳环，它的一端是扁的，另一端是尖的（图一，24），朱开沟第三段也有这种耳环（图二，9）。在夏

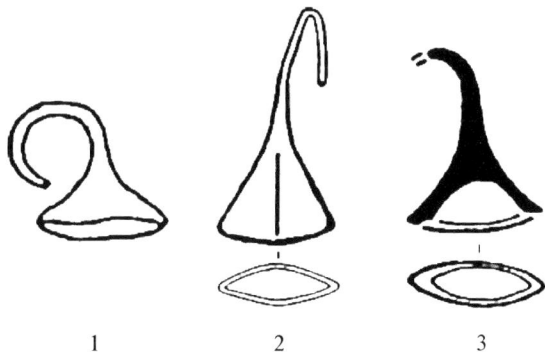

图一一　喇叭口形耳环的沿用
1. 平谷刘家河　2. 彰武平安堡　3. 迁安小山东庄

[52] 辽宁省文物考古研究所等：《辽宁彰武平安堡遗址》，《考古学报》1992年4期。

[53] 唐山市文物管理处等：《河北迁安县小山东庄西周时期墓葬》，《考古》1997年4期。

家店下层文化和大坨头文化也有这种耳环，大甸子M516还出过金质的（图一二，1）。这种形式的耳环在北方地区也成为一种传统。如商周之际的辽宁喀左县道虎沟土坑墓，属魏营子文化，出扁端铜耳环（图一二，2），年代已晚到商周之际[54]。西周初年的河北迁安小山东庄墓葬，属张家园上层文化，也出金扁端耳环（图一二，3）。而年代属西周晚期至春秋早期的延庆西拨子村窖藏器物群中仍有这种铜扁端耳环（图一二，4）[55]。

再如，四坝文化还有一种两端都是扁的手镯（图一，23），虽在夏家店下层文化和大坨头文化中目前尚未发现同样形式的铜器，但在同一地区后来流行这种形式的"金臂钏"。例如，商代中期的平谷刘家河墓中，出一对金臂钏（图一三，1）。商末周初的辽宁喀左县和尚沟M1（图一三，2）[56]、河北迁安小山东庄墓葬（图一三，3）、蓟县张家园的M3、M4[57]，也都有一对金臂钏。早在1963年发掘的宁城南山根M101石椁墓，属夏家店上层文化，年代为西周晚期到春秋

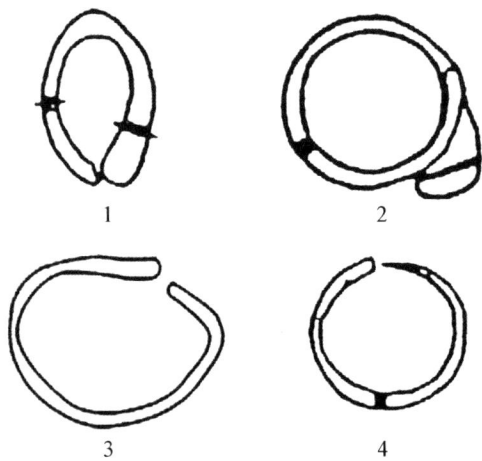

图一二　扁端耳环的沿用
1. 敖汉旗大甸子　2. 喀左道虎沟　3. 迁安小山东庄　4. 延庆西拨子

［54］郭大顺：《试论魏营子类型》，《考古学文化论集（1）》，文物出版社，1987年。

［55］北京市文物管理处：《北京延庆县西拨子村窖藏铜器》，《考古》1979年3期。

［56］辽宁省文物考古研究所等：《喀左和尚沟墓》，《辽海文物学刊》1989年2期。

［57］天津市历史博物馆考古部：《天津蓟县张家园遗址第三次发掘》，《考古》1993年4期。

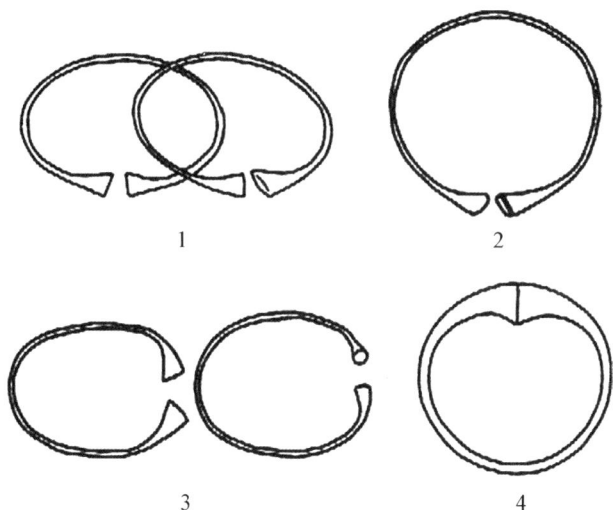

图一三　金臂钏的沿用
1. 平谷刘家河　2. 喀左和尚沟　3. 迁安小山东庄　4. 宁城南山根

早期，也出一只这种形式的金臂钏（图一三，4），是目前所知年代最晚的一例[58]。

由此可见，中国北方地区的文化传统有些是可以上溯到夏代的北方系青铜器的。

随着田野考古的不断开展，北方系青铜器发展的历史真相逐步被揭示。例如，四坝文化铜器的公布。北方系青铜器的许多特征性因素的出现的年代都提前了，如联珠状饰、有梁的铜泡、动物纹饰等。一侧有倒钩的镞的出现也是引人注目的。目前的遗憾是，一方面，已发现的夏代的中国北方系青铜器，并未完全发表，还有很多标本尚待检测；另一方面，在这样早的年代范围内，相邻地区可资比较的青铜器也相当贫乏。尤其是新疆地区还没建立起可靠的编年，更增加了对比研究的困难。所以现在要确切地说夏代的北方系青铜器有哪些是在中国北方地区原生的，恐怕还为时过早，需要更多的发现和更深入的研究。

最后要强调指出的是，中国北方系青铜器出现的时期，并不是北

---

[58] 辽宁省昭乌达盟文物工作站等：《宁城南山根的石椁墓》，《考古学报》1973年2期。

方地区普遍被游牧人占居的时代。夏家店下层文化、大坨头文化、朱开沟文化都是农业定居者的文化。四坝文化也是既从事畜牧和狩猎又兼营农业的。东灰山遗址四坝文化地层中采集到很多的炭化小麦、大麦、黑麦、黍、稷、高粱籽粒,是有力的证据[59]。北方地区全面的游牧化,实际是东周后期即距今2 500年左右才开始的。所以,应该破除把北方系青铜器和游牧文化等量齐观的过时的偏见。

综上所述,北方系青铜器产生于夏代,是北方地区原有居民吸收了南、北两方面的文化影响而发展起来的。对于这种青铜器,我们一方面要看到它有自己特有的特征,但另一方面又要充分看到它和南、北两方面的千丝万缕的文化联系。总之,人类世界从遥远的古代开始,就是有赖于不同文化的相互联系、交融,才获得越来越日新月异的成就和发展的。

2001年8月在长春召开的"中国北方长城地带青铜文化考古国际研讨会"上宣读的论文。载《边疆考古研究》第1辑,科学出版社,2002年。后收入《林沄学术文集(二)》。

---

[59] 李曙等:《甘肃省民乐县东灰山新石器遗址农业遗存新发现》,《农业考古》1989年1期。《民乐东灰山考古》,科学出版社,1998年,结语部分的"四、生产与社会发展阶段"。

# 中国北方长城地带游牧文化带的形成过程*

所谓“中国北方长城地带”，并非指历代所筑长城经由的全部地域，而是指古来中原农业居民与北方游牧人互相接触的地带。这个地区东起西辽河流域，经燕山、阴山、贺兰山，到达湟水流域和河西走廊。大体上包括了今天的内蒙古东南部、河北北部、山西北部、陕西北部、内蒙古中南部、宁夏、甘肃和青海的东北部。

这一地带，从文化地理的角度来说是“农牧交错带”。其经济形态自古以来时农时牧，不断发生变化。按司马迁《史记·匈奴列传》所记，匈奴是“随畜牧而转移。其畜之多则马、牛、羊……毋城郭常处耕田之业”的典型游牧经济。既然战国时“冠带战国七，而三国（按：指秦、赵、燕）边于匈奴”，则那时长城以北的地区已是游牧人活动的地区了。

司马迁的《匈奴列传》是综合了大量先秦时代有关北方长城地带的文献记载写成的，在整理和保存重要史料方面功不可没。但是，他和当时许多汉族知识分子一样，认为先秦文献中活跃在北方长城地带的戎狄，与秦汉时的匈奴、东胡等游牧民族属于同一族群。从而造成了两个相互关联的历史误解：1. 先秦的戎狄就是秦汉时匈奴、东胡的前身；2. 北方长城地带自古以来被游牧民族占据，后来才被中原农业居民向北方的拓展而逐步排挤到更北的地区。

这种观点不仅长期影响了中国史的研究，而且对中国北方地区的考古研究也有很大影响。例如，1994年出版的白寿彝主编的《中国

---

* 本项目受教育部人文社会科学重点研究基金资助，特此致谢。

通史》中仍然声称："分布在西周北部和西北部的各族是一些游牧部落，……尧舜时代的薰育，商代的鬼方，西周时代的鬼戎、昆夷、混夷、畎戎、串夷、犬戎、猃狁，春秋战国时代的戎、狄，秦汉时代的胡与匈奴，实际上都是指的同一族类，只是由于时间、地点、音译、诬称以及个别支派之不同，而异其称而已。"[1] 20 世纪以来，中国北方地区不同于中原形式的青铜器越来越引起学术界的注意，成为研究先秦时期北方长城地带历史的重要依据之一。但由于这些青铜器和欧亚大草原上古代游牧人的青铜器有很多相似之处，所以在中外考古界都加强了北方长城地带早就是游牧地区的印象。以 1997 年由日本东京国立博物馆印行的《大草原的骑马民族——中国北方的青铜器》为例，就把中国北方系青铜器的分布图名为"中国北方游牧民关系图"[2]。

其实，从日益积累的北方长城地带田野发掘资料出发，结合环境学和体质人类学的研究，可以看出，先秦文献中的戎、狄，和战国才活跃在北方长城地带的东胡、匈奴并非同一族群。北方长城地带在新石器时代晚期基本上是农业地带，它之所以变为游牧人往来驰骋的地带，是文化、生态环境、族群等变动的因素交互作用下形成的一个复杂过程。在这种新认识下对先秦的原始文献（包括地下出土的文献）作重新分析，也可以得到进一步的印证。现择要列论如下。

## 一、从最近的体质人类学研究成果看"戎狄非胡"

认识北方长城地带先秦史的第一个关键问题是，从新石器时代到战国时代，这个地区是否始终为同一族群所占据。

按司马迁的说法，"匈奴，其先夏后氏之苗裔也，曰淳维"（《匈奴列传》），则北方长城地带的居民是和中原的夏人有血缘关系的同一族群。这种观点究竟是汉代人出于大一统的流行观念而作的大胆想

---

[1] 白寿彝：《中国通史》第三卷，上海人民出版社，1994 年，341 页。
[2] 东京国立博物馆：《大草原の骑马民族——中国北方の青铜器》，株式会社东京美术，1997 年。

象，还是真有其事，这是需要经由今天的科学研究来检验的。然而，司马迁在中国传统史学中有很大的权威性，所以直到1997年在《历史研究》上，居然还有一个既对考古资料没有实际了解，又不懂体质人类学常识的人，试图论证匈奴在文化和人种上都起源于中国中原的夏文化（二里头文化）[3]。这种谬论并没有严肃的学者会认真看待。

但是，王国维在《鬼方昆夷猃狁考》中基本是凭文献考出来的下列结论，在史学界和考古学界仍被多数人奉为信条："见于商、周间者曰鬼方，曰混夷，曰獯鬻。在宗周之季则曰猃狁。入春秋后始谓之戎，继号曰狄。战国以后又称之曰胡，曰匈奴。"上引《中国通史》的说法实本诸王说。在考古学界，像田广金主张商代以来的所谓"鄂尔多斯青铜文化"遗存均属早期匈奴遗存[4]和靳枫毅坚持夏家店上层文化是东胡遗存[5]，其实也都基于北方长城地带不同时代的遗存均属于同一大族群的信念。

1992年夏天，我在呼和浩特和石家庄的国际学术研讨会上，先后宣读了《关于中国的对匈奴族源的考古学研究》[6]和《东胡与山戎的考古探索》[7]两篇论文，主旨都是批驳把东周时期北方长城地带的考古遗存笼统地与史籍记载的匈奴、东胡混同起来。1995年又专门写了一篇《戎狄非胡论》[8]。以上三篇文章虽然有很多方面在分析各种文化现象，其实立论的基本出发点是，在当时已经收集和鉴测过的古代颅骨资料表明，战国晚期以后的北方长城地带的主体居民在人种上是不同于战国早期以前的主体居民的。但是，当时一方面受到古代颅骨资料相对贫乏的制约，另一方面受到陈旧的分析方法的局限，还不

[3]陈立柱：《夏文化北播及其与匈奴关系的初步考察》，《历史研究》1997年4期。

[4]田广金：《近年来内蒙古地区的匈奴考古》，《考古学报》1983年1期。

[5]靳枫毅：《夏家店上层文化及其族属问题》，《考古学报》1987年2期。

[6]在"中国古代北方民族考古文化国际学术研讨会"上宣读的论文，初载于《内蒙古文物考古》1993年1、2期合刊。后收入《林沄学术文集》，中国大百科全书出版社，1998年。

[7]在"第四次环渤海考古国际学术讨论会"上宣读的论文，初载于《环渤海考古国际学术讨论会论文集》，知识出版社，1995年。后收入《林沄学术文集》。

[8]林沄：《戎狄非胡论》，《金景芳九五诞辰纪念文集》，吉林文史出版社，1996年。

能把问题说得很清楚。

过去我们分析古代颅骨标本的人种特征，一般把它们与现代人种各类型在若干项颅骨特征上的相应变异范围进行比较。结论往往是把某一批古代颅骨样本判定为属于某一现代人种类型，如东亚蒙古人种、南亚蒙古人种；或判定兼有两种以上现代人种类型的特点。例如说仰韶文化半坡类型的各组颅骨材料中含有较多的接近现代南亚人种的因素，同时又和现代东亚人种有某些相似性。正像朱泓所说："运用这种研究方法所得出的结论，实际上是用现代人的分类法去套古代人，其结果往往会给人们造成许多误解，以为某某古代民族中含有现代若干区域性人种的多种因素，似乎在那个时期就已经存在着很明显的现代各人种成分的混杂现象。而事实上恰好相反，现代各人种的形成通常是各古代群体混血的结果，而古代居民的种族类型才是他们自身体质特征的真实反映。"[9]举例来说，我在1992年的一篇论文中谈到夏家店下层文化的人种问题时，根据公布的敖汉旗大甸子墓地的颅骨鉴测数据，采取了这样的表述方式："大甸子Ⅰ组是比较纯的东亚（蒙古）人种，大甸子Ⅱ组是混有北亚（蒙古）人种成分的东亚（蒙古）人种。"[10]而且，我就此进一步推论，夏家店下层文化的原有居民是定居的东亚蒙古人种，其北亚蒙古人种成分的出现，是由于和流动性大的北亚蒙古人种有接触，吸收了北亚人种加入自己的族团所致。这种推论的前提是，现代北亚蒙古人种和现代东亚蒙古人种都在夏家店下层文化时代业已形成，但历史实际却并非如此。现代北亚蒙古人种（俄国人类学界习称为蒙古人种的"西伯利亚类型"），是以低颅、短颅、高面、阔面相结合为典型特征的人群，现代蒙古族即其代表。但1世纪生活在外贝加尔和蒙古的匈奴人，虽在低颅这一特征上是和现代北亚蒙古人种一致，但却是中长颅和低颅〔在体质人类学

---

[9]朱泓：《建立具有自身特点的中国古人种学研究体系》，《我的学术思想》，吉林大学出版社，1996年。

[10]同注[7]。在后来正式发表的这批颅骨的研究报告中，潘其风对此表述为：前一组接近东亚蒙古人种，后一组的"主要种族成分也与东亚蒙古人种接近，但……表现出存在着北亚蒙古人种的基因成分"（潘其风：《大甸子墓葬出土人骨的研究》，《大甸子》附录一，科学出版社，1996年）。

上，从颅高和颅长的比值把颅型分为"低颅（或称圆颅）"、"正颅"和"高颅"，从颅长和颅宽的比值把颅型分为"长颅"、"中颅"和"短颅"，从颅宽和颅高的比值把颅型分为"阔颅"、"中颅"和"狭颅"］的结合。可见现代北亚蒙古人种的形成是晚于夏家店下层文化时期的。因此我那种推论的前提并不存在。

在中国考古的古颅骨资料不断积累的基础上，朱泓在20世纪90年代中叶起，广泛调查、收集和鉴定了我国不同历史时期的数十份古颅骨标本，经过反复比较、分析和思索，从反映先秦时期各地居民实际体质特征的角度出发，试图区划不同于现代的古人种类型，从而提出古中原类型、古华北类型、古华南类型、古东北类型和古西北类型的新分类方案。他用这种分类观点来重新分析北方长城地带新石器时代到战国早期的古颅骨资料，所得结论大体是这样的[11]：该地区已发现的先秦时代古颅骨资料可分为三个古代人种类型——古华北类型、古东北类型和古西北类型。

古华北类型的主要体质特征是高颅窄面，较大的面部扁平度，同时还常常伴有中等偏长而狭窄的颅型。它和现代东亚蒙古人种的接近程度很明显，但在面部扁平程度上与现代东亚蒙古人种有较大的差异，这恐怕并不是与更北地区的人群混血的结果，而是本地固有的体质特征。它是现代东亚蒙古人种的一个重要源头。目前已发现的察右前旗庙子沟新石器时代的一份标本，即属此种类型。庙子沟文化广布于内蒙古中南部地区，是中原仰韶文化农人沿黄河河谷北上开拓新的农田，与河套地区原有居民混合共存的结果[12]。庙子沟的古颅骨和中原仰韶文化居民确有许多相似之处，但仰韶居民的低面、低眶、阔鼻倾向十分明显，且有中等的面部扁平程度，而庙子沟居民却有中等的上面高度、偏低的中眶型和中鼻型，很大的上面扁平度，这些与仰韶居民不同之点，恰恰也就是古华北类型和古中原类型在种族特点方面

［11］朱泓：《内蒙古长城地带的古代种族》，《边疆考古研究》第1辑，科学出版社，2002年。朱泓：《中国西北地区的古代种族》，《考古与文物》2006年5期。
［12］严文明：《内蒙古中南部原始文化的有关问题》，《内蒙古中南部原始文化研究文集》，海洋出版社，1991年。

的主要区别。推测庙子沟居民的这些相异于仰韶居民的体质特点，就是内蒙古中南部早于庙子沟文化的原住民固有的性状。

从进入青铜时代以后的考古发现来看，古华北类型的中心分布区大概是在内蒙古中南部到晋北、冀北一带的长城地带。重要的有伊金霍洛旗朱开沟遗址夏至早商的标本，凉城县毛庆沟和饮牛沟墓地的春秋后期到战国前期的标本，张家口市白庙墓地春战之际的白庙Ⅰ组标本。这种类型还辐射到东北地区，重要的发现有彰武平安堡遗址的夏代纪年内的标本；康平顺山屯遗址的商周之际的标本；赤峰红山后、夏家店，宁城南山根、小黑石沟，克什克腾旗龙头山五个地点的夏家店上层文化居民（西周晚期至春秋晚期）的标本。

古东北类型的主要体质特征是颅型较高，面型较宽阔而且颇为扁平，它和现代东亚蒙古人种的接近程度也较为密切。所不同于现代东亚蒙古人种的主要是颧宽绝对值较大和较为扁平的面形。该类型的中心分布区在中国东北地区。在北方长城地带范围内，属于古东北类型的先秦时代居民的代表有：翁牛特旗大南沟新石器时代墓地的标本，敖汉旗大甸子墓地的夏家店下层文化（夏到早商）主要居民（大甸子第二、三分组合并的大甸子Ⅱ组）的标本，敖汉旗水泉墓地战国时代居民的一部分标本，张家口市白庙墓地春战之际的白庙Ⅱ组标本。

古西北类型的主要体质特征为颅型偏长，高颅型和偏狭的颅型，中等偏狭的面宽，高而狭的面型，中等的面部扁平度，中眶型、狭鼻型和正颌型。它与现代东亚蒙古人种中的华北类型显得颇为相似。先秦时期古西北类型主要分布在黄河流域上游的甘青地区，向北可扩展到内蒙古额济纳旗的居延地区，向东在稍晚近的时期可渗透进陕西省关中平原及其邻近地区。在西北地区属于该类型的古代居民主要包括菜园墓地的新石器时代居民，柳湾墓地的半山文化、马厂文化和齐家文化居民，杨洼湾墓地的齐家文化居民，阳山墓地的半山文化居民，火烧沟墓地、干骨崖墓地和东灰山墓地的早期青铜时代居民，核桃庄墓地的辛店文化居民，阿哈特拉山墓地的卡约文化居民等。至于青海湟中李家山组和新疆哈密焉不拉克M组的基本种系特征与"古西北类型"的其他居民并无本质的区别，所不同的也许是面宽值略大一些或颅高值偏低一些，或许反映的是一种较其他"古西北类型"居民保留了更多原始特征的地方性变体的性状。

但进入汉代以后，北方长城地带的居民体质发生了很大的变化。现在业已鉴测的几批资料：察右后旗三道湾汉代鲜卑墓地、巴林左旗南杨家营子汉代鲜卑墓地、辽宁朝阳地区魏晋时期东部鲜卑墓地、察右前旗豪欠营辽代契丹墓地、宁城山嘴子辽代契丹墓地，都呈现显著的低颅性质，并伴以短阔的颅型，宽阔而扁平的面形，明显属于现代北亚（西伯利亚）蒙古人种的范畴。外贝加尔的汉代匈奴人也是低颅的，但是是中长颅型和低颅的结合，俄国人类学家都认为属于蒙古人种的古西伯利亚类型（即贝加尔类型）[13]。杜门认为蒙古境内的匈奴人与外贝加尔的匈奴人在人种类型上是一致的，只是蒙古的匈奴人的面高略高一些[14]。另外，青海省大通县上孙家寨一座东汉晚期墓葬中出土了一枚"汉匈奴归义亲汉长"铜印，墓主应属东汉时期内附的南匈奴贵族。该墓共葬有三具尸骨，一男二女。从体质特征来看，该组头骨体现了比较混杂的种系成分。总的来说，多数特征可能和现代北亚蒙古人种相似，但另外一些性状，如较高的颅高和较小的鼻颧角等则不同于北亚蒙古人种而接近于东亚蒙古人种。

应该指出的是，就现有考古资料来看，北亚蒙古人种在北方长城地带出现于战国时期。宁夏固原彭堡组（彭堡于家庄墓地）的种系特征与"古西北类型"差别较为明显，带有与现代北亚蒙古人种接近的体质因素[15]。内蒙古蛮汗山北麓的凉城县崞县窑子墓葬的种系特征与"古华北类型"差别也较明显，带有较多的北亚蒙古人种的特征。而且，像汉代匈奴人那样的低颅和长颅结合的颅型，目前仅在战国的凉城崞县窑子墓地的颅骨标本中见到过唯一的一例[16]。

---

[13] 捷别茨：《苏联古人类学》，莫斯科，1948年。戈赫曼：《外贝加尔古代游牧人的人种特点问题》，《苏联民族学》6期，1967年。马莫诺娃：《外贝加尔匈奴人的人类学》，《民族史中的人种演进过程》，莫斯科，1974年。

[14] 杜门：《蒙古匈奴人的人种特征》，《蒙古的古代文化》（俄文），新西伯利亚，1985年。

[15] 韩康信：《宁夏彭堡于家庄墓地人骨种系特点之研究》，《考古学报》1995年1期。

[16] 同注[11]。

　　总之，从现代人种学的观点来看，从新石器时代到春战之际生活在北方长城地带的均属高颅的古华北类型、古东北类型和古西北类型的居民，和均以低颅为特征的汉代匈奴和鲜卑显属不同的种系。北亚蒙古人种特征较为明显的遗骸在战国时期才出现于北方长城地带，和文献中"胡"的出现年代大体一致。所以我们应该从"戎狄非胡"这个基本出发点来考察北方长城地带的游牧化过程。

## 二、夏代以前北方长城地带农业的兴起

　　全新世的大暖期使整个北方长城地带都开始被农业居民所占据。但由于这个自西向东绵延几千里的广阔地带，生态地质环境并不一致，所以农业发展的情形也有不同。

　　在西段，距今6 000～4 000年期间大部分地区是一个湿热同步的气候最适宜期。以旱作农业为主要生业的仰韶文化的分布，有了很大的扩展，典型遗址有秦安大地湾，天水西山坪、师赵村，礼县高寺头，庆阳南佐疙瘩梁，平凉庙庄等。在青海东部的循化县也发现了庙底沟因素的遗存。西进的仰韶文化人群在湟水和大通河流域创造出以精美陶器为特色的马家窑文化。代表马家窑文化晚期最高发展水平的马厂类型，向西分布到河西走廊西端的酒泉、安西等地，甚至向北分布到腾格里沙漠和额济纳旗地区。在甘肃东部、中部的仰韶文化母体中则孕育、产生出齐家文化。齐家文化的墓葬中除以大瓮装粟外，还随葬猪下颌，表明在农业的基础上养猪业开始发达。

　　甘青地区新石器时代以种粟为主的旱作农业文化呈持续的逐步发展状态。在甘肃东部农业聚落的分布到齐家文化前期已经有相当的密度；在甘肃的中西部和青海东部，受复杂多变的地形的影响，聚落较小，且较分散[17]。

　　在中段，情况略有不同。

---

[17] 水涛：《甘青地区早期文明兴衰的人地关系》，《中国西北地区青铜时代考古论集》，科学出版社，2001年。

　　当大暖期到来之际，中原的农业居民从不同的通道进入这片变得适宜于旱作农业的地区。先是后岗一期文化居民从冀北、晋北进入岱海地区，再向西进。而仰韶文化半坡类型居民则沿着黄河溯流而上，在河套地区互相碰撞而产生了以阿善一期为代表的遗存。随后，仰韶文化庙底沟类型居民继续北上，使内蒙古中南部地区的庙底沟文化因素越来越显著。在岱海地区及其东北方，以庙底沟为主导因素，在东方的红山文化的影响下形成了庙子沟类型；在鄂尔多斯高原东部和南流黄河的东岸地区，在庙底沟类型的基础上，吸收了陇东地区马家窑文化的影响，形成了海生不浪类型（或称白泥窑子类型）；在河套以北、大青山南麓的狭长地带，则形成了有前两种类型过渡性质的阿善类型[18]。这三个类型的分布区的气候条件有差别，海生不浪类型的分布区相当温湿，最有利于农业发展；庙子沟类型的分布区降水量虽更高，但气温较低，故农业文化不如前一地区发达；阿善类型分布区的温度虽比海生不浪类型分布区更高，但降水量很少，也不利于农业文化发展[19]。王明珂曾指出，内蒙古中南部新石器时代遗址中细石器占有一定比例，说明该地区居民比中原同期居民更依赖畜牧或狩猎。套北地区的细石器比例比其东其南地区更大，河套以西地区的细石器最发达，说明该地区农业在生业中占的地位是由南往北、由东向西递减的。这种观点是值得重视的[20]。只是细石器究竟是和狩猎还是畜牧相联系，尚需更多的考古发现来证明。

　　在这个地区大约距今5 000年时开始的龙山时代，气温和降水量都比仰韶时代下降了，以岱海地区为例，年平均气温从3℃下降到0℃，降水量由每年420毫米上升到650毫米又下降到250毫米。但在气候逐渐恶化的情况下，岱海至套北山前台地一线的农业文化仍然存

────────────

[18] 田广金：《内蒙古中南部仰韶时代文化遗存研究》，《内蒙古中南部原始文化研究文集》，海洋出版社，1991年。魏坚：《试论庙子沟文化》，《青果集——吉林大学考古专业成立二十周年考古论文集》，知识出版社，1993年。

[19] 田广金、史培军：《内蒙古中南部原始文化的环境考古研究》，《内蒙古中南部原始文化研究文集》，海洋出版社，1991年。

[20] 王明珂：《鄂尔多斯及其邻近地区专化游牧业的起源》，《新石器时代晚期的混合经济聚落》一节，《历史语言研究所集刊》第六十五本第二分，1994年。

在，即所谓老虎山文化。而且可能因为资源竞争的加剧，出现了不少石筑的城堡。

在研究得比较充分的岱海地区，可能是因为维持早期农业的水热条件比较脆弱，而季风尾间的作用又使该地的气候发生周期性的波动，所以农业文化呈现"间歇期"的现象。据田广金的研究，在距今6 000 ~ 5 800年间的突然降温事件使该地区出现了约200年的文化空缺现象，然后便是庙子沟类型（它属于"海生不浪文化"）的兴起。在距今5 000年前后又发生了一次突然降温，又出现一次200年的文化空缺现象。然后便是老虎山文化的兴起。在距今4 300年又发生一次降温事件后，老虎山文化在原分布地就衰落了[21]。

在北方长城地带的东段，情况又不一样。

现在考古界一般的观点认为，西辽河流域的原始农业萌始于有较多石耜的赵宝沟文化（始于大约距今7 000年），这种文化明显植根于当地的以采集、狩猎为主要生业而有大型围濠聚落的兴隆洼文化（始于大约距今8 000年），但吸收有来自河北的后岗一期文化的因素。到了大约距今6 000年开始的红山文化时期，既有发达的石耜，又有发达的石刀（铚），表明农业有新的发展。据敖汉旗的调查资料，红山文化的聚落也激增为兴隆洼文化的4倍。这时已出现了中心遗址和聚落群，有坛、庙、冢为标志的宗教中心。而从大约距今5 000年起的小河沿文化，却呈明显的衰退现象。从敖汉旗的调查资料看，小河沿文化的遗址数仅为红山文化遗址的五分之一。而且在大约距今4 000年夏家店下层文化兴起之前，似乎还存在一个文化间歇期。

关于西辽河流域新石器时代农业文化这次全面衰退的原因，目前尚无普遍接受的解释。宋豫秦推断是红山文化的大范围犁耕引起的沙漠化所致[22]。李水城则根据科尔沁沙地在距今5 000 ~ 4 000年

[21] 田广金：《中国长城地带农业—畜牧业—游牧业的发展模式》，1994年9月在于天津召开的"第五次环渤海考古学术讨论会"上宣读，后以《中国长城地带における农耕—牧畜—游牧三段阶发展说试论》为题，用日文发表于日本大手前女子大学文学部《游牧骑马民族文化の生成と発展过程の考古学的研究》报告书，1998年。

[22] 宋豫秦：《西辽河流域全新世沙质荒漠化过程的人地关系》，北京大学博士后研究工作报告，1995年。

有一次扩展，认为引起沙地复活和扩大的气候恶化，导致农业的迅速衰落[23]。

　　总之，从现有的考古知识来看，夏代以前的北方长城地带已经遍布早期农业居民，但受气候或其他因素的影响，各地的农业在生业中占的比重不一，有的地区农业的发展很不稳定，甚至有间歇的现象。西部在新石器时代晚期已有养猪业的明确证据。中部和东部的畜牧业证据还不充分。

## 三、夏代经济形态的转变和双向的文化影响

　　夏代始于大约距今4 000年之际，那时北方长城地带的气候已经开始由温湿向干冷转化。这导致文化上的一系列变化。

　　在西段，对陇西葫芦河流域的考古和地理的综合考察表明，该地在距今4 200～4 000年（齐家文化后段）是气温和降水量快速下降的阶段。距今4 000～2 100年则是气温和降水量继续匀速渐降的阶段[24]。这使本来分布很广的齐家文化在其晚期呈现衰象，首先表现在聚落缩小，且分布密度降低。到齐家文化之后，这些表现愈发明显了[25]。

　　但是在甘肃西部，大体和中原夏王朝在时代上平行，分布着一种四坝文化，这种文化可能是由河西马厂类型演变为"过渡型遗存"再发展变化而来的。从墓葬中随葬穿孔石刀、环状穿孔石锄、铜镰等农具，又普遍殉牲（羊、牛、马、狗、猪）来看，可能是半农半牧式的经济。家畜以羊为主，墓中常见成对的羊角、羊腿、羊胛骨。火烧沟墓地曾发现有储存粟的大陶罐[26]。东灰山遗址四坝文化地层中则采集到很多的炭化小麦、大麦、黑麦、黍、稷、高粱籽粒，进一步证明了

[23] 李水城：《西拉木伦河流域古文化变迁及人地关系》，《边疆考古研究》第1辑，科学出版社，2002年。
[24] 李非、李水城、水涛：《葫芦河流域的古文化与古环境》，《考古》1993年9期。
[25] 同注[14]，《甘青地区文明因素的衰退及其原因》一节。
[26] 李水城：《四坝文化研究》，《考古学文化论集（3）》，文物出版社，1993年。

农业的存在[27]。

在中段，上节已经谈到了大约距今4 300年的突然降温事件，使河套以北和东北方的老虎山文化像甘青地区的齐家文化一样衰落了。但是据伊金霍洛旗朱开沟遗址所获的有明确层位的孢粉资料分析，在套内的鄂尔多斯地区，朱开沟遗址第一段的时期，仍属森林草原景观，水热指标仍在适宜于农业生产所需的变异范围内。到第三段时期（即约距今4 000年前），已属灌木草原景观，气候已向更为干冷方向发展。到第五段之时，已接近于典型的草原景观。当地居民的生业，也相应地从以农业为主而向半农半牧发展。从畜牧业的内部结构来说，第一段猪、羊、牛骨的比例是1：0.45：0.36，到第四段时（相当于夏代后期）已变成1：1.15：1.15[28]。

东段也和中、西段一样经历过急剧干冷化的时期，这从距今4 000～3 800年渤海有一个明显的低海面时期，可以为证[29]。但在距今4 000～3 400年间，西辽河流域却存在一种相当发达的农业定居文化——夏家店下层文化。据敖汉旗的调查，夏家店下层文化的遗址数比红山文化要多五倍。据最近在喀喇沁旗大山前遗址该文化中、晚期8个单位所取土样做的孢粉分析，可认为当时努鲁儿虎山以西的区域是属于针阔叶混交林草原景观，反映气候温暖较湿[30]，这和遗址中发现的动物骨骼中有狍、鹿、兔和斑鹿（药王庙）可互证。对该文化的居址发掘表明，早期的半地穴式住房后来逐渐向地面式过渡，这大概也是气候逐渐转暖的反映。

王立新的研究表明，夏家店下层文化是由豫北冀南的后岗二期文化因遇突发事件而居民远距离迁徙到西辽河流域，吸收当地原居民

[27] 李曙等：《甘肃省民乐县东灰山新石器遗址农业遗存新发现》，《农业考古》1989年1期。甘肃省文物考古研究所等：《民乐东灰山考古——四坝文化墓地的揭示与研究》，科学出版社，1998年，结语的"四、生产与社会发展阶段"。

[28] 郭素新：《再论鄂尔多斯式青铜器的渊源》，《内蒙古文物考古》1993年1、2期合刊。内蒙古自治区文物考古研究所等：《朱开沟》，文物出版社，2000年，第五章第二节《人地关系、经济形态、社会发展阶段》。

[29] 张景文等：《¹⁴C年代测定与中国海陆变迁研究的进展》，《第一次全国¹⁴C学术会议论文集》，科学出版社，1984年。

[30] 由中国社会科学院考古研究所齐乌云博士鉴定，研究报告待刊。

的文化成分而产生的[31]。当这批来自南方的农业居民到达此地时，当时的水热条件应该仍能支持种植业的最低需要。后来气候的逐渐转向暖湿，则为夏家店下层文化的繁荣创造了有利条件。该文化遗址面积大，堆积有厚达五六米的，而且常见设防的城堡和位于山顶的祭祀场所，成群的聚落分布，表明社会组织的发展。

在夏家店下层文化遗址出土的磨制石器中，适于中耕除草用的有肩石铲占三分之一以上。收割用的石刀也常见。灰坑壁上每能见到木耒留下的齿痕。说明农业的发达，特别是精耕细作的发展。很多遗址中都发现了谷粒，经鉴定，主要品种是稷和粟。

大山前遗址 1996 ～ 1997 年发掘的夏家店下层文化单位中出土的 2 145 块可鉴定动物骨骼中，猪、牛、羊、狗占的比例分别为 48%、24.3%、15.3% 和 10.9%[32]，敖汉旗大甸子墓葬中殉牲多为猪和狗。

综上所述，距今 4 000 年前后开始的气候干冷化过程，并没有马上导致北方长城地带农业文化的全面衰退，在某些地区仍存在着农牧相结合的经济形态。尤其是西辽河流域的农业发展很突出。这个地带在夏代已知养猪、牛、羊，东段以养猪为主，中、西段则养羊发达。不过这时还没有发现驯养马的确切证据，所以即使是在中、西段，养羊为主的牧民虽可能在一年之内就数易牧场，却不可与后来专化的游牧业混为一谈。

四坝文化、朱开沟第三、四段遗存和夏家店下层文化都已进入了青铜时代，北方系青铜器在这个时代已经出现于北方长城地带了。我在 1982 年提出"北方系青铜器在二里头晚期已经存在，而且对二里头文化的青铜器产生了影响"时，还带有相当大的推理性质[33]，由于

---

[31] 王立新等：《夏家店下层文化渊源刍论》，《北方文物》1993 年 2 期。王立新等：《再论夏家店下层文化的源流及其与其他文化的关系》，《青果集——吉林大学考古系建系十周年纪念文集》，知识出版社，1998 年。

[32] 吉林大学考古学系汤卓炜副教授鉴定。

[33] 林沄：《商文化青铜器与北方地区青铜器关系之再研究》，在 1982 年于火奴鲁鲁召开的"商文化国际研讨会"上宣读，后发表于会议论文集，即 Lin Yun. "A Reexamination of Relationship between Bronzes of the Shang Culture and of the Northern Zone". *Studies of Shang Archaeology.* Yale University Press, 1986。

近年来不断公布的新资料，这个问题已经得到了证实[34]。

　　夏代的北方系青铜器是在本地的文化基础上，吸收了南方的黄河流域文化和北方的欧亚大草原文化的双向文化影响而形成的。例如，辽宁锦县（今称凌海市）水手营子夏家店上层文化墓葬中随葬的连柄铜戈[35]（日本京都藤井齐成会有邻馆收藏一件相似的戈[36]），显然是中原二里头文化铜戈影响的产物。北方长城地带受中原影响喜爱用戈的传统从夏代即已开始。又如，四坝文化遗址中出土的一种套管式铜锛[37]，曾发现于俄国西伯利亚托木斯克地区的楚雷姆河上[38]、蒙古的肯特省[39]以及东哈萨克斯坦[40]。这种锛的较原始的形式在西伯利亚的塞伊玛—图尔宾诺文化[41]和卡拉苏克文化中也有发现[42]，应是起源于西伯利亚地区的。在我国，和哈萨克斯坦交界处的塔城曾发现过这种铜锛[43]，所以这种铜锛很有可能是通过新疆传到甘肃西部的。在更东的鄂尔多斯地区也有发现[44]，早年滨田耕作也收集过一件[45]。可见这种锛在北方长城地带曾有较广泛的分布。今后应给予特别的关注（图一）。过去我曾提出过夏家店上层文化（包括后来分出来的大坨头文化）中流行的喇叭口形耳环，渊源于安德罗

---

[34] 林沄：《夏代的中国北方系青铜器》，《边疆考古研究》第1辑，科学出版社，2002年。

[35] 齐亚珍等：《锦县水手营子早期青铜时代墓葬》，《辽海文物学刊》1991年1期。

[36] 同注[2]，图3。

[37] 李水城、水涛：《四坝文化铜器研究》，《文物》2000年3期。

[38] А. И. Мартынов. Лесостелная тагарская культура. Новосибирск, 1979. 图版31，18。

[39] В. В. Волков. Бронзовый и ранный железный век сеаерной Монголии. Улан-батор, 1976. 图6，2。

[40] Jianjun Mei. *Copper and Bronze Metallurgy in Late Prehistory Xinjiang*. Oxford, 2000. 图2.25，1（转引自С. С. Черников, Восточно Казахстан в бронзовой веке М. 1960. 图64）。

[41] О. Н. Бадёр, Д. А. Крайнов, М. Ф. Косарев. Эпоха бронзы лесной полосы СССР, М, 1987. 图42，21；图44，38。

[42] Э. Б. Баделкая. Археологические памятники в степях среднего Енисея. Ленинглад, 1980. 图版Ⅴ，22。

[43] 龚国强：《新疆地区早期铜器略论》，《考古》1997年9期，图二，15。

[44] 田广金、郭素新：《鄂尔多斯式青铜器》，文物出版社，1986年，图二一，3。

[45] 水野清一、江上波夫：《绥远青铜器》，《内蒙古·长城地带》，东亚考古学会，1935年，图版三十六，14。

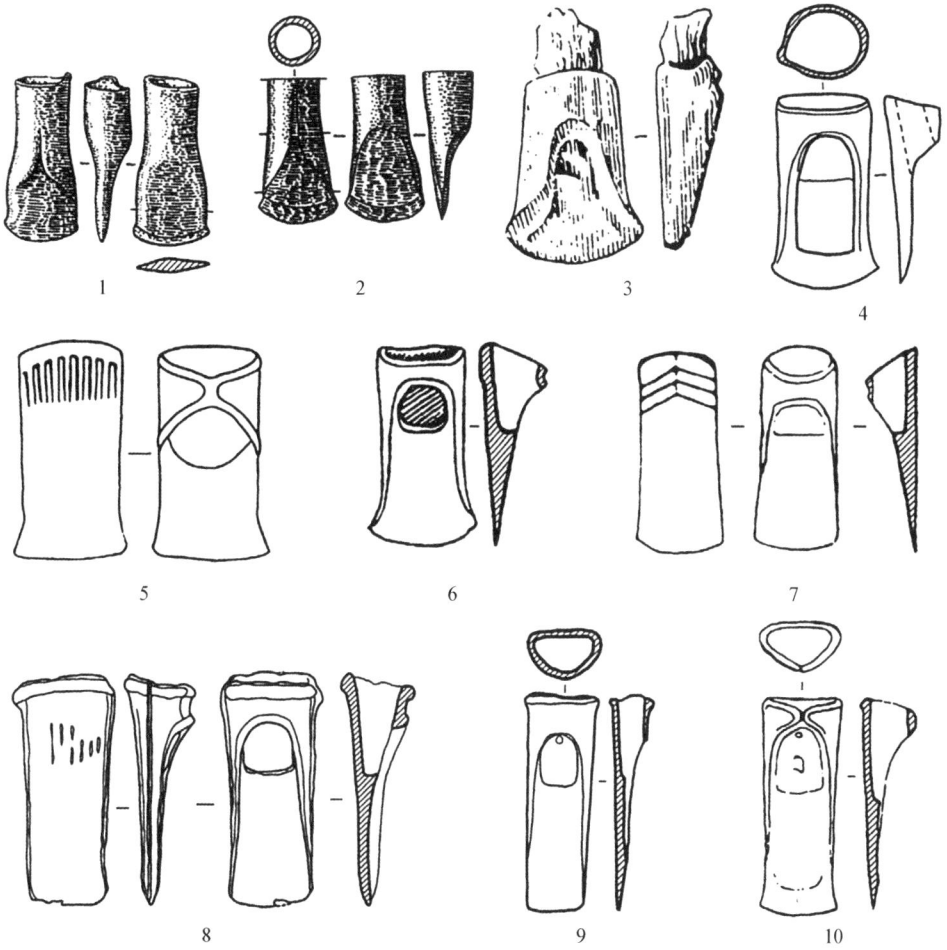

图一　各地套管式铜锛举例

1. 塞伊玛墓地　2. 列申斯克墓地　3. 卡拉苏克文化　4. 楚雷姆河　5. 蒙古肯特省博物馆藏　6. 东哈萨克斯坦
7. 新疆塔城　8. 酒泉干骨崖　9. 京都大学文学部博物馆藏　10. 鄂尔多斯收集

诺沃文化[46]。艾玛·邦克在没看到我的文章的情况下发表了同样的见
解[47]。现在由于四坝文化中出土了这种形式的耳环[48],朱开沟遗址也
采集到喇叭口作实心体的变体[49],大大增加了这种见解的可信度。应
该强调指出,安德罗诺沃文化喇叭口形耳环都是圆喇叭口,而中国北
方长城地带的这种耳环都是扁喇叭口的。然而,在哈萨克斯坦阿拉木
图州1997～1998年发掘的寇泽尔布拉克Ⅰ、Ⅱ号墓地中,耳环都是
既有圆喇叭口的,又有扁喇叭口的[50]。可见喇叭口形耳环也是从哈萨
克斯坦经新疆传入北方长城地带的。这种扁喇叭口耳环在北方长城地
带的东部一直延续到西周早期,多有金质的,成为一种有代表性的传
统装饰品。

　　过去有不少学者把特定式样的刀子和短剑作为中国北方系青铜器
的代表性器物,但认为其出现年代不早于商代。现在在西部的四坝文
化和东部的夏家店下层文化中都已发现了柄身连铸但有明显分界、刀
背起脊、环形柄首的刀子,说明这种和西伯利亚的塞伊玛—图尔宾诺
文化的青铜刀子相似的器物,在夏代已经出现于北方长城地带了。新
公布的四坝文化的铜器中还有饰四个羊首的权杖头,联珠状饰,各种
泡、扣等,使我们得以把本来以为出现甚晚的不少北方系青铜器都提
早到了夏代。所以我们有理由期望北方式的短剑将来也会在长城地带
的夏代遗存中出现。

---

[46] 林沄:《东胡与山戎的考古探索》,《环渤海考古国际学术讨论会论文集》,知识出
　　版社,1996年,图一。安德罗诺沃文化的耳环采自:Н. А. Аванесова. Сериги и
　　височиные Подвески андроновской культуры. — Первобытная археологня Сибири.
　　Л,1975;林沄:《中国东北和北亚草原早期文化交流的一些现象》,(韩国)《博物馆
　　纪要》12,檀国大学校中央博物馆,1997年。蒙古发现的耳环根据:В. В. Волков.
　　Бронзовый и ранный железный век сеаерной Монголии. Улан-батор,1976.图16,6。

[47] Emma C. Bunker. "Cultural Diversity in the Tarim Basin Vicinity and Its Impact on Ancient
　　Chinese Culture". *The Bronze Age and Early Iron Age Peoples of Eastern Central Asia*,
　　Volume Ⅱ,1998. 611页,图版11～16。

[48] 同注[34],图一。

[49] 内蒙古文物考古研究所等:《朱开沟》,文物出版社,2000年,图版三三,5。

[50] А. Н. Марьяшев, А. А. Горятчев. Памятники кульсайского типа эрохи поздней и
　　финальной бронзы Семиречья — История и археология Семиречья, Алматы,1999. 图
　　9,1～4、11、12、16。

总之，欧亚大草原地带对中国北方长城地带的文化影响早在夏代就已经表现出来了，但当时北方长城地带的居民并不是游牧人，因此我们必须把器物样式和经济形态这两个不同的问题分开研究，不可混为一谈。

## 四、商至春秋北方长城地带的考古学文化和族属

有人认为四坝文化可能结束于距今 3 500 年，即已经进入商代早期[51]。朱开沟遗址的第五段遗存中存在商代二里冈文化的铜鼎、铜爵、铜戈、陶鬲、陶豆、陶簋、陶盆等，时代至少晚到二里冈上层文化。夏家店下层文化的结束时代也和朱开沟第五段差不多。

在这之后，北方长城地带的文化发展脉络并不很清楚，在考古上存在很多空白的时段和地区。从现有的考古知识归纳，在这一时期内从西到东大概有以下一些考古学文化和尚未命名为"文化"的遗存。

（一）西段

在甘肃西部，晚于四坝文化有分布于玉门、酒泉一带的所谓"骟马类型文化"[52]以及在安西、敦煌发现的所谓"兔葫芦组"遗存[53]。前者无鬲而后者有鬲，究竟是同一种考古学文化的墓地所出和居址所出以致不同，还是两种不同的考古文化，因为发现材料不足，尚无法断言。遗存年代均应在公元前 1 千纪范围内。

齐家文化之后，甘肃中部和青海东部有几百年的考古上的空白。在兰州附近、洮河和大夏河流域后来兴起了辛店文化，其早期为山家头期，接着是姬家川期，然后是张家嘴期。辛店文化的形成与齐家文化晚期的分化发展可能有一定的因果关系[54]。辛店文化是有鬲的文

［51］水涛：《甘青地区青铜时代的文化结构和经济形态研究》，《中国西北地区青铜时代考古论集》，科学出版社，2001 年。

［52］甘肃省博物馆：《甘肃省文物考古工作三十年》，《文物考古工作三十年》，文物出版社，1979 年。

［53］李水城、水涛：《公元前 1 千纪的河西走廊西部》，《宿白先生八秩华诞纪念文集》，文物出版社，2002 年。

［54］张学正、水涛等：《辛店文化研究》，《考古学文化论集（3）》，文物出版社，1993 年。

化，可能始于早商，结束于距今2 800～2 600年。

在青海东部的黄河沿岸和大通河、湟水流域，和辛店文化平行发展着卡约文化。卡约文化可能进入夏，下限可能晚到距今2 600～2 500年。卡约文化和辛店文化都可能是从齐家文化晚期的一种地方类型演化而成[55]。卡约文化在发展中又进一步分化为不同的地方性类型，这反映了西部地区这一时期文化发展的总趋势。卡约文化的墓葬中不随葬鬲，但居址中发现过不完整的鬲。

甘青地区的"唐汪式陶器"自被发现以来有不同的认识。或把唐汪式陶器和辛店文化乙组（即张家嘴类型）合并为"唐汪文化"[56]。或认为唐汪式陶器应归入辛店文化张家嘴类型[57]。或认为唐汪式陶器是承卡约文化而发展来的，应属卡约文化系统[58]。或认为，唐汪式陶器是直接从齐家文化的大夏河类型和湟水类型两方面影响下产生的独立存在的一支文化，经历了与辛店文化及卡约文化大体一致的时间，与两种文化都发生过联系[59]。

在甘肃东部和陕西，齐家文化和客省庄二期文化结束后，也存在一段时间的考古上的空白。其后出现了相当多的文化类型。考古史上最先提出的是寺洼文化，后来甘肃省又提出了"安国式陶器"，或将寺洼文化分为寺洼类型和安国类型，视为同一文化早晚不同的两个类型[60]。或认为，寺洼山的遗存年代较早，时代较晚的遗存建议分别命名为栏桥—徐家碾类型和九站类型[61]。该文化的鬲比较发达，从鬲的

---

［55］许永杰：《河湟青铜文化的谱系》，《考古学文化论集（3）》，文物出版社，1993年。此文认为辛店文化的产生与齐家文化的"大夏河类型"的消失有关，卡约文化的产生与齐家文化"湟水类型"的消逝有关。

［56］安志敏：《略论甘肃东乡自治县唐汪川的陶器》之补记，《中国新石器时代考古论集》，文物出版社，1983年。

［57］同注[52]。

［58］南玉泉：《辛店文化序列及其与卡约、寺洼文化的关系》，《考古类型学的理论与实践》，文物出版社，1989年。

［59］同注[55]，《唐汪式陶器的谱系研究》一章。

［60］同注[52]。

［61］赵化成：《甘肃东部秦和羌戎文化的考古学探索》，《考古类型学的理论与实践》，文物出版社，1989年。

制法上反映出和齐家文化的渊源关系[62]。寺洼文化形成于商代中晚期之交，下限已进入春秋[63]。

所谓"董家台类型"已零星发现于甘谷、武山、榆中、民勤一线，绵延500公里，不限于甘肃东部。李水城认为它的年代可能和辛店文化山家头期接近，源于齐家文化晚期阶段有圜底彩陶的分支，向西发展而成为沙井文化之源[64]。

分布于甘肃中部的沙井文化发现得很早，但一直工作不多，从已有的发现来看，年代或有可能早到西周，晚到春秋晚期或战国。也是有鬲的文化[65]。

在甘谷毛家坪发现了和秦文化共存于一个聚落内的以铲形足根袋足鬲为特征的"毛家坪B组遗存"。在该居址中的毛家坪B组遗存的年代可以定为春秋中晚期至战国。铲形足根袋足鬲在甘肃的天水、平凉和庆阳地区，宁夏的固原地区，以及陕西的宝鸡地区都有发现，并出于战国秦墓中。这种遗存可能和寺洼文化有继承关系[66]。

作为周文化形成的两个主源之一的刘家文化，分布在甘肃东部和陕西的渭水流域，现在不少研究者认为所谓"石嘴头—晁峪类型"是早期的刘家文化。其年代早到殷墟文化二期以前[67]。从它的典型器物袋足分档鬲来看，也和齐家文化有渊源关系。在陕西还存在着和刘家文化有相同之处而又有一定区别的碾子坡类型和其他类型[68]。

最后还应该提一下在青海湖西侧柴达木盆地东北部的诺木洪文化，1959年发掘这种文化的塔里他里哈遗址[69]。其年代上限应该在距

---

[62] 南玉泉等：《寺洼—安国系统陶鬲的序列》，《文物》1987年2期。

[63] 同注[51]，第二章之"3. 寺洼文化"。

[64] 李水城：《论董家台类型及相关问题》，《考古学研究（三）》，科学出版社，1997年。

[65] 同注[51]，第二章之"6. 沙井文化"。

[66] 同注[61]。

[67] 同注[51]，第二章之"7. 先周与西周文化"。孙华：《关中商代遗址的新认识——壹家堡遗址发掘的意义》，《考古》1993年1期。

[68] 刘军社：《水系·古文化·古族·古国论——渭水流域商代考古学文化遗存分析》，《华夏考古》1996年1期。

[69] 青海省文物管理委员会等：《青海都兰县诺木洪搭里他里哈遗址调查与试掘》，《考古学报》1963年1期。

今3 000年以前，下限可能在公元前1千纪的下半叶。文化上保存有齐家文化的因素（陶器上的横篮纹），从陶器和青铜器上看和卡约文化有联系。

从上面简单的概述可以看出，整个西段在齐家文化衰亡后，有一个相当广大的考古空白区，但随后兴起的卡约文化、辛店文化、寺洼文化、沙井文化等都延续到东周，不再有空白期段。即使是齐家文化后的空白期，似乎也不应理解为该地居民的撤离和文化的中断，而应设想为，居址变小和密度降低到目前田野考古尚不易发现的程度。否则继而兴起的文化就不会都表现出和齐家文化的不同程度的渊源关系，都使用双耳罐、袋足分裆鬲，构成一个大的文化系统。

应该强调指出的是，该地区在夏商以后的文化发展是一种分化的态势。从统一的齐家文化分化为各个互不相同的考古学文化，这是一个层次的分化。而每种文化又区分为不同的地方性类型，这是又一个层次的分化。

俞伟超已经指出，甘青地区的这些商周时代的文化，是史书上称为"西戎"和"羌"的人群所遗留[70]。中原民族把非华夏血统的好战的异族统称为戎，是从西周开始的。"西戎"是对西方之戎的统称，主要构成就是羌人。《说文》："羌，西戎牧羊人也。"强调他们是从事牧羊业的。其族称大概也是得名于此。西段在大暖期结束后养羊业发展起来。已经发掘过大批墓葬的辛店文化和卡约文化中，都有殉牲习俗，且都以羊为主[71]，就说明了这一点。就是在商代后期东进到关中地区的碾子坡类型的遗址，也出土大量的牛、马、羊骨，而农业生产工具数量少而简单[72]。青海湖以西的诺木洪文化遗址中，出土大量的兽骨和毛皮制品，晚期还发现大型圈栏和藏牦牛陶塑。说明该地不仅饲养山羊、绵羊，还饲养藏牦牛，牧业很发达。不过，目前还没有

---

[70] 俞伟超：《古代"西戎"和"羌"、"胡"考古学文化归属问题的探讨》，《先秦两汉考古学论集》，文物出版社，1985年。

[71] 高东陆：《略论卡约文化》，《考古学文化论集（3）》，文物出版社，1993年。又同注[51]，第四章之"2. 畜牧经济的形成及其发展"。

[72] 胡谦盈：《陕西长武碾子坡先周文化遗址发掘纪略》，《考古学集刊（6）》，中国社会科学出版社，1989年。

从考古上确定西段何时开始有骑马术。《诗·緜》"古公亶父，来朝走马"如为史实，则推测西段也许在商代已知骑马术，再加上墓葬殉牲中常见的狗，养羊业应该有长足的发展。不过，考古学文化上的分化趋势，和《后汉书·西羌传》记载的"戎本无君长"，都说明他们社会发展的滞后和组织的分散，自然会限制畜牧业的规模和发展速度。而且，如果相信《后汉书·西羌传》所载，羌无弋爰剑在秦厉公时（公元前580～前573年）由秦国亡归诸羌中，"河湟间少五谷，多禽兽，以射猎为事，爰剑教之田畜，遂见敬信，庐落种人依之者日益众"。又《左传·襄公十四年》载原居瓜州之姜戎氏被秦人所逐而归晋，晋惠公（公元前650～前637年）赐以南鄙之田。"除翦其荆棘，驱其狐狸豺狼，以为不侵不叛之臣"。则羌人到春秋时还未必有专业化的游牧业。

殷墟甲骨文中常见商人对羌作战和俘获羌人，并以之为人牲的卜辞。这和殷墟时期商文化和刘家文化同时分布在关中地区是相应的。羌人在周人的形成和建立王朝时起了很重要的作用，所以和周人的关系很密切。在西周前期，一方面可以看到像宝鸡竹园沟那样的有很强寺洼文化色彩的西周贵族墓[73]；另一方面可以看到进入寺洼文化分布区的周人墓[74]。但到西周晚期，是姜姓的申侯联合了西戎中的犬戎攻杀了周王，"居于泾渭之间"（《史记·匈奴列传》），迫使周的重心东迁到洛阳地区。这是西戎对中原最富攻击性的时期。后来秦国在西戎中兴起，逐步征服了一部分西戎，使甘肃东部的毛家坪秦人聚落中和宝鸡地区的战国秦墓中都出现了显然是戎人的铲足根袋足鬲，这表明西戎的一部分在春秋以后融入了秦人之中，而河湟地区的保持独立的羌人（应该还有氐人，但在考古学文化上还不知如何区别），仍分为多部，不相统属。所以《西羌传》记秦孝公时使太子骊率戎狄朝周显王，竟有九十二国之多。

这个时期这个地区的青铜器仍是受到两方面的影响。来自中原的

[73] 宝鸡市博物馆：《宝鸡竹园沟等地西周墓》，《考古》1978年5期。
[74] 固原县文物工作站：《宁夏固原县西周墓清理简报》，《考古》1983年11期。

以青海西宁朱家寨卡约文化遗址发现的二里冈上层的铜鬲[75]和甘肃庄浪徐家碾寺洼文化墓葬中出土的西周早期的戈、镞、三角援戈[76]为代表。北方系青铜器已发现的还不多，但很有特点，如多矛、多管銎阔体战斧，有造型奇异的多孔"钺"[77]，都不见于其他地区，表明本地应有自身的铸造业。

（二）中段

在中段，朱开沟遗址结束后土著文化也有一个"间歇期"，北上的商文化也急剧南退了。随之而发生的是北方系青铜器在北方长城地带的中段和东段有了很广泛的分布[78]。前一种情况或许可以用气候的干冷化使从事农业的居民不得不向南退走来解释，但我们还必须解释那些遗留下北方系青铜器的究竟是什么样的人。

田广金曾经设想，"朱开沟文化晚期（距今3500年）出现了鄂尔多斯式青铜器之后，这个农牧结合型文化便开始向东南方向移动，发展成陕西北部的李家崖文化"[79]。但这两种文化之间的关系是否如此，还未经类型学的严格论证。1997年内蒙古清水河县西岔村的发掘，发现了年代上和李家崖文化大体相当的遗址和墓葬（该遗址第三期遗存，而层位上早于此的第二期遗存可归属朱家沟文化），而有"西岔文化"的提出[80]。在清水河县的老牛湾村、埋坟嫣村和碓臼沟也发现了西岔文化的遗存[81]。既然在南流黄河的东岸和西岸一样存在着晚商到西周的另一种文化，而且西岔遗址的陶器、生产工具和房址表明居民仍是定居并有农业，朱家沟人向南移动成为李家崖文化的设

[75] 赵生琛：《青海西宁发现卡约文化铜鬲》，《考古》1985年7期。

[76] 中国社会科学院考古研究所泾渭工作队：《甘肃庄浪县徐家碾寺洼文化墓葬发掘纪要》，《考古》1982年6期。

[77] 三宅俊成：《中国古代北方系青铜文化の研究》，国学院大学大学院，1999年。

[78] 林沄：《商文化青铜器与北方地区青铜器关系之再研究》，《商文化之北界》一节。

[79] 田广金、史培军：《中国北方长城地带环境考古学的初步研究》，《内蒙古文物考古》1997年2期。

[80] 内蒙古文物考古研究所等：《清水河县西岔遗址发掘简报》，《万家寨水利枢纽工程考古报告集》，远方出版社，2001年。

[81] 曹建恩：《清水河县征集的商周青铜器》，《清水河县碓臼沟遗址调查简报》，《万家寨水利枢纽工程考古报告集》，远方出版社，2001年。

想可能过于简单化了。

　　西岔文化的青铜器是墓葬中出土的，加上采集品，已发表了管銎斧、刀子、銎内戈、空首斧、锥、耳环（弹簧式和一端砸扁式两种）、扣七种，而且还在一个灰坑中发现了一批陶范，可辨的器形有管銎斧、短剑、空首斧等。这对弄清这一地区北方系青铜器的文化归属有重要意义。李家崖文化过去发表的发掘简报中没有北方系青铜器的报道[82]，吕智荣在一篇论文中提到过在李家崖古城遗址中发掘的一批墓，绝大多数无随葬品，有三座墓各出一件兵器[83]。但语焉不详，至今也未发表器形。现在从西岔文化的情况来看，过去清涧和绥德一带收集到的商代北方青铜器[84]，比较肯定应属李家崖文化。特别应该注意的是，在清涧的张家圪和解家沟发现的直线纹青铜簋[85]和中原商周铜簋形式不同，而是和李家崖文化中的高圈足敞口陶簋[86]相似。从西岔的情况来看，李家崖文化的居民也有自行铸造青铜器的能力。

　　李家崖文化在陕西分布的南界还不清楚，但甘泉史家湾的发掘表明，这里的"西周遗物"（其中有一部分可能早到商代）已经不属于李家崖文化了[87]。

　　山西过去发现过很多和绥德、清涧很相似的混有殷墟式青铜器的北方系青铜器，李伯谦据以提出了"绥德—石楼类型青铜文化"的

[82] 张映文等：《陕西清涧县李家崖古城址发掘简报》，《考古与文物》1988年1期。北京大学考古系商周考古实习组等：《陕西绥德薛家渠遗址的试掘》，《文物》1988年6期（薛家渠M1是当地农民先已挖出两件铜器的墓，关于这两件铜器的报道见马润臻：《绥德发现两件青铜器》，《考古与文物》1984年2期，是銎内戈和锛，但无图，北方系的特点不突出）。

[83] 吕智荣：《朱开沟古文化遗存与李家崖文化》，《考古与文物》1991年6期。

[84] 黑光等：《陕西绥德墕头村发现一批窖藏商代铜器》，《文物》1975年2期。绥德县博物馆：《陕西绥德发现和收藏的商代青铜器》，《考古学集刊（2）》，中国社会科学出版社，1982年。高雪：《陕西清涧县又发现商代青铜器》，《考古》1984年8期。吴兰、宗宇：《陕北发现商周青铜器》，《考古》1988年10期。

[85] 陕西省考古研究所等：《陕西出土商周青铜器（一）》，文物出版社，1981年，图六四、六九。

[86] 北京大学考古系商周考古实习组等：《陕西绥德薛家渠遗址的试掘》，《文物》1988年6期，图九，15、16。

[87] 陕西省考古研究所等：《陕北甘泉县史家湾遗址》，《文物》1992年11期。

概念,并将这些青铜器分为五期,年代自盘庚至帝辛[88]。山西吉县上东村的青铜器是明确出于墓葬中的[89]。吕梁县桃花庄的青铜器据报道也出自墓葬,"墓只留下竖穴腰坑残迹,还见到两尸骨"[90]。石楼县义牒发现的青铜器也伴有人骨,应出于墓中[91]。吉林大学考古专业在太谷白燕发掘时曾发掘过一座已盗的墓,残存一件一端为云形片状的金耳饰[92]。但是只在义牒的发现伴有一件树皮般浅乱绳纹的陶罐,不足以判定在山西境内的"绥德—石楼类型青铜文化"是否也属李家崖文化。虽然,石楼后兰家沟[93]、永和下辛角村[94]、吕梁片罗村[95]都发现和清涧寺墕[96]相同的金质云形耳饰,石楼桃花庄出土的直线纹簋[97]与清涧张家圪和解家沟的形式相同,柳林县高红(原名高迪)H1出土的陶器和李家崖、薛家渠的相似[98],都可以作为山西境内的"绥德—石楼类型青铜文化"也属于李家崖文化的间接证据。但金质云形耳环在陕西淳化的黑豆嘴也出现过,那里的陶鬲就显非李家崖文化的[99]。所以,毕竟需要做更多的田野考古工作才能弄清历史的真相。

从文献史料看,春秋时代的中国北方戎狄非常活跃。《左传》中"戎狄"是一个泛称,而在陕、晋、冀地区主要是指群狄。狄又有白狄、赤狄、长狄之分,赤狄又有廧咎如、潞氏、甲氏……之分,不相统属且彼此攻击,但对华夏诸国有很强的侵略性。伐邢、入卫、灭

[88]李伯谦:《从灵石旌介商墓的发现看晋陕高原青铜文化的归属》,《北京大学学报(哲学社会科学版)》1988年3期。

[89]吉县文物工作站:《山西吉县出土商代青铜器》,《考古》1985年9期。

[90]谢青山、杨绍舜:《山西吕梁县石楼镇又发现铜器》,《文物》1960年7期。

[91]石楼县人民文化馆:《山西石楼义牒发现商代铜器》,《考古》1972年4期。

[92]发掘报告待刊。

[93]郭勇:《石楼后兰家沟发现商代青铜器简报》,《文物》1962年4、5期合刊,图10。

[94]石楼县文化馆:《山西永和发现殷代铜器》,《考古》1977年5期,图五。

[95]谢青山、杨绍舜:《山西吕梁县石楼镇又发现铜器》,《文物》1960年7期,图5。

[96]高雪:《陕西清涧县又发现商代青铜器》,《考古》1984年8期,图三。

[97]山西省文物工作委员会:《山西出土文物》,文物出版社,1980年,图版40。

[98]晋中考古队:《山西娄烦、离石、柳林三县考古调查》,《文物》1989年4期。国家文物局等:《晋中考古》,文物出版社,1998年,202页。

[99]姚生民:《陕西淳化县出土的商周青铜器》,《考古与文物》1986年5期。

温、伐郑、败周师、侵齐、侵鲁等记载不绝于史。晋国处于群狄围绕的形势，所谓"狄之广漠，于晋为都"（《左传·庄公二十八年》），故对狄战争尤为频繁。到公元前594～前593年灭了今晋东南地区的赤狄黎氏、甲氏等国，公元前541年在今晋北"败无终及群狄于太原"，才取得了对狄的决定性胜利。对狄战争的重心转向河北北部的鲜虞（白狄之一支）。白狄本来分布在南流黄河以西，所以晋国对秦国国君说"白狄及君同州"（《左传·成公十三年》），而曾流亡于狄地十二年的晋文公重耳自述曾"从狄君以田渭滨"（《左传·僖公十四年》）。白狄远抵冀北是春秋晚期之事。

史称"狄，隗姓也"（《国语·周语中》富辰语），重耳娶廧咎如之女称"季隗"亦可为证。以周之姜姓源于商代的羌人、羌方为例，则周之隗姓源于商代之鬼方。从《易·既济》"高宗伐鬼方，三年克之"和武丁后期卜辞结合分析，鬼方被征伐后已加入商王为首的军事联盟。鬼侯成为纣的三公之一[100]。

周人在商代对鬼方采取过军事行动，故《古本竹书纪年》称"周王季伐西落鬼戎，俘十二翟王"。隗姓的狄人一部分在周初的大征服中降伏于周，故封晋国始祖唐叔时曾分予"怀（即'隗'的假借字）姓九宗"（《左传·宣公四年》），也就是很多隗姓的宗族。而西周时北方的狄人仍是周王及其诸侯的重要军事对手。河北元氏县出土的西周初的臣谏簋铭文："唯戎大出［于］軧，邢侯搏戎。"以春秋初年狄伐邢而导致邢国迁徙来推测，周初封邢是抵御狄人的重要据点，邢侯所搏之戎就是隗姓的狄人[101]。著名的小盂鼎铭文记载了周初一次伐"鬼方"的战果："获馘四千八百□十二馘，俘人万三千八十一人，俘马□□匹，俘车卅两，俘牛三百五十五牛，羊卅十八羊。"可以看出鬼方的马、牛、羊并不比华夏各国多，而且羊特别少，显然不是专化的游牧部族。

现在有不少研究者认为李家崖文化（或包括全部的"绥德—石

[100] 林沄：《甲骨文中的商代方国联盟》，《古文字研究》第6辑，中华书局，1982年。后收入《林沄学术文集》。
[101] 沈长云：《元氏铜器铭文补说》，《邢台历史文化论丛》，河北人民出版社，1990年。

楼类型青铜文化"）就是鬼方遗存，但特别难解的是山西全境的"绥德—石楼类型青铜文化"从来没有发现和西周礼器、兵器共生的例子。而且，山西也没有发现过一个西周至春秋的狄人的遗址或墓地。这说明现在在这个时段中的山西考古工作还有很大的缺环。目前可以作为线索的只有两项资料，一是1963～1987年在侯马上马墓地发掘的千余座两周之际到战国中期的墓葬中，出土了数量不太多的非晋式陶器[102]。另一是在灵石县旌介村殷墟式与北方系青铜器共存的墓葬中，出土的一件非商式陶鬲（M2：4）[103]。这件鬲实际可以和晋中地区相当于二里冈上层时期的杏花村六期二段陶鬲（如H309：1）、相当于殷墟早期的杏花村墓地的某些鬲（如M4：1）排成一个演进系列[104]。而和上马墓地的部分非晋式鬲连接起来（图二），这种鬲显然和李家崖文化的代表性的鬲不属于同一个系统。所以我设想，在山西的中南部其实存在一个和李家崖文化平行发展的考古学文化。当然，这需要今后田野工作来验证。

关于白狄，《潜夫论·志氏姓》"姮姓白狄"，姮是恒字用于"恒娥"一词时的异体写法，非姓氏。而《谷梁传·昭公十二年》范宁注："鲜虞，姬姓白狄。"《潜夫论》中的姮字很可能是姬字传写之误。同为姬姓之周人在起源上和李家崖文化起源上有无某种联系，是一个饶有趣味的研究题目。

目前有两批遗存应予特别重视。一批是1984年在陕北米脂张坪发掘的四座墓[105]，都是仰身直肢，头向北。其中有随葬陶器的三座墓都是鬲、豆、盆、罐的周式组合。但鬲绝非秦式，而和上马墓地的晋式鬲相近，罐却瘦高不似晋的罐。参照上马墓地的分期，三墓约为春秋早期到中期。可定为春秋中期的M2中既出中原式的圭首戈，又

[102] 山西省考古研究所：《上马墓地》，文物出版社，1994年。见第三章《随葬陶器》的乙种陶鬲和未分型、式陶罐。

[103] 山西省考古研究所等：《山西灵石旌介村商墓》，《文物》1986年11期，图四二；图四三，1。

[104] 国家文物局等：《晋中考古》，文物出版社，1998年，图一三〇，1；图一三四，6。

[105] 北京大学考古专业商周实习组等：《陕西米脂张坪墓地试掘简报》，《考古与文物》1989年1期。

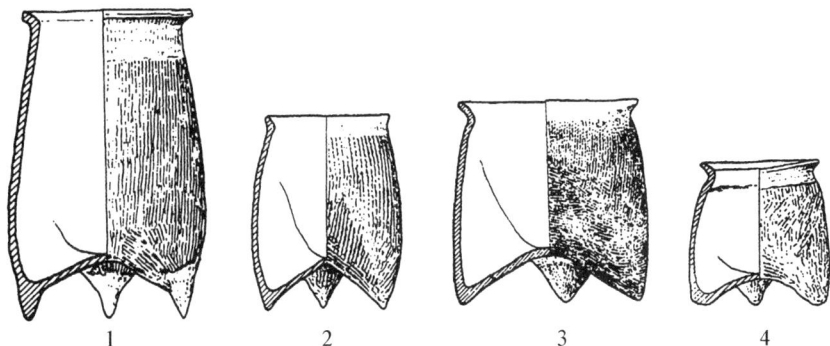

图二　山西中南部陶鬲演变序列的拟想

1. 汾阳杏花村 H309 : 1　2. 汾阳杏花村 M4 : 1　3. 灵石旌介 M2 : 4　4. 侯马上马 M4040 : 1

出北方系的带扣和三棱镞。当时陕北既非秦地，亦非晋地，则这种既有周文化色彩，又有地方特色的遗存的族属，很值得玩味。

　　另一批是1998年在内蒙古清水河县西麻青村发掘的19座墓[106]。仰身屈肢为主，仰身直肢次之。头向北。殉牲现象普遍，一般用羊肢骨。陶器为鬲、罐、盆的组合，鬲和张坪相似，而年代稍早。罐形特殊而有的肩有小双耳。墓中出北方系铜带扣和弹簧式耳环、料珠项链、骨簪等。这批墓看来和张坪不是一个文化类型，而是年代上大体平行的另一类遗存。

　　这样的遗存启发我们：狄文化并不一定是和周文化全然相异的文化，本来李家崖文化和西周文化就有相通之处。而且不能把狄文化想象为只有白狄、赤狄两支，他们可能和西方的羌人一样，也是多分支的。

　　（三）东段

　　燕山以北努鲁儿虎山以东夏家店下层文化的结束，伴之以距今3 400～3 300年达来诺尔湖的湖面缩小，湖滨发育的地层中夹有风砂透镜体[107]。由孢粉分析得知草本植物占优势而木本植物只有松属[108]。宋豫秦推测夏家店下层文化的大规模农垦导致了西辽河流域

[106] 内蒙古文物考古研究所：《万家寨水利枢纽工程文物考古工作总结》(打印稿)，1999年。

[107] 杨志荣、索秀芬：《内蒙古农牧交错地带东南部环境考古研究》，《环境考古研究》第二辑，科学出版社，2000年。

[108] 逄廷梅：《内蒙古农牧交错带全新世孢粉组合及植被探讨》，《中国北方农牧交错带全新世环境演变及预测》，地质出版社，1992年。

的沙质荒漠化[109]，这可能是使努鲁儿虎山以西的地区在夏家店下层文化衰退后文化遗址十分稀少的原因。但这个地区的赤峰牛波罗[110]、克什克腾旗天宝同[111]、翁牛特旗头牌子[112]都出土过殷墟式青铜礼器，而且还有商代晚期到周初的北方系青铜器及其石范发现于赤峰地区[113]。它们是何人所遗，尚待探究。

　　经过了大约400年的间歇期，生态系统大概逐渐得到自我恢复了，距今3 000年左右夏家店上层文化在此兴起。这种文化在人种和文化因素上都有源自东方下辽河地区的高台山文化的迹象[114]。夏家店上层文化是一种半农半牧经济所支持的定居文化。但遗址的规模、房址密度和文化堆积的厚度均不如夏家店下层文化。遗址中发现的农具和夏家店下层文化一样有清理林木用的石斧，翻耕用的木末（灰坑壁上的痕迹）和收割用的石刀，但中耕工具很少，农业显然比夏家店下层文化粗放。除建平水泉遗址中的一个窖穴中残存0.64米的炭化谷物（鉴别出粟、稷两种）[115]，在克什克腾旗龙头山遗址和喀喇沁旗大山前遗址中均发现保存炭化谷物的祭祀坑[116]。家畜以猪为主。大山前遗址所获的162块可鉴定动物骨骼中，猪占59.9%、狗占12.96%、牛占12.96%、羊占11.73%，马和马鹿各一例[117]。可见畜牧业并不是很发达，更非游牧。该文化已知骑马术，并已掌握马车。

　　夏家店上层文化出现了像小黑石沟石椁墓这样的大墓[118]。随葬

[109] 同注[22]。

[110] 资料存赤峰博物馆。

[111] 克什克腾旗文化馆：《辽宁克什克腾旗天宝同发现商代铜甗》，《考古》1977年5期。

[112] 苏赫：《从昭盟发现的大型青铜器试论北方的早期青铜文明》，《内蒙古文物考古》1982年2期。

[113] 郭大顺：《辽河流域"北方式青铜器"的发现与研究》，《内蒙古文物考古》1993年1、2期合刊。王未想：《内蒙古林东塔子沟出土的羊首铜刀》，《北方文物》1994年4期。邵国田：《内蒙古昭乌达盟敖汉旗李家营子出土的石范》，《考古》1983年11期。

[114] 朱永刚：《论高台山文化及其与辽西青铜文化的关系》，《中国考古学会第八次年会论文集》，文物出版社，1996年。

[115] 辽宁省博物馆等：《建平水泉遗址发掘简报》，《辽海文物学刊》1986年2期。

[116] 据内蒙古文物考古研究所等单位的发掘资料。

[117] 吉林大学考古学系汤卓炜副教授鉴定。

[118] 项春松、李义：《宁城小黑石沟石椁墓调查清理报告》，《文物》1995年5期。

400多件（组）器物，其中中原式青铜礼器就有商末周初到西周晚期的共15件，其中有许季姜簋。该地这样的大墓不止一座，还收集到有长铭的懿王时期的师道簋[119]，应该也是大型墓的随葬品。这类墓在规模上不亚于同期中原中小诸侯的墓。

夏家店上层文化很早就被误认为东胡遗存，虽然越来越多新出的证据表明这种见解的荒谬，但先入为主的成见仍影响着考古界和史学界的不少人。其实，夏家店上层文化应该是山戎的遗存[120]。这种文化在春秋早期后明显的衰退，应该和齐桓公北伐山戎的军事行动有关。

在努鲁儿虎山以东，夏家店下层文化结束后，生态环境变化幅度可能不是很大，故继而即有魏营子文化兴起。这种文化主要分布于大小凌河流域，年代相当于商代后期到西周前期。这种文化既有从夏家店下层文化继承的方面，又有来源于高台山文化的成分，还有来自朱开沟文化和张家园上层文化的影响。北方系青铜器也屡有发现[121]。在大小凌河流域发现过二里冈上层的商式青铜器[122]，究竟是属于夏家店下层文化的，还是属于魏营子文化的，还不清楚。但多批晚商至西周前期式样的中原式青铜器的发现[123]无疑表明魏营子文化受到了中原文化的强烈影响。

西周晚期至战国，大小凌河流域又兴起了以东北系铜剑为重要特征的凌河文化[124]，即朱永刚所谓的"大小凌河流域含曲刃短剑遗存

［119］李朝远：《师道簋铭文考释》，《草原瑰宝》，上海书画出版社，2000年。

［120］林沄：《东胡与山戎的考古探索》，《环渤海考古国际学术讨论会论文集》，知识出版社，1996年。

［121］董新林：《魏营子文化初步研究》，《考古学报》2000年1期。

［122］辽宁省博物馆文物工作队：《概述辽宁省考古新收获》，《文物考古工作三十年》，文物出版社，1979年。

［123］辽宁省博物馆文物工作队：《辽宁朝阳魏营子西周墓和古遗址》，《考古》1977年5期。喀左县博物馆：《喀左和尚沟墓地》，《辽海文物学刊》1989年2期。辽宁省文物考古研究所：《辽宁喀左高家洞商周墓》，《考古》1998年4期。

［124］王成生：《辽河流域及邻近地区短铤曲刃剑研究》，《辽宁省考古博物馆学会成立大会纪念文集》，1981年。卜箕大：《辽西地区青铜时代文化》，吉林大学博士学位论文，1998年。

的考古学文化"[125]。这种文化是在魏营子文化的基础上，又吸收了辽东地区、夏家店上层文化、中原文化等多方面因素而形成的。

这两种文化目前的考古发现不多，遗址发掘尤少，所以对其经济类型仍欠了解。在魏营子文化遗址中发现的工具，有开辟耕地用的石斧和收割用的石刀，不见中耕用的石铲，可能农业较为粗放。墓中殉猪（前腿）、殉羊（头）各一件，无从推定畜牧业的发达程度。墓葬有随葬青铜车马器者，恐怕只限上层人物使用。凌河文化的情况无大不同。墓葬中流行用铜斧随葬的现象说明砍伐工具进步了，可能反映生产力的提高。墓中出现殉牛，晚期的墓葬有殉马坑，随葬车马器的墓也多了。

关于凌河文化的族属众说纷纭，尚无统一见解。但可以肯定，靳枫毅把凌河文化合并于文化面貌全然不同的夏家店上层文化而都当成东胡，是十分错误的。我认为，魏营子文化和凌河文化乃是先秦史上很著名的"貊"人的遗存[126]，并相信会有新的考古发现不断证实这一点。

总之，夏家店下层文化之后的努鲁儿虎山东西两侧，文化发生了分化，但这种分化是在反映不同民族传统的器物特征方面，在经济形态方面都是农牧兼营的定居文化。

在燕山以南地区，和夏家店下层文化平行发展着大坨头文化[127]，如果要进一步细分，冀东滦河流域以唐山大城山T9②、T4②为代表的夏代遗存既不同于大坨头文化，也不同于夏家店下层文化，应另立一个类型[128]。桑干河流域的同期遗存也自有特点，可考虑另立一个类型。

大坨头文化和夏家店下层文化基本上是同时结束的，但大坨头文

[125] 朱永刚：《大、小凌河流域含曲刃短剑遗存的考古学文化》，《内蒙古文物考古文集》第二辑，中国大百科全书出版社，1997年。

[126] 林沄：《先秦的貊与辽西青铜时代考古》（1994年9月在天津召开的第五次"环渤海考古学术讨论会"上宣读的论文，未刊）。林沄：《说貊》，《史学集刊》1999年4期。

[127] 韩嘉谷：《大坨头文化陶器群浅析》，《中国考古学会第七次年会论文集》，文物出版社，1989年。

[128] 张锟：《京津唐地区的夏商时期遗存》，吉林大学硕士学位论文，2001年。

化之后并没有出现一个文化间歇期，继起了所谓"围坊三期文化"。围坊三期文化有继承大坨头文化的一面，但是是大坨头文化受到多种外来文化冲击而形成的。它有上文已提到的来自陕西先周文化的成分，还有其他来自西方的成分，而其引人注目的乃是在滦县[129]、迁安[130]等地随葬围坊三期文化陶鬲、陶罐的墓中，每有殷墟式青铜礼器和北方式青铜器共存。这同样也反映该时期文化的多元性。李伯谦主张把围坊三期文化合并到时代更晚的"张家园上层类型"中[131]。实际上这是相当于中原商代后期的一个独立阶段[132]。房山镇江营的发掘也证明它可以单划为"商周第二期"[133]。京、津、唐地区的围坊三期文化和大小凌河流域的魏营子文化是大致同期的，但比魏营子文化看来更兴盛。青龙抄道沟发现的北方系青铜器群年代上属于围坊三期文化时期，但因为不与围坊三期文化陶器共存，有可能代表一种外来的人群。

　　继围坊三期文化兴起的张家园上层文化，是在围坊三期文化的基础上又吸收了新的外来文化成分而形成的[134]。随着燕国建立而到来的西周文化对围坊三期文化有很大的冲击。初期的燕国是在围坊三期文化的分布区内的殖民地[135]。张家园上层文化存在的主要时段是西周，这时在唐山地区也许可以单独划出一个"古冶类型"[136]。随着燕国的发展，本地文化的原有居民逐渐被融入燕文化之中。

　　在周代，燕山山地的河谷中依然存在着使用北方青铜器的不同族群[137]。例如，兴隆县小河南发现的不与陶器共存的北方系青铜器群，

---

［129］孟昭永等：《河北滦县出土晚商青铜器》，《考古》1994年4期。

［130］李宗山等：《河北省迁安县出土两件商代铜器》，《文物》1995年6期。唐山市文物管理处等：《河北迁安县小山东庄西周时期墓葬》，《考古》1997年4期。

［131］李伯谦：《张家园上层类型若干问题研究》，《考古学研究（二）》，北京大学出版社，1994年。

［132］杨建华：《试论夏商时期燕山以南地区的文化格局》，《北方文物》1999年3期。

［133］北京市文物研究所：《镇江营与塔照》，中国大百科全书出版社，1999年。

［134］韩嘉谷、纪烈敏：《蓟县张家园遗址青铜文化遗存综述》，《考古》1993年4期。

［135］陈光：《西周燕国文化初论》，《中国考古学跨世纪的反思》，香港商务印书馆，1999年。

［136］文启明：《冀东商时期古文化遗址综述》，《考古与文物》1984年6期。同注[128]。

［137］杨建华：《冀北周代青铜文化初探》，《中原文物》2000年5期。

以菌首空柄凹格短剑为代表，年代上显然晚于抄道沟[138]。而昌平白浮的墓葬中，既随葬燕文化的陶鬲和青铜礼器，又随葬大量与小河南同类的北方系青铜器，说明它和燕文化有直接的交融[139]。西周晚期到春秋早期，这里分布着和夏家店上层文化既有共性又有差别的遗存，如延庆西拨子村的青铜器窖藏[140]和平泉东南沟的墓葬[141]。虽然因为发现的资料不多，对其经济形态难以确定，但推测它们和夏家店上层文化相去不远，是很有可能的。

## 五、北方长城地带内居民迁移的趋势

北方长城地带的居民包含了羌、狄、山戎、貊等，这一地区之所以成为较一致的文化带，除因生业上的一致性外，还有文化上彼此交融的一面，而文化交融有一部分是由人群的转徙造成的。

夏代以来生态环境的变化是一个引发人群迁徙的长期起作用的因素。据邵时雍、刘海坤对更新世晚期以来古生态地质环境分区特征的研究表明，距今5 000～3 000年的一个变化趋势是：河西走廊和内蒙古高原原属干旱温带草原、森林草原生态地质环境类型，而到距今3 000年时，干旱荒漠草原高原盆地生态地质环境类型已东扩到内蒙古的二连浩特以东，浑善达克沙地以西，干旱温带草原、森林草原生态地质环境类型已东移到内蒙古高原的东部及其以东的一些地区[142]。因此，河西走廊和内蒙古高原的原居民逐批转徙到更有利于生业的地区，是自然的事。大的趋势除了向南，向东也是很重要的取向。因为这里还有人文地理的影响。像陕南、晋南等地早已人口稠密，北方长城地带的

---

［138］王峰：《河北兴隆县发现商周青铜器窖藏》，《文物》1990年11期。

［139］北京市文物管理处：《北京地区的又一重要考古收获——昌平白浮西周木椁墓的新启示》，《考古》1976年4期。

［140］北京市文管处：《北京市延庆县西拨子村窖藏铜器》，《考古》1979年3期。

［141］河北省博物馆等：《河北平泉东南沟夏家店上层文化墓葬》，《考古》1977年1期。

［142］邵时雍、刘海坤：《中国晚更新世晚期以来古生态地质环境分区特征》，《中国北方晚更新世以来地质环境演化与未来生存环境变化趋势预测》，地质出版社，1999年。

居民在经济实力和社会发展程度上都较低，又没有占明显优势的武力，其转徙也就只能在童恩正所说的"新月形地带"[143]中进行。

本文第一节中已谈到，辽宁彰武平安堡高台山文化墓葬中的人骨标本属于的古华北类型，正表明北方长城地带的古代居民早有向东方迁徙的迹象。从文化现象看，夏代是内蒙古中南部的文化成分向东方传播表现得比较明显的时期。田广金、郭素新早已指出过朱开沟第一段遗存就存在的带组圆腹陶罐以及朱开沟三期遗存的"蛇纹鬲"向东方传播的现象[144]。后来李水城又就蛇纹鬲的问题作了详细的专题研究，他认为不能排除蛇纹的装饰手法起源于更西面的马厂、齐家陶罐之可能，但肯定了蛇纹鬲是从北方长城地带的中段向东段传播的[145]。

1991年韩嘉谷提出了北方长城地带的花边鬲问题，在考古界产生颇大的影响[146]。该文认为，口沿饰附加堆纹的陶鬲最早见于朱开沟第一段遗存，时值龙山晚期。同时期河套、晋北、北京地区的鬲形和装饰已有一致性，到商代后期（也就是朱开沟遗址废弃，夏家店下层文化结束的时期），花边鬲在北方长城地带广泛分布开来，而鬲口饰花边的习惯在北方长城地带沿袭了很久，像西面的沙井文化、毛家坪B组遗存，东面的夏家店上层文化，年代都已进入东周。是该地带区别于中原文化的文化特征之一。他还指出，商代后期开始的花边鬲大流布，是和北方系青铜器的流布同时开始的。

花边鬲的流布，看来不仅是一种文化成分的转辗传递，其中也是人群迁徙所致。韩嘉谷曾经指出，天津地区的商代后期到西周前期的围坊三期文化的陶器群，表现出和先周陶器群的联系，最突出的是高

---

[143] 童恩正：《试论我国从东北至西南的边地半月形文化传播带》，《童恩正文集·南方文明》，重庆出版社，1998年。

[144] 田广金、郭素新：《鄂尔多斯式青铜器的渊源》，《考古学报》1988年3期。

[145] 李水城：《中国北方地带的蛇纹器研究》，《文物》1992年1期。

[146] 韩嘉谷：《花边鬲寻踪——谈我国北方长城文化带的形成》，《内蒙古东部地区考古学文化研究文集》，海洋出版社，1991年。又收入《北方考古研究（四）》，中州古籍出版社，1999年。

领花边鬲和高领凹沿的陶鬲。长武碾子坡墓地，头向东且俯身葬比例高，也和围坊三期文化葬俗相似[147]，暗示这种文化的居民成分有来自陕西的可能。根据我对北京琉璃河1193号燕侯墓中出土的太保罍、太保盉铭的考释，商代后期确有羌人东达渤海湾西北岸，到周初成为燕侯率领下抵御北方髟人的同盟者[148]。可以设想，桑干河谷那时已被东徙的人群作为方便的通道了。

现在已经可以看出端倪的年代更晚的人群迁徙是白狄的东进。

我和韩嘉谷都认为桑干河流域的军都山类型遗存（被靳枫毅错误地称之为"山戎文化"[149]）是白狄所建的代[150]，早在1979年，俞伟超先生就已经指出过这一点了[151]。不过韩嘉谷首先提出，有一支白狄是从陕北东来的。根据是伊克昭盟（现鄂尔多斯市）桃红巴拉、凉城毛庆沟等地的墓葬和延庆军都山等地的墓葬有相似性。但是北方长城地带春战之际的墓葬有很多北方草原文化所共有的特征，并不能用这种普遍的共性来论证具体的族属上的一致。我在新近一篇论文中举出了一些从河西黄土高原经鄂尔多斯、晋北，到桑干河谷东端的特殊的文化一致性，一是所谓的"秦式剑"的东传（因为秦人在此时根本不会到达冀北，可知这种剑称"秦式"之非，恐怕应名为"狄式剑"），二是椭方口的北方系铜釜目前仅见于河西黄土高原到桑干河谷一线，三是虎形牌饰也分布于这一线，在军都山类型的等级高的墓中，墓主胸前有金质的这种牌饰，而在河北北部的也是白狄建立的中山国早期墓中，也出这种金的虎形牌

［147］韩嘉谷等：《蓟县张家园遗址青铜文化遗存综述》，《考古》1993年4期。

［148］林沄：《释史墙盘铭中的"逖虘髟"》，《陕西历史博物馆馆刊》第1辑，三秦出版社，1994年。收入《林沄学术文集》，中国大百科全书出版社，1998年。

［149］北京市文物研究所山戎文化考古队：《北京延庆军都山东周山戎部落墓地发掘纪略》，《文物》1989年8期。靳枫毅：《军都山山戎文化墓地葬制与主要器物特征》，《辽海文物学刊》1991年1期。

［150］林沄：《关于中国对匈奴族源的考古学研究》，《林沄学术文集》，中国大百科全书出版社，1998年，375页。韩嘉谷：《燕国境内诸考古学文化的族属探索》，《北京建城3040年暨燕文明国际学术研讨会会议专辑》，北京燕山出版社，1997年。

［151］俞伟超：《古代"西戎"和"羌"、"胡"考古学文化归属问题的探讨》，《先秦两汉考古学论集》，文物出版社，1985年，182、183页。

饰（图三）[152]。这些考古现象和文献记载对照，白狄东进已有相当的依据了。白狄的东进除了上文谈到的气候变化是可能的原因外，应该考虑到秦国扩张的军事压力。

北方长城地带中段的古代部族一波一波的东进，是造成这一地带文化上逐步趋向一致的一个重要原因。

至于西段的羌人，虽然在蛇纹鬲、花边鬲等方面也表现出和中、东段的文化交流，其迁移的趋向却有所不同，从史籍记载看，他们有一部分是被秦国和晋国迁到河南西部，即《左传》中提到的姜戎、陆浑之戎，伊洛之戎，较早地融入了中原文化之中。而其主要的迁移方向是《后汉书·西羌传》有所记载的，顺横断山脉南下。正因为他们主要的迁移方向不是东进，内蒙古中南部的居民又不是西进，所以长城地带西段的文化在商代以后就越来越呈现出独特的地域性了。

## 六、来自外部的人群和文化成分

中国的北方长城地带逐步形成了一个和中原地区不同的文化带，这种与中原不同的文化特征，一方面是北方长城地带本地发生的，但有很大比重是受到离中原更远的地区的影响。

在第三节中已经谈到在夏代时期从新疆传入北方长城地带的文化影响的例子，而其源头还是在北亚地区的。其实，影响到北方长城地带的文化因素也有源自遥远的西方的，只是比较少一些，长期未引起足够的重视。

先谈一谈欧罗巴人种进入中国的问题。

在陕西扶风召陈村西周晚期大型建筑废弃时形成的红烧土堆积中，发现了两件蚌雕戴帽人头像。从形制分析是作笄帽用的，其长脸、高鼻、深目、窄面、薄唇等特征，无疑与欧罗巴人种相合[153]，被公认为西周晚期周人已和欧罗巴人有所接触的证据。

[152] 林沄：《从张家口白庙墓地出土的尖首刀谈起》，《中国钱币论文集》第4辑，中国金融出版社，2002年。
[153] 尹盛平：《西周蚌雕人头像种族探索》，《文物》1986年1期。

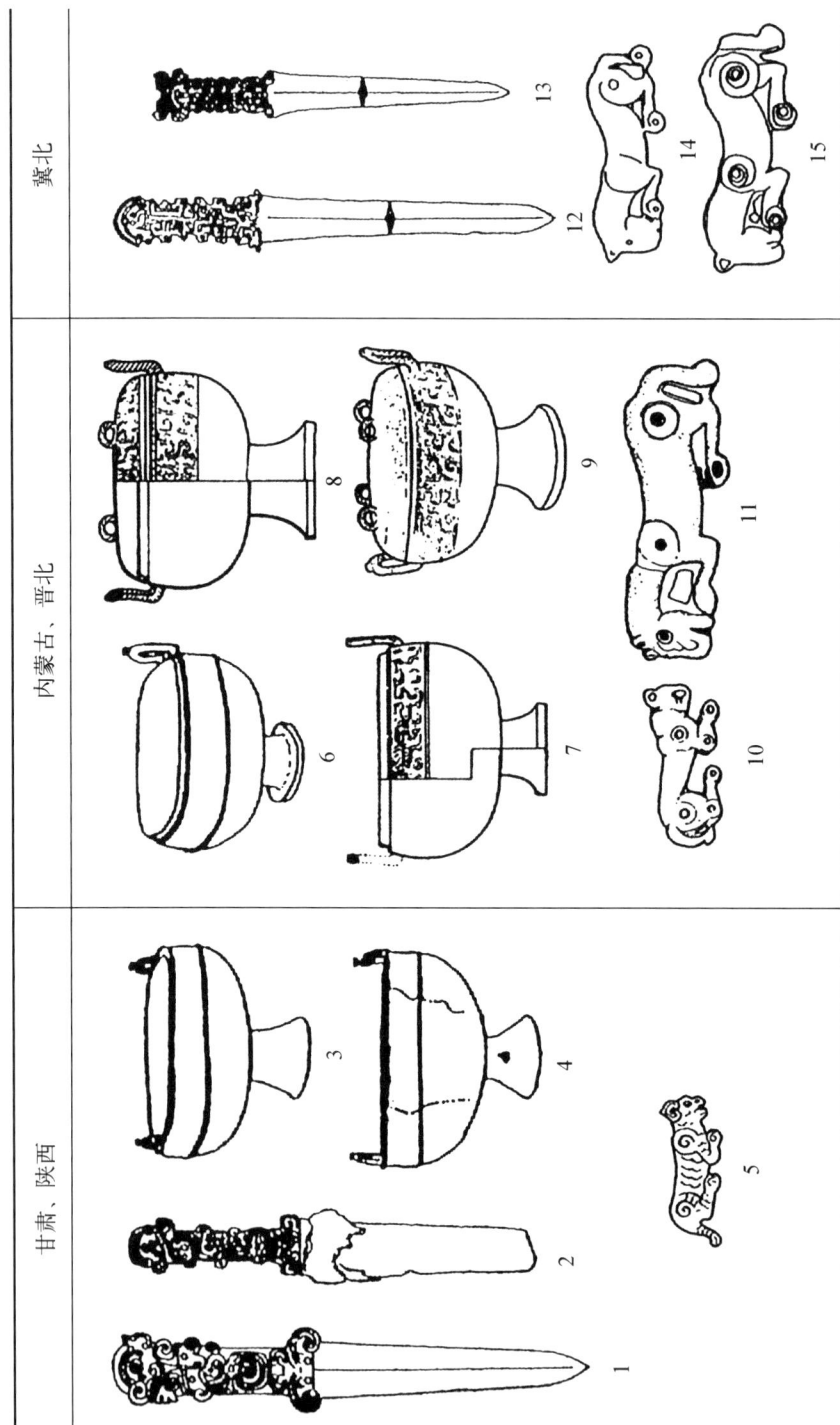

图三　白狄东迁的考古线索

1、2、12、13. "秦式"剑　3、4、6～9. 圆角方口釜　5、10、11、14、15. 虎形牌饰（1、5. 甘肃宁县宇村　2. 陕西陇县边家庄　3. 陕西绥德墕城关　4. 陕西志丹张渠　6. 内蒙古准格尔旗　7. 准格尔旗宝亥社　8、9. 山西浑源李峪　10、11. 鄂尔多斯　12. 河北怀来安营堡　13. 河北滦平西山　14. 河北宣化小白阳　15. 河北延庆玉皇庙）

从考古发掘所得的古颅骨资料来看，我国境内先秦时期的欧罗巴人种颅骨资料均发现于新疆。以孔雀河下游古墓沟组为代表的古欧洲人类型[154]，大约在公元前1000年以前便来到了罗布泊地区。从其墓葬中使用大量树木材料的特点来分析，当时南疆地区的植被和整个生态环境显然与现在的情况全然不同。稍后时期，古欧洲人类型居民渐向东疆地区渗透，并且与蒙古大人种的土著居民发生接触、融合。例如，哈密市柳树泉附近的焉布拉克青铜时代古墓群的颅骨，可区分为属于蒙古大人种的M组和属于欧罗巴大人种的C组[155]，哈密焉不拉克墓地为代表的青铜时代文化是以蒙古人种为主体的居民创造的文化，后来的古欧洲人类型居民迁移到这里并接受了当地蒙古人种的土著文化。

先秦时期进入新疆地区的欧罗巴人分属不同的支系，吐鲁番盆地鄯善县苏贝希青铜时代墓地的颅骨，被区分成两组：苏贝希I组接近原始欧洲人种的古欧洲人类型，II组与欧洲人种的地中海类型东支关系较为密切[156]。乌鲁木齐市附近阿拉沟东口的古代丛葬墓年代更晚（公元前6～前1世纪），颅骨按形态差异被分成三组：I组接近欧洲人种的地中海东支类型，III组接近欧洲人种的中亚—两河类型，II组属于I组和III组之间的过渡类型；其中以III组居民的人种最多[157]。

当然，西周时的周人所接触的欧罗巴人，并不见得就是我国新疆地区的欧罗巴人种居民。因为，从蒙古的发现来看，早在铜石并用时代就已经有原始欧罗巴人种进入西北蒙古，而年代为公元前7～前3世纪的乌兰固木墓地的颅骨绝大多数是欧罗巴人种，只有少数混有蒙古人成分。而俄国的图瓦和阿尔泰地区情况也是如此[158]。所以，水涛认为周人眼中看到或听说过的欧罗巴人，既可能是活动于新疆东部的欧罗巴族群，也可能是来自北方戈壁或草原地带的游牧民族，是考

---

[154] 韩康信：《新疆孔雀河古墓沟墓地人骨研究》，《考古学报》1986年3期。

[155] 韩康信：《新疆哈密焉不拉克古墓人种系成分之研究》，《考古学报》1990年3期。

[156] 陈靓：《鄯善苏贝希青铜时代墓葬人骨的研究》，《青果集——吉林大学考古系建系十周年纪念文集》，知识出版社，1998年。

[157] 韩康信：《阿拉沟古代丛葬墓人骨研究》，《丝绸之路古代居民种族人类学研究》，新疆人民出版社，1993年。

[158] Э. А. Новгородова. Древняя, Мнголия, М. 1989. 311～315页。

虑比较全面的[159]。

周人所接触的欧罗巴人虽不一定是从新疆来的，但在新疆的欧罗巴人指示了一种人群迁徙的轨迹。

上文已经分析过夏代的喇叭口式耳环和套管式铜锛可能是通过新疆传到北方长城地带的。现在再分析两种可能也是从新疆传来的器物，一种是管銎战斧，一种是柳叶形短剑。

我早已提出过中国北方系管銎战斧源自西来的观点，近来又看到一些西亚的考古资料，想再介绍一下。1977年和1984年在伊拉克东北部哈姆林盆地（其东即伊朗的西部山脉）的苏雷美赫遗址进行了发掘，第Ⅰ～Ⅲ层的墓葬属古巴比伦时期（公元前18～前17世纪），在Ⅱ、Ⅲ层中的管銎式斧，就和我国北方系的管銎战斧很相似（图四，4～7）。哈姆林盆地的哈拉瓦遗址第Ⅱ～Ⅳ层均属于古巴比伦时期，Ⅱ层出土的斧也是这种形式（图四，2、3）。还有伊尔—塞勃遗址M20出的斧也是如此（图四，1）[160]。和我国陕西淳化黑豆嘴、史家塬出土的殷墟时期的北方系战斧比较（图四，8～10）[161]，在有的斧的管銎与斧身夹角小于直角、銎口上下缘略呈弧曲等细节上都有相似处。而黑豆嘴的战斧在背部有形式不一的小柱，这在伊朗、伊拉克的形式多样的战斧上也不乏其例，不烦举证。

值得注意的是，在苏雷美赫Ⅱ、Ⅲ层中还出土了扁茎而茎上有穿孔的短剑（图五，1～4）[162]。在中国考古学中，周人首先采用的扁茎而茎上有穿孔的柳叶形短剑（图五，5～7），起源久久不得其解[163]。其实，早在1980年夏宿白先生到吉林大学来讲授"从考古发

[159] 水涛：《从周原出土蚌雕人头像看塞人东进诸问题》，《中国西北地区青铜时代考古论集》，科学出版社，2001年。

[160] G. Philip. *New Light on North Mesopotamia in the Earlier Second Millennium B. C. Metalwork from the Hamrin*, Iraq, LⅦ，1995.图4，1～7。

[161] 姚生民：《陕西淳化县出土的商周青铜器》，《考古与文物》1986年5期，图四、1、9～11。

[162] 同注[160]，图9，1～4。

[163] 钟少异：《试论扁茎剑》，《考古学报》1992年2期。张天恩：《中原地区西周青铜器短剑简论》，《文物》2001年4期。

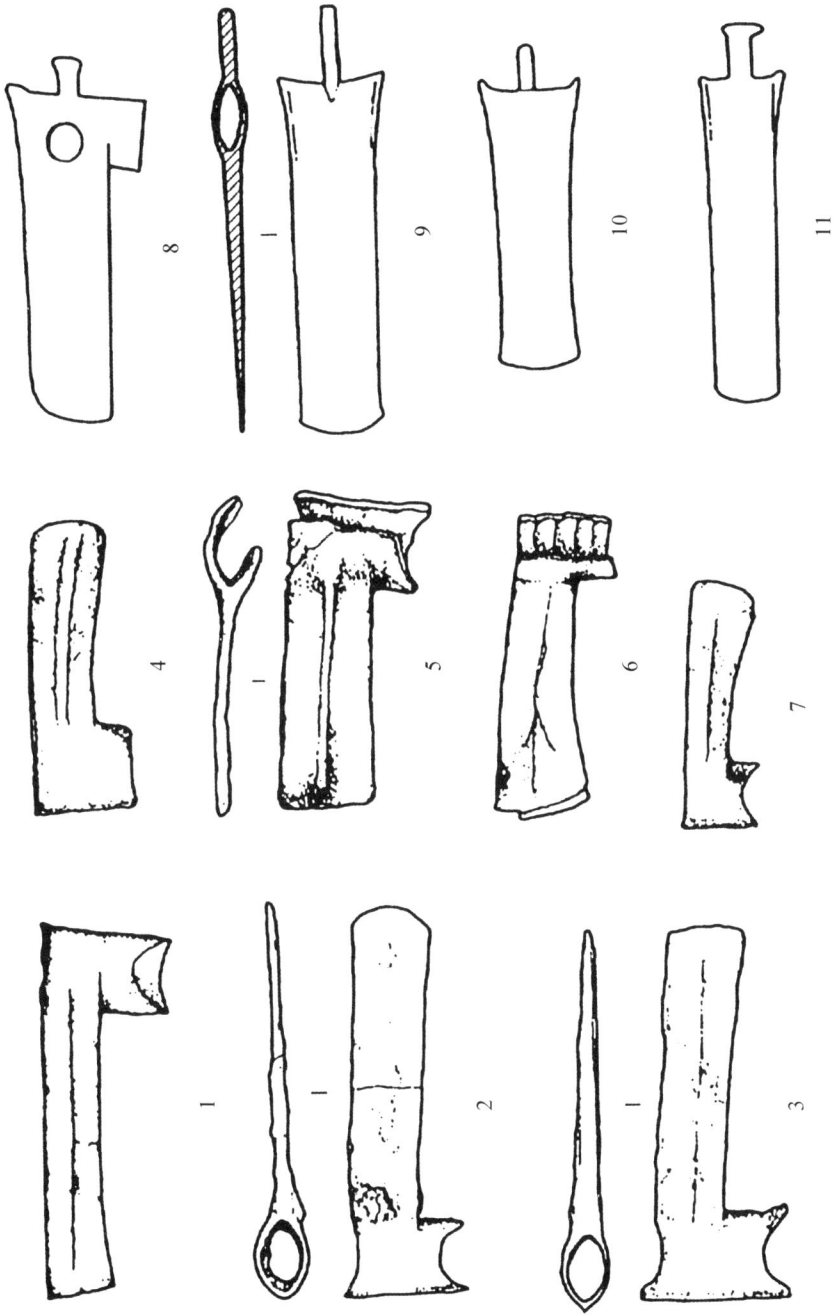

图四　管銎战斧比较

1. 伊尔—塞勃 M20　2、3. 哈拉瓦 II 层　4、6. 苏雷美赫 III 层　5、7. 苏雷美赫 II 层　8. 陕西淳化黑豆嘴 M3　9. 淳化黑豆嘴 M2　10. 淳化史家塬　11. 淳化北坡村

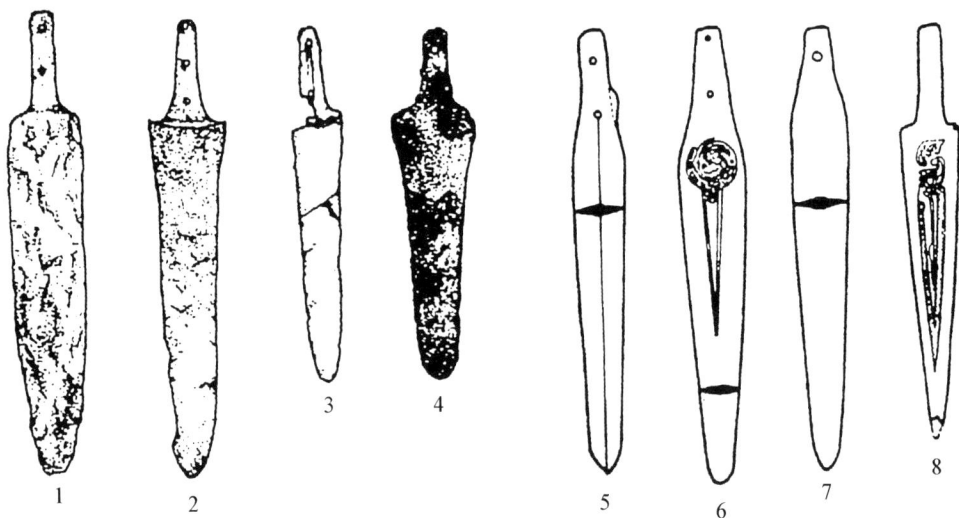

图五　扁茎柳叶形短剑比较

1、3、4.苏雷美赫Ⅱ层　2.苏雷美赫Ⅲ层　5.陕西长安张家坡　6、7.宝鸡竹园沟　8.灵台白草坡

现看中西文化交流"专题课时，就谈到过扁茎短剑在中亚和西亚的编年都比中国早，特别介绍了伊朗鲁里斯坦的扁茎而茎上有孔的短剑在第二次世界大战后的发掘情况，以及20世纪70年代以后的编年研究[164]，指出这对探讨我国青铜短剑的起源有好处。伊朗的发掘品表明，扁茎上的孔是装柄安铆钉用的，因为还发现了空心的铜柄和铜铆钉。但多数考古学研究者仍把目光局限在中国境内研究问题，以致这一意见久久未得到应有的重视。

管銎战斧和扁茎剑可以互相为证，证明它们是从同一地区经过大致相同的途径传来的。大概都是通过羌人地区传到陕西，只是战斧主要向北而在北方长城地带流行起来，扁茎剑却只在西周早中期在周人中流行，而向南在巴蜀地区长期流行。

造成北方长城地带文化特殊性的外来影响中，来自北方地区的影响当然是主要的，这个地区以蒙古高原为中心，包括其北面的外贝加尔地区、西北面的图瓦地区和西面的戈尔诺阿尔泰地区。

蒙古高原气候条件宜牧而不宜农。早在新石器时代晚期，东蒙和

[164] L. V. Berghe. *La Chronologie de la Civilisation du Pusht-I Kuh*. Luristan, 1972.

北部的色楞格河上已发现家畜的骨骼。在公元前3千纪晚期到公元前2千纪早期，以畜牧经济为主的阿法纳羡沃文化进入蒙古的北部。往后有一段历史因缺乏年代明确的墓地和遗址难以详细说明。目前通行的观点认为中亚各地在青铜时代晚期到铁器时代早期为早期游牧人时代，蒙古高原也不例外。蒙古的这个时代大约开始于公元前1千纪前期，主要的考古遗存有三种：分布于蒙古全境的鹿石，分布在蒙古东部和中部的石板墓，分布在蒙古西北部的所谓"昌德曼文化"[165]。

　　鹿石是一种人形石柱，与一种称为"凯列克苏尔"的石块构筑相关，两者可能都有祭祀方面的功能。鹿石上鲜有细致表现的人的五官，但常表现耳环和项链，以及劈面的创痕。中段有挂着各种器物的腰带。身上除盾和其他一些物件外，常常布满鹿形（可能是表现袍子上的纹饰）。也有全柱仅刻出许多鹿形的，"鹿石"即由此得名。它的分布东达外贝加尔，而各种变体向西直到东欧都有发现。伏尔科夫把鹿石分为两大类，一类是只有耳环、项链、腰带和器物，而不带动物纹的，这类鹿石在东方发现也不少，但大多数见于西方，故暂名为欧亚大陆型。另一类是有动物纹的。其中特殊风格化的，见于蒙古和外贝加尔，故称为蒙古—外贝加尔型。而作写实形的，分布在蒙古西部和阿尔泰地区（包括我国新疆的阿勒泰地区），故称为萨彦—阿尔泰型[166]。据鹿石上的武器的形式可以大体推定其年代[167]，则蒙古—外贝加尔型年代最早，其上有柄端饰动物头的刀子和短剑，但因这种短剑有明显的"凹格"，以我国出这种兽首凹格剑的昌平白浮墓的时代来推断，蒙古—外贝加尔型鹿石年代的上限约在公元前1千纪之初。萨彦—阿尔泰型鹿石上的短剑已是斯基泰—塔加尔式的了。上限当不早于公元前8～前7世纪。可以推想，建造鹿石的人们，在还没有创造这种纪念石柱以前，已经生

[165] Д. Цевэндорж, Чандманьская культура. Археология и Этнография Монголия. Новосибирск, 1978. 伏尔科夫称为"乌兰固木文化"。

[166] J. Davis-Kimball, V. Bashilov, etc. *Nomads of Eurasian Steppes in the Early Iron Age*. Berkeley, 1995.（由伏尔科夫执笔的第20章《蒙古的早期游牧人》）。

[167] 同注[158]，188、189、193页插图。

活于此地。而这个地区的人大约到公元前3世纪还在建造欧亚大陆型鹿石。所以鹿石上所表现的是将近一千年间蒙古高原及其邻近地区居民的典型服饰和器用（图六）。

从墓中的颅骨资料来看，蒙古东部、中部的石板墓和外贝加尔的石板墓都属蒙古人种。不过，杜门的研究表明，后来的匈奴人和蒙古中部石板墓文化的居民更为接近，而和东部石板墓文化居民在面部和颅部的比例上差异大一些。蒙古西北部的昌德曼文化墓中的死者，则和图瓦、戈尔诺阿尔泰的同期墓葬的死者一样，是欧罗巴人种的。所以，早期鹿石的建造者是蒙古人，后来进入蒙古西北部的欧罗巴人，也学会了建立鹿石。虽然人种不一样，在服饰和器用上却有很大的一致性。中国北方长城地带的居民所接触的北方居民，在商代和西周早期，应该是蒙古高原原来的蒙古人种居民，后来也可能有些后到的欧罗巴人。但文献上所说的匈奴和东胡，从现在已掌握的资料来看，均属北亚蒙古人种的大范畴。

至少从西周起，蒙古高原采用的服饰就是在袍子上扎一条可挂武器和其他用具的腰带，颈上挂珠子串成的项链，耳上带颇大的耳环。这是长时期草原骑马人的标准装束。随身佩带的武器主要是短剑、短柄战斧（或啄戈）、弓箭、圭形盾，其他用具主要是刀子、砺石、镜、挂缰钩等。挂缰钩据我的研究是武士在骑马和驾战车时用以绊挂马缰以解放双手的工具[168]。这和蒙古地区有大量表现驾双马或四马的单辕双轮战车的岩石画是相应的。个别鹿石还刻有马和驾马的单辕双轮战车，也可以证明那时蒙古地区的武士是会骑马而又会驾驶马车的。

众所周知，中国中原地区驾二马或四马的单辕双轮战车是在殷墟时期突然产生的，同时在殷墟也出现了小屯C区164号墓这样的人马合葬墓，可以表示骑马术的存在[169]。当然殷墟的骑马术和马车也不排除有从新疆传来的可能，但目前不但在新疆地区还没有发现早到殷

---

[168] 林沄：《关于青铜弓形器的若干问题》，《吉林大学社会科学论丛（2）》，1980年。林沄：《再论挂缰钩》，《青果集——吉林大学考古系建系十周年纪念文集》，知识出版社，1998年（以上两文均已收入《林沄学术文集》）。

[169] 石璋如：《殷墟最近之重要发现——附论小屯地层》，《中国考古学报》第二册，1947年。

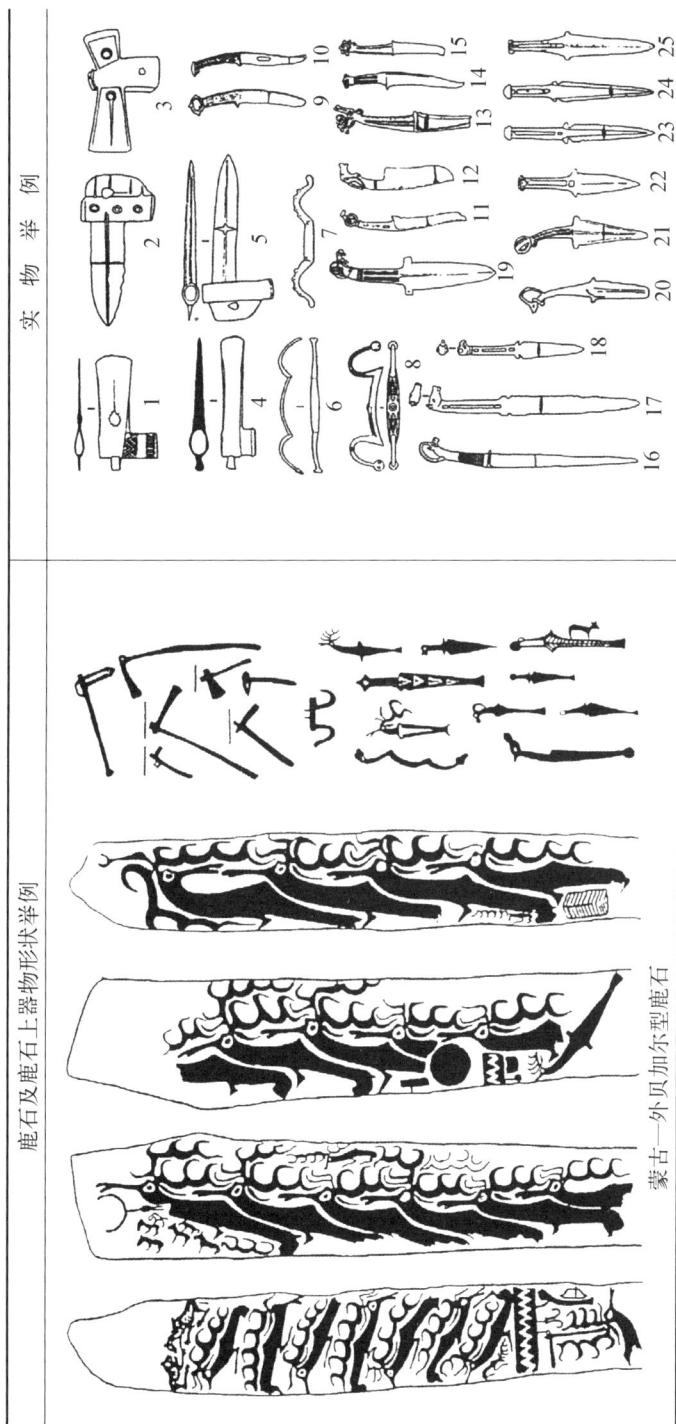

图六（a）　鹿石反映的服饰和器物用

鹿石及鹿石上器物形状举例

实物举例

蒙古—外贝加尔型鹿石

1、3、4. 銎内战斧　2、5. 銎内啄戈　6～8. 挂缰钩　9～16. 刀子　17～25. 短剑（均为青铜器）
1、2、4、6、8～12、17、18、21、23、24. 中国　3、14～16、19、22、25. 蒙古　5、20. 外贝加尔　7、13. 米奴辛斯克盆地

鹿石及鹿石上器物形状举例

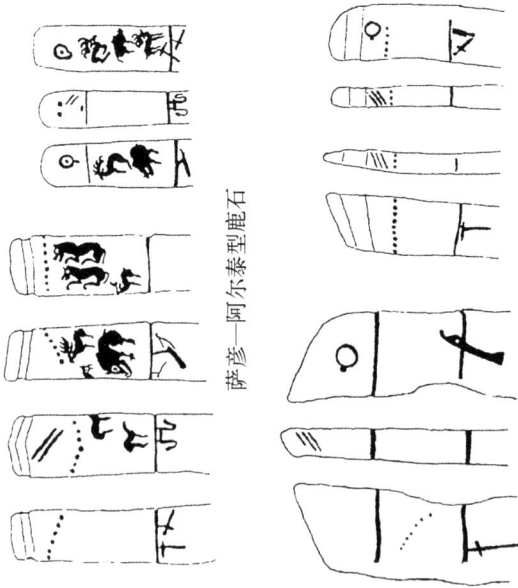

实物举例

萨彦—阿尔泰型鹿石

欧亚大陆型鹿石

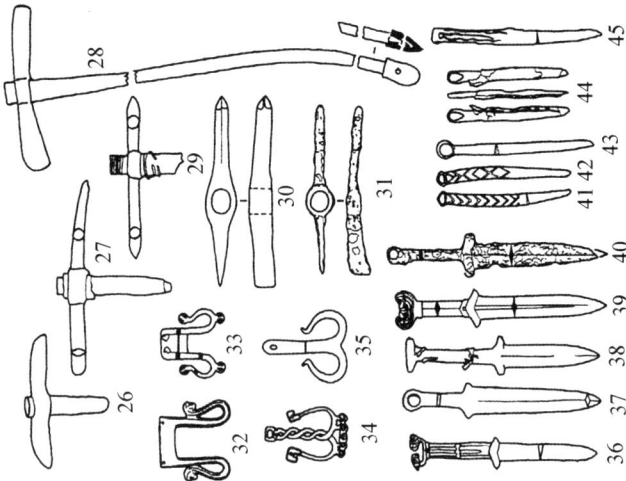

图六（b）　鹿石反映的服饰和器用

26～31. 鹤嘴锄（斧）　32～35. 挂缰钩　36～40. 短剑　41～45. 刀子　（31、40为铁器，余为青铜器）

26～29、36～38、41～44. 蒙古　30、31、33～35、39、40、45. 中国　32. 外贝加尔

墟时期的骑马术和马车存在的根据[170]，而且北方长城地带的西部地区诸考古学文化中到西周还没见到车马器，所以我相信中原地区的骑马术和马车都是从北方传入的。北方长城地带的居民在这种传播过程中，应该是首当其冲的。这就是小盂鼎记载被伐的鬼方也有马车的原因。不过马拉战车的掌握，一方面要有多种手工业的技术为基础，另一方面要有社会组织的发展为条件，所以战车只在商人和周人中得到高度的发展，并非在北方长城地带的全部居民中都很快就普及。《左传》两次提到，晋国对狄人作战是"彼徒我车"（《左传·隐公九年、昭公元年》），是不奇怪的。

对蒙古高原的居民来说，掌握骑马和马车是提高单人放牧能力和增强长距离迁徙能力的重大进步。不过，掌握骑马术，用以发挥在放牧、狩猎和长途旅行上的优长，与在作战时使用骑兵队并不是一回事。我们在与马拉战车同时期的蒙古岩画中，只看到徒步搏斗的武士[171]而见不到骑马作战的武士。杜正胜在一篇论文中曾引敦斯（J. F. Downs）的意见，认为马与其说是"作战"的动物，不如说是"逃跑"的动物。又引格里尔（H. G. Greel）的见解，说战马的训练是高度的技术。所以指出：同属战马，战车和骑射（这里杜先生显然不是指射猎，而是指骑兵群）"是两个异质性的文化阶段"[172]。也就是主张在骑兵群作战出现之前有一个只用马拉战车作战的阶段。我认为这是非常有见地的。

除了骑马术和马拉战车外，蒙古高原对中国北方长城地带的文化影响还表现在两地有很多形式一致的青铜器。俄、蒙考古学家通常所说的"卡拉苏克式青铜器"，从中国的发现来看，其年代从商代早期一直可以延续到西周中晚[173]。从中国的角度可称之为早期北方系

---

[170] 水涛：《论新疆地区发现的早期骑马民族文化遗存》，《中国西北地区青铜时代考古论文集》，科学出版社，2001年。

[171] Э. А. Новгородова. Древнейшие изображения колесниц в горах Монголиию. СА，1978，No.4.图26。

[172] 杜正胜：《欧亚草原动物文饰与中国古代北方民族之考察》，《历史语言研究所集刊》第六十四本第二分，1993年。

[173] 林沄：《早期北方系青铜器的几个年代问题》，《内蒙古文物考古文集》，中国大百科全书出版社，1994年。后收入《林沄学术文集》。

青铜器，常见之物即鹿石上可见的短剑、管銎战斧和啄戈、刀子。不过应该指出，这种一致性是双向的互相影响造成的。例如，管銎啄戈显然是在中原的戈的影响下的产物，因而它只能是从北方长城地带向北，经过蒙古高原，再传到外贝加尔和米奴辛斯克盆地的[174]。凹格的短剑在朱开沟第五段已出现于鄂尔多斯，卡拉苏克短剑普遍流行凹格的特点，也应该是从长城地带传过去的。

在西周晚期到春秋早期这个时段中，中国北方长城地带的青铜器的发现比较集中在西辽河流域的夏家店上层文化。这一时期的北方系青铜器有很多因素是从上一个时期演变来的，许多夏家店上层文化的青铜器都可以在蒙古和外贝加尔发现类似品[175]。特别是在蒙古和外贝加尔的石棺墓文化中都发现和夏家店上层文化相近的鬲，更说明了北方长城地带对更北地区的文化影响。不过这时从西北方传来的斯基泰—塔加尔文化的影响已经到达蒙古高原和外贝加尔，因而也渗入夏家店上层文化。举例说，夏家店上层文化的北方系短剑，仍保持某种程度凹格的特点，但剑格却采用了和塔加尔文化相似的小鸟头装饰。这个时期可称为北方系青铜器中期。

春秋中期起，中国北方系青铜器有相当大的变化，在很大程度上吸收了斯基泰—塔加尔文化的青铜器的主要成分，并在长城地带迅速传播。代表性器物是：有鼻的带扣和S形构图的带饰、鹤嘴锄（斧、锤）、斯基泰式短剑等，这类器物都可以在图瓦、戈尔诺阿尔泰发现类似物。从这时起，中国北方系青铜器进入晚期。值得注意的是，这种新式器物是从西方传到图瓦、阿尔泰和蒙古西部再传到北方长城地带的，上文提到的清水河西麻青墓和米脂张坪墓中出的带扣，就是新式器物在北方长城地带出现的较早实例。这种器物要传到这个地带的东部，已经是春秋晚期了。青铜的鹤嘴锄（斧、锤）在宁夏、鄂尔多斯常见，毛庆沟仅见铁的，冀北的军都山类型中不见此物。这都说明

---

[174] 同注[33]，图七，5～7。

[175] 林沄：《中国东北和北亚草原早期文化交流的一些现象》，《博物馆纪要》12，檀国大学校中央博物馆，1997年。

这类晚期北方系青铜器的代表性器物是从西向东传播的[176]。

　　蒙古高原对中国北方长城地带的文化影响，想必不只是和平的贸易或馈赠所致，其间必有相当频繁的人群入侵和战争，人口的相互俘获。我曾经设想，商代后期商文化分布范围的全面南撤和北方土著文化的普遍衰退，主要是因为蒙古高原的游牧人大规模南下造成的。现在看来，这是对蒙古高原居民当时是否已达到专化游牧业，究竟有多大人力和战斗力，对蒙古高原距今4 000年以来的生态环境变化究竟如何，都心中无数就作出的臆测，也不符合第四节中所谈到的近20多年来考古的实际发现。但是，随着距今4 000年前后开始的普遍气候干冷化，蒙古高原上的居民应该也有南下追逐适于放牧的水草之地的趋向，和南方的原有居民的冲突有加剧之势，仍不失为合理的设想。

　　西周晚期有名的猃狁入侵事件，在《诗经》的《采薇》、《出车》、《六月》和多友鼎、虢季子白盘铭中都有反映，涉及的地名均在陕西、宁夏乃至山西一带，甚至侵至镐京地区。从多友鼎铭可知，在一次战役中俘猃狁一百一十七乘车之后，猃狁仍然继续进行多次战役，还能俘京师人，可见猃狁战车之盛。这样一支以车战为主力的军队，似非当时鄂尔多斯地区所能有，很可能是蒙古高原远征而来的，所以来时声势浩大，去后便销声匿迹了。

　　现在可以确知的是，蒙古高原上的北亚蒙古人种的游牧人，在战国时代全面进入中国北方长城地带。这时候他们已经不再以战车为军事主力，而用骑兵群作为可怕的打击力量了。这激起了与之有接触的部族和国家的军事改革。赵武灵王提倡"胡服骑射"而发展大规模的骑兵作战，和商代后期商人采用马拉战车一样，是中原国家对蒙古高原上已先出现的有威力的军事技术做出的反应。不仅在对付北方来的入侵和向北开拓农业文化的空间方面发挥了巨大作用，而且在结束中原各国的混战，达成统一方面也大显身手。

　　这里附带说明，过去不少研究者因为《管子·小匡》有齐桓公

---

[176] 杨建华:《春秋战国时期中国北方文化带的形成》, 吉林大学博士学位论文,
　　　　2001年。

"救晋公，禽狄王，败胡貉，破屠何，而骑寇始服"之语，相信春秋时北方长城地带已用骑兵作战。其实，《小匡》是一篇极端夸大齐桓公武功的演义小说。从记桓公所征"南至……牂柯"来看，此地名到汉武帝派唐蒙出使南越后方听说，乃汉人笔下方能有之。说桓公救晋公，就显属虚构。这是用汉代已经把胡和戎狄等同的观点编造的故事，切不可作为信史看待。

## 七、游牧文化带的形成

当北亚蒙古人种南下北方长城地带之时，从黄土高原的六盘山以东地区直到冀北的桑干河流域文化面貌实际上已相当一致。已发掘的重要墓地如宁夏固原杨郎马庄[177]、彭堡于家庄[178]、甘肃宁县袁家村[179]、内蒙古包头西园[180]、杭锦旗桃红巴拉[181]、乌拉特中后旗呼鲁斯太[182]、凉城毛庆沟[183]、凉城崞县窑子[184]、河北宣化小白阳[185]、北京延庆军都山等[186]。这些墓地的年代大体都在春秋中期到战国前期。其共同的文化特征，除了都有上文提到的晚期北方系青铜器（有的已是铁器）外，还有以下几点共性：1. 墓中都殉牲，且基本都用头和蹄代表，反映一种重视畜牧业的文化传统；2. 墓中常有骨弓弭和铜镞、骨镞，说明对这种武器的重视；3. 墓中常在不随葬车器的情况下随葬铜质或骨质的马衔和马镳，说明骑马术的存在。

---

［177］宁夏文物考古研究所：《宁夏固原杨郎青铜文化墓地》，《考古学报》1993年1期。

［178］宁夏文物考古研究所：《宁夏彭堡于家庄墓地》，《考古学报》1995年1期。

［179］刘得祯等：《甘肃庆阳春秋战国墓葬的清理》，《考古》1988年5期。

［180］内蒙古文物考古研究所等：《包头西园春秋墓地》，《内蒙古文物考古》1991年1期。

［181］田广金：《桃红巴拉的匈奴墓》，《考古学报》1976年2期。

［182］塔拉等：《呼鲁斯太匈奴墓》，《文物》1980年7期。

［183］内蒙古文物工作队：《毛庆沟墓地》，《鄂尔多斯式青铜器》，文物出版社，1986年。

［184］内蒙古文物考古研究所：《凉城县崞县窑子墓地》，《考古学报》1989年1期。

［185］张家口文管所等：《河北宣化县小白阳墓地发掘报告》，《文物》1987年5期。

［186］北京市文物研究所：《北京延庆军都山东周山戎部落墓地发掘纪略》，《文物》1989年8期。靳枫毅：《军都山山戎文化墓地葬制与主要器物特征》，《辽海文物学刊》1991年1期。

有北亚蒙古人种特征的颅骨已经在彭堡于家庄和凉城崞县窑子发现，这两处墓地除颅骨形态和其他墓地反差明显外，在随葬器物上都有骨器发达而青铜器相对较少的特点。包头西园的颅骨未经鉴测，但随葬器也主要是骨器，而且除弓箭外不见其他武器的葬俗也和崞县窑子一样，和后来匈奴的葬俗相似。所以很可能也是南下的北亚蒙古人种所遗墓葬。随着北亚蒙古人种遗骸出现于北方长城地带，战国时的文献中出现了"胡"这一称谓。例如：《战国策·赵策二·武灵王平昼闲居》提到战国初年时"襄王（即赵襄子）兼戎取代以攘诸胡"，《墨子》的《非攻中》和《兼爱中》都把"燕、代、胡、貉"并列。这里把"胡"与原先已有的戎、代并举的现象，说明那时人还没有把戎狄与"胡"混为一谈。

南下的北亚蒙古人种原本就是游牧人，北方长城地带的原居民是否也已经是游牧人了呢？这是一个需要进一步研究的课题。

王明珂对匈奴游牧经济的研究表明，匈奴的牲畜以马、牛、羊为主，羊在游牧经济中所占比例最大，这是因为它有迅速再繁殖的能力和强韧的适应能力，所以发达的游牧经济应是羊占大多数。马的移动性较强，可在远一点的牧场放牧，无须与牛羊争食，马作为坐骑有利于控制和保护羊群，马在冬季能踢破冰层得到牧草。而羊吃草更接近草根，可啃食冰下马吃过的草。牛则因有强韧的体力适于作迁徙时的牵引力。所以马、牛、羊在畜牧经济中是互补的[187]。杨建华据此分析冀北的军都山类型的殉牲情况，是以狗、牛为主，羊很少，冀北的东部不见羊，而且马也不多，集中在大型墓（可能用于马车）。因而不是发达畜牧经济的特点。牛的移动性较差，猪作为可放养动物其移动性更差，所以岱海地区牛的增多和少量猪的存在，都说明畜牧业的游动性较小。而内蒙古西部和甘宁地区的游牧化程度最高[188]。所论大体可信。庆阳地区是这时北方长城地带唯一不在墓中殉牲头的地区，可能反映了在经济类型上的特殊性。但它在墓旁有葬整匹马的殉

---

[187] 王明珂：《匈奴的游牧经济：兼论游牧经济与游牧社会政治组织的关系》，《历史语言研究所集刊》第六十四本第一分，1993年。

[188] 杨建华：《春秋战国时期中国北方文化带的形成》，吉林大学博士学位论文，2001年。

马坑，还伴出马甲，说明对战马的重视。

从文献来考证，当时在宁夏固原地区的墓葬是乌氏的遗存[189]，从彭堡于家庄的颅骨资料来看，这个部族既有可能全体都是来自北方的北亚蒙古人种，也有可能一部分是北亚蒙古人种。需要做更多的工作才能弄明白。《史记·货殖列传》集解引《括地志》说乌氏是："周之故地，后入戎，秦惠王（公元前337～前311年）取之置乌氏县也。"这是就地而言，不是就人群而言。据《史记》记载是秦昭襄王三十五年（公元前272年）修的战国秦长城，很有趣的从该类型墓葬分布区的中间通过，说明秦惠王时置的乌氏县只是乌氏部族的一部分。秦始皇时长城北移，固原地区才全属北地郡。因为有长城之隔，所以乌氏不可能参加匈奴联盟。但《货殖列传》记载秦始皇时乌氏部族有个名倮的首领，善于和戎王做买卖，"畜至用谷量马牛"，可见该地畜牧业仍非常发达，但似乎失去了较长距离转徙的游牧性质。

当时在甘肃庆阳地区的墓葬是义渠的遗存[190]，《后汉书》说西戎中"义渠、大荔最强，筑城数十，皆自称王"。筑城定居当有一定农业水平，更不可能是游牧经济。义渠在秦昭襄王三十五年被秦所灭，逐渐融合到秦人之中。

冀北的代国是在赵襄子元年（公元前457年）被赵所灭。残余的狄人有一部分可能留在原地而渐被占领者的文化所同化。例如怀来北辛堡的墓[191]，便是战国中期受燕文化影响颇深的土著之墓。有的可能转徙东北，例如辽宁凌源五道河子墓中随葬多具军都山类型特有的短剑，可能是东进的狄人又融合了貊人文化的遗存。主要的一支向南迁徙，建立了中山国[192]。后屡受赵侵伐，公元前296年赵与齐、燕共灭中山，迁其君于肤施。早在建立代国的时期，狄人的上层就已深受赵、燕等国的影响，墓中常有中原式的青铜礼器，而且铸行了刀币

［189］罗丰：《固原青铜文化初论》，《考古》1990年8期。林沄：《关于中国的对匈奴族源的考古学研究》，《内蒙古文物考古》1993年1、2期合刊。

［190］同注［189］。

［191］河北省文化局文物工作队：《河北怀来北辛堡战国墓》，《考古》1966年5期。

［192］郑绍宗：《略谈战国时期中山国的疆域问题》，《辽海文物学刊》1992年2期。

（尖首刀）[193]。后来进一步融入燕、赵等国居民之中是很自然的事。

山西北部当时也有和军都山类型性质相似的遗存，但未经较大规模的科学发掘，仍有待进一步的田野工作[194]。

在北方长城地带的东段，夏家店上层文化之后，战国燕文化到达之前，在努鲁儿虎山以西又出现一段空白。目前有线索可以推测，以敖汉旗水泉墓地北区墓葬为代表的"水泉文化"可能会有更多的新发现。郭治中认为它最富特色的带耳叠唇罐是凌河文化的叠唇罐和长城地带中部地区流行的带耳陶器结合的产物[195]。它的经济类型可能与夏家店上层文化类似，但远不如夏家店上层文化兴盛。此外，还有以敖汉旗铁匠沟墓地A区的三座墓[196]为代表的有较强北方草原牧猎文化色彩的人群在这地区活动，是否即为东胡，尚待更多的发现方能断言。

燕文化在战国时期迅速向东北方扩张，《史记·匈奴列传》只写了秦开破东胡一事，而且具体年代不清楚。根据郑君雷对东周燕墓的全面分期研究[197]，现在可以确定战国中期较典型的燕人墓已出现于张家口[198]、朝阳[199]和赤峰[200]，最北到达沈阳[201]。这说明那时燕国不仅占有了原先代国的东部，而且已经占领了貊人的故地，以及努鲁儿虎山以西的东胡入侵过的地区。随后，燕人的农业定居文化便占据了燕长城沿线以东的广大地区。这时气候虽仍处于相对干冷的时期，但

［193］同注[152]。

［194］山西省考古研究所：《山西浑源县李峪村东周墓》，《考古》1983年8期。山西忻州地区文物管理处：《原平县刘庄塔岗梁东周墓》，《文物》1986年11期。忻州地区文物管理处等：《山西原平刘庄塔岗梁东周墓第二次清理简报》，《文物季刊》1998年1期。

［195］郭治中：《水泉墓地及相关问题之探索》，《中国考古学跨世纪的回顾与前瞻》，科学出版社，2000年。

［196］邵国田：《敖汉旗铁匠沟战国墓地调查简报》，《内蒙古文物考古》1992年1、2期合刊。

［197］郑君雷：《战国时期燕墓陶器的初步分析》，《考古学报》2001年3期。

［198］张家口市文管所等：《张家口市下花园区发现的战国墓》，《考古》1988年12期。

［199］辽宁省文物普查训练班：《1979年朝阳地区文物普查发掘的主要收获》，《辽宁文物》1980年1期。

［200］张松柏：《赤峰市红山区战国墓清理简报》，《内蒙古文物考古》1996年1、2期合刊。

［201］金殿士：《沈阳市南市区发现战国墓》，《文物》1959年4期。

具有先进的铁农具的农人，在这片土地上从事着比夏家店下层文化水平要更高的农业生产。

　　现今内蒙古中南部的崞县窑子、毛庆沟、桃红巴拉、呼鲁斯太、西园等墓地，应是文献中提到的林胡、楼烦、三（或作参）胡，以及文献中未记载的民族的遗存。其中提到的"胡"便是南下的北亚蒙古人种的人群了。其中毛庆沟墓地和饮牛沟墓地[202]的情况特别有意思：东西向的墓全部不殉牲畜头蹄，除了打成两段分置头足两处的中原式带钩外几乎没有其他随葬品，而南北向的墓则大多殉牲畜头蹄和各种北方系青铜器和其他北方长城地带常见的器物。这两种墓葬的颅骨特征也有所不同[203]，暗示东西向的墓有可能来自较南方地区。如果考虑到这两个处于蛮汗山南麓的墓地和处于北麓的崞县窑子墓地相距不远，而崞县窑子墓地的颅骨有北亚蒙古人种的特征，可知当时北方长城地带人群的多源性。

　　还应该注意的是，该地段是中原强国和南下的胡人反复争夺的拉锯地段。在这种情势下，北方长城地带的原有居民便不只是像前面所说的几个地段那样被战国列强征服而融合，而是倒向匈奴联盟，和匈奴认同。史载楼烦的情况就属于后一种。以河套之内为根据地的楼烦，本来不是匈奴。战国赵长城和秦代长城把它圈进了长城以南。在河套以北也开设郡县，进行农业殖民。这样，长城以南实际成为农牧交错地区。但楚汉相争之时秦长城失效，匈奴就"南并楼烦白羊河南王"（《史记·匈奴列传》）。据《史记·刘敬叔孙通列传》记公元前198年"刘敬从匈奴来，因言'匈奴河南白羊楼烦王去长安近者七百里，轻骑一日一夜可以至秦中'"，楼烦已冠以"匈奴"之名了。1979年在准格尔旗西沟畔发现的M3、M2[204]和1980年又发现的M4[205]正

　　　───────

［202］内蒙古自治区文物工作队：《凉城饮牛沟墓葬清理简报》，《内蒙古文物考古》1984年3期。

［203］朱泓：《内蒙古凉城东周时期墓葬人骨研究》，《考古学集刊（7）》，科学出版社，1991年。

［204］伊克昭盟文物工作站等：《西沟畔匈奴墓》，《文物》1980年7期。

［205］伊克昭盟文物工作站等：《西沟畔汉代匈奴墓地调查记》，《内蒙古文物考古》创刊号，1980年。

好代表了战国中期、战国晚期（也可能是秦？）、西汉前期的楼烦遗存。《匈奴列传》记公元前127年卫青"击胡之楼烦白羊王于河南，得胡首虏数千，牛羊百余万。于是汉遂取河南地"，楼烦余部也可能向北方转徙和匈奴其他部落会合。匈奴联盟中含有北方长城地带的原居民，可能是匈奴后来分裂为南、北两大部的基本原因之一。

　　综上所述，战国中期开始，是一个中原各国向北方长城地带扩张势力，蒙古高原上来的北亚蒙古人种集团大批南下，使该地带原有居民或被中原各国同化，或投向"胡"人方面的大动荡、大分化时期。在战国早期这个地带虽然文化上已经有相当的一致性，但经济形态上还并没有全盘游牧化，而南下的游牧人在占据这个地带时，反而转向有较固定据点的半定居放牧形式。以崞县窑子墓地的情况可以说明这一点。这个墓地的墓主不仅颅骨有北亚人种的特征，而且铤部劈裂为燕尾式的骨镞也是北方长城地带前所未见的，说明他们是外来的人群。除被破坏而情况不明的墓外，墓中都发现殉牲，而且以羊为主，山羊、绵羊各半，符合发达的游牧经济的畜种结构。但女性墓中的M8殉牛1、猪5、狗5，M19殉牛1、猪10、狗6。还有两座有殉牛的墓也都有女性墓。这说明移动性较弱的牛是由女性牧养的，而移动性更差的猪也是由女性在相对固定的墓地中饲养的（猪也可以在有限的范围内放牧）。这已经不是典型的游牧经济了。

　　只是在这种大分化和大动荡之后，长城总体上进一步向北推移，在长城之外形成了一个文化上更为统一，基本上是纯游牧的文化带。但同时也开始了游牧人对长城以南地区的反复入侵，于是，北方长城地带开始了一个新的历史时代。

　　2002年3月在台北举行的"文化差异与通则：纪念张光直先生学术研讨会"上宣读的论文。载《燕京学报》新十四期，2003年5月。后收入《林沄学术文集（二）》。

# 俄国东西伯利亚与远东考古·序

　　看到冯恩学花了将近三年时间写成的《俄国东西伯利亚与远东考古》，心潮激荡，久久难平。

　　首先，这是一件破天荒的大喜事。

　　中国现代考古学兴起的时候，中国还是一个半殖民地、半封建的国家。从那时候起就形成了一种不正常的状况：从来只有外国人到中国来考古，中国人（除到外国去学考古学）是不到外国去考古的；外国人出版了大量的有关中国考古的论著，而中国人则基本上是不研究外国考古的。这里和日本作一个简单的比较。近年来日本同成社陆续出版了一套新的"世界考古学"，其中除《中国考古学》外，有《朝鲜考古学》、《东北亚考古学》、《西亚考古学》、《东南亚考古学》、《中央欧亚大陆考古学》、《埃及考古学》、《中美洲考古学》等，是由对这些地区有专门研究的日本学者分别撰写的。而中国过去则只翻译过吉谢列夫的《南西伯利亚古代史》、弗鲁姆金的《苏联中亚考古》、朝鲜社会科学院考古研究所的《朝鲜考古学概要》等外国人写的书，还都是内部发行的。后来张光直先生建议文物出版社出一套世界考古名著的中译本，1990年出了一本《美索不达米亚考古》（杨建华译），就再没有下文了。2000年才有浙江人民出版社出版的"外国考古文化名著译丛"（包括苏美尔、希腊、玛雅、埃及和印度），仍然都是外国人写的书。只要把1986年出版的《中国大百科全书·考古卷》中由中国学者写的有关外国考古的词条，和日本早就出版的《世界考古学事典》中的词条，在数量上和内容上略作比较，就可以发现中国考古界在这方面大大落后于日本。因此，当1992年底我看到杨建华写成的《两河流域史前时代》这本作为中国人写的第一本外国考古专题研究的书时，我兴奋不已。现在，冯恩学写的这部书，地理面积有700多万平方公里，起自旧石器时代，一直写到明代。对这样时空范围内的考古发现和考古研究成果作出了较全面的介绍，还有自己的见解和评论，可以说是中国人第一本对世界考古的区域性概论著作，怎么不是破天荒的大喜事呢？

1989年，苏秉琦先生在"中国考古学会第七次年会"开幕词中说："我认为今后的十年，需要我们认清形势，明确方向，突破重点，做出无愧于我们伟大时代的业绩。"他解释说："所谓认清形势，就是走向世界。不主动，就是被动，世界近代史不乏先例。与其被动做世界二等公民，不如主动做这个星球的合格公民。权在自己，好自为之。所谓明确方向，就是摆正中国在当代世界的位置，作出自己的贡献。"他指出："当前的现实是，我们研究世界的人，远不如世界研究中国的人多。""祖先没责任，要反躬自省。借用一句台词叫'慧根就在脚下'。"进入20世纪90年代后，苏先生又多次强调了中国考古学走向世界的问题。主张要从用区系的观点看中国，发展到用区系的观点看世界，"从而以'世界'的观点认识中国，即'世界中的中国'和重建中国史"[1]。

苏先生指出："'区系的中国'是方法论，'世界的中国'也是方法论。从前者到后者，在思想认识上要有个大的转变，中国考古学要上升为世界的中国考古学，中国考古学家要上升为世界的中国考古学家，不仅仅是一个思想转变、认识上的提高问题，而是要从学科建设、人才培养、学术交流诸方面采取若干切实可行的、持之以恒的重大措施、步骤，以开拓新局面的问题。其具体内容，应包括如下几个方面：（一）学科体系首先是要'上下理顺'，如旧石器考古与新石器考古再不应各搞各的，关系要理顺。（二）内陆与边疆考古要均衡发展，重点把边疆考古单列项目，不论学科体系还是人才培养计划都一样。（三）中国考古学与外国考古学要并重，重在把外国考古学要单

---

[1] 苏秉琦：《迎接中国考古学的新世纪》，《东南文化》1993年1期。

列项目，包括学科建设和人才培养。"[2]

　　现在已经进入了21世纪了，苏先生说的这些话，仍然有非常现实的指导意义。中国考古学工作者们如果再不看清形势，努力地"走向世界"，又怎么可能以世界的观点来认识中国即"世界的中国"呢？记得曾有一个人写了一篇《夏文化北播及其与匈奴关系的初步考察》，文中说南西伯利亚的卡拉苏克文化的球形陶罐起源于中国二里头文化的圜底陶罐，卡拉苏克文化的短剑起源于二里头文化的戈，卡拉苏克文化的青铜刀和二里头文化的青铜刀相似，由此证明匈奴为夏人的后裔。我想，如果是在一个比较普及了世界考古基本知识的国家里，如此牵强附会的"论证"，是不会被认真看待的；但这篇文章居然被权威的史学期刊《历史研究》1997年4期刊用，《新华文摘》又马上摘载。这正好说明，如果中国人乃至中国的历史学家还只注视着本国的历史，而不去了解周围世界的历史（特别是考古发现所不断提供的新的历史知识），就不可能认识本国历史的真相。像在匈奴问题上，就会笃信司马迁说的"匈奴，夏后氏之苗裔也"，用一些一知半解、似是而非的考古知识去曲意比附。这样的文章当然在一定时期、一定范围内仍可以哗众取宠，但毕竟不能在世界上免遭"二等公民"之讥。

　　当然，中国考古学要"走向世界"，不可能一蹴而就。苏先生说的"权在自己，好自为之"是语重心长的。这需要有一批人坚持不懈地甚至是一代一代地做下去。像《俄国东西伯利亚与远东考古》这本书的内容，是冯恩学在接任我曾经开过的"西伯利亚考古概论"这门课后，多年积累起来的。我当初对东西伯利亚和远东考古的了解，也就是我在《中国大百科全书·考古学》中写的那些词条的水平。冯恩学把研究的范围限定在和中国东北考古有最密切关系的东西伯利亚和远东地区后，便大大地深入了一步。例如我当初对贝加尔湖沿岸的新石器时代文化的介绍是沿用奥克拉德尼科夫在1950年的《贝加尔湖沿岸新石器时代和青铜时代（Ⅰ、Ⅱ分册）》的旧说。而冯恩学在接

---

[2]苏秉琦：《中国考古学的黄金时代即将到来》，《中国文物报》1992年12月27日。

课后，就介绍了格拉西莫夫主张伊萨科沃期和谢洛沃期应为同一个文化，基多伊期是另一种外来文化的观点。又根据他看到的1976年出版的书，把谢洛沃文化分为早、中、晚三期。又如《中国大百科全书·考古学》没有远东地区青铜时代的词条，冯恩学根据1987年出版的《苏联森林地带的青铜时代》一书，补充了青树林文化、马尔加里托夫卡文化、利多夫卡文化等。如此等等，不胜枚举。所以我看他写的这本书，感到学习到了许多全新的知识，真是得益不浅。同时也深深感到，考古学作为一门不断进行着新的实践和实验室鉴测的学科，其发现和研究成果是日新月异的。必须不断有人关注、跟踪，才能跟上它的发展脚步。这就不但要有专人，而且应该有队伍，也就是苏先生说的要有计划培养人才才行。

现代中国考古学基本上是在中国境内的田野工作中发展起来的。所以中国考古学家，大多数是有丰富的实际考古经验的。对有志于"走向世界"的人，就有一种非难：他又没有到外国去考过古，写什么外国考古的书。这话固然有道理，但对当前中国考古学界的实际来说，恐怕并不能先派人到外国去搞考古，再写外国考古的书。倒是应该有人先写出外国考古的书，以应中国考古学"走向世界"之急需。要不然，对外国的考古两眼一抹黑，又怎么上外国去考古呢？当然，自己能看外国的考古著作那是最理想的了。可惜，中文的考古著作也不是中国人都能看懂的，何况中国考古界目前外文水平普遍来说还不高，更何况就中国邻境的国度来说，像朝文、蒙文、俄文都是考古界眼下极少有人懂的语种。所以我想眼下一定要有冯恩学这样的有志者，甘愿受没到外国考过古的非难而写外国考古的书，肯于孜孜不倦地做开拓生荒的工作，才能使中国考古学的"走向世界"迈出坚实的步子。我真希望在新世纪的第一个十年中，继此书之后陆续出现中国人写的《日本考古学》、《朝鲜考古学》、《蒙古考古学》、《西西伯利亚考古学》、《中亚考古学》等，这样才不辜负苏先生在世时对我们的谆谆嘱托。

其次，我还想谈谈这本书。

冯恩学写这本书不只是介绍俄国东西伯利亚和远东考古的考古发

现和研究成果，在许多地方都结合中国（主要是东北）和其他邻近地区的考古发现和研究成果，并对照中国文献记载和民族学资料，提出了许多自己的见解。

我在这里不想对冯恩学提出的许多不同于俄国考古学家的见解一一评论，因为我自问在他所讨论的问题上并不比他有更多的发言权。我希望这本书出版之后，他所提出的种种见解首先会在中国考古同行中开展讨论。我在这里只谈看了这本书的主要感想：第一，苏先生说的要从区系的观点看中国，走向用区系的观点看世界，用世界的观点看中国，这是非常正确的。第二，当中国考古学家走向世界时，不但会扩大自己的眼界，在用中国的观点看世界时，对世界考古学也会有自己的贡献。

我先举例来说明第一点。苏秉琦先生1975年8月在北京给吉林大学师生做关于区系类型问题的报告时，把中国全境划为六大区系，其中"以长城地带为中心的北方地区"是属于面向欧亚大陆腹地的三大区之一。后来辽西发现了红山文化的祭祀遗址，于是才有了"以燕山南北长城地带为重心的北方"这样的提法。而当时考古界关注的是北方地区和中原地区的相似性和相互关系。实际上，随着东北地区新石器时代考古的不断开展，而且把视野进一步拓展到邻境地区，我们就可以看出在东北及其邻境存在着一个广阔的平底筒形罐的文化区，其面积大大超过以陕晋豫为中心的"中原地区"。要从更大的视野来看，俄国的考古学家早在20世纪50年代就已经形成一种观点，东西伯利亚的广大地区新石器时代以来盛行圜底陶器，而远东地区新石器时代则盛行平底陶器，是两个不同的大文化区。如果我国早就借鉴这种分区的观点，来观察中国东北新石器时代的陶器，那恐怕在1972年新开流发掘和1973年新乐发掘后，就会意识到东北平底筒形罐分布区的存在，自然会考虑红山文化也应划归"东北地区"而不宜归入"北方地区"了。现在任何一个赞成用区系的观点来研究考古文化的人，看了这本书对东西伯利亚和远东地区的新石器时代遗存的全面介绍，都一定会同意冯恩学的结论"新石器时代远东南部与我国东北同属于一个大的平底筒形罐文化区"，从而认识到，今天的中国，在新石器时代并不是只有"面向欧亚大陆"和"面向海洋"的两大文化系统，实际在东北地区还存在着另一个大的文化系统。至于东西伯利亚还有一个很广大的圜底陶罐的分布区，它的东缘是否伸入到嫩江平原，恐怕要等到黑龙江省西部和呼伦贝尔盟的新石器时代考古有更大进展后，才可以做出明确的结论。由此可见，从世界看中国才能更清醒更准确地理解中国的文化现象。

再举例来说明第二点，黑龙江下游新石器时代陶器上的螺旋纹很发达，奥克拉德尼科夫本来是很注意俄国远东古文化和中国古文化之间的关系的，所以曾主张这种螺旋纹可能起源于仰韶文化，以锦西沙锅屯遗址为中介，传到黑龙江[3]。他后来主张俄国远东地区的"文化主权"和文化独立性，就反过来说黑龙江的螺旋纹起源于当地神话传说中的巨蛇，螺旋纹"在中国艺术中不是基本因素"，"与原始农人的意识形态格格不入"[4]。其实，原先的推测和后来的武断，都表明他对中国新石器时代考古的具体了解是不多的。冯恩学在本书中，根据中国和俄国远东地区的实际考古新发现，勾画了大汶口文化彩陶的勾连螺旋纹伴随陶壶传到了辽东半岛（小珠山中层），又沿鸭绿江进入图们江流域（西浦项Ⅲ期层），再经俄国滨海南部传到黑龙江下游的具体传播路线，证据充足，确然可信。可见中国考古学者对俄国考古问题也是很有发言权的。

再举一个例子，奥克拉德尼克夫在1959年出版的《希什基诺岩画——贝加尔湖沿岸的古代文化遗存》一书中，把中世纪岩画分为两个组，其中有游牧车帐的一组，他认为是游牧的蒙古人中的塔塔尔部所遗留。冯恩学在攻读博士期间对辽墓壁画下过功夫。所以看到这些岩画就和辽墓壁画进行对照，便发现了这些岩画有明显的辽代契丹文化的特点。以此为基点，他还进一步提出了这些岩画应属辽代有名的羽厥里部的遗存。姑不论他对历史族团的考证是不是一定对，他利用写实而描绘细致入微的辽墓壁画来诠释简略而抽象的岩画所表现的事

[3]奥克拉德尼科夫：《远东各族文化的渊源》，《古代文化寻踪——从伏尔加到太平洋》，1954年。

[4]奥克拉德尼科夫：《远东考古的新发现》，《远东问题》1972年3期。

物和场景，无疑是开创了一条可取的路子。也可见中国考古学者在走向世界时自有其独具慧眼之处。

我举这几个例子，并不是要说冯恩学有过人的学识或天资，而是想说明，我们只要真的理解苏先生"'世界的中国'也是方法论"的教导，把中国考古学走向世界当作新世纪中国考古学发展的重要战略方针，一定会有大批的中青年考古工作者在实践中大开眼界，大长学问，更快地磨炼自己的聪明才智，在把中国的考古事业推向新的高度的过程中，涌现出苏先生所企盼的"世界的中国考古学家"。

最后，我要再谈谈冯恩学。

冯恩学是农民的儿子，全然没有什么家学渊源，我看上他爱钻研，有主见，而且中学学过俄语，1987年辅导他写了一篇题为《东北平底筒形罐区系研究》的本科生毕业论文，所涉及的地域达到苏联远东地区，这大概是他接触俄文考古文献的开始。接着他成为我指导的东北考古硕士研究生，很努力地学习俄语，毕业论文是研究北方式铜釜的，他把中国出的这种铜釜和整个欧亚大陆北部广泛分布的铜釜作全面的综合比较，所以很有发明，受到刘观民先生的高度赞扬。1990年获得硕士学位后就留校任教了。

在留校工作后，他有两件事使我印象至深：

一件事是学校当时住房特别紧张，我这个系主任又很无能，只给这位新留校而又新婚的青年教师，弄到一间由浴室改成的居室。只有门而没有窗，白天也得点灯，关上门就一点不通风。一停电就没有一点亮。但冯恩学自己说服了爱人，当年下半年就带领考古班学生到赤峰西道村点将台工地去实习了。不仅在这个工地尽心尽力地指导学生实习，而且结合指导学生的实际感受，回到学校的半年时间里，就在那样艰难的居室条件下，写出了油印教材《探方发掘》（后来在朱永刚、陈全家、李言等人帮助下，他本人又进一步加工完善，1992年以《田野考古学》的书名由吉林大学出版社出版，1993年我曾在香港的书店里见到此书），1991年下半年就又去林西白音长汗遗址带领学生实习。说实在的，我在接到那份油印教材时，是极为感动的。既因为他对考古教学工作的一片热忱，也因为他初生牛犊不怕虎的那份胆量。因为吉大考古专业田野工作已经有一定的名气，由一名刚参加工作的助教来写教材，那是要多大的勇气啊。

另一件事是1992年他考取我的东北考古博士生后，我从系里学科发展的长远规划考虑，希望他能从他搞过的新石器时代和青铜时代考古改搞宋辽金元考古，而以研究辽墓作为切入点。他并没有讲什么价钱就同意了，把我借给他的一部中华书局点校本《辽史》带走，并开始收集辽墓的资料。后来当他自己买了一部《辽史》，把我的那部还给我时，封面已经变色，页角已卷起来，看来是翻过很多遍了。而且在接触辽墓资料后不久，就敏锐地看出过去把一座元墓定为辽墓的错误。不过，因为我自己对辽墓也非专长，指导当然不很得力，致使他论文的初稿并没有得到宿白先生的首肯。他也没有灰心，又花了一年时间通盘重写。比如在鸡冠壶的基本类型和演变序列、在契丹式墓和汉式墓的区分等方面都提出了有价值的新见解。而且在取得博士学位后承担了本科生的宋辽金元考古课。应该说，如果没有冯恩学在对他有关键意义的攻博期间毅然改搞辽墓，吉林大学考古学系的宋辽金元考古就会没有人教了。后来，在教学改革的探索中，曾经把中国考古学的课程改为"旧石器考古"、"先秦考古"、"汉唐宋元考古"三大段。在分配主讲第三大段课的几名教师中，只有冯恩学一面负责三峡考古的实习领队工作和发掘报告的撰写，一面把这一大段的讲义通盘写了出来，并配以全套幻灯片。像他这样把系里的教学需要放在第一位，按考古专业总体发展的要求来不断扩大自己的知识领域，无疑是需要一种精神的。

也许，正是冯恩学这样的人，才会写《俄国东西伯利亚与远东考古》这样的书。其实，他的俄语并不是很好，要基本上是用俄文资料来写这样规模的一本教科书，不知要比写一本中国考古学方面的教科书难多少倍。但是为了教学上的需要和进一步开展东北考古研究的需要，他便来做这一件很吃力而难讨好的事。中国的考古学科体系直到现在还没有像苏先生期望的那样"上下理顺"，搞旧石器的和搞新石器的还是隔行如隔山。冯恩学作为一个主要搞宋辽金元考古的人，在这本书里用大约六分之一的篇幅写的是旧石器时代，恐怕在中国考古学界就找不出几个人愿意干这种"傻"事。但是在外国，旧石器时代考古在考古中占有很重要的地位和份额，俄国也不例外。如果为了"藏拙"而不写旧石器时代或写得很简略，就失去了"走向世界"的原意了。我想，在冯恩学写这本书时一定有很多他人未体会过的苦衷，但也一定获得了大多数人未得到过的乐趣。要知道，就是中国人写的中国考古学教科书，也是一个人只写一个时代，或一个时代的某一部分。而冯恩学写这本书，上起旧石器时代，下达明代，不同时代的考古要牵涉不同的相关学科，还要对不同时代的中国边疆考古的材料和朝鲜、日本、蒙古的考古材料进行比较，还要和各个时代的文献记载联系，还要和大量的民族学资料比较。我想，有勇气而又认真踏实地去干这样的"傻"事的人，一定是会有很多别人不可能得到的收益的。尽管这本书一定会被各方面的专家看出许多稚拙甚至是谬误之处，但我相信，不但是考古专业的青年学生，还有许多考古界的同行，其他相关学科的同行们都会热烈地欢迎这本书的出版。给他在颇有些悲凉意味的学术道路上增添更多的勇气和力量。

我希望这本书问世后，能在广泛接受各方面的意见建议和作者的补充修改后，再出一本更好的修订本。

我祝愿本书的作者在他已经选定的路上坚定地走下去！

载冯恩学《俄国东西伯利亚与远东考古》，吉林大学出版社，2002年。后收入《林沄学术文集（二）》。

# 查布哈渠出土羊首刀的年代问题

　　据2003年元旦《中国文物报》第5版对在中国历史博物馆举办的新疆丝绸之路文物特展的报道，展品中有一件"羊首铜刀"，时代不知何故定为"西汉"（公元前206～前25年）。这一断代显然不妥，想谈一点不同的看法。

　　这件铜刀，我记得在1973年冬到中国历史博物馆参观时见过，大概是从新疆博物馆借展的。据说明牌，是"1952年新疆军区生产建设兵团农四师在新源（巩乃斯）查布哈河开渠时出土"。最早由苏联著名考古学家吉谢列夫发表在他的《中国的新石器时代和青铜时代》[1]一文中，后被诺芙哥罗多娃转引于她的《蒙古和南西伯利亚卡拉苏克时代的刀子》[2]一文中。吉谢列夫把该器年代定为春秋，即公元前8～前5世纪。诺芙哥罗多娃从之。而中国最早著录此器的是穆舜英主编的《中国新疆古代艺术》[3]，年代被定为"公元前5～前1世纪"。后来龚国强在《新疆地区早期铜器略论》[4]一文中也发表过，对这件刀的年代没有直接的说明，但龚文把伊犁河谷地的铜器归入第四期，即公元前500年至公元纪元开始，大体上和《中国新疆古代艺术》一书的断代意见相仿。这次特展对此刀的年代则明确断为西汉，是历来断代意见中最晚的了。

---

[1] 吉谢列夫：《中国的新石器时代和青铜时代》，《苏联考古学》1960年4期，图8。

[2] 诺芙哥罗多娃：《蒙古和南西伯利亚卡拉苏克时代的刀子》，《蒙古考古论文集》，苏联科学院出版社，1962年，图2，11。

[3] 穆舜英：《中国新疆古代艺术》，新疆美术摄影出版社，1994年，图098。

[4] 龚国强：《新疆地区早期铜器略论》，《考古》1997年9期。

　　吉谢列夫没有对此刀的年代作专门的讨论，他在文中对此刀的断代也许是参观时听新疆同行介绍的说法，也许是他个人的见解。而诺芙哥罗多娃在论文中对此刀的形制由来则做了专门的讨论。这种刀柄和刀身明显区分而且呈折角状的刀子，在我国广大的北方地区实属仅见。但在南西伯利亚却不乏其例。里普斯基在米奴辛斯克盆地的阿法纳羡沃文化的墓葬中（别尔提雷村6号墓）发掘过一种铜刃骨柄的"嵌插式"刀子（图一，1），而他在同一盆地发掘的卡拉苏克文化的墓葬中（费多罗夫河口1号墓）发掘过一种柄身连铸的"嵌插式"铜刀子（图一，2），显然是从早先的铜刃骨柄嵌插式刀子演变来的。在卡拉苏克时代，折角状的刀子流行于米奴辛斯克盆地的西南部，正是在这一地区的卡拉苏克文化陶器中也保存较多的阿法纳羡沃传统。据诺芙哥罗多娃的报道，在米奴辛斯克盆地发现的呈折角状的刀子，90%是蘑菇形柄首的（图一，2、3），但也有2例羊首（图一，4）、2例牛首、1例鹿首。新疆伊犁河地区出土的这件折角状刀子，柄首和图一，4那件相近，而柄身分界仍保持图一，3的式样而略有变化，估计和米奴辛斯克盆地发现的折角状刀子相去不会很远。西伯利亚的卡拉苏克时代一般定在公元前11～前8世纪，大体相当我国西周时代。如果考虑到查布哈渠这件刀子刀身的形状和米奴辛斯克盆地出土的有所不同，或许有时代上

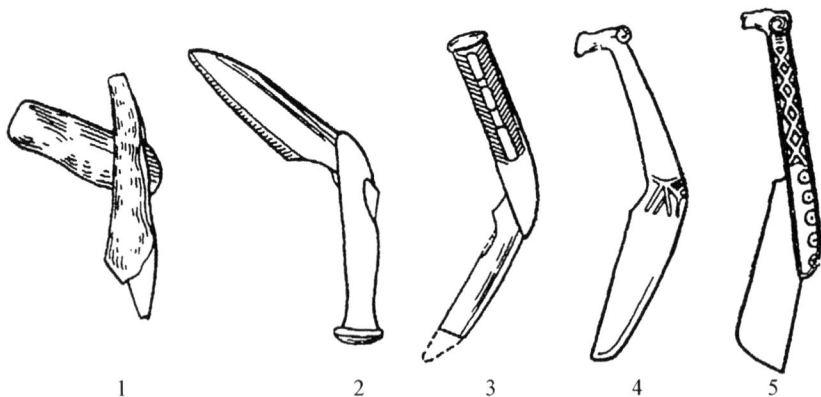

图一　"嵌插式"刀子
1.铜刃骨柄　2～5.通体铜刀

图二　新疆出土的羊首铜刀

的差别，那也最多晚到春秋，而没有理由可以断在西汉吧？

　　吉谢列夫发表的这件刀子的线图（图一，5），看来是根据他手绘的草图改造的，现对照实物照片来看，刀刃的弧曲没有表现出来，羊首的细节也被省略。为方便读者比较，转载穆舜英主编《中国新疆古代艺术》发表的照片（图二），以供参考。

　　载《中国文物报》2003年3月7日第七版。后收入《林沄学术文集（二）》。

# 所谓"青铜骑马造像"的考辨

　　1998年王克林在《华夏考古》第3期上发表了《骑马民族文化的概念与缘起》一文。文中把鄂尔多斯地区采集的一种小型铜饰（图一，2）称为"骑马武士铜饰"、"青铜骑马造像"，同时把宁夏西吉县玉桥村采集的一件同类铜饰（图一，4）也称为"铜人骑马饰"。他认为，鄂尔多斯的这种骑马造像的时代"当在西周或春秋时期"，宁夏的这种铜饰，"上限不会逾越西周，下限当在春秋晚期"，都是骑马民族文化的物证[1]。

　　去年，安忠义在《考古与文物》第4期上发表了《先秦骑兵的诞生和演变》一文，再次引用了鄂尔多斯地区采集的那种"骑马铜人饰"（图一，1～3），认为"是我国最早骑兵形象的标本"[2]。

　　这种铜饰是"骑马武士"的说法最早见于田广金、郭素新的《鄂尔多斯青铜器拾零》一文，他们把骑在马背上的形象描写为："铜人的嘴初具形象。两手合于胸前接嘴部，形成圆孔，意似手持缰绳。值得注意的是，有的在头上有尖状饰物，从造型看，当为铜胄。"而且还进一步推定，"从这里骑士所戴的铜胄来看，与安阳殷墟、昌平白浮、宁城南山根发现的铜胄相似。从而推测这种骑兵形象的出现，在北方游牧民族中较早，至少相当于春秋"[3]。后来，在1986年出版的

---

[1] 王克林：《骑马民族文化的概念与缘起》，《华夏考古》1998年3期，80、81页，图二，2；图三。

[2] 安忠义：《先秦骑兵的诞生和演变》，《考古与文物》2002年4期，36页，图一，3～5。

[3] 田广金、郭素新：《鄂尔多斯青铜器拾零》，《鄂尔多斯文物考古文集》，伊克昭盟文物工作站编印，1981年，113、114页，图九，7。

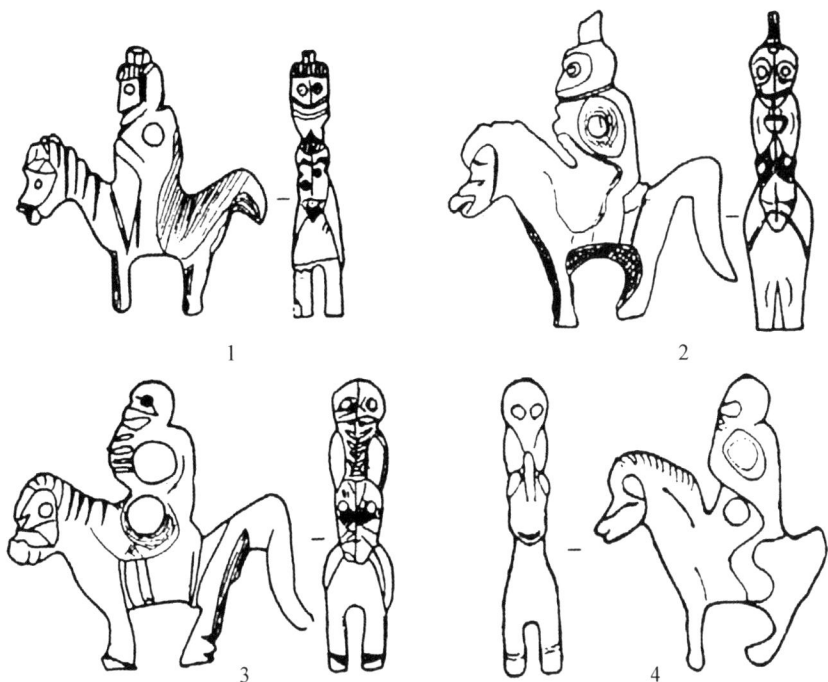

图一　骑马铜像举例

1～3.鄂尔多斯采集　4.西吉玉桥采集

《鄂尔多斯式青铜器》一书中，他们又重申了这种说法[4]。由于《鄂尔多斯式青铜器》在北方青铜器研究中有很大影响，所以，罗丰、韩孔乐在报道宁夏固原附近征集到的同类铜饰时，也更名为"铜人骑马饰"，归属于当地东周至汉初的北方系青铜器之列[5]。王克林和安忠义的文章中对这种垂饰的年代和性质判定，显然都是从田、郭两人的说法而来。

这种垂饰最早见于著录的是1933年在巴黎出版的萨尔莫尼的《芦芹斋收藏的中国—西伯利亚艺术》，在该书图版三十五之7就发表了一件同类的垂饰[6]。这件垂饰后来转归美国赛克勒收藏，又发表在

[4] 田广金、郭素新：《鄂尔多斯式青铜器研究》，《鄂尔多斯式青铜器》，文物出版社，1986年，134～136页，图九八，3～5。

[5] 罗丰、韩孔乐：《宁夏固原近年发现的北方系青铜器》，《考古》1990年5期，404、412页，图一三，5。

[6] A. Salmony. *Sino-Siberian Art in the Collection of C. T. Loo.* Paris, 1933. 图版XXXV，7。

图二　卢芹斋旧藏小铜像

艾玛·邦克主编的《赛克勒收藏品中欧亚草原东部的古代青铜器》一书中（图二）[7]。在该书中，邦克夫人对这件编号为 V-3069 的器物作了如下描述："这件铸成一只猴子骑在马上之形的小护身符，是在内蒙古和中国西北各地采集到的许多样本之一。它表示'马上封侯'之意，也就是'祝你马上升到侯爵'，意在祈求迅速的提升和财富。"实际上，她的描写是很正确的，从田广金和罗丰发表的这类垂饰的图像来看，马上所骑之猴的特征都是很明显的。但大概是由于对中国艺术品中传统的以图形谐音讨口彩的办法（例如以梅花枝梢上的喜鹊表示"喜上眉梢"，以瓶中插三支戟和一件笙表示"平升三级"）不够了解，觉得骑在马上就只能是人，才造成了错误的理解。至于头顶上或长或短的凸起，看来是铸口的残迹，和头盔毫不相干的。

去年 1 月我到东京博物馆参观，高浜秀热心地从库房中取出许多作为中国北方系的青铜器来让我看，其中就有这种垂饰。我和他讨论这种器物的年代，他说他认为很晚，可能是辽代。我说我觉得可能更晚。对中国艺术品研究有素的谷丰信也在场，他当时就取来一本中国古代瓷器的图录，翻到明代瓷器上画的猴子骑马图作为佐证。

邦克夫人在书中把那件垂饰定为明代的，具体理由未作详细说明。不过她还提供了一条重要的信息："一件完全相同的护身符的科学鉴测已验明是黄铜，即铜和锌的合金。"她在注释说明，这是根据韩汝玢 1993 年在北京大学赛克勒博物馆召开的"迎接二十一世纪的中国考古学国际学术讨论会"上提交的论文。这篇论文没有收入这次会议的论文集，从我保存的打印本来看，文中提到了从 1989 年开始

---

[ 7 ] Emma C. Bunker. *Ancient Bronzes of the Eastern Eurasian Steppes from the Artnur M. Sackler Collections.* New York, 1997. 298 页，No.277。

北京科技大学冶金史研究室和美国学者合作研究，"这些研究对西方收藏的鄂尔多斯青铜器时代及辨伪鉴定提供了重要根据"[8]。可见，这种垂饰是黄铜制品的鉴定，是在1993年以前就做出的。据现有的研究，中国在唐代以前是不用黄铜来铸造护身符的[9]。这是这种垂饰年代很晚的证据。

　　到目前为止，这种猴子骑马的垂饰虽然发现数量甚多，但全都是征集品，从来没有在墓葬中发掘出来过。所以其确切的年代还有进一步研究的必要。不过，田广金、郭素新把它们归先秦时代的鄂尔多斯式青铜器纯属误会，这是可以肯定的。希望在今后我国的考古论著中不再继续以讹传讹，把这种器物当作先秦时期北方草原的骑马武士像来引用。

　　载《考古与文物》2003年4期。后收入《林沄学术文集（二）》。

---

［8］北京科技大学冶金史研究室韩汝玢：《近年来冶金考古的一些进展》，北京科技大学冶金史研究室，1993年4月。

［9］Zhou Weirong and Fan Xiangxi. "Application of Zinc and Cadmium for the Dating and Authenticating of Metal Relics in Ancient China". *Bulletin of the Metals Museum of the Japan Institute of Metals* ( *Sendai Japan* ) No.22 ( 1994 ) . 16 ～ 21页。

# 内蒙古地区鲜卑墓葬的发现与研究·序

从东周后期长城地带成为游牧文化带以来，北方游牧民族与中原农耕民族的碰撞一直是中华文明不断发展和自我更新的重要推动力。在北方游牧民族中，鲜卑虽不如匈奴在欧亚大陆影响广泛，但从中国史的角度看，却比匈奴更值得重视。因为，鲜卑不仅和匈奴一样在北方建立过地域广袤的大联盟，而且在中国北部建立了一系列政权。所谓的"十六国"中，鲜卑建立的政权就有前燕、后燕、西秦、南凉和南燕，此外还有代（即后来的北魏）、西燕和吐谷浑。其中北魏统一了中国的北部，把广大的北方草原游牧区和黄河流域传统的农耕区置于同一政权之下。为了维护这种统一，作为统治者的拓跋鲜卑竟自称族源上可追溯到华夏族的共同始祖——黄帝（魏收《魏书·帝纪》），在中华民族这个多元共同体形成过程中是很有意思的现象。有个叫魏特夫的美国人（Karl A. Wittfogel），把拓跋魏归入"渗入王朝"，以与辽、元这样的游牧民族建立的"征服王朝"相区别。虽然我们并不赞同他的具体定义和说法，但把鲜卑作为一个个案，研究与发达的农业经济邻近的游牧经济的发展模式，研究在游牧民族建立的国家中游牧和农耕二重社会在制度和文化上的"涵化"和融合的方式，无疑是很有典型意义的。

鲜卑史的研究，虽然文献史料比匈奴多，但新鲜的史料只能从考古获得。尤其是4世纪以前的鲜卑史，主要由考古资料来复原。内蒙古是4世纪以前鲜卑活动的主要地域，历年发现和报道的鲜卑（可能包括匈奴）遗存居全国之首。不过，其中有一部分墓地已遭破坏，收集的遗物不能区分原属墓葬，例如察右后旗的二兰虎沟、赵家房村和卓资县的石家沟。还有一部分墓葬，在发表器物时未能一一区分墓号，甚至把不同墓地的随葬品统一分类报道（如鄂温克族自治旗伊敏车站和孟根楚鲁两处墓地）。即便是科学发掘并按当初的学术规范发表的资料，也往往不能按墓了解出土器物，尤其是墓葬形制、葬式和殉牲情况。所以，内蒙古已发表的鲜卑墓葬超过250座，但要进行综合研究，仍有不少不尽如人意之处。现在，由魏坚同志主编的《内蒙古地区鲜卑墓葬的发现与研究》，把1983～1984年发掘而只发表过简报的察右后旗三道湾墓地的50座墓进一步作了详细的报道，又新发表了1988年以来发现的近60座墓的资料。其中大多数墓是逐墓介绍的，大大充实了研究鲜卑墓葬的科学资料。而且，本书下编的《内蒙古地区鲜卑墓葬的初步研究》一章中还对迄今发现的全部墓葬进行了系统的梳理，该章的注释和所附的《内蒙古地区鲜卑墓葬一览表》，是内蒙古鲜卑墓葬很完备的索引。相信本书的出版，会引起更多的这方面的综合研究论著问世，推进鲜卑史乃至中国史的研究。

关于早期鲜卑史的考古学研究，自从宿白师凿破鸿蒙的《东北、内蒙古地区的鲜卑遗迹》[1]发表以来，当推乔梁《鲜卑遗址的认定与研究》[2]对20年来各种新发现、新见解总结最全面，所考虑的问题最周到，很有启发性。本书中《内蒙古地区鲜卑墓葬的初步研究》一章，是结合新的考古资料，再次对早期鲜卑史作全面的综合研究，提出了不少值得注意的新见解。因而引起我也想说几句的念头。

1. 完工墓地是不是鲜卑遗存？

完工墓地被宿白师定为最早的拓跋鲜卑遗存，由此，张英执笔的《榆树老河深》[3]结语部分把器物有相似性的老河深中层墓葬也定为鲜卑，又进一步影响到乌恩在《试论汉代匈奴与鲜卑遗迹的区别》[4]把榆树老河深和通榆兴隆山的出土物都作为鲜卑的典型器物。

[1]宿白：《东北、内蒙古地区的鲜卑遗迹》，《文物》1977年5期。
[2]乔梁：《鲜卑遗存的认定与研究》，《中国考古学的跨世纪反思》，香港商务印书馆，1999年。此书系1997年在香港开的同名学术会议的论文集。
[3]吉林省文物考古研究所：《榆树老河深》，文物出版社，1987年。
[4]1987年中国考古学会第六次年会论文。

产生上述误会的主要原因，是完工墓地有一部分陶器（长颈的壶、鬲、鸭形三足器）跟兴隆山这样的西汉汉书二期文化遗存有关，而老河深中层墓葬这一类现已确定为东汉夫余族的遗存，也吸收了汉书二期文化的成分。早在1989年第2期的《北方文物》上，陈雍就发表过《扎赉诺尔等五处墓葬陶器的比较研究》一文，指出"老河深、兴隆山墓跟'基点墓'（按：即呼和浩特的北魏墓）之间缺少对比点，无法类比"。而把它们排除在鲜卑遗存之外了。

但是，陈雍认为完工墓地排除了上述成分外，仍然是"跟'基点墓'有某些联系的"，并具体指出："如完工M1B：61卷沿有颈壶，有可能以类似大安渔场墓壶为中介，发展为美岱墓的细颈壶。"而且，早此一年杨晶已经在《吉林大安渔场墓地的时代与族属》[5]中说，除了那种卷沿有颈壶，还有完工的高直领罐，都可以通过大安渔场为中介，和南杨家营子的器物联系起来。许永杰《鲜卑遗存的考古学考察》[6]则认为完工墓地不但有短直颈展沿壶与拓跋鲜卑有关联，还有长弧颈侈口壶和小口侈口罐与慕容鲜卑有关联。而且，陈雍因为1961年完工出土的陶罐颈上有凸棱，器表有横向和竖向的磨痕和刮痕，认为年代大概在东汉末期以后。许永杰更定为"北魏时期"。乔梁受此影响，说1961年出土的和1963年M1B出土的饰暗纹或波纹矮领陶壶年代似乎都不会早于东汉。

在本书的《内蒙古地区鲜卑墓葬的初步研究》中提出"完工墓葬应为和匈奴文化有密切关系并受鲜卑影响的遗存"，是一个重要的研究视角。过去对完工墓地的研究都过分偏重陶器。宿白师在他的论文中已经提到过："完工墓地的随葬品中发现不少和其他民族有联系……从一些铜制的小型饰具如各种式样的环、扣上可以看到他的西邻——匈奴的影响。"最近，我的研究生潘玲在做博士论文《伊沃尔加城址和墓地及相关匈奴考古问题研究》时，根据1995年以来出版的外贝加尔地区匈奴伊沃尔加古城和伊沃尔加、德列斯图依墓地的详

[5]杨晶：《吉林大安渔场墓地的时代与族属》，《考古与文物》1988年4期。

[6]许永杰：《鲜卑遗存的考古学考察》，《北方文物》1993年4期。

细报告，对该地区西汉时期匈奴的文化特征有了进一步了解，故在论文中提出了"完工墓地主要含有汉书二期文化和西汉匈奴文化两种文化成分"这一观点。我认为是完全正确的。只要看过达维多娃《伊沃尔加古城》（1995年）、《伊沃尔加墓地》（1996年）和米尼亚耶夫《德列斯图依墓地》（1998年）就会发现，过去被怀疑为东汉以后到北魏时期的研光暗纹，以及肩颈之间加凸棱，乃是西汉匈奴陶器的流行装饰手法。1963年M1B：61和1961年出土的短颈圆唇罐和高颈罐，都可以在外贝加尔西汉匈奴陶器中找到十分相像的器形。特别是1961年出土的短颈圆唇罐外底似汉字非汉字的印记，与伊沃尔加古城许多器底的印记如出一辙。陶器之外的相似点更多。铁刀、有针形扣鼻的铁带扣、铁环、带骨哨的铁鸣镝、铜铃、背有横梁的长条形铜带饰、马蹄形铜带扣（镂空有乳钉的和动物纹的）、铜环、分尾式骨镞、圆头和方头共存的骨弓弭、弓把上的骨贴片、束腰长条形骨器、海贝、仿贝蚌片、大量的串珠，都是形式彼此一致的。特别要提出的是分尾式骨镞在我国其他鲜卑墓中未见报道。另外，完工出土的银耳环和宁夏同心倒墩子西汉匈奴墓中的金耳环形状很接近。

　　了解外贝加尔地区的匈奴墓葬，还有一个重要的意义：过去我们所总结的鲜卑墓的特征，有的并不是鲜卑独有的。例如，头宽足窄的木葬具，在德列斯图依墓地也有不少例子。反过来说，上面所举完工和外贝加尔墓葬的相似点，也不一定是匈奴墓所独有的特征。

　　从完工墓地出发，自然就提出这样的问题：在已被认定的鲜卑墓葬中，还有没有匈奴墓葬呢？究竟如何识别匈奴和鲜卑墓的区别性特征呢？既然史称"匈奴及北单于遁逃后，余种十余万落，诣辽东杂处，皆自号鲜卑兵"[7]，则东汉晚期后，鲜卑中存在很多起源于匈奴的部落。如何从遗存上识别这种人群，是一个很有趣的课题。本书《内蒙古地区鲜卑墓葬的初步研究》文中提出了一个"二兰虎沟和石家沟

---

[7]《三国志·乌丸鲜卑东夷传》裴注引王沈《魏书》。《后汉书·乌桓鲜卑传》作："北单于逃走，鲜卑因此转徙据其地。匈奴余种留者尚有十余万落，皆自号鲜卑，鲜卑由此渐盛。"除"十余万落"两者一致外，行文不同。未知范晔是仅据《魏书》敷衍成文，还是确实别有所本。

组"，认为是拓跋鲜卑迁到"匈奴故地"后，分布在当地的与匈奴有关的部族，无疑是一种有新意的思路。但这方面的研究，显然要等内蒙古境内发现更多的早于东汉晚期的匈奴遗存后，才能有更坚实的基础。

2. 南杨家营子墓地的性质

上引陈雍和许永杰的论文中，都认为南杨家营子的陶器是从扎赉诺尔到美岱村北魏陶器演变序列上的中间环节。不过，许永杰又提出，与慕容鲜卑有关的墓葬中出土的一些陶器器形，也可能以南杨家营子为中间环节，和扎赉诺尔、完工的器形构成演变序列，并推论，不但拓跋鲜卑的考古遗存源于扎赉诺尔一类遗存，慕容鲜卑的考古遗存也主要源于扎赉诺尔一类遗存。

田立坤《鲜卑文化源流的考古学考察》[8]提出了不同的构想。他认为，扎赉诺尔分为二兰虎沟和南杨家营子两支，而南杨家营子又再分为两支，一支以M3为代表，演变为朝阳十二台乡石厂魏晋时的东部鲜卑墓葬；另一支以M15、M16为代表，演变为大同电焊器材厂M238、M73等墓出土的夹砂戳刺纹陶罐，即早于北魏的拓跋鲜卑遗存。

其实，宿白师当初一方面把南杨家营子墓地作为拓跋鲜卑在诘汾领导下南移途中的遗存，但同时又提到："南杨家营子墓群所反映的拓跋部落的较大变化，是与匈奴混合和日益邻近汉族地区以后发生的。"特别是在文章结尾处还指出："南杨家营子的位置和张穆推定的鲜卑山不远，既然鲜卑山是东部鲜卑的早期居地，因此南杨家营子遗迹，或许也和东部鲜卑有关。这样，东部鲜卑和拓跋鲜卑就不是关系密切的问题了。"对南杨家营子遗存在族属上可能存在的复杂性已有充分的考虑。

乔梁上引论文中，是把南杨家营子墓地作为不能归群的特例而单独讨论的。他说："这一墓群的面貌比较复杂，既有类似于A群（按：

---

[8]田立坤：《鲜卑文化源流的考古学考察》，《青果集——吉林大学考古专业成立二十周年考古论文集》，知识出版社，1993年。

即扎赍诺尔为代表的）的在加厚口沿下饰以锥刺或压划纹饰的作法，也有类似于E群（按：以察右后旗三道湾和山西右玉善家堡为代表）的在罐、壶颈部戳印或按压数周纹饰的作风，还有近似于G群（按：即所谓'舍根文化'）饰印纹的'舌状唇'壶和小口壶，同时从出土的情况看上述几种因素在墓中也有共存现象。就已发表的材料分析，在陶器的诸种因素中似乎以接近于E群者略占上风，但限于发现及报道，仅就现有资料尚不足以做出由定量到定性的分析，所以也很难进一步确定其具体的族属。"

综上所述，南杨家营子墓地陶器的文化面貌是很特殊的。其实，该墓地的葬俗也有特殊性，即存在多人葬，而且有一墓达八人之多。这是除完工墓地以外仅见的，但具体葬式又和完工不同。仅据现有资料，可以把南杨家营子的器形跟任何其他墓地的器形排成似乎看得过去的演进序列，却缺乏使大多数人认同的可信度。所以用单纯的类型学方法来解决其归属问题已陷入窘境。如果从历史地理考证来看，首先是原报告所定的年代范围很宽：上限为1世纪左右（据墓中出现东汉五铢），下限可能为4世纪左右（未出现库莫奚和契丹式葬俗），至今尚无进一步精确化的可靠途径。在这样长的时段中，居住在该地的族群实有多种可能。所以，南杨家营子的族属，目前不可能有科学的结论。

既然南杨家营子遗存的性质如此不确定，我觉得以南杨家营子为中间环节的鲜卑文化演进序列和迁徙路线的种种拟构，都是缺乏说服力的。

3. 鲜卑遗存真的应该分为拓跋鲜卑和东部鲜卑两大支吗？

从对南杨家营子墓地性质的讨论中，反映出鲜卑考古中的一个流行观点，即把鲜卑在文化上分为拓跋鲜卑和东部鲜卑两大支，并以这种观点去分析"鲜卑遗存"的文化属性。造成这种观点流行的客观基础，是因为认识早期鲜卑的基点有二：一是代魏时期的拓跋鲜卑遗存，二是三燕时期的慕容鲜卑（包括鲜卑化的冯氏北燕）遗存，这两种遗存有显著差别，所以自然会到更早的鲜卑遗存中去探索其不同的源头。

　　但是，把鲜卑分成拓跋鲜卑和东部鲜卑两大部分，把慕容鲜卑归入东部鲜卑，其实是马长寿《乌桓与鲜卑》一书中所使用的权宜性分类名词，根本不应作为文化分类概念来理解。

　　拓跋是古文献中固有的词汇，但究竟是不是鲜卑，是有疑问的。南朝梁萧子显所撰的《南齐书·魏虏传》载："魏虏，匈奴种也，姓托跋氏。晋永嘉六年，并州刺史刘琨为屠各胡刘聪所攻，索头猗卢遣子曰利孙将兵救刘琨于太原，猗卢入居代郡，亦谓鲜卑。"可见匈奴本是匈奴，而"亦谓鲜卑"者，正是王沈《魏书》所说自北单于遁逃后，匈奴"余种十余万落……皆自号鲜卑兵"也。而且我们应该注意到当时南方人把拓跋称为"索头"，同是南朝梁人沈约写的《宋书》中，把记载拓跋史事的列传名为"索虏传"，说："匈奴有数百千种，各立名号，索头亦其一也。晋初，索头种有部落数万家，在云中。"把猗卢的哥哥猗驰称为"索头单于"。《南齐书·魏虏传》解释说："被发左衽，故呼为索头。"可见他们的发式跟髡发为特点的鲜卑也是不同的。不过这一支匈奴在后来自称鲜卑，是有考古遗存可证的。1956年在内蒙古凉城县小坝子滩发现一批金饰和金印，一件金饰牌上有猗驰（驰字省去马旁，和《魏书·序纪》相同）之名，而印文作"晋鲜卑归义侯"、"晋鲜卑率善中郎将"。这一支原是匈奴的鲜卑因为统一了中国北部，便自命为真正的正宗鲜卑，把拓跋氏的起源传说作为鲜卑的起源传说了。

　　马长寿不相信南朝史家的说法，主张拓跋是"鲜卑父胡（按：指匈奴）母"之意。他的这种说法依据两条记载。一条是《魏书·铁弗刘虎传》述铁弗氏的起源说："北人谓胡父鲜卑母为铁弗。"（"铁弗"《晋书·赫连勃勃载记》作"铁伐"）另一条是《十六国春秋·南凉录》述秃发氏的起源说："初，寿阗（匹孤子）之在孕，母胡掖氏，因寝而产于被中。鲜卑谓被为'秃发'，因而氏焉。"后一条中，匹孤是北魏一位有名的先祖诘汾的长子，属拓跋氏，"胡掖氏"即《史记·匈奴传》所记匈奴贵种"呼衍氏"的不同音译。马长寿用秃发寿阗是鲜卑父胡母，而以秃发为氏，作为实例。又引钱大昕说秃发和拓跋既为一音之转，"无二义也"。然后又主张"'拓跋'一词与'铁弗'、'铁伐'、'秃发'语词的语源相同。北人既谓胡父鲜卑母为'铁弗'或'铁伐',那么他们谓鲜卑父胡母自然也是'秃发',而'秃发'与'拓跋'又是同源并同一语词"[9]。从而得出拓跋是"鲜卑父胡母"的结论。

其实,马长寿的全部论证中,只有拓跋和秃发同音而可能同义,是比较言之成理的。而可接受的推论应该是"拓跋"也是"被"的意思。至于铁和秃(拓)只有声母相近,韵部不同,说铁弗和拓跋两词同源是很不可靠的。而且北方人是指什么民族?匈奴语和鲜卑语是什么关系?都说不清楚,怎么能说"北人既谓胡父鲜卑母为'铁弗'或'铁伐',那么他们谓鲜卑父胡母自然也是'秃发'",而把"秃发"解释为"被"的说法就置而不论了呢?所以,马长寿的这种见解实在是出于臆想的牵强附会。现在考古界仍流行拓跋鲜卑是鲜卑母胡父的说法,大概是因为很少有人去考察一下马长寿说法的由来。

"东部鲜卑"则完全是马长寿自创的一种分类术语。古书中只有《晋书·段匹磾传》有"段匹磾,东部鲜卑人也"。但同书没有说任何其他人也是东部鲜卑。所以只是说段匹磾这个人是东部的鲜卑人,并不把"东部鲜卑"作为鲜卑的分类概念。马长寿则把全部鲜卑分为拓跋鲜卑和东部鲜卑两种,拓跋鲜卑起源于北方大鲜卑山,而东部鲜卑"起源于蒙古草原东部的鲜卑山"。所以,只要是起源于鲜卑山的鲜卑,即使跑到西面"尽据匈奴故地",例如檀石槐到高柳(今山西阳高)北300多里的地方建立牙帐(大体相当于内蒙古商都一带),也还是东部鲜卑。但是他在谈到檀石槐大联盟解体后,东部鲜卑的界限就不太明确了。特别是到他论述"后期的东部鲜卑"时,这个概念被偷换为分布在东面的自称为鲜卑的集团。因为这时马长寿说的"东部鲜卑"只剩下慕容部、段部和宇文部。而起源于东部跑到西方去建立南凉的秃发部,就不算东部鲜卑了。而被马长寿归入东部鲜卑的宇文部,《北史·匈奴宇文莫槐传》明确记载:"其先,南单于之远属也。世为东部大人。其语与鲜卑颇异,人皆翦发,而留其顶上以为首饰,

---

[9]马长寿:《乌桓与鲜卑》,上海人民出版社,1962年,248页。

长过数寸则截短之。"显然不是起源于鲜卑山的鲜卑。

可见，马长寿的"东部鲜卑"是一个没有明确界定而自相矛盾的分类概念，当然不能视为文化分类概念。今后在考古遗存分析中，似乎不宜继续使用这个名词。

目前在内蒙古发现的"鲜卑遗存"年代最早的是西汉的，从历史实际来看，从西汉一直到十六国时代，在中国北方除鲜卑外还存在多个游牧民族，汉代有匈奴、乌桓，还有很多别的部族，都可能对鲜卑发生影响。而且就匈奴来说，它由于建立过庞大的联盟，本身的成分也很复杂。因为游牧民族不断转徙和频繁地相互征战，吸收不同的异族成分是经常发生的。以拓跋部为例，据《魏书·官氏志》分析，3世纪初神元皇帝力微时，除了帝室十姓外，其他异姓加入拓跋部的政治组织内的，还有七十五个姓。其中可考知的匈奴姓六、丁零（包括高车）姓六、柔然姓三、乌桓姓二、其他鲜卑姓七、卢水胡姓一等。因此，我们在分析已发现的鲜卑遗存时，自然应该想得复杂一些，如果只有一个分成两大系统的观念，就难免要削足适履了。

我对鲜卑考古并无专门研究，以上只是在接触这方面的论著时的感触和积疑，借此机会，敷衍一番，以塞魏坚同志求序之责。好在本书发表的这一大批珍贵的发掘资料和鉴定报告，绝不会因为我在一开头便说了不少错话，而降低其科学价值，也就一吐为快，硬充争鸣之一家了。如蒙师友不弃，不吝指教，不胜感激之至！

载魏坚《内蒙古地区鲜卑墓葬的发现与研究》，科学出版社，2004年。后收入《林沄学术文集（二）》。

# "商—周考古界标"平议

　　早在1999年国庆前夕，我有幸参加了在北京召开的"夏商周断代工程成果学术报告会"，当时，断代工程已获得一系列重大进展，因此请了200多位有关专家，对工程已取得的学术成果展开研讨，提出修改意见。记得中国社会科学院考古研究所的徐良高在大会上就商周考古界标问题作了长时间的报告，据称，1997年沣西发掘的97SCMT1这一探方中一组有叠压打破关系的单位所提供的碳十四测年，对确定武王克商的具体年份有重要意义。我当时对这种提法就有很大的疑问。在分组讨论的时候，提出：一个探方中的可辨认的层位区别，是因为堆积成分的质、色等差异造成的，像武王克商这种政治事件，和居址中堆积成分的改变并无必然的联系。所以确指T1中H18的堆积就是武王克商之前形成的，T1④的堆积就是武王克商之后形成的，是无从证明而十分滑稽可笑的。把这两种堆积中出土标本的碳十四年代作为推定武王克商年代的依据，是根本没有说服力的。不过考虑到考古界目前在区分武王克商以前的先周文化遗存和武王克商以后的早期周文化遗存方面，已经有了基本一致的共识，我也不反对把H18这样含典型的先周文化遗存的堆积中测得的碳十四数据，和T1④这样的含早朝周文化遗存的堆积中测得的碳十四数据，作为我们从其他途径（如文献考证或天象记录推算）所获得的武王克商年份的比较参考数据。但是，这些数据显然只能作为第二位的旁证，而绝不能作为讨论武王克商年代的主证。

　　我对我在会上发表的这番意见是认真负责的，因为这反映了我对田野考古中所获年代学数据的一个基本看法，所以在会议结束后临走之际，我还到会务组专门打听，我的这一意见有没有在分组的汇报材料中反映出来。因为没有找到，还在工作人员指点下就此问题专门填了一张意见表。后来回到长春，看到《中国文物报》1999年10月6日头版上发表的对此次会议的报道，其中对会上谈论的所谓"考古界标"问题，只提到了"许多专家认为，郑州商城和偃师商城的始建年代，均可作为夏商分界的界标"，而没有提到沣西97SCMT1中H18和T1④这组层位关系可以作为商周的考古界标，只是说"武王克商年即商周分界年代，也有了具体方案"[1]，便以为自己的意见起了一点作用。

但是，到了2000年11月《夏商周断代工程1996～2000年阶段成果报告（简本）》（以下简称《简本》）出版，在"推求克商年的技术路线"一节中，我们看到的竟然是"夏商周断代工程推求克商年的主要途径，一是通过关键性考古遗址的碳十四测年、甲骨文日月食以及文献记载的综合研究，缩小武王克商年的范围；二是在以上范围内，通过金文的排谱和对武王克商的天文学推算，寻找克商的可能年代，最后加以整合，选定最佳年代"[2]。这样，"关键性考古遗址的碳十四测年"，成了首先"缩小武王克商年的范围"的第一依据，成了推求克商年的出发点了。而能缩小武王克商年范围的"关键性考古遗址的碳十四测年"中的头一项，就是"沣西H18的发现及测年"。《简本》声称："作为先周文化晚期，即商代末期典型单位的H18和作为灭商后西周初期文化典型单位的T1第四层，为从考古学上划分商周界限，提供了理想的地层依据，武王克商之年应该包含在这一年代范围内。"[3] 由此可见，我在会上提的意见完全是白提了。

2002年4月13日在美国芝加哥大学举行的有关夏商周断代工程的讨论会上，蒋祖棣宣读了题为《西周年代研究之疑问——对夏商周断代工程方法论的批评》（以下简称《疑问》）的论文。该文从古代文

[1]卢新宇：《夏商周断代工程取得重大进展》，《中国文物报》1999年10月6日第一版。
[2]夏商周断代工程专家组：《夏商周断代工程1996～2000年阶段成果报告（简本）》，世界图书出版公司，2000年，39页。
[3]同注[2]，41页。

献、古代天文、纪日金文和金文历谱、碳十四测年诸方面都对断代工程的方法提出了质疑，但重点是在对徐良高发掘的沣西97SCMT1中H18和T1④为代表的"商—周考古界标"提出了尖锐的批评。参加这次讨论的中方学者有仇士华、张培瑜、张长寿三人，张长寿先生后来追述说："我表示我不宜代他人（按：指徐良高）回答这些问题，但可以就商周界标问题和蒋祖棣进行讨论。"由于蒋文在2002年9月出版的《宿白先生八秩华诞纪念文集》中才正式刊出（实际此书到2003年才发行）[4]，而对会上的讨论，先有张立东《面对面的对话——"夏商周断代工程"的美国之旅》[5]，后有苏辉《美国之行答问——关于"夏商周断代工程"》[6]，作了互有矛盾的报道，没有参加会议的人实在一时不得其详。但是徐良高很快就在《中国文物报》发表了《〈西周年代研究之疑问〉辩难》一文[7]（以下简称《辩难》），对蒋祖棣的《疑问》批评"商—周考古界标"的有关各点一一批驳，次年蒋祖棣在《考古与文物》上又发表了《〈西周年代研究之疑问〉难辩》[8]（以下简称《难辩》），对徐良高《辩难》一文又逐点批驳，今年徐良高也在《考古与文物》发表《周·崇·断代·文献》[9]再对《难辩》进行反驳。通过这些反复驳难的文章，可以使大家比较清楚蒋、徐二位争论的实质所在。不过，拜读蒋、徐二位的论文，感到颇多意气之辞，有时因为什么论点都要针锋相对，反而冲淡了主要的问题。

　　总的说来，这次蒋、徐二位的辩论是很有意义的，因为真理越辩越明嘛。今年徐良高的《周·崇·断代·文献》发表，又促使我再次全面回顾这一争论，想用平心而论的态度，谈谈我对所谓"商—周考古

[4] 蒋祖棣：《西周年代研究之疑问——对夏商周断代工程方法论的批评》，《宿白先生八秩华诞纪念文集》，文物出版社，2002年。

[5] 张立东：《面对面的对话——"夏商周断代工程"的美国之旅》，《中国文物报》2002年5月24日第七版。

[6] 苏辉：《美国之行答问——关于"夏商周断代工程"》，《中国文物报》2002年8月16日第五版。

[7] 徐良高：《〈西周年代研究之疑问〉辩难》，《中国文物报》2002年9月6日第七版。

[8] 蒋祖棣：《〈西周年代研究之疑问〉难辩》，《考古与文物》2003年4期。

[9] 徐良高：《周·崇·断代·文献》，《考古与文物》2004年2期。

界标"的看法。

一

　　回顾对沣西97SCMT1中那组地层关系的认识，初期的报道和后来《简本》中的说法是有些差别的。这组地层关系是1997年春发掘的，"工程于1997年10月在西安召开的'先周文化研讨会'上，专家们一致认为沣西H18是周文王与周武王时期的遗存，对指认先周文化与西周文化的分界具有界标意义，为武王伐纣年代的推定，提供了重要的考古学依据。于是商周分界坐标的建立成为了可能"[10]。对界标问题说得还较含糊。而到1999年6月的报道中已明确指出："专家认为，其中的T1探方H18的发现很重要，这是周文王与周武王时期的遗存，因为周文王建立丰邑距周武王伐商纣王仅十三年时间，所以通过对H18遗存的碳十四测年，便可以为商周分界提供考古学依据。再结合天文学的研究成果，就可能排除44种武王伐纣之年说法中的相当一部分，一个符合历史真相的科学结论有望推出。目前有关H18的样品测年已有了一个初步数据，而天文专家也对武王伐纣时的天象进行推算，所得结论也大致在考古测年所得范围之内。目前工程正对这些数据进行进一步验证，大家对武王伐纣具体年代的推出充满信心。"[11]可见这时界标说已经确立了。而其具体论证则是徐良高在他执笔的《1997年沣西发掘报告》[12]中进行的。

　　其实早在他的发掘报告之前，考古学界已普遍认识到在丰镐地区存在着早于武王克商的先周遗存。邹衡先生在有名的《论先周文化》[13]（1979年在"中国考古学会成立大会"上宣读）一文中已指出沣西张家坡M173和客省庄M12，还有1963年在马王村发现的铜器

[10]江林昌：《夏商周断代工程初见成效》，《中国文物报》1998年3月18日第三版。
[11]江林昌：《夏商周断代工程的实施与进展》，《中国文物报》1999年6月2日第三版。
[12]中国社会科学院考古研究所丰镐工作队：《1997年沣西发掘报告》，《考古学报》2000年2期。此报告为徐良高执笔。
[13]邹衡：《论先周文化》，《夏商周考古学论文集》，文物出版社，1980年。

墓都是"瓦鬲墓第二期"的，和"瓦鬲墓第一期"同属先周文化。属于第二期的第3组和属于第三期的第4组，"绝对年代恰好相当于历史上的商周之际，即商帝辛、周武王、周成王之间"。后来张长寿先生也在整理1967年发掘的张家坡墓葬时提出，M89和原先发掘的张家坡的早期遗址同时，"相当于灭殷以前作邑于丰的时期"[14]。1984年卢连成和陈昶又报道了客省庄的83SCK1和张家坡的83沣毛M1，认为"年代在灭殷以前"[15]。1985年蒋祖棣在丰镐地区进行了两次调查研究，根据所获材料选择16个典型单位作陶器的分期研究，认为属第一期的沣西张家坡H3处于邹衡所分"瓦鬲墓第二期"，亦即先周时期。而属第二期的张家坡H2和沣东花园村西H2，年代定为西周初，认为"上限可能超出西周"[16]。除此以外，根据梁星彭在2002年发表的论文[17]中还提到有1959年马王村H11、1985年张家坡H3、早年发掘的客省庄T32、2B也均可归入先周，总之，在1997年以前，丰镐地区发现的先周遗存是很少的，而且除墓葬外几乎没有完整的陶器。

这次在马王村西发掘的H18，共分四层，四层中出土的陶片可以拼对起来，可见坑内堆积是在不长时间内形成的。而且完整和基本完整的陶器很多，大大丰富了我们对丰镐地区先周文化的认识。

徐良高在《报告》中着意要论证H18所属的第一期的年代为文王迁丰至武王伐纣之间，而第二期则为西周初年武王至成王前期。但这样的目的，实际是无法靠以陶器型式演化和组合改变为依据的分期方法来达到的。他在论证中要把"灭商"和陶器变化挂钩，所以推测："周人灭商后，尤其是平定武庚叛乱后，对商人采取分而治之的政策，曾迁徙商人到周人的根据地——关中京畿一带。"因此第二、

---

[14] 中国社会科学院考古研究所沣西发掘队：《1967年长安张家坡西周墓葬的发掘》，《考古学报》1980年4期。

[15] 中国社会科学院考古研究所丰镐发掘队：《长安沣西早周墓葬发掘记略》，《考古》1984年9期。

[16] 蒋祖棣：《论丰镐周文化遗址陶器分期》，《考古学研究（一）》，文物出版社，1992年，275页。

[17] 梁星彭：《岐周、丰镐周文化遗迹、墓葬分期研究》，《考古学报》2002年4期。

三期便"开始大量出现具有商文化因素的器物，如分裆鬲、殷式簋、豆等"。这里他首先是虚构了一个"第二期以后商文化因素急增"的说法。他所奉为"商文化因素"的分裆鬲，其实根本和商文化没有关系。在邹衡先生《论先周文化》的"瓦鬲墓分期图表"中，丰镐地区的分裆鬲是从斗鸡台的"袋足类"鬲演变来的。而徐良高本人的《报告》中，"沣西地区周文化陶器分期图"里也是把他分的D型"乳状袋足鬲"和他分的B型"分裆鬲"排在同一演变系列的。丰镐地区的这种分裆鬲，和洛阳地区西周早期遗址中常见的殷式袋足鬲[18]，差别是显而易见的（图一），似乎除了徐良高之外，没有人认为丰镐地区的这种分裆鬲是商文化因素。如果除去了根本不属商文化因素的分裆鬲，剩下的殷式簋是徐良高所分的第二期开始流行的，而豆则是徐良高所分的第三期才流行的（均见他的《报告》的"沣西地区周文化陶器分期图"）。既然这两种因素不是同时开始流行的，所以只能解释为丰镐地区的原居民逐渐吸收东方的文化成分，而难以证明有成批殷遗民涌进丰镐地区。其实，传世文献中也没有哪一条记载可以证明徐良高所说的"周人灭商后，尤其是平定武庚叛乱后，对商人采取分而治之的政策，曾迁徙商人到周人的根据地——关中京畿一带"。当然，从文献和金文看，在武王克商前后，都曾有商的知识分子投奔周国的记载，如《史记·殷本纪》载：孟津之会后，"殷之太师、少师乃持其祭乐器奔周"。墙盘铭载："粤武王既夐殷，微史烈祖来见武王，武王则令周公舍寓。"（按：这一支的后代的青铜器窖藏在周原被发现）这和先周文化遗存和西周早期遗存中发现商文化因素是一致的。实际上，邹衡先生在分析先周文化的来源时早已指出："就东方商文化因素而言，先周文化中的铜器、玉器、腰坑以及部分陶器如矮圈足盂形簋等，应该主要来自殷墟商文化，这是无可置疑的。"[19]邹衡先生当初主要就是根据与先周文化陶器共存的殷墟晚期形式的青铜器来论证其早于西周的。所以，徐良高认为H18中出土的111号鬲口沿和

[18]叶万松、余扶危：《洛阳北窑西周遗址陶器的分期研究》，《考古》1985年9期。
[19]邹衡：《再论先周文化》，《夏商周考古学论文集》（续集），科学出版社，1998年，265页。

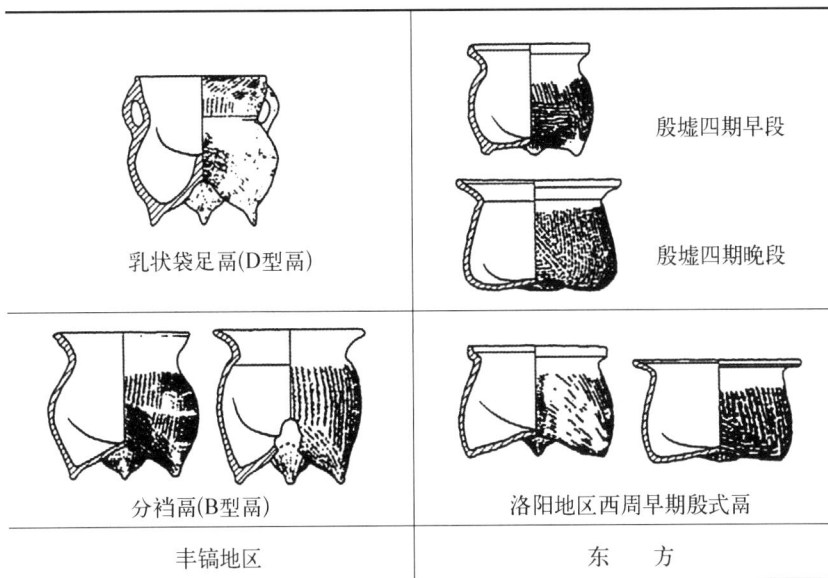

图一

112号鬲足"有殷墟四期陶鬲风格",也不失为一种可以接受的见解。不过,众所周知,和殷墟晚期的青铜器或陶器作比较,只能判定先周遗存的大体年代,而不能判定其是否一定为武王克商以前。因为,不少考古学家都认为,武王克商并不一定使殷墟一下就荒无人烟,所以殷墟四期的下限完全有可能延到西周初。而这一观点,恰恰是断代工程的《简本》也接受的(《简本》第43页说"殷墟文化第四期的年代有可能延续到西周初")。这样,我们就可以理解,为什么邹衡先生一方面说"先周文化是指武王克商以前周人的早期文化"[20],而另一方面在谈到先周期的具体年代下限,只笼统地说"第3、4组的绝对年代恰好相当于历史上的商周之际,即商帝辛、周武王、周成王之间",而不明确说出第3组和第4组是以何年为界限。因为根据殷墟文化第四期的铜器和西周早期有铭铜器的比较,只能确定第3、4两组所占据的大致时段,而按器物形态循序渐变的观点,可以推断第3

---

[20] 邹衡:《论先周文化》摘要,《夏商周考古学论文集》(续集),科学出版社,1998年,255页。

组器物的相对年代应早于第4组。这样才得出第3组是先周的论断。在这里，抄录一段邹衡论文的原文，是有好处的：

> 　　第3组墓葬中，马王村墓、高家堡墓和峪泉墓都出有相当于"殷墟文化第四期"的Ⅱ式盆鼎；又马王村墓、蔡家坡墓都出有相当于"殷墟文化第四期第6组"的Ⅱ式盆簋；同时，马王村墓、高家堡墓与峪泉墓出的Ⅱ式卣也都是"殷墟文化第四期"最流行的形制，可见第3组的年代应该接近于"殷墟文化第四期"的。第4组墓葬则不见或者少见以上器物，说明第4组可能已不在"殷墟文化第四期"的年代范围之内了。不过，由于第3组高家堡墓又出了与武王时代《大丰簋》（按即天亡簋）相似的Ⅳa式方座簋，也许说明第3组的年代最晚已跨入武王时代。第3、4组中，高家堡墓、张家坡FC101、FC178出了相同的Ⅲ式盆鼎，峪泉墓与FC101、FC178出了相同的Ⅳ式盆簋，说明这两组在年代上也呈现交错现象，即第4组的年代也可能早到武王之时。看来第二、三期绝对年代的界限也许正交错在武王时代，就是说，第二、三期之间的年代界限正是商代与西周的分水岭，即第二期的年代应该属于商代末期，而第三期的年代已经是西周的开始[21]。

今天丰镐地区的考古遗存能区分出先周期，就是在邹衡先生这样的论证方法上建立起来的。由此我们也可以理解，为什么邹衡先生指导的蒋祖棣的硕士论文《论丰镐周文化遗址陶器分期》中，把第二期的时间定在西周初年后又提出，"上限可能超出西周"。总之，按这个路子所建立的丰镐地区考古分期，不可能回避先周期和西周初期之间界限的不明确性和年代上可能有的交错性。徐良高据1997年发掘所作的分期，并没有另用新的方法，特别是没有给分期依据增加任何新的青铜器，完全只靠陶器，所以根本无法在绝对年代判定上作出任何突破的。即使我们退一万步赞成他说的武王克商后迁来一大批殷遗

---

[21] 同注[13]，315页。

民为真实历史，试问这件事到底是在克商后多少年进行的呢？如果主要是在平定武庚叛乱后，那离武王克商不就更远了吗？而且，我们究竟是以何种商文化因素的出现算作殷遗民迁到丰镐地区的标志呢？是以徐文第一期出现殷墟第四期风格的鬲和青铜器为标志，还是以徐文第二期出现殷式簋，抑或是以徐文第三期出现殷式豆？

总之，徐良高的论证无论如何也无法证明他所分的第一期陶器和第二期陶器是以武王克商为年代界限的。因此，也就无法使人同意应该把 T1④ 叠压在 H18 上的层位关系作为商周考古界标。他之所以很有信心地坚持他自己也无法用考古学方法证明的"商—周考古界标"说，我想实际上是因为从 H18 中所获的碳十四测年数据，和断代工程已得出的三种克商年的天文推算结果颇为吻合。平心而论，如果不是在断代工程的背景下，H18 的碳十四测年结果，无非就是证实了邹衡先生对先周文化论证的科学性和符合客观实际（凡是看过邹衡先生执笔的《商周考古》[22]，都知道该书主张武王克商年以公元前 1028 年"为胜"。这也是在 H18 的碳十四测年范围内的）。但是在断代工程的背景下，为了强调考古发掘的重要意义，这一层位关系被不恰当地强调为独立性的证据了。要不然，就根本没有必要产生出武王克商后一大批殷遗民迁到丰镐地区的冥想。

## 二

蒋祖棣《西周年代研究之疑问》一文第五部分对徐良高建立的"商—周考古界标"进行的批评，在我看来，并没有紧紧抓住徐良高论证第一期和第二期之界限为什么恰恰是武王克商之年这个最核心的问题作具体的分析。单从理论出发，且旁生枝节。而徐良高的反驳则在这些枝节问题上反复辩难，也往往脱离了讨论"商—周考古界标"的主旨。至于讽嘲挖苦，则是学术讨论的大忌。蒋先说徐"标新立异"，两人便把"标新立异"互相奉送。徐良高先用了一个"夷非所

［22］北京大学历史系考古教研室商周组：《商周考古》，文物出版社，1979年。

思"，我乍见还以为是排印的错误，后来两人又以这个用错的成语互相嘲弄，才明白两位都不明其典出《易经》而应该是"匪夷所思"。这恐怕在学术史上已经成为"笑柄"了。

我觉得，蒋祖棣在《难辩》中说得很对："在以地层学、类型学为基础的陶器分期研究中，推定各期绝对年代时都要使用'大约'、'略为'、'大致'等较为宽泛的词，以表示由陶器研究的局限性造成的、对所推出的绝对年代的最终意义上的不确定。"但是，他在《疑问》中批评徐良高在《报告》中的分期断代时，不必要地把话题转到泛泛讨论考古上的"渐序的"和"间隔的"分期，而且把徐良高的分期断代不确切地归纳为："以地层学、类型学为方法的分期研究中，用陶器作为间隔分期标志并附以明确王世，K文（按即指徐执笔的《报告》）可谓独创。"并挖苦说这是"令西周众百姓在新王登基时对陶器来个彻底的破旧立新"。这其实是越说越跑题了。徐良高的实际错误并不是要将陶器分期按王世分开，而是要分到比王世还小的时段。他的第一期是要把武王在位的年代，分为伐纣前和克商后两段，又要把第二期的下限定在成王在位的半当中。

徐良高对蒋的批评，一开始是想打马虎眼。在《辩难》中用一个打括号的附注，说他在《报告》中"对每期绝对年代推定时，均用词为'年代约相当于……'《疑问》一文引用时，均将之删去"。其实，若查《报告》原文，他在推定第三至五期年限时是有"时代约相当于"的话的，而在第一、二期是没有这话的。很明显的道理是，如果真有这样的话，所谓"商—周考古界标"就不能成立，他的发掘工作对断代工程的重大意义就不存在了。

其实问题的关键正在此！如果他真的同意在第一、二期的断代上也使用"年代约相当于"之语，那就应该痛痛快快承认考古分期的局限性，H18和T1④的碳十四测年就不能作为讨论武王克商年代的出发点。所以蒋祖棣在《难辩》中很高兴地说："徐君现在才来加这个小注，只能告诉读者，他的'商—周考古界标'的年代推断的确是有问题了。"其实蒋祖棣想错了。徐良高并没有真的觉得"有问题了"，而是在《周·崇·断代·文献》一文中继续振振有词地进行反质：

　　关于沣西地区的考古学分期，根据多年的诸多考古学家的研究成果和多组陶器和有铭铜器的共存关系，对1997年所发掘的遗存各期的年代相对应的王世作了一个推断，应不是无所依据，信口开河吧？

　　在我的文章中，我在推断沣西地区第一期文化属先周文化晚期时，给出了五条理由。……关于第二期定年为周初，是因为陶器组合中既有典型的第一期，即学术界所认同的先周文化因素，同时又出现了相当多的新文化因素，即商文化因素，具有明显的过渡性特征和文化交融现象。再加之我们对第一期定年的相关理由。……蒋先生在他的《论丰镐周文化遗址陶器分期》一文中，对于沣西地区先周文化的存在和年代认定是明确的，而何以现在非要勉强否定自己的观点呢？不知是有了新证据，还是仅仅是"为了否定而否定"呢[23]？

　　从这些答辩中可以看出，徐良高分明没有觉得自己的分期断代"真有问题"了，他振振有词地质问：你说我分的第一期是不是先周的？第二期是不是西周初的？既然你们大家，包括蒋祖棣，都认为第一期是先周的，我说它的下限就是武王克商之年，还有什么不对呢？这足以表明，徐良高并没有细读过先周文化研究的奠基者邹衡先生的《论先周文化》和《再论先周文化》两文。对邹先生所用的分期断代方法和所得的结论，都没有真正弄懂。

　　蒋祖棣在《疑问》中说，分期有"渐序的"（ordinal）——各期在时间上没有明确界限，相邻各期在时间上互有重叠——和"间隔的"（interval）——相邻各期在时间上彼此分开，不可能有交错——这样两种。由于我没有读过他所据引的外国考古著作，不敢妄加评说。但从实际考古研究的经验来看，究竟采用何种分期，是由研究对象的特点和研究方法来决定的。研究者并不总是可以按主观意愿想采用哪种就用哪种分期。例如，在研究多有纪年墓志铭的辽墓分期时，

---

[23]同注[9]。

我们可以采用具体的纪年作为分期的界限，按此总结有墓志的墓的各期特征，再把无墓志的墓按分期特征分归各期。当然这样做的结果是各期之间的时代是以明确的纪年分开的，相邻期的特征则会有交错重叠现象。而如果用纯地层学和类型学所作的以特定器物群为分期标准的考古分期，注定只能是渐序的分期。蒋祖棣说："在商周考古中，大概除董作宾以贞人集团为依据对卜辞进行的分期，间隔分期极少见到。"也许他是就董作宾的主观意愿而言的吧？因为单就董氏原分的贞人集团而言，后来的研究表明：第一期贞人年代可以下延到武丁之后，和第二期贞人的年代重合。所以说徐良高在《报告》中的分期是"间隔的"，也显然只能是就徐的主观意愿说的。然而徐采用的分期方法实际只能得出渐序的分期，绝不会因为徐的主观意愿而可以变成间隔的分期。这才是蒋祖棣应该着重论证却始终不曾具体论证的问题。

由于蒋祖棣在《疑问》中不恰当地把徐的错误扯到把分期和王世相联系，徐良高在答辩时引用了过去《沣西发掘报告》[24]和《1967年长安张家坡西周墓葬的发掘》中也有把分期和具体王世相联系的做法。其实平心而论，以陶器为分期标志而附以明确王世，并非不可行。邹衡先生在《试论殷墟文化分期》[25]一文中，就根据各期堆积中所包含的甲骨卜辞，把四期各自所大致相当的商王王世做了一一推定。而到了西周，则可用能确定王世的有铭青铜器为线索，来推定以陶器为分期标志的各考古分期的大体所属王世。但是，由于青铜器的型式演变一般比陶器要慢，而每件青铜器的沿用时代也比陶器要长，所以用青铜器来断定年代往往会使以陶器来分的期别在年代上发生交错重叠的现象，就像上文所引邹衡先生在《论先周文化》中所论第二期和第三期的年代一样。徐良高在分期和断代的论证中，基本上只限于陶器的排比，只提了一句第一期遗存中有"商末典型铜器"，并说"在此我们不予重点讨论"，而在第二期至第五期的断代时，一句都不提铜器的问题。这可以看出他对于西周考古分期和王世的联系，并

[24] 中国科学院考古研究所：《沣西发掘报告》，文物出版社，1962年。
[25] 邹衡：《试论殷墟文化分期》，《北京大学学报（人文科学版）》1964年4期。

没有通盘的了解，只是采用前人的成说。但是，在青铜器断代专家也没有总结出武王铜器和成王铜器有什么差别，成王前期铜器和成王后期铜器有什么不同的情况下，却能断言他的第一期的下限就是武王克商，第二期就是以成王前期为下限，这样的断代显然是不能取信于人的。

蒋祖棣在《疑问》中对第一期的下限就是武王克商倒没有过多追问，对第二期以成王前期为限则进行了火力很猛的攻击："在类型学研究上，有什么特征可以作为区分'成王前期'和'成王后期'的标志？什么样的器物、器形、组合、陶质、陶色、纹饰或比例统计可以作为区别'成王前期'和'成王后期'的依据？如果在类型学上拿不出铁证，又有什么参照物，什么标尺，什么工具，什么技术，什么方法，什么理论可以把'成王前期'的陶器和'成王后期'的陶器分开？……如果没有任何凭借，'成王前期'的推断是否可谓猜测？猜测而有违常理，是否可谓穿凿？"而且在《难辩》中再次全文摘引这一大段话，又追问了一次。当然他的问法不很恰当，因为徐良高已分出了第二期和第三期陶器的不同，完全可以说这两期陶器的不同特征就可以区分成王前期和成王后期。关键其实在于究竟有什么参照物来证明分期的界限是在成王前后期之间。这个问题是徐良高根本无法回答的，所以在他的答辩文章中干脆一字不答了。

徐良高其实直到现在还是没明白，为什么用地层学、类型学方法建立的分期，断代时一定要用"年代约相当于"之语，所以他在《辩难》中才侃侃而谈：

> 实际上，从道理上讲，考古学早晚期之间时间上是连续的，不可能交错重叠，这应该是有关时间的一个基本原理吧。只有某些具有跨时期继承、转变特征或长期使用的遗物遗迹在其早晚期归属上存在不确定性。
>
> 对于非直接地层关系的两个分属早晚期的考古堆积单位之间，在形成、使用上有不确定性，不一定是绝对的早晚关系，可能有交错重叠现象，这是对的。但是具体到97SCMT1内，具有直接叠压打破关系的一组堆积单位H18、T1④、H16、H11、

H8、T1③之间，且不说它们之间陶器群组合上明显不同，可以分出早晚期来，就是从形成时间上，彼此是有先后的，彼此间的时间界限是可以分开的，不可能有重叠[26]。

由此可见，他认为，年代可能交错重叠的只有分期归属难以确定的单个的遗迹、遗物，还有不发生叠压打破关系（被他不恰当地称为"非直接地层关系"）的分属相邻两期的堆积单位。而"考古学早晚两期之间时间上是连续的，不可能交错重叠"。既然如此，每一期的上下限是可确定的，加一句"年代约相当于"，只是表示伟大的谦虚，而不是科学上的必要了。

其实，徐良高应该知道，你发掘的H18和T1④在形成年代上是有先后的，形成时间上不可能交错重叠。但你在考古学上把H18定为第一期，把T1④定为第二期，则是根据它们各自包含的陶器群。而你所分的第一期、第二期陶器群，用纯考古学方法论证所代表年代，到目前为止在武王克商前后是互相重叠的。所以，你不能用这两个单位在形成时间上的不重叠，来否定第一期和第二期的陶器群在所代表年代上的重叠。所以你的第一期和第二期的断代都必须加上"年代约相当于"，才是老老实实的科学态度。

蒋祖棣没有把与徐的争论重点放在第一、二期的界限上，而是放在第一期和第二期的所定年限都太短上了（他给具体算了算是第一期12年，第二期15年）。对于第二期，蒋认为下限只到成王后期是毫无根据的。这一点我完全赞成。徐良高没有进行实质性的反驳。而第一期蒋认为上限应在文王作丰之前，而且提出了此地先有崇国遗存的问题，在我看来文献根据并不有力，我还是赞成像许倬云先生《西周史》[27]中取俞樾崇在嵩山之说。关于这个问题的讨论不想在这篇文章中展开了。

蒋祖棣为了攻击第一、二期推定的年限短，一是提出"十年一期

---

[26] 同注[7]。

[27] 许倬云：《西周史》（增补本），生活·读书·新知三联书店，2001年，91页。

太离谱"，二是讽刺第一期只有12年而第六期是108年，"考古分期研究，为何偏要形成'以一当十'之势"？

关于"十年一期太离谱"这种一般性的泛论，实际只能用于第二期的15年，而并不适用于第一期的12年。徐良高对第一期的12年答辩道："在丰镐地区的先周文化实际上只是先周文化最晚的部分，而不是先周文化晚期的全部。"也就是说，假设在文王作丰之前这里没有人烟，而先周文化晚期的陶器群在其他地区已经存在了几十年，但在最后的12年中才由作丰邑的人们带到丰镐地区，那么丰镐地区先周文化的年代跨度只有12年，并不等于先周文化晚期陶器群的存在年代也只有12年。但徐良高对第二期只有15年却并没有作出令人信服的解释，是他全部答辩中最失败的地方。关于"以一当十"的问题，被徐良高轻易地用"我们怎能设想文化面貌的发展变化是匀速的呢"？一个反问就回答了。后来两人又在这个问题上纠缠了一番，是无关主旨的。

三

蒋祖棣在《疑问》中说到他为什么要在"商—周考古界标"这个问题上多作一些陈述，有四个原因，其中第四个原因是："由于未经考古训练，多数传统研究西周年代学的学者，对来自考古的证据少有能力进行评审。"我也出于同样的心情，对所谓"商—周考古界标"作一个考古学方面的评说。也许话说得重复啰嗦了些，既怕非考古的学者仍然看不懂，又怕非考古的学者不耐烦看。不过我觉得有一点在最后还应该强调一下。考古学固然可以提供很多文献所不能提供的史料，但考古学又有自己的学科局限性。在多学科合作的断代工程中，既应该充分发挥各学科的优长，也应该充分重视各学科固有的局限性。这才不致在多学科整合时，因为对别的学科缺乏专门知识，而不适当夸大了某学科的能量，误用了不确切的成果。我想，如果是邹衡先生来主持各学科研究成果的整合，他就肯定不会把从考古学上不能证明和武王克商之年密合的先周期单位和西周早期单位所测的碳十四数据，作为研究武王克商年份的出发点。这项数据实际只能和殷墟四期下限的碳十四测年、琉璃河燕国墓葬上限的碳十四测年、曲村晋国墓葬上限的碳十四测年放在并列的地位，一起来为考虑武王克商的可能年代范围提供参考。

这里还要略谈几句我其实完全外行的碳十四测年。根据断代工程碳十四测年方面的首席专家仇士华的介绍，单个碳十四年代数据要转换为日历年代，"可以从碳十四—树轮年代的曲线上找到相应的树轮年代，根据碳十四年代的误差找出相应的树轮年代范围"就行了。不过由于树轮校正曲线是非线性的，一个碳十四年代相对应的往往并不是单一的树轮年代值，结果，原来误差很小的碳十四年代数据，对应的树轮年代范围却相当大。"所以单个碳十四年代数据还是不能准确断代"。因此，断代工程使用了：1."树轮系列样品碳十四年代数据的曲线拟合方法"。即如果有木头的测试样品，而其年轮可以清数，且有数十年以上，则可每隔10～20轮取一样，连续取若干个样，分别测出碳十四年代数据，再和树轮校正曲线匹配拟合，可把木头的生长年代定准到误差不超过10年。例如，陕西长安张家坡西周大墓、北京琉璃河西周大墓，都出大量保存完好的椁木，可测出椁木被砍伐的年代，用以讨论墓主人入葬的年代。2."层位连续的系列样品碳十四年代数据的曲线拟合方法"。即"对于田野发掘的考古层位明确的系列样品，在时间间隔方面，虽不如树木年轮那样规整，但在时代上的早晚次序是明确的，也同样可以利用同高精度树轮校正曲线相匹配拟合的办法"。沣西97SCMT1的那一组叠压打破关系中各堆积单位所获的碳十四测年数据，是通过这种匹配拟合才得出武王克商年的日历年代范围的，按仇士华的说法："武王克殷的年代问题，碳十四测定并不能直接得出需要的年代，而考古材料也不能直接提供武王的碳十四样品。考古材料实际提供的样品是从先周开始到西周，先后分为若干期。将这些有先后次序的样品测出碳十四年代后，对照高精度树轮校正曲线作匹配拟合研究，然后根据武王克殷时代应属哪一期，比谁早，不比谁晚等，才能推定和估计具体年代。分期越细，数据越多，年代的误差就越少。最后同历史观点和天文历法推定的结果作比较研究，如果同天文历法推定的结果一致，就可以倾向于肯定武王克商的绝对历史年代是哪一年。"[28]

由这些话可以提出三点认识：

（一）对于每个碳十四测年最后拟合成什么日历年代，考古提供什么样的信息起相当大的作用。怎样分期，每一期占多长时间，直接影响匹配拟合的结果。而且仇士华在文章中还说，这种方法在把碳十四年代转换成日历年代时的原则之一，是不但要在年代上符合层位序列关系，还要"照顾到层次的时间跨度"。而分期和各期（或各层位）的断代，虽然是以考古对象为客观基础，却不可能不加进考古工作者的主观认识。这种加进了考古工作者主观影响的拟合效果，可靠程度显然不能和"树轮系列样品碳十四年代数据的曲线拟合方法"同日而语。

（二）得到日历年代后，具体推定武王克商年代还要取决于"武王克商年代应属于哪一期，比谁早，不比谁晚等"。而这正是考古学上还不能确切回答的。如按原先邹衡的论证，只能说克商可能发生在第一期，也可能发生在第二期。而现在的推定，肯定是以徐良高主张的克商一定晚于第一期，一定早于第二期，才能定出一个较小的年代范围。既然如此，这样得出的武王克商年代范围，究竟有多大的可信度？

（三）即使以上两方面可能导致的偏差，仇先生因为相信考古学上提供的信息而没有察觉出来。他站在自己学科的立场上，还是认为所得的结果应该同历史观点和天文历法推定的结果作比较研究，如果同天文历法推定的结果一致，也只可"倾向于肯定"是哪一年。那么，在《简本》里提出的首先用关键性的考古遗址碳十四测年来缩小武王克商年的范围，似乎也不是碳十四测年专家原来就主张的技术路线。

综上所述，在考古学中由层位学和类型学方法划定的先周期和西周初期并不能以武王克商之年截然分开，这两群各有特征的陶器群所

---

[28] 仇士华、蔡莲珍：《碳十四断代技术的新进展与夏商周断代工程》，《考古》1997年7期。

代表的年代在武王克商前后是交错重叠的。因此，把97SCMT1的西周初期地层叠压先周期灰坑的地层关系称为"商—周考古界标"是不科学的。参加断代工程的碳十四测年方面的专家，听信"商—周考古界标"的错误主张而获得的武王克商的年代范围的科学性自然也受到影响。《夏商周断代工程1996～2000年阶段成果报告（简本）》在对多学科的研究成果整合时，把这样得到的武王克商年代范围作为推定武王克商年的出发点，不能不说是很明显的败笔。

　　载《吉林大学社会科学学报》2004年5期。后收入《林沄学术文集（二）》，科学出版社，2008年。

# 鲜卑族的金、铜马形牌饰

　　《文物春秋》2002年第4期发表了1件金马饰（图一，1），据报道是1986年在河北赤城县马营村村民割草时发现的。同出还有绿松石珠和骨管的串饰，估计是墓葬所出。李树涛撰文介绍此器时说是"春秋时期的鄂尔多斯式金马佩饰"[1]，他大概是根据《中国青铜器全集·15·北方民族》图版一五六的居中1件铜牌饰与此形状相似，据郭素新写的说明，将其定为春秋晚期，并注明是1974年在鄂尔多斯征集的[2]。而田广金、郭素新合著的《鄂尔多斯式青铜器》一书中已收入此件牌饰（图一，2）[3]。实际上，田、郭两位对这种牌饰的年代判定是不正确的。《文物春秋》同年第6期乔梁撰文将此器和1983年内蒙古察右后旗三道湾出土的2件金马饰和1件铜马饰比较（图一，3～5）[4]，认为马营村金马饰的"年代及性质应当同三道湾墓地同类饰牌相一致"，改定为东汉晚期至魏晋阶段的鲜卑遗存。而且，文中还强调了这种饰件既不是带饰，也不是悬挂的佩饰，而是连缀在衣物或其他物体上的饰牌[5]。这些意见无疑都是正确的。

　　应该指出，形制相同的马牌饰，已经发现的不止这两处，先将已

[1]李树涛：《一件春秋时期的鄂尔多斯式金马佩饰》，《文物春秋》2002年4期，67页，照1。

[2]《中国青铜器全集·15·北方民族》，文物出版社，1995年，50页，图版一五六，图版说明。

[3]田广金、郭素新：《鄂尔多斯式青铜器》，文物出版社，1986年，88页，图五六，8。

[4]乌兰察布博物馆：《察右后旗三道湾墓地》，《内蒙古文物考古文集（一）》，中国大百科全书出版社，1994年，407～433页，图一一，1；图一四，1、2；彩版壹之右上。

[5]乔梁：《赤城马营村金马饰牌的年代与族属》，《文物春秋》2002年6期。

图一　马形牌饰集成

1、4～6、11、16.金　余者为铜

发表图像者按发现年代先后列举如下：

　　1956年在辽宁西丰县西岔沟墓地出过铜的（图一，7）[6]。

　　1979年在青海互助土族自治县泽林大队二队的土洞墓中出土1件铜的（图一，17）[7]。

　　1990年在吉林大安县后宝石墓地出土过3件铜的（图一，

[6] 孙守道：《"匈奴西岔沟文化"古墓群的发现》，《文物》1960年8、9期合刊，25～35页，照7。

[7] 许新国：《青海省互助土族自治县东汉墓葬出土文物》，《文物》1981年2期，95页，图二。

8～10）[8]。

1990年在山西右玉县善家堡墓地M1出土过1件金的（图一，6）[9]。

1990年在河北滦县塔坨墓地M1、M11出土过2件金的（图一，11、16）[10]。

1998年在内蒙古商都县东大井墓地M4出土过1件金的，只残存上部小马[11]。

此外，目前所知曾出土类似马形牌饰的地点，还有2件出自内蒙古哲里木盟（其中1件确知在开鲁县的福兴[12]），1件出自青海海南藏族自治州共和县[13]，1件出自内蒙古四子王旗井滩古墓[14]，见于著录而出土地点不详的还有赛克勒早年在中国收购的4件铜的（图一，12～15）[15]。

综观以上各例，马的造型似乎可分为两大类。第一类是单匹的马，除马营村外，只有善家堡M1。其他的都是大马背上附一小马。不过善家堡那件简报没有说明尺寸，所以也有可能是像商都县东大井那样是残存的大马背上的小马。所以乔梁在他的论文中对马营村的那件单匹马也产生怀疑："究竟是原器就是如此，还是有所改变。……希望收藏者注意观察。"不能说没有道理。无论大马还是小马，前额都有一突出的菌状物。乔梁认为这样的动物是自然界不存在的，所以推测是拓跋鲜卑南迁时先行导引而使部众走出九难八阻的神兽。实际上，从写实性质较强的西岔沟出土的1件来看，此菌状物并不很

---

［8］郭珉：《吉林大安县后宝石墓地调查》，《考古》1997年2期，85、86页，图一，2～4。

［9］王克林等：《山西省右玉县善家堡墓地》，《文物季刊》1992年4期，1～21页，图版叁，8。

［10］唐山市文物管理处等：《滦县塔坨鲜卑墓群清理简报》，《文物春秋》1994年3期，1～8页，图版一，20、21。

［11］魏坚：《内蒙古地区鲜卑墓葬的发现与研究》，第三章《商都县东大井墓地》，科学出版社，2004年，图一一，7；彩版壹肆，3。

［12］郭珉：《白城市发现东汉匈奴遗址》，《博物馆研究》1997年1期。

［13］同注[7]，96页。

［14］盖山林：《阴山岩画·岩画的时代探索》，内蒙古人民出版社，1985年。

［15］Emma C. Bunker. *Ancient Bronzes of the Eastern Eurasian Steppes from the Arthur M. Sackler Collection*. New York, 1997. 283页，No.251、No.251.1、No.251.2、No.251.3。

1

2

图二　鬃饰

大，位于竖起的马耳之前，完全可以理解为前额的鬃髻。武威晋墓中出土的铜奔马[16]，耳前的额部也有一束如火炬状的突出物（图二，1）。顾铁符以为是肉角[17]，而胡平生说："骑手或驭者常把马头顶的这缕鬃发细心梳理，巧为装扮。"并举例说明在出土的秦汉时代的铜马、陶马及壁画中，马匹的这缕鬃发有各种形式[18]。胡平生的意见无疑是正确的。可以补充的是，在辽墓壁画中的马，常常表现把前额的鬃发扎成辫形，向前伸出颇长（图二，2），如果把扎绳上移，使辫梢加长而散开，则可成为鲜卑马牌饰前额鬃髻的式样了。三道湾M15出土的金马牌饰在额头的菌状物的周缘和颈上鬃毛周缘表现手法相同（图一，5），赛克勒收藏的V-7043也是如此（图一，12），可见菌状物确是由鬃毛构成。而且，拓跋鲜卑历经九难八阻到达匈奴故地，是东汉后期的事。西岔沟墓地从发现的铜镜来看，主体部分应属西汉中期，最晚不过西汉晚期。因此把额有菌状物的马解释为拓跋鲜卑历史传说中的"神兽"，在年代上是不能成立的。如果我们把这种马额上的菌状物，作为鲜卑特定的鬃髻式样，而和同源于东胡的契丹鬃髻式样作历史的联系，显然合理得多。

---

[16] 铜奔马所出之墓，原称武威雷台汉墓，后何双全认为应改定为晋末前凉初，吴荣曾据墓中出三国始铸的五铢小钱证明何说为是。见吴荣曾：《五铢钱与墓葬断代》，《古代文明研究通讯》，2002年。

[17] 顾铁符：《奔马·"袭乌"·马式》，《考古与文物》1982年2期。

[18] 胡平生：《"马踏飞鸟"是相马法式》，《文物》1989年6期。

　　从比较这些马形牌饰的形状可以看出，这种有很强传统性的造型，大概是反复翻制之故，产生种种变形。大马背上的小马变形尤其严重。以致像滦县塔坨的简报把大马背上的小马都看成了"走兽"。

　　过去，出有这种带菌状鬃鬐马牌饰的遗存，每被定为匈奴遗存。如西丰西岔沟[19]、青海互助县泽林墓（包括出相同牌饰的共和县的发现）[20]、吉林后宝石墓[21]。这是因为研究者对北方地区的动物纹牌饰了解不够深入，见到汉代以后的动物纹牌饰往往以为是匈奴的。实际上，从这种马形牌饰的共存牌饰看，它常与相随的2～3只站立的鹿牌饰、单只的屈足鹿牌饰伴出。这三种牌饰在已可确知的匈奴墓中都是不存在的，而在现在考古界公认的鲜卑墓中，每有三鹿纹牌饰发现，例如1959年在扎赉诺尔墓群中发现4件[22]、1986年在该地的M3002中又发现1件[23]。而金的这种牌饰也见于辽宁义县的慕容鲜卑的石椁墓中[24]。由此可知，我们可以基本上把这种马形牌饰作为鲜卑遗存的一种代表性器物。在目前已发现马形牌饰的诸墓地中，只有西丰西岔沟墓地因为出土很多西岔沟型铜柄铁剑而肯定不是属于鲜卑遗存。"西岔沟墓地的文化属性和族属，应留待正式报告发表而弄清遗存全貌后再行讨论"[25]。但现在可以肯定的是，该墓地和老河深墓地一样，受到鲜卑文化的影响。

　　作为鲜卑文化的代表性器物的马形牌饰出现于青海，应该和慕容鲜卑的吐谷浑部西迁有关。《晋书·吐谷浑传》记载，吐谷浑部先西附阴山，"属永嘉之乱，始度陇而西"，则这种马形牌饰应该是在晋末之后才能分布到青海地区的。所以原先把青海出这种牌饰的墓定为

［19］同注[6]。

［20］同注[7]。

［21］同注[12]。

［22］郑隆：《内蒙古扎赉诺尔古墓群调查记》，《文物》1961年9期，16～19页，图四，2。

［23］内蒙古文物考古研究所：《扎赉诺尔古墓群1986年清理发掘报告》，《内蒙古文物考古文集》，中国大百科全书出版社，1994年，369～383页，图一一，1。

［24］刘谦：《辽宁义县保安寺发现的古代墓葬》，《考古》1963年1期，53页，图一。

［25］林沄：《西岔沟型铜柄铁剑与老河深、彩岚墓地的族属》，《林沄学术文集》，中国大百科全书出版社，1998年，365页。

汉墓是不对的，年代应改定为4世纪初或更晚一些。

　　青海出土的这种马形牌饰的一个特点，是马腹之下有明显的一对马镫。20世纪80年代，丰洲在简报报道它是出于东汉匈奴墓的背景下，认为"青海出土的东汉马镫比长沙西晋的单镫要早一二百年，比南京象山所出土的双侧马镫的时间距离还要长些。中原内地的马镫的使用，看来是在斯基泰——匈奴文化的影响下发生的"[26]。我们现在已经确知这件有双马镫的牌饰，应该是永嘉之乱（311年）以后之物，则肯定比长沙永宁二年（302年）西晋墓出土的马鞍左侧有单马镫的骑马俑[27]年代要晚。但是，双马镫的出现年代，目前有明确年代的只有北燕的冯素弗墓，据史载冯素弗的卒年，该墓不早于415年[28]。然而据共存器物可推定年代属东晋早期的，尚有南京象山7号墓的有双马镫的陶马俑[29]，辽宁朝阳1982年在袁台子发掘的壁画墓中出土的马镫实物[30]等。所以，就现有资料而言，我们不能断言泽林出土的这件有双马镫的牌饰一定是年代最早的，但不能排除双马镫是草原游牧的鲜卑等民族首先发明的可能。

　　载《边疆考古研究》第3辑，科学出版社，2004年。后收入《林沄学术文集（二）》。

［26］丰洲：《考古杂记（一）》，《考古与文物》1983年1期，104页。

［27］湖南省博物馆：《长沙两晋南朝墓发掘报告》，《考古学报》1959年3期，75～105页，图版拾贰，3。

［28］黎瑶渤：《辽宁北票县西官营子北燕冯素弗墓》，《文物》1973年3期，2～28页，图一三、四二、四三。

［29］南京市博物馆：《南京象山5号、6号、7号墓清理简报》，《文物》1972年11期，23～41页，图三八。

［30］辽宁省博物馆文物队：《朝阳袁台子东晋壁画墓》，《文物》1984年6期，29～45页，图二九，1；图四六。

# 春秋战国时期中国北方文化带的形成·序

  杨建华的这本书，是她花了三年多时间写成的。我很高兴的是，她在近年把研究的重心，从遥远的西亚移到了中国的北方，这使我有了更多的机会，可以和她一起讨论我比较熟悉的考古学问题，对我的研究无疑有极大的启发和促进作用。应该说，中国先秦时期的北方考古又增添了一名生力军。

  这本书的基础是她在2001年初夏答辩的博士论文，后来以《东周时期中国北方文化带形成初探》为题发表在2003年5月出版的《燕京学报》新十四期。那篇论文是我指导的，但基本见解都是她的，和我的看法并不一致。我印象最深的三点：一是她通过很细致的排比和分析资料，把长城地带春秋中期到战国晚期的遗存统一分了期，提出了"前双鸟回首剑的时代"、"双鸟回首剑及其变体的时代"、"立体和浮雕动物纹饰时代"这样三个大时段的划分法。这使原来《鄂尔多斯式青铜器》所拟构的分期体系受到了重大冲击。而且，她在分期中试用的contextual seriation方法，可能会对一直只用器形渐变序列排队的中国考古界，带来些许清新之风。二是，因为有了较细的分期为依据，总结出了长城地带从早期的分属不同历史文化区，到中期的各地实用性器物出现了极大的相似性，到晚期的装饰风格也达到高度一致。这一趋势的描绘或许还不大全面，但很有启发性。三是，对长城地带东周时期的游牧化程度，提出了"整个北方地区的西部，即内蒙古西部和甘宁地区（庆阳除外）的游牧程度最高，北方地区的东部游牧化程度不大发达"。这就比我在1992年写的《关于中国的对匈奴族源的考古学研究》一文中对长城文化带的认识，要大大深入了一步。

论文答辩通过之后，我知道她一直在修改和充实，但详情就不清楚了。这次出版前又粗粗读了一遍书稿，感到又增加了很多新的内容，除了补进了陆续发表的新资料外（最新的是《文物》2003年7期上甘肃清水县刘坪的器物），对一些有疑问的器物群的断代作了进一步的探索。特别是针对答辩时李伯谦、方起东等先生指出的研究视角不够宽的问题，努力克服。

一、从伦福儒《游牧和社会问题》一文把欧亚大草原经济类型发展总结为四大阶段，来看中国北方草原地带的经济类型发展。总结出春秋中期以前中国北方草原也是农牧混合型经济，春秋中期以来才是游牧化的阶段。

二、在分析不同遗址反映的游牧化程度时，加强了民族学材料的比照。补充了新的民族学调查资料，包括2002年杨建华本人在呼伦贝尔草原所作的调查。

三、在研究文化现象时，加强了北方长城地带和邻区的对比。不但增加了与同期东北、新疆的比较，而且大大加强了和更北方草原地区的比较。

四、更深入地认识文化带这一概念，从地理、政治、人口、文化、经济多角度考察，并和亚述帝国和安纳托利亚高原之间的关系进行了比较的思考。

因此，我认为不仅是这本书的作者本身力图在从更高更广的视角来审视自己所研究的问题，阅读这本书的人也会受到影响，从而逐步强化中国考古学界的新风气。

中国北方草原是欧亚大草原的东南边沿，这片草原在中国历史上起过两个重大作用。一个是起了中国中原地区和西方交流的大通道的作用，特别是在海路交通发达以前，起到了主要通道的作用；另一个是孕育出一批和大河流域农业居民完全不同的游牧民族，这些游牧民族，在和农业居民互相依存又互相斗争的过程中，不断给中国历史增加活力，推动发展。而且不断给中华民族的融合输送新鲜的血液，在中国发展成今天的版图的过程中，起了极重要的作用。

　　中国自古号称"以农立国"，旧的中国史观把中原农耕地区看作中国的本土，把草原上的游牧民族视为异族，甚至敌国。所以北方草原的历史记载远不如中原地区详尽，而如今北方草原考古的发展也滞后于中原地区考古。这首先是因为这方面的专业人员少。所以在做北方草原考古的综合性研究时，一上来就会遇到资料在时空两方面的严重缺环。例如，春秋晚期以前，长城地带中西部地区缺乏较好的墓葬材料。战国晚期的考古发现也很少。而已有的资料又往往不完整。例如，不少墓地没有颅骨的人种鉴定报告，殉牲的种类连山羊和绵羊都不分。至于在资料发表上的种种缺欠，就更是不胜枚举。因此，在做综合性研究时，往往只能回避一部分问题，对另一部分问题则用推测和假设来勉强解答。杨建华的这本书中自然不可能没有这类情况。我恳请在北方草原地区有实际工作经验和掌握未发表资料的同行们，能对这本书中的种种疏漏欠缺之处，不吝指教。同时也深信，她这本书中提出的一些重要见解，会对今后北方草原考古中应该思索的问题、工作的重点、采用的方法、研究的取向，都会有所补益。

　　盼望中国北方草原考古的春天快快来临！

　　载杨建华《春秋战国时期中国北方文化带的形成》，文物出版社，2004年。后收入《林沄学术文集（二）》。

# 所谓"玉猪龙"并不是龙

　　20世纪80年代初，正当侯德健的校园歌曲《龙的传人》唱遍了港台，也唱遍了大陆之时，孙守道和郭大顺两位先生在《文物》上发表了《论辽河流域的原始文明与龙的起源》一文（下文简称《论起源》），文中介绍了当时已经发现的属于红山文化的似龙形玉器，并提出"龙首形象最初来源之一当与猪有关系"的论点[1]。同时《文物》首次发表了1971年在内蒙古翁牛特旗三星他拉红山文化遗址由村民偶然掘得的"玉龙"（图一，3）[2]，并由孙守道专门撰文论证了以前发现的应属红山文化的"兽形玉雕"（图一，1、2）和这种"玉龙"构成一种形态上的"演进的序列"[3]。前此所知的这种"兽形玉"已

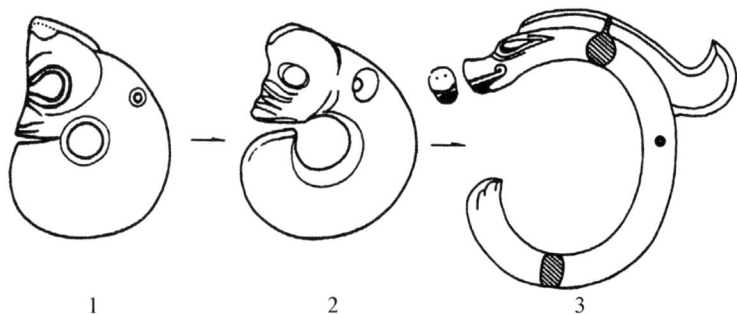

图一　孙守道对"玉龙"演变的设想
1.巴林右旗羊场　2.辽宁省博物馆　3.翁牛特旗三星他拉

[1]孙守道、郭大顺：《论辽河流域的原始文明与龙的起源》，《文物》1984年6期。
[2]翁牛特旗文化馆：《内蒙古翁牛特旗三星他拉村发现玉龙》，《文物》1984年6期。
[3]孙守道：《三星他拉红山文化玉龙考》，《文物》1984年6期。

达十多件，但均非发掘品，后来在辽宁建平牛河梁第二地点1号石冢的M4中发掘出2件同类玉器，足证确属红山文化[4]。此外，在辽宁喀左东山嘴红山文化遗物中，方形基址的南墙内曾发现过"双龙首璜形玉饰"（图二，1）[5]。辽宁凌源三官甸子（此遗址后来改称"牛河梁第十六地点"）石棺曾出土一件"三连孔玉饰"（图二，2）[6]。这些玉器，就成为孙、郭二位先生论证"龙首形象最初来源之一当与猪有关系"的依据。

此说一出，影响甚巨。苏秉琦先生肯定了这种意见，1985年在晋文化研究会的发言要点中就提到了牛河梁和东山嘴"出的猪头蛇身玉雕龙，和简化玫瑰花朵彩陶盆共生"[7]，从而提出"华山玫瑰燕山龙"的著名设想。于是，不但原来被较客观地称为"兽形玉"的勾形玉器被定名为"玉猪龙"，而且在考古界引起了在各地新石器时代文化寻找龙的起源的热潮。

其实，我们可以首先从所谓"玉猪龙"和三星他拉"玉龙"的造型看看，究竟有多少猪的特征。第一，"玉龙"以长鬣为特征，《论

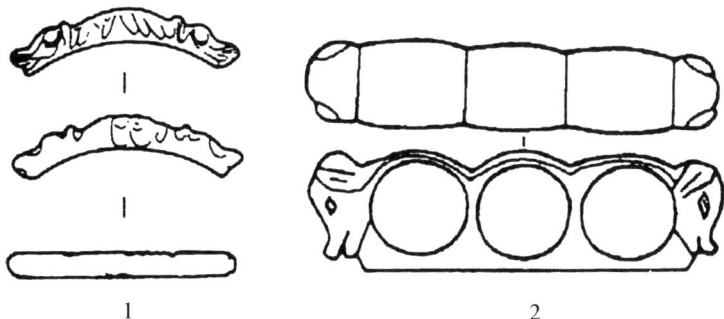

图二　所谓"双龙首玉璜"和"双猪首玉饰"
1.喀左东山嘴　2.凌源三官甸子（牛河梁第十六地点）

[4]同注[3]。
[5]郭大顺、张克举:《辽宁省喀左县东山嘴红山文化建筑群址发掘简报》,《文物》1984年11期。
[6]李恭笃:《辽宁凌源县三官甸子城子山遗址试掘报告》,《考古》1986年6期。
[7]苏秉琦:《晋文化问题——在晋文化研究会上的发言（要点）》,《华人·龙的传人·中国人——考古寻根记》,辽宁大学出版社,1994年。

起源》说是"表现猪体形象所必有的特征",而"玉猪龙"却恰恰连
短鬣都没有。第二,"玉猪龙"有"宽厚的双耳",似乎可以算猪的
特征,但"玉龙"却是无耳的。第三,"玉龙"的吻特长,鼻孔在截
平的端面上,《论起源》说是"猪首特征"。可是"玉猪龙"的吻极
短,很大的横向拉长的鼻孔和眼睛挤在一起,和"玉龙"的差别十分
显著。第四,"玉猪龙"的双目大而圆,"玉龙"的双目细而长。所
以,两者虽在总体造型上勉强可以说有相近之处,实在难以说成是源
于同一种实有的动物形象。要说都是像猪,是无法令人信服的。所谓
的"猪的特征"实际是从两件文物分别抽取而凑成的。

　　《论起源》中作为"玉猪龙"头部像猪的旁证的,是辽宁凌源三
官甸子石棺出土的所谓"双猪首三连孔玉饰",在试掘简报中它干脆
被命名为"猪头形玉饰"了。按简报中所发表的线图来看,此器两端
的动物头,似垂上阔下尖之大耳,活像驯化的家猪。可是从后来发表
的彩色照片看,其耳的轮廓或有近似猪耳之处,但耳的周廓明显鼓
起,而中间凹下[8],所以,以孙守道先生为顾问、郭大顺先生为主编
的《牛河梁遗址》一书中,已把该器改名为"双熊首三孔玉饰"了。
像这样一件基本上是写实手法的玉雕,尚且或可说是猪,或可说是熊
(大概这和有的研究者认为红山文化与黄帝有熊氏的遗存有关吧),
可见要确定"玉猪龙"和"玉龙"这样显然不是自然界实有的造型究
竟为何物,是很困难的。从女神庙与山台的连线向南遥望,可见一形
似有耸起双耳的兽头的山峰。当"猪龙"说盛行时,孙守道先生曾指
给我看说:"这像不像猪啊?太像了!我给它起名叫猪山了。"而现在
在《牛河梁遗址》一书中,这个山峰也改称为"猪(熊山)"了。

　　至于东山嘴出的玉璜,也被当作"猪首蛇身玉雕龙",现在可以
肯定是一种误解。这件玉器雕得比较模糊,两端的所谓"龙首",有
耳,目细长,吻较长,鼻孔作较大的水滴形,可以说是处于"玉猪
龙"与"玉龙"之间。但是,由于它是在璜形器的两头,所以不论它
像不像猪,反正不能是"龙首"。

---

[8]朝阳市文化局、辽宁省文物考古研究所:《牛河梁遗址》,学苑出版社,2004年,75页。

　　过去，考古出土的和传世的玉璜之有纹饰者，有不少两端均有动物形头部，一般常误以为是龙首。其实，璜这种玉器是反映古代人心目中的虹的[9]。甲骨文中的虹字就是表现古人想象中的虹这种神物。它的两个头都能饮水。于省吾先生已引不少古籍证之，不烦一一举证[10]。甲骨文中虹字头部的表现方式，和龙完全不同，没有龙头上那种角（图三，1～3）。综观考古发现的古代玉璜之有表现头部纹饰者，也都不表现角，而明显表现其耳（图三，4～7）[11]。

　　过去考古报告描述玉璜纹饰时，也往往不加细察而误称为"龙首"。只有太不像龙的才称为"兽首"[12]，其实周、秦、汉各式虹首的形式，是一脉相承的。二里冈过去出土的大批铜璜也印证了这一点（图四）。这反映了对虹这种能饮水的两头神物的见解在我们先民中是长期不变的。所以宋代颇有科学头脑而注意实际观察的沈括，在《梦溪笔谈·异事》中仍记载："世传虹能入溪涧饮水，信然。……虹两头皆垂涧中。"现在在红山文化中发现的玉璜，也作无角而双耳的双首形，可见这种对虹的见解在遥远的新石器时代就已经在相当大的地理范围内形成一致性，其意义实在非同小可。但这毕竟跟龙是两回事，更与猪首无关。

　　孙机先生对于"玉猪龙"像猪头之说也是不赞成，但认为还是原始的龙，而称之为"蜷体玉龙"[13]。他主张：是不是龙"本有现成的客观标准，最直截了当的鉴别方法就是以我国最早的文字甲骨文中象形的龙字（ ）为据，这个字的特点是，前有大头，后部为几乎蜷曲成环形的短躯；可以说，凡与之相同或相近的形象即龙"。他这

［9］翟杨：《虹与龙》，《华夏考古》1998年2期。但此文言虹的头上有角，不确。

［10］于省吾：《甲骨文字释林》，中华书局，1979年，2～5页。

［11］图三，4，见河南省文物考古研究所等：《上村岭虢国墓地M2006的清理》，《文物》1995年1期，彩版二，3，上村岭M2006出土，西周晚期。图三，5，见《中国玉器全集》3，河北美术出版社，1993年，128页，图一九六，辉县固围村1号墓祭祀坑出土，战国中期。图三，6，见《中国玉器全集》4，9页，图一一，西安联志村出土，秦。图三，7，见《中国玉器全集》4，35页，图四五，广州南越王墓出土，西汉前期。

［12］见《中国玉器全集》4，把图一一那件联志村出土的称为"玉兽纹璜"。

［13］孙机：《蜷体玉龙》，《文物》2001年3期。

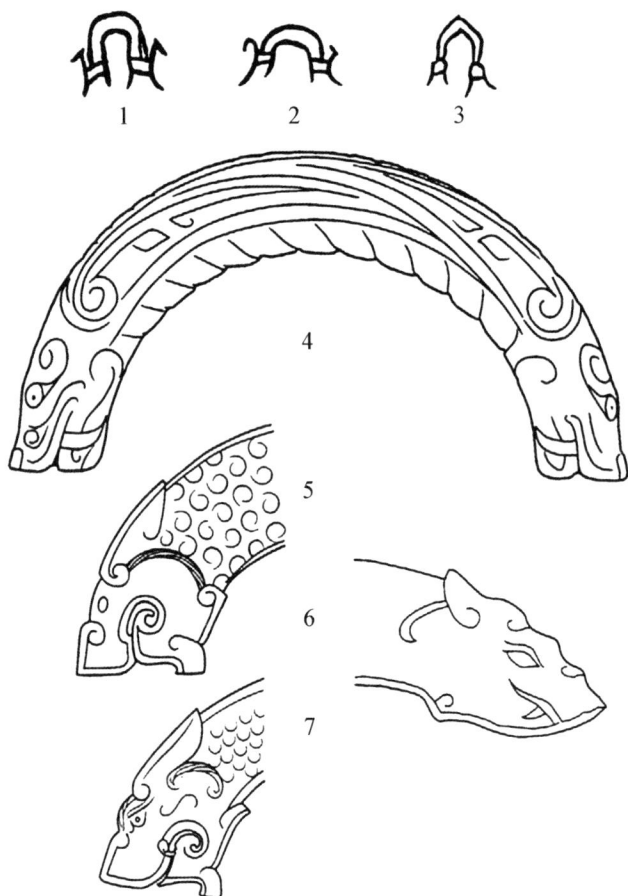

图三　璜和虹

1～3. 甲骨文中的"虹"字　4. 陕县上村岭 M2006 出土西周晚期玉璜　5. 辉县固围村 M1 出土战国玉璜（局部）　6. 西安联志村出土秦代玉璜（局部）　7. 广州南越王墓出土西汉前期玉璜（局部）

种以甲骨文龙字字形来辨别是龙非龙的标准的见解，我是完全同意的，但是被他当作比🐉更原始，更接近龙之原形的🐚字，其实却不是龙字。

　　孙机先生所举出的🐚字，在《甲骨文编》中是被视为龙字的，而且列在头几栏，后几栏才是作🐉形的。后来金祥恒《续甲骨文编》、徐中舒主编的《甲骨文字典》、常正光主编的《甲骨金文字典》、高明《古文字类编》也都视为龙字的一种写法。这种见解是罗振玉最早提出来的。但早在1939年，唐兰在《天壤阁甲骨文存》的释文

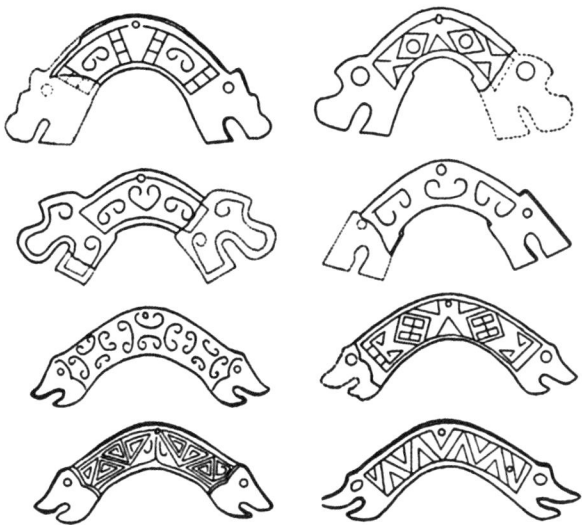

图四　郑州二里冈出土的铜璜

中就已经提出了不同的看法：他认为，龙字的字形是"蚪曲而尾向外"，而🐍、🐍、🐍、🐍等形是"蟠结而尾向内"，"其形迥异"，所以不是同一个字。今天看来，唐兰先生把这些"蟠结而尾向内"的字形，从龙字中区分出来是完全正确的。可惜的是他又把这些字形和🐍字混为一谈了。他从🐍、🐍等字形推测，"像龙蛇之形，而非龙非蛇"。因为《史记·封禅书》有"黄帝得土德，黄龙地螾见"，《说文》有"螭，若龙而黄，北方谓之地蝼"。认为《说文》的"地蝼"就是"地螾"之误，推论螾就是螭。而且主张卜辞"允有🐍"的🐍字，应读为《诗经·正月》"忧心悻悻"的"悻"，或《说文》"㤪，忧也"的"㤪"[14]。后来，严一萍[15]、丁骕[16]也都赞成把这类"蟠结而尾向内"的字形和🐍看成是同一个字，但主张把卜辞中和疾病相关的🐍字读为"眴"、"眩"。实际上，甲骨文的🐍字，是一个用纯抽象线条表"围绕"、"周旋"之意的指事字，故天干遍历一周为一旬，和"似龙非

[14] 唐兰：《天壤阁甲骨文存》，1939年，41页下至42页。

[15] 严一萍：《殷契征医》，自刊，1951年。

[16] 丁骕：《释眴与龙》，《中国文字》32，1969年。

龙"的诸字形无关，根本不是同一个字。卜辞中实际有"眴"字，作
⑤、⑥、⑩等形。在子组卜辞中假借⑩字作为"旬"字。可证它是从
目旬声的形声字，我已有专文论证[17]。此外，还有陈邦怀先生把这些
字形释为"蜎"[18]，夏渌先生把这些字形释为"虮"[19]，似乎都只是从
字形联想的结果，缺乏其他方面的证据，也难取信于人。但至少说明
了一点，就是有不少研究者都是不赞成把这些和龙有明显区别的字形
都看作是龙字的。岛邦男的《殷墟卜辞综类》就把"蟠结而尾向内"
诸字形和龙字分开而另外单独列为字头[20]。

在陈世辉和汤余惠两位先生合著的《古文字学纲要》一书中，介
绍了一种值得重视的新见解：曹锦炎和汤余惠提出，这个字有一部
分异体是多足的（图五），"与金文嬴字所从略同。字像一巨口蜷身
之动物，本义待考"[21]。他们虽然没有对这种蜷体的字形究竟像何物
作出明确的解释，但在字形比较上无疑是正确的。据他们说，1981
年裘锡圭先生的来信中就已经提出了这个字是嬴字所从的想法[22]。
从而，他们认为卜辞中与疾病有关的这个字，应写为"嬴"。《淮南
子·时则》"孟春始嬴"，高诱注"嬴，长也"，《广雅·释诂一》"嬴，
益也"，是指病情加重而言。这个意见为姚孝遂先生在《甲骨文字诂
林》的按语中所肯定[23]。

孙机先生不赞成把"蟠结而尾向内"的字形从龙字中区分开来，
他认为：从甲骨文庞字的字形看，"其所从之龙字的尾部既可以外卷
亦可以内卷，此二形可以通用"[24]。孙先生所举的庞字所从龙傍尾部
内卷者，是《甲骨文编》所收庞字诸体中最后的一例（合795反），
这是仅见的一个特例，应是刻手误刻所致。例如，在甲骨文中，ㄩ和

［17］林沄：《释眴》，《古文字研究》第23辑，中华书局，2002年。

［18］陈邦怀：《殷代社会史料征存》，天津人民出版社，1959年，19、20页。

［19］夏渌：《学习古文字散记》，《古文字研究》第4辑，中华书局，1980年。

［20］岛邦男：《殷墟卜辞综类》，汲古书院，1967年，242页。

［21］陈世辉、汤余惠：《古文字学纲要》，吉林大学出版社，1988年，168、169页。

［22］于省吾主编：《甲骨文字诂林》，中华书局，1996年，1774页。

［23］同注[22]。

［24］同注[13]之注释[3]。

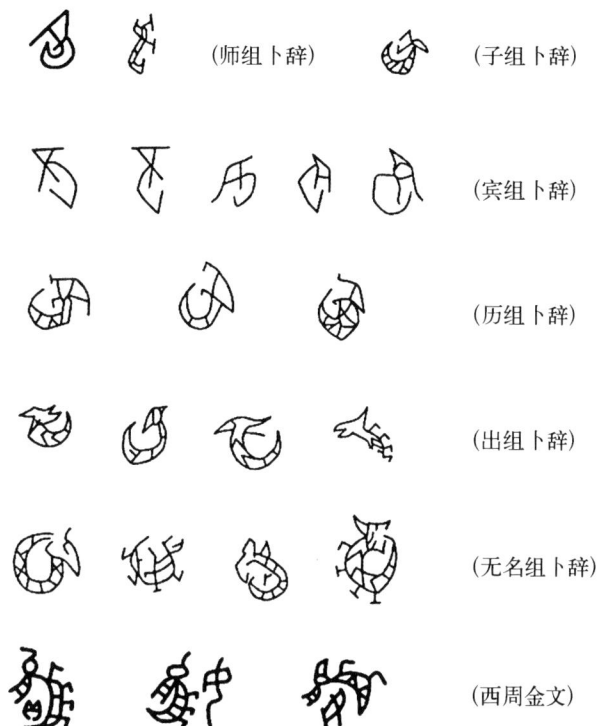

<table>
<tr><td></td><td></td><td>（师组卜辞）</td><td></td><td>（子组卜辞）</td></tr>
</table>

图五　甲骨文与金文中的"赢"字

第1行（左起，下同）：合21187、合21096、合21805
第2行：合795反、合4118、合795正、合6482、合1285
第3行：合32705、合34386、屯2677
第4行：合4660、合23693、合25892、合31084
第5行：合30464、屯2733、合27063、合35255
第6行：庚嬴卣、伯卫父盉、嬴霝德壶

☐是有严格区别的，但在有些字的偏旁中，𠙵和☐偶尔会有互讹的例子，并不足以证明𠙵和☐为同一个字。更何况，在大量的辞例中，尾部外卷的龙字和尾部内卷的赢字从来用法有别，绝不相混。例如与疾病相关的"赢"、"不其赢"，无一例有用"龙"代"赢"的现象。可见不能因为有一个庞字所从的龙旁误刻为尾内卷，就把所有"蟠结而尾向内"的字形都和龙字混为一谈。

　　孙机先生既已有了"玉猪龙"是"龙"的想法，所以他在古文献中找到的有关材料，和唐兰的惊人地相似，不过他并不认为《说文》"螭，若龙而黄，北方谓之地蝼"中的"蝼"是"蟥"，由"地蝼"又联想到"天蝼"，又因为《方言》记载蛴螬或称"天蝼"，从而推定"玉猪龙"的原型是多种类似甲虫的昆虫的幼虫，即蛴螬。这个结论又正好跟既没读过中国古书，又不认为"玉猪龙"是龙的俄国学者阿尔金的结论不谋而合[25]。不过，如果比较蛴螬和"玉猪龙"的形状，可以看出，唯一相似之处只是外部轮廓都作勾曲状，而头部特征完全是不一样的。所以，如果不像孙机先生那样把蛴螬会蜕变的特点和龙的变幻能力互相比附，这种意见是几乎不会有人认真看待的。

我们现在既已论定图五所示诸甲骨文字形绝非龙字，则所谓"玉猪龙"是"龙"的想法就失去了最后的依据。当初，《论起源》在证明"玉猪龙"是"龙"时，曾把它（图六，1）和殷墟出土的一些所

图六　与蜷体玉龙有别的"兽形玉"

1. 巴林右旗羊场　2. 殷墟妇好墓　3. 孝民屯南M701
4. 含山凌家滩M16　5. 殷墟妇好墓　6. 长安张家坡

---

[25] C·B·阿尔金：《红山文化软玉的昆虫学鉴证》，《北方文物》1997年3期。

谓的龙形玉器比较，例如妇好墓出土的一件（图六，2），孝民屯南 M701出土的一件（图六，3）[26]。其实，商代的这类玉器，和真正的 龙形玉器的头部有很大差别。甲骨文和各种艺术品中的龙，头上都 有孙机先生所说的"瓶形角"，这两件玉器却没有角，而有耸起的双 耳。而且，它们的眼与嘴也和龙很不一样。确实，从新石器时代起， 有角的龙也有蜷体的，例如安徽含山凌家滩出土的玉龙（图六，4）， 妇好墓出土的玉龙（图六，5），周代青铜器上也有蜷体的龙纹（图 六，6）。艺术品中龙的造型比文字中龙字的字形更富于变化，这是 无足为怪的。值得重视的倒是，红山文化的所谓"玉猪龙"和凌家滩 的玉龙，历经几千年后，在商代玉器中仍然鲜明地表现为两种不同承 传的造型，而并不混同。可见，所谓的"玉猪龙"根本不是龙。不如 恢复原先的名称，仍叫"兽形玉"为好。而三星他拉那样的玉器，也 是没有角的，不妨命之为"玉螭"。因为，《说文》对螭的另一种说 解是："或云无角曰螭。"

　　最后，想说一点感想。"龙的传人"作为一种艺术性的比喻，可 能很浪漫，很多人都喜欢。但要当作真实的历史从考古上求证，就不 能不先想一想，近在1958年，充满了浪漫色彩的民谣中也还并没把 中国人自称为"龙的传人"，又何必要到远古时代去找寻我们的老祖 宗真有这种观念的证据呢？

　　载《二十一世纪的中国考古学——庆祝佟柱臣先生八十五华诞学 术文集》，文物出版社，2006年。后收入《林沄学术文集（二）》。

---

[26] 同注[1]。

# 伊沃尔加城址和墓地及相关匈奴考古问题研究·序

　　中国史学界的匈奴研究，长期没能走出司马迁《匈奴列传》所造成的误区，一直把在中国北方长城地带春秋及春秋以前活动的人群，一概视为汉代匈奴的前身。所以，在考古界，把所谓的"鄂尔多斯青铜文化"当作"早期匈奴文化"的观点一度很流行。1992年我在呼和浩特的北方民族考古国际学术讨论会上发表了《关于中国的对匈奴族源的研究》一文，首次对《匈奴列传》造成的传统观念提出了质疑，在那篇文章的开头，我首先分析了《匈奴列传》把先秦北方诸族一体化而当作匈奴祖先的观点之所以形成的主要条件，然后从文化和人种上从当时已知的考古资料分析了长城地带先秦的人群是否真有一体性。努力尽可能揭示先秦时期长城地带既有共同因素又各有特点的多种文化，"不是同一族源的人群在文化上分化所致，而是不同族源和人群各自创造而又互相渗透的结果"，从而揭示《匈奴列传》的观点其实是一种历史的误会。

　　在这种分析的基础上，该文提出了在研究匈奴族源问题时，"有必要把匈奴本体的族源问题从整个汉代匈奴的族源问题中区分出来。专门进行研究"。而且明确指出，考虑匈奴的族源，"其实质就是考虑冒顿赖以建立联盟的核心力量，究竟是具有什么样体质形态和文化特点的某一个或某几个较小族团（因为应该估计到在冒顿之前，匈奴也可能已经是包括几个族团的小型联盟）"。并声称："我们有信心认为从考古学上研究匈奴本体的族源是可行的。""我们已经比司马迁前进了一步，应该再跨进一大步。"

　　在这篇论文中，我已经根据一些线索指出，"我们有理由设想早期匈奴本体应属北亚蒙古人种"。接着在 1996 年出版的《金景芳九五诞辰纪念文集》中，我发表了一篇《戎狄非胡论》，对历来史家把我国北方先秦时代广布的"戎狄"和战国以后的"诸胡"（即匈奴、东胡等）混为一谈的重大历史误会，进一步专门做了论辩。除了论证"戎狄"经济类型不是游牧人、军事上不使用骑兵外，还着重指出：春秋晚期以前长城地带发现的绝大部分人类遗骸，颅骨鉴定均属东亚蒙古人种，而中国、蒙古和俄国西伯利亚考古发掘的汉代及汉代以后的匈奴、鲜卑、契丹颅骨鉴定，均属北亚蒙古人种。"因此，无法想象在春秋时代及更早的时期广布于中国北方地区的戎狄，能是战国以后的胡人的祖先"。

　　但是，我国田野考古中一直没有遇到战国到秦的明确的匈奴遗存，汉代匈奴遗存发现也较贫乏，始终限制着对匈奴考古研究的深入。

　　我因为在高中开始学习俄文，在吉林大学攻读甲骨文金文研究生时，就接触到《苏联考古学》第 22 期上发表的匈奴伊沃尔加古城的发掘报告。对其中出土的大型陶器、铁犁铧和有所谓"汉字"的砺石很感兴趣。1973 年回吉林大学执教，1974 年讲西伯利亚考古课之初，就编译了一部分伊沃尔加古城的考古资料，作为专题讨论之一的参考教材。直到 2001 年我到美国匹兹堡大学讲学时，在林嘉琳教授处才看到 1995 年出版的《伊沃尔加城》、1996 年出版的《伊沃尔加墓地》和 1998 年出版的《德列斯图依墓地》等几本大型考古报告。当时林嘉琳教授已经热情相赠很多有关游牧文化的书和教学参考资料。不好意思麻烦她再复印更多的资料，所以只复印了《伊沃尔加城》这本报告带回来。

　　那时，我的博士生潘玲正在找合适的论文题目。我想要能发挥她会一点俄文的特长，正可以做伊沃尔加古城的专题研究。虽然在中国要想全面了解国外匈奴考古的资料很不容易做到，但如果深入分析一批兼有居址和墓葬的完整的资料，而又有一定面上的资料可资比照，也许是可以有一些突破的。所谓面上的资料，除了梅原末治的《蒙古诺音乌拉发现的遗物》、鲁金科的《匈奴文化和诺音乌拉古墓》和米尼亚耶夫的《德列斯图依墓地》外，幸亏有北京大学晁华山教授的硕士生单月英在2001年5月刚完成了《匈奴墓葬初步研究》一文。据说她在写这篇论文时曾到我北大的老同学乌恩岳斯图处请教，而乌恩将他所收集的全部匈奴考古资料（包括一部分他的译稿）倾囊相授。而且她还通过中国驻俄罗斯大使馆官员请俄罗斯学者帮助收集复印了有关匈奴考古的俄文考古报告。潘玲和这位单月英联系后，得到她无私的帮助。这样，至少在大面上不会有重大的遗漏。

我起初对潘玲的研究能力不敢估计过高。私下的想法是，如果分析研究不出什么有价值的新见解，把这一批重要的考古资料原原本本介绍给现在很少有人懂俄文的中国考古界，也就不枉费一番功夫了。但她以过人的毅力，啃完了几大本俄文考古报告，俄文也有了长足的进步；而且通过钻研伊沃尔加的考古资料，获得了一系列原创性的学术成果。

第一，综合中、蒙、俄三方面的考古资料，首次有科学根据地把匈奴遗存分为西汉和东汉两大期别；并确定了这两期匈奴遗存的器类差别和同一器类的数量和形态上的差别，从而更精确地确定了伊沃尔加遗址的年代。

第二，在分析伊沃尔加城址和墓葬的文化因素时，详细分析为外贝加尔当地固有的因素、汉代匈奴共有的因素、汉文化的因素、中国北方长城地带的因素、叶尼塞河中游的因素、阿尔泰地区等地的因素，尤其是从陶器的器形和纹饰、墓葬的形制、骨镞和骨弓弭的种类及形态三个方面，论证了西汉的匈奴文化遗存和石板墓文化的历史联系，为从文化上探索匈奴本体的族源提出了重要线索。

第三，在通盘分析已发现的匈奴墓葬的基础上，论证了伊沃尔加墓地是等级最低的，而且社会地位差别不明显，这和城中房址的情况是相应的，从而判定城中居民是以地缘组织住在一起的农业和手工业者，这样的"地缘性的生产聚落"，"只是匈奴游牧社会的一个特殊的有机部分，匈奴的主体人群并非如此"。

第四，对中国考古学界流行的南、北匈奴在体质类型上和文化传统有差异的观点，从文献、人种、考古遗存三个方面提出了颇有根据的质疑。

　　第五，从对伊沃尔加遗址群为主的苏、蒙匈奴遗存的认识出发，反观我国的匈奴遗存和含匈奴文化因素的遗存，也有不少新的见解。其中特别有价值的是：其一，把我过去论文中定为西汉早期的楼烦白羊王部族的西沟畔M4，改定为东汉中晚期的南匈奴的墓葬；其二，把过去被误认为是鲜卑遗存的完工墓地，改定为主要含有汉书二期文化和西汉匈奴文化的墓葬。

　　潘玲作为一个研究匈奴考古的新兵，通过艰辛的努力，在不到两年的时间能有这样的成绩，我是很感动的。她的论文请了中国社会科学院考古研究所所长刘庆柱和北京大学历史系教授吴荣曾为评阅人，并邀请考古所前副所长、德国考古研究院通讯院士乌恩岳斯图、考古所副所长王巍、国家博物馆副馆长朱凤瀚、四川大学考古系教授张勋燎、宁夏考古所所长罗丰、吉林省考古所前所长方起东等国内知名专家做同行评议。得到这么多的专家学者的指教，在她是一次难得的学习和提高的机会。

　　潘玲的论文是2003年在她母亲有病，并在她要一次次回佳木斯照顾住院的母亲的情况下完成的。所以定稿仍有很多地方很粗糙，尚有不尽如人意之处。在她取得学位后，忙于承担带本科生考古实习，担任"秦汉考古"的备课和讲课任务，并且根据考古学系的需要，通过她自己的努力，新创建了一门"蒙古考古"的选修课。这都需要花很多功夫。因此，博士论文的进一步加工、交付出版的事，未能很快完成，直到去年年底才把改定的书稿送到我手中。我因为事忙，直到今年2月份才抽空细细看了改定稿，又一次很感动。这一稿和原稿有颇大的不同，一是论点的论证更加突出重点，文字更加洗练了。特别是原稿中的第六章"从伊沃尔加城看匈奴的起源问题"和第七章"伊沃尔加城的居民组成及其经济生活和社会组成"，伊沃尔加墓地的头骨保存情况较差，至今未见系统研究报告，研究者的意见也不一致，故对该城居民的人种颇难有肯定的结论。且两章所讨论的问题也比较多，结构松散。她毅然舍弃了原稿中说不清、论证难以到位的部分，把最有把握的部分重新组织，改写成"伊沃尔加城的性质和居民的组成"一章，表明作者在学术修养上有了进一步的提高。二是书稿中对

中国秦汉时期考古遗存的分析更加细致，因此把博士论文原稿中所定
"德列斯图依类型"墓葬和"苏吉类型"墓葬的器物群"分别是西汉
和东汉两个不同时期的"，进一步精确化为"分别是以西汉中期为主
和以东汉前期为主"，"其中伊里莫瓦墓地和苏吉墓地有些墓葬可能
是处于两者过渡时期，在'苏吉类型'中年代偏早"。而在分析伊沃
尔加遗址的文化因素时，把"汉文化因素"改成"来自中国北方黄河
流域地区的文化因素"，她正确指出，汉文化是到西汉中期才融合多
种因素形成的。而匈奴文化吸收的来自中国北方地区的文化因素，有
很多实际是来自秦文化的。匈奴在战国晚期到西汉初期所吸收的中原
文化的因素，和匈奴固有的传统结合在一起，构成了与后形成的汉文
化有别的匈奴文化，这种观点无疑是新颖的，也是符合客观实际的。
这是潘玲近年来秦汉考古功底加深的反映。

　　我高兴的是，她没有在博士学位上止步不前，而是继续一步一步
踏踏实实地前进。从潘玲身上可以看到，掌握一门到两门外语的中国
青年考古学者在世界考古范围内的确是大有可为的。俄、蒙考古学者
之所以长期不能在匈奴考古遗存的分期断代和匈奴文化的构成上有重
要的突破，根本原因是不懂中文，因而无法对秦汉考古遗存有较深入
的了解。所以像潘玲这样的新兵，就有了很广阔的用武之地。希望有
更多的有志者，来开拓这片新天地。

　　关于匈奴本体的文化上的起源，潘玲这篇论文提供了一些重要的
线索，而人种上的起源，在近年来吉林大学的陈靓和张全超的博士论
文中也有重大的突破。现在大概可以确认，匈奴的本体是在蒙古高原
上形成的北亚蒙古人种古蒙古高原类型，以其短颅而有别于相对长颅
的古西伯利亚类型。这种体质的游牧人在春秋晚期南下到鄂尔多斯地
区，才掀开了北方长城地带的历史新篇章。

　　载潘玲《伊沃尔加城址和墓地及相关匈奴考古问题研究》，科学
出版社，2007年。后收入《林沄学术文集（二）》。

# 青铜挂缰钩补说

我在1980年撰文提出商周青铜弓形器是驭马用的挂缰钩的假说[1]，在1991年"中国考古学会第八次年会"上，首先得到了著名文物学家孙机先生的肯定[2]。在会议论文中，他称赞"这一看法精当无误"，并指出《诗·小雅·采薇》"象弭鱼服"、《左传·僖公二十三年》"左执鞭、弭"的"弭"都是指驭马的挂缰钩。但他认为"蒙古鹿石人像腰间佩带的'弓形器'乃是一种挂钩，……无法用于挂缰"，"所以研究'弓形器'时不宜与鹿石比附"。

孙机先生所提出《诗经》和《左传》中提到的"弭"是否即挂缰器，尚有待进一步研究。因为现在考古上发现的青铜弓形器，在中国中原地区出土的时代没有晚于西周早期的，所以东周文献中提到的"弭"肯定不是青铜的。至于是否有象牙的挂缰器，有待今后的考古发现来验证。

但是，孙机先生认为青铜弓形器实物和鹿石人像腰带上挂的"弓形器"不宜比附，我认为是不对的。这个问题我在《再论挂缰钩》一文中其实已经涉及[3]，不过说得不够清楚，现在结合一些新见到的资料，再系统讨论一下。

---

[1] 林沄：《关于青铜弓形器的若干问题》，《吉林大学社会科学论丛（2）》，1980年。后收入《林沄学术文集》，中国大百科全书出版社，1998年，251～261页。

[2] 孙机：《商周的"弓形器"》，《中国古舆服论丛（增订本）》，文物出版社，2001年。在增订本中的该文所收文献截至1997年，较年会上发表的论文有不少补充。

[3] 林沄：《再论挂缰钩》，《林沄学术文集》，中国大百科全书出版社，1998年，302～310页。

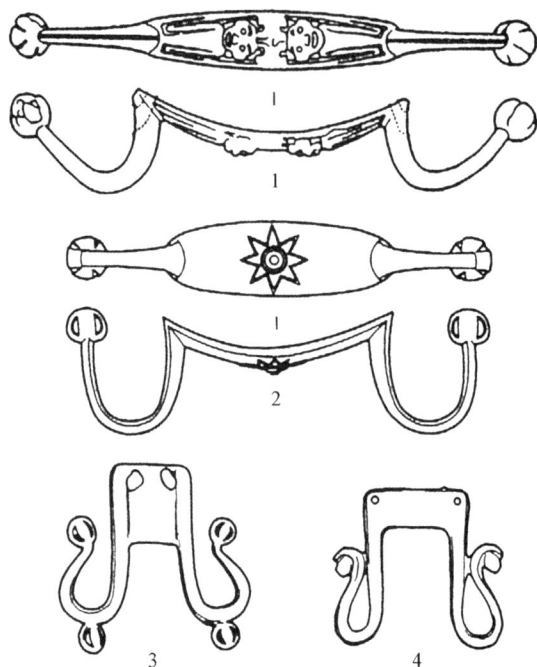

图一　青铜挂缰钩的演变

1. 小屯宫殿区M40（殷墟文化二期）　2. 郭家庄M160（殷墟文化四期）　3. 小黑石沟M806（西周晚期到春秋早期）　4. 塔普哈尔山M68（春秋或更晚）

　　孙机先生的疑问是产生于西周早期以前的青铜弓形器（图一，1、2）和他认为是"无法用于挂缰"的挂钩（图一，3）形状和大小相差较大。而鹿石人像腰带上所佩的"弓形器"一般都相似于后者而不同于前者。其实，我们细心查看伏尔科夫的《蒙古的鹿石》一书，可以发现在该书的153页的图版30上，正好有一个图像是和青铜弓形器非常像的（图二，1）。只不过这个弓形物不是挂在腰带上，而是位于背后的腰带上方、盾牌的右边。据文字记述，此鹿石在额尔德尼曼达勒苏木的哈努伊河左岸，离苏木中心10公里处。伏尔科夫也说在盾的旁边"存在一件类似所谓'模型'（这是因为俄国考古学家把西伯利亚出土的青铜弓形器称为'牛轭模型'之故）的物件"[4]。实际上，鹿石人像所表现的弓形物件并不总是佩挂在腰带上的，也

――――――――

[4]伏尔科夫：《蒙古的鹿石》，乌兰巴托，1981年，34页。

有一部分例子是位于腰带以上的地方，和其他物器杂次的（图二，2～5）。因此，我们显然不能因为图二，1的这件器物没有位于腰带之下，就否认它是表现青铜弓形器的。

另外，从类型学的观点来看，青铜弓形器的形状是逐渐演进的[5]。从殷墟文化二期的弓形器弓臂弯度较小（图一，1）到殷墟晚期和西周早期的弓臂弯度加剧（图一，2），正好可以进一步过渡到宁城小黑石沟那件孙机先生认为"无法用于挂缰"的弓形器（图一，3）。可以看出，可定在西周晚期至春秋早期的小黑石沟的那件的弓

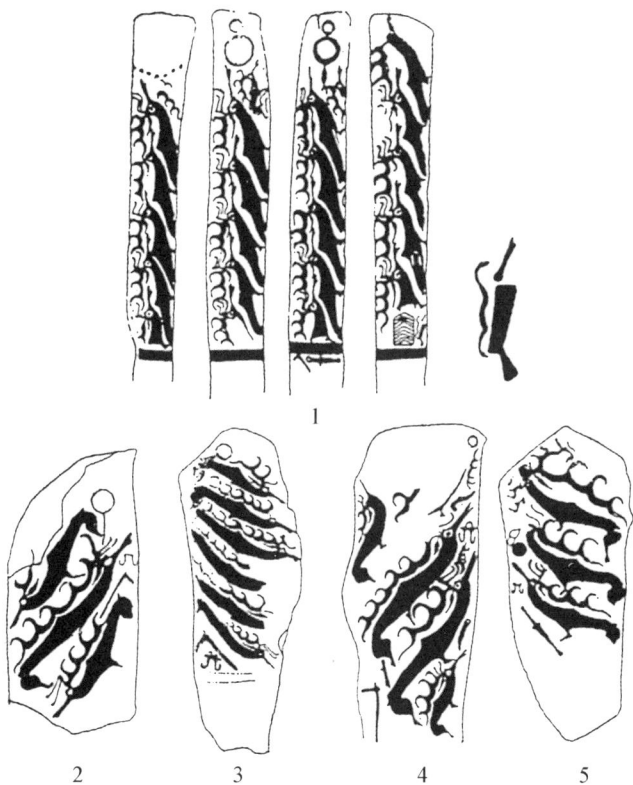

图二　蒙古鹿石上的挂缰钩

1. 哈努伊河鹿石（额尔德尼曼达勒苏木）　2. 察岑埃热格8号鹿石（大塔米尔苏木）　3. 舒尔嘎痕阿姆15号鹿石（台勒门苏木）　4. 祖温戈尔3号鹿石（布伦陶格陶赫苏木）　5. 巴彦察干戈尔河鹿石（大塔米尔苏木）

[5] 邰向平：《略论商周青铜弓形器的形制演变》，《华夏考古》2007年1期。

臂弯曲更甚，正是沿袭了商周青铜弓形器的变化趋向，只是弓背转了90°而已。虽然总体上变小变轻，但完全可以用来挂缰，且不易脱钩。而它进一步顺理成章地可以变成外贝加尔塔普哈尔山旁石棺墓中出土的挂件（图一，4）。它的双臂弯到合并在一起，失去了挂缰的实际功能，成了一件单纯的饰物了。可见，俄国学者瓦列诺夫（我过去的文章中误译为瓦廖诺夫，特此更正，并致歉意）把这件器物说成是"牛轭模型"的"晚期变态型式"[6]，是很有道理的。

　　孙机先生论文中举出的其他有双钩的"挂钩"，其实也是从原始的弓形器演变而成的。从图三所示各例可以看出，小黑石沟那种弓身两端有两个挂孔的挂缰器，是如何演变成只有一个挂孔的挂缰器的。其中图三，2、4都是新发表的鄂尔多斯博物馆的藏品[7]。图三，3是艾玛·邦克发表的赛克勒收集品，是现代仿制品[8]。在孙机先生文中图5-8的7那件，据邦克夫人说是真品。图三，5是辽宁省博物馆重新发表的，出土于朝阳十二台营子2号墓[9]。图三，6是我今年在纽约大都会博物馆展厅里看到的，由滕铭予教授摄影，从原始的青铜弓形器在弓身两端分别用两条绳子悬挂发展到用一条绳子悬挂是有一个过程的。像图三，6那样用一只鹿的身体来代替弓背，当然只好用一条绳子系在鹿的躯干部分来挂起来。而图三，2则既可能用一条绳穿在中间的空隙或圆孔中悬挂，也可能仍用两根绳子分别悬挂。图三，3～5则肯定是用一根绳来悬挂的了。其中图三，4的双臂也弯到合并在一起，和图一，4一样失去挂缰的功能，成为单纯的挂饰，可以互相印证。而图三，5之所以也是挂缰钩，由于有图三，2～4这样的中间过渡形态，可以确定无疑。图三，5在墓中和东北系青铜剑共存，各家断代有春秋中期、春秋晚期之不同，但总之比小黑石沟晚，

[6]瓦列诺夫：《殷周时期"牛轭模型"的功用问题》，《中国考古学中的新成果、研究和问题》，新西伯利亚，1984年。
[7]鄂尔多斯博物馆：《鄂尔多斯青铜器》，文物出版社，2006年，116、119页下。
[8]艾玛·邦克：《赛克勒收藏品中欧亚草原东部的古代青铜器》，纽约，1997年，322页，No.F4。
[9]辽宁省博物馆等：《辽河文明展文物集萃》，2006年，84页上。

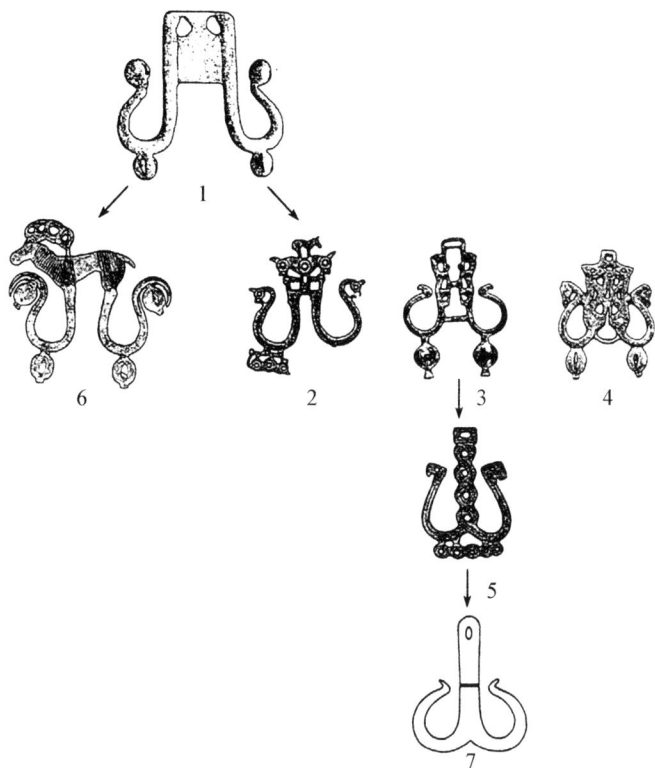

图三　青铜挂缰钩的演变

1. 小黑石沟 M8061 出土　2、4. 鄂尔多斯博物馆藏品　3. 赛克勒博物馆藏品　5. 十二台营子 M2 出土　6. 大都会博物馆藏品　7. 五道河子战国墓出土

所以和类型学的推论不矛盾。

　　图三，7 是辽宁凌源五道河子古墓中出土的实物[10]，这件实物显然是图三，5 那件挂缰钩的进一步简化。该墓中出无疑是战国中期的戈[11]，所以年代已到公元前 5 世纪或更晚。蒙古鹿石上的挂缰钩图像形式很多，图四是其中一部分[12]。图四，11 和十二台营子的挂缰钩接近，图四，14 和二道河子的挂缰钩很像。

　　所以，从鹿石所见挂缰钩的式样来看，早的可以到商周之际，晚

[10] 李恭笃：《辽宁凌源县王道河子战国墓发掘简报》，《文物》1989 年 2 期。

[11] 井中伟：《先秦时期青铜戈、戟研究》，吉林大学博士学位论文，2006 年，239 页，图三、四八，辽西地区东周铜戈与中原戈之比较。

[12] 同注[4]，236 页，图版 113。

的至少可以到公元前5世纪。乌恩岳斯图把鹿石的年代定在公元前13～前7世纪[13]，下限显然过早了。

　　最后还有两点补充说明，一是孙机文中还提到鹿石人像上有单钩的挂钩，这种挂钩的确应该和双钩的挂缰钩分开。鹿石人像上这种单钩的挂钩不在少数（图四，16～19），也是有的挂在腰带下，有的位于腰带以上，和其他器物杂次。在鄂尔多斯博物馆有装饰很美妙的

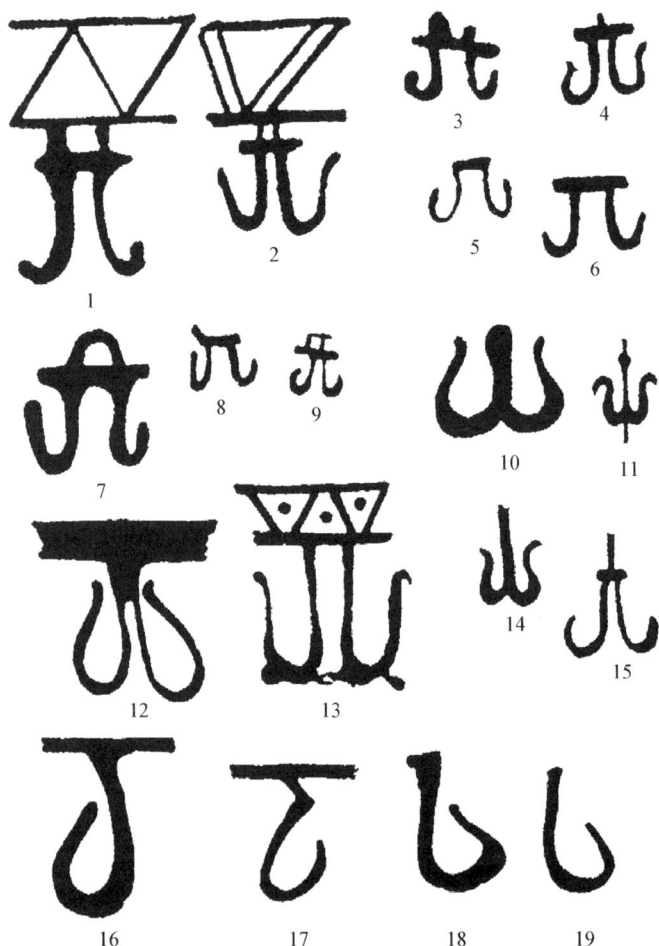

图四　蒙古鹿石上的挂缰钩图像形式集成
（据伏尔科夫）

[13] 乌恩：《论蒙古鹿石的年代及相关问题》，《考古与文物》2003年1期。

实物[14]。俄国考古学家奇列诺娃在研究塔加尔文化的铜器时，提到在图瓦和戈尔诺阿尔泰发现的铜挂钩，认为是挂箭筒用的[15]，不过钩的样子和我国鄂尔多斯发现的不一样，其弯度不大，和鹿石图像相差较远。我想单钩挂钩的功能可能是多样的，不限于挂箭筒。

还有一个问题是，邦克夫人在介绍图三，3那件现代复制品时提到"大致式样相同，带有动物装饰的其他的挽具饰件，出自南西伯利亚的伊尔库茨克地区"。这件伊尔库茨克地区出土的器物，发表在1991年第2期的《苏联考古学》贝尔德尼科娃等人的文章中，可惜我至今无缘一睹，不过至少说明其分布很广。顺便说说，邦克夫人因为图三，3是件仿制品，所以疑窦丛生，认为其臀部、肩部有镶嵌物的痕迹是不可靠的，其实在鄂尔多斯博物馆的藏品中，镶嵌的绿松石还有没脱落者（图三，4）。另外，对这件器物挂钩下面的响铃的形状，她也加了一段考证，石榴是一种不能生长在大草原的植物，因而也不会出现于东方草原的装饰中，因此认为石榴形的铃可能是从古代近东的器物复制的。其实这种响铃只是在草原青铜器常见的分瓣球形铃的下面加一个小疙瘩，犹如环首刀和铜镞的环耳上加一个小疙瘩，和石榴是不相干的。鄂尔多斯博物馆所藏的挂缰钩和单钩挂钩都有这样的响铃，应该视为草原青铜器的特点之一。

载《边疆考古研究》第6辑，科学出版社，2007年。后收入《林沄学术文集（二）》。

---

[14] 同注[7]，114、115、117右下页。
[15] Н·Л·奇列诺娃：《塔加尔文化部落的起源和早期历史》，莫斯科，1967年，图版15。

# 论欧亚草原的卷曲动物纹<sup>*</sup>

  卷曲动物纹的分布北起黑海北岸，东到外贝加尔草原，在我国则在新疆、甘肃、宁夏、内蒙古、河北均有发现。是欧亚大草原地带所谓"野兽风"（animal style, зверный стиль）艺术很有代表性的图像之一。所以很早以来就引起考古学者的普遍关注。俄国学者波格丹诺夫在 2004 年发表的论文中简述了 20 世纪 70 年代以来西方学者在这方面的研究情况[1]，本文不再赘述。我国学者在卷曲动物纹方面的专论较少，2002 年才有乌恩的论文发表[2]，2004 年 9 月，杨建华也有一篇专论在北京的一次国际研讨会上宣读，但至今未正式发表[3]。因此再作此文，重新讨论一次。

  乌恩在他的专论中指出，俄国学者马尔提诺夫对"野兽风"形成的观点是很客观的，即"认为'野兽纹'起源于一个中心是没有根据的，显然，每个地区'野兽纹'是在某种彼此接触的情况下独立形成的"[4]。我也赞成这种观点，就卷曲动物纹来说，目前至少可以分三个大区来讨论。

\*  本项研究得到教育部人文社会科学重点研究基地重大项目的资助（项目批准号：06JJD780004）。

[1] E·S·波格丹诺夫：《斯基泰东部地区卷曲猛兽纹的起源》，《欧亚大陆的考古学、民族学和人类学》2004 年 4 期（英文版），50～56 页。

[2] 乌恩：《略论欧亚草原早期游牧人艺术中的卷曲动物形象》，《考古》2002 年 11 期，60～68 页。

[3] 杨建华：《欧亚草原卷曲动物纹初探》，待刊。

[4] 同注[2]，66 页，参看 M·П·马尔提诺夫：《森林草原的塔加尔文化》，1979 年，新西伯利亚，118 页。

　　第一个大区是以我国内蒙古为中心的东方区，这一地区的卷曲动物纹，乌恩早已指出起源于夏家店上层文化[5]。夏家店上层文化中常见一种可能是虎的动物形象（图一，1、2）[6]。这种动物纹有时表现出猛兽的爪，有时则爪和尾端表现为环形。前后腿的上部或作同心圆纹饰。头部则有侧视和正视两种表现法。正视者表现出并排的两个鼻孔，腿的下部和尾部常有平行条纹，很有特点。这两种侧视和正视的虎，都有卷曲式的（图一，3～5）[7]，都以爪和尾端有环形，前后腿上部有同心圆纹为特征。还应该指出，有两个鼻孔的正视的头部，是东方区的卷曲动物纹所特有的。可以看出，图一中3、4的图形都是不封口的，而图一中4、5的图形都是有一条直边的。因此这还不是成熟的卷曲纹。

　　夏家店上层文化也就是山戎的文化，其繁荣期是在西周晚期到春秋早期（即公元前9～前8世纪），在受齐桓公征伐后就衰落了。因此上述标本可以认为至少是公元前8世纪的产物。与之有相同特征的可以举出内蒙古博物馆收藏的一件（图一，6）[8]和赛克勒收藏品中的一件（图一，7）[9]。另外，德国柏林东洋美术馆收藏的一件直径达9.9厘米的铜镜也很值得注意（图一，8）[10]。这件铜镜的纹饰由凸线构成，和上村岭虢国墓地出土的春秋早期的铜镜风格相似[11]。而虎的轮廓线内侧饰以锯齿纹，和南山根102号石椁墓出土骨板中的鹿的表现手法一致[12]，应该也是夏家店上层文化的铸品。

---

[5] 乌恩：《论我国北方古代动物纹饰的渊源》，《考古与文物》1984年4期，46～59、104页。

[6] 项春松、李义：《宁城小黑石沟石椁墓调查清理报告》，《文物》1995年5期，4～22页，图一九，8；图二一，1。

[7] 辽宁省昭乌达盟文物工作站等：《宁城县南山根的石椁墓》，《考古学报》1973年2期，图版九，7。项春松、李义：《宁城小黑石沟石椁墓调查清理报告》，《文物》1995年5期，图一九，11；图二一，4。

[8] 鄂尔多斯博物馆：《鄂尔多斯青铜器》，文物出版社，2006年，238、239页。

[9] 艾玛·邦克：《赛克勒收藏品中欧亚草原东部的古代青铜器》，1997年，纽约，288页，No.258。

[10] 东京国立博物馆：《大草原の骑马民族——中国北方の青铜器》，株式会社东京美术，1997年，图80。

[11] 中国科学院考古研究所：《上村岭虢国墓地》，科学出版社，1959年，27页，图二一；图版四十，2。

[12] 中国社会科学院考古研究所东北工作队：《内蒙古宁城县南山根102号石椁墓》，《考古》1981年4期，304～308页，图版七。

图一　东方区卷曲动物纹的起源

1、2、4、5.宁城小黑石沟石椁墓　3.南山根M101　6.内蒙古博物馆藏　7.赛克勒收藏　8.德国柏林东洋美术馆藏

　　从类型学的观点来看，这种牌饰的演变可以分两条线来考虑，即正面的虎头和侧面的虎头各有演化过程，本文分别用图二[13]和图三[14]进行归纳。

　　正面虎头的牌饰后来演变成比较完美的圆形构图（图二，1～6），尾端的环形和头贴上。尾部继续保持有条纹的特征。两腿仍作基本平行的构图，体外有一周平行切线或联珠纹。这类牌饰有明确出土地点的只有河北康保（图二，1），藏于鄂尔多斯博物馆的（图二，2、4、5）可能是在鄂尔多斯地区征集的，可见分布已广。进一步演变是双足的环合并在一起，而这种并足的形式，几乎无例外地在周围都加了一圈鸟头装饰（图二，9～12）。但是不少都铸造不精，呈现衰退的迹象。这样，我们可以把双足的端环还没有合并而周围已有鸟头（图二，8）以及联珠纹外再加一圈鸟头（图二，7）的标本视为过渡的形式。

　　这里应该特别提一下，鄂尔多斯博物馆藏的一件金的牌饰（图二，13）。它在形式上还是两足成平行构图的一类。身体周围有平行切线纹（联珠纹即由此演变而来）。很有趣的是它的尾端变成了一只小鹿（？）。从斯基泰世界来说，这种把主体动物的角、尾、足的端部变化为另一种动物的局部或整体的作风，是在公元前6世纪末到公元前5世纪初（相当于我国的春秋晚期）盛行起来的[15]，这种影响在我国草原地带战

[13] 此图根据以下诸资料集成：田广金、郭素新：《鄂尔多斯式青铜器》，文物出版社，1986年；艾玛·邦克：《赛克勒收藏品中欧亚草原东部的古代青铜器》，1997年，纽约；东京国立博物馆：《东京国立博物馆所藏中国北方系青铜器》，竹林舍，2005年；鄂尔多斯博物馆：《鄂尔多斯青铜器》，文物出版社，2006年；河北省文化局文物工作队：《河北省几年来在废铜中发现的文物》，《文物》1960年2期，59～62、67页；乌恩：《论我国北方古代动物纹饰的渊源》，《考古与文物》1984年4期，46～59页；郑绍宗：《略论中国北部长城地带发现的动物纹青铜饰牌》，《文物春秋》1991年4期，1～32页。

[14] 此图的中国标本根据以下资料集成：中国青铜器全集编辑委员会：《中国青铜器全集·15·北方民族》，文物出版社，1995年；东京国立博物馆：《东京国立博物馆所藏中国北方系青铜器》，竹林舍，2005年；郑绍宗：《中国北方青铜短剑的分期及形制研究》，《文物》1984年2期，37～49页；贺勇、刘建中：《河北怀来甘子堡发现的春秋墓群》，《文物春秋》1993年2期，23～40、75页；涿鹿县文物保护管理所：《河北省涿鹿县发现春秋晚期墓葬》，《华夏考古》1998年4期，25、26页。

[15] А·И·梅留科娃：《斯基泰—萨尔马特时代苏联欧洲部分的草原》，1989年，莫斯科，102页。

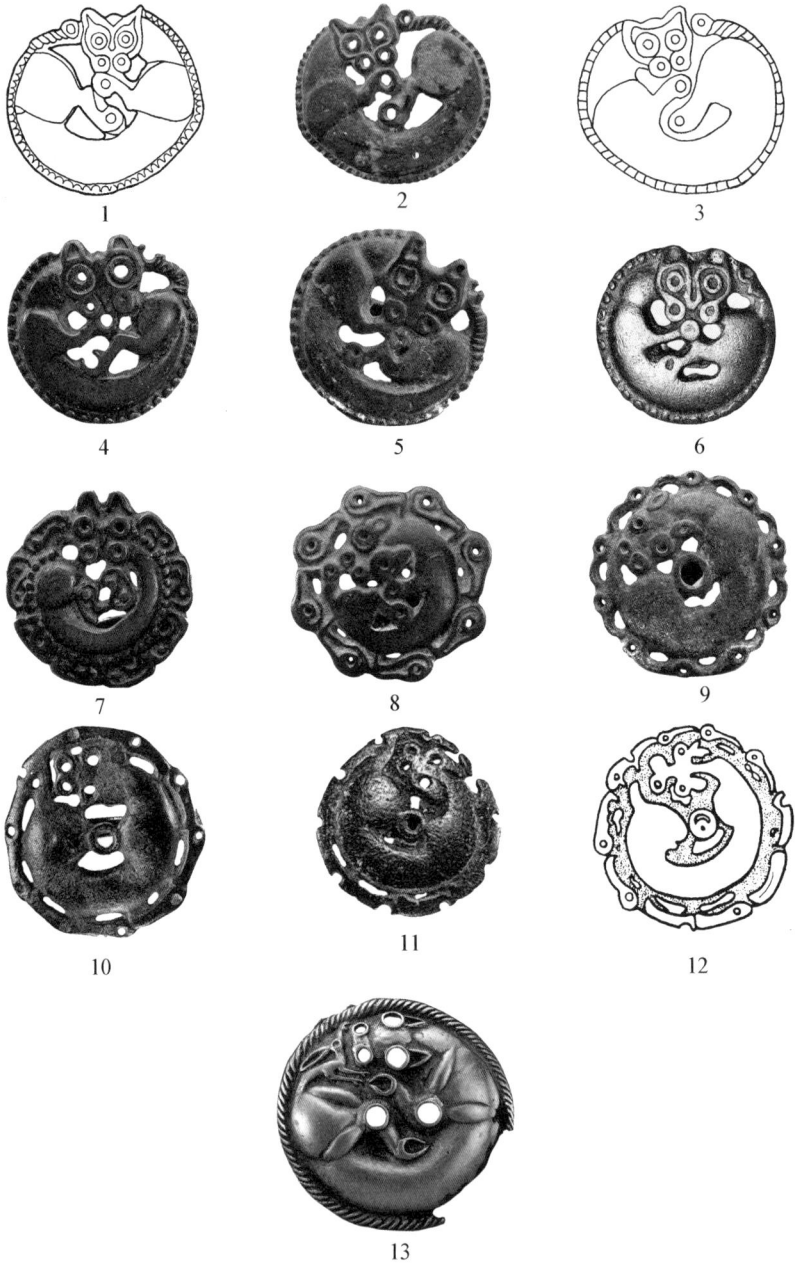

图二　东方区头部正视的卷曲动物纹

1. 康保出土，河北考古所藏　2、4、5、7~9、13. 鄂尔多斯博物馆藏　3. 张家口、承德地区收集，原河北文物队藏　6、10、11. 赛克勒收藏　12. 内蒙古考古所藏国时期的器物中也可以看出来。从这个角度来看，这件金饰牌的时代最早不会早过春秋晚期。这对于确定其他牌饰的年代有一定的帮助。

　　侧视虎头的牌饰目前发现的数量不如正面的多，但也有周围有平行切线纹—联珠纹（图三，1～5）和周围有鸟头（图三，6、8）之别。其中头两件是在怀来甘子堡的墓葬中发掘出来的。图三，8保存不佳，图形很不清楚，很可能双足的端环已经合并了。而图三，6的双足明显还没有合并，只是头部不大清楚，不能十分肯定是不是侧视的。不过有甘子堡发掘简报中发表的一件牌饰的线图可作旁证（图三，7），这幅图不十分准确，但头部肯定是侧视的，双足的端环未合并，外面围有鸟头。这里应该分析一下在隆化三道营村骆驼梁M8发现的牌饰（图三，10）[16]。这件牌饰头部表现很奇特，不知是否有缺损，但也是属于侧视头部一类，足部形式不清楚，外围平行斜线纹。根据杨建华的研究，甘子堡和骆驼梁墓的年代都应定在春秋中期[17]，因此可以认为在绝对年代上，不论是围有平行斜线—联珠纹的，还是围有鸟头的卷曲虎纹，只要是双足端环未合并的，在春秋中期是同时存在的。此外，1993年在河北涿鹿县孙家沟村的一座墓中，出土一件"铜泡"，发表的线图也很拙劣（图三，9）。简报中说"中心饰狗一只，作卷曲戏要状"，很可能也是一个卷曲的虎形。

　　东方区大概应该把外贝加尔地区包括在内，1985年基里尔洛夫首次发表了在外贝加尔石板墓中出土的一件卷曲动物纹牌饰，可能是残去了尾部（图三，11）[18]。东方区的影响向西发展到遥远的东哈萨克斯坦，在额尔齐斯河上游的奇斯提雅尔古冢中发现一件牌饰（图四，1）[19]。这件正视头部的卷曲猛兽牌饰虽然细节上和内蒙古、冀北

[16] 郑绍宗：《中国北方青铜短剑的分期及形制研究》，《文物》1984年2期。

[17] 杨建华：《春秋战国时期中国北方文化带的形成》，文物出版社，2004年，73、77页。

[18] И·И·基里尔洛夫、О·И·基里尔洛夫：《青铜时代外贝加尔东部诸部落文化——历史接触的新资料》，《古代外贝加尔和它的文化联系》，新西伯利亚，1985年。本文转引自注[2]，图二，16。

[19] М·Г·莫什科娃：《斯基泰—萨尔马特时代苏联亚洲部分的草原地带》，1992年，莫斯科，图版57，19。J·戴维斯·金博尔等：《早期铁器时代欧亚草原的游牧人》，1995年，贝克莱，214页，图43，С。

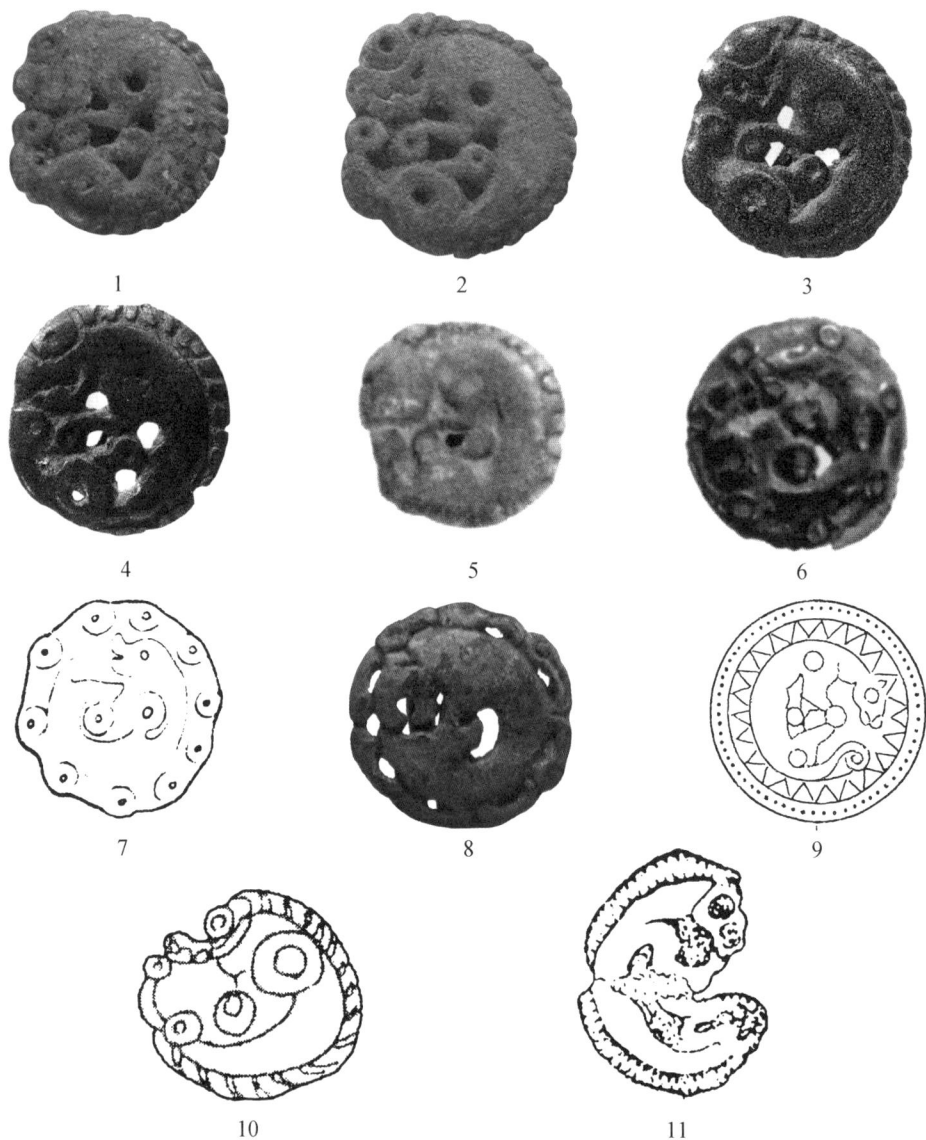

图三　东方区头部侧视的卷曲动物纹

1、2、7.怀来甘子堡发掘品　3～6.东京国立博物馆藏　8.内蒙古考古所藏　9.涿鹿孙家沟出土
10.隆化骆驼梁出土　11.外贝加尔石板墓

发现的正视头部的卷曲猛兽牌饰有不少区别，但相似点颇多，有可能是一种仿制品。此外，在米奴辛斯克盆地塔加尔文化的卷曲猛兽牌饰中，也发现有在腿的上部装饰同心圆的例子（图四，2）[20]，可能也是受到东方区的影响。

　　第二个大区是以萨彦—阿尔泰地区为中心的中央区。这个地区从18世纪初俄罗斯人开拓草原起，就开始了对古冢的盗掘，著名的"彼得一世西伯利亚宝藏"就是在这样的背景下形成的。其中就有一件长10.9厘米、宽9.3厘米，重221.2克的黄金的卷曲猛兽牌饰，成为卷曲动物纹最知名的代表（图五，2）[21]。这件标本身体瘦长，和东方区的卷曲虎形明显有别，很有可能是以生存于高山地区的雪豹为原型的。后来在图瓦地区发掘了阿尔然"王冢"，这座墓获得的碳十四测年数据是公元前800±50年、前850±50年、前820±50年。使这座墓中得到的卷曲猛兽青铜牌饰成为世界上年代最早的标本（图五，1）[22]。当然，也有人根据出土器物认为实际年代应定到公元前8世纪初，那也不晚于夏家店上层文化的作品，应是一种独立的起源。它和彼得一世宝藏的那件的明显不同，是张口露出尖利的齿，有长的利爪，尾短而细。可能代表一种较原始的形态。不过从阿尔泰西部的迈

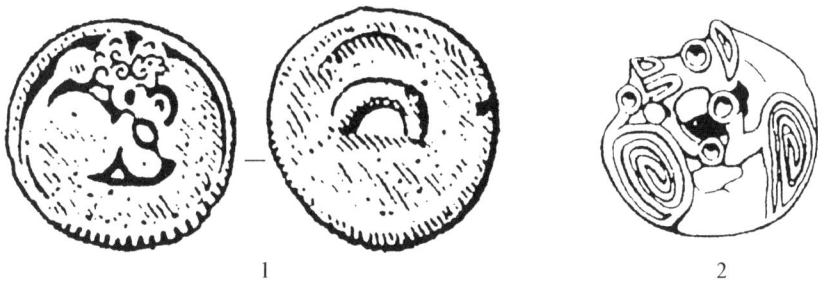

图四　东方区对中央区的影响
1. 东哈萨克斯坦奇斯提雅斯古冢出土　2. 国立爱尔米塔什博物馆藏（塔加尔文化）

［20］М·П·查维都欣娜：《叶尼塞河上的古代艺术》，列宁格勒，1983年。本文转引自注
　　　[2]，图二，12是爱尔米塔什博物馆藏品，原为И·А·洛尔金娜收藏品。
［21］韩国国立博物馆：《爱尔米塔什的斯基泰金器》，朝鲜日报社，1991年，167页，图95。
［22］М·Г·莫什科娃：《斯基泰—萨尔马特时代苏联亚洲部分的草原地带》，1992年，莫斯
　　　科，图版72，66。

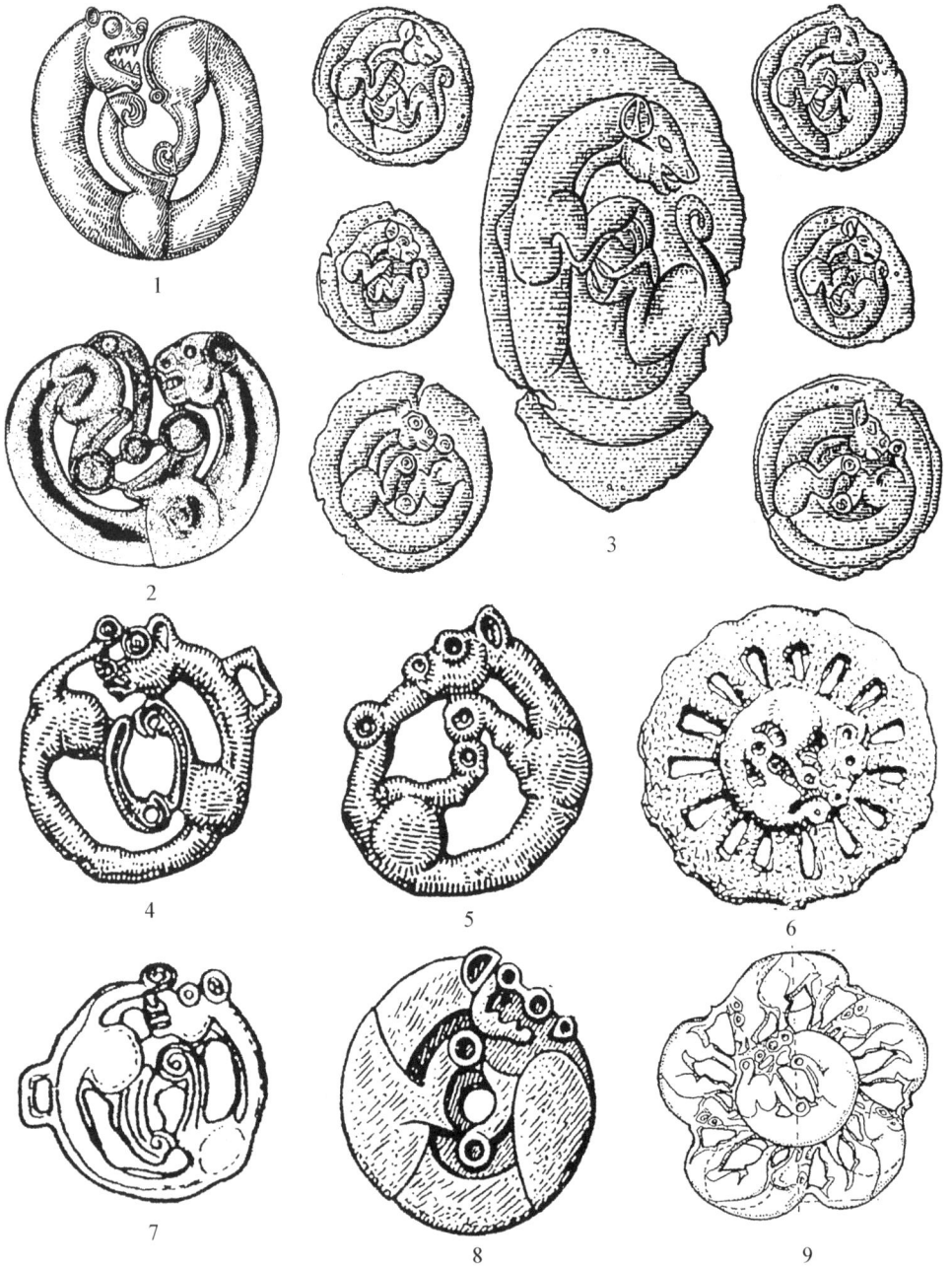

图五　中央区的卷曲动物纹

1. 图瓦阿尔然王家出土　2. 彼得大帝西伯利亚宝藏　3. 西阿尔泰迈埃米尔古家出土　4、5. 哈萨克斯坦中部威加拉克33号家出土　6. 咸海沿岸萨卡尔·恰嘎6号墓地23号家出土　7. 北车里雅宾斯克州，伊尔佳什湖　8. 米奴辛斯克盆地别依斯科耶出土　9. 新疆土壘县东城大队征集埃米尔古冢中出土的七件包在木牌上的金片来看（图五，3）[23]，卷曲豹纹的共同特征只是躯体瘦长，至于是闭口还是张口露齿，是有爪还是变为环形，尾巴的长短和尾端是否变成环形，都可以共存于一墓。这座墓的时代在公元前8～前6世纪的范围内[24]。同类的情况也见于哈萨克斯坦咸海以东的威加拉克33号古冢出土的两件标本[25]，其一惟尾端作环形而有长爪（此件一侧有方耳，应是作马镳用）（图五，4），另一件尾端和足端均作环形（图五，5）。该墓的年代也在公元前7世纪[26]。或以为是公元前7～前6世纪[27]。

　　这种形式的卷曲豹纹牌饰或马镳，分布范围很广，除图瓦和阿尔泰外，又见于哈萨克斯坦（图五，6）[28]、我国新疆（图五，9）[29]、俄国的西西伯利亚（图五，7）[30]和南西伯利亚（图五，8）[31]。年代也都在公元前7～前6世纪的范围内。在波格丹诺夫论文的插图中，内蒙古也有这种形式的卷曲豹纹（图六，1）[32]，可惜未注明原始根据。有待今后内蒙古地区新发现的验证。

　　波格丹诺夫的文章中还引用了赛克勒收藏品中的一件豹纹带扣（图六，2）[33]，其豹纹总体上也可以视为是卷曲成环形的，认为是从萨彦—阿尔泰地区传到内蒙古的。研究赛克勒藏品的邦克夫人说：

---

［23］同注[22]，图版62，1～7。

［24］同注[22]，184、185页。

［25］同注[22]，图版5，23、20。

［26］同注[22]，43页。

［27］Е·Ф·切济娜：《斯基泰时期伏尔加河下游和南乌拉尔艺术中卷曲成环的猫科猛兽形象》，《考古学论文集》，1984年，列宁格勒。本文转引自注[2]，62页。

［28］Л·Т·亚布龙斯基：《咸海沿岸南部地区塞人文化形成诸问题》，《苏联考古学》1999年1期，图12，3。J·戴维斯·金博尔等：《早期铁器时代欧亚草原的游牧人》，1995年，贝克莱，229页，图83。

［29］王炳华：《新疆东部发现的几批铜器》，《考古》1986年10期，887～890页，图二，2。

［30］Ю·Б·波里多维奇：《斯基泰"野兽风"中的卷曲动物纹》，《俄国考古学》1994年4期，图1，1。本文转引自Ю·Б·波里多维奇：《论斯基泰艺术史——卷曲野兽母题的产生》，《俄国考古学》2001年3期，图2，7。

［31］同注[20]。本文转引自注[2]，图二，11。

［32］同注[1]，51页，图51。

［33］同注[9]，190页，No.114。

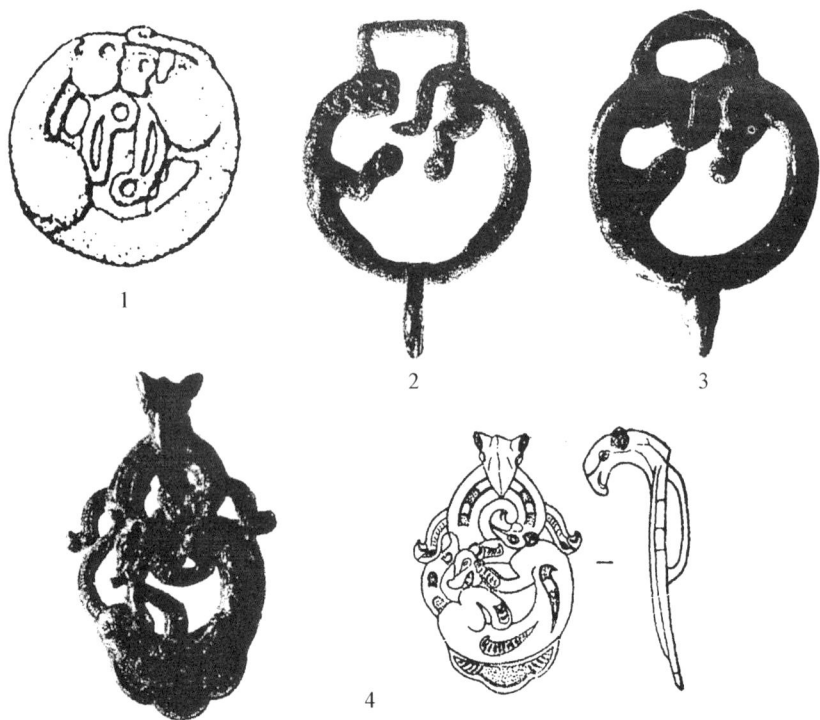

图六　中央区对东方区的影响
1. 传出内蒙古　2. 赛克勒收藏　3. 东京国立博物馆藏　4. 宁夏西吉陈阳川出土

"和赛克勒的带扣几乎完全相同的一件带扣在北京延庆县军都山被发掘出来。……这是作者在1993年到河北旅行时所见。"[34] 但是这批发掘品至今未见正式报告。军都山遗存的年代应属春秋中期至晚期[35]，那也就是说，中央区的卷曲豹纹至少在春秋晚期已经渗入到冀北地区。东京国立博物馆也收藏有一件相似的带扣（图六，3）[36]。年代更晚的例子还有在宁夏西吉陈阳川出土的一件牌饰（图六，4）[37]，它的下部也是一只瘦长身躯的豹，作卷曲状。但装饰风格和以前见过的卷

---

[34] 同注[9]，190页。

[35] 同注[17]。

[36] 东京国立博物馆：《东京国立博物馆所藏中国北方系青铜器》，竹林舍，2005年，彩图15。

[37] 延世忠、李怀仁：《宁夏西吉发现一座青铜时代墓葬》，《考古》1992年6期，573～575页，图一，11；图版八，5。

曲豹纹牌饰完全不同。这种在动物身上用曲线围成一定区域而内填平行线的装饰手法，在战国时才流行起来，有可能也是从萨彦—阿尔泰地区兴起的。而陈阳川的这批器物，年代已经晚到战国晚期至秦代了。

　　蒙古高原位于东方区和中央区之间，这个地区至今既未发现东方区的卷曲虎纹遗物，也未发现中央区的卷曲豹纹遗物。只在某些鹿石上有卷曲动物纹的图像（图七，1～3）[38]，但由于表现手法相当粗略，颇难确定是东方区形式的，还是中央区形式的。不过从蒙古境内以前发现过卷曲狼纹牌饰（图七，4、5）[39]，形状和我国甘肃发现的卷曲狼纹牌饰相近（图七,6）[40]，说明蒙古高原和我国北方地区存在文化联系。鹿石上的卷曲纹图像也有和东方区的卷曲虎纹相似之点。但据情理推测，蒙古高原很可能是东方区和中央区两种卷曲动物纹的交错分布地带，但只能有待未来考古发现的进一步验证。

　　第三个大区是以黑海北岸及邻近地区为中心的西方区。这个区卷曲动物纹的特点是其外廓不是圆的，而是略呈三角形。黑海北岸是斯基泰人的分布区。俄国学者波里多维奇认为卷曲动物纹是纯粹的斯基泰的发明，认为这个地区的呈三角形的形式是最早的，从这里开始向其他地区传播[41]。杨建华对此持反对意见，认为阿尔然王家的圆形卷曲动物纹年代最早，到了公元前7世纪向中亚的哈萨克、西伯利亚的米奴辛斯克、北高加索和黑海沿岸传播，图案由写实向抽象发展[42]，但实际上我们很难找出两者之间互相演变的迹象。

---

［38］Б·В·伏尔科夫：《蒙古的鹿石》，1981年，乌兰巴托，图版4，1；图版34，2；图版69，4。

［39］Б·В·伏尔科夫：《蒙古北部的青铜时代和早期铁器时代》，1967年，乌兰巴托，图20，7、8。

［40］秦安县文化馆：《秦安县历年出土的北方系青铜器》，《文物》1986年2期，40～43页，图二，1。

［41］Ю·Б·波里多维奇：《论斯基泰艺术史——卷曲野兽母题的产生》，《俄国考古学》2001年3期，25～34页。

［42］同注[3]。

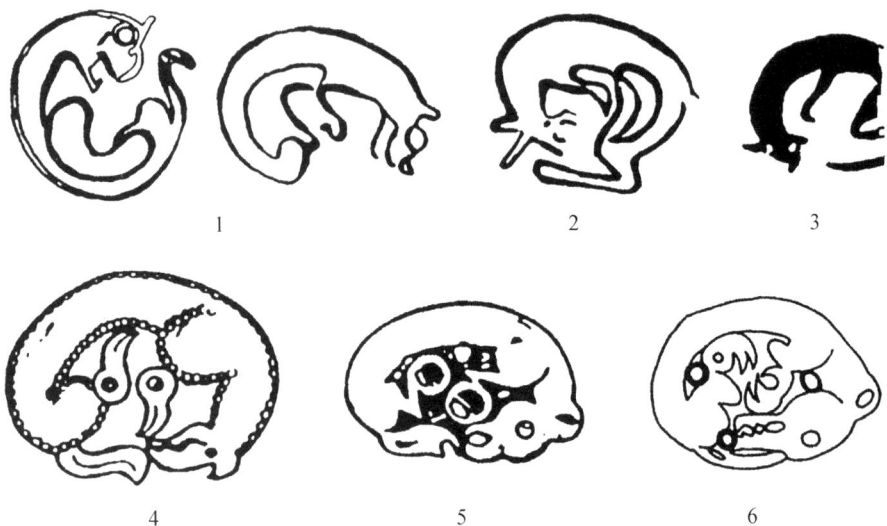

图七　蒙古的卷曲动物纹
1. 巴彦布拉克苏木鹿石上的图像　2. 地点未详鹿石上的图像　3. 大塔米尔苏木鹿石上的图像（残）
4. 传乌布苏省出土牌饰　5. 传戈壁阿尔泰省出土牌饰　6. 甘肃秦安县文化馆藏牌饰

　　我们先从黑海东北岸库班草原上的凯列尔梅斯墓地说起。在 2 号冢中，发现了一件在"铜镜"中心的动物纹装饰，属比较写实的手法，但足端已成环形（图八，1）[43]。其构图和 1 号冢所出金豹的四个爪子和尾巴上装饰的卷曲动物纹非常相似[44]。在 2 号冢中还出土作为鸟的眼珠的骨雕卷曲动物纹，比较抽象化，外廓接近圆形（图八，2）[45]。该墓地的 24 号冢也出土两件卷曲动物纹饰件，外廓更接近三角形（图八，3、4）[46]，凯列尔梅斯古冢是有代表性的斯基泰古冢，其年代上限不早于公元前 7 世纪。库班草原上的克拉斯诺达尔水库附近也发现过卷曲动物纹标本，和图八，1 那件

［43］G·柯萨克：《伊朗—斯基泰野兽风的起源》，《解释过去》，1998 年，威斯特夫。本文转引自注[3]。Л·К·加拉尼娜：《凯列尔梅斯古冢——早期斯基泰时代的"王"墓》，1997 年，莫斯科，图版 31，223。本文据注[39]转引。

［44］同注[21]，64 页，图 13。

［45］Л·К·加拉尼娜：《凯列尔梅斯古冢——早期斯基泰时代的"王"墓》，1997 年，莫斯科，图版 22，259。本文转引自注[39]，图 1，7。注[2]中乌恩文中的图二，4，其说明指为凯列尔梅斯古冢出土的骨雕。其实是奇利克塔黄金冢出土的铜牌饰的水平翻转图。特此纠正。

［46］同注[43]，图版 24，374、376。本文转引自注[39]，图 1，8、9。

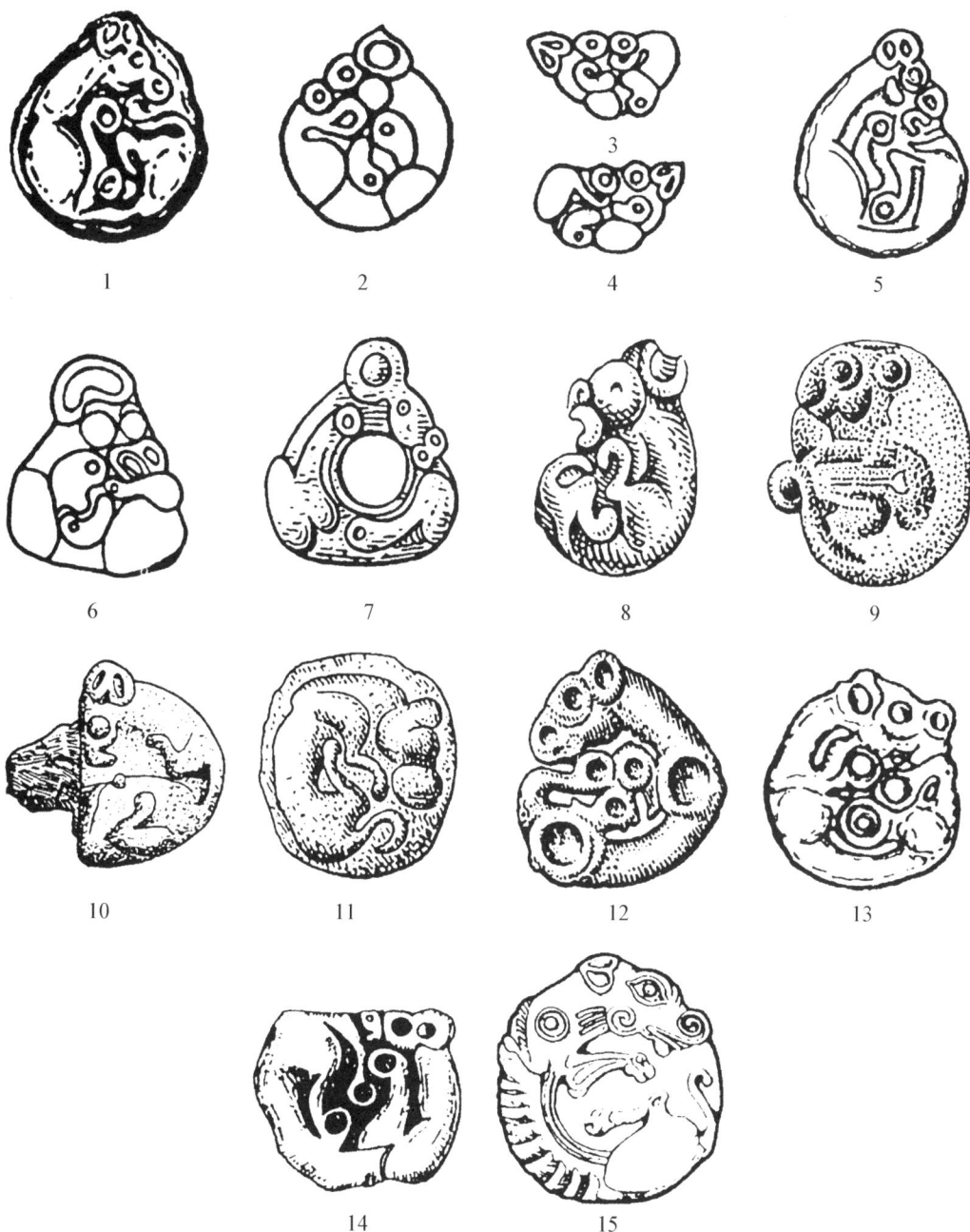

图八　西方区的卷曲动物纹

1、2. 库班草原凯列尔梅斯2号古冢出土　　3、4. 凯列尔梅斯24号冢出土　　5. 克拉斯诺达尔水库
6. 北高加索那尔坦古冢　　7. 黑海北岸捷米尔山古冢出土　　8. 康斯坦丁诺夫卡古冢出土　　9. 北高加
索麦科普城附近采集　　10. 北高加索特里斯基墓地M164出土　　11. 卡尔梅克州"三兄弟"冢出土
12、13. 东哈萨克斯坦奇利克塔古冢　　14. 北高加索古杰尔梅斯城附近草原农庄古冢出土的剑鞘端
饰　　15. 伊朗齐维耶宝藏

很像（图八，5）[47]。在北高加索的那尔坦9号古冢也发现卷曲动物纹标本，略呈三角形（图八，6）[48]，接近凯列尔梅斯24号冢出土的那两件。在第聂伯河下游捷米尔山古冢出土了一件卷曲动物纹牌饰（图八，7）[49]，外廓完成成正三角形了。波里多维奇认为图八，6那样的卷曲动物纹可以演变成中央区那样的卷曲纹，说服力实在太薄弱了。而且这件标本的表现手法已经颇抽象化，恐怕不是三角形卷曲动物纹的原始状态。倒是北顿涅茨河上的康斯坦丁诺夫卡古冢出土的那件牌饰，可能代表更早的形式（图八，8）[50]。从这种思路来看，在北高加索麦科普城附近发现的铜牌（图八，9）[51]和特里斯基墓地164号墓出土的青铜刀鞘上的饰件（图八，10）[52]，似乎更有理由被看作斯基泰三角形卷曲动物纹在前斯基泰时期的滥觞。这种动物究竟是什么？现在还无法肯定，但和雪豹的差异是显而易见的，也肯定不是虎。因此，我们即使不能确切论证这类卷曲动物纹一定产生于公元前7世纪以前，也肯定是不同于东方区和中央区的独立起源。

　　伊朗库尔德斯坦省萨盖兹市地区的齐维耶宝藏中的动物纹金饰件（图八，15）[53]一度被作为斯基泰野兽风起源于伊朗的重要证据，但它的年代并不比北高加索前斯基泰器物群早，也有可能是反而受北高加索方面影响的产物，在此就不作进一步讨论了。

---

[47] A·B·皮扬科夫等：《克拉斯诺达尔水库库区卡札佐沃3号墓地和其他发现》，《欧洲东南部前斯基泰和早期斯基泰时期的遗存》（俄国考古学资料和研究第1种），1997年，莫斯科。本文转引自注[39]，图1，5。

[48] B·M·巴契耶夫：《前斯基泰和斯基泰时代的古物》，《1972～1979年卡巴尔达巴尔卡尔自治共和国新建筑工地的考古考察（第2卷）》，1985年，那尔奇克，图27，35。本文转引自注[39]，图3，1。

[49] B·A·伊林斯卡亚、A·И·捷列诺日金：《公元前7至前5世纪的斯基泰人》，1983年，基辅，94页，图6。

[50] 同注[47]，94页，图3。又见 П·Д·里别罗夫：《康斯坦丁诺夫卡村旁的古冢》，《物质文化史研究所简报》第37卷，1951年，图45，6。本文据注[39]转引。

[51] 同注[47]，53页，图17。

[52] 同注[47]，33页，图2。又见 Б·B·捷霍夫：《公元前7至前6世纪的斯基泰人和中央高加索（据特里斯基墓地的资料）》，1980年，莫斯科，图23，2。本文据注[39]转引。

[53] 同注[47]，41页，图2。

　　由于对俄国的考古资料不可能详细掌握，对于三角形卷曲动物纹的本身演变过程不打算进一步详加讨论。不过可以指出，西方区卷曲动物纹的影响也在远方可见。例如在俄国卡尔梅克州（已属萨尔马特地区）公元前6世纪的"三兄弟"冢中出土的仍很写实的牌饰（图八，11）[54]，大头短身，显然还具有西方区卷曲动物纹的特点。而远至东哈萨克斯坦的奇利克塔冢中，竟也出土和凯列尔梅古冢颇为相似的近三角形牌饰（图八，12、13）[55]，足证区间文化渗透的力量是很强的。从这种观点来看北高加索出土的一件双金属柄铁剑的鞘端青铜饰件（图八，14）[56]，其躯体和足尾似乎都有中央区的特点，但大耳且分段的头部仍有西方区的作风，可能是一种互相借鉴的产品吧。

　　最后还有一个问题需要讨论，就是公元前5世纪或更晚在西方区很流行的卷曲动物纹饰件（图九）[57]，它们大部分从动物体形上看，实在不像是由西方区前6世纪以前的三角形卷曲动物纹演变而成。很可能是由中央区的圆形的瘦长体豹纹演变成的，但其头部多变成神话性的怪兽，肢体多加上鬃毛，或加上其他动物的局部为装饰。这些装饰手法都是"斯基泰的"，但动物本身却已经不是斯基泰的了。所以单就卷曲动物纹来看，西方区的卷曲构图恐怕一开始就受到中央区的影响，而且在发展过程中连自己的本体都异化了。不过可以看出，这些在斯基泰和萨尔马特地区流行的牌饰，有相当部分不是正圆的，有些还是略呈三角形，而其中的图九，9、10，还有颇强的原始三角形卷曲动物纹的味道，是很耐人寻味的。特别要指出的是图九，8，是在吉尔吉斯斯坦的伊塞克湖畔发现的。这件牌饰基本上是中央区的特点，只是头部变成了怪兽，认为是卷曲豹纹受到西方区影响的产物，

［54］同注[22]，图版66，3。

［55］C·C·契尔尼科夫：《黄金冢之谜》，1965年，莫斯科，图版ⅩⅤ；图版ⅩⅥ，1。本文转引自注[39]，图2、10、11。图八，12又见注[22]，图版57，17。

［56］同注[47]，47页，图3。

［57］此图根据注[22]、注[21]、注[41]、注[49]和A·П·麦德罗杰夫：《顿河沿岸森林草原地区的早期铁器时代》（1999年，莫斯科）汇集而成。

图九　西方区公元前5～前4世纪的卷曲动物纹

1. 克里米亚库拉科夫斯基2号冢出土　2. 公元前5世纪草原斯基泰古冢出土　3、4. 公元前5世纪第聂伯河森林草原地区古冢出土　5. 南乌拉尔的比雅诺夫卡村古冢出土（公元前6世纪）6、7、9、10. 公元前5～前4世纪顿河沿岸森林草原地区古冢出土　8. 吉尔吉斯斯坦伊塞克湖周围出土

也是可以的。

　　综上所述，整个欧亚草原上的卷曲动物纹，实际上有三个主要的各自独立的起源，但又彼此互相影响和渗透，才形成了一个整体。东哈萨克斯坦成为三区卷曲动物纹的交汇地区。欧亚草原上很多文化因素的趋同，实际上都经历了这种复杂的过程，是可以举一反三的。

　　载《燕京学报》新二十四期，2008年。后收入《林沄学术文集（二）》。

# 关于新疆北部切尔木切克类型遗存的几个问题[*]

## ——从布尔津县出土的陶器说起

  2007年第2期《文物》上发表了新疆阿勒泰地区布尔津县阔帕尔谷地2003年出土的陶器，虽然数量不多，却是新疆考古很重要的信息[1]。

  布尔津县发现的橄榄形陶罐，过去在阿勒泰县的切尔木切克（原称"克尔木齐"）墓地[2]、奇台县的西卡尔孜（原称"坎儿子"）遗址[3]均有发现。这次在石棺中同出的陶豆，过去在切尔木切克也发现过，不过和橄榄形罐不是同一墓所出。由于切尔木切克墓地诸墓明显反映出不是同一时期的性质，因此这次布尔津县的发现为陶豆和橄榄形罐的同期共存提供了确切无疑的证据。而且，切尔木切克早先出土的陶豆，是残器复原的。不知道是否有耳。布尔津发现的陶豆基本完整，可以明确是有扁耳的。

  另外，过去切尔木切克和西卡尔孜两地发现的橄榄形陶罐和陶豆都没有和铜器共存的直接证据，这次报道出陶罐和陶豆的石棺中"据说还有一把铜刀，已佚"，也是一个重要信息。

  切尔木切克出橄榄形陶罐的M16和出陶豆的M24，都是坟院制墓葬，即"在地面上有一定的范围，四周往往用平铺（或直植）的块

[*] 本项研究得到教育部人文社会科学重点研究基地重大项目的资助（项目批准号：06JJD780004）。

[1]张玉忠：《新疆布尔津县出土的橄榄形陶罐》，《文物》2007年2期。

[2]新疆社会科学院考古研究所（易漫白执笔）：《新疆克尔木齐古墓群发掘简报》，《文物》1981年1期。

[3]奇台县文化馆：《新疆奇台县发现的石器时代遗址与古墓》，《考古学集刊（2）》，1982年。

石围成一个矩形"。而在坟院内有数量不等的石棺（M24有1座石棺，M16有6座石棺）。布尔津县的两件陶器也是出在石板围成的石棺中，可见是同类的文化遗存。此外，据简报的墓葬登记表，M24坟院前有"1石人面向东"，而M16坟院前"可能有2个（石人）"。也是这两座墓的共有文化特征。

切尔木切克M16和M24，起初没有从1963年在该墓地同时发掘的32座墓中区分出来，在由易漫白执笔的发掘简报中，所有的墓被笼统地定为"绵延的时期较长，如果不是更早到战国的话，至少要早起西汉，一直晚到隋唐这样的历史阶段"。到1983年出版的《新疆考古三十年》一书中，穆舜英、王明哲、王炳华三人合撰的《建国以来新疆考古的主要收获》一文把切尔木切克墓地的32座墓，统统称为"石人石棺墓"，和昭苏、温泉等处有突厥石人的墓放在一起介绍。但是在图版部分，则把切尔木切克M16所出的兽首柄石杯以及其他一些墓葬的出土器物，排在战国时代[4]。到1985年，穆舜英和王明哲在《新疆古代民族文物》一书中发表了《论新疆古代民族考古文化》，此文虽然仍把切尔木切克发掘的墓统称为"早期石棺墓"，但具体挑出一部分出土器物加以分析："石罐、双联石罐、石臼、石范以及不同形式的橄榄形陶器、小铜刀等也很别致，它们与苏联南阿尔泰地区卡拉苏克文化颇为相似。关于卡拉苏克文化的年代，苏联学者一般认为在公元前1200～前700年左右。"但是，在该书的图片说明中，这些在文章中被定为公元前1200～前700年的器物，却又定为"春秋战国前后"。无论如何，至少比原定"战国"时代又提早了几百年。结合文章中提到的器物和图版中发表的器物来看，具体所指的墓共有M3、M7、M8、M16、M17、M21、M22[5]。而王炳华在同一年发表的文章中则认为该墓地的陶器和年代更早的阿法纳羡沃文化有

[4]新疆社会科学院考古研究所：《新疆考古三十年》，新疆人民出版社，1983年，15～17页，图版47～52。

[5]新疆社会科学院考古研究所：《新疆古代民族文物》，文物出版社，1985年，4页，图版66～76。

联系，是阿法纳羡沃文化向南发展的产物[6]。同年，陈戈提出了"克尔木齐类型"这样一个概念，但实际上仍是把该墓地的全部墓葬都当作同一类型，并没有区分早晚不同的遗存。认为它是属于铁器时代的文化，年代距今2 500～2 000年[7]。1986年，王博和常喜恩提出了"克尔木齐文化"的概念，他们当时仍是把切尔木切克墓地的全部墓葬和温宿包孜东墓地的墓葬统归为"石人墓"，并认为是"突厥遗存"。主张"对突厥遗存可以定名为克尔木齐文化或突厥文化"。认为这种文化的早期遗存可以上溯到公元前后甚至更早。所以并没有突破原发掘简报的认识[8]。

　　进入20世纪90年代后，陈光祖在没有把切尔木切克墓地的墓葬作明确早晚区分的情况下，采用了"克尔木齐文化"的概念。他提出了"克尔木齐文化同奥库涅夫文化存在更密切的联系"的新观点。并把切尔木切克文化的年代定为"可能早于安德罗诺文化，晚于阿凡纳西文化，年代大约为公元前2000～前1200年"[9]。而水涛则在1993年发表论文，声称："新疆阿勒泰地区以克尔木齐M16为代表的这种青铜文化遗存（从图一一所采用的器物来看，除M16外，还有M24、M3、M2、M8、M7、M17、M21），主要是接受了来自米奴辛斯克盆地的卡拉苏克文化的影响，同时吸收了来自西部的安德罗诺沃文化的固有传统因素。……这种遗存进入新疆北部地区的时间大约应在安德罗诺沃文化晚期或卡拉苏克文化早期阶段。绝对年代约在公元前15～前12世纪。"[10]1995年年底，王博出版了《丝绸之路草原石人研究》，该书最大的突破，是对石人进行了细致的类型分析和时代研究。从而把青铜时代的石人和突厥石人区别开来了。而对1963年发

[6]王炳华：《新疆地区青铜时代考古文化试析》，《新疆社会科学》1985年4期。

[7]陈戈：《关于新疆远古文化的几个问题》，《新疆文物》1985年创刊号，34、35页。

[8]新疆博物馆等（王博、常喜恩执笔）：《温宿县包孜东墓葬群的调查和发掘》，《新疆文物》1986年2期。

[9]陈光祖：《新疆金属器时代》（张川译），《新疆文物》1995年1期。

[10]水涛：《新疆青铜时代诸文化的比较研究——附论早期中西文化交流的历史进程》，《国学研究》第一卷，北京大学出版社，1993年。后收入《中国西北地区青铜时代考古论集》，科学出版社，2001年，30、31页。

掘的那批墓的文化性质，提出了一个重要的观点："首先，无论是阿法纳羡沃文化，还是安德罗诺沃文化、卡拉索克文化，都没有墓地立石人的习俗。其次，青铜时代出现墓地石人的文化是奥库涅夫文化，但这里与切木尔切克石人的造型差异很大，两者不能构成一种考古文化。"因此认为这种文化既不同于以上四种文化，又不同于以鹿石为代表的文化，而是一种有自己的分布区的文化。"切木尔切克石人的上限可以推至青铜时代的晚期（公元前1200年），而晚期则可到早期铁器时代"[11]。到1996年，他又专门撰文重新论述了"切木尔切克文化"。就切尔木切克墓地的墓葬而言，已明确排除了出铁器的墓，只包括M2、M3、M8、M16、M17、M24六座有石人的墓，以及无石人的坟院制石棺墓M7。而且进一步把M3、M7、M8、M16、M17、M24归属切尔木切克类型，把M2归属库希类型。认为前一类型是青铜时代的早中期，后一类型是青铜时代的中晚期，而没有定出具体的年代[12]。

2002年，林梅村对克尔木齐文化进行了一次全面的讨论。他明确指出，"本文所谓'克尔木齐文化'仅指这个墓地的青铜时代遗物及天山东部地区同类文化遗存"，克尔木齐墓地被他划归青铜时代的墓葬，比王博多了一个随葬石俑的M21，并把"随葬石俑"和"坟院外立墓地石人"都作为克尔木齐文化的强烈的自身特点。从而把在曾发现过橄榄形陶罐的奇台县征集到的残石俑，也归入切尔木切克文化遗存。另外，他把石雕琢容器也作为克尔木齐文化的一大特征，因此把发现过橄榄形陶罐的奇台县西坎尔孜遗址发现的坩埚形石器，也归为克尔木齐文化。他对切尔木切克文化的年代也有自己的看法，"既然克尔木齐陶器与阿法纳羡沃陶器有非常明确的共存关系，两者必属同一时代，也即公元前2200年至前1900年之间"。在和国外考古学文化比较方面，他的视野比以前的研究者更广阔，认为"克尔木齐文化的发现具有划时代的意义，首次揭示了阿尔泰山南

[11] 王博、祁小山：《丝绸之路草原石人研究》，新疆人民出版社，1995年，205、206页。

[12] 王博：《切木尔切克文化初探》，《考古与文物研究——纪念西北大学考古专业成立四十周年文集》，三秦出版社，1996年，283页。

麓古代文化与里海黑海北岸颜那亚文化（即俄文'竖穴墓文化'不准确的音译，应该是'雅姆那亚'文化）之间的联系"。把这种文化在阿尔泰山南麓的出现，作为欧罗巴人种的印欧语东方语支的吐火罗人到达新疆东部的标志。对于新疆古文化之间的关系，他大胆地推测"克尔木齐文化向南一直分布到天山东部的奇台。其中一支后南下楼兰，形成小河—古墓沟文化"[13]。其后，在郭物的博士论文中，第三章《文化关系》的一开始也提到了切尔木切克文化。认为这个文化的年代可以定在"公元前第三千纪末至公元前第二千纪初"，"不过他指出，出橄榄形陶罐的M16的墓上建筑和竖穴墓文化、阿法纳羡沃文化关系不明显，这种方形大石围是奥库涅夫文化的特点"。M16出土的平底陶器和辛塔什塔—彼德罗夫卡文化比较接近，或者是与洞室墓东部的Potlvaka（按：郭文中这种文化用英文表示，猜想是波尔塔夫卡即Poltavka之误）文化第二期的陶器相似。而M17的墓葬形制和出土器物都比较接近奥库涅沃文化，是这个文化在阿勒泰的一个大型墓葬。M21出土的石俑被郭物称为"奥库涅沃文化的石人"。所以他认为切尔木切克文化是"融合了西部颜那亚文化、Potlvaka文化或辛塔什塔—彼德罗夫卡文化、北部阿法纳羡沃文化、奥库涅沃诸文化因素形成的一个新文化"[14]。同年，韩建业在综合研究新疆青铜时代到铁器时代早期的诸考古学文化的分期和谱系的论文中指出，切尔木切克墓地青铜时代诸墓葬确如林梅村所言，有作为独立的考古学文化的可能，"但限于材料，这类遗存的内涵还不甚清楚，称'克尔木齐文化'或'切尔木切克文化'都显得为时过早，以暂称'克尔木齐类遗存'为宜"。而对其年代，则不主张定在和阿法纳羡沃文化同一时代，认为"下限可能晚至安德罗诺沃文化时期"[15]。

　　综上所述，切尔木切克墓地的断代问题大体经历了两大阶段，最

---

[13] 林梅村：《吐火罗人的起源与迁徙》，《新疆文物》2002年3、4期合刊。

[14] 郭物：《新疆天山地区公元前一千纪的考古学文化研究》，中国社会科学院研究生院博士学位论文，2005年，121页。

[15] 韩建业：《新疆青铜时代—早期铁器时代文化的分期和谱系》，《新疆文物》2005年3期。

初，全部墓地被笼统作为突厥遗存而定在战国至隋唐。第二个阶段是把其中一部分墓葬挑出来，认为是青铜时代的遗存，但和南西伯利亚的青铜时代比较的结果，却有阿法纳羡沃（王炳华、林梅村）、奥库涅沃（陈光祖、郭物）、安德罗诺沃（水涛、韩建业）、卡拉苏克（穆舜英和王明哲、水涛）等不同看法。分歧之大是罕见的。

对断代过分笼统的认识，首先在于未能区分出铁器的墓葬。所以应该先着重讨论一下这个问题。

从墓葬登记表来看，明确记出铁器的墓共有M4、M5m1、M22、M23、M25、M27、M28、M29、M31、M32。这些墓葬除M4和M5外都位于该墓地的东南部，都是"有封土的竖穴土坑墓"（该文图一中又称"封石堆墓土坑室"，估计是封土中混有石块之故）。据简报，这类墓并不都是单纯的土坑墓，如M22"人骨架周围铺砌一圈块石"，"北壁有一宽约30厘米的熟土二层台，上置马骨架一具"。M29也有块石和大卵石拼成的小石"棺"。M4和M5m1则分布在墓地的西南部。其中M5m1虽被划归坟院制的M5内，但"M5坟院在一块稍稍隆起的土包上，周围无矩形列石。院前（按：从图一来看是在东侧）有小型石人一个，面向20°"。究竟是不是一个坟院是有疑问的。而M5m1在石人以西13米之远，其东80厘米则有方形大石棺M5m2。而M5m1简报却说它上面有"石堆封土"，而底部有一个用四根圆木围成的"棺"，可见不是石棺墓，和东南部的"有封土的竖穴土坑墓"相似。两座墓葬制如此不同，似乎不能看成构成一个坟院，而是两座各自独立的墓。M4的形制比较特别，在简报图一中它表示为有坟院的石棺墓，和一般坟院墓的差别是石人立在坟院的南侧，而不是东侧。此外在该坟院以西还有两个南侧有石人的坟院，都未发掘。在墓地北部发掘的一座坟院南侧有石人的M14，坟院内一共有五个石堆封土，只发掘了三个，M14m1、M14m2和M14m5在封堆下都是竖穴土坑墓，M14m1的圹口盖有石板，M14m5在土圹的南北两侧有石板，上有石盖板。所以在简报中被称为"用石堆封土的石棺墓"。由此可见，上有封堆的墓坑中有些也有石板和石块的构筑。因而不排除M4也是原有封堆而墓坑中设置某种石"棺"，因年

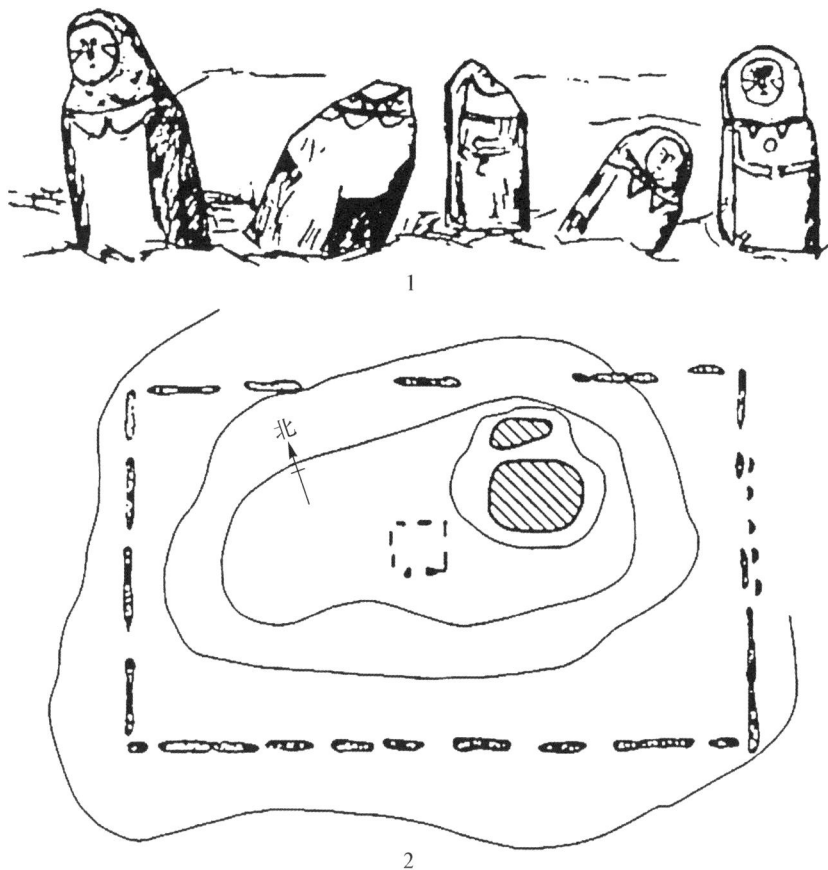

图一　切尔木切克类型的墓前石人和坟院制墓葬

1. 喀依纳尔1号墓石人　2. 喀依纳尔1号墓平面图（据王博）

久封堆湮灭的可能。

　　这样看来，出铁器的墓是可以从墓葬形制上与无封堆的墓区别开来的。这类墓即使有坟院，而石人立在坟院以南，可以与石人立在东侧的坟院相区别。可惜的是这个墓地的石人没有留下任何记录，无法知道在石人的形象上有没有差别。而且，有封堆的墓所出的随葬器物，基本上没有发表，现在发表的只有M22的铜镜[16]、M30的三棱

[16] 新疆维吾尔自治区文物事业管理局等：《新疆文物古迹大观》，新疆美术摄影出版社，1999年，图版0946。

铜镞[17]、M4的红陶壶[18]。从这些信息来看，切尔木切克墓地的封堆墓的年代，并没有可以晚到隋唐的证据，目前还是暂定在战国—西汉为好。

此外，简报还提到另一类墓，即"有封土的石棺墓"。文中说有五座，即在图一中可见的M10、M11、M18、M19、M20。从登记表看，M10、M11、M19三座墓的封土均已被破坏。其中M11出铜矛、铜锥、石容器、陶罐，M18出石镞1、陶罐，M19出石杯、残石盘、石镞2、不识名铜器1。因均未发表，故无法作进一步分析[19]。

因此，我们现在从墓葬形制入手，暂时先把切尔木切克墓地的墓葬分出一群无封土的石棺墓，包括M1、M2、M3、M5（不包括M5m1）、M7、M8、M9、M12、M13、M15、M16、M17、M21、M24、M26。这批发掘的墓葬，加上奇台县和布尔津县的零星发现，应该代表一种有自身特点的考古学文化遗存，但因资料不多，内涵还不很清楚，故本文同意韩建业的意见。暂时用"切尔木切克类型遗存"名之，以便称说。

首先详细总结一下这群墓葬的墓葬形制。1. 多数墓建有块石围成的矩形坟院，发现石人者均在坟院的东侧。人像表现方式的特点是脸部周围被圈起来，和后来突厥石人有明显区别。这里我们借用王博发表的切尔木切克乡喀依纳尔村西南的喀纳依尔1号墓地石人来表现其特点[20]（图一）。2. 全部是无封堆的石棺墓，一个坟院中有一座或多座石棺墓（有多达6座者）。3. 常见多人葬。据简报和墓葬登记表所述，M1石棺为2.1米×2.1米×1.3米，"南侧完整骨架1～2人，仰身屈肢，北侧乱骨葬12～13人"。M2石棺为2米×2.9米×1.78米，"乱骨堆（约19人）"。M5m2石棺为2.1米×2.1米×1.3米，"石

---

[17] 同注[16]，图0954之左。

[18] 同注[2]，图六，3。

[19] 简报中说"M18的石棺墓有典型的吐鲁番地区隋唐时代的红陶罐"，叙述陶器时还提到"M18出土的一件陶罐有压印波带纹"。但是墓葬登记表又说"陶罐1，已被扔在棺外"，可见并非真是石棺中出土，所以此墓并不能定为隋唐时代。

[20] 坟院平面引自注[12]图一。石人图像引自注[11]，图版线图156-Ea-1。

棺底部东侧为墓主人骨架，仰身侧屈，头北脚南。紧挨墓主人两边便是累累白骨，糟朽过甚，无法细辨"。M7m1石棺为2.18米×2.74米×1.36米，"乱骨至少5人，其中有1儿童"。M16m2石棺为1.6米×1.82米×1.2米，"并列仰身屈肢葬3个"。M17m2石棺为2.3米×1.04米×1.28米，"上层有侧身屈肢葬，下层有叠压三层的乱骨葬，约20人"。M24石棺为1.8米×1.6米×1.3米，西部骨架2人，已残，头西，仰身直肢。东部有5人乱骨葬。

其次再总结一下随葬品所反映的文化特征。1. 陶器以圜底较多，如M16中陶罐4件，3件均作"尖底橄榄形"，但也有平底器和豆形器。压印纹多见。都是手制的褐陶（图二）。2. 琢磨而成的石容器和石雕很发达。石容器有石罐（包括双联石罐）、石钵、石把杯、石灯，石雕有仅雕出脸部的小型石俑（脸部也和墓前的石人一样脸部周围被圈起来）[21]和在一件石把杯把端雕出的兽头。上举15座无封

图二　切尔木切克类型的陶器

1～4、6.切尔木切克墓地（M16：1、M16：3、M16：4、M7m1：1、M24：8）5.奇台县西坎尔孜　7、8.布尔津县阔帕尔

---

[21]此石俑简报发表的照片不清晰，可参看注[11]，图版线图176-Ea-21。

土的石棺墓中，除4座没发现任何随葬品外，有10座都有石容器或石雕发现，比陶器更为常见。所以是这类文化遗存的鲜明特色之一。石容器中石罐基本是圜底的，平底较少，18件中只发表了3件。其他石容器据简报介绍，石钵3件，均敞口浅腹平底，有一件有假圈足。石把杯4件，一般是平底，有一件有乳足4个，只发表了一件有兽首的。石灯5件，"口部有椭圆及矩形两种，底部或平或圜，均带把手"。但均未发表。此外还在M17m2发现了"铲的合范一套两件，匕首和锥的单范同式两件[22]，圆锥形漏斗一件，小石钵一件，小石臼一件"，也都是琢磨的石制品。林梅村认为奇台县发现的坩埚形石器和残石俑[23]也属这个类型的遗存，可列为参考品（图三）。3. 少量但有特点的铜器。只有M17m2出土了1件刀和2件镞[24]。所谓"刀"的

图三　切尔木切克类型的石容器和石雕

1 ～ 4. 切尔木切克墓地（依次为M2：9、M3：2、M16：11、M21：1）5. 奇台县西地乡 6. 奇台县西坎尔孜

[22] 同注[4]，图版49、50。

[23] 同注[16]，图版0812、0884。

[24] 同注[16]，图版0953、0954之右、中。

柄和身无分界，"尖端残缺"，和石范的"匕首"有些相似。一件镞
为双翼有铤，扁铤。一件镞为双翼有銎，翼尾有倒钩。此外M7m1也
出铜镞1件，形制不详。石范还表明了有銎铜铲的存在，銎口加厚，
而且一侧有半环形纽，是相当进步的形式。另两件石范除了锥之外，
还有所谓"匕首"，其底部作弧形，头部延至石范的边缘以外，是否
要在铸成后再磨砺成尖，值得研究（图四）。4. 石镞和骨镞。M1、
M2、M7m1、M7m2均出压剥法制造的石镞，M17m2出2件三棱有
铤骨镞[25]。骨、石镞的存在表明冶铜业的产量还较有限。5. 羊距骨。
M5m2出羊距骨64块，由于未作进一步介绍，无法讨论其用途。但
大量的羊距骨可能是养羊业的表现。

　　过去讨论切尔木切克类型遗存的文化性质和年代时，往往只抓住
某一两个文化特征和南西伯利亚诸文化作对比，而忽略了这种遗存的
总体面貌。而且在和国外考古资料对比时，缺乏严谨的学风。

　　以林梅村为例，他明知"我们有充分理由认为，克尔木齐文化是
一个自成体系的单独文化"。和阿法纳羡沃文化有明显的区别。但是
他仅根据切尔木切克M16的一件橄榄形陶罐及M24的陶豆和阿法纳
羡沃文化比较像（其实还是有差异的），就断言："既然克尔木齐陶器
与阿法纳羡沃陶器有非常明确的共存关系，两者必属同一时代，即公
元前2200年至前1900年之间。"这里，反映出两个常识性问题，第
一，个别陶器的相似和有"共存关系"根本不是一回事。"共存关
系"是指不同的器物发现于同一个地层或发掘单位之中。第二，即使
是某几件切尔木切克的陶器和阿法纳羡沃陶器真的有"共存关系"，
也不能证明这两类陶器必属同一时代。因为每种考古学文化的陶器都
有一定的沿用时代，如果A文化早期的陶器和B文化晚期的陶器有共
存关系，并不能证明两种文化自始至终都是同一时代的。而且特别
使我奇怪的是，就算真能证明是"必属同一时代"，又怎么能确定在
"公元前2200年至前1900年之间"呢？他文章中说，阿法纳羡沃文
化的年代参见我所翻译的一篇俄文文献。可是我把这篇译文看了好几

---

[25] 同注[4]，图版51。

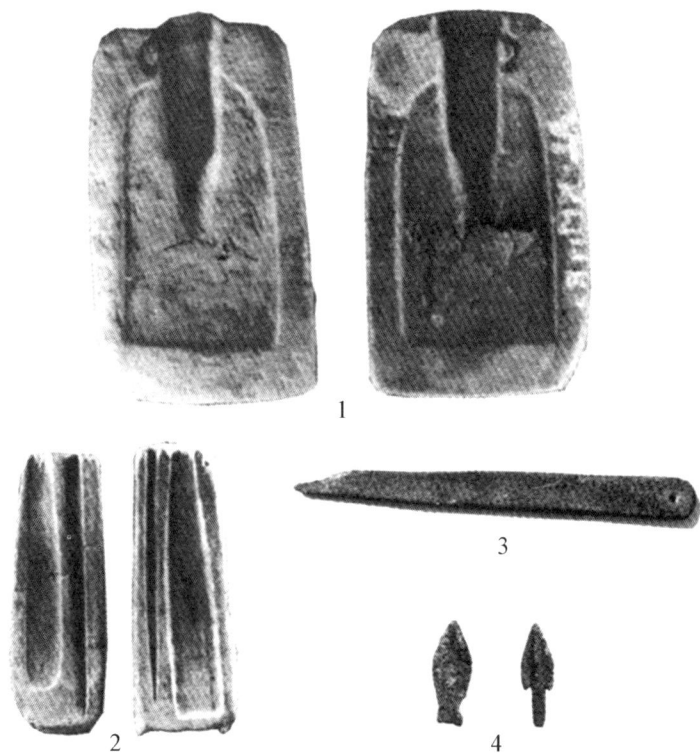

图四　切尔木切克类型的铜器和铸铜石范
1 ～ 4. 切尔木切克墓地（依次为 M17 ∶ 1、M17 ∶ 2、M17m2 ∶ 4、M17m2 器物号不详）

遍，那里只是说了该文化确定年代的难处，根本没有划定这样一个具体的年代范围。那篇文章是 1975 年发表的，我因此又查了巴捷茨卡亚在 1986 年出版的《叶尼塞河中游草原的诸考古遗存》一书，那里说该文化的年代范围从碳十四年代数据来看可定在公元前 2500 ～ 前 1800 年，如果考虑该文化和东欧的竖穴墓文化和洞室墓文化的关系，定在公元前 2300 ～ 前 1800 年为好[26]。所以我现在还是不知道林梅村的"公元前 2200 年至前 1900 年之间"是怎么来的。如果坚持切尔木切克类型遗存和阿法纳羡沃文化必属同一时代的话，还是像郭物说的是"公元前第三千纪末至公元前第二千纪初"为好。

---

［26］巴捷茨卡亚：《叶尼塞河中游草原的诸考古遗存》，列宁格勒，1986 年，22、23 页。

再看看林梅村在把切尔木切克类型遗存和阿法纳羡沃文化作比较时是怎样做的吧。

他说"克尔木齐文化的墓葬结构和阿法纳羡沃文化类似"，一共举出四点：

1."用石板构筑方形坟院"。

实际上，这只是切尔木切克类型遗存的特点。还可以补充两点。砌院墙的石板是平铺或"垂直埋植"的。最大的规模达28米×30米。而阿法纳羡沃文化墓葬在地表所见是直径一般为2～7米（最大直径有12米）的圆形石台。大部分圆台的周围用两三层石板平砌，也有一些是围以竖埋的石板。石圈内部整个都填以土或石，形成圆台形的封堆。所以无论在形状、大小、结构上都和切尔木切克的坟院是不同的。

2."坟院内建多座石棺墓"。

实际上，阿法纳羡沃文化的圆台之下的墓坑，是椭圆形、圆形或四角形的土坑。坑里常常填满石块。坑口或发现圆木做的盖板。或盖以石板。有的墓坑发现四角形的木椁。这显然都不能称为"石棺墓"，吉谢列夫记述在帖西村阿法纳羡沃墓地"有一个葬坑四壁贴有砂岩石板，像一个四角形箱子"[27]，是不多见的特例。这和切尔木切克青铜时代墓葬普遍使用方形、矩形的石棺墓也有很大的不同。

3."墓上建石冢"。

实际上，阿法纳羡沃文化的圆台也就是围以石头的墓冢。而切尔木切克类型墓葬的特点，却如上文已经分析的，是没有封堆的。

4."既有单人葬，也有乱骨丛葬"。

实际上，阿法纳羡沃的每个葬坑是以单人葬为主的，多人葬坑中女子带一乳婴的比例相当大，有的多人葬坑有分层现象，如从分次埋葬来看，则每次单人葬的比例更大。一坑多人葬的例子，有阿法纳羡沃墓地M15（1男、3女、3童）、司达墓地M14的Ⅱ号葬坑（3

---

[27] 吉谢列夫：《南西伯利亚古代史》上册（莫润先、潘孟陶译），新疆社会科学院民族研究所，1981年，17页。

男、1？、2女、1女、1童）、巴帖尼墓地1928年M29（2男、3女、1？）等。这种合葬现象反映的社会，据吉谢列夫的分析，"这里有早期形态的单人葬，有反映对偶婚趋于巩固的男女和幼童合葬，还有'母权被推翻'的证据，女子为男子殉葬"[28]。总之，社会分化还处于起步阶段。切尔木切克青铜时代的墓葬则不同，前举各例多人石棺葬的例子中，乱骨葬的人数可多至20人左右，有些石棺附近还另有浅坑出人骨，这种现象恐怕不限于用女子为男子殉葬，有可能暗示更大规模的杀殉习俗的存在。

总之，切尔木切克类型和阿法纳羡沃文化在墓葬结构和葬制方面有很大的差异，我们实在不能理解林梅村怎么能把这么大的差异说成是"类似"[29]。

在把切尔木切克类型的陶器和阿法纳羡沃文化陶器比较时，他说"克尔木齐的器物群可分为两类，一类以尖底或圜底陶器为代表，另一类以平底陶器为代表"。

对于平底陶器为代表的遗物，他说："这个系统的器物既不见于西西伯利亚的辛塔什塔—彼德罗夫斯卡文化，亦不见于南西伯利亚的阿法纳羡沃文化，应该是克尔木齐文化特有之物。"

其实，就在林梅村自己的文章的表二中，列举了阿法纳羡沃文化和辛塔什塔—彼德罗夫斯卡文化（按：此文中该文化名时而又作"彼德罗夫卡"，应去"斯"为是。但文中作"彼德罗夫斯卡"凡六见，似非一时笔误）的陶器，其中阿法纳羡沃文化栏中的8，辛塔什塔—彼德罗夫斯卡文化栏中的23～27都是平底的，分明自相矛盾。林梅

---

[28] 同注[27]，26页。

[29] 郭物在他的博士论文中，为了证明切尔木切克类型遗存也有圆形的坟院，举了两个例子。一个是切尔木切克墓地M18，其实这是一座已被破坏的有封堆的双室墓，并无坟院。此墓虽不能定为隋唐时代（参看注[19]），但至少在墓葬形制上不能划归切尔木切克类型。而且登记表中说此墓"上部已被破坏"，"封土已被破坏"。所以郭物其实是从"分布类型示意图"上该墓的示意符号外面有一个圆圈来推测它的封土是圆形的。另一个例子是1961年调查中记录的哈巴河县白什土白19号古墓的平剖面图。这座墓未经发掘，根本不清楚是何类文化遗存。而且从示意的剖面图上看，并无石棺，不是切尔木切克类型的石棺墓。而且墓坑之上并不形成圆台，葬坑里也不填石头，和阿法纳羡沃文化的墓葬也不相同。所以这两个例子都是不能成立的。

村文表二中阿法纳羡沃文化的器物，全都是取自吉谢列夫《南西伯利亚古代史》图叁。但该图中27也是一件平底器，却被他删去了。还有图肆之8、图陆之15～17也都是平底器，想必不应该视而不见吧。吉谢列夫说："在阿法纳羡沃山的墓地中，最古旧的蛋形器占79%；但在帖西村墓地，这种陶器只有52%，其余的比例是：平底罐16%，香炉形小盆2%，大型尖底缸4%。"[30] 可见说阿法纳羡沃文化不见平底器是完全不对的。

我们并不是要从阿法纳羡沃文化也有平底器来说明切尔木切克类型和阿法纳羡沃文化的陶器真有联系，因为这些平底器之间除了"平底"之外，器形和纹饰都不相同（图五）。而是想说明林梅村用底部形式来区分文化的方法过于简单化，是行不通的。

对于尖底器或圜底器为代表的遗物，林梅村说："克尔木齐的尖

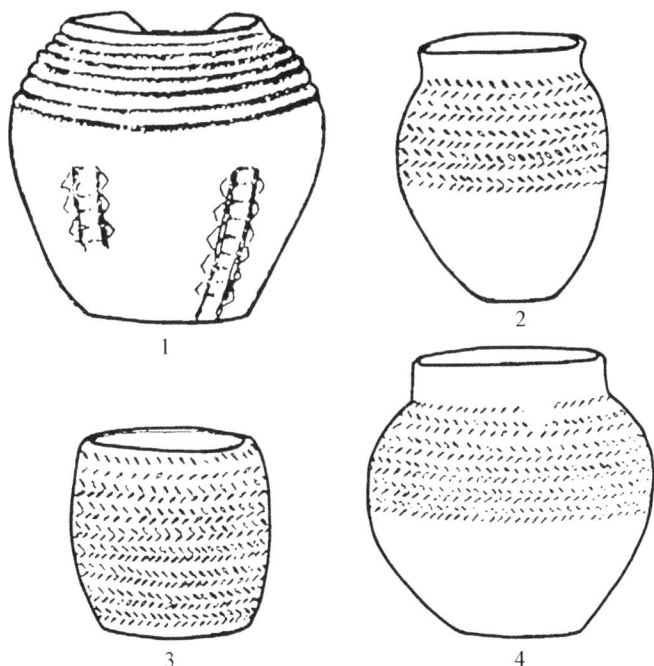

图五　阿法纳羡沃文化的平底陶器
1.阿法纳羡沃山　2～4.库罗塔村（据吉谢列夫）

---

[30]同注[27]，17页。

底陶器又分阿法纳羡沃式和克尔木齐式两类。阿法纳羡沃式陶器有
M16的尖底罐、M24的陶豆；克尔木齐式陶器也有尖底罐，但纹饰
不见于阿法纳羡沃陶器，如M16的另一件尖底罐和奇台发现的尖底
罐。"这里究竟怎样区分"阿法纳羡沃式"和"克尔木齐式"尖底罐
是一个关键。已发表的出于M16的两件尖底罐在简报中是分别编了
号的，林梅村没指明编号，所以只好猜想他说的和奇台发现的尖底
罐归为一类的是指M16 : 1（图二，1），因为它们都有可区分的颈，
都遍体饰纹。而且它们的纹饰的确都不见于阿法纳羡沃陶器，而且腹
部和底部的形式也和阿法纳羡沃陶器有很大不同（参看图六中排）。
那么本文一开头提到的在布尔津县发现的橄榄形罐，以及奇台县发现

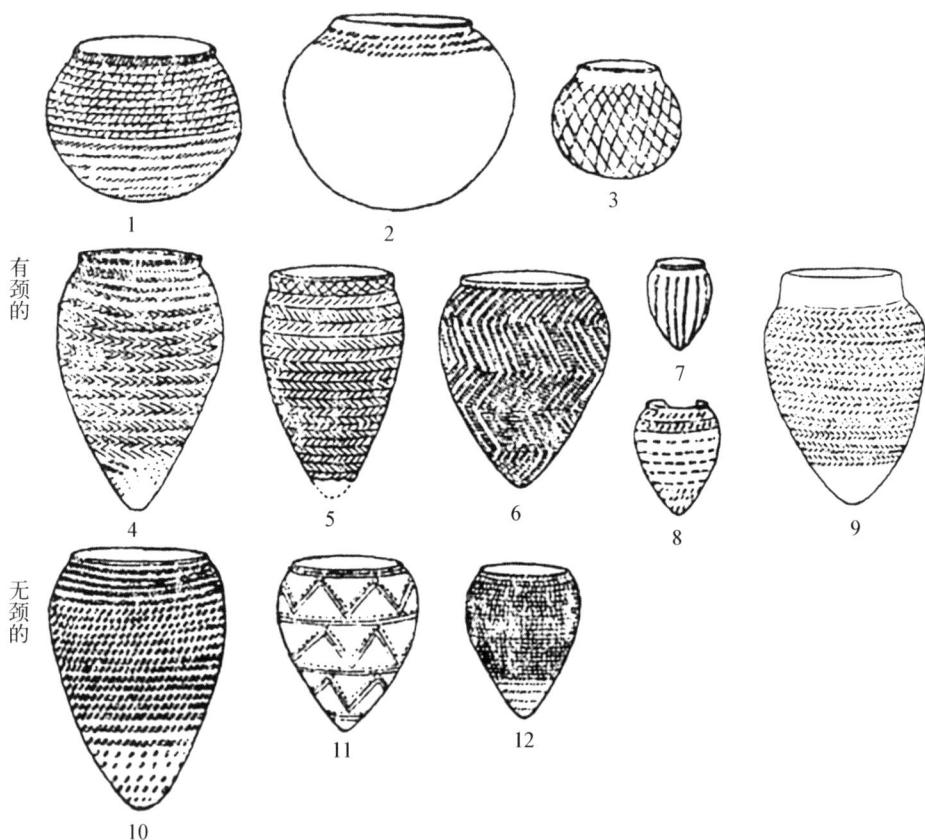

有颈的

无颈的

图六　阿法纳羡沃文化的圜底和尖底陶器（均出自阿法纳羡沃山）

（据吉谢列夫）

的同类陶罐，也应该是"克尔木齐式"了。这样一来，只有那件无颈的M16：3（图二，2），才是林梅村认为的"阿法纳羡沃式"。但在阿法纳羡沃文化中虽然可以找到无颈的"蛋形器"，但整体外形全然和M16：3不同，底部很尖，有明显的肩部。纹饰差别也很大（参看图六下排）。所以，不管林梅村怎样对切尔木切克的尖底器分式，它们和阿法纳羡沃文化的"蛋形器"在器形和纹饰上都是不同的。就是陶豆和阿法纳羡沃文化的"香炉形小盆"也只能说是器形相似，在装饰上，阿法纳羡沃文化的"香炉形小盆"每涂以红色，多饰"杉叶纹"（我国习称"人字纹"），目前在新疆地区尚未见到这样的陶豆。由此可见，林梅村所说的"克尔木齐陶器与阿法纳羡沃陶器有非常明确的共存关系"，不仅仅是不正确地使用考古术语，根本上还是在陶器比较时过于粗疏所致。由此可见，他把切尔木切克类型遗存定在与阿法纳羡沃文化"同一时代"的结论是站不住脚的。

　　陈光祖则认为"克尔木齐文化同奥库涅夫文化存在更密切的联系"，他主要举出两者在墓葬方面的相似性："两者都有矩形石围，石围中央具一座或多座石棺墓葬（奥库涅夫地区还见有圆形石围的）。石棺都是由四块大石板围成，上都盖一块石板，屈肢葬，可见有砍去头颅者（在克尔木齐，殉葬者的数目可达20人之多）。两地的墓葬中均有羊距骨和人雕像。"[31] 的确，奥库涅沃文化的石围绝大多数是四边形的，大的可达40米×40米，多用竖埋的石板围成，葬坑之上没有封堆，盛行屈肢葬，这些都和切尔木切克类型遗存相同。但也有不同之处：奥库涅沃的石围也有用大河卵石筑成的，这在切尔木切克不见。它的石围中葬坑有多达22个之多的，也是切尔木切克所不见。最主要的是它的葬坑一般又短又浅，仅能容身。只有部分葬坑才有大石板构成的石棺。而其底部铺小石板的做法，则为切尔木切克石棺所无[32]。而且把只是一个墓坑中葬有被砍头的1人的现象，加一个括号就使人误以为是"殉葬者"，未免有强作比

---

[31] 同注[9]。
[32] 同注[26]，28～30页。

附之感。把两者风格迥异、质地不同的人雕像作对比，也不能增加多少说服力。

　　郭物在谈到切尔木切克类型和奥库涅沃文化的关系时，说得更加肯定："从发掘者描述的情况看，M17无论是墓葬形制还是出土器物都比较接近奥库涅夫文化，是这个文化在阿勒泰的一个大型墓葬。"又说"M21出土奥库涅夫文化的石人"。这些话都明显地说得过分了。M17坟院的东侧有立石3块（可能是石人），M17m1石棺中另设小石棺，墓主人在小石棺中，M17m2墓主人骨架之下发现20个个体的人骨，棺外西南约1.2米处有一浅穴，内有散乱的头骨碎片和股骨残段。这些现象都和奥库涅沃的墓葬有极大的差别。而M17出土有多件铸铜器的石范，出铜刀和铜镞，这都是奥库涅沃文化根本不见之物。怎么能说M17是奥库涅沃文化在阿勒泰的墓葬呢？奥库涅沃文化发现过骨雕的人像（图七），和M21出土的石俑风格完全不同，显然不能把M21出土的石俑称为"奥库涅夫文化的石人"。

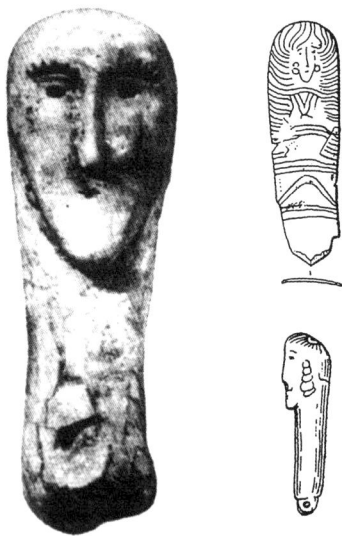

图七　奥库涅沃文化的骨雕人像
（据巴捷茨卡亚）

　　阿法纳羡沃文化广布于叶尼塞河中游和阿勒泰山地，在图瓦和蒙古西部也有影响，而奥库涅沃文化的分布只限于叶尼塞河中游。因此它和我国新疆阿勒泰地区直接接触的可能性比阿法纳羡沃文化要小。仅根据某些相似点就把切尔木切克类型遗存称为"奥库涅夫文化的",是难以成立的。

当然,奥库涅沃文化是盛行平底陶器的,陈光祖和郭物都并没有硬要把它说成和切尔木切克的平底陶器有联系。陈光祖说"克尔木齐出土的溜肩、平腹、平底罐(按:想必是指M16：4)使人马上联想到安德罗诺文化中的相似器形",这个看法比较特别,但不能说完全没有道理。郭物也说,M16"还出土口沿戳孔的平底器,底很厚(按:分明也是指M16：4,'戳孔'应作'戳窝'更准确),这种器物和辛塔什塔—彼德罗夫卡文化的比较接近,或者是与洞室墓东部的Potlvaka文化(按:应是波尔塔夫卡文化之误)第二期的陶器相似"。实质上,他们两人的意见相似。所谓"辛塔什塔—彼德罗夫卡文化"是20世纪80～90年代才确认的,分布在南乌拉尔山东麓和哈萨克斯坦北部草原,原先被认为是安德罗诺沃文化的早期阶段。而波尔塔夫卡文化也就是竖穴墓文化在南乌拉尔地区发展的最晚阶段[33],年代上比辛塔什塔更早一些。这个文化的陶器,保存了竖穴墓文化的圜底陶器,出现了不少平底器。其主要陶器已经是安德罗诺沃文化常见的用篦齿形工具压印几何纹的束颈有肩陶罐。但这个时期的这种陶罐体形多瘦高者,口径和底径差别不大,因此整体形状和切尔木切克墓地M16：4确有相近之点。而且在波尔塔夫卡文化中已见到的筒形微鼓腹的平底罐,和辛塔什塔墓地的石容器形状相似,和切尔木切克墓地M17m1：1也有相似点。当然在纹饰上是完全不同的(图八)。

切尔木切克类型遗存和卡拉苏克文化的相似性,最早是穆舜英和王明哲提出来的。但语焉不详。到1993年水涛发表的论文中,才在图一一中列出具体的各种类型遗存对比图[34]。实际上该图的"墓葬形制"和"铜器石器"并无可比较的内容,重点是在比较切尔木切克类型遗存和卡拉苏克文化的圜底器与平底器的器形(陶器纹饰实在没有

[33] 莫尔古诺娃:《南乌拉尔地区的雅姆那亚(竖穴墓)文化》,《公元前3千纪至公元前1千纪欧亚大陆腹地的复杂社会》,华盛顿,2002年,251～268页。

[34] 同注[10],31页,图一一。

图八　平底陶器的比较

1～3. 辛塔什塔—彼德罗夫卡文化早期陶器　4. 波尔塔夫卡文化陶器　5. 辛塔什塔墓地石容器　6. 切尔木切克M16：4　7. 切尔木切克M7m1：1

可比性）。后来王博在切尔木切克文化中特别区分出M2：9的石罐，而划出一个"库希类型"，也是为了它和卡拉苏克式的圜底陶罐底部形状相似。但是毕竟这种只从容器底部式样的勉强类比很少能有说服力，所以不必再作进一步评论了。

　　至今仍有颇大影响的切尔木切克类型遗存和安德罗诺沃文化的联系的证据，是林梅村首先提出来的。他认为切尔木切克M17的铸造铜铲的合范很重要，"在塔城附近安德罗诺沃古墓中发现过这类铜铲。安德罗诺沃文化进入新疆和南西伯利亚后，吸收了当地许多文化因素。从M17出土石范看，这种安德罗诺沃铜铲实际上源于克尔木齐文化"[35]。韩建业则不同意这种解释，他说："从其（按：指切尔木切克类型遗存）铸造铜铲等的合范与安德罗诺文化的相似性来看，该类遗存的下限或许可能至安德罗诺沃文化。"并表明该类遗存"受到安德罗诺沃文化的冲击"[36]。但是，如果实际观察一下铸范所反映的铲，和安德罗诺沃文化晚期流行的铲，形制差别是很大的。切尔木切克M17铸范所反映的铲，有很长的銎柄，銎口有很宽的加厚的边沿，

[35] 同注[13]，73页。
[36] 同注[15]，75页。

柄侧还有一半圆形纽，而且铲面窄长，圆肩。新疆、中亚地区发现的安德罗诺沃文化晚期的铜铲，其銎一概不形成伸出铲身的柄。只有少数有加厚的銎口。铲面较宽，折肩甚至耸肩（图九）[37]。在未发现中间过渡型式的情况下，很难设想这两类铲能有直接的联系或演化的可

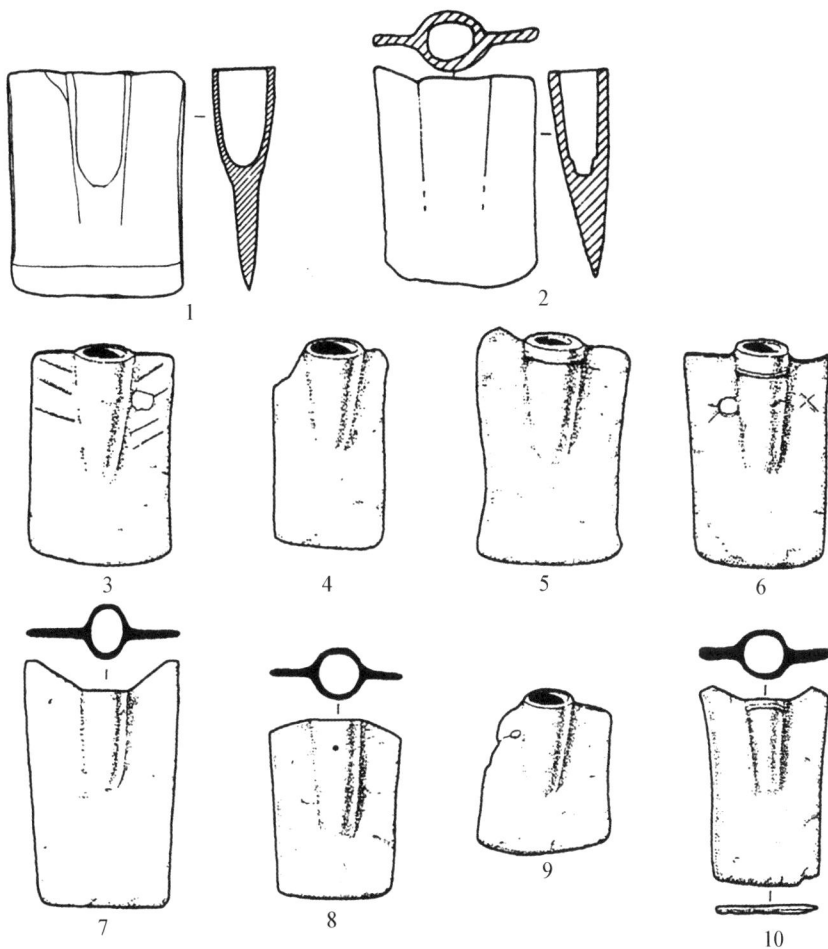

图九　新疆和中亚发现的铜铲

1、2. 新疆（依次为乌鲁木齐市农科院试验场出土、塔城市出土）　3 ～ 10. 中亚（3. 伊凡诺夫卡，
4、5. 新巴甫洛夫卡，6. 贝什凯克，7. 图普，8. 锡尔河上游河谷，9. 坎特，10. 瑞恩吉塔姆）

[37] 李肖、党彤：《准噶尔盆地周缘地区出土铜器初探》，《新疆文物》1995年2期，图三，
　　27、28。爱莱娜·库兹明娜：《塔里木盆地居民和安德罗诺沃文化的文化联系：青铜时代
　　亚洲草原的牧羊人》，《中亚东部的青铜时代和早期铁器时代》，华盛顿，1998年，图3。

能。郭物在博士论文中完全避开了这个话题，实在是明智之举。

　　和切尔木切克类型遗存确定年代有关的，还有一个小河墓地和古墓沟墓地的年代问题。中国学者王炳华和俄国学者库兹明娜都注意到古墓沟第一类型墓葬出土的尖底草篓和阿法纳羡沃文化卵形陶器的相似性[38]。小河墓地的发掘更大大丰富了对这一类文化遗存（现在不少学者称为"古墓沟文化"或"小河文化"，本文暂取前者称之）的尖底草篓的认识。由于这类文化遗存完全不见陶器，铜器发现极少，无法和阿法纳羡沃文化进行比对。但古墓沟有碳十四测定数据为距今3 800年左右，而小河墓地的碳十四测年至今仍未公布，"考虑到小河墓地采集毛织物，最上层遗物比古墓沟织物精细、致密，并出现了缂织花纹的技术，出土草编篓花纹亦比古墓沟草编篓花纹繁缛，我们初步推断小河墓地年代的下限晚于古墓沟第一类型墓葬的年代，而上限有可能与之相当或更早"[39]。

　　古墓沟文化的尖底草编篓启示了竖穴墓卵形陶器的原形。它们使人恍悟作为竖穴墓文化前身的赫瓦雷恩斯克文化（伏尔加—乌拉尔地区的纯铜时代）尖底陶器上的纹饰实际是仿草编篓的（图一〇）。因此我们可以认为古墓沟文化、阿法纳羡沃文化、切尔木切克类型遗存都和竖穴墓文化有亲缘关系。从人种上看，据韩康信鉴定，古墓沟第一类型墓葬出土的颅骨标本，属于沿伏尔加草原和咸海地带、哈萨克斯坦、南西伯利亚分布的原始欧洲人种的古欧洲人种类型，而且和南西伯利亚的阿法纳羡沃类型接近[40]。切尔木切克类型遗存虽然没有颅骨鉴定资料，但从陶器看，它的两种圜底陶罐，即有颈的和无颈的，都可以在从早到晚的竖穴墓文化的陶器中找到渊源（图一一）。这有利于说明它不是从阿法纳羡沃文化派生的一支，而是直接从西方竖穴墓文化派生的。

---

[38] 同注[6]。爱莱娜·库兹明娜：《塔里木盆地居民和安德罗诺沃文化的文化联系：青铜时代亚洲草原的牧羊人》，《中亚东部的青铜时代和早期铁器时代》，华盛顿，1998年，图3。

[39] 新疆文物考古研究所：《2002年小河墓地考古调查与发掘报告》，《边疆考古研究》第3辑，科学出版社，2004年，384页。

[40] 韩康信：《新疆孔雀河古墓沟墓地人骨研究》，《考古学报》1986年3期，372、373页。

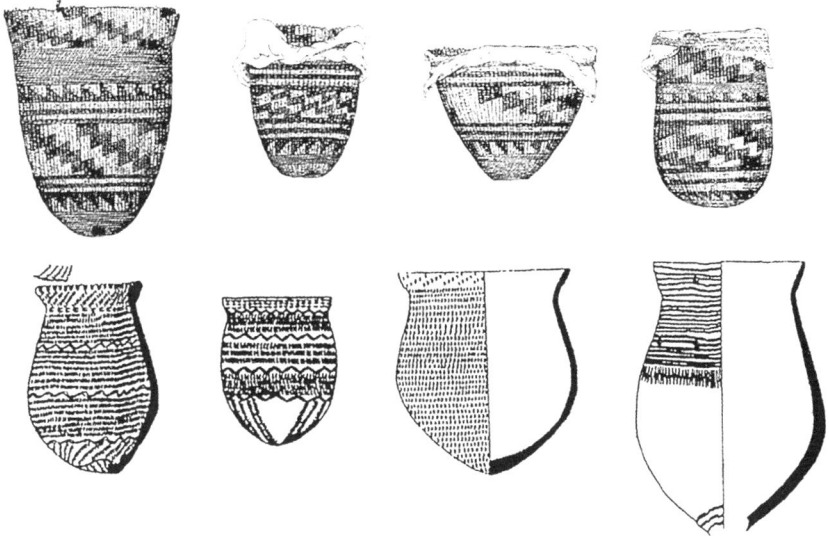

图一〇　尖底陶罐纹饰起源的推测
上排：新疆小河墓地出土的草编篓
下排：伏尔加—乌拉尔地区的赫瓦雷恩斯克文化尖底陶罐

| | 竖穴墓文化早期 | 竖穴墓文化晚期 | 切尔木切克类型 |
|---|---|---|---|
| 有颈的 | | | |
| 无颈的 | | | |

图一一　切尔木切克文化两种尖底陶罐和竖穴墓文化陶罐的比较

　　这三支古文化的相对年代关系，林梅村认为切尔木切克类型和阿法纳羡沃文化是同一时代的，而"奥库涅沃文化兴起及辛塔什塔—彼德罗夫卡文化的扩张，迫使一部分克尔木齐人南下楼兰，形成小河—古墓沟文化"[41]。但从某些现象来看，切尔木切克类型的年代恐怕比另外两支文化都可能更晚一些。一是金属冶炼业发展程度的问题，阿法纳羡沃文化属铜石并用时代的文化，只发现过纯铜打制的耳环、手镯、针、锥、小刀等用具。古墓沟文化虽然只发现零星的铜片，但墓地中大量的木构件都有金属工具加工的痕迹，不排除已使用青铜斧锛的可能。切尔木切克类型发现的铜器数量虽然不多，而且都没有经过成分分析，但从M17的双合铲范来看，肯定已进入了青铜时代。值得注意的是该墓出现了两件很有特点的铜镞。一件是双翼有銎的，一侧镞尾有倒钩。这种镞必须合范铸造。类似形式的镞的石范在属四坝文化的甘肃玉门火烧沟墓地采集到过[42]，也发现过四坝文化的这种铜镞[43]。火烧沟遗址的文化层中有三个碳十四测年，分别是公元前1630±145年、前1710±135年、前1940±120年。由于文化层晚于墓葬，并考虑到和酒泉干骨崖墓地的年代关系（该墓地碳十四测年在公元前1850～前1600年之间），李水城把火烧沟墓地的年代大致定在公元前2000～前1800年之间[44]。这种在欧亚草原上后来从鄂尔多斯直到黑海沿岸普遍流行的有倒钩的镞，目前以这两地发现的年代最早。另一件镞是双翼有铤的，从照片上看，它是像骨镞那样做成扁铤的。目前还找不到年代这样早的相似例子。使用铜镞也是金属冶炼较发达的表现之一。这也是另两支文化未能达到的。二是从墓葬制度来看，切尔木切克的杀殉现象说明社会的分化可能已经到达一定程度，这是阿法纳羡沃文化和古墓沟文化都没有见到的。另外，从前文分析切尔木切克类型的平底器时提到过的辛塔什塔—彼德罗夫卡文化的年

[41] 同注[13]，80页。

[42] 孙淑云、韩汝玢：《甘肃早期铜器的发现与冶炼、制造技术的研究》，《文物》1997年7期，图八。

[43] 李水城、水涛：《四坝文化铜器研究》，《文物》2000年3期，图二，1。

[44] 李水城：《四坝文化研究》，《考古学文化论集（3）》，文物出版社，1993年。

代来看，辛塔什塔遗址的研究者认为聚落和墓地的年代应该在公元前17～前16世纪<sup>[45]</sup>，但也有学者认为辛塔什塔文化是在公元前2000年出现的<sup>[46]</sup>。彼德罗夫卡文化主体年代应该在公元前18～前16世纪，和辛塔什塔大体一致<sup>[47]</sup>。而奥库涅沃文化的年代，巴捷茨卡亚认为在米奴辛斯克盆地的北部存在于公元前18～前13世纪安德罗诺沃文化出现为止。而在盆地南部则要延续到卡拉苏克文化出现<sup>[48]</sup>。所以就目前能得到的切尔木切克类型遗存的年代信息来说，它既有可能和阿法纳羡沃文化在年代上有并存的时期，也可能和古墓沟文化有并存的时期，同时也可能和晚于阿法纳羡沃文化的奥库涅沃文化有并存的时期。尚需今后进一步考古工作来解决。

不过，目前虽然还不能绝对肯定这三支有亲缘关系的文化的绝对年代孰早孰晚，有一点大概可以肯定，即古墓沟文化和切尔木切克类型各自的文化特征差别实在太大了。即使郭物解释这是："这一文化（即指切尔木切克类型文化）南下塔里木盆地沙漠、戈壁地区，适应当地生态环境而形成的新的文化类型。"<sup>[49]</sup>实际上恐怕只是一种富有诗意的想象。

总之，从目前所掌握的资料来看，我们对以上三支文化目前尚无根据判定它们有互相嬗变的关系，但要说它们都是来自欧亚大草原的西部则是可以成立的假说。这就给我们一种思路：这几支文化反映出的多种因素，并不一定是要到了它们后来定居的地区才向各方邻人吸收来的，有的成分也可能是在长途迁移的过程中汲取的。它们之间的差异，也不一定是在后来定居地区形成，有可能早就已经产生了。当然，这一切都只有在积累更多资料的过程中才能逐一揭示历史真相。

---

[45] 盖宁：《辛塔什塔—乌拉尔—哈萨克斯坦草原雅利安部落的考古遗址》，车尔雅宾斯克，1992年。

[46] 安东尼：《马、运货马车和马拉战车：印欧语和考古学》，《古物》69，1995年，554～565页。

[47] 爱莱娜·库孜弥娜：《青铜时代的中亚草原：安德罗诺沃文化》（刘文锁译），《新疆文物》1996年2期，112～118页。

[48] 同注[26]，36页。

[49] 同注[14]，120页。

需要我们作更严谨细致的研究工作。

最后，还想强调两点：

1. 虽然本文对于把切尔木切克类型的年代提到公元前2200～前1900年的意见进行了辩驳，但这种文化遗存就算和四坝文化（公元前2000～前1600年）大体同时，也仍然是新疆地区最古老的青铜文化之一，继布尔津县的新发现之后，理当对其更密切注意，加强田野工作。这方面，我们对新疆的文物考古工作者寄予厚望，使其早日可以无愧地被称为"切尔木切克文化"。

2. 切尔木切克类型遗存既然是新疆最古老的青铜时代遗存之一，它对新疆地区后来的文化影响自然不可忽视。像李水城指出天山北路文化的陶器中分出一类"B组因素"，认为是来源于北部阿勒泰地区的圜底罐[50]。林梅村认为新塔拉遗址出土的石杯和切尔木切克文化一脉相承[51]，都是这方面的例子。今后还应继续探究。而它对中国其他地区的影响，也是今后应该注意的问题。例如，在陕西彬县断泾出先周残陶鬲的M4中出土的翼尾有倒钩的铜镞[52]，是否和切尔木切克发现的有倒钩的铜镞有因袭演化的关系？甚至商文化中流行的圆肩有柄铜铲是否受到切尔木切克石范所反映的铜铲的影响？都不是不可以考虑的问题。

**附　记：**

本文在插图八至图一一中引用国外考古资料时，参考了中国社会科学院研究生院郭物的博士论文《新疆天山地区公元前一千纪的考古学文化研究》和吉林大学邵会秋的博士论文《新疆史前时期文化格局的演进及其与周邻地区文化的关系》，在此一并致谢。

载《庆祝何炳棣先生九十华诞论文集》，三秦出版社，2008年。后收入《林沄学术文集（二）》。

---

[50] 李水城：《从考古发现看公元前二千纪东西方文化的碰撞与交流》，《新疆文物》1999年1期。

[51] 同注[13]，80页。

[52] 中国社会科学院考古研究所泾渭工作队：《陕西彬县断泾遗址发掘报告》，《考古学报》1999年1期，图一二，8。

# 中国北方系青铜器研究的回顾与展望

　　北方系青铜器是指中国北方地区出土的不同于中原地区而有自身特色的古代青铜器。其年代上起夏代下至汉代，约从公元前17～前16世纪到1～2世纪，其分布区域东起医巫闾山，西抵乌鞘岭、贺兰山，至少包括辽宁西部、内蒙古大部、海河以北的京津地区和河北北部、山西北部、陕西北部、甘肃东部。

　　北方系青铜器的主要器类有刀子、直刃短剑、战斧、马衔、各种牌饰和其他小型饰件，常见的容器只有作为炊器的釜。这和中原系青铜器器类以各种作为炊器、食器、酒器的容器为主，武器以戈、矛为主，有大量的车器，形成鲜明的对照。也和东北系青铜器器类以曲刃短剑、扇形斧、几何纹铜镜、齿柄刀为主，有明显的区别。表现出不同的文化传统。

　　分布于中国北方地区的不同于中原地区的独特的青铜器，历史上早有发现，有一部分被收入清代成书的青铜器著录中，但专门收集这类铜器并进行专题研究，是外国学者在20世纪20年代开始的。萨尔莫尼（A. Salmony）认为中国北方地区的青铜艺术受到俄国南西伯利亚的影响，统名为"中国—西伯利亚艺术"。安特生（J. G. Andersson）提出了"鄂尔多斯青铜器"的名称，认为是欧亚草原青铜艺术的一部分。日本学者江上波夫（Ekami Namio）则提出了"绥远青铜器"的名称，明确认为发源于黑海沿岸的斯基泰，从西传来。

　　在20世纪20年代到40年代，外国学者们多数认为中国北方地区的青铜器的源头是在西亚的亚述、巴比伦或黑海的斯基泰，或认为和北亚草原的卡拉苏克文化、塔加尔文化有关联。只有少数学者如W.

P. Yetts、W. C. White（怀履光）、B. Kalgren（高本汉）认为中国中原文化影响到北方地区，进而影响到中国境外的欧亚草原地带。实际上，当时无论是中国北方地区还是欧亚大草原青铜时代的发现，都还有很多空白，很多文化遗存的绝对年代还不能十分确定。因而上述相反的观点，实质上都只能视为假设或主张而已。

新中国成立以后，中国北方地区青铜器的发现不断增加。除了有明确出土地点和共存关系的成批采集品，如辽宁西丰的发现、内蒙古昭乌达盟的发现、内蒙古和林格尔的发现、内蒙古扎赉诺尔的发现、山西石楼的发现、河北青龙的发现、内蒙古准格尔旗的发现，还在1961年和1963年对内蒙古宁城南山根出有北方系青铜器的墓葬进行了科学发掘。南山根的发掘，不仅提供了丰富的资料，而且由于墓中有两周之际的中原式的青铜器共存，为研究北方系青铜器提供了一个坚实的年代基点。1964年在河北怀来北辛堡发掘的墓葬，则以战国式铜戈为北方系青铜器提供了另一个断代依据。

在20世纪中叶，俄国考古学者以吉谢列夫为代表，也发表了中国北方地区和西伯利亚青铜文化关系的论文，他先是认为中国北方非殷商族迁到米奴辛斯克盆地而参加了卡拉苏克文化的形成，后来又认为塞伊玛文化影响了商文化的青铜器，继商文化又向北方地区传播而影响到卡拉苏克文化。中国学者就商文化和卡拉苏克文化的关系的第一篇论文，是参加过殷墟发掘的高去寻所写的《殷代的一面铜镜及其相关之问题》，在台湾发表。从60年代起，年青一代的中国考古学者开始从事中国北方地区的青铜器的专门研究，代表人物便是乌恩岳斯图。但因"文革"之故，他直到70年代末才开始发表论文，论文中把北方地区的青铜器统称为"北方青铜器"。

我开始研究中国北方地区的青铜器晚于乌恩，1982年参加在美国火奴鲁鲁召开的"商文化国际研讨会"时，提出了针对这类青铜器的第一篇专门论文，起初是用英文发表的，所以在国际上有较大影响。我在此文中建议把这类青铜器命名为北方系青铜器，以区别于中原系青铜器和东北系青铜器。后来得到不少研究者的赞同。

在内蒙古地区从事田野考古的田广金、郭素新夫妇，1973年在杭锦旗桃红巴拉发掘墓葬，1979年、1980年在准格尔旗西沟畔清理墓葬，1979年在凉城毛庆沟发掘墓葬，1980年在东胜补洞沟发掘墓葬，开始从事战国至汉代的匈奴考古。他们还以这些在鄂尔多斯地区获得的田野考古资料和在鄂尔多斯征集的古代青铜器为基础，结合前此在辽宁、河北、山西、陕西、宁夏、甘肃各地发现的同类铜器，进行了全面的综合研究，在1984年完成了《鄂尔多斯式青铜器》的编著，并于1986年出版。此书较好地反映了中国北方地区商代至汉代的有特色的青铜器的全貌，因而在国内外有较大影响。紧接着又发表了伊金霍洛旗朱开沟遗址的发掘报告，M1040中有北方特色的短剑和刀子与二里冈商文化的戈共存，把这类青铜器的年代上推到了商代前期。因此似乎更有理由把鄂尔多斯视为这类青铜器的故乡。在后来的各种论著中，鄂尔多斯式青铜器也被简称为鄂尔多斯青铜器，这一术语在学术界也颇流行。

不过，我在《商文化青铜器与北方地区青铜器关系之再研究》中已经提出整个欧亚大陆草原地带的青铜器虽然表现出很大的一致性，实际上是包含了很多不同地方起源的成分而形成的文化"旋涡"。而缩小到中国北方草原地区来看，也是如此。所以，并不是中国北方地区的古代青铜器都起源于鄂尔多斯，有的就显然是在东面的夏家店上层文化分布区起源的，还有的是从遥远的西方传来的。不同时代的不同地区还各有特点，用一个有限的地理区域命名是不太合适的，所以本文仍称为"北方系青铜器"。

20世纪80年代以来，中国北方地区古代青铜器的研究已经成为中国考古学中一个相当热门的课题。而且有三个很显著的特征：

第一个是田野考古的不断发展，提供了丰富的研究素材。一批批含有北方系青铜器的遗存被科学发掘出来。以北京延庆军都山1985年开始的发掘为例，不仅延续的时间长，发掘的墓葬多，几乎是把整个墓地全部揭露了，保证了资料的完整性。仅玉皇庙一处400座墓就发表了四大本发掘报告，原原本本介绍每个墓的埋葬情况和随葬器物。是今后发掘和发布资料值得效法和进一步发扬的。而且，不仅有大量新的发掘资料得到发表，历年在各地征集的零星资料，也因北方系青铜器的研究热而陆续公布于世，在东胜市还专门建立了鄂尔多斯青铜器博物馆，集中展览。

第二个是研究队伍的不断扩大。

20世纪80年代以来，参与北方系青铜器研究的学者越来越多，其中有不少是各地考古工作者中的领军人物，例如辽宁的郭大顺、河北的郑绍宗、天津的韩嘉谷、宁夏的许成、罗丰、陕西的曹玮。在北京的，从中国社会科学院考古所的乌恩岳斯图一人，扩大到该所更年青的学者刘国祥、郭物，还有中国文物研究所的乔梁、北京文物研究所的靳枫毅、陈平、国家博物馆的单月英等。北京大学的李伯谦也有有关北方系青铜器的论著，而他指导的李海荣的博士论文，则对北方系青铜器作了比《鄂尔多斯式青铜器》更为全面而准确的综合研究。北京大学的李水城，对北方地区的诸青铜文化素有研究，他对北方系青铜器的研究既有扎实的考古学文化的根底，又有相当开阔的视野，在当前的北方系青铜器研究中处于前沿地位。北京科技大学的梅建军，从冶金分析进入北方系青铜器的研究，也已成为考古学研究的生力军。

在吉林大学林沄的长期带动下，很多从吉林大学毕业的人都不同程度地进行了北方系青铜器的研究，例如翟德芳、顾智界、冯恩学、陶宗冶、于建华、朱永刚、刘宁、滕铭予、杨建华、张文立、潘玲、邵会秋、豆海峰等人。上文提到的乔梁也是毕业于吉林大学的。杨建华本来是研究西亚考古的，2001年在林沄指导下完成了博士论文《春秋战国时期中国北方文化带的形成》后，一直以研究中国北方地区青铜文化和欧亚草原的青铜时代为重点，现在已成为北方系青铜器研究的新的领军人物。而从林沄到杨建华再到邵会秋已经有三代师承的传统了。

总之，在大陆的中国考古学界对北方系青铜器的研究正处于欣欣向荣的春天。

在台湾，继高去寻去世后，杜正胜一度从事北方系青铜器的研究，但中辍已久，目前还没有年青学者出现。

从国外来说，这一时期从事欧亚草原青铜器研究的俄国考古学者，如奇列诺娃、诺夫哥罗多娃、伏尔科夫等，因为不能直接利用中文考古文献，都不能对中国北方地区的青铜器进行切实的研究。只有在新西伯利亚的懂中文的瓦列诺夫发表过不少研究北方系青铜器的论文，其中译成中文的只有一篇。另一位懂中文的科米萨罗夫也有一些论著，他还帮助马洛金院士写过这方面的论文。在列宁格勒则有克瓦列夫等人。

日本学者研究北方青铜器最有成绩的是高浜秀（Takahama Shu），他在给《大草原的骑马民族——中国北方的青铜器》和《东京国立博物馆所藏中国北方系青铜器》两书所作的解说中，反映了他对中国北方系青铜器的很全面的了解。此外从事这方面研究的还有宫本一夫（Miyamoto Kazuo）、三宅俊彦（Miyake Toshihiko）等。

韩国从事这方面研究的学者，起初有李享求，后来则有吴江原等。

欧洲方面，波恩的德国考古研究院在1992年出过一本介绍毛庆沟墓地和研究的书。后来这个研究院有一个中国名字叫王睦的研究人员常来中国活动，和乌恩岳斯图合写过关于青铜弓形器的文章。在美国，研究北方系青铜器的主要人物是邦克夫人（Emma C. Bunker）和林道夫（Katheryn M. Linduff，中国名字叫林嘉琳）。她们两人和乌恩岳斯图合作，在1997年出版了一部全面介绍美国收藏家赛克勒所藏的中国北方系青铜器的专著，此书对每一件收藏品都充分引用了中国和世界各地的同类器物进行了对比研究，而且在第一部分有一篇三人合著的"考古学概貌"，对中国北方地区从商代到汉代的考古发现作了总结，而且图版和线图都很精美，书后面的参考文献目录，在西文方面很齐全，所以是很有用的专著。

总之，从国际范围来看，中国北方系青铜器的研究也有很好的发展势头。

第三，研究北方系青铜器的手段已经大大的多样化，开拓了很多新的研究视角。在传统的古冶金学研究方面，韩汝玢、孙淑云、梅建军、潜伟、李延军等人，不但进行了北方系青铜器标本本身的成分检测、金相分析，从而对青铜器的制作技术有了更深入的认识，对技术的发源地也进行了新的探索。而且扩展到研究考古中发现的炼炉残块，并对古矿井和冶炼遗址进行调查研究，获取更多的有用信息。在朱泓的带领下，与北方系青铜器相关的古代人骨的体质人类学研究不断开展，使我们对青铜器的使用者的人种状况有了全新的认识。这种认识又得到古DNA研究的进一步验证。朱泓的学生如张全超，又开始用肢骨的形态研究来探索和北方系青铜器相关的人们的生活习性，用人骨化学成分的分析来探讨其食性。这样，过去考古学上习惯于同类形式的器物代表同一人群集团或同一种经济类型、生活方式的推论方式被打破，在北方系青铜器研究中开拓了全新的思路。

总结近三十年来的北方系青铜器的研究，在北方系青铜器的界定、断代、分期、分区方面，都有很大的进展。而且不少典型器物的专题研究也不断地深化。但是特别应该强调的是以下几个方面的新的收获：

一、断代精确化，并将北方系青铜器开始的年代上推到夏代。

在北方系青铜器开始被发现的时代，人们往往把这些和中原青铜器相异的器物，或笼统地归属于匈奴，或笼统地归为西来的斯基泰的影响，所以把它们的年代定得很晚。比如前文提到的河北青龙抄道沟的发现物，当时被认为年代下限不超过战国初年，就是一例。经过这三十年的考古发现和对比研究，我们大体上可以根据北方系青铜器和中原典型器物的共存关系，参照碳十四的断代，比较准确地断定不同形式的北方系青铜器分属于不同的年代。而且北方地区有特色的青铜器先是被提早到商代晚期，朱开沟M1040发掘之后被进一步提早到商代前期，后来又被提早到夏代。提早到夏代的推测是林沄在1982年根据二里头文化中有北方系青铜刀存在而提出来的。由于四坝文化的青铜器的发现，基本可以证实。所以在林沄2001年的论文中便予以论定。2003年李海荣的博士论文的题目便定为《北方地区出土夏商周时期青铜器研究》，可见这种见解已得到公认了。

在这一时期，还把一部分时代定得过早的器物重新断代。典型的例子是所谓的"骑马人像"。虽然外国研究者早就把这种雕像称为"猴子骑小马像"，"背负猿猴的马"，而且前面提到的邦克夫人的书已经指出这种雕像经过检测是黄铜的。但由于《鄂尔多斯式青铜器》一书把它收入，并说是戴胄的骑士像，因而一直误被当作东周时期的东西。就是王迅认出它是猴子骑马的"弼马温"，却仍把它作为春秋战国时期中印文化交流的反映。实际上这种黄铜制品的年代是很晚的，根本不可能是东周之物。另一个例子是背驮小马的马像，过去也认为是东周的牌饰。现在根据多处鲜卑墓的发掘，确证它是汉代或更晚的鲜卑典型器物，也应该从鄂尔多斯青铜器中剔除。

二、随着发现的越来越丰富和研究的细致化，笼统认为北方系青铜器起源于一时一地的看法已经不能成立。

林沄在1982年的论文中已经提出："北方系青铜器的每种共同成分是有不同的来源的，……大体上可以设想这样一种图景，中央亚细亚的开阔草原地带，是一个奇妙的历史旋涡所在，它把不同起源的成分在这里逐渐融合成一种相当一致而稳定的综合体，又把这种综合体中的成分，像飞沫一样或先或后地溅湿着四周地区。"三十年来的发现和研究不断证明，大至整个欧亚草原地带，小至中国北方草原地带，这里的相当一致而稳定的文化综合体，确是由不同起源的成分融合而成的。乌恩岳斯图反对欧亚草原的文化共同特色起源于西方的斯基泰文化，举出很多成分是在东方的夏家店上层文化中早已出现的，这无疑是正确的。但他又强调，一种奇异的有角神兽的艺术题材是来源于俄国山地阿尔泰的巴泽雷克文化的。他在研究中国北方游牧人的青铜带饰时，认为这种带饰的样式、缝缀方式、装饰动物形的习惯都是起源于中国北方地区的，但有的牌子上饰以有角神兽，则是融合了阿尔泰艺术的成分。林沄在最近发表的《论欧亚草原的卷曲动物纹》中，论证了遍及欧亚草原的卷曲动物纹艺术题材，至少有三个不同起源，且各有其主要分布区，但又交错分布，互相影响。都是很好的例证。所以，李水城在2005年的讨论草原地带东西方文化交流的论文的结尾处，再一次引用了林沄的那一段关于文化旋涡的话，深表赞同。

由于考古工作的发展，现在在中国北方地区已经发现了许多不同的考古学文化，有些是先后出现的，有些是同时并存的。要是从整个欧亚草原来看，考古学文化的分布更是很复杂的。所以如果再回到三四十年代，把问题又简化到：是西方影响了东方？还是东方影响了西方？是殷墟文化影响了卡拉苏克文化？还是卡拉苏克文化影响了殷墟文化？只能使人感到十分滑稽，而没有人再愿意认真去回答了。

三、北方系青铜器的使用者都是游牧人的传统看法正在瓦解之中。

过去传统的观点，北方青铜器的使用者都是游牧人。林沄在1982年提出的论文中就设想"在使用和商文化有某种相似性的陶器和生产工具的这种定居的农业人民之外，在北方地区还活动着使用北方系青铜器而主要采用游动的生活方式（例如流动的牧羊业）故陶器很不发达甚至不用陶器的人群"。田广金则根据朱开沟遗址不同地层中所获的孢粉资料和家畜骨骼的资料，提出在公元前3500年左右气候显著干冷化。植被接近于草原景观，家畜中羊的比例增大。认为朱开沟文化"至第五阶段时，游牧经济可能已经产生"，"在二里冈期以后，我国北方强大起来的游牧或半游牧部族，抑制了商文化的北进"。1997年在东京出版的《大草原的骑马民族——中国北方的青铜器》一书中，把标有全部北方系青铜器发现地点（包括偃师二里头、朱开沟）的地图名为"中国北方初期游牧民关系地图"，反映了同样的倾向。

但是，这种错误的观点逐步被纠正了。一、由于出有典型北方系青铜刀子和其他青铜器的四坝文化、夏家店下层文化等考古新发现，这些文化都有显著的定居农业文化的特征，所以，林沄在2001年发表的《夏代的中国北方系青铜器》一文中，呼吁"应该破除把北方系青铜器和游牧文化等量齐观的过时的偏见"。二、在比商代晚的一些遗址和墓葬中发现了和北方青铜器共存的富含陶器的定居遗存，最突出的是1997年以来发现的西岔文化遗存。三、欧亚大陆草原地区的考古研究结果，普遍认为专业化的游牧文化出现于公元前1000～前400年间。因此，中国考古界的观点也在逐步转变。乌恩岳斯图在2002年发表的一篇论文中，总结了四种对北方地区游牧业形成于何时的观点，其中田广金、郭素新已改为西周晚期到春秋早期完成；

而杜正胜则认为是春秋早期以后才开始向游牧转变；王明珂则认为春秋晚期早期游牧人才出现于鄂尔多斯；而俄国莫什科娃的意见，正是西方考古学家一般认为欧亚大草原的游牧始于公元前1千纪的头一个世纪，并非针对中国北方而言。乌恩岳斯图本人的意见则认为应该定在春秋中期偏早阶段，也就是说夏家店上层文化还是定居文化，而冀北的北辛堡文化才反映游牧文化的形成。杨建华也认为中国北方地区是在春秋中期开始进入游牧文化阶段，但东部的游牧化程度低于西部。林沄认为，春秋晚期到战国早期的北亚蒙古人种的陆续南下，才对中国北方地区的游牧化产生决定性的影响。以上意见虽有分歧，但总体上把游牧文化的形成移到了东周，把"北方系青铜器"和"游牧人群"分成不同的概念了。

四、已认识到在中国境内北方系青铜器的持有者在人种上是有差异的。

田广金、郭素新从事鄂尔多斯式青铜器研究的同时也从事匈奴考古研究，他们认为战国到汉代鄂尔多斯发现了不少匈奴遗存，所以把战国以前的鄂尔多斯青铜文化视为"先匈奴"和"早期匈奴"文化遗存。这种观点是和中国史学界传统的先秦戎狄即汉代匈奴前身的观点相吻合的。一度也影响了很多考古工作者。

林沄在1982年的论文中就提出过研究北方系青铜器时，应"特别注意采集鉴定共存的人骨"，以确定这些遗存的文化属别。朱泓在系统地检测和分析北方地区与北方系青铜器共存的颅骨方面，有很大的贡献。他和他的学生对北方地区从新石器时代到历史时代的考古所获颅骨资料，进行了大量的检测。他还突破了将古代颅骨的各项测量数据和现代人种对比而按现代人种类型进行分类的传统研究方法，按照不断积累起来的数据，使古代颅骨的分类研究不断深化并符合古代的实际。根据他的研究，匈奴和东胡（包括后来的鲜卑、契丹）是属于北亚蒙古人种的，而被田广金认为是先匈奴或早期匈奴的朱开沟早商墓葬、凉城毛庆沟、饮牛沟，还有张家口白庙墓地和夏家店上层文化的颅骨，是属于东亚蒙古人种的华北类型的。而张家口白庙墓地有一部分颅骨是属于东亚蒙古人种的古东北类型的。由此可见，在匈奴（也称"胡"）出现于中国北方地区之前，中国古籍中所称的戎狄，虽然也大量使用着北方系青铜器，却并不是匈奴的祖先。林沄在1996年主要根据朱泓的颅骨研究结果，辅以古文献记载的分析，发表《戎狄非胡论》之后，这种从司马迁以来中国史学界一直墨守的观念开始动摇。

目前，一方面在北方草原上越来越多地发现了具有北亚蒙古人种特征的颅骨和北方系青铜器共存的遗存，不仅有分布在西面的包头西园、杭锦旗桃红巴拉、和林格尔县新店子、清水河县阳畔、西嘴子、凉城县崞县窑子、板城、小双古城，还有在东面新发现的林西县井沟子。而且，分别得到古DNA研究的印证。这样，我们大体上已可以确定战国以来史籍上说的匈奴和东胡的相对位置。另一方面，对于过去被误为"早期匈奴"的各类遗存的实际族属，正在展开热烈的讨论。虽然意见还不统一，但具有相当共性的北方系青铜器，即使属于同一个大的人种，也是分属于历史上的多个族团的。

最近，中国北方系青铜器的研究，在短期内痛失了两位重要的研究者，一位是田广金，一位是乌恩岳斯图。但是，他们都留下了很多可贵的论著，将永垂北方系青铜器研究的史册。更可告慰英灵的，是他们所开创事业的队伍正在不断壮大，研究正在蓬勃发展。

对于今后的研究如何发展，在很大程度上取决于田野考古有什么样的新发现。例如，北方系青铜在分期研究上迄今不能令人满意，就是在地域上和时代上还有不少空白。总体上说，西周时期相当薄弱，这是难以单从主观上加强综合研究就能解决的。但考古研究之所以引人入胜，原因之一也正在我们不能预知明天会出现什么样的新发现，带来什么样的新启示。因此，展望未来，我们首先应寄希望于北方系青铜器的新的考古发现。

不过，北方系青铜器研究资料的增多，也并不全赖新的田野考古。因为过去有不少的重要发掘或清理的资料，长期积压，没能写成报告发表。还有大量的零星的偶然发现，仍存在于各地的文物机构中，特别是县级的博物馆和文管所中。前年，陕西省考古研究所的曹玮把陕北各地保存的青铜器的照片和线图汇集起来，要出版多卷本的陕北青铜器图集，因为约我审稿，所以先睹为快。材料是非常丰富的。前此，鄂尔多斯博物馆收购了一位私人收藏家的北方青铜器藏品，出了一本《鄂尔多斯青铜器》，材料也是非常丰富的。所以，在今后组织专门力量收集散在各地的已出土的北方系青铜器，汇集出版；由各高校和中央、地方文物考古研究所合作，把过去发掘的北方系青铜器重要资料写成报告公布于世（如西丰西岔沟、张家口白庙），这都能大大增加北方系青铜器的资料，推动研究的发展。

就已有的发现和研究来看，我认为有以下几个问题值得重视。

一、北方系青铜器的分区或界定的问题。

李海荣《北方地区出土夏商周时期青铜器研究》对北方地区的界定如本文开头所述。也可以说是北方系青铜器的主要分布区。其东面是我提出的东北系青铜器的分布区。而其西面的界线并不很确定。我在讨论夏代的北方系青铜器时，实际已经把分布区向西推到了甘肃的西部。而在定义"北方长城地带"时把青海的东北部也包括在内了（但杨建华研究"中国北方文化带"的时候，因为青海东北部的青铜器群有独特的面貌，所以是不包括在内的）。在我的概念中，最西面的新疆地区是一个独特的区域，那里受到西方和北方的影响很明显，一方面受到南西伯利亚和俄国山地阿尔泰的影响，另一方面受到来自中亚哈萨克斯坦等地的影响，因而呈现独特的面貌。按杨建华的说法："新疆地区，是一个与'北方地带'既有区别而又有联系的地区，……它正好处于中国北方地区与欧亚大草原以及中亚的过渡地带。"

但是在刘学堂、李文瑛合著的《中国早期青铜文化的起源及其相关问题新探》一文中，明确提出了应该把新疆、甘肃和青海划为一个"西北区"。他们指出，李水城在2002年就发表文章，主张从冶金技术的角度"将河西走廊与新疆东部整合为西北地区的西部，与齐家文化的东部相对立"。而在2005年的论文中，李水城主张把甘肃西部的四坝文化、新疆东部的焉不拉克文化、天山中段的察吾呼文化以及伊犁河—准噶尔盆地周边的诸青铜文化，划归一个大的冶金文化圈，都是从红铜到砷铜再到锡青铜，和东面的从红铜直接发展到锡青铜的大冶金文化圈相对立。而刘学堂他们所主张的"西北区"，则把更东面的马家窑文化、马厂文化、齐家文化、辛店文化、卡约文化、诺木洪文化、沙井文化等都包括在内。除了都有砷铜之外，诸文化存在文化互动和青铜器器形上的共性也是划为一个区的依据。

因此，在可见的将来，究竟如何区划古代青铜器的北方地区和西北地区，肯定会是一个引人注目的议题。这个问题还牵涉到中国青铜冶铸技术是独立起源，还是通过新疆从西方传来。这个问题需要多学科的合作，自然引起更多研究者的浓厚兴趣。

二、是北方系青铜器持有者的族别鉴定将进一步开展。

自从2002年发掘内蒙古林西井沟子墓地之后，什么样的遗存属于古代东胡已基本解决了。但山戎的遗存，仍有夏家店上层文化和北辛堡文化两种对立的意见。

虽然韩嘉谷等学者主张北辛堡文化属于白狄，是从陕北和鄂尔多斯经晋北到达冀北的，但春秋时文献中频繁提及的"狄"的主体，在陕西和山西迄今没有确定他们的遗存。特别是文献中说到"狄之广漠，于晋为都"（《左传》），似乎应该把山西作为寻找狄遗存的重要地区，但直到现在寻找狄遗存仍不得要领。很可能，狄文化应该以清水河县西麻青的墓葬和米脂张家坪的墓葬为线索去探寻，或者有望解决先秦史中的一大疑案。

中国古代史中还有一个有名的北方民族——"月氏"（读音如肉支），后来在中亚地区起过重要作用，也至今没有找到他们的考古遗存。西北大学的王建新有志于此，在甘肃和新疆东部进行了长年的田野调查和发掘。但他在2006～2007年对新疆巴里坤东黑沟的遗址和墓葬进行了较大规模发掘之后，却判定其地位高的墓葬属匈奴遗存。实际上他所定的"匈奴"遗存也有可能就是月氏遗存。相信在他的不懈努力下，在不久的将来我们就可以知道月氏遗存的真相。

解决狄的遗存和月氏的遗存将会成为北方系青铜器研究中的两大新亮点。

三、今后应加强的一个方面，仍是专业游牧文化在中国北方地区始于何时的研究。

这方面研究的开展，显然不能局限于传统的器物形态的研究，而需要多学科和多角度地对与北方青铜器相关的其他遗存和它们存在的环境进行细致的研究。而且，肯定还需要同时开展对现存不同形态的游牧经济和生活方式的深入了解，进行民族考古学的研究，从而给考古工作提供新的思路和新的启示。这有待于新一代的考古工作者用新的科技知识和考古学理论方法武装起来，走向田野，并和相关学科的工作者紧密配合，开创研究的新天地。在这方面，本文作者限于本身知识有限，不能作进一步阐述，只能笼统表示一种希望而已。

最后，可以寄以希望的一点是，今后在这个研究领域内，中国和外国学者的合作研究一定会进一步加强。

应该看到，新一代的从事北方系青铜器研究的人员中，中年人已经有外语很强的梅建军、杨建华、李水城等人，而更年青的一代的外语水平也在不断提高。他们出国交流的机会也比第一代的研究人员多得多了。而且，中国的国际地位不断提高，中国考古学者开始具备到国外实地考古的条件。由于中国北方系青铜器研究和欧亚草原青铜文化的研究密切相关，很多外国学者也都有希望和中国合作的愿望。因此这方面的中外合作，一定会不断发展。而中国考古的走向世界，将会以这方面的研究作为重要的突破口。

2009 年在韩国大田忠南大学校举行的"东北亚青铜文化展开的韩半岛学术研讨会"上所作大会主旨演讲。载韩国《湖西考古学》第 21 卷，2009 年 10 月。

# 欧亚草原有角神兽牌饰研究[*]

被评为2007年度全国十大考古新发现之一的新疆巴里坤东黑沟遗址，在M12中出土了三件金牌饰（图一，1～3）和两件银牌饰（图一，4、5）[1]，是发掘品中的精华。

这几件牌饰，原是用金片和银片包在木牌上而成，木牌已朽，包片既薄，已有变形之处，所以不能很精确地复原纹饰的细节，但其主体仍分明可以分辨是一钩喙有角蹄足动物，角的末端表现为一个个有耳的禽首。这种奇特的虚幻动物，早在1957年陕西神木的纳林高兔战国墓中发现过[2]，是一件金质的中空的立体铸像（图二）。而1979年发现的内蒙古准格尔旗西沟畔战国时期的M2中，也有表现它的金饰片，只是角端没有禽首（图三，3、4）[3]。

这种虚幻动物有两大特点：一是集合了多种动物的特征于一身，二是在多分支的角端和尾端都饰以钩喙有耳的猛禽头。在西沟畔出土的金饰片上，虽然角端和尾端没有这种猛禽头，却在披到背上的鬃毛

* 本项研究得到教育部人文社会科学重点研究基地重大项目的资助（项目批准号：06JJD780004）。

[1]《中国文物报》2008年4月16日第五版《2007年度全国十大考古新发现出土文物精选》之"新疆巴里坤东黑沟12号墓随葬金银器"。其中左上角的金牌饰被倒置，右上角的银牌也被倒置。遗址的发掘情况见王建新：《新疆巴里坤东黑沟遗址考古取得重要收获——确认其为一处古代游牧文化大型聚落》，《中国文物报》2006年10月13日第二版；王建新等：《新疆巴里坤东黑沟古代游牧文化聚落遗址考古获重要成果》，《中国文物报》2008年2月1日第二版。

[2] 戴应新、孙嘉祥：《陕西神木县出土匈奴文物》，《文物》1983年12期，图版肆，1。

[3] 伊克昭盟文物工作站、内蒙古文物工作队：《西沟畔匈奴墓》，《文物》1980年7期，图四，1、3。

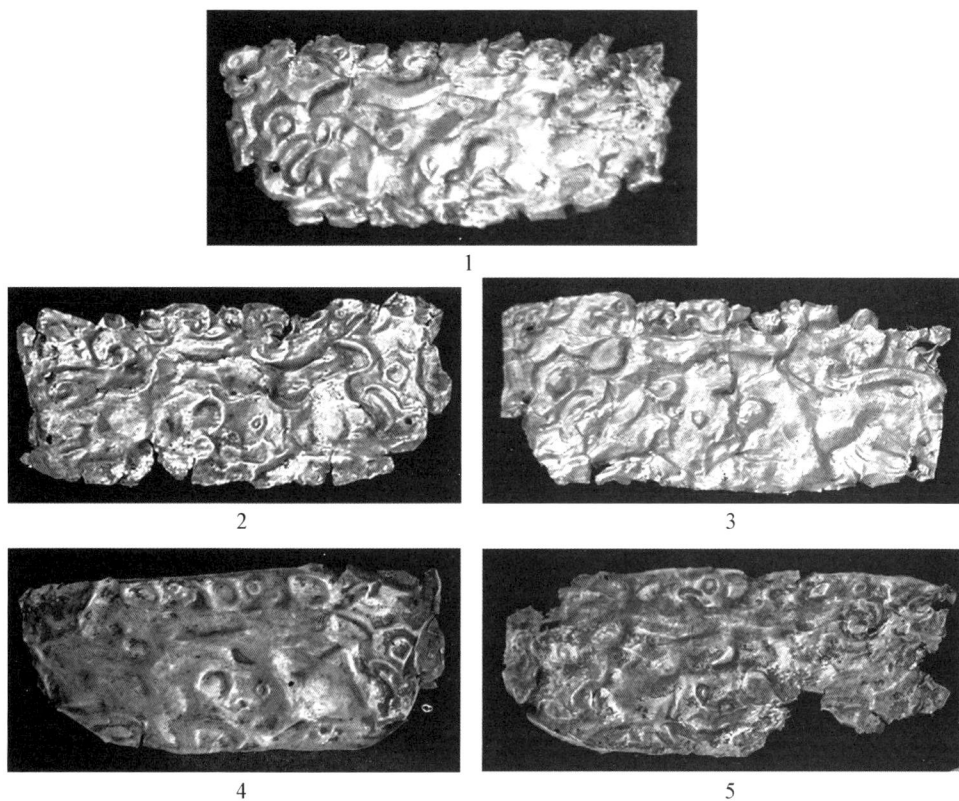

图一　东黑沟M12出土牌饰包片

1～3.金片　4、5.银片

图二　纳林高兔出土金器

图三  有角钩喙蹄足神兽

1. 巴泽雷克2号冢男性文身  2. 阿克—阿拉哈Ⅲ之1号冢女性文身  3、4. 西沟畔M2出土金饰片

的末端，饰有同类的禽头（有耳的猛禽头，即传说中守卫黄金的狮身鹰头兽——"格里芬"的头）。这种虚幻动物和这种装饰风格，广泛流行于欧亚草原，在俄国阿尔泰地区永久冰冻的巴泽雷克文化古冢中，保存完好的男女墓主人的身上，都有这种动物的刺青图样（图三，1、2）[4]。而且，在巴泽雷克1号冢中还保存了十匹完好的马的尸体，有的马头上有可以罩住鼻额的面具，面具顶上还有皮子缝成的大鹿角，表明当时人们有意把马打扮成这种虚幻动物[5]。可见，巴泽雷

---

[4] 巴泽雷克2号冢男性墓主人的双臂中部均有这种虚幻动物的刺青，见С. Н. Руденко. *Куритура населения Горного Алтая в скифское время.*, Москва-Ленинград, 1953. 图170。阿克—阿拉哈Ⅲ之1号冢的女性墓主人的左肩上也有这种虚幻动物的刺青，见А. П. Деревянко и В. И. Молодин. *Фенотен Алтайских муми.* Новосибирск, 2000. 图125。

[5] 俄韩合编：《埃米塔什博物馆所藏斯基泰金器》，朝鲜日报社，1991年，图158。

克文化的山地牧人对这种虚幻的钩喙有角蹄足动物有很深的感情。然而，我们并不能由此便断言，这种题材只是阿尔泰地区巴泽雷克文化的特征，因为从下文的论述便可以看到，同类题材在欧亚草原很多地区的艺术品上都可以见到，只是其他地区没有阿尔泰山地那样的能保存更多种类遗存的优越自然条件而已。

我们可以很清楚分辨出东黑沟的几件金银牌饰有向左或向右的钩喙的头部，靠近头部的下部边缘有几件可以看出反折的蹄足，耳后波曲形角的主干也较清晰，有些角端的格里芬头很完整。

在我国北方草原和广大的欧亚草原地区，单纯由这种钩喙有角蹄足虚幻动物为母题的牌饰，主要有两大类。

一类是前肢作奔跑状，后肢则翻转向上，和巴泽雷克古冢的文身图样一致。乌恩1983年发表的《中国北方青铜透雕带饰》[6]和田广金、郭素新1986年出版的《鄂尔多斯式青铜器》[7]都把它们称为"马纹"（图四，1、2）。在宁夏固原的红庄发现过一件矩形金牌饰（图四，3）[8]，钟侃、韩孔乐将其定为战国时代，他们把图像描述为"正面铸有一个作奔跑状的马形图案。若将此金板倒置，也可以看见有一奔跑状的动物图案。这种正、倒看去均显出动物图案的艺术构思，颇具匠心"。虽然，1994年乌恩专门撰文讨论了以纳林高兔出土金质动物为代表的"怪异动物纹样"[9]，考古界却仍未把这种牌饰上的形象和纳林高兔虚幻动物对上号。所以1999年陕西省考古研究所在西安北郊北康村发掘了一座战国晚期秦墓（99SXLM34），出土25件铸铜泥质母模，有一件母模的纹饰正是作此类前肢奔跑而后身翻转的虚幻

［6］乌恩：《中国北方青铜透雕带饰》，《考古学报》1983年1期，图版肆，2。也就是本文的图四，1。采自A. Salmony. *Sino-Siberian Art in the Collection of C. T. Loo.* Paris, 1933.图版XXVI，4。

［7］田广金、郭素新：《鄂尔多斯式青铜器》，文物出版社，1986年，图五二，3。也就是本文的图四，2。采自М. А. Дэвлет. *Сибирские поясные ажурные пластиные.* Москва. 1980。

［8］钟侃、韩孔乐：《宁夏南部春秋战国时期的青铜文化》，《中国考古学会第四次年会论文集》，文物出版社，1985年，图版拾贰，2。

［9］乌恩：《略论怪异动物纹样及相关问题》，《故宫博物院院刊》1994年3期。

图四　有角钩喙蹄足神兽牌饰（一）

1. 巴黎卢芹斋旧藏铜牌饰　2. 西伯利亚出土铜牌饰　3. 固原红庄征集金牌饰　4. 西安北康村出土陶模　5a、5b. 鄂尔多斯博物馆藏鎏金铜牌饰

动物（图四，4），仍被称作"马纹饰牌模"[10]。直到2007年卢岩和单月英发表的《西汉墓葬出土的动物纹腰饰牌》一文中，对北康村饰牌模的描述仍是"边框内浮雕的一匹后身朝上翻转的马，上部有波纹相

---

[10] 陕西省考古研究所：《西安北郊战国铸铜工匠墓发掘简报》，《文物》2003年9期，图五；图一〇，1。

连的小兽头"[11]。显然没有注意到这匹所谓的"马"头顶上有角，而角端所饰的是尖喙的禽头（因为耳长而尖，所以造成了误解）。"马"的尾分成了两股，分别饰有两个禽头。从红庄所出的相同纹饰的金牌照片来看，"马"头分明是钩喙。但北康村饰牌模照片中喙部细节不太清楚，文中图一〇，1的线图把它画成完全是马嘴的样子，恐怕是不可靠的。我们可以用鄂尔多斯博物馆收藏的一对同类方框透雕铜牌饰来验证（图四，5a、5b）[12]，虽然《鄂尔多斯青铜器》书中名之为"奔马纹青铜镏金饰牌"，它的喙部显然不是马嘴形，它头顶上分出的向前一小支后一大支的角十分清楚，而且角端的禽头多达七个。

在潘玲《矩形动物纹牌饰的相关问题研究》（2006年成稿）一文中，才把这种牌饰的题材和巴泽雷克文化文身的虚幻动物联系起来[13]，但并未引起足够的重视。因为在最近出版的乌恩的著作中，北康村的标本仍被称为"马纹牌饰"[14]。

另一类是相背跪伏的成对钩喙有角蹄足动物，后身均翻转向上，向上伸展的尾端饰以相对的格里芬头。这种题材在1956年发掘清理的辽宁西丰西岔沟墓地已有发现，是一件鎏金的，但一直不曾发表。直到1990年美国的邦克夫人在参观辽宁省博物馆时拍了照片，才在1997年发表[15]。而1974年在广西平乐银山岭发掘的西汉后期的M94中，出土过一件这类铜牌，在1978年便已发表[16]。但因为不认识这种图像，只笼统地称为"兽面纹"，而且把照片都放反了。直到1996年黄展岳对两广出土的北方动物纹做综合研究时，才命名为"二钩啄

---

[11] 卢岩、单月英：《西汉墓葬出土的动物纹腰饰牌》，《考古与文物》2007年4期。

[12] 鄂尔多斯博物馆编：《鄂尔多斯青铜器》，文物出版社，2006年，183页下。

[13] 潘玲：《矩形动物纹牌饰的相关问题研究》，《伊沃尔加城址和墓地及相关匈奴考古问题研究》，科学出版社，2007年，161～194页，图六。

[14] 乌恩·岳斯图：《北方草原考古学文化比较研究——青铜时代至早期匈奴时期》，科学出版社，2008年，334页，图二〇七，10。

[15] Emma C. Bunker. *Ancient Bronzes of the Eastern Eurasian Steppes from the Arthur M. Sackler Collection*. New York, 1997. 79页，图A111。

[16] 广西壮族自治区文物工作队：《平乐银山岭汉墓》，《考古学报》1978年4期，图版捌，5。

怪兽纹",并指出"中间似有凸起的兽面纹"[17]。其实这类图像最清楚
的还是鄂尔多斯博物馆收藏的一件鎏金铜牌(图五,1)[18],该牌饰中
的钩喙有角蹄足动物的钩喙表现得很准确,头上的角的主干部分已被
略去,只剩下角端的四个半格里芬头,而且格里芬的钩喙大多已讹变
为兽喙,但左起第三个还是很清楚的钩喙。再反观银山岭和西岔沟那
两件,它们虽都较多地保存了头上角的竖向主干,但格里芬头简化为
三个,而且变得完全不像禽头了。银山岭钩喙有角蹄足动物的钩喙特
征保持尚佳,西岔沟的那件左侧的钩喙还约略可辨,右侧的已经和马
嘴无别了。

　　这类图像的进一步简化,便是1985年在宁夏同心县倒墩子匈奴
墓中发现的鎏金铜牌(图五,2a、2b)[19]。这种牌饰略去了全部角端
格里芬头,以及上部中央的正视的兽面,但是剩下的虚幻动物仍保
留了向上举起的尾和尾端的格里芬头,和马有明显的区别;而钩喙
的特点还约略可辨。同类的牌饰还有西岔沟出土一件[20]、卢芹斋旧藏
一件[21]、美国私人收藏一件[22]、鄂尔多斯博物馆收藏一件[23]。在倒墩
子墓的发掘报告中,这种图像被描述为"浮雕两个伏卧状马图案,马
后躯体向上翻转",但乌恩1994年发表关于怪异动物纹样的专门论
文,称之为"浮雕两个怪兽,形体似马,嘴作鹰喙形",后来考古文
献中便称之为"鹰喙马身兽纹"或"双怪兽纹",把它和马纹区别开
来了。

　　现在我们再细察东黑沟出土的这五件牌饰,可以看出,它和上述
两类牌饰都不相同。而且,在有的牌饰的钩喙兽头的耳朵后方,可以

———————————

[17]黄展岳:《关于两广出土北方动物纹牌饰问题》,《考古与文物》1996年2期。

[18]同注[12],186页。

[19]宁夏文物考古研究所等:《宁夏同心倒墩子匈奴墓地》,《考古学报》1988年3期,照
　　片见图版拾伍,5;线图见图九,13,被倒置。

[20]辽宁省博物馆、辽宁省文物考古研究所:《辽河文明展文物集萃》,2006年,103页下。

[21]A. Salmony. *Sino-Siberian Art in the Collection of C. T. Loo*. Paris, 1933.图版XXVII,3。

[22]Emma C. Bunker. *Nomadic Art of the Eastern Eurasian Steppes,* The Metropolitian Museum
　　of Art, New York, 2002.图版103。

[23]同注[12],187页上。

图五　有角钩喙蹄足神兽牌饰（二）
1.鄂尔多斯博物馆藏鎏金铜牌饰　2a、2b.同心倒墩子匈奴墓出土

隐约分辨出一条代表颈部上缘的弧线，图一的1和3还可以看出所附
鬃毛上卷所成的弯钩。再向后方，看得出一个略斜的兽面，使人感到
整个图像中还有别的动物存在。

　　综观我国北方和欧亚草原地区，由这种钩喙有角蹄足动物构图的
牌饰，还有被食肉动物噬咬的场景，常见的也分两大类。

　　第一类是所谓"卩形"的牌饰，表现的是一头狼袭击钩喙有角蹄
足动物，这种虚幻动物呈伫立状，而狼正咬住其前腿。西岔沟墓地就
发现过一件，1960年发表时，孙守道名之为"犬马铜饰板"（图六，
2a）[24]，田广金、郭素新在《鄂尔多斯式青铜器》中为之绘制了线图，
仍称为"狗咬马纹饰牌"，虽提到了"马头上方装饰有呈'S'形鸟

[24]孙守道：《"匈奴西岔沟文化"古墓群的发现》，《文物》1960年8、9期合刊，清晰的
　　照片见注[20]，109页，图2。

图六　猛兽咬噬有角钩喙蹄足神兽牌饰（一）

1a、1b. 乌兰乌德出土金牌饰　2a、2b. 西丰西岔沟出土铜牌饰　3. 美国柯列克肖恩藏铜牌饰
4. 蒙古中戈壁省博物馆藏铜牌饰

的图案"，但没能正确绘出格里芬的形象，也没有把它和头上的角联系起来，钩喙也画成了马嘴（图六，2b）[25]。后来，黑龙江博物馆1975年在呼伦贝尔草原新巴尔虎旗的吉布胡郎图苏木征集了一对这种牌饰，1987年曾发表过照片[26]。2004年王成、沙宝帅发表了线图，并描写为"马为立姿，口抵狼的颈部；狼作捕猎状，前腿下伏，后腿用力，口衔马的一条前腿，形象生动逼真"。在线图中完全略去了

［25］田广金、郭素新：《鄂尔多斯式青铜器》，文物出版社，1986年，94、97页，图六四，5。
［26］吴文衔等：《黑龙江古代简史》，北方文物出版社，1987年。

角端的格里芬头[27]。乌恩则认为是"表现虎袭击马形怪兽形象"[28]，纠正了过去误认为马的错误。类似的一件金质牌饰，在19世纪发现于贝加尔湖畔的上乌丁斯克（今乌兰乌德），这件牌饰的钩喙有角蹄足动物身体上饰有复杂的纹饰，包括卷角的羊和钩喙的禽头等，甚至还有翅膀（图六，1a、1b）[29]。在蒙古中戈壁省博物馆中也藏有一件，该地发现的虚幻动物身上不带纹饰（图六，4）[30]。国外公私收藏的这类牌饰还有不少，美国柯列克肖恩收藏的一对牌饰就是很好的例子（图六，3）[31]。

　　第二类是矩形的牌饰，钩喙有角蹄足动物呈跪伏状。又可据袭击它的猛兽的数量分为两种。一种是一只猛兽噬咬它的背部。呈轴对称的一对钩喙有角蹄足动物前后肢都跪着，猛兽的爪子分别抓着它的前、后肢。柏林东洋美术馆收藏一件（图七）[32]，虚幻动物的角简化到只有两个格里芬头，尾端仍可看出一个很小的格里芬头。虚幻动物的颈部装饰着一个大角羊的头部，羊角和虚幻动物的鬣毛重合。有一头虚幻动物的臀部似可分辨出另一个盘角的羊头。这种在动物身体的一定部位再附加其他动物的装饰手法，是所谓斯基泰里兽风的特点之一，前举乌兰乌德那件牌饰就是同类的例子（图六，1）。鄂尔多斯博物馆有一件藏品与之相似，但造型拙劣，疑是赝品[33]。另一种是两只猛兽同时噬咬一头钩喙有角蹄足动物，它前体跪伏，后体翻转。一只猛兽噬咬它的颈根，另一只猛兽噬咬它的一条后腿。这种牌饰数量

---

[27] 王成、沙宝帅：《内蒙古呼伦贝尔草原发现青铜器》，《考古》2004年4期，93页，图一，1、2。

[28] 同注[14]，328页，图二二，8。

[29] М. И. Артамонов. *Сокровища саков*. Москва，1973.转引自东京国立博物馆：《大草原の骑马民族——中国北方の青铜器》，183页，图212-1。线图据梅原末治：《支那考古学论考》，转引自注[25]，图六四，1。据圣彼得堡大学的科瓦列夫教授告知，此件金牌饰可能是在中国购得，旧传出土地不可信。

[30] В. В. Волков. *Бронзовый и ранний железный век северной Монголии*. Улан-Батор，1967.图21，1。

[31] 东京国立博物馆：《大草原の骑马民族——中国北方の青铜器》，124、125页，图212。

[32] 同注[31]，129页，图218。

[33] 同注[12]，184页下。

图七    猛兽咬噬有角钩喙蹄足神兽牌饰（二）
柏林东洋美术馆藏铜牌饰

较多，在西安三店村西汉墓出土的一对鎏金铜牌饰上，虚幻动物仍保持着钩喙的特征（图八，1）[34]。可以看出它头顶上角的根部作联珠形，分出两个分支，向下的分支上饰有两个向上的格里芬头，向后方的分支上饰有三个向前的格里芬头。腹下还有三个格里芬头，似是尾端的装饰。纽约大都会博物馆所藏的一对错金银铜牌饰上，虚幻动物也保持了钩喙的特征[35]，此外，江苏徐州狮子山楚王墓出土的一对金牌饰（图八，2）[36]、东京国立博物馆入藏的一对鎏金银青铜牌饰[37]、美国私人收藏的一对鎏金铜牌饰[38]、鄂尔多斯博物馆收藏的一件鎏金铜牌饰[39]，钩喙都变成了马嘴。这可能是中原地区的中国工匠仿造的结果。但由于头顶上的角还完整保存着，所以称之为"马"仍然是不

---

[34] 朱捷元、李域铮：《西安东郊三店村西汉墓》，《考古与文物》1983年2期，图版柒，2；图一，1。

[35] MIHO Museum. *MIHO*，2001.图版111。转引自注[11]，图四，4a、4b。

[36] 中国国家博物馆和徐州博物馆合编：《大汉楚王：徐州西汉楚王陵墓文物集萃》，中国社会科学出版社，2005年，246页上方彩照，247页上方线图。

[37] 东京国立博物馆：《东京国立博物馆所藏中国北方系青铜器》，竹林舍，2005年，图版18。

[38] Bunker, Emma C. *Nomadic Art of the Eastern Eurasian Steppes*，The Metrolitian Musrum of Art, New York，2002.图版68。转引自注[11]，图四，2a、2b。

[39] 同注[12]，170页下。

图八　猛兽咬噬有角钩喙蹄足神兽牌饰（三）
1. 西安三店村汉墓出土鎏金铜牌饰　2. 徐州西汉楚王墓出土金牌饰

妥的。同类的鎏金牌饰在俄国邻近哈萨克斯坦的乌拉尔地区博克罗夫卡附近的萨尔马特人墓葬中发现过，说明它也流行于广大的欧亚草原地带[40]。

　　我们再回过头来审视东黑沟的金银牌饰，可以肯定它不同于以上列举的任何一种猛兽袭击虚幻动物的图像。这五件牌饰都只有一个可分辨的猛兽头，但和图六那种只有一只猛兽噬咬虚幻动物的牌饰在构图方式上不一样。特别是图一，3那件，可以比较清楚地看出，猛兽头的后方连着一个完整的身躯、蹲踞的前后肢，而且有向上卷曲的尾巴。由此再观察其他几件金银牌饰，也可以依稀分辨出相对应的细节。被咬的虚幻动物头上有格里芬头的波形角干，长度明显超过图七那种牌饰，猛兽的身体占据了很大的画面，所以和图七那种牌饰的构图是有很大差别的。但无论如何，它们肯定属于猛兽咬噬钩喙有角蹄足虚幻动物的牌饰之列，反映出强烈的草原游牧文化的特有色彩。为这种题材的牌饰又添加了新的品种。

　　另有一类草原游牧文化的以有角虚幻动物为母题的牌饰。这种虚幻动物和上述钩喙蹄足者不同，具有食肉动物的齿和爪，却长着和鹿一样的多枝叉的角。1954年鲁金科发掘俄国阿尔泰地区的推克塔1号古冢，其中出土的缝缀在鞍褥上的皮饰件，就表现了这种虚幻动物的

［40］Л. Т. Яблонский（ред.）. Курганы Левобережного Илека. Вып. 2, 1994, Москва. 41、42页，图81，13。

1                                    2

图九　有角狼形神兽
1.阿尔泰推克塔1号冢鞍褥皮质饰件　2.阿鲁柴登金牌饰

原始形象（图九，1）[41]。该墓的年代被定在公元前6世纪，现在看来偏早了。大体应相当于战国时代。我国内蒙古伊克昭盟杭锦旗阿鲁柴登发现的12件嵌红绿宝石的金牌饰，则在这种虚幻动物的角端添加了七个方向不同的格里芬头，并在尾端装饰了一个喙尖向下的格里芬头（图九，2）[42]，其年代也应定为战国时代。这种虚幻动物常被考古学家误认为虎。但大多数情况下，它的长吻表现得很鲜明，可知并不是虎，而是狼。以这种虚幻动物为母题的牌饰常见的有两大类。

第一类是略呈椭圆形的透雕青铜牌饰。在我国，曾出土于西丰西岔沟墓地（图一〇，1）[43]、齐齐哈尔市大道三家子墓葬[44]，在俄国，曾出土于米奴辛斯克盆地的马里雅索瓦[45]、外贝加尔的德列斯图依匈奴墓地（图一〇，2）[46]。可明确断代者都是西汉之物。其变体是省略了角，但鬣和尾端仍有格里芬头的有爪虚幻动物，外框变为矩形或梯

---

［41］同注[5]，图191。

［42］同注[25]，图版一六，1。同注[22]，图A55。

［43］同注[20]，104页上。

［44］黑龙江省博物馆、齐齐哈尔市文管站：《齐齐哈尔市大道三家子墓葬清理报告》，《考古》1988年12期，图版叁，6。

［45］М. А. Дэвлет. *Сибирские поясные ажурные пластины.* Москва, 1980.图版28，114。

［46］С. С. Миняев. *Дырестуйский могильник.* Санкт-Петербург 1998.图17，4。

图一〇　有角狼形神兽牌饰（一）
1.西丰西岔沟出土铜牌饰　2.外贝加尔德列斯图依匈奴墓出土铜牌饰

形，见于鄂尔多斯博物馆藏品[47]。从形制来看，也应是汉代之物。

　　第二种是矩形的鎏金铜牌饰。可靠的考古发掘品有西岔沟墓地出土的（图一一，1）[48]和徐州西汉宛朐侯刘埶墓出土的（图一一，3a、3b）[49]。后者只发表了拓本和线图，把图像完全错误地理解为："上部为两排形状相同的小兽首，吻部长而尖，有耳，左右两带板分别有20、22个。下部为3个较大的兽首，其中外侧两个似羊形，角下卷；内侧一兽首口大张，齿外露，大耳直立，角翻卷伸至首前部。三兽首间空隙处饰以盘绕的7只飞鸟，鸟作展翅飞腾状。"实际上，这个图形是表现一只有角的狼形虚幻动物，只是它的前后肢除了爪子之外，装饰了两只盘角羊。前肢所饰的羊，前腿一条曲举于头前，一条跪于身下，后腿则翻转于头的前上方。后肢所饰的羊，只看到一条前腿跪于身下，两条后腿翻转后均倒垂在头前。上文所谓"盘绕的七只飞鸟"，其实所指是这些带蹄的羊腿。所谓"两排形状相同的小兽首"，就是已经略有变形的格里芬头，其讹变的方式和图五，1所示相类似。而一部分原来的角体和每个变了形的格里芬头的顶部相接，颇似野羊头，所以邦克夫人径称是"变成瞪羚"了[50]。这种牌饰在国外公

［47］同注[12]，189页上，196、197页。

［48］同注[20]，103页上。

［49］徐州博物馆：《徐州西汉宛朐侯刘埶墓》，《文物》1997年2期，图三七。

［50］同注[22]，79页。

图一一　有角狼形神兽牌饰（二）
1.西丰西岔沟出土鎏金铜牌饰　2.美国私人藏鎏金铜牌饰　3a、3b.徐州宛朐侯墓出土金牌饰

私收藏中还有不少，卢岩和单月英的论文中已举出了一部分。他们把一件美国私人藏品（图一一，2）称为"羊和狼纹腰饰牌"，描述为"纹饰下部外侧为两个身体反卷绕在头部的大角羊首，内侧为一个面目凶狠的狼头；上部为浮雕两排小兽首"[51]。显然他们是把完整的虚幻动物割裂了。鄂尔多斯博物馆藏品中有不少这类牌饰[52]，但有的图像讹变过甚，恐非真品。

综上所述，在草原游牧文化中，有角的钩喙蹄足虚幻动物和有角的狼形虚幻动物都是有重要地位的常见题材。这种题材至少在战国时代已经出现于我国北方草原地带，在汉代大为流行，北康村的发现表明，草原游牧民族中所常用的这种题材的腰带上的牌饰，有一部分却是由中原工匠生产的。而西安三店村、广西平乐银山岭、江苏徐州楚王墓和宛朐侯墓出土的这类题材的腰带牌饰，表明佩带它们也成了汉

[51]同注[11]，50、47页。
[52]同注[12]，161页上、168页、172页下、189页下。

代上层贵族的一种时尚，这肯定会进一步促进中原工匠对这类题材的仿造。但由于对这种外来题材没有正确的理解，在仿造过程中自然会出现这样或那样的讹误。这就更加重了今天中国考古学者对这类题材的误会。但只要扩大视野，对其溯本探源，是不难得到正确认识的。

最后，还要谈谈对这两种虚幻动物的命名问题。过去，由于不理解它们实际是有角的，常常把它们分别误称为"马"和"虎"。现在越来越多的研究者了解了它们的虚幻性，便常常称它们为"怪兽"。但从草原游牧人对这两种题材的爱好，以及中原人也以之为时尚而争相仿效来看，似不宜用"怪"这种有贬义的字眼来形容。所以本文用"有角神兽"为标题，提倡一种新的命名，不知是否会得到考古同行们的认可。

载《西域研究》2009 年 3 期。

# 夫余史迹研究·序

在东北这片美丽而神奇的土地上，中华民族的先民们曾奏响过许多动人的历史乐章。而这些乐章最动人之处，无过于不止一次作为璀璨的大中华宏伟交响乐的美妙前奏。

也许正是因为东北在自然环境上的丰富多样且有很大的包容性，所以它使我国历史上的三种不同经济类型的民族集团在此聚会和交融，那就是沃野平川上的农民、开阔草原上的牧人和山林溪谷中的渔猎者，这三种类型居民所一起组成的统一国家，一次次在东北及其邻境最先出现母胎。最后，正是兴起于东北的后金，奠定了今天中国辽阔版图的历史基础。从这个意义上说，在东北的松辽平原向长白山过渡地区兴起的最古老的一个国度——夫余，理应引起研究者瞩目。

我很敬重的老友董学增先生，是为吉林市地区的文物考古工作奉献毕生心血的学人。研究夫余历史是他在晚年自觉担当起来的一个课题。我最先看到的是他退休后仍主动参加主编的《夫余王国论集》（2003年），后来又知道他还在继续编辑《夫余王国论集续编》，并于2007年出版。回想1993年他由爱人伴同来我家为《西团山文化研究》求序时，就听他说过不能久坐、右手不便写字等困难。没想到他退休后，还这样一如既往地搞研究。这对我一直起着很大的激励作用。这次他又寄来厚厚的新书稿《夫余史迹研究》，其中虽然包含了他早年有关夫余史迹和夫余研究的旧作，但有相当大的部分是近年特别是2010年的新作。其中还有去年参加"中国考古学会第十二次年会"的长篇论文，被选入会议论文集发表。我真是为他高兴，为他能如此热爱自己毕生所从事的事业，执着地为之不懈奋斗，感动不已！

　　我除了佩服董先生的执着精神之外，还特别佩服他不断学习新东西的热情。以75岁高龄，见到了新出版的《肇源白金宝》和《中国东北地区夏至战国时期的考古学文化研究》，还能细心研读，吸收新的知识和观念。趁到哈尔滨参加考古学会年会之机，还亲自到庆华古城和庆华遗址进行踏查，并参观宾县文管所珍藏的文物标本。这些都是非常值得我们学习的。

　　我想，中国的考古学要能不断发展，除了要有田野考古和实验室工作不断提供新的信息外，研究人员还要永不固步自封，永远有"活到老，学到老"的态度，这也是非常重要的事。

　　纵观董先生的这部研究著作，有三大特色：一是他作为吉林市的文物考古工作的领军人物，对相当大的一部分夫余史迹，有比较透彻的了解，因而他所提出的观点自然有不同于仅根据他人资料而写成论著的分量。特别是在吉林市博物馆大火之后，原来所获的实物资料毁于一旦，他从前写的考古报告更有了特殊的意义，弥足珍贵。二是他对夫余历史有多年的钻研，而且对过去研究者的不同见解有很全面的了解，所以他的一系列论著中对这个学术课题的研究有很详尽的介绍和评论，这对今后继续研究夫余历史的人会有很大的帮助。三是他对吉长地区乃至范围更大的相邻地区的夫余以前的诸文化有相当全面的了解，并对过去各家对于东北古代族称与考古学文化的对应关系长期关注，所以在论著中对这方面的问题形成了自成系统的见解，这对今后的研究者继续探讨夫余文化的来龙去脉无疑有启发作用。所以，我认为此书在夫余研究史上必能占有不可代替的地位，不会有负董先生孜孜不倦的多年的辛勤劳动。

　　我有幸读到董先生的书稿，也想贡献一点意见，供读者在阅读此书时参考：

　　关于考古学文化和族属的比定问题，这自然有许多仁者见仁、智者见智的地方。比如貊族相对于什么考古学文化，就不是一时能解决的问题，有待东北田野考古工作的进一步开展和综合研究的深入。但是，根据近年来的体质人类学的进展，东胡、鲜卑、契丹这些民族的颅骨特征和匈奴一样是短颅的北亚人种，已经有了定论。而这种短颅的北亚蒙古人种本来分布在蒙古高原，到春秋战国之际才出现于我国的内蒙古各地。东北目前最早的例子是林西井沟子墓地。过去有不少研究者推论白金宝文化、汉书二期文化、夏家店上层文化等考古学文化是东胡、鲜卑遗存。实际上，白金宝文化目前尚有颅骨资料可供鉴测，汉书二期文化和夏家店上层文化的颅骨资料按朱泓教授的分类法均属东亚蒙古人种。当然，在过去发表的鉴测报告中，也有分析部分颅骨是有北亚蒙古人种的某些因素的。这种现象，按朱泓教授的观点，正是他所分的东亚蒙古人种古东北类型的固有特点。并不是与北亚蒙古人种混血而形成的。实际上在这两种考古学文化的墓葬中也并没有发现过纯粹的北亚蒙古人种的颅骨。我相信朱泓教授的分类法，所以认为汉书二期文化不可能是鲜卑遗存。比它早的白金宝文化也更不可能是鲜卑遗存。夫余文化中有草原游牧文化的成分是事实，夫余文化也确实受到汉书二期文化的影响，但这和汉书二期文化是不是鲜卑文化恐怕不能混为一谈。我个人认为，东北古代的考古学文化众多，传世文献未必记载那么多族称。所以多数考古学文化是不必一一和文献上见到的族称对号的。

　　最后，预祝董先生在出版此书后，能继续为东北考古学作出贡献，学术生命长青！

　　　　　　　　　　　　　　　2011年1月10日于吉林大学匡亚明楼

　　载董学增《夫余史迹研究》，吉林文史出版社，2011年。

# 由"文化形成的滞后性"所引起的新思考

　　王立新在2009年年底发表的《也谈文化形成的滞后性——以早商文化和二里头文化的形成为例》[1]，继王学荣[2]之后进一步讨论考古学文化形成的滞后于王朝更替的客观现象。但尚友萍在今年年初发表了《关于王朝文化滞后于王朝建立理论的商榷》[3]，对王文进行了全面的批驳。由于这个问题在利用考古遗存研究历史方面有重要意义，所以有必要作进一步的讨论，以明辨是非。

　　其实，从后代的许多实际事例中，我们可以看出王朝更替往往并不造成民众日常生活的剧变，因而也就不会引起物质文化的遽然变化。所以，对于文献记载语焉不详的夏、商王朝的建立，可比较自然推想而知，王朝的建立也不一定会与文化传统的变换恰好同步。比如当初对二里头文化的三、四期遗存究竟是商文化还是夏文化，仍处于争论之中时，主张二里头遗址是汤都西亳的殷玮璋就认为："联系到汤伐桀、商灭夏，或可说明第三期遗存中出现变化（按：指出现鬲等商文化因素）的原因，只是文化面貌的变化总没有政治变革那么急速。"[4]这实际上就是推想商王朝建立时，文化仍是含有商文化因素的

---

[1] 王立新：《也谈文化形成的滞后性——以早商文化和二里头文化的形成为例》，《考古》2009年12期，47～55页。

[2] 王学荣：《制度革新与文化融合——王朝更替与考古学文化变革关系的个案分析，以二里头和偃师商城遗址为例》，《二里头遗址与二里头文化研究》，科学出版社，2006年，487～492页。

[3] 尚友萍：《关于王朝文化滞后于王朝建立理论的商榷》，《文物春秋》2011年1期，3～12页。

[4] 殷玮璋：《二里头文化探讨》，《考古》1978年1期，4页。

二里头文化,后来才发展为二里冈商文化。所以,他对夏商王朝更替的具体看法虽然和现在的通行看法不同,但也是主张考古学文化的形成是滞后于王朝更替的。所以,尚友萍大可不必为王立新的"文化滞后"理论大惊小怪。因为这并不是什么标新立异的理论,只是一般人都可以接受的历史常识而已。

这里需要明确的是,王立新所讨论的"文化滞后"中的"文化",是指"以二里冈下层早段为开端的早商文化",他一再声明这是一种"结构稳定的考古学文化"。而王学荣的论文在标题中就已经指明了他所讨论的是王朝更替与"考古学文化"变革的关系。然而尚友萍在论文标题中就已经把"考古学文化"改换为"王朝文化"了,可见他并不十分理解何为"考古学文化",因为在考古学论文中常常出现"夏文化"、"商文化"的说法,便把王立新文中所讨论的"早商文化"和早期的商朝文化混为一谈了。

实际上,王立新所说的"早商文化"在他所著的《早商文化研究》[5]一书中是有明确界定的。考古学文化的划定,是由出土器物自身决定的。从该书的图一和图二可以看出,陶器中各种型式的鬲、甗、盆、大口尊、豆、簋等,青铜器中各式鼎、爵、斝、斝等,都是在保持一定共同式样的情况下,平行地连续渐变,反映着稳固结合的文化传统。因而,不论是邹衡先生推定汤灭夏是在一、二段之间(即二里冈下层的早段与晚段之间),还是王立新推定汤灭夏是在一段之前(即早于二里冈下层早段),都不影响我们把从一段到六段的文化遗存视为一个不可分割的整体,亦即一个不可分割的考古学文化。

王立新文中讨论了五种不是早商文化的遗存:A. 郑州地区的洛达庙三期遗存,B. 南关外期遗存,C. 化工三厂遗存,D. 二里头四期偏晚遗存,E. 偃师商城第一期第一段遗存。文中都详细说明了它们为什么不可归属于早商文化的理由,兹不详述。他正是用这几种面貌各自有异的遗存,来论证统一的"早商文化"形成之前存在着多种先行文化(二里头文化、下七垣文化、岳石文化)在郑洛地区互相碰撞、交融、整合的阶段。

---

[5]王立新:《早商文化研究》,高等教育出版社,1998年。

　　然而，尚友萍却习惯于固有的文化分类概念，不赞成这样看问题。他不顾洛达庙三期遗存的内涵和二里头文化已经有所不同（而且王立新已经分析了三处洛达庙三期遗存的内涵也是互有差异的），认为王立新原先将其定为二里头文化的一个地方类型是对的，现在重新称为"洛达庙三期遗存"就是又回到了问题的起点，"除此之外并没有给我们更多的东西"[6]。而偃师商城第一期第一段遗存，既然是建造商城时留下的遗存，应该是商灭夏之后的遗存，哪怕它二里头文化成分占很大的比例，商文化成分只占10％，由于它代表着发展方向，也就是代表着事物的本质，"偃师商城一期一段的性质属于早商文化，可以说确定无疑。王立新先生仅以大灰坑底层所出二里头文化因素的陶片数量多，就将其性质排除在早商文化之外，显然是只看现象不看本质而得出的结论"[7]。

　　由此可见，尚友萍和王立新所说的"早商文化"根本不是一回事。在尚友萍看来，只要是商朝建立之后在商人统治下的人们的遗存，不管其表面现象如何不同，在本质上就都是早商文化了。其实，这根本不是考古学上可取的分析资料的方法。这在研究考古资料和文献资料都比商代更丰富的西周时代时，表现得更为明显。

　　周灭商后，周王朝在原有的丰镐二京之外，又在东方建立了东都洛邑。而且，文献上记载西周时分封的诸侯国，目前如燕国、晋国、卫国等西周遗存已经积累了不少资料。众所周知，这些不同地方的西周遗存虽有一定的共性，但也表现出很大的差异性。即以丰镐地区和洛邑地区而言，洛邑地区在西周时代反映的商文化传统就明显强得多。就已发现的陶器而言，直到西周中期，似乎很难用同一种考古学文化来概括之[8]。可见周王朝建立后，统一的结构稳定的考古学文化的形成是经过一个相当长的滞后期的，显然不能用周王朝一建立就本质上都是周文化这种哲学性的看法来解决问题。尚友萍如果想一想西

---

[6] 同注[3]，6页。

[7] 同注[3]，7页。

[8] 叶万松等：《中原地区西周陶器的初步研究》，《考古》1986年12期，1104～1111页。
　　刘富良：《洛阳西周陶器墓研究》，《考古与文物》1998年3期，44～68页。

周的情况，也许就不会觉得王立新提出滞后期的问题是无谓之举了。

尚友萍批评王立新说，认为王的"早商文化"概念是以他自己规定的陶器特征的内涵偷换了相沿已久的时间要素和族别要素的内涵，"把早商文化概念与二里冈下层早段直接挂钩"[9]。这说明他其实还不很明白怎样划定考古学文化。一种考古学文化，并不是像他说的那样，用某期某段落的器物组合作为标准来划定的，而是以沿续一定时期的固定器物组合的平行渐变序列来划定的[10]。邹衡先生当初是用分裆鬲等一系列器物的平行演变序列，从殷墟出土的遗存一直追溯到先商时代的商文化遗存，然后再按器物发展的阶段性，砍出了他认为是属于"自成汤灭夏前后至武丁以前"这一时段的"早商期"[11]。所以邹衡先生的"早商期"是包含了二里冈下层晚段到殷墟文化一期这样一个长时段的商文化遗存。而王立新的"早商文化"，则是在把邹先生已经勾画出的商文化的发展序列进一步细化的基础上，依据新的考古发现把"汤灭夏前后"这一时间要素提前到二里冈下层早段，从而把二里冈下层晚段到殷墟一期这样一个长时段的商文化遗存界定为"早商文化"[12]。所以，尚友萍说王立新是以二里冈下层早段的陶器作为早商文化的标准，是使传统的早商文化概念名存实亡，是考古学文化研究门外汉的说法。还应该说明的是，所谓"具有质的稳定性"，并不是说这个长时段中器物的形制是固定不变的，每样器物其实都是循时渐变的，而是说这些平行渐变的各个器物序列的组合关系，在相当长的时段中是固定不变的。而且，已经具有质的稳定性的早商文化，由于它是从下七垣文化、二里头文化、岳石文化等文化因素交融整合而成的，所以在一定期段仍可分析出哪一些陶器是从哪种文化传统继承下来的。但是，像从下七垣文化继承下来的分裆鬲或从二里头

[9]同注[3]，7页。

[10]林沄：《考古学文化研究的回顾与展望》，《林沄学术文集》，中国大百科全书出版社，1998年，224～239页。

[11]邹衡：《试论夏文化》，《夏商周考古学论文集》，文物出版社，1980年，108页，图一、二。

[12]同注[5]，24、25页。

文化继承下来的爵，在二里冈下层早段和晚段虽然都存在，但在保存传统的基本形制的大前段下，每一时段的形制又发生细微变化而互有区别；而且，在占全部陶器中的比重方面也和原先在下七垣文化和二里头文化中有所不同。因此像尚友萍拿二里冈下层晚段的H17也可以分出二里头文化和商文化两种因素，就要我们得出H17比二里冈下层早段的H9更早的结论，自以为攻破了王立新的弱点，适足以表明他对考古学文化和文化因素分析的方法还不甚理解。

　　尚友萍对商王朝形成后考古遗存所表现出来的复杂属性，采取很简单的非夏文化即商文化的处理办法，而不是采取考古学文化研究的细致方法，这和他受我国史学界对古代国家的传统看法的影响是有关系的。他说"方国是由血缘亲属关系结构起来的共同体"[13]，其实这是一种很片面的看法，以致认为"参加商汤即天子位大会的'三千诸侯'，都是由血缘亲属关系结构起来的部族，他们显然保持着自己的文化特色与文化传统"[14]，也就是一国一族一文化的简单等同关系。虽然在汤灭夏的具体情况下，他也承认二里头四期晚段是夏的都城被商族攻破后的遗存，认为城内成组出现的下七垣文化因素是城破后进驻的商族人的遗存，而二里头文化因素则是夏遗民的遗存，少量的岳石文化的因素是和商人联盟的夷人的遗存。把偃师商城一期早段遗存中二里头风格的陶片多于商文化特征的陶片，解释为参加筑城的夏族人多于商朝本民族人，也就是承认在特殊情况下一国之内可能有两个以上的族群并存。但他仍坚持一族一文化泾渭分明的观点，所以他认为："三种文化因素的背后，应该代表三种不同的族群。而三种文化构成的混合性文化，岂不是说在混合性文化的遗址中，已经实现了三个民族的融合吗？那么这到底是怎样的一个族群呢？难道在当时真的出现了不属于任何民族的非此非彼的族群吗？"

　　其实，王立新所说的"早商文化"确实就是一种多种文化因素构成的混合文化。但他又说它"应该就是商代商国人之文化，是一种以

----

[13] 同注[3]，5页。
[14] 同注[3]，10页。

商族为代表的国族的文化",这其实是一个不很周密的提法。在新石器时代考古研究中,我们一般都不言而喻地设想:一种考古学文化代表一个特定的族群。因为,大多数人把这里的"族"理解为有共同文化传统的人群共同体,并不认为是"血亲关系"构成的共同体。在国家出现以前,把有共同文化传统的共同体设想为部落,也一般不引起争议(实际上,在新石器时代晚期有的考古学文化分布很广,如果说还是一个部落,是大可怀疑的)。但到国家出现之后,沿用新石器时代的思路,把考古学文化仍和"族"挂钩,而不对这种"族"作一定的解释,就会有问题了。夏鼐最初提出"夏文化"概念时,下的定义是"夏王朝时期夏民族的文化"[15]。除了年代的限定之外,当然还应该有一个地域的限定,这是必要的。但是这里所说的"夏民族"究竟是什么样的人们共同体,其实是必须定义而不曾定义的。邹衡先生在论证二里头文化为夏文化时,自称是采用徐旭生先生的方法——用文化的同异来找出夏氏族或部落(按:在夏先生那里改称夏民族)[16],所以在把二里头文化和商文化全面比较后,把二里头文化一到四期都定为夏文化,其中暗含一个思想,即一种考古学文化,反映了一个具有共同文化传统的人群(是否都建立在共同的血缘关系上,并未说明)。而邹先生和王立新在研究商文化时,本来也很自然地认为,商代建立后商文化就反映了商族这个人群,其分布可以在一定程度上反映商方国的范围。王立新提出商文化"是商代商国之人的文化,是一种以商族为代表的国族的文化",也是比较自然的。这种王立新称之为"国族"的族群,比夏鼐称之为"民族"似乎界定得更明确了些,即同一国的人即为一个族群。在邹衡和王立新提出"早商文化"的时候,这种界定似乎是没有毛病的。即商汤立国时,全体国人都已经是同一种考古学文化了,甚至邹衡的"夏文化"也可以说就是"夏代的夏国之人的文化"。可是当王立新同意王学荣提出的商汤建国之时早商文化尚未成熟的观点,并进一步举出五种遗存还不能视为早商文化

---

[15] 夏鼐:《谈谈探讨夏文化的几个问题》,《夏鼐文集》中册,社会科学文献出版社,2000年,4页。

[16] 同注[11],105页。

之后,那显然在商代早商文化形成之前,商国内部有一个阶段的遗存是不能纳入商文化范畴的。如果要以早商文化形成作为商族这种国族形成的标志,则"滞后期"内的人们也不能统称为商族。也就是说,当不同起源的族群进入同一个国的情况下,大体一致的共同考古学文化形成要滞后于建国,换言之,建国后要过一段时期,才能出现文化大体一致的国族。所以,王立新所说的"商族",实际上确实是一种具有混合文化的不同于商灭夏之前和商亡之后在"滞后期"内的任何一种族群的"非此非彼的族群"。这里就产生了两个应该讨论的问题:一、既然存在滞后期,则"商代商国之人"在商代开始之时并非同一考古学文化,即那时的商国之人并非已经成为"商族"。二、即使如王立新所说的"早商文化"已经形成之后,王立新自己也把它分成二里冈类型、北村类型、东下冯类型、台西类型、大辛庄类型、大城墩类型、盘龙城类型共七个类型,它们虽然在陶器和铜器上以表现共性为主,却也有不同程度的特性,是否都可以称之为"商族"也是可以讨论的。这就在考古学研究中提出了一个新的研究课题。

尚友萍不从考古材料的实际出发,认为在秦朝统一的中央集权的政权出现之前,是不可能出现两个以上族群融合的"非此非彼的族群"的,这其实只是他主观的空想。血缘上不同起源的族群的融合应该早在先秦时代就开始了。明显的例子就是周人在建立周王朝之前,就已经是姬姓和姜姓两大族群的联合人群,姬姓认黄帝为始祖,姜姓认炎帝为始祖。在考古学上,在周王朝建立之前,先周文化就已经融合了分裆鬲和联裆鬲两种文化因素,从而反映了姬、姜两个族群的融合。等到克商之后,周人建立洛邑,迁了大批商遗民到洛邑,使该地的文化面貌有强烈的商文化的遗风,但到西周中期之后,逐渐和丰镐地区有了越来越强的一致性,既反映了文化的融合,也反映了更大规模的族群的融合。在封建的诸侯国里情况更为复杂,以燕国为例,初建的时候,可以清楚地析出源自丰镐地区的周人文化和源自豫北地区的商人文化,还有本地土著的张家园三期文化[17],因而这里的文化融

---

[17] 陈光:《西周燕国文化初论》,《中国考古学的跨世纪反思》下册,香港商务印书馆,1999年,363～398页。

合和族群融合自然会有自身的特点，成为东周时期燕文化发展的母胎。既然先秦时期的文化融合和族群融合是屡见不鲜的历史实际，那么，进一步上溯到商代乃至夏代，是完全不必大惊小怪的。

由此想到，在中国古代史研究中，有一种不正确的观点——把中国早期国家的社会基础设想得过于狭隘。尚友萍主张的"方国是血缘亲属关系构筑起来的共同体"，正是在这种大背景下流行的观点。然而，从考古学的材料来看，不但西周时代的周王国显然不是这种情况，商代的商国也不是这种情况（先商族群和加入商国的夏人、夷人显然是没有血缘亲属关系的）。而且要进一步上溯，先商族群所拥有的下七垣文化，也是以河北龙山文化涧沟型为主源，又吸收了晋中相当于二里头文化阶段的白燕四期一段的鬲和三足瓮，晋南东下冯文化的敛口瓮、碗形豆，还吸收了大坨头文化和岳石文化的一些成分，才得以形成[18]。这里既有吸收其他文化成分的可能，也不排除有其他族群的人混入先商族群的可能。也就是说建立商王朝的先商族群，很可能和建立周王朝的先周族群一样，早已是来源于不同血缘的族群的融合人群了。

总之，由于发展的不平衡性的普遍存在，"以血缘亲属关系构筑起来的共同体"这种类型的小方国，到周代也可能还有继续存在的。但是在三代建立起来的强大方国联盟的盟主国，已经有相当的考古学证据可以证明，是以多个不同血缘起源的宗族为社会基础的政治共同体。中国早期国家的这种国家类型，我在《"百姓"古义新解——兼论中国早期国家的社会基础》一文中已经从古文字资料、古籍记载和考古学资料三方面证据进行过论证[19]。王立新所论证的夏和商在建国后的"滞后期"的多类型遗存的存在，从另一个角度提供了新的考古学证据。所以，比较统一的有一定稳定性的二里头文化和二里冈商文化（即"早商文化"）的形成，反映的不仅是在新建立的一个多族群的方国中旧有各族群的互相融合，也反映了是多种文化传统互相交

---

[18] 王立新、朱永刚：《下七垣文化探源》，《华夏考古》1995年4期，59～67页。

[19] 林沄：《"百姓"古义新解——兼论中国早期国家的社会基础》，《吉林大学社会科学学报》2005年4期，193～200页。

融的结果。唯有这种多族群的联合体，才能集聚多种血缘起源的人群的多样才能和技艺，形成一个有新鲜活力的优秀族群，开创一个新的时代。

中国已故的考古学家俞伟超，在新石器时代到汉代的长时段中以实际资料考虑考古学文化问题，实事求是地打破了一国一族一文化的陈腐观念，在其《考古学中的汉文化问题》一书中指出："自夏经商至周，疆域愈来愈大，管辖之族愈来愈多，其考古学文化的面貌就愈来愈复杂。例如夏代的二里头文化，就包括了豫西的二里头和晋南的东下冯两大类型，暗示出当时至少存在着两大族群而二里头类型是本文化的核心。商代除了核心类型二里冈和殷墟文化外，第二层次的地方类型更多。到了西周，除了主体的周文化以外，又有齐、鲁、燕、晋、秦、楚、吴、越等等第二层次的文化。……对这些文化来说，由早周文化发展而来的周文化当然是核心，其他的则是当地原有文化与周文化综合而成。……如果第二层次文化的范围很大，则还可能出现第三层次的文化类型。"[20]这比较客观地对三代考古学文化的总体情况作了理论性的概括。王立新对新的国家形成后新的相对统一考古学文化形成的细致分析，对于进一步打破一国一族一文化的旧观念，是很有意义的工作。如果能在所谓的"国族"问题上进一步作理论的探讨，无疑对考古学研究乃至中国古史研究都会有推进作用。

2011年10月10日


2011年11月在美国罗格斯大学举行的"商代与上古中国文明国际学术研讨会"上所作主题发言。会议论文集原拟由线装书局出版，后生变故，延至2016年6月由上海古籍出版社作为《甲骨文与殷商史》新六辑出版。

---

[20] 俞伟超：《考古学中的汉文化问题》，《古史的考古学探索》，文物出版社，2002年，180～190页。

# 新中国建立以来中国考古学研究的回顾与展望

新中国建立以来的六十年中，我国的考古学取得了巨大的进步，考古新发现层出不穷，不断地丰富着我们对中国历史和中国文化的认识。本文不打算列举这一时期的重大的考古发现，总结由这些发现所获得的我国历史和文化的新知，只就以下四个方面来回顾六十年中中国考古学发展的历程，谈一些个人的看法。

## 一、构建遗存的时空框架

新中国建立以来，因为党和政府对文物考古工作的重视，也因为经济发展形势的要求，除了"文革"这一段特殊时段，考古遗存的发现是一个不断增速的过程，其积累的程度和规模已达爆炸的趋势。对大量已发表和尚积压在库房里的资料进行整理，是研究的基础。整理的一个基本要求是要弄清各种遗存的时空框架，否则研究就没有科学性可言。把考古遗存划归一定的考古学文化，并弄清诸考古学文化的纵向和横向的相互关系，是构建遗存时空框架的一个基本的方法。

夏鼐先生在我国考古学文化研究方面起了很大的作用，他的两篇文章《关于考古学上文化的定名问题》和《再论考古学上文化的定名问题》[1]对用考古学文化来区划考古遗存有普遍的指导意义。当时考古学文化的研究在中国方兴未艾，却有一种极"左"思潮认为"考古学文化"是资产阶级的术语，应该取消。夏鼐强调："考古学不仅

---

[1]《夏鼐文集》，社会科学文献出版社，2000年，354～366页。

要研究全人类的社会发展史的共同规律，还要研究各地区各个族的共同体的发展的特殊性。"逐步使考古学文化的概念在中国考古学界中得到普遍的承认。

20世纪70年代，随着田野考古重新恢复，新提出的考古学文化层出不穷，同一种遗存被分别赋以不同的文化名，一度很混乱。苏秉琦1976年7月在中国科学院考古研究所给吉林大学考古专业学生讲课时，提出一种对考古学文化的新的研究路线[2]。不要孤立地看待每个考古学文化，一方面要看不同考古学文化在横向上的相似性，可以连成更大的"块块"；另一方面要看不同考古学文化在纵向上的继承演变关系，可以串成"条条"，还应该看到已有考古学文化可以分为不同的有地域性的分支。后来，他把这种研究路线简称为"区系类型"[3]，通过多次召开区域性的研讨会，得到逐步推广和普遍的承认，使全国很多地区都建立起系统的遗存的时空框架。

苏秉琦本人对用"区系类型"的路线来划分考古学文化的全面阐述，是在1983年7月朝阳一次考古座谈会的讲话："要解决考古学文化的划分问题。我们的考古方法论必须向前推进一步。"第一，"考古学文化的本质应该是一个运动的事物的发展过程，而不是静态的或一成不变的种种事物或现象的堆积。只有具备某些相对稳定的文化特征因素的发展序列和他们之间的平行共生关系的代表性材料，并能体现出一定的规律性时，这一种文化类型的存在才是明确的"。第二，"从揭示每一种考古学文化的来源和特征、发展阶段和去向，各自的运动规律，各自同周围文化的关系，以及每一种文化在其发展过程中的分解、转化等方面入手，那我们就有可能比较正确地划分考古

---

[2] 当前考古界一般误以为是1975年，这是因为苏秉琦本人在《中国文明起源新探》（香港商务印书馆，1997年，32页）中提到"1975年5月给吉林大学考古专业师生作报告中提出中国考古学文化划分'条条'、'块块'问题"。其实，1975年5月吉林大学考古专业只有一个班的学生，当时全部都在哲里木盟参加文物普查。苏秉琦的这个报告，实际是在1976年7月，吉大的部分73级学生和全部75级学生在参加燕下都遗址发掘后，到北京参观实习时所作。

[3] 苏秉琦、殷玮璋：《关于考古学文化的区系类型问题》，《文物》1981年5期。

学文化"[4]。其中第一点,我后来在《考古学文化研究的回顾与展望》一文中称之为"平行序列法"作了进一步阐述[5]。体现第二点思想的具体分析方法,后来则由俞伟超和李伯谦在各自研究楚文化和晋文化的论文中进行了阐述[6]。他们所称的"文化因素分析法",已成为当今中国考古学研究中普遍使用的方法。张忠培另称为"文化谱系"的方法[7],在我看来只是命名上的差别而已。

　　在这种"区系类型"路线指引下的考古学文化研究,和美国著名考古学者Kidder所倡导的区域性年代序列研究有一定的相似之处。在新大陆,由这种研究方法所构建的考古遗存的时空框架,从20世纪20年代开始,到1978年就完成了。而在中国,从20世纪80年代开始的"区系类型"研究,从新石器时代逐步扩展到铁器时代早期,汉代以下还基本是空白,在地域上则更有大片的空白。苏秉琦提出"区系类型"研究路线的初衷是用以考察中国的文化是怎样从新石器时代的"满天星斗",历史地发展成今天中华一体的格局。要达到苏秉琦的设想,我们无疑还有很漫长的路要走。俞伟超的《考古学中的汉文化问题》[8],率先把考古学文化的研究拓展到了东汉;最近,吉林大学吴敬的博士论文《南方地区宋代墓葬的区域性研究及相关问题研究》又把下限拓展到了宋代。这些都是可喜的尝试。

　　当然,由于人类社会的发展,人类创造的文化越来越复杂,考古遗存越来越难以反映社会上实有文化的全貌。因而,在新石器时代比较有效的划分考古学文化的方法,在商周时期就显得有点力不从心。

[4] 苏秉琦:《燕山南北地区考古——1983年7月在辽宁朝阳召开的燕山南北、长城地带考古座谈会上的讲话(摘要)》,《文物》1983年12期。

[5] 林沄:《考古学文化研究的回顾与展望》,《辽海文物学刊》1989年2期。

[6] 李伯谦:《文化因素分析与晋文化研究——1985年在晋文化研究座谈会上的发言》,《中国青铜文化结构体系研究》,科学出版社,1998年,294~296页。俞伟超:《楚文化的研究与文化因素的分析》,《楚文化研究论集》第1辑,荆楚书社,1987年,1~15页。

[7] 张忠培:《当代考古学问题答问》,《文物天地》1989年3期。张忠培:《向着接近历史的真实走去》,《我的学术思想》,吉林大学出版社,1996年,369~401页。

[8] 俞伟超:《考古学中的汉文化问题》(1997年在台北历史语言研究所傅斯年汉学讲座上的演讲),《古史的考古学探索》,文物出版社,2002年,180~190页。

最近已经有人指出：“因为我们研究的目标在不断发展，因为研究材料在不断丰富，所以不存在不分时间空间、不分对象、永远正确的理论。”[9]像中国这样文献史料特别丰富的国家,战国以后的历史时期是否还应该单单由考古遗存本身的特征来划分考古学文化？这个问题只能由中国考古研究今后的实践作出回答。

## 二、用遗存重建历史的进程

新中国建立之初，在学习苏联的风气下，很强调考古学在复原历史方面的作用。西安半坡的发掘和研究，是在苏联对的里波利遗址研究的模式影响下进行的，主持发掘者石兴邦后来用半坡的资料研究中国的原始社会历史，成为一时的典范[10]。稍后，张忠培利用华县元君庙集体葬来探讨原始社会的两合制组织,也颇有影响[11]。史学界在20世纪中期已经承认，要写中国原始社会的历史，离开考古资料是根本不行的。所以白寿彝主编的《中国通史》第二卷，便请苏秉琦主持，由新石器时代专家严文明和张忠培主笔[12]。由于该书相当充分地总结了中国史前考古的已有发现和研究成果，且有作者的一定的创见，中国的远古时代不再是渺茫无稽了。在中国远古史的领域内，考古学相对于典籍记载的神话传说，已充分地掌握了话语权。

但是，苏秉琦在1980年就提出考古学重建古史的四大重点项目[13]。我认为其中第三项重建“中国社会发展史”尤其重要。他指出，中国历代汉族和非汉族政权的更替，都没有使中国的历史中断，而马克思用来建立前资本主义社会形态的实例，都不是连续发展的社

---

［9］陈胜前：《考古学的文化观》,《考古》2009年10期。

［10］中国科学院考古研究所等（石兴邦执笔）:《西安半坡》,文物出版社，1963年。石兴邦：《半坡氏族公社》，陕西人民出版社，1979年。

［11］北京大学历史系考古教研室（张忠培执笔）:《元君庙仰韶墓地》,文物出版社，1983年。

［12］苏秉琦主编:《中国通史》第二卷《远古时代》,上海人民出版社，1994年。

［13］苏秉琦:《现阶段内蒙古文物考古工作问题》,《内蒙古文物考古》1981年创刊号，后收入《苏秉琦考古学论述选集》,文物出版社，1984年，293～295页。

会。因而我国古代社会的发展，显然"在世界上具有特别重要的典型意义"。但我国考古工作者至今还没有充分意识到自己在这方面的历史使命，做的工作也还很不够。俞伟超从20世纪70年代起，就从考古学入手研究中国早期阶级社会发展过程，是最早自觉担起这个重任的考古学家，除了一系列论文之外，还有专著[14]。可惜的是，只有他这样的极少数人在脚踏实地艰难前行。

改革开放以来，从考古学重建古史有较大成绩和影响的，是严文明对农业起源的研究[15]，以及从聚落考古的角度阐述国家形成的研究[16]。这方面的研究队伍正在扩大之中。在我国国家形成和发展的问题上，苏秉琦在晚年提出过"古文化—古城—古国"的三历程，"古国—方国—帝国"的三部曲，"北方原生型"、"中原次生型"、"北方草原续生型"的三模式[17]。但可惜都只是感想式地提出的论纲，不但在史学界不能形成共识，在考古界也远未达成统一见解，虽然张忠培多次提倡，却很难用以指导研究。

当前已经成为热点的文明起源的研究，实际是苏秉琦对红山文化"坛—庙—冢"遗存的评价引起的[18]。从而引起争论：什么是文明？文明的标志是什么？恩格斯说"国家是文明社会的概括"对不对？我国文明的发祥地何在？很多学者认为红山文化就已经进入文明是不能成立的，但国人习惯于"五千年文明"的成说，赞成者颇有人在。苏秉琦本人坚持己见，并提出文明一万年起步的说法。在香港《明报月刊》的访谈录中还说："文明是数种文明因素交错存在、互相作用的综合体……很难

---

[14] 俞伟超：《汉代的"亭"、"市"陶文》，《文物》1963年2期。俞伟超：《周代用鼎制度研究》，《北京大学学报（哲学社会科学版）》，1978年1、2期合刊。俞伟超：《古史分期问题的考古学观察》，《文物》1981年5、6期合刊。俞伟超：《中国古代公社组织的考察》，文物出版社，1988年。

[15] 严文明：《中国稻作农业的起源》，《农业考古》1982年1、2期合刊。

[16] 严文明：《中国新石器时代聚落形态的考察》（1987年在德国美因茨市举行的国际考古学会议上的大会发言），《史前考古论集》，科学出版社，1998年，48～62页。

[17] 苏秉琦：《国家起源与民族文化传统（提纲）》，《华人·龙的传人·中国人——考古寻根记》，辽宁大学出版社，1994年，132～134页。

[18] 魏亚南：《中华文明史的新曙光——就辽西考古新发现访考古学家苏秉琦》，《人民日报》海外版，1986年8月4日。苏秉琦：《中华文明的新曙光》，《东南文化》1988年5期。

说进入文明时代在物质文化方面有什么统一的标准，或者说有相同的物化形式。"[19]这使讨论全然失去了客观标准，显然是不妥的。

正当争论热烈之时，1996年国务院决定实施夏商周断代工程，于是在国家财力支持下，考古界和古文字学界、历史学界、天文学界、物理学界各方面专家通力合作，进行攻关，2000年拿出了阶段成果报告书的简本[20]。虽然行政上限期完成的这一研究成果，受到多方面质疑[21]，还有待进一步完善，但无论如何，大大推动了西周共和元年以前的纪年研究。使考古学者更体会到自己在解决中国历史重大问题时的重要性和责任。

接着2002年又启动的"中华文明探源工程预研究"和2004年启动的"中华文明探源第一阶段工程"，着重探讨公元前2500～前1500年中原地区文明形态，围绕这一千年间考古学文化的谱系和精确测年、环境变迁及其与早期文明的关系、生产技术的考察、中心性聚落（城邑）所反映的社会组织结构等5个课题。课题负责人王巍思路清晰[22]，计划踏实，组织得当。中国历史上的尧舜时代至夏商之际的社会轮廓和框架有望被进一步勾画出来。并使考古学在重建古史中的作用进一步突现出来。

所以，用考古遗存的研究来重建祖国历史的道路，已经越来越坦荡了。

# 三、一次大论战

第一代的中国现代考古学家多从欧美学成归国，新中国建立后

［19］《百万年连绵不断的中华文化——苏秉琦谈考古学的中国梦》，香港《明报月刊》1997年7期。

［20］夏商周断代工程专家组：《夏商周断代工程1996～2000年阶段成果报告（简本）》，世界图书出版公司，2001年。

［21］蒋祖棣：《西周年代研究之疑问——对夏商周断代工程方法论的批评》，《宿白先生八秩华诞纪念文集》，文物出版社，2002年。林沄：《"商—周考古界标"平议》，《吉林大学社会科学学报》2004年5期。张培瑜：《试论〈左传〉、〈国语〉天象纪事的史料价值》，《史学月刊》2009年1期。

［22］王巍：《关于中华文明起源与形成的几点思考》，《华夏文明的形成与发展》，大象出版社，2003年。王巍：《对中华文明起源研究有关概念的理解》，《史学月刊》2008年1期。

则一切学习苏联。以梁思永、苏秉琦为代表的中国考古学家在中国的考古实践中，取得了自己的经验，发展出有中国特色的层位学和类型学。所以，1981年苏秉琦在北京市历史学会纪念党诞生六十周年的报告会上，提出了"在国际范围的考古学研究中，一个具有自己特色的中国学派开始出现了"[23]。在1984年出版的《苏秉琦考古学论述选集》一书中，俞伟超和张忠培署名的《编后记》[24]把中国学派的特点归纳为三点，其核心实际就是在区系类型路线下进行的考古学文化研究。

后来，俞伟超到哈佛大学做访问学者，和张光直长谈后，认为"中国学派"的提法是对世界考古学史不够了解，是不妥的。他深感在中国考古学中有必要再次引进西方考古学理论和方法，推动中国考古学的新发展[25]。所以，他组织青年人系统翻译西方代表性的考古学理论和方法的论著，以此为借鉴，在考古学的目的论、方法论和本体论上开始了脱胎换骨式的再一次"攀援"。到1992年，他在《中国社会科学》上发表了《考古学新理解论纲》（简称"十论"）[26]，并从1992年起在渑池县班村遗址进行实践性的考古工作。而以张忠培为代表的学者，则坚持只有研究考古学文化才是考古学，只有地层学和类型学是考古前进的两个轮子，把俞伟超所主张的统统斥为"新考古学"、"洋教条"而否定[27]，展开了一场历时颇久的大争论。

在这两位中国考古学界很有影响的代表人物之间的争论，自然是得失互见，而最后只能由中国考古的发展史来做评判员。单从近期

[23] 苏秉琦：《建国以来中国考古学的发展——在北京市历史学会、中国历史博物馆举办的纪念中国共产党六十周年报告会上的讲话》，《史学史研究》1981年4期。后收入《苏秉琦考古学论述选集》，305页。

[24] 此文据俞伟超自述，是由他起草的（见《考古学是什么》，中国社会科学出版社，1996年，230页）。

[25] 曹兵武、戴向明：《中国考古学的现实与理想——俞伟超先生访谈录》，《考古学是什么》，中国社会科学出版社，1996年，221～244页。

[26] 俞伟超、张爱冰：《考古学新理解论纲》，《中国社会科学》1992年6期。

[27] 张忠培：《关于考古学研究的几个问题》，《文物研究》1989年5月总第五辑。张忠培：《考古学当前讨论的几个问题》，《山西省考古学会论文集（二）》。两文后均收入《中国考古学——走近历史真实之道》，科学出版社，1999年，211～225页。

我国考古学发展来看，不断引进新的思考方式、新的获取信息的方法
和技术手段、新的工作规范，是大势所趋、不可阻挡的。从21世纪
开始，在我国土地上开展的聚落考古、环境考古的研究计划，一个接
着一个开展，不胜枚举。科技考古已经成为考古的一个非常重要的分
支。举例而言，通过中国社会科学院考古研究所赵志军对兴隆洼文化
的兴隆沟遗址土样进行浮选，发现了大量的炭化的栽培作物种子——
粟和黍。说明在距今约8000～7500年间，西辽河上游可能是北方旱
作农业的起源地[28]。又如通过吉林大学边疆考古研究中心朱泓领导的
体质人类学的颅骨检测和周慧的古人骨的DNA研究，东周时代长城
地带存在古中原型的东亚蒙古人种、古华北型的东亚蒙古人种、古蒙
古高原型的北亚蒙古人种，分别和文献上的华夏、戎狄、胡相对应，
对戎狄非胡论提供了人种学的根据[29]。

　　水下考古、航空摄影考古也在俞伟超任中国历史博物馆馆长期间
先由该博物馆搞起来，逐步推广到国内其他考古单位，俞伟超先生虽
然不幸早逝，但这位有远见而勇敢的考古学家所开创的事业，使中国
考古事业至今受惠。

## 四、走向世界的开端

　　在旧中国，外国人在中国做了很多考古工作，是列强对贫弱的
中国进行文化侵略的一部分，是老一辈考古学家引恨的事。新中国
成立后，一度禁止外国人到中国来考古，中国人却也没有到外国去考
古的。在改革开放的新形势下，中外合作的考古项目又逐渐在中国开
展，在1989年的"中国考古学会第七次年会"上，苏秉琦先生高瞻
远瞩地发出了要"走向世界"的历史性号召。他说："当前的现实是，
我们研究世界的人，远不如世界研究中国的人多。""祖先没责任，

[28] 赵志军：《从兴隆沟遗址浮选结果谈中国北方旱作农业起源问题》，《东亚古物（A
　　卷）》，文物出版社，2004年。
[29] 张全超：《内蒙古和林格尔县新店子墓地人骨研究》，吉林大学博士学位论文，
　　2005年。

要反躬自省，借用一句台词叫'慧根就在脚下'。"[30]1992年他又提出："中国考古学要上升为世界的中国考古学，中国考古学家要上升为世界的考古学家。这不仅仅是一个思想转变、认识上提高的问题，而是要从学科建设、人才培养、学术交流诸方面采取若干切实可行的重大措施、步骤。"[31]

　　中国考古学走向世界现在还只是刚刚起步。从大学考古专业的课程设置来看，我们基本上只开中国考古学。全国只有吉林大学最早开设外国考古的课程，即从1974年起，开设了西伯利亚考古、两河流域考古、日本考古、蒙古考古，还打算开设朝鲜半岛考古和中亚考古。

　　中国学者写的外国考古专著还是凤毛麟角，杨建华的《两河流域史前时代》是我国第一部写外国考古的专著[32]，她的另一部《外国考古学史》是由欧洲考古学权威柯林·伦福儒作序的[33]。冯恩学的《俄国东西伯利亚与远东考古》[34]、潘玲的《伊沃尔加城址和墓地及相关匈奴考古问题研究》[35]，都对外国考古发现发表了中国学者独到的见解。刘文鹏去世后才出版的《埃及考古学》，是一部"老翁不倒再登攀"的未竟的力作[36]。衷心希望这样的书今后越来越多。

　　改革开放以来，中国考古学家也有陆续到外国、参加外国的考古工地的工作。但是，由中国国家文物局出钱，在外国进行的考古发掘，最早是2004年吉林大学和俄国西伯利亚科学分院考古民族学人类学研究所合作，在布拉戈维申斯克的特罗伊茨克墓地进行的[37]。2005年由商务部出钱，由内蒙古文物考古研究所为总领队，吉林大学

---

［30］苏秉琦：《在中国考古学会第七次年会上的讲话》，《中国考古学年鉴（1990）》，文物出版社，1991年，4、5页。

［31］苏秉琦：《中国考古学的黄金时代即将到来》，《中国文物报》1992年12月27日。

［32］杨建华：《两河流域史前时代》，吉林大学出版社，1993年。

［33］杨建华：《外国考古学史》，吉林大学出版社，1995年。

［34］冯恩学：《俄国东西伯利亚与远东考古》，吉林大学出版社，2002年。

［35］潘玲：《伊沃尔加城址和墓地及相关匈奴考古问题研究》，科学出版社，2007年。

［36］刘文鹏：《埃及考古学》，生活·读书·新知三联书店，2008年。

［37］冯恩学：《俄罗斯森林考古记》，《中国文物报》2005年3月8日、2005年3月25日。

边疆考古研究中心和国家博物馆为协作单位，和蒙古国合作在蒙古全境进行了考古调查[38]，并发掘了第一批回鹘古墓[39]。深望有了这种好的开端，到外国考古的事情能在国家的支持下不断发展，使之和我国的国际地位相称。

## 五、几点希望

第一，考古遗存时空框架的构建，需不断扩大广度和延长时段，夯实理论基础，注意探索新的适合我国国情的新的研究方法。

第二，重建中国历史的工作，要在加强引进外国有成效的方法的同时，不断总结有中国自身特色的经验（特别应注意总结夏鼐、邹衡、俞伟超、宿白、徐苹芳等在原史时期、历史时期考古学中的研究方法），使得用考古遗存重建历史的研究，进一步向原史时期和历史时期拓展，不断提高考古学在历史科学中的地位。

第三，加强文理交叉学科的建设，加快培养知识和技能更全面的新型的考古人才。

第四，适应中国不断提高的国际地位，加强高校考古专业的外国考古课程建设，注重培养考古专业本科生和研究生的外语能力（应有特殊措施培养懂蒙、朝、越等小语种的考古人才），大力开展走出国门而不是请进来的国际学术交流，不断加强中国学者在世界考古中的影响力。

2009年10月在北京举行的"教育部社会科学委员会历史学部年会暨学术研讨会"上的发言。载《史学调查与探索》，北京师范大学出版社，2011年。

---

[38] 塔拉、恩和图布信主编：《蒙古国古代游牧民族文化遗存考古调查报告（2005～2006）》，文物出版社，2008年。

[39] 塔拉、恩和图布信主编：《蒙古国浩腾特苏木乌布尔哈布其勒三号四方形遗址发掘报告》，文物出版社，2008年。

# 丝路开通以前新疆的交通路线

司马光在《资治通鉴》中把丝路的开通定在元鼎二年至元鼎四年。元鼎二年（公元前115年）：汉武帝"拜（张）骞为中郎将，将三百人，马各二匹，牛羊以万数，赍金币帛直数千巨万"，出使乌孙。"多持节副使，道可便，遣之他旁国"。"是岁，骞还，到，拜为大行。后岁余骞所遣使通大夏之属者皆颇与其人俱来，于是西域始通于汉矣"（《资治通鉴·汉纪十二》）。

据《汉书·西域传》记载，丝路开通后，在现今新疆境内的通道有两条："自玉门、阳关出西域有两道。从鄯善傍南山北，沿河西行至莎车，为南道；南道西逾葱岭则出大月氏、安息。自车师前王廷随北山，沿河西行至疏勒，为北道；北道西逾葱岭则出大宛、康居、奄蔡焉。"也就是说南道是沿塔里木盆地的南缘西行，而北道是沿塔里木盆地的北缘西行，最后都要越过帕米尔高原，才能到达中亚各国。实际上，现今新疆的天山山脉以北是准噶尔盆地，北面虽然也有群山围绕，即纳雷姆山和阿尔泰山、塔尔巴哈台山、阿拉套山，但有额尔齐斯河、伊敏河和伊犁河这些河谷形成天然的通向北方和西方的通道。从考古发现来看，在西汉以前，新疆作为中原和西北方欧亚大草原文化交流的中介地带，其主要通道正是这几个河谷。它们在中西文化交流上起过很重要的作用。

我们先讨论额尔齐斯河作为天然通道所反映的人群和文化遗存的西来。这条河发源于新疆的阿尔泰山地南坡，流经哈萨克斯坦国，再流入俄国，汇进鄂毕河。

20世纪初期，英国人斯坦因和瑞典人斯文赫定、贝格曼等人在罗布泊地区发掘过一些奇特的古墓[1]。1979年11～12月，新疆社会科学院考古研究所对孔雀河下游北岸的古墓沟墓地进行了发掘[2]，1980年新疆考古工作者又在孔雀河流入罗布泊的入口处以北发掘了铁板河墓地的两座墓[3]。2002年开始，新疆文物考古研究所又在贝格曼称为"小河"之地的小河5号墓地进行了大规模的墓葬发掘[4]。这些分布在罗布泊古代水网密布地区的墓葬，可归为古墓沟—小河文化。墓中所出尸骨有明显的古欧罗巴人种的特征[5]，这在墓地出土的深目高鼻的木雕人面像上表现得也很生动（图一）。这类墓葬的年代有早晚的差别，目前已发表的碳十四测年是古墓沟墓地的距今3 800年，而整个文化的年代有可能早到公元前2000年以上。韩康信说："古墓沟文化居民是迄今所知欧亚大陆上时代最早、分布最东的古欧洲人类型的一支。"[6]这种人是从哪里来的呢？他们的墓里普遍随葬的草编篓子提供了重要的线索（这种文化已经进入青铜时代，但墓中未发现陶器，其原因有待进一步探究）。因为，在人种上，韩康信指出"古墓沟文化居民同南西伯利亚、哈萨克斯坦、伏尔加河下游草原和咸海沿岸的铜器时代居民，都具有一般相近的原始欧洲人种特征"。而正是在这一广大区域内，分布着使用草篓形圜底陶器的竖穴墓文化（公元前3千纪初～前2千纪初）和阿法纳羡沃文化（公元前3千纪后半～前2千纪初）[7]。通常认为东欧和南乌拉尔的竖

[1] A. Stein. *Innermost Asia: Detailed Report of the Exploration in Central Asia. Kan-su and Eastern Iran.* Oxford. 1928. Folke Bergman. *Archaeological Researches in Sinkiang Especially the Lop-Nor Region.* Stockholm. 1939 [ 贝格曼：《新疆考古记》（王安洪译），新疆人民出版社，1997年 ]。

[2] 新疆社会科学院考古研究所：《孔雀河古墓沟发掘及其初步研究》，《新疆文物考古新收获（1979～1989）》，新疆人民出版社，1995年。

[3] 丛德新：《新疆罗布泊小河5号墓地及相关遗存的初步考察》，《东亚古物》B卷，文物出版社，2007年。

[4] 新疆文物考古研究所：《2002年小河墓地考古调查与发掘报告》，《边疆考古研究》第3辑，科学出版社，2004年。

[5] 韩康信：《新疆孔雀河古墓沟墓葬人骨的人类学特征》，《中国考古学研究》，文物出版社，1986年。

[6] 韩康信：《新疆孔雀河古墓沟墓地人骨研究》，《考古学报》1986年3期。

[7] E. E. Kuzmina. "Cultural Connection of the Tarim Basin People and Pastoralists of the Asian Steppes in the Bronze Age". *The Bronze Age and Early Iron Age Peoples of Eastern Central Asia.* 2 vols. Washing-Ton, D. C. 1998.

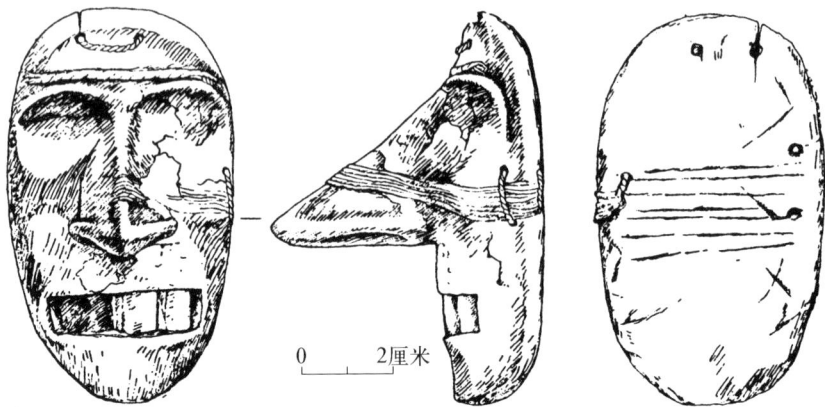

图一　木雕人面像（小河墓地采集）

穴墓文化向东迁徙，一部分到达南西伯利亚、图瓦、阿尔泰地区，形
成了阿法纳羡沃文化。在阿法纳羡沃文化以南的地区，在蒙古西部和
新疆的准噶尔盆地，还发现了也是具有草篓式圜底陶器的切尔木切克
文化（公元前2000～前1600年）[8]，这样我们就大体上可以勾画出使
用草篓和草篓形陶器的古欧罗巴人，从东欧到南乌拉尔，到南西伯利
亚，向南从蒙古、俄国、中国三国兼有的阿尔泰山地经由额尔齐斯河
谷进入准噶尔盆地。更向南方进入罗布泊地区，这样一幅历史图景
（图二）。

　　在蒙古发现的切尔木切克文化的墓葬位于科布多省的布尔干苏
木，巴彦乌列盖省的乌兰呼斯苏木。据蒙古国立大学人类学和考古
学系学者的研究，所有在蒙古发现的可以鉴定的切尔木切克文化的
头骨，都属于欧罗巴人种。在中国，切尔木切克文化的墓葬和器物
发现于阿勒泰市的切尔木切克[9]、阿勒帕布拉克[10]、布尔津县的阔帕

［8］林沄：《关于新疆北部切尔木切克类型遗存的几个问题——从布尔津县出土的陶器说
　　起》，《庆祝何炳棣先生九十华诞论文集》，三秦出版社，2008年。А·А·科瓦列夫、
　　Д·额尔德涅巴特尔：《蒙古青铜时代文化的新发现》（邵会秋等译），《边疆考古研究》
　　第8辑，科学出版社，2009年。

［9］新疆社会科学院考古研究所：《新疆克木尔齐古墓群发掘简报》，《文物》1981年1期。

［10］王博、吴栋军、郑洁：《阿勒泰古墓出土人颅的种族人类学研究》，《新疆文物》2005
　　年4期。

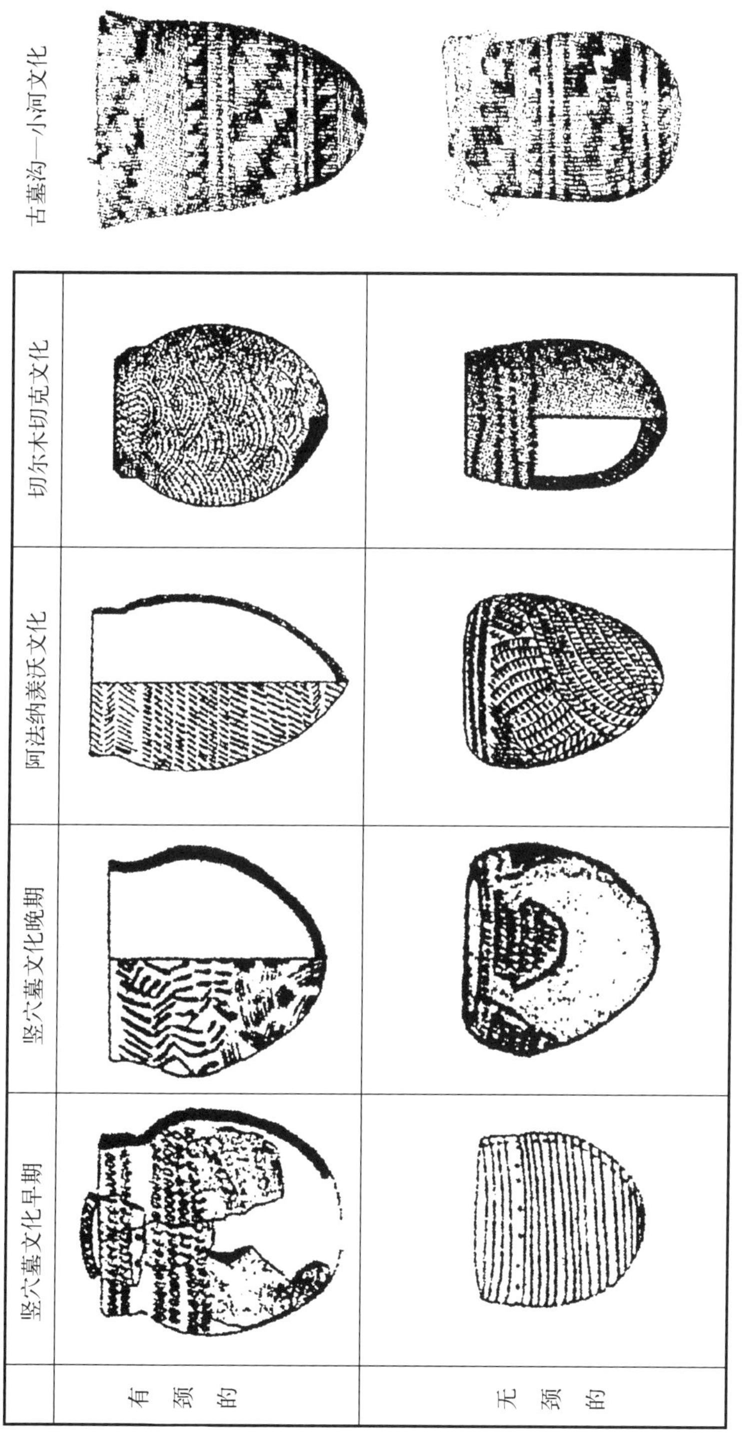

图二　竖穴墓文化、阿法纳羡沃文化、切尔木切克文化陶器和古墓沟—小河文化草鉴的比较

尔谷地[11]、福海县的库依热克巴依登阔拉斯[12]、奇台县的西卡尔孜[13]等地，这种文化墓葬前面所立的石人，也很有特点，在脸部周围有一圆形的边框。这种石雕既见于蒙古的亚格辛霍多3号墓，也见于新疆的很多地方。除了阿勒泰市、布尔津县等前举诸地外，还见于青河县的萨木特、查干郭楞、阿斯克阿克喀仁[14]，富蕴县的苏普特、奶牛场[15]，吉木乃县的森塔斯湖[16]、和布克赛尔县的萨斯布拉克[17]。这些地点都离额尔齐斯河不远，而目前确知该文化最南的分布地点到达奇台，故吉木萨尔县小西沟的石人似亦属切尔木切克文化[18]（图三、图四）。这个地区就离罗布泊不远了。我国目前对切尔木切克文化人骨的种族鉴定还很不够。王博等人鉴定过阿勒泰市阿勒帕布拉克墓葬中的一男一女，因较残，只能认为趋向于欧罗巴人种[19]。还应指出的是，科瓦列夫在2000年发表的论文中就论证了切尔木切克文化的石人和相关的器物，存在于俄国的阿尔泰地区和邻近的哈萨克斯坦[20]。2006年，他又和格鲁申一起发掘了靠近哈萨克斯坦国边境的俄国阿尔泰边区的切尔木切克文化的墓葬。他还据近年的碳十四测年数据，指出阿法纳羡沃文化和切尔木切克文化的年代都应该提早[21]。随着这一地区考古工作的进一步开展，欧罗巴人种进入东天山地区的历史一

[11] 张玉忠：《新疆布尔津县出土的橄榄形陶罐》，《文物》2007年2期。

[12] 吕恩国等：《新疆青铜时代考古文化浅论》，《苏秉琦与当代中国考古学》，科学出版社，2001年。

[13] 奇台县文化馆：《新疆奇台县发现的石器时代遗址和古墓》，《考古学集刊（2）》，1982年。

[14] 王博：《丝绸之路草原石人研究》，新疆人民出版社，1995年，图版161-Ea-6、160-Ea-5、162-Ea-7。

[15] 同注[14]，图版171-Ea-16、169-Ea-14。

[16] 同注[14]，图版205-Ea-50。

[17] 同注[14]，图版209-Ea-4。

[18] 同注[14]，图版240-Ea-7。

[19] 同注[10]。

[20] Kovalev. A. "Die ältesten Stelen am Ertix. Das Kulturphänomen Xemirxek", *Eurasia Antiqua* 5（1999）. Berlin. 2000.

[21] А·А·科瓦列夫、Д·额尔德涅巴特尔：《蒙古青铜时代文化的新发现》（邵会秋等译），《边疆考古研究》第8辑，科学出版社，2009年。

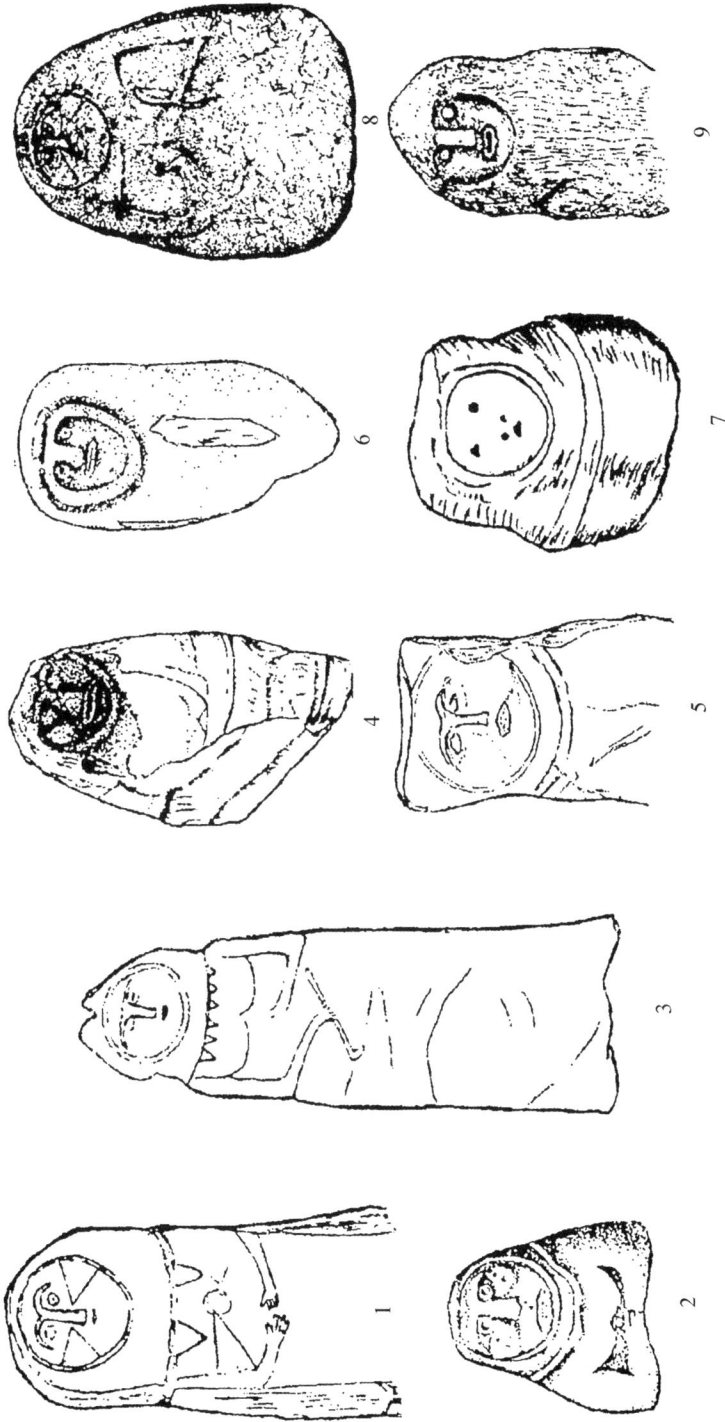

图三　切尔木切克文化墓前石人举例

1. 阿勒泰市喀依纳尔1号墓地　2. 阿勒泰市南科克舍木克齐木克墓地　3. 布尔津县乌求布拉克墓地　4. 青河县查干郭楞墓地　5. 和布克赛尔县萨斯布拉克墓地　6. 富蕴县奶牛场墓地　7. 吉木乃县森塔斯胡湖墓地　8.（蒙古国）布尔干苏木亚格辛霍霍多3号墓　9. 吉木萨尔县小西沟墓地

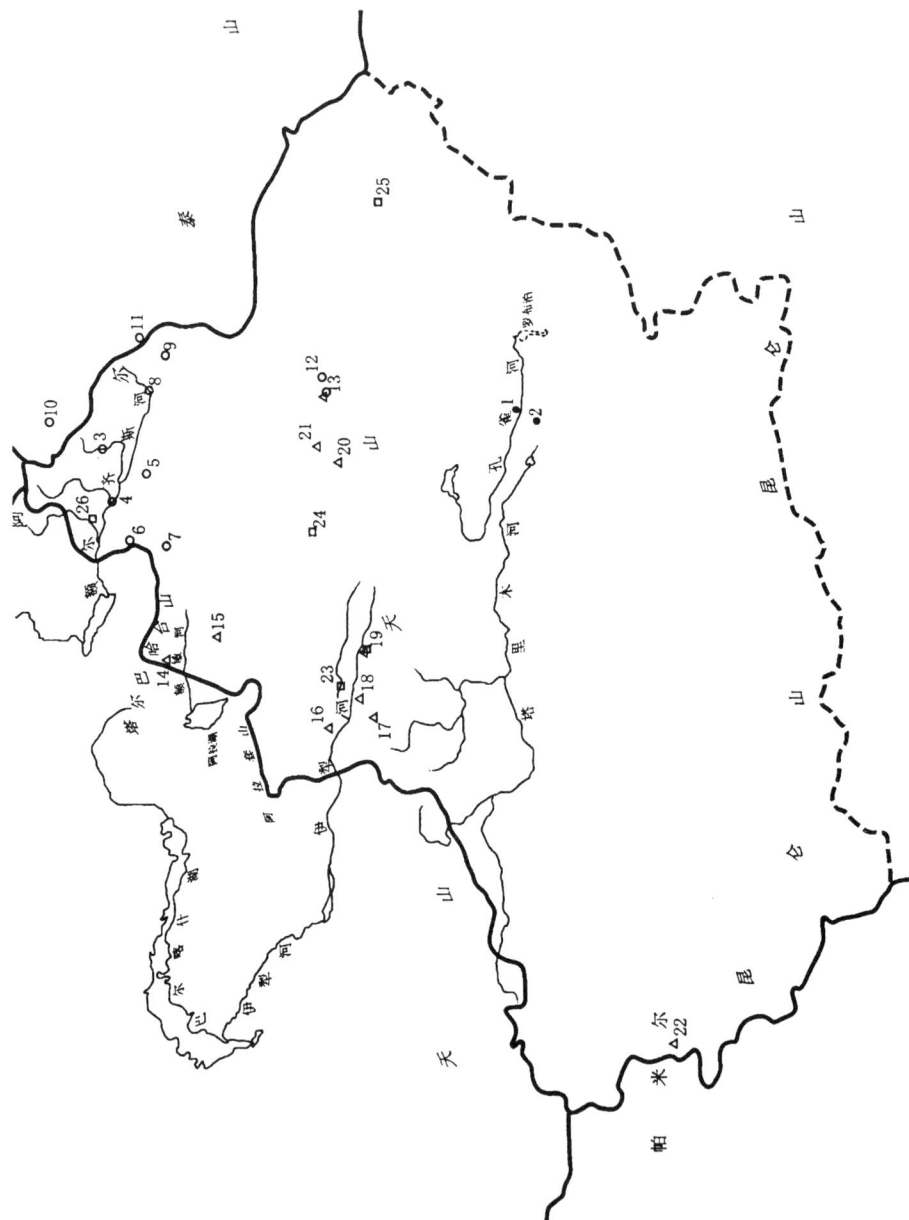

图四　几种考古遗存的分布图

● 古墓沟—小河文化　○ 切尔木切克文化　△ 安德罗诺沃文化　□ 横墓线

1. 古墓沟　2. 小河　3. 阿勒泰　4. 布尔津　5. 福海　6. 吉木乃　7. 各布克赛尔　8. 富蕴　9. 青河　10. 乌兰呼斯苏木　11. 布尔干苏木　12. 奇台　13. 吉木萨尔

14. 塔城　15. 托里　16. 伊宁　17. 特克斯　18. 巩留　19. 新源　20. 乌鲁木齐　21. 阜康　22. 塔什库尔干　23. 尼勒克　24. 石河子　25. 哈密　26. 哈巴河

定会越来越清楚的。

　　从塞伊玛—图尔宾诺文化现象的特殊的带钩矛传入我国中原地区，也可以看出额尔齐斯河在古代的通道作用。这种筒部带钩的矛出自罗斯托夫卡墓地[22]，这个墓地是1966～1969年发掘的。但1959年苏联考古学家吉谢列夫访问中国时，在陕西省博物馆里就见到过同类的带钩矛[23]。后来，在山西也发现有这种带钩矛[24]。最近，在河南淅川下王岗遗址又发掘出四件这种带钩矛[25]。在欧亚大陆北部有广泛分布的塞伊玛—图尔宾诺文化现象的年代，按俄国考古学家契尔耐赫的意见可定在公元前16到前14世纪[26]。在这样早的时期，这种形制特殊的器物是从哪里传到中国的黄河流域，乃至长江流域的呢？罗斯托夫卡墓地就在额尔齐斯河上，离鄂木斯克不远。沿额尔齐斯河上溯，在阿尔泰地区的恰雷什河上也发现过类似的带钩矛[27]。因此，可以推测，这种带钩矛也是由额尔齐斯河谷传到新疆的。目前在新疆虽然尚未发现这种矛，但1994年在青海西宁的沈那遗址发掘出这种带钩矛[28]。而且，离西宁不远的大通县博物馆中也藏有采集的同类矛。西宁正位于从古代的长安到西域的交通路线上。即由凤翔经天水向西，在临夏过黄河，逆湟水经西宁到张掖，这样虽路途较远，但可以避开翻六盘山。所以在西宁和大通发现这种铜矛，实际上也就表明了新疆在这种矛传入中原过程中的中介作用（图四、图五）。

[22] О. Н. Бадер. Эпоха бронзы лесной полосы СССР. Москва, 1987. 图46，21。

[23] С. В. Киселев. Неолит и бронзовый век Китая. Советская археология, 1960. No.4，图8，26。

[24] 太原铜业公司：《沧海遗珠》，广东科技出版社，1999年，图23。

[25] 高江涛：《河南淅川下王岗遗址出土铜矛观摩座谈会纪要》，《中国文物报》2009年3月6日第七版，"下王岗4件铜矛之一"。

[26] E. N. Chernykh. *Ancient Metallurgy in the USSR*. Cambridge, 1992.

[27] В. И. Молодин, С. А. Комиссаров. Памятники бронзового века северо -западного Китая. Центральная Азия и Прибайкалье в древно- сти. вып.2. Улан-Удэ，2004. 图1，4。

[28] 汤惠生：《条析与整合——读水涛的〈西北地区青铜时代考古论集〉》，《考古与文物》2005年1期，图二，1。

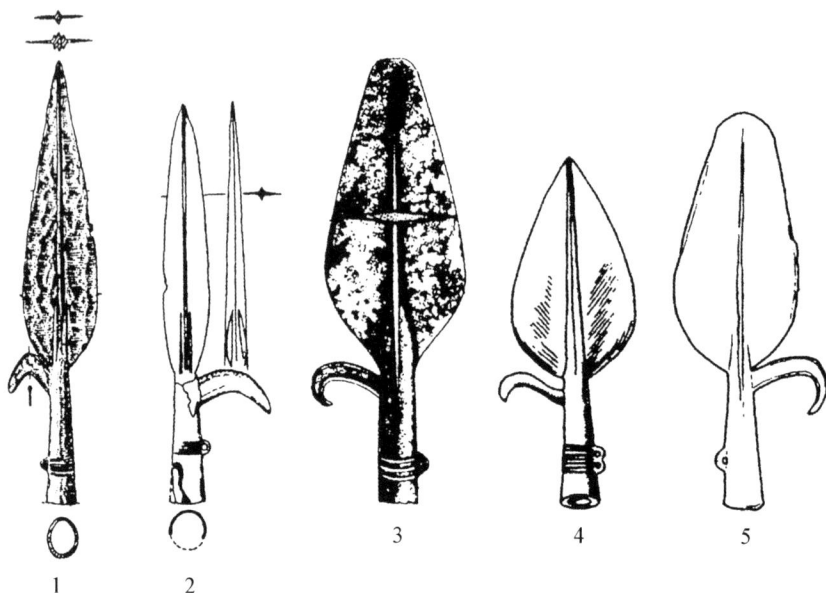

图五　带钩矛

1. 托木斯克附近罗斯托夫卡墓地　2. 俄国阿尔泰地区恰雷什河上　3. 青海西宁市沈那遗址出土
4. 陕西省博物馆藏　5. 河南淅川下王岗遗址出土

　　从相反方向来考虑，欧亚大草原上一度分布很广的所谓"卡拉苏克式短剑"，其护手和剑身之间内凹的特征，实际上最先出现于鄂尔多斯地区的早商时期的墓葬中[29]。所以可以把鄂尔多斯看作这种凹格短剑的发源地。在新疆额尔齐斯河源头附近的青河县发现过两件这种短剑[30]，顺河而下，俄国阿尔泰山地比斯克博物馆也发现了形式很接近的"卡拉苏克式短剑"[31]，由此推论，更东面的叶尼塞河上游米奴辛斯克盆地的同类短剑[32]，也有可能是从额尔齐斯河河谷传过去的（图六）。这种形式的短剑，年代约在公元前1000年左右。

---

[29] 内蒙古自治区文物考古研究所：《内蒙古朱开沟遗址》，《考古学报》1988年3期，图版捌，3。

[30] 新疆维吾尔自治区文物事业管理局等：《中国新疆文物古迹大观》，新疆美术摄影出版社，1999年。

[31] Н. Л. Членова. Карасукские кинжалы. Москва, 1976.图版6，3。

[32] 同注[31]，图版1，5、6。

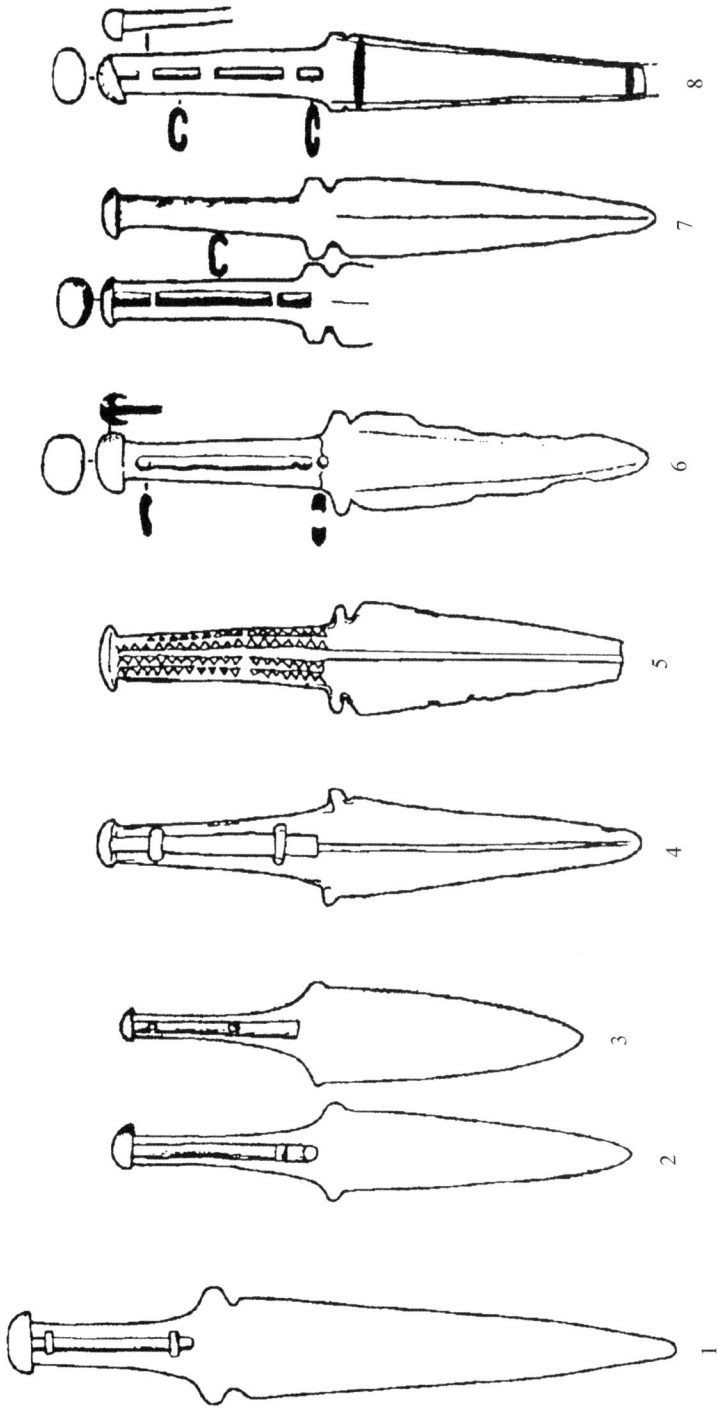

图六　凹格短剑

1. 基辅　2、3. 东哈萨克斯坦　4、5. 新疆青河县　6. 比斯克博物馆（卡丹达）　7. 米奴辛斯克博物馆（塔什提普）　8. 国立哈萨克大学考古教研室藏（米奴辛斯克盆地）

其次，再看看反映额敏河谷作为通道的文化遗存。

额敏河在古代汇集了塔城盆地众多的水源，水量充沛，向西流入阿拉湖。是中亚地区广布的安德罗诺沃文化东进的通道之一。关于安德罗诺沃文化进入塔城盆地的信息，最早是李肖报道的[33]，简略而无图。1994年由新疆文物考古研究所和塔城地区文管所共同发掘了托里县萨孜村的墓葬，才有较详实的简报[34]。从简报发表的一件可复原的陶器形制来看（图七），器身造型和纹饰确与中亚的安德罗诺沃文化陶器类似，但假圈足为中亚地区较少见。而且在埋葬形式上也和中亚的安德罗诺沃文化有不少相异处。因此这个墓地的居民可能受到安德罗诺沃文化的影响，但还保留着自身的埋葬习俗。

确切无疑的安德罗诺沃文化青铜器，在塔城地区已发现不少。塔城博物馆藏有镰4件、有段锛3件、短剑1件，塔城地区文管所藏有铲1件。此外1990年在塔城三道河坝岸边、1991年在托里县沃雪特乡各出一件战斧[35]，都是很典型的中亚地区的安德罗诺沃文化青铜器（图八）[36]。

图七　托里县萨孜村古墓出土陶器
（右方为安德罗诺沃文化阿达苏类型陶器，埃尔希贝克出土）

---

[33] 李肖：《新疆塔城市考古的新发现》，《西域研究》1991年1期。李肖：《塔城市卫生学校古墓群及遗址》，《中国考古学年鉴（1991）》，文物出版社，1992年。

[34] 新疆文物考古研究所等：《托里县萨孜村古墓葬》，《新疆文物》1996年2期。

[35] 李肖等：《准噶尔盆地周缘地区出土铜器初探》，《新疆文物》1995年2期，图5～8、18～21、27、12、13。

[36] E. E. Kuzmina. *The Prehistory of the Silk Road.* Philadelphia, 2008. 图50～54。

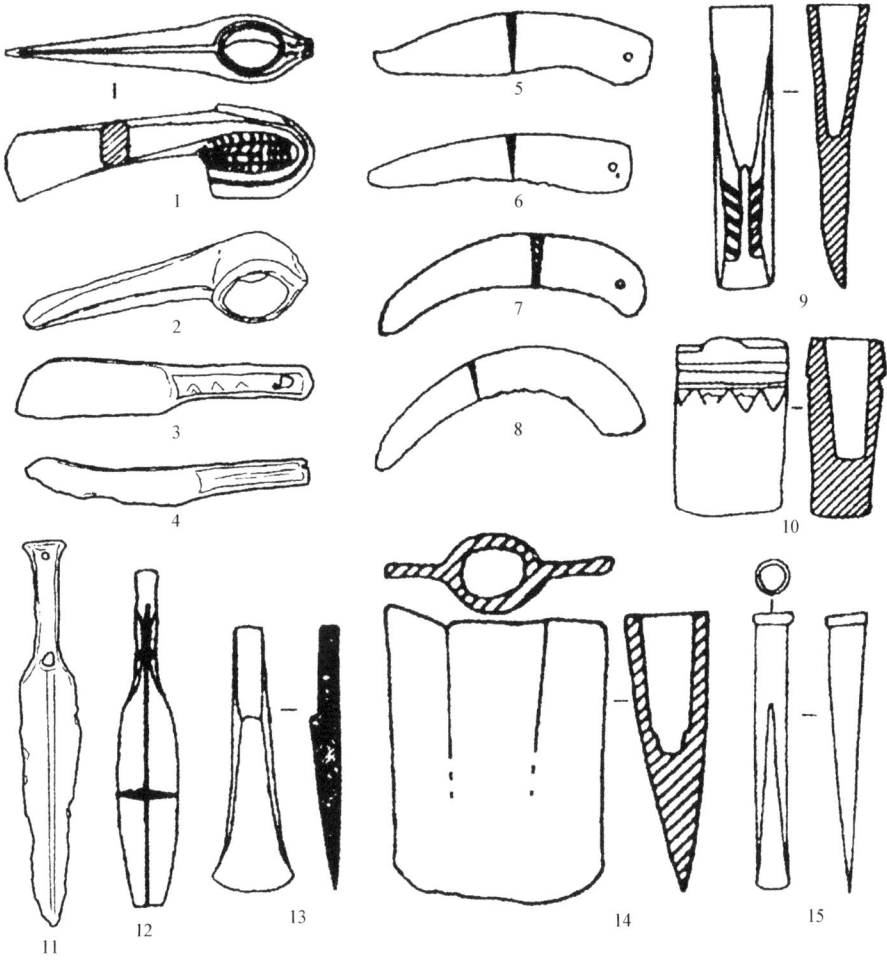

图八　新疆发现的安德罗诺沃文化青铜器举例

1、2. 战斧（1. 托里　2. 吉木萨尔）　3、4. 刀子（特克斯）　5～8. 镰（5、6. 塔城　7. 特克斯　8. 阜康）　9. 锛（新源）　10. 锤（巩留）　11. 短剑（特克斯）　12. 短剑?（塔城）　13. 有段锛（塔城）　14. 铲（塔城）　15. 凿（巩留）

　　安德罗诺沃文化的整体年代，大致是在公元前17～前9世纪之间[37]。它对塔城地区产生影响似乎不早于其中期（公元前15～前14世纪），而出现安德罗诺沃文化青铜器的年代，可能不早于公元前13世纪。

　　在塔城还发现过一件套管式铜锛（或称桥形銎斧）[38]。这种锛显然不属于安德罗诺沃文化的器物，而是起源于塞伊玛—图尔宾诺文化现象的那种铜锛[39]，先是把"两翼"弯成筒状，但还可以看出是由两翼合成[40]，进一步演变便成为塔城这件锛那样的无缝隙的"桥形"了（图九）。这种锛在新疆不仅发现于塔城，在哈密的天山北路墓地也有发现[41]。再往东，在酒泉干骨崖出土了这种锛[42]。过了河西走廊，就是在鄂尔多斯采集的这种铜锛了（图四）[43]。这些标本清晰地表明了这种铜锛从额敏河谷传入北疆，又经河西走廊传到中国北方草原的路径，据吕恩国等人的意见，天山北路墓葬的年代范围在公元前19～前13世纪，可分四期，套管式銎是出在第三期的墓中，则和塞伊玛—图尔宾诺文化现象被定为公元前16～前14世纪也是不矛盾的。

　　最后，讨论一下以伊犁河谷作为通道的文化遗存。

　　美丽富饶的伊犁河谷是北疆通向西方的最主要的天然通道。安德罗诺沃文化的东进，在这条通道上表现最突出。在尼勒克县的喀什河（与伊犁河平行的支流）沿岸，有穷科克遗址、阿克不早沟遗址和萨尔布拉克遗址。穷科克遗址下层属安德罗诺沃文化，发掘出居住址、墓葬和大量陶片、石器及骨器，陶器具有安德罗诺沃文化的特征。而

[37] 爱莱娜·E·库孜弥娜：《青铜时代的中亚草原：安德罗诺沃文化》（刘文锁译），《新疆文物》1996年2期。

[38] 龚国强：《新疆地区早期铜器略论》，《考古》1997年9期，图二，15。

[39] 同注[22]，图44，38；图42，21。

[40] В. В. Волков. Бронзовый и ранний железный век северной Монг塔城олии. Улан-батор，1976.图6，2。

[41] 同注[12]，图一七，9。

[42] 李水城等：《四坝文化铜器研究》，《文物》2000年3期，图一，9、10。

[43] 田广金等：《鄂尔多斯式青铜器》，文物出版社，1986年，图二一，3。

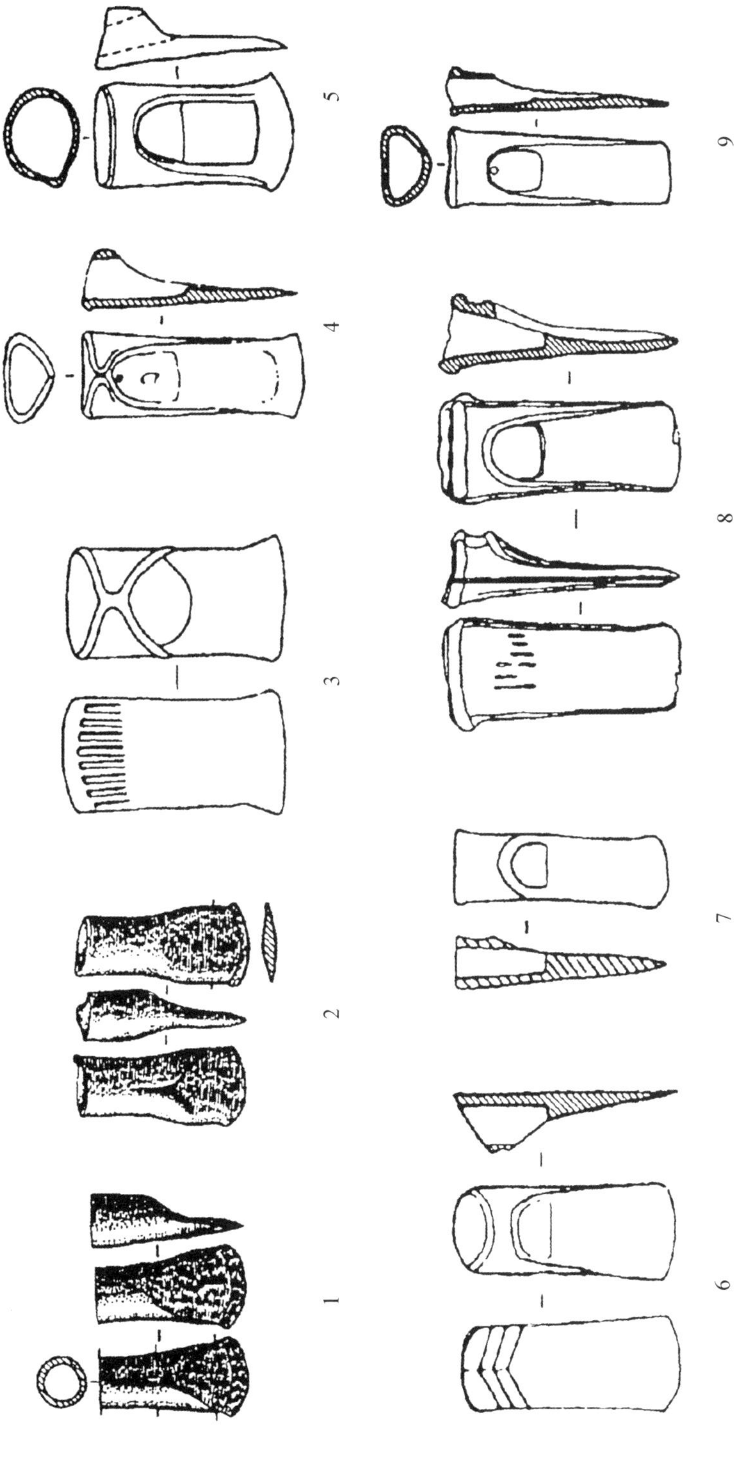

图九　銎管式铸的演变和分布

演变：1. 列什诺那墓地　2. 塞伊玛墓地　3. 蒙古国唐特省博物馆藏　4. 京都大学藏　5. 楚雷姆河　分布：6. 塔城　7. 哈密　8. 酒泉　9. 鄂尔多斯

另外两个遗址也发现有相似的遗存[44]。

在这一地区，安德罗诺沃文化的青铜器发现数量更多，而且地点更向东深入。计有：巩留县的战斧3件、镰3件、凿4件、锤1件、残柳叶形器1件[45]；特克斯县的铲2件、刀1件、短剑1件、有段锛1件、凿1件、锤1件[46]、镰1件[47]；伊宁市的镰1件[48]；新源县的凿1件[49]；乌鲁木齐市的有段锛1件、铲1件[50]；阜康县的镰1件[51]；吉木萨尔县的战斧1件[52]。其中，吉木萨尔县征集到的战斧，是目前所知安德罗诺沃式青铜器分布最东的地点（图八，2），可以说明伊犁河谷这个通道在传送文化方面的强劲有力。

从另一个方面看，起源于鄂尔多斯的凹格短剑，也通过这一通道向西传播。所以在东哈萨克斯坦，也可以看到和上文所举青河县所出短剑相似的标本。而且经过此地，还一直传到遥远的乌克兰（图六，2～5）[53]。

综上所述，北疆地区通过三大河谷和西北方的交通，在公元前2千纪或更早就已经是确定无疑的历史事实了。那么，南疆和西方的交通，又是何时开始的呢？

从考古学上考察，帕米尔高原在安德罗诺沃时代也已经有小股人群进行渗透了。这就是2003年在帕米尔高原东侧的塔什库尔干县下坂地发掘的118座墓葬[54]。这些墓葬在葬式、墓葬形制、随葬陶器、

---

[44] 刘学堂等：《新疆尼勒克穷科克台地第二次考古发掘收获丰硕》，《中国文物报》2003年4月4日第一版。

[45] 王博等：《新疆巩留县出土一批铜器》，《文物》1989年8期。

[46] 同注[30]，1068、1069、1064。

[47] 胡桂珠：《新疆特克斯河岸发现两件铜器》，《新疆文物》1991年3期。

[48] 王博：《新疆近十年发现的一些铜器》，《新疆文物》1987年1期。

[49] 同注[35]，图25。

[50] 同注[35]，图17、28。

[51] 同注[35]，图9。

[52] 同注[30]，0881。

[53] 同注[31]，图8，4、5；图9，4。

[54] 新疆文物考古研究所：《塔什库尔干县下坂地墓地考古发掘报告》，《新疆文物》2004年3期。

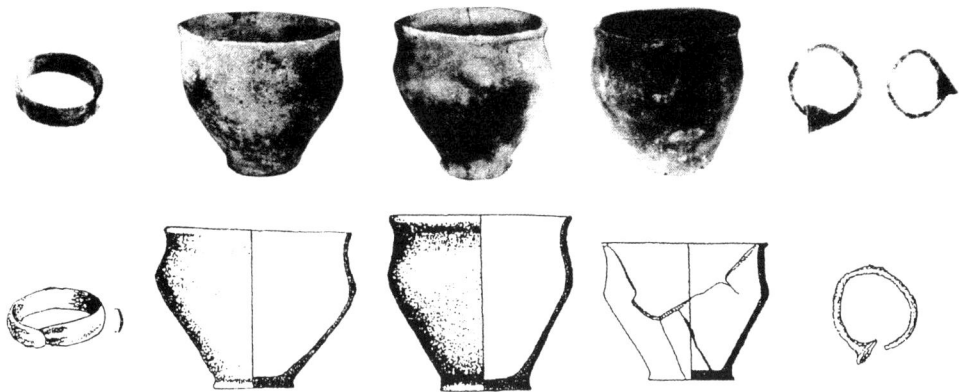

图一〇　下坂地墓地出土的陶器、手镯、耳环
（下栏为哈萨克斯坦安德罗诺沃文化七河类型的器物）

铜片弯成的手镯、喇叭形耳环等多方面和邻境塔吉克的七河类型安德罗诺沃文化墓葬均相似（图一〇）[55]，可以认为是西面的安德罗诺沃部族向东渗透的结果。也就是说，后来在丝绸之路上作为一个重要驿站的塔什库尔干（维吾尔语"石头城"），至少在公元前1千纪或更早，就已经可以通行了。

　　但是，可以通行和交通便利毕竟不是一回事。在南疆，迄今尚未发现在塔什库尔干以外的地方有安德罗诺沃文化的青铜器。这和北疆的安德罗诺沃文化青铜器的分布一直到达阜康和吉木萨尔，形成鲜明的对比（图四）。

　　从商代以来，北疆地区由于有伊犁河谷这一天然通道，一直在东西方文化交流上发挥着比南疆更重要的作用。从东来的文化成分而言，哈密的天山北路墓地在陶器和铜器方面和河西走廊的四坝文化表现出大量的共同因素[56]。其后的焉不拉克文化、苏贝希文化、察吾呼文化也都不同程度反映出来自东方的各种文化影响。例如察吾呼文化的小件青铜器就和内蒙古长城地带东周时期的小件青铜器有很多相同

―――――――――――

[55] 同注[36]，图28。

[56] 潜伟：《新疆哈密地区史前时期铜器及其与邻近地区文化的关系》，知识产权出版社，2006年，图6.2～6.5。

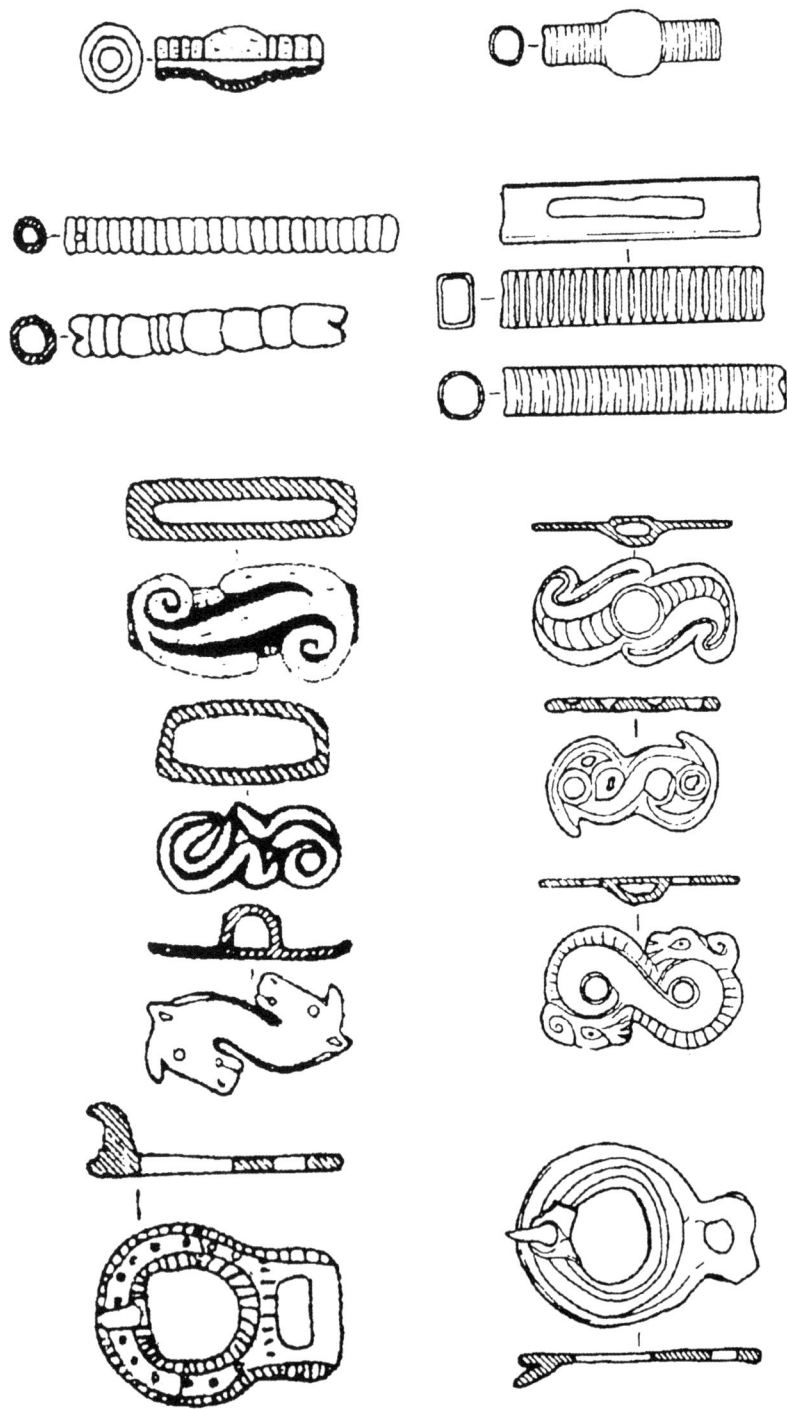

图一一　小件青铜器的比较
上栏：新疆察吾呼沟口墓地出土
下栏：内蒙古毛庆沟墓地出土

的器物（图一一）。从西来的文化成分而言，公元前7～前3世纪的塞人文化的多种成分，从伊犁河谷不断向东传布。以很有代表性的横銎铜镀为例。不但发现于尼勒克、新源、石河子、哈密[57]，甚至出现在准噶尔盆地北缘的哈巴河（图一二）[58]。

汉武帝派张骞出使西域，首先正是到达伊犁河流域的乌孙。但是，《汉书·西域传》所记南道和北道，却不提交通方便的伊犁河，全部都限于南疆，而以通行不便的葱岭为通向西方的出口，这是什么原因呢？

主要原因在于北疆和南疆的居民的经济类型是不同的。南疆基本上是"城郭之国"，即《汉书·西域传》所说："西域诸国大率土著，有城郭田畜，与匈奴、乌孙异俗。"这些城郭之国都是小国，国力甚弱。而北疆则为匈奴和乌孙等游牧部族占居，不仅对取道北疆的商旅直接构成威胁，而且强大的匈奴还役属南疆的城郭之国，"匈奴西边日逐王置僮仆都尉，使领西域，常居焉耆、危须、尉黎间，赋税

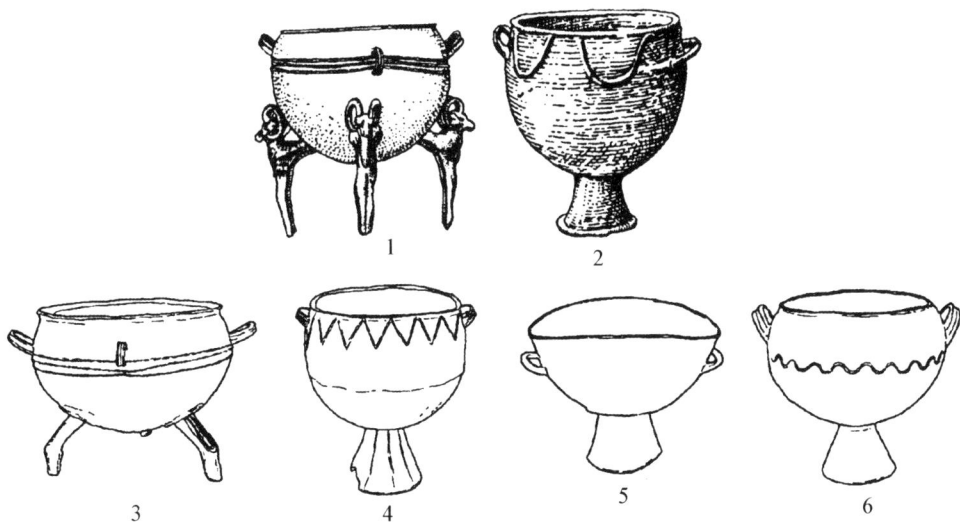

图一二　横銎镀的分布
1、2.中亚塞人文化　3.尼勒克　4.新源　5.石河子　6.哈密

[57] 同注[30]，1049、1053、0900、0783。
[58] 同注[56]，图7.3，2。

诸国，取富给焉"。西汉初通西域时，南疆最东面的楼兰、姑师，因为汉使"一岁中多至十余辈"，都要索取供给，不堪承受，或攻击汉使，或"为匈奴耳目，令其兵遮汉使"。武帝派赵破奴、王恢击破楼兰和姑师，但仍依违于汉、匈奴之间。到宣帝地节三年（公元前67年），侍郎郑吉和校尉司马憙"发城郭诸国兵万余人，自与所将田士千五百人共击车师（即姑师），攻交河城，破之"。把它分为车师前后王和山北六国，"时汉独护南道，未能尽并北道也"。直到神爵三年（公元前59年），已经是"护鄯善（即楼兰）以西使者"的郑吉发渠犁、龟兹诸国兵五万人，迎匈奴右地的日逐王降汉，"乃因使吉并护北道，故号曰都护"。僮仆都尉由此罢。汉朝才确立起对南疆南北二道的控制。

汉朝对南疆的控制，是匈奴在宣帝本始二年（公元前72年）受五将军大举进攻未受大损，却被校尉常惠与乌孙兵攻其西方，受到很大的打击。当单于亲率万骑对乌孙进行报复时，遭遇"大雨雪，一日深丈余。人民畜产冻死，还者不能什一。于是丁令乘弱攻其北，乌桓入其东，乌孙击其西。凡三国所杀数万级，马数万匹，牛羊甚众。又重以饿死，人民死者什三，畜产什五，匈奴大虚弱"（《汉书·匈奴传》），这样一个大背景之下取得的。

对于北疆地区，虽然武帝时代就已经把江都王的女儿细君作为公主嫁给乌孙王，但乌孙王一面把汉公主作右夫人，一面又娶匈奴公主为左夫人。在汉和匈奴之间见风使舵。所以到宣帝时，乌孙王为其子请求"尚汉公主"时，大鸿胪萧望之反对，说："乌孙持两端，难约结。前公主在乌孙四十余年，恩爱不亲密，边竟未得安。此已事之验也。"而在西汉晚期，"自乌孙分立两昆弥后，汉用忧劳，且无宁岁"。这样一个很不稳定的乌孙，再加上它东面匈奴的威胁依然存在，北疆地区的商旅自然没有安全的保证。而且在游牧地区，旅行者日常生活的供应也没有城郭之国地区那样有保证。所以传统的以伊犁河为西方出口的新北道，只能等待北疆形势有新的转变才能开通了。

2010年8月在台北历史语言研究所作演讲。载《草原文物》2011年1期。

# 对我国考古学学科发展的一些设想

回顾中国现代考古学的发展史，北京周口店中国猿人的发现是一件划时代的大事。然而，从我国考古事业的总体进展来看，旧石器时代考古显然尚需大力加强。

从人类几百万年的历史来说，旧石器时代在时间上占了百分之九十九的长度。但我国目前旧石器地点的发现，和世界其他各地的发现相比，实在是太少了。这方面的主观原因是文物部门的各级领导对开展旧石器时代考古重视不够，客观原因是我国考古队伍中有旧石器时代考古专业知识的工作者太少。除了中国科学院古脊椎动物与古人类研究所有旧石器考古的专门队伍之外，中国社会科学院考古研究所是没有搞旧石器考古的人员的。各省自治区的考古研究所只有一两个从事旧石器考古的人或根本没有专门人员。各大学的考古专业虽都设有旧石器考古的课程，但大都只讲书本知识而没有田野实践。在人才培养方面存在薄弱环节。这样，在多次全国普查中，有的地区一个旧石器时代遗址也没有发现，就在最近一次文物普查后的某地区，一个有经验的旧石器时代考古的教授领几个学生，走了一遭，便在以为根本不会有遗址的地点发现了大批遗址。这是值得严重关注的。

旧石器时代的考古有重要的意义：其一，在东亚地区探索人类起源和演化的问题有助于研究最初人类的来源和现代人群的形成。核心的问题是东亚的直立人是起源于本土还是200万年前从东非迁来的。这方面的研究包括东亚直立人化石的高精度观测和形态复原，并与同时期的非洲—欧洲直立人化石的比较研究；对东亚旧石器时代早期石器类型、技术和功能分析，并与西方同期文化的比较研究；从古环境角度探讨东亚直立人的生存环境；通过科学方法测年确立东亚古人类演化的时序框架等。其二，中国独特的旧石器文化体系形成的过程和机制需要深入研究。中国旧石器为何阶段性变化不明显，缺失西方某些制作技术和成熟的器类？需要通过实验考古学、古环境重建等方法，揭示古代工具类型和形态差异表象下的古代人类行为方式的本质特征；从古人类对特定环境适应生存方式解释东西文化差异的深层原因。其三，研究狩猎—采集经济向农业经济转变过程的知识积累和技能储备。农业起源是当前国际学术研究的热点，古人如何在狩猎—采集经济中获得农业革命的知识和技能，应该延伸到旧石器时代进行探索。可以通过距今3万～1万年间复合工具使用痕迹和先民食谱等方面的研究，得到新的认识。其四，东北亚史前人类的适应、迁徙与互动。东北亚是史前环境变化的敏感地区，是研究古人类对波动的气候条件的适应方式和人群迁徙、民族融合的理想地区。可以研究：气候变化对人类生存有怎样的影响？该地区广布的石叶—细石叶技术如何起源，古人如何用以获取食物资源？人们在开发和利用黑曜石方面表现出怎样的社会组织和关系？该地区各族群的互动及其与现代人群的关系，何种人群何时何地因何远徙美洲大陆？这些研究都有高度的国际敏感度和学术关注度，有望产生具有重大影响力的研究成果。

要深入开展上述研究，一方面要集中专业人员，调动各相关学科互相协作；另一方面必须在田野工作中获取新的研究资料。因此中国的旧石器时代考古正是有志者大有可为的广阔天地，亟待不畏艰险的开拓者大显身手。

新石器时代以后的各时期的考古，发展也不够平衡。我在20世纪末于北京大学召开的"迎接二十一世纪的中国考古学国际学术讨论会"上，曾与南京大学的蒋赞初教授联名发表《应当加强历史考古学的人才培养与研究工作》，提出过改进的一些措施。这些年来，历史时代考古有了可喜的发展势头，人才培养和研究课题也有起色。但从总体上看，历史时代考古往往分为多支专题的研究，或是单独的一种遗物或一处遗址、一座墓葬的较为深入的研究，而缺乏宏观的综合的基础研究。

要使历史时代考古较快地发展，目前一个任务是应该有一批研究者广泛收集已有的资料，潜心构建中国考古常见的各类遗存的时空框架，进行与新石器时代和先秦考古类似的区系类型研究，使这种时空框架不断臻于完善。这种系统化的资料梳理和深入全面的综合研究，需要多个研究者共同来做。

例如城市考古研究已经做了不少工作，历史时期的城市考古不仅应对城墙、城门、街道、设施和总体布局等传统研究内容进行系统梳理，还应吸纳城市规划、景观考古、里坊制度、交通网络、社会控制化程度等方面的理论方法，构建中国历史时期城市开发与发展的基本脉络。

历史时期的墓葬资料已经积累了很多，但首先必须进行分区、分期、等级划分、文化因素等分析，才能把这些资料有根据地置于适当的社会背景下考察其所反映的历史实际。

中国古代的农业和手工业的考古发现，是中国对世界文明作出重大贡献的具体体现。分门别类研究各类遗迹、遗物的历史发展序列，可以弄清许多文献记载缺失或语焉不详的各个领域的真实历史。

中国古代先后有佛教、道教、祆教、景教等多种宗教流行，留下丰富的寺庙、造像、壁画等遗存，这些遗存也是构建历史时期考古遗存时空框架的重要方面。

总之，以上这些分门别类的资料梳理和综合研究做好了，以后在用历史时期的考古资料研究历史问题时才有科学的基础。而且，通过系统的梳理，也可以明确已有考古工作中的缺失或薄弱环节，指引进一步考古工作的方向。

以上谈的是考古研究在时段上应该加强之处，下面再谈谈在地域上应该加强之处。

过去中国的考古工作主要是在中原地区开展的，中原地区的考古研究也开始最早，研究得最深入。

然而我国是一个疆域辽阔的多民族国家，经过长期以来的民族融合和疆域治理最终才形成今天多元一体的格局。这个客观实际要求考古及时在边疆地区开展起来。对边疆地区开展考古工作，以研究边疆地区的历史、民族、宗教、文化等问题，对于构建统一的多民族"多元一体"的核心价值观和中华民族的共同文化心理具有重大意义，也直接关系到我国的领土完整、民族团结、边疆稳定和政治安全。从考古本身来说，由于边疆地区一般有文献记载的历史比中原要晚，且晚很多，因此在边疆地区从事考古，比在文献记载出现早得多的中原地区，有更重要的作用。而且边疆地区不少兄弟民族生活和风俗中所保留的远古遗风，是民族考古学的宝贵原料。

开展边疆地区考古还有另外一重意义，那就是中国考古走出国门的问题。新中国成立以前，中国处于殖民地、半殖民地的境地，只有外国人来中国考古，中国人极少有机会到外国考古。因此，中国考古学界的研究范围基本上只限于国内。但是，古代的族群和文化是没有国界限制的，研究中国的古代文化不可能不联系到东西方国外的文化，人群是流动的，中国和外国的人群也是互动的。因此，研究中国考古问题，尤其是研究边疆地区的考古问题，不可能不涉及外国的考古发现和研究成果。随着改革开放的发展，中国考古学者不仅在对外学术交流方面有了长足的进步，自然也产生了走出国门到外国实地考古的愿望。而开展边疆考古，有利于在对邻境国家进行考古前先熟悉发掘对象，顺利开展工作。

近年来，中国考古学者已经开始走出国门，到外国考古了，例如，吉林大学边疆考古中心师生到俄国的布拉格维申斯克（海兰泡）郊区发掘靺鞨墓葬，内蒙古文物考古所的考古工作者到蒙古国发掘了回鹘墓葬，北京大学考古文博学院教师带队到东非肯尼亚进行水下考古和陆上发掘。

实际上，我们在对邻国开展考古发掘方面已经大大落后了。比如蒙古，除了早就在那里进行田野工作的俄国之外，德国、美国、法国、土耳其、日本、韩国都在那里进行了发掘，有的相当重要。因此，我们在走出国门考古方面，应该充分利用已有条件，创造条件，奋起直追。

目前我国发展前景最明朗的国外考古，是以东北历史时期考古为基点的对俄国滨海地区的田野工作，以内蒙古历史时期考古为基点的对蒙古国的田野工作，以新疆的古代丝绸之路为基点的对中亚邻国的田野工作。

最后谈一下考古学科科学研究的取向问题。

进入21世纪以来，中国考古学面临一个大转折的形势。一方面，由于苏秉琦先生大力倡导的考古学文化区系类型的研究已经风靡全国，国内大部分地区新石器时代到先秦时期的考古遗存的时空框架基本确立了，为利用考古资料进而研究各方面的历史问题提供了较可靠的基础；另一方面，随着改革开放之风，西方考古学研究的各种新的范式先后传入中国，而国内的社会主义事业各方面发展的战略需求，使利用考古资料研究各种历史问题的要求更加凸显出来。因此，按苏秉琦先生的"两步并作一步走"的战略设想，在继续用区系类型方法不断完善考古遗存的时空框架的同时，不失时机地大力开展各方面的历史研究，便自然成为新形势下考古学研究的历史任务。

在考古盛行考古学文化区系类型研究时，不仅是一般人民群众，就是史学专家，也往往抱怨考古报告和考古论文"看不懂"。但那是要夯实考古研究基础的必需的步骤，无可厚非。现实的形势则是一面要求考古研究继续夯实基础，一面又要求考古研究努力解答现实要求回答的问题。例如，我国是一个多民族的国家，加强民族团结是维护国家统一稳定的重要任务，考古学就有回答中华民族这个多元统一体是如何形成的任务。具体地说，历史上是游牧民族的蒙古族和历史上是定居农业民族的汉族，是如何成为一个大家庭的成员的？它们在历史上是如何始终互相依存又不断反复冲突，在不同时期多次发生交融，最后成为你中有我、我中有你的兄弟关系。这就是各个时代的考古，主要是历史时期考古要回答的一个大问题。诸如此类的问题，当然可以由文献上来研究，但很多方面只能由考古上研究。比如文化上的互相影响，经济上的千丝万缕的联系，文献上未必都记载。人种上的交融现象，文献上根本说不清楚。因此考古大有可为，可以大显身手。而且可以用考古实物，进行形象化的教育，消除民族偏见和隔膜。

考古学要想能做到回答社会上提出的各种问题，需要本身在方法和技术上的革新，才能从物质文化遗存中提取更多的历史信息。这些方法和技术主要来源于自然科学。像上面说的人种上的问题，原来只能根据人的颅骨提供可见的种族特征，有了提取古DNA的技术，通过不同个体的DNA和已建数据库的比对，可以提供更多的遗传学上的信息。

中国考古学要从考古学文化区系类型的研究转向复原古代社会的技术经济、社会生活、上层建筑以及社会与历史环境的关系等研究，已经衍生出社会考古、认知考古、性别考古、动物考古、植物考古、人类体质考古、环境考古、美术考古、宗教考古、冶金考古、农业考古、工业考古等多种专题考古。课题的多样化导致对获得不同类型的资料和信息的多种技术方法的需求。因此，现代考古学必须借用和引进大量的自然科学技术以及几乎所有的前沿高端设备手段，如加速器、电子扫描电镜、激光、DNA、卫星定位和遥感、地理信息系统等。因为自然科学的发展从现在看来是没有尽头的，考古学的技术体系也就必然是一个开放的、不断发展着的体系。新技术的引进与开发，尤其是如何针对考古学人文目的组成有效方法体系，成为考古学正在面临着的和应该认真探讨的重大问题。

应该注意的是，将现代科技引进考古学，需要针对考古资料的特点对技术进行调整改造。而且，从事这些现代技术的学者与考古学者之间需要理解和磨合，科技工作者要了解考古学的人文理念，考古学者要懂得技术的原理和适用范围，反复切磋，方能最终将这些技术"考古学化"。就像把生物进化论考古学化为类型学中的"器物排队"一样。要做到这一点，应该开展一些以现代科技为主要支撑的、由技术工作者和考古学者共同参加的专题研究，一方面解决一些具体的学术问题，一方面在课题平台里实现不同学科之间的融会交叉。

中国考古学从文化历史研究向古代社会复原研究的整体转变，时间上晚于国外考古学，新方法的探讨也较后者开展得迟滞了一些。所以现在在大学讲堂上，考古学方法论能讲出一些道道的仍然是地层学、类型学、考古学文化的区系类型等。现在有不少青年学者在努力引进国外的新的考古研究范式，并用于研究中国考古学的具体课题，给中国考古学带来清新之风。但是这些方法在对国内资料和中国考古学问题的适用性和有效性问题上，尚需大力加强研究探讨。

中国考古学正处于一个转型的时期，其前途取决于现在正在从事考古和正在学习考古的人们。我觉得，我们现在应该多想想考古应该研究哪些问题，可以研究哪些问题，大家一起出谋献策来建立考古研究的新方法，中国考古学才能焕发新的青春。

**按　语：**

自从2010年教育部决定把历史学分为中国史、世界史、考古学三个一级学科之后，教育部委托我组织各方面考古学专家研究考古学学科发展问题，2011年1月在吉林大学举行了有各方专家17人参加的"考古学战略规划研讨会"，4月和6月教育部社会科学委员会历史学部又在北京和大连两次请部分专家，研究三个一级学科的发展战略。在综合各方面意见时，高星、余西云、霍巍、赵辉都起过重要的作用。本文是大家意见的一个综合，最初载《社会科学战线》2012年2期，后由《新华文摘》2012年10期全文摘载。

# 夏商周考古学·序

　　吉林大学考古专业本科生的商周考古这门课，最初安排是由姚孝遂先生开设的。为此学校还曾委派他到安阳小屯工地进修。而由我主讲这门课是从1976年6月开始，是在易县燕下都实习工地为吉林大学考古专业第二届工农兵学员（75级）讲的。从1978年起，一般都是在每年下半学期，给二年级学生开商周考古课。内容实际上都从二里头文化讲起。1979年出版北大编的《商周考古》讲义也正是从二里头文化讲起的。我担任的这门本科生课，到1985年改由许伟讲了，后来许伟调到北京工作，仍由我担任。一直到1993年，是给92级本科生讲的。后由王立新、井中伟依次接过去。大概是在许伟主讲期间改名为夏商周考古的。

　　据传，邹衡先生说，没到殷墟发掘过的人是不能讲商周考古的。所以，我这个只到殷墟参观过几次又很缺乏田野考古实践经验的人，实在是很不够资格的教师。不过，在当时吉林大学考古专业缺乏师资的情况下，我也只有硬着头皮把这门课一直顶了十几年，使它有了一个初步的框架。由于改革开放以来田野考古和学术研究的飞速发展，北大编的教材很快就落后了。起初一直在等北大编新的教材，但迟迟没有音信，就下了自编教材的决心。

　　我觉得，考古教学之所以要有教材，有两方面基本原因。一是考古遗存必须要有形象的展示，单靠语言和文字是无法使学生切实掌握的。即使现在授课大量使用PowerPoint，学生只记笔记，没有教材在手，还是不能准确掌握遗存的形象特征。因此，好的教材必须有大量照片和线图作为学生学习时的必要参考。二是考古发现和研究成果越来越多，绝非课堂讲授所能穷尽。教材应该成为使学生能具有一定知识面的基本自学材料和随时可以备查的图典。现在终于出版的这本夏商周考古教材能不能在这两方面起到作用，有待时日的检验。

我在教学实践中感到，迄今为止，由于中国考古界在考古学史和考古学理论方法方面的学科建设还不成熟，在世界考古学方面还没有准备好师资队伍，中国考古学的分段课程仍在一段时间中承担着这样的任务：即使学生通过具体实例了解，什么是考古学？什么是考古学的理论和方法？怎样通过考古遗存了解历史？因而，实际上起着最基本的主干课的作用。但是，随着主讲教师成年累月在每一分段学习和研究的逐步深入，往往会有扩充讲授内容、增加授课学时的要求。这实际上与当前形势要求学生在科技考古方面掌握新的知识，考古、博物馆、文化遗产学三个专业的学生应该互相掌握基础知识，在总体学时安排上是有矛盾的。所以，我觉得要讲好像夏商周考古这样的中国考古学分段课程，绝不能走不断增加讲授内容、延长讲课时间的路子，而应该走把握重点、少讲精讲的路子。

什么是重点？我认为就是重大发现和主要收获。中国考古学的各分段，每一分段大概可以选20个左右的重大发现，要求学生掌握。这大体上是属于"死记硬背"的。当然，重大发现是因时而易的，可以不断替补。教材上没来得及写进去的，应该随时增加补充教材。主要收获，则应该是主讲教师本人的心得体会。一方面是应该抓住每一时段特有的遗存现象。比如，夏商周考古中的建筑，就应该突出讲新石器时代所没有的宫殿遗存，不仅要讲规模、平面布局，而且应该细讲散水、磉墩等特有遗迹。夏商周考古中的墓葬，就应该突出讲有墓道的大型土坑木椁墓，应该细讲如何发现腰坑，如何寻找器物坑等特有遗迹。另一方面，则是用典型例子来讲解地层学、类型学、文化因素分析法等方法在夏商周考古中应用的成就，和主讲者在研究中的特有心得，如本书中提出的和新石器时代考古学文化有所不同的所谓"国族文化"。第三方面则是选取该分段考古学研究中，从分析考古资料理解历史面貌的实际例子。例如，人牲和人殉所反映的社会历史。这样，就不局限于死记硬背现成的考古研究结论，而使他们日后不管到哪个地区工作，都会有用得到的考古知识和研究方法，而且在和教师进行互动的讨论式学习过程中，训练学生独立思考解决问题的能力。

这本教材，在一定程度上自然会反映井中伟、王立新和我在夏商周考古的重大发现和主要研究成果上的看法，而且反映我们在夏商周考古范围内的特有感悟。但这些只能作为使用这本教材的主讲教师可参考的意见，而究竟怎样在这一时段的考古中把握重点，少讲精讲，是和各校实际及主讲者本人的学识与见解有密切的关系，是需要每个主讲者认真研究和思考的。我们非常希望在这本教材出版之后，有更多的各有自己特色的中国考古学分段教材陆续出版。在百花齐放的大好形势下，不断推进我们考古学教学的改进和发展，从而推进我国考古学的整体的成长。

2013年1月28日

载井中伟、王立新《夏商周考古学》，科学出版社，2013年。

# 集安麻线高句丽碑小识

　　2012年7月在集安市麻线乡麻线河畔出土的集安高句丽碑，是高句丽考古的一个重大发现。引起了中外学界的高度重视。但该碑长期处于河床中，因河水冲刷和沙石磨损，有相当部分的碑文字迹模糊，难以辨识。因而，对该碑的研究必须建立在对碑文的审慎识读之上。

　　我有幸在2012年11月5日参加集安市文物局就该碑组织召开的专家论证会，因而得见按隶书摹写的碑文156字（下文简称"会摹"），并有机会观摩原碑和多幅原拓本。但论证会的时间紧凑，并未专门就碑文文字进行讨论。

　　2013年1月4日《中国文物报》第二版发布了《村民发现并报告文物部门　吉林集安新见高句丽石碑》，首次公布了140个字的该碑释文（以下简称"报释"）。"会摹"中已释读的16字被认为不能确定而作缺释处理。

　　集安市博物馆编著的《集安高句丽碑》于2013年1月由吉林大学出版社出版。该书中对该碑的释文也是156字（以下简称"书释"）。与"会摹"不同的是，比"会摹"多释出第三行第18字"而"，把"会摹"第七行第15字"遣"字改为缺释，所以所释字数相等。但该书所发表的"碑文摹写"中（以下简称"书摹"），把第二行第13字的"蔽"改作"假"，却在文字部分未作任何说明。

　　2月5日，张福有在长春找我和魏存成、蒋力华一起，就原大的碑文拓本专门讨论了文字释读问题。主要介绍了他所释出的"丁卯年刊石"等字。聚会之后他到我家，又在电脑上出示他为"戊申"的"申"字所摄照片，而且热情地把他在集安实地拍摄的各种拓本照片都提供给我。此后，我们就用电子邮箱反复讨论了不少释字的问题。

该碑正面的拓本，最早由集安博物馆的周荣顺在2012年8月14日所作。其后周荣顺、孙仁杰、江化国和李光夫作过多次拓本（下文简称"孙拓"和"江拓"），这些拓本在《集安高句丽碑》中发表了不少。后来张福有带了吉林省文物考古研究所的于丽群去集安博物馆，在2013年1月12日又作了几份拓本。《中国文物报》上发表的拓本，以及《集安高句丽碑》第14～39页所刊布的四字一组的放大碑文，都是周荣顺在2012年10月25日所拓（下文简称"定拓"）。其优点是墨色浓重，字迹明显。然而，大概是经过多次集体讨论，对不少字的笔画有了定见后，拓时有意突出所认定的笔画，而对于认为非笔画的泐痕作区别对待。有时会使细微的字迹线索被淹没。于丽群的拓本（以下简称"于拓"）较少有此弊病，举例来说，第2行第20字"胤"，"定拓"拓成左侧为"彳"，中间近"高"形，右侧似"攵"，如"书摹"所示。其实，"胤"字根本没有这样写的，估计是从上文为"继"而推定的。"于拓"则较客观反映石面的情况。若与魏晋碑刻的"胤"字比较，可以看出其字中部上方一短横应是泐痕，无关字形。中部实际作"胃"形，而且下部的月（即肉）旁左侧下端挑出明显可辨。右侧的"乚"也可以和泐痕相别。所以应该摹作左"彳"中"胃"右"乚"才对。

定拓　　书摹　　于拓　　晋张朗碑　赵宽碑　魏封孔羡碑

因此，下文在对正面碑文的释文进行校订时，我主要是根据张福有所提供的于丽群的拓本照片，并参照其他各种拓本来进行的。

该碑第1行"书释"作：

□□□□世必授天道自承元王始祖邹牟王之创基也

所释无误。

第2行"书释"作：

□□□子河伯之孙神灵祐护蔽荫开国辟土继胤相承

所释无误，但"书摹"第13字"蔽"被摹作"假"，误。致误之由是该字之"敝"右侧的"攵"写成"殳"，这是魏晋隶书常见的异体字。摹写者因其字右侧作"殳"，遂误把左方一倾斜的泐痕和"敝"左下方的一竖误认为"亻"，才有释"假"之误会。如果知道魏晋隶书"敝"左下方的"小"形也可省为两短竖，就不会产生这样的误会了（此字上部是否有草头，拓本上看不清楚，也有可能本来就是假借"敝"为"蔽"）。

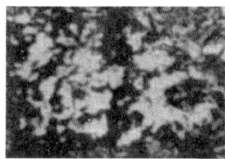  

定拓　　　　　　　于拓　　　　　　张迁碑　石经论语残碑

第3行"书释"作：

□□□□□□烟户以此河流四时祭祀然而□备长烟

其中第18～20字应改释"万世悠"。"悠"字实际各种拓本上字形都很清楚，"攸"左侧的"亻"改写为"彳"，是魏晋碑刻中常见的写法，"心"略偏在右下方，可与祀后土残碑比较。

在"于拓"中"攸"旁中间的一竖跟上方的斜向泐痕区别明显，不像"定拓"那样拓成一个"亻"，容易引起误会。至于"书释"误释为"脩"可能是因为好太王碑中有左旁作"彳"而右旁作"备"形的"备"字。其实"悠"字右下的"心"无论如何也无法看成"田"。而且好太王碑所谓的"脩"字，周云台拓本的字形和李龙拓本不完全一样，并不十分可靠。而"备"字写成"脩"形可能要到宋代之后才流行。

"悠"字上数第二字"书释"认为是"而"，与前一字连成"然而"。观察拓本字距，"然"和"而"之间距太大。所谓"而"字的笔画应是一个字的下半部才对。细察"于拓"该字，所谓"而"字上方一横画两端皆有上弯的迹象，和中央被竖画冲破结合起来看，像

| 定拓 | 于拓 | 池阳令张君残碑 曹全碑 | 衡方碑 杨统碑 | 熹·易·益 吴谷朗碑 | 悠 晋祀后土残碑 | 好太王碑备字 周云台拓本 | 李龙拓本 |

是"萬"字中间"田"形的下部,且"萬"字下方"厶"部的一斜点也约略可辨。再看其下的字,"定拓"所拓出的最上的一横,在"于拓"中并不明显,应属泐痕而非笔画,则其下的"世"字就很容易识出来。这样"万世悠长"四字就文从字顺,确定无疑了。

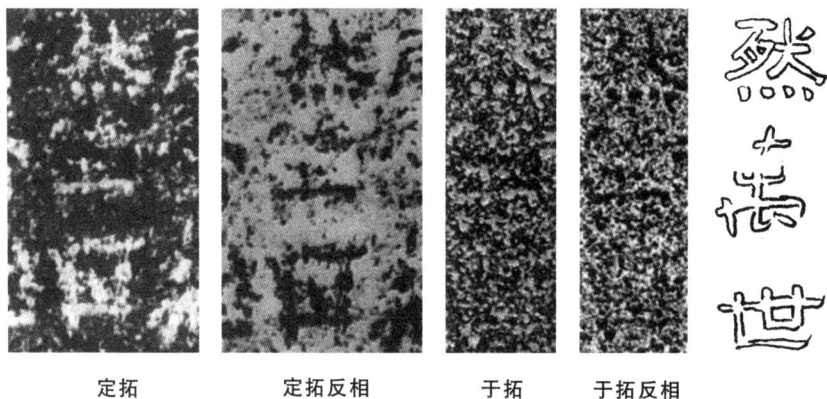

| 定拓 | 定拓反相 | 于拓 | 于拓反相 |

此外,张福有认为本行第3、4两字,据"定拓"所见字迹即可判定为"各家"两字,可从。

第4行"书释"作:

□□□□烟户□□□□富足□转卖□□守墓者以铭

此行多字字迹模糊,只能缺释。第12字"足"字的"口"部呈"日"形,其下方也没有能证明是"足"字的痕迹,所以也应缺释为是。

第5行"书释"作:

□□□□□□□罡□太王□□□□王神□□與东西

此行也有多字字迹模糊,但细心寻绎,仍有可识读的字。

要说明的是,我觉得先主观认定此碑每行满行都是22字是不对的。居中的第5~7三行碑文其实只有19字。因为碑的上端居中有较清晰而较大的"廿家"两字，竖着看，"廿家"两字占了三个字的位置，横着看，"廿家"及其左右两边占了三行的位置。所以，第5行第1～3字的位置很可能原本就没刻字。第4字的位置，才是真正的第1字。不过为了叙述方便，还是称其为第4字。

本行第6字，从残存字迹来看可判定为"唯"字。它右旁表现较差。但左边的"口"在各种拓本上都可以看出来。从"于拓"中可以看出，右边最下方类似一横的，并非笔画。"于拓"和"孙拓"对照，可将"隹"的最上、最下横画看得很清楚，在"孙拓"中最下一横的燕尾都完全拓出来了。"于拓"和"江拓"对照，"隹"的头部也依稀可辨。而且，"唯某某某太王"的句式也很顺畅，故可以定为"唯"。

"唯"字下"太王"以上的三个字，只有当中的一个字可辨为上"四"下"止"，是"罡"的异体。"罡"上的那个字，"于拓"表现四周的大方框最完整，只有左侧缺损较甚。"□"内的笔画模糊难辨，但如拟为"或"，则左下的一横在"于拓"、"江拓"中比"定拓"更完整些，总体上和残存字迹亦无大牾。可暂定为"国"字。而"罡"下那字，似是"上"形而颇清晰，但所占位置太偏上。其下部在"于拓"中似另有笔画而无法确定，暂以存疑缺释为妥。

第12～14字，在和张福有讨论中，他提出应是"号平安"三

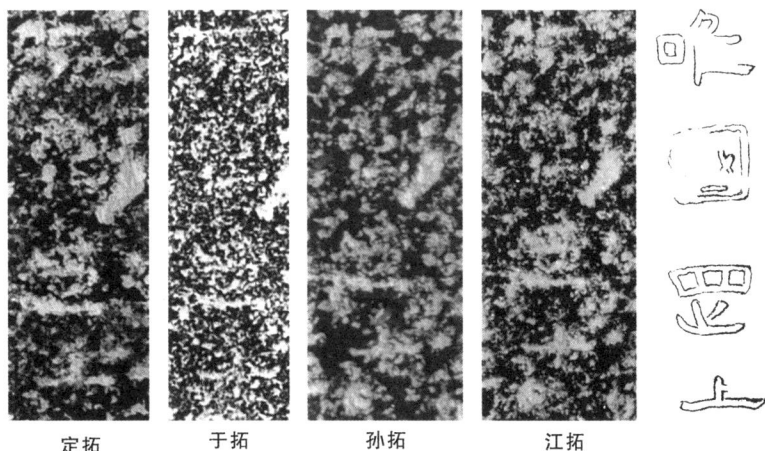

定拓　　　于拓　　　孙拓　　　江拓

字。我觉得只有第13字和"平"字相近，但其最上方一笔不平而略斜。而且，在"定拓"中也可以看出竖笔不是笔直向下，而是带一个弯，这在《集安高句丽碑》一书第24页的放大照片上特别明显。这个弯在"于拓"、"孙拓"和"江拓"中均有表现，因此应将此字定为"乎"字才对。至于其上、其下两个字，反复审视实在看不出和"号"、"安"有什么关系，因此不能同意张福有的释读。这两个字仍应缺释。

　　第15～18字我主张释为"太王神武"。第15字从"于拓"看，"太"字的横、撇、点一笔不少，只有一捺被一个渤痕破坏，但末端仍可分辨。因而可以定为"太"字。第18字在"定拓"上看起来像"亡"，但太偏上。在"于拓"上和横画相交的一斜画约略可辨，使人想起曹全碑上篆书结构的"武"字的上部。如和"孙拓"、"江拓"参看，则"武"字下部的"止"也清晰可辨。看来该碑的"武"字和曹全碑一样，"戈"旁省略了右上角的一点。只是"戈"旁一撇的始末都不能看得很清楚而已。

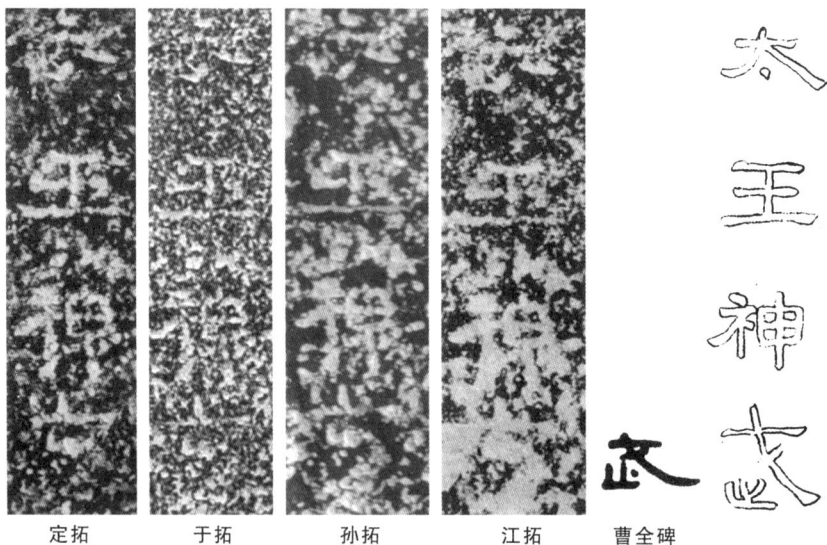

定拓　　　于拓　　　孙拓　　　江拓　　曹全碑

　　第19字磨渤严重，在"定拓"上尚存一"申"形的残迹，其他各种拓本也都如此。从其大小和位置来看，由此复原一个"车"字是合适的，且和下面的"舆"字也正好可组成并列复合词，所以可以定为"車"字。

第6行"书释"作：

□□□□□□追述先圣功勋弥高悠烈继古人之慷慨

该行上端略偏右的地方，实际有相当清晰的两个较大的字"廿家"，因为"书释"作者有每行22字的定见，将其割裂为三个不完整的字（见《集安高句丽碑》第25页左栏下方两字和第26页右栏头一字），因此未能辨识。现将这两个字完整的拓本展示如下：

定拓

于拓

孙拓

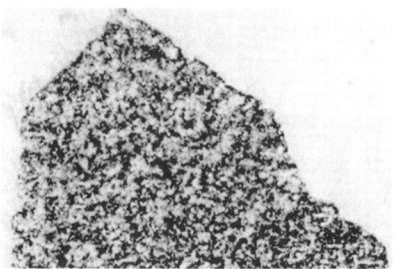

江拓

可以看出，在各家拓本上，一个很大的"廿"字都是清晰可辨的。"家"字则"宀"部不清晰，"豕"旁右侧的一撇一捺不很清楚，但以江拓表现得最好。我在"于拓"上用细线钩勒字口，在与各种拓本对照的情况下，我想不少读者都会同意"廿家"两字的存在的。

这两个字的大小和其他碑文显然不同，笔画粗细均匀，不同于碑文所使用的隶体。而且这两个字位于该碑文字磨损最严重的部位，而大部分笔画仍得以存留，可以推想原来刻得比其他碑文更深些。所以是不应该和其他碑文连读的。由于碑文中可读部分有"铭其烟户头廿人名"，而碑阴正中一行文字可辨识出"守墓烟户合廿家"（见下文），可见这里的大字"廿家"可能是标识该碑的主要作用的，不可忽视。

本行碑文第4～6字，磨损颇甚。在"定拓"中只有第6字可以看出整体轮廓，而在放大的照片上却连"囗"形的轮廓都看不出来了。在和张福有用电邮往复讨论中，他提出这三字是"巡故国"，经细审"于拓"和其他拓本，我认为是可信的。

从"于拓"看，第6字"國"不仅外框基本完整，内部的"或"也约略可辨。只是"囗"以下的一短横缺失。释"國"可以无疑。而第4字"巡"的"辶"相当清楚，只是越到收笔处越不清楚，其上的三个曲笔，越向右越细，在"定拓"中第三个曲笔就被拓没了。"故"字较难辨认。但其左侧的"古"有断续的细白线可辨。我猜想这是刻字时笔道的中线会刻得最深的缘故。而其右侧"攵"的笔画原在何处则不太好判定。"巡故国"和下文"追述先圣"文意相贯通。应该可以成立。

第15字"书释"认为是从"灬"的攸，其实是生造字，不能成立。从"于拓"看，上部"亻"的右面应该是一个"木"而被一个大的泐痕破坏了。可辨"木"一撇的末端，并非是"攵"。"休烈"是古人称赞事业盛美的常用语。"烋"是休的异体，碑文中"功勳"的"功"因"勳"下有"灬"也加了"灬"，"休烈"的休写作"烋"是同一个道理。

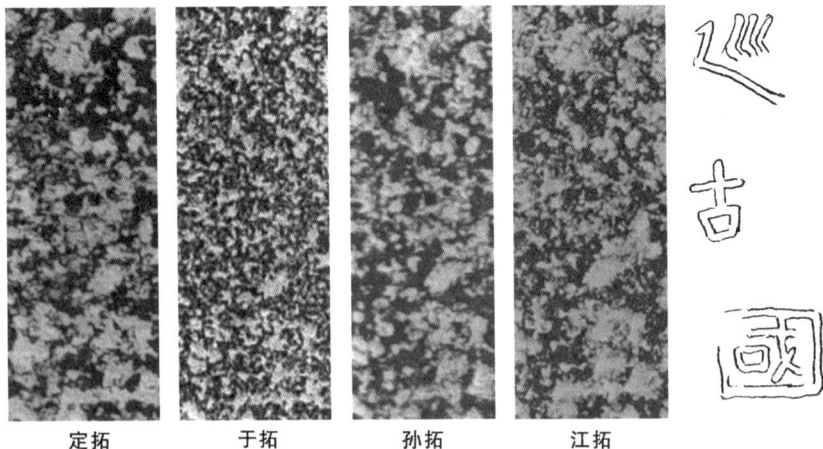

定拓　　　　于拓　　　　孙拓　　　　江拓

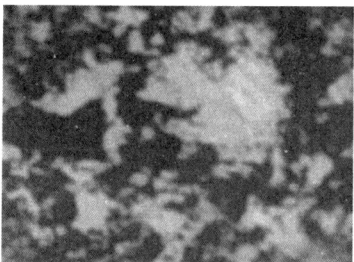
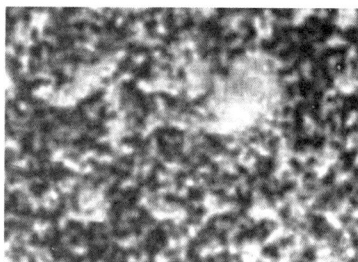

定拓　　　　　　　　　　　　　　　　于拓

第7行"书释"作：

□□□□□□□□自戊申定□教□发令其修复各于

该行第1～3字实际是不存在的。第4字才是该行的开头。张福有在2013年1月10日夜里识出第4～8字是"丁卯年刊石"，并于1月20日写成文稿。2月5日在和我讨论碑文释文时作了介绍，并出示摹本。我当时认为"卯"、"刊"、"石"三字释得对，但字形摹得不正确，把泐痕和笔画混淆了。"年"字不可靠，而"丁"字的位置不对。

"刊"上之字，我在和张福有讨论中提出，从可辨字迹来看，释"岁"比释"年"更有依据。因为隶书"岁"字一般作"歳"，碑上字迹的左下部有"歳"的特征，他在后来的文章中采用了我的意见。

至于"卯"上之字，张福有始终坚持"丁"字说。实际上他最初辨识出的"丁"，位置在第六行和第七行之间。和后来认出的"巡故国"的"巡"字靠得太近，显然不合适。我曾建议挪到"卯"字正上方（见下图虚线所示），但要把"丁"字上面的一横画向左延伸，却并无足够的证据。在这一水平位置，发现了左右对称的可视为"癸"字头部的特征性笔画，而我初时拟想的"丁"字一钩的末端，从它上方呈现的痕迹来看，也可以视为"癸"字的左足，虽然该字中部磨损过甚，无法判定原来笔画所在，但不寻常的"癸"字头的存在，毕竟是值得考虑的重要线索。释"丁"还是释"癸"对理解碑文会有重大差别。今由张福有建议，把他对"丁卯岁刊石"现时所作摹本也附在本文中，供读者参考比较。

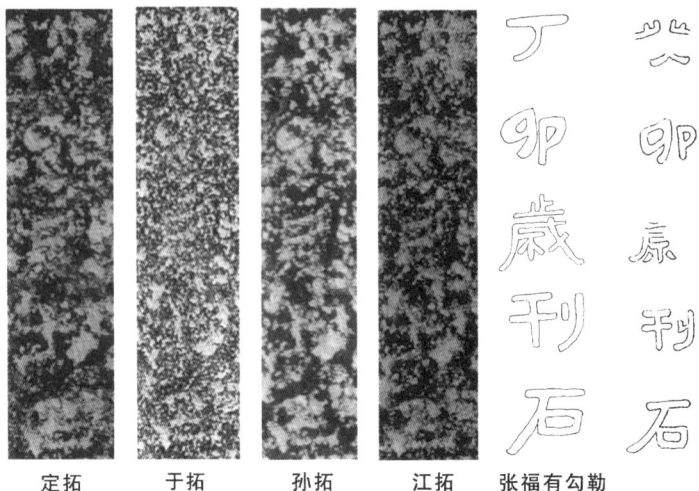

定拓　　于拓　　孙拓　　江拓　　张福有勾勒

综上分析，我认为第14～18字定为"癸卯岁刊石"为是。

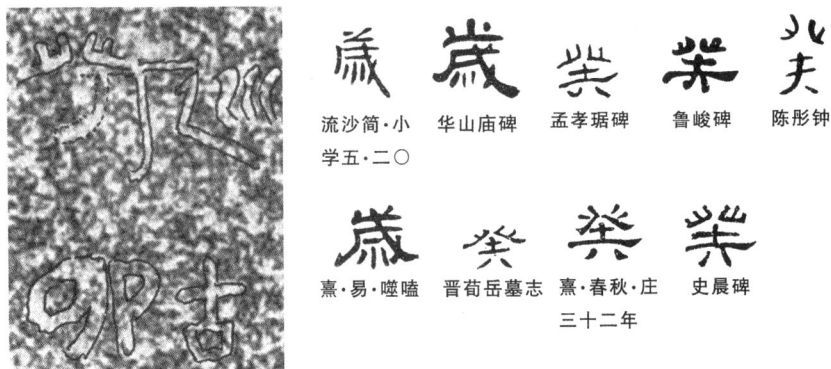

流沙简·小　　华山庙碑　　孟孝琚碑　　鲁峻碑　　陈彤钟
学五·二〇

熹·易·噬嗑　　晋荀岳墓志　　熹·春秋·庄　　史晨碑
　　　　　　　　　　　　　　三十二年

第11字张福有认为根据他所拍的照片应释为"申"。从他的照片来看，所呈显的一个矩形凹陷部过大，如认为是申字的田形外框，未免和其他碑文的大小不相称。后来他看出如以中间一竖为中轴，此方框应向左方缩小，似亦有笔画痕迹可寻。如下面照片三所示的方框，比较合理。我也同意释"申"为是。

第13字"会摹"、"报释"、"书释"一律认为是"律"，但所存笔画右旁很难和"聿"比较，建议暂时缺释较妥。第15字"会摹"摹写为"遣"，无据，以缺释为是。

第8行"书释"作：

□□□□立碑铭其烟户头廿人名□示后世自今以后

其中第15字释"以"并无根据，缺释为是。

照片一　　　　　　　　照片二　　　　　　　　照片三

第9行"书释"作：

守墓之民不得擅自更相转卖虽富足之者亦不得其买

所释无误。

第10行"书释"作：

卖如有违令者后世□嗣□□看其碑文与其罪过

第2字释"如"不能成立，应缺释。第3字从"于拓"看，上部的草头比较清楚，应改释为"若"。其他缺释之字模糊难辨。第11字有可能是"之"，但不能肯定。

综上，我认为碑文可读的字如下：

1　　□□□□世必授天道自承元王始祖邹牟王之创基也

2　　□□□子河伯之孙神灵祐护蔽荫开国辟土继胤相承

3　　□□□□各家烟户以此河流四时祭祀然万世悠长烟

4　　□□□□烟户□□□□富□□转卖□□守墓者以铭

5　　　　□□唯国罡□太王□乎□太王神武车舆东西

6　廿　　家巡故国追述先圣功勋弥高炋烈继古人之慷慨

7　　　　癸卯岁刊石自戊申定□教□发令其修复各于

8　□□□□立碑铭其烟户头廿人名□示后世自今以后

9　守墓之民不得擅自更相转卖虽富足之者亦不得其买

10　卖□若□令者后世□嗣□□看其碑文与其罪过

总计可读碑文172字，较"书释"新补释20字，把已释改为缺释4字，纠正旧释4字。比"书释"多释了16字。

另外，该碑碑阴也有文字，但磨损更甚，正面碑文中提到的"铭其烟户头廿人名"想必是刻在碑阴的。但现在只有个别部位能约略见有字迹。唯正中有一竖行文字，还可分辨有"……守墓烟户合廿家……"等字。这对我们理解该碑的性质是很重要的。

414年，高句丽长寿王为其父所立的好太王碑铭称："自上祖先王以来，墓上不立石碑，致使守墓人烟户差错。惟国罡上广开土境好太王，尽为祖先王墓上立碑，铭其烟户，不令差错。又制：守墓人自今以后不得更相转卖，虽有富足之者，亦不得擅买。其有违令，卖者刑之，买人制令守墓之。"这段话对理解麻线高句丽碑的性质很有用。

从已经解读的碑文可以行出，该碑的确是为某位先王墓"铭其烟户，不令差错"而立。这位先王，碑上写明是："唯国罡□太王□乎□，太王神武，车舆东西，巡故国，追述先圣，功勋弥高，休烈继古人之慷慨。"不能因为这位先王被称为"太王"，就认为是"国罡上广开土境好太王"。因为在集安牟头娄墓墨书墓志的第11行中就提到"圣太王"，而武田幸男在他的《高句丽史与东亚》[1]中，对第10行的末两字，根据部分笔画判读为"罡上"；而对倒数第三字推测为"国"字。这三字，为1994年曾入墓考察墨书墓志的耿铁华所肯定，见耿著《好太王碑一千五百八十年祭》[2]第八章。但武田幸男并不认为这个"国罡上圣太王"就是第44～45行的"国罡上广开土地好太圣王"，他根据在第23行出现

[1]武田幸男：《高句丽史与东亚》，日本岩波书店，1989年。

[2]耿铁华：《好太王碑一千五百八十年祭》，中国社会科学出版社，2003年。

的"慕容鲜卑",论证了第 10 ～ 11 行提到的"国罡上圣太王",应
是在 4 世纪初年和慕容鲜卑发生过战事的故国原王(据《三国史
记》,331 ～ 370 年在位)。在该书第十章《高句丽"太王"的国
际性》中还指出,牟头娄墓的"国罡上圣大王"如果有后代追称
的可能,则好太王碑和中原高句丽碑分别证实了广开土王和长寿
王时期,"王"之可称为"太王",而且还影响到新罗王也称"太
王",倭王也称"大王"。由此可见,"太王"并不是对某位"王"
专用的尊称。武田幸男把牟头娄墓墓志中的"国罡上圣太王"论
证为故国原王的意见,在赵俊杰的《再论高句丽"冉牟墓"的若
干问题》[3] 中得到进一步申述。所以,我觉得麻线河出土的集安
高句丽碑中提到的"国罡□太王"并非广开土王,很有可能也是
《三国史记》所记"一云国冈上王"的故国原王。

　　《三国史记》说故国原王"讳斯由,或云刘"。这个"刘"应该
就是中国史书中提到的高句丽王"钊"。《魏书·高句丽列传》记载这
个"钊"的事迹说:"烈帝(按:即拓跋翳槐)时与慕容氏相攻击。
建国四年(341 年),慕容元真(按:即慕容皝)率众伐之,入自南
陕,战于木底,大败钊军。乘胜长驱,遂入丸都。钊单马奔窜。元
真掘钊父墓,载其尸,并掠其母妻、珍宝、男女五万余口,焚其宫
室,毁丸都城而还。自后钊遣使来朝,阻隔寇仇,不能自达。钊后为
百济所杀。"《晋书·载纪九·慕容皝》则记载:"其年(按:东晋咸康
三年,338 年)皝伐高句丽,王钊乞盟而还。明年,钊遣其世子朝于
皝……咸康七年(341 年)皝迁都龙城。率劲卒四万,入自南陕,以
伐宇文、高句丽。又使翰及子垂为前锋,遣长史王寓等勒众万五千,
从北置而进。高句丽王钊谓皝军之从北路也,乃遣其弟武统精锐
五万距北置。躬率弱卒防南陕。翰与钊战于木底大败之,乘胜遂入
丸都。钊单马而遁。皝掘钊父利墓,载其尸并其母妻、珍宝,掠男
女五万余口,焚其宫室,毁丸都而归。明年,钊遣使称臣于皝,贡

---

[3]　赵俊杰:《再论高句丽"冉牟墓"的若干问题》,《边疆考古研究》第 11 辑,科学出版
　　社,2012 年。

其方物，乃归其父尸。"而《三国史记》记载"燕王皝来侵"在故国原王九年（339年），皝"入丸都"在故国原王十二年（342年），均比《魏书》、《晋书》晚一年。但《资治通鉴》把"皝击高句丽，兵及新城。高句丽王钊乞盟"系于咸康五年（339年），皝"迁都龙城"，"自将劲兵四万出南道……遂入丸都"系于咸康八年（342年），与《三国史记》相同。《三国史记》所记事件的具体细节也同于《资治通鉴》。另外，《魏书·百济传》载"延兴二年（472）其王余庆始遣使上表曰：'……臣与高句丽源出夫余，先世之时笃崇旧款。其祖钊轻废邻好，亲率士众，陵践臣境。臣祖须整旅电迈，应机驰击，矢石暂交，枭斩钊首。'"则故国原王是在侵略百济时被杀的。和《三国史记》所记"三十九年秋九月，王以兵二万南伐百济，战于雉壤，败绩。四十一年冬十月，百济王率兵三万来攻平壤城。王出师拒之，为流矢所中。是月二十三日薨"有所不同。不过从现存史料来看，故国原王虽然没有重大的武功，而且有过丢掉国都和父尸母妻的极度屈辱，却是一个常在战场上厮杀的国王。作为高句丽的一个统治年限达到41年的国王，称赞他是"大王神武，车舆东西"，也并非虚誉。他在即位初年即遭国破家亡的大变故，却仍能恢复先王的旧业，长期统治国家，也确实可以说是"休烈继古人之慷慨"了。

如果我们能接受"癸卯岁刊石"的释读，则"癸卯"年正好同《三国史记》高句丽纪年的广开土王十三年（403年）干支相合。因而可以认为该碑是广开土王"尽为祖先王墓上立碑"之一例。不过，好太王碑的铭文说得很明白，他所立的碑并非单单为记述先王事迹和功德的墓碑，目的主要在于"铭其烟户，不令差错"。现在发现的麻线高句丽碑，正是要起这样的作用的。所以除了要写明是哪位王的墓之外，主要是要写清这座墓的"烟户头廿人名"。"烟户头"是一个新发现的称谓。从好太王碑铭文可知，广开土王的守墓烟户分两类，一类是国烟，共三十家；一类是看烟，共三百家。是一与十的比例。所以我们可以推测"烟户头"很可能就是对国烟户主的称谓。这座先王墓有二十名烟户头，也就是有二十家国烟带领二百家看烟以备洒扫。这似乎是一种比较合理的设想。总之，该碑上反复出现的"铭其烟户头廿人名"、"守墓烟户合廿家"，以及正面上方的"廿家"大字，正是表明该碑的主要作用的。

因此，我们也不必拘泥于碑并非发现于某座王陵规模的墓旁。因为它也可能本来就竖立在为某位先王守墓烟户的居住区内。这比立在墓边上更能起到"铭其烟户，不令差错"的作用。当然守墓烟户不会住在离墓很远的地方。所以，如果该碑确实是为故国原王的守墓烟户所立，那么故国原王墓最有可能的还是离碑不太远的千秋墓。这位在位时间长达41年的国王，能有条件和有能力修建一座像千秋墓这样规模的大墓，是并不令人惊奇的。何况，碑文中"自戊申定□教□"一语，虽然仍读不懂，但"戊申"也正与故国原王十八年（348年）的干支相合呢！

由于目前碑文只能释读到这个程度，我对这件碑的初步认识也只能写这么一点了。识出的文字还有很多讲不通的地方，本文就略而不论了。只想提出一个应该注意的问题。这是高句丽人用汉语古文写的文章，其中有的地方是不能用汉语的规范来要求的。比如"富足之者"的"之"是不必要的，"富足者"就完全够了。"不得其买卖"的"其"是没法解释的，"不得买卖"才是汉语的说法。

想要再强调的一点是：如要更进一步研究此碑，最要紧的事还是进一步加紧对碑文的识读。虽然保护其不再受进一步的破坏很重要，但永远锁起来并不是好办法。很希望在近期能再调集技术人员和文史专家，对每个字迹进行多角度的摄影，仔细观察在不同光影条件下呈现的不同微痕，并采用新的技术手段提取信息，由专家对释字提出不同的设想，并现场作进一步验证。而且，辨认字迹应该有熟悉魏晋隶书和碑别字的专家参加。否则，凭空臆想而作无谓的争论，是不能在学术上有丝毫推进的。

2013年3月31日写定

载《东北史地》2013年3期。

# 王昌燧《科技考古进展》读后感

　　考古学和传统的历史学一样，目的都在于复原历史的真相，探究不同时、地人类历史活动的一般法则和各自的特殊性。所不同者，传统历史学研究的是文字记载，考古学研究的是与人类活动有关的物证（物本身和物的存在状态）。因此，考古学一开始就吸收了自然科学的方法来研究各种物证，科技考古也自然而然地成为考古学研究中最有广阔天地的分支。从1985年才从事科技考古的王昌燧教授，是在这个领域里勇于开拓的领军人物。在短短的28年中，他和他的团队在陶瓷、冶金、玉器、建材、生物、农业、有机残留和盐业八个方面都取得了不乏原创性的研究成果，在近期出版的《科技考古进展》一书中，用生动的文笔将这些成果介绍给读者，读来确实使人耳目一新，不免想谈两点感想。

　　第一个感想是：科技考古要有长足的发展，科技方面的专家一定要钻进考古里去。比如，中国冶金术是本土独立起源，还是源自西亚，也是考古学的一大热点。对于我国黄河流域新石器时代遗址出土的黄铜器物，王昌燧教授的团队根据早期黄铜冶炼工艺的三种推断，进行了多次模拟实验，最后得到结论：利用孔雀石、炉甘石和木炭，在800～900℃时即可经固体还原法获得块状黄铜。温度到950℃时，可获得熔融黄铜。若用铜片、炉甘石和木炭，则在800～900℃时，获得的冶炼产品仅外围形成黄铜组织，中间仍为纯铜，若温度提高到950℃，则整块铜片都成为熔融黄铜。他们又进一步用同步辐射微束X射线荧光分析方法测试姜寨出土黄铜片与模拟实验所获得的熔融黄铜样品和块状黄铜样品，锌元素和铅元素的面分析表明，姜寨黄铜片的锌、铅分布和固体还原法所获块状黄铜样品类似，明显不同于熔融所得黄铜中的锌、铅分布规律。由此可以推测，姜寨黄铜片是在900℃左右的较低温度下由固体还原法炼得。说明中国和西亚一样，最早的人工冶炼金属，都是用热煅法或固体还原法等"简单"技术获得，因而可能是有各自不同起源的。这样就把科技检测和分析所着重解决的问题和考古学研究所需更紧密地结合起来了。类似的例子还有很多，就不一一列举了。当前中国考古学正在由盛行考古学文化区系类型的研究，转向复原古代社会的技术经济、社会生活、上层建筑以及社会和历史环境的关系等更深层次的研究。课题的多样化导致对获得不同类型的资料和信息的多种技术方法的需求。只有像王昌燧教授这样针对考古学的人文目的，将新的科技方法组成有效体系的科技工作者越来越多，考古学才能更快、更健康地发展。

第二个感想是：王昌燧教授的这本书，并非只是他个人的研究成果，而是他领导的整个团队的成果汇编。他在该书"我的科教感悟——代前言"中指出："科技考古为自然科学与社会科学交叉融合的学科，可视为交叉融合领域最为广阔的学科。如果说交叉学科通常需要'团队作战'，那么容易理解，相比于其他交叉学科，科技考古则更需要'团队作战'。"而王昌燧先生正是建设了一个充满活力的科研团队，并领导这个团队不断前行的优秀带头人。以重新测定早期陶器的烧成温度为例，起初，王昌燧只是对仙人洞遗址出土陶器报道的"烧成温度为740～840℃，比大溪文化陶器的烧成温度还略高"产生了疑问。后来通过启发硕士研究生刘歆益从模拟实验入手，发现就地选取富含岩石碎屑的黏土作原料，制成的"陶器"在400℃即可烧制成型，而400～500℃时物理性能最佳。这个温度显然大大低于所发表的仙人洞早期陶器被测定的烧成温度。当初测定仙人洞陶器烧成温度的方法，是国外学者经过数十年的探索而建立的热膨胀方法。但是刘歆益通过陶器的模拟制备与测试分析发现，只有当陶器原始烧成温度大于870℃时，该方法方能得出可靠的结果，而当陶器原始烧成温度低于870℃时，则无论陶土原料取自何地，无论烧成温度多低，甚至是未加温的黏土，只要是用热膨胀方法，所测结果均为870℃左右！后来，王先生的另一位研究生认真检索文献后发现，早在1969年，英国牛津大学的一位教授通过实验已经指出过，对于原始烧成温度低于玻璃相形成温度的陶器，采用常规的热膨胀方法是无法测定其原始烧成温度的。这样看来，用热膨胀方法来测定仙人洞陶器的烧成温度，在方法上就是不当的，因而结果也就是不可靠的。在发现问题后，王昌燧先生并未止步，而是鼓励和支持刘歆益探索测定低温烧制陶器的原始烧制温度的可能性。其后，经过刘歆益和系内几届师生的努力，建立了用热膨胀方法对陶瓷器原始烧成温度测定的修正公式，完善、健全了测定低温陶器原始烧成温度的新方法。即用多次重复加热的方法，利用热膨胀仪仍可测得低温陶器的原始烧成温度，但不是某一温度点，而是原始烧成温度的范围。用这种新方法测定了北京门头沟区东胡林遗址出土早期陶器的烧成温度，三枚样品为450～500℃，一枚样品为500～550℃。这一结果显然比仙人洞已发布的烧成温度更令人信服。

在该书的"代前言"中，王昌燧教授说："多年实践使我感悟到，作为学科带头人或学术带头人，自我'修炼'至关重要，最重要的是人品和学术水平。"他认为"人品更为重要"，作了较详细的说明，而我在这里却想强调的是，在学术水平上，王昌燧教授有一个重要的优点，就是博览群书，全方位考察国际科技考古的进展情况，注意各个方面新的技术方法的出现，这样才能对中国科技考古中应加强哪些薄弱环节，应该抓什么课题，有更加敏锐的眼光；更有效地为现实的考古课题找到适当的技术和方法来解决问题。所以才能在包含多个研究领域的庞大团队中起到领军的作用。这是十分可贵的，也是当今我国科技考古发展所特别需要的。在认真拜读王昌燧教授的《科技考古进展》一书的同时，又看到了《华夏考古》今年第2期上发表的《先商文化时期家畜饲养方式初探》、《吉家院墓地出土青铜器的矿料来源初探》两文，以及《考古》今年第6期上的《中国古代家鸡的再探讨》，都是王昌燧教授及其团队参与的新的研究成果。因此，真心为他在科研和教育两方面不断取得新成就高兴，也为中国科技考古事业的发展前景充满了美好的憧憬！

载《中国文物报》2013年8月2日第四版。

# 鸭绿江、图们江及乌苏里江流域新石器文化研究·序

我在12年前给冯恩学的《俄国东西伯利亚与远东考古》作序时，就表达了一种真诚的希望：在新世纪的第一个十年中，有更多的人在中国考古学"走向世界"的方向迈出坚定的步子，才不辜负苏秉琦先生在世时对我们的谆谆嘱托。然而，中国近期的考古事业虽然有了极大的发展，取得了举世瞩目的成就，在"走向世界"方面却不是很令人满意的。单就吉林大学来说，年轻一代的考古学者，英语有不错的，在欧亚大草原地带考古方面眼界比以前宽广了，但至今没有精通俄语、日语的；虽然有了朝鲜语较好的，蒙语人才却还一个没有。这就大大限制了以边疆考古研究为主要研究方向的研究群体，在"走向世界"方面能取得的实际成效。而我所翘首以待的中国人写的《日本考古学》、《朝鲜考古学》、《蒙古考古学》、《西西伯利亚考古学》、《中亚考古学》至今还没有见到一本。

文物出版社现在要出版我校研究生杨占风的博士论文，这篇题为《鸭绿江、图们江及乌苏里江流域新石器文化研究》的论文，不限于研究我国境内的新石器时代文化遗存，而注重收集邻境的朝鲜、俄国的新石器时代文化考古资料，进行跨国境的综合研究。这无疑是边疆考古应该倡导的研究方向，即以"世界"观点认识中国的遗存，从而看清中国的考古遗存在世界中的位置。因此，此举可以说是对中国考古走向世界的一种贡献。

杨占风是我和赵宾福合带的博士生，赵宾福教授对我国东北新石器时代文化研究有素，著有《东北石器时代考古》一书。由于杨占风是当前考古研究生中少有的通俄文的，因而选定了跨境研究新石器

时代文化的题目。杨占风本人在粗通俄语的冯恩学、潘玲帮助下，收罗俄国方面的资料，由他本人译成中文。还有到韩国留学回来的成璟瑭、赵俊杰等帮他搜集朝鲜文资料，而他本人则作了很细致的分析、对比、综合的研究。这样，比仅从中国国内资料所作的综合研究有了不少新的认识，因此是很可喜的。我虽然也看过几次他的论文初稿，但因当时研究侧重点不在这方面，又有很多杂务，未能专注于这个课题，因此没有提出任何实质性的意见。现在想来是很抱歉的。

　　这次重新读了将要出版的书稿，深感杨占风在全面搜集中朝、中俄邻境地区已发表的新石器时代考古材料方面，下了很大功夫。而且在论文答辩已通过后，继续补充了新发表的资料。例如乌苏里江以东地区，就增加了乌斯季诺夫卡-8、切尔尼戈夫卡-1、卢扎诺夫索普卡-5、蓝盖伊-4；而奥西诺夫卡、卢扎诺夫索普卡-2的出土陶器内容又有增加。这些，为今后在东北工作的考古工作者提供了有用的参考资料，对各方面的研究都是很有益的。他对中国境内和邻国境内新石器遗存所作的分段研究是细致认真的，建立的编年序列和划分的时间刻度是基本准确的（当然，在田野工作不够充分的实际条件下，对遗存过细的分组分段，难免有一定的主观性）。在此基础上通过横向比较进行的遗存整合研究和考古学文化的划分结果具有一定的创新性。论文构建的以三个地区、六个阶段、十四支考古学文化为时空坐标和文化内容的框架格局，是现阶段在该领域综合研究方面取得的最新认识，为日后进一步开展其他专题研究奠定了基础。另外，以陶器纹系和纹类为切入点所作的文化系统的划分和发展态势的考察，同样是很有意义的尝试，结论具有一定的合理性。论文结构严谨，层次清晰，行文流畅，在中国东北考古和东北亚考古上自然会留下自己的印迹。

　　我因为要在我校举行的"文化交流与社会变迁国际学术研讨会"上作主旨发言，今年7月份，在杨占风博士论文的资料基础上，对鸭绿江、图们江、乌苏里江的新石器时代诸文化作了一次综合研究。因而产生了一些不同于杨占风的见解。值此博士论文出版之际，谈两点不同的浅见，或许可以进一步引起读者们对这本书的阅读兴趣，更加关注这个领域需要解决的问题。

　　第一，我从1987年指导冯恩学写硕士论文《东北平底筒形罐区系研究》起，一直把中国东北及其邻境看成一个平底筒形罐的一统天下，而没有看到这个地区新石器时代文化的复杂性。冯恩学在《俄国东西伯利亚与远东考古》中已经指出，在朝鲜半岛清川江以南地区分布有尖圜底或圜底陶器的弓山文化。在杨占风论文中所提到的平安北道定州郡"堂山下层一组"，就分明存在弓山文化的尖圜底器和圜底器（图四二，23、24、27，26虽底部不明，从纹饰看也属弓山文化无疑）。而且，在俄国滨海边区的沿海地带的博伊斯曼遗存的下层文化遗存，直到2008年才确知也有尖圜底陶器。和朝鲜半岛上的弓山文化合而观之，则在平底筒形罐几乎遍布中国东北及其邻境之前，早已有一些制造尖圜底陶器的人群到达此地。他们是否从东西伯利亚来，则是一个有待探索的问题。而且，在均为使用平底器的各种考古学文化中，情况也是复杂的。像辽东半岛上的"三堂一期文化"，就显然不是从小珠山下层→小珠山中层发展而来的。我倾向于同意朱永刚在《辽东地区新石器时代含条形堆纹陶器遗存研究》的假设：条形堆纹陶器是由鲁西南经胶东半岛传入辽东半岛的。而且正如杨占风分析，影响到了朝鲜半岛的堂山贝丘上层和平安北道龙川郡双鹤里。但这一人群，除在辽东半岛融入后来的北沟文化外，又继续北上，在新民偏堡、新民东高台山、沈阳肇工街等地留下遗存；进而抵达内蒙古的奈曼旗、扎鲁特旗等地，参与像南宝力皋吐墓地所反映的文化的构成。比三堂一期文化时代晚的北沟文化，除含有三堂一期文化的成分外，而且明显受到越海而来的山东龙山文化的影响（三环足盆为代表）。杨占风把朝鲜半岛上平安北道龙川郡新岩里二组陶器类比，其实这批陶器既无三堂二期文化因素，也不见山东龙山文化的因素，只是在雷纹、三角纹上有相似性，并不足以证明北沟文化分布到鸭绿江以东。因此，在研究这一地区的新石器时代考古学文化时，不仅需要细致的分期和年代上的排序，而且应加强文化因素的分析和源流上的探索。

　　第二，乌苏里江西侧的新石器时代考古工作，迄今做得不多。赵宾福的《东北石器时代考古》中只定了"新开流文化"和"小南山文化"两个考古学文化，后者举玉器为代表，陶器特征不明。杨占风论文中把新开流遗址发掘出土的陶器分为一组、二组，分别归入新开流文化早期和晚期，又把鸡西刀背山采集的以篦齿印纹为主的陶器分为一组、二组，分别归入新开流文化晚期和小南山M1（即出玉器之墓）时段。根据似嫌不足。

如果从俄国境内黑龙江畔的沃兹涅谢诺夫卡遗址的层位关系来看，篦齿印纹为主的马雷舍沃文化年代上早于"黑龙江编织纹"（实际上是模仿刮去鱼鳞的鱼皮，可称为"鱼皮纹"）为主的孔东文化。马雷舍沃文化陶器的篦纹图案也有人字形构图者，与刀背山所采集的近似。因此我很怀疑刀背山采集的陶片是否代表一种比"新开流文化"更早的新石器文化，而不是相当于新开流文化晚期或更晚。

实际上，马雷舍沃文化也已出现鱼皮纹（参看《俄国东西伯利亚与远东考古》图47，2、3），故刀背山采集到陶片上有近似方格印纹、菱形印纹也不奇怪。像我国同江街津口采集的陶片也是以篦齿印纹为主，只有少量菱形印纹（《北方文物》2003年1期2页之图三），而俄境的博伊斯曼二组出土的陶器只有篦齿印纹而不见鱼皮纹，似乎都暗示在乌苏里江到黑龙江沿岸存在一个早期以复杂组合的篦齿印纹为主的纹饰区，而到了新开流文化鱼皮纹发达之时，仍残留以篦齿印纹为辅助装饰的习惯。这当然有待在这个地区开展更多的有层位的发掘，才能分晓。

不过，在现有发现的基础上，我主张整个鸭绿江、图们江、乌苏里江地区的印纹陶在早期阶段可以分为南面的条形印纹（之字纹、席纹）区、中部的窝点印纹区和北部的篦齿印纹区，以清眉目。由单尖印具形成的窝点纹，应该和篦齿印具形成的篦齿纹分开，不宜笼统合称为"印点纹"。

总之，看过本书的人一定会强烈地感到：我国东北的东部地区（尤其是东北部）新石器时代的考古太薄弱了！黑龙江省除1972年发掘的密山新开流遗址之外，四十年来再没有一次有规模的新石器遗址发掘。吉林省除1980年发掘的龙井金谷遗址和1986～1987年发掘的和龙兴城遗址外，三十年来也再没有一次有规模的新石器遗址发掘。前年，双鸭山市的王学良同志邀魏存成、韩世明和我去双鸭山地区作考古考察，看到大量的新石器时代遗址和采集的遗物，有大量的工作等着有志者去做。韩世明去年又去了一次，在饶河的树林里一翻就翻出一个新开流的墓葬，还有鱼皮纹的陶片。杨占风本来是有志于东北考古的，可是现在在四川工作了。但愿他的这本书能引起读过的人关心或是投身于这个地区的考古，不负他在东北和东北亚新石器时代考古曾经花费的一番心血。

2013年11月20日于长春

载杨占风《鸭绿江、图们江及乌苏里江流域新石器文化研究》，文物出版社，2013年。

# 对考古学学科建设的一些想法

## 一、考古学对象——遗存
### ——概念的扩大和更新，对考古学学科的发展提出新要求

考古学的对象是遗存，在我国，考古本来是研究古物的，有"古不考三代以下"的说法，现代考古学在中国兴起时，有了旧石器时代周口店猿人遗址的发掘，有了新石器时代的发掘，特别是延续多年的殷墟的发掘，基本上还是"古不考三代以下"的。后来考古学逐步发展，研究对象的时代才逐渐下移。现在，西方国家考古对象的年代下限不断下延，工业革命初期的遗存也成为研究对象。而我国如果也把现代工业出现的遗存纳入考古范畴，则肯定要打破"中国近代史"的上限，不能再在"遗存"一词之上一概加上"古代"这一形容词了。

另外，我国考古的传统是研究人的活动创造的事物，所以较早有"古器物学"一名。在现代考古学传入后，遗存才扩大为遗物、遗迹、自然物三个方面。一方面，遗迹这一概念就比遗物大大地扩大了。不仅可指一座房址、一个墓葬，而且可指一处村落址、一处墓地，甚至可指一个庞大的遗址群。这样，研究的方法和手段就自然和研究单个的遗物有很大的不同，有很多新的发展。另一方面，由于把与人类活动有关的自然物也纳入考古学研究对象，而且不是单指单独的物，同时也指与人类活动有关的整体的环境，这不但大大扩大了研究所涉的多学科领域，而且要求许多非人文学科的科技方法和手段，要求多学科专家的协同研究。

而且，考古学研究的目的不只是历史上人类活动的某一特定的

方面，而是人类活动尽可能多的方面，因此，这种研究不仅需要历史学、社会学等方面的知识，在研究人的精神生活方面还需要各方面的艺术科学以至宗教学、心理学等知识，也要求多学科合作的研究。

由此可见，考古学的发展，实际上使考古学学科成为一个不断滚雪球而开放的系统，任何一种关门主义的想法，都是不合时代潮流、不利于学科发展的。

在申报考古学成为一级学科之时，原二级学科"考古学与博物馆学"是捆绑在一起的。有一种想法是，成为一级学科后，考古学和博物馆学应该明确分开。我本来思想上就是这么认为的，因为博物馆有多种类型，如自然博物馆、矿业博物馆、抗日战争纪念馆、革命烈士纪念馆……都是和考古学无关的。而且，博物馆学似应和图书馆学一样，应归类到大的管理学门中去。另外，不少大学中文化遗产管理专业也方兴未艾，我起初也觉得和考古学无关，但在2012年1月份在吉林大学召开的讨论考古学十年战略规划的会上，各主要大学考古学科负责人议论考古学科二级学科设置的时候，我力主把博物馆学和文化遗产学纳入考古学一级学科中作为两个二级学科，是因为这两个学科目前还在发展之中，而没有合适的归属学科，希望能在原属考古学的暂时归属下有助发展，等发展成熟后再说。

经过一年多的思考，并看到陈洪海、赵宾福等同仁的文章，我现在改变了看法，认为把博物馆学和文化遗产学归入考古学学科是有道理的。

其一，考古学研究的对象——遗存，博物馆所征集、收藏、保管、陈列的对象——文物，文化遗产事业所要保护、规划、管理的对象——文化遗产，虽然名称不同，内涵有一定差异，但有相当大的重合部分。因此三者之间是有密切联系的。作为考古学的研究对象的遗存，有相当大的部分是从地下发掘出来的，我们虽说，常常将其比作"地下的书"，但它和历史学研究的书毕竟有差异。历史学研究的书是可以反复阅读，而且可以无限复制的。而考古读"地下的书"时，有大量的信息只能在发掘的过程中获得，里面所记录的也只是发掘者能注意到的那些信息，而没被注意到的就永久消逝了。因而，文化遗

产的保护和规划，是为了考古学能有长远的可供研究的对象所必需的
工作。而所获得的物质遗存，在出土之后，并不能永久保存它在出土
时所承载的各方面信息，为达到获取信息和研究的目的，需要修复、
保护，并使之长期保存。因而博物馆的工作，就像图书馆为历史研究
保存书籍一样，和考古学研究有密切关系。而且博物馆的征集工作，
有很多方面能补考古发掘之不足。而考古学研究要和社会公众发生关
系，往往可以通过博物馆的陈列、展览及文化遗产的展示达到目的。

其二，从培养人才来说，这三个方面的专业人才，在大学本科阶
段应该对这三门学科都有概论性的认识，同时具有三门学科的理念，
才能在实践中处理好三者的关系，做好自己的工作。因此目前这样的
学科设置有利于对专业基础的全面培养。而且可以拓宽毕业生的出
路，有利于他们日后的发展。

## 二、考古学学科发展的主要问题和应对的建议

第一，从目前各校总的情况来看，二级学科的发展很不平衡。一
般来说，中国考古学的科研和教学力量都比较强，因此课时多，内
容过细过深，不一定适合本科生参加工作后的实际需要。三门基本课
程——考古学理论和方法、博物馆学概论、文化遗产管理概论，有的
学校上不全，或比较薄弱。因此，从二级学科来说，各校均应尽可能
加强考古学理论和考古学史、文化遗产和博物馆这两个学科的建设，
应由有实际工作经验（如有考古发掘领队资格）的教师主讲考古学理
论（应兼讲方法）、博物馆学概论、文化遗产管理概论。教育部应组
织两届以上假期研讨班，如考古学研讨班可研究总结我国考古学理
论与方法的成功经验，消化国外的新理论方法，在此基础上鼓励各校
自编教材，从而产生更好的通用教材。这种教材应有较大的普遍适用
性，即不管到什么地区，都可以用得上，如把商文化的鬲讲得很细，
到东北或西南地区工作就用不上。

第二，就中国考古学内部分段来说，发展也很不平衡。各大学
中，旧石器考古普遍薄弱，隋唐到明清考古也相当薄弱，这对我国考

古事业发展非常不利。例如，沈阳地区进行文物普查，并宣布发现旧石器时代遗址有奖，但一个都没发现，吉林大学陈全家教授带几个人又调查，一下就发现了很多个，他们选在沈阳农业大学后山发掘，竟在3万～2万年前、7万～6万年前、30万～20万年前的三个地层中都试掘出旧石器。现在各大学旧石器时代考古、隋唐至明清考古师资缺乏，建议各校应和研究部门与地方文物部门合作，聘有实践经验的专业人员为兼职教师，教育部在北京大学、吉林大学等有基础的大学办旧石器考古、隋唐至明清考古教师进修班，加快解决师资问题。

第三，目前高校考古学科的专业设置，不适应社会实际需求。例如，城市规划多半没有考古文物方面的专业人员参加，以致重要的文化遗产得不到合理的保护和利用，又如古建维修，现在任务量大而专业人员奇缺。建议应由国家文物局和教育部的职能部门邀请专家，共同规划：现有专业哪些必须确保和加强；哪些专业应由哪个大学负责筹建，并给什么样的具体支持；哪些专业人才可以用在职人员和高校教师的培训和通修来解决，在何时何地办。是否应该举办一定的中等技术学校，也可以认真考虑。这样才能发挥现有专业人才和经费的最大效用，办好急需的事，避免一再空谈议论，或一哄而上不求质量，事倍功半。

第四，目前我国考古学科中的科技考古有显著的发展，但从长远看，科技考古尚需大力发展。而且一线的田野考古工作和写报告的整理工作中，能够熟练使用新的科技方法的工作人员并不很多。因此，不仅应该多方面设法发展科技考古这个二级学科，而且应该让大学指导发掘和整理的教师本身加快掌握先进的科技方法，以使学生也切实掌握高效、精确的测量、绘图、摄影等记录方法。因此建议教育部可以组织有关推广新的科技方法、手段的教师进修班。而且，各校如果要进一步建立各种与考古有关的实验室，只提供经费没有人是不行的，也可以用进修班的办法解决。

第五，目前考古学科的二级学科中没有外国考古，反映了我国外国考古发展十分薄弱的现状，然而要使我国考古学早日走向世界，促使新一代接班人有世界眼光、全球视野不能不是一个重大的历史责任。当前，建议有条件的高校能抽出人力，不但应翻译外国考古学理论和方法的综合性论著，而且应在已有基础上翻译世界上考古发达地区的综合性论著，还应该翻译我国邻境各国的考古综合性论著，并逐步开展到邻境各国的田野考古，为早日编写出较好的分国考古教材准备材料。致力于这方面教材编写的教师，不能局限于本人有限的研究领域，还应为努力扩大中国考古人的眼界贡献自己的力量。教育部对于已经能自行建立外国考古学二级学科的高校，应在出版教材时予以大力支持。

## 三、对教育部的几点希望

对考古学这一新的一级学科，应该采取大力扶植的措施。

首先，在学生人头费上，考古学生人均1 200元是不够的，应考虑他们的学习过程中有和地质地理学生一样的野外实习，还有和理科生相同的实验室课，培养费用应该提高。

其次，在田野实习的师资力量达到标准的高校（即有团体领队资格），应该和国家文物局协商为该校设立相对固定的实习基地，以稳定教学秩序，保证教学质量。建立（或已建立需完善或加强）基地的经费，可与国家文物局协商解决。

最后，未建立基地的学校，需要置办调查、发掘、整理工作所需的设备和耗材，所有有考古学学科的学校，需要建立各种实验室（有的是考古独立使用，不能与理科共享的）设备和耗材，因此，要发展考古学学科，教育部应该准备专项经费。

在组织机构方面，应该迅速增加教育部社会科学委员会、高等学校教学指导委员会中考古学专家的名额（国务院学位委员会学科评议组也是），考古学和外国史应该有同等地位。

在评审全国优秀博士论文时，考古学和世界史应各自独立为一个评审组（否则，至今考古学博士论文一篇也没有评过，评上的和考古有关的博士论文，一篇是历史地理学的，一篇是历史文献学的）。

2012年10月在成都举行的"教育部社会科学委员会历史学部年会"上的发言。载《史学调查与探索》，北京师范大学出版社，2015年。

# 鹿首乎？羊首乎？

北方系青铜器中有一种特征非常鲜明的器物，即柄首为一种动物头部的剑或刀。自20世纪60年代以来在我国北方发现并见于报道的有以下9件：

① 河北省青龙县抄道沟，刀（1961年发现，1962年发表[1]）（图一，1）。

② 河北省张北县，剑（1965年发现，1980年发表[2]）（图一，2）。

③ 陕西省绥德县墕头村，刀（1965年发现，1975年发表[3]）（图一，5）。

④ 河南省安阳小屯妇好墓，刀（1976年出土，1977年发表[4]）（图一，3）。

⑤ 北京市征集，剑（征集时间不详，1978年发表[5]）。

⑥ 北京市征集，刀（征集时间不详，1978年发表[6]）。

---

[1] 河北省文化局文物工作队：《河北青龙县抄道沟发现一批青铜器》，《考古》1962年12期，图版伍，3、4。

[2] 河北省博物馆等：《河北省出土文物选集》，文物出版社，1980年，图87。可参看郑绍宗：《中国北方青铜短剑的分期及形制研究》，《文物》1984年2期，图版伍，1；图一，1。《选集》报道该器1966年在张家口市发现，但从照片看，与郑绍宗报道的1965年在张北县发现的一件相同。应是同一器（张北县属张家口市）。

[3] 陕西省博物馆（黑光、朱捷元执笔）：《陕西绥德墕头村发现一批窖藏商代铜器》，《文物》1975年2期，图三。

[4] 中国社会科学院考古研究所安阳工作队：《安阳殷墟五号墓的发掘》，《考古学报》1977年2期，图版拾伍，1。

[5] 北京市文物管理处：《北京市征集的商周青铜器》，《文物资料丛刊（2）》，1978年，图一三。

[6] 同注[5]，图一五。

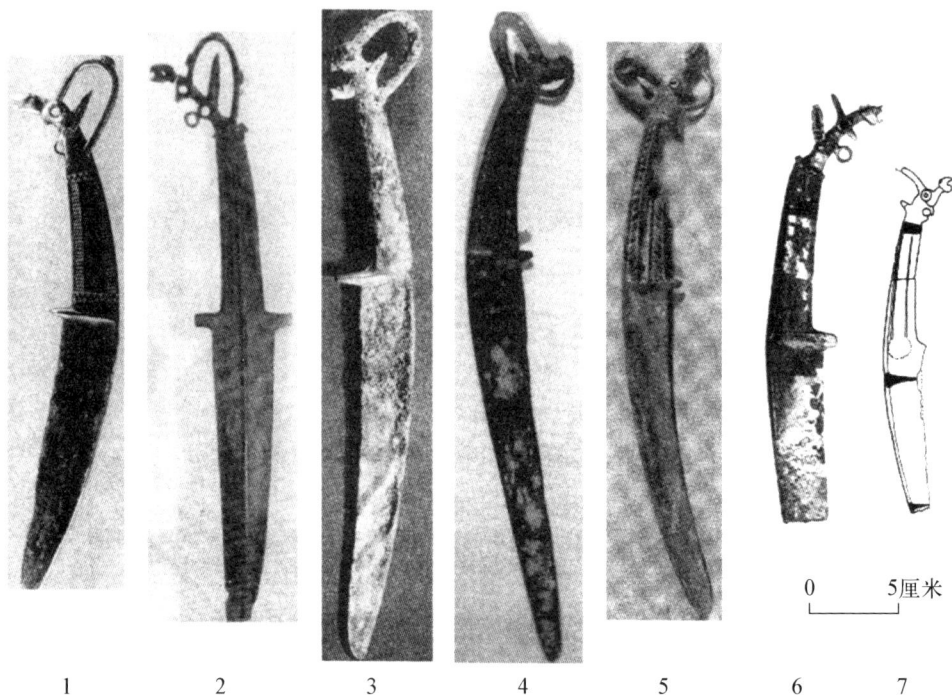

图一　有明确发现地的羊首刀剑

1. 河北省青龙县抄道沟　2. 河北省张北县　3. 河南省安阳市殷墟妇好墓　4. 新疆自治区哈密市花园乡　5. 陕西省绥德县墕头村　6. 辽宁省法库县弯柳街　7. 辽宁省朝阳县十二台营子

⑦ 辽宁省朝阳县十二台营子，刀（1977年发现，1983年发表[7]）（图一，7）。

⑧ 新疆自治区哈密花园乡，刀（1982年发现，1985年发表[8]）（图一，4）。

⑨ 辽宁省法库县弯柳街，刀（1989年发现，1990年发表[9]）（图一，6）。

这种刀或剑只有殷墟妇好墓是考古发掘所得，其他均为群众偶然

[7] 建平县文化馆等：《辽宁建平县的青铜时代墓葬及相关遗物》，《考古》1983年8期，图一三，1。

[8] 新疆维吾尔自治区社会科学院考古研究所：《新疆古代民族文物》，文物出版社，1985年，图59。王炳华：《新疆东部发现的几批铜器》，《考古》1986年10期。记述了发现经过。

[9] 铁岭市博物馆：《法库县弯柳街遗址试掘报告》，《辽海文物学刊》1990年1期，图七，1；图版陆，1、2。

发现或征集所得。可以推测在各地文物部门应该还有不少藏品并未发表。记得1974年夏，我和俞伟超先生一起到承德博物馆看铜器，便见过一件毫无残损的这种青铜刀，当时俞先生反复叮嘱该馆工作人员及早发表，却至今如石沉大海，便是一例。

最早见于著录的这种器物，是萨尔莫尼发表的法国卢芹斋藏的两件刀（图二，7、8）[10]，以及江上波夫和水野清一发表的北京陆懋德藏的一件刀（图二，9）[11]。此外，尚有高本汉发表的传安阳出土的两件剑（图二，1、2）[12]。罗森夫人发表的大英博物馆藏的两件刀（图二，3、4）[13]。高浜秀发表的东京艺术大学艺术资料馆藏的一件剑和和泉市久保物纪念美术馆藏的一件刀（图二，10、5）[14]、邦克夫人发表的赛克勒藏的两件刀（图二，6、11）[15]。这些也都应该是中国北方出土的。

在境外发现的同类器物，还有伏尔科夫发表的在蒙古国南戈壁省博物馆藏的发现于该省巴彦达赖县的剑和在南戈壁省发现的刀（图三，3、4）[16]、巴特赛汗发表的发现于巴彦洪戈尔省的刀（图三，5）[17]、额尔登巴达尔发表的巴彦洪戈尔省巴彦洪戈尔县的剑以及额尔德尼楚鲁温所藏的一件长达107厘米的长剑（图三，2、1）[18]、奇列诺娃发表的

[10] A. Salmony. *Sino-Siberian Art in the Collection of C. T. Loo*. Paris, 1933.图版 XXXVI，4、5。

[11] 江上波夫、水野清一：《绥远青铜器》，《内蒙古·长城地带》，东亚考古学会，1935年，集成图三，1。

[12] Bernhard Karlgren. "Some Weapons and Tools of the Yin Dynasty". *BFEA* No.17，1945. Nos.182、183.

[13] Jessica Rawson. *Chinese Bronzes：Art and Ritual*，The Trustees of the British Museum. 1987. 12页。左方一件为舍威尔氏所赠，右方一件为倍奎斯特氏所赠。

[14] 东京国立博物馆：《大草原の骑马民族——中国北方の青铜器》，1997年，图5、9。

[15] Emma C. BunKer. *Ancient Bronzes of the Eastern Eurasian Steppes from the Arthur M. Sackler Collections.* New York, 1997. No.6、7.

[16] В. В. Волков. Бонзовый и ранний железный век северной монголии. Улан-батор 1967. рис. 5：2, рис. 2：11.

[17] 巴特赛汗：《蒙古境内发现的古代游牧人的遗物》（蒙文），乌兰巴托，2004年，No.30。

[18] 额尔德尼楚鲁温、额尔登巴特尔：《天国之剑——青铜时代和匈奴帝国的青铜文化》（蒙文、英文），乌兰巴托，2011年，图292、282。

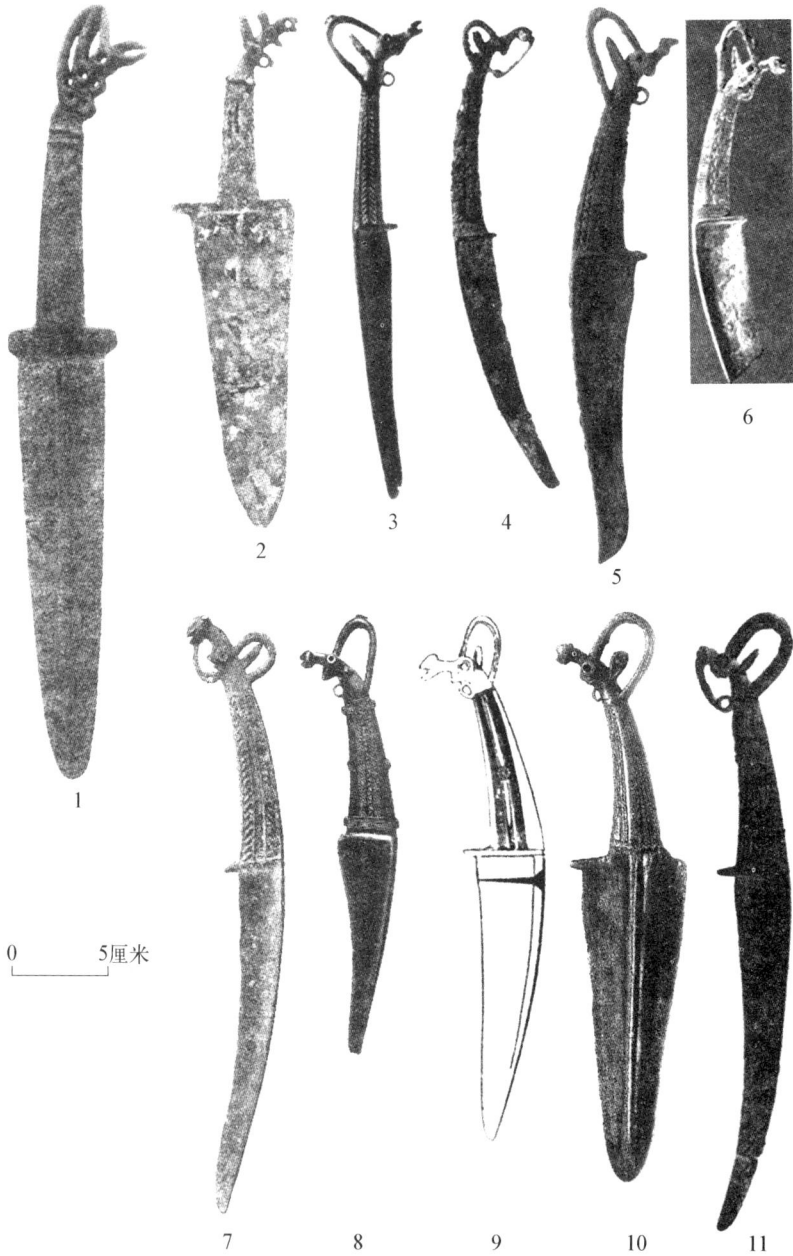

图二    可能也是中国发现的羊首刀剑

1、2.瑞典远东古物博物馆藏（传安阳出土）    3、4.大英博物馆藏    5.日本和泉市久保物纪念美
术馆藏    6、11.赛克勒氏藏    7、8.巴黎卢芹斋旧藏    9.北京陆懋德氏旧藏    10.东京艺术大学艺
术资料馆藏

在外贝加尔的布里亚特自治共和国科托—库里湖畔发现的剑（图三，6）[19]、奇列诺娃发表的阿巴坎地区红崖发现的刀（图三，7）[20]、科瓦列夫发表的在乌斯奇—阿巴坎1号冢出土的刀（图三，8）[21]。

这种器物虽然分布甚广，但因所饰动物头部造型奇特，不少中国考古学家甚感陌生。最早报道青龙抄道沟发现的郑绍宗便称之为"鹿首弯刀"。而报道绥德墕头村发现的同类器物的朱捷元和黑光却称之为"马头铜刀"（估计是把竖耳上方和颏下方的弧形物都当作柄上的环纽了）。而安阳妇好墓的报告则把残损了的同类器物称为"龙首刀"。马希桂和程长新把同类柄首的剑和刀分别称为"鹿首曲柄剑"和"螭虎弯刀"。

不过，我在1982年赴美参加"商文化国际学术研讨会"提供的论文中已经指出，"妇好墓出土的Ⅴ式铜刀，是一件非常典型的北方系山羊首刀，但羊头的鼻喙部残损，颏下的环纽也残去一半，故被原报告描写成'似龙形'了"[22]。应该说，我在当时把这种动物头说成是山羊首，是不很准确的。而顾道伟（David Goodrich）在译成英文时用了西方学界已公认的ibed（野山羊）[23]，是很对的。大概是因为这类器物上的动物头部的长角和我们熟知的山羊有颇大差距，所以我的意见并没有受到更多人的赞同。像台湾的杜正胜在综论欧亚草原动物纹的长篇论文中，仍把绥德墕头村的刀称为"竖耳马头刀"，而青龙抄道沟的刀称为"鹿头刀"。他其实已经知道，"公私收藏此类型的刀，有的称作羊（ibex）头刀"。却仍把一批类似的刀剑冠以"鹿首"之名，并解释说："鹿头或羊头最明显的差别当然在于双角，但铜器铸造品，角折为环，以便携带使用，便无法求其神似，鹿角歧

---

[ 19 ] Н. Л. Членова. Карасукские кинжалы. Москва, табл. 7 : 14.

[ 20 ] Н. Л. Членова. Хронология памятников кара-сукской эпохи. Москова, 1972, табл. 9 : 1.

[ 21 ] А. А. Ковалев. Древнейшая миграция из Загроса в Китай и проблема прародины тохаров//Археолог : детектив и мыслитель. Санкт-Петербург, 2004, рис4 : 1.

[ 22 ] 林沄：《商文化青铜器与北方地区青铜器关系之再研究》，《考古学文化论集（1）》，文物出版社，1987年，136页。

[ 23 ] Lin Yun. "A Reexamination of the Relationship Between Bronzes of the Shang Culture and of Northern Zone". *Studies of Shang Archaeology.* Yale University Press, 1986. P.250.

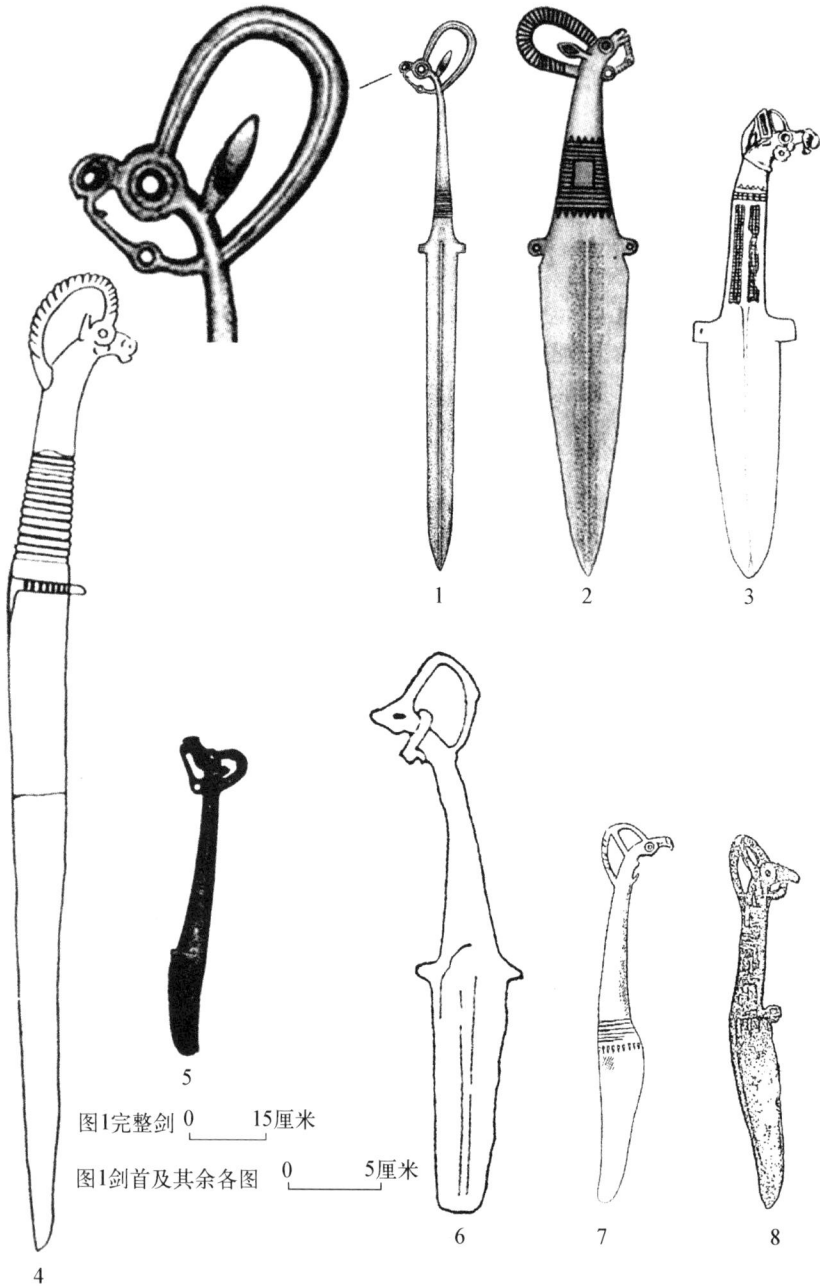

图1完整剑 0 ⊢———————⊣ 15厘米

图1剑首及其余各图 0 ⊢————⊣ 5厘米

图三　蒙古国、俄国发现的羊首刀剑

1. 蒙古额尔德尼楚鲁温藏天国之剑（发现地未详）　2. 蒙古巴彦洪戈尔县　3. 蒙古巴彦达赖县
4. 蒙古南戈壁省　5. 蒙古巴彦洪戈尔省　6. 俄罗斯外贝加尔地区科托—库里湖畔　7. 俄罗斯阿巴
坎地区红崖村　8. 俄罗斯乌斯奇—阿巴坎1号冢

枝，羊角盘弯往往只能做成环形，所以鹿羊便不易分辨。"[24]而其他中国的研究北方地区青铜器的学者，几乎无一例外地均将这种兽头称为鹿首。特别是《中国青铜器全集》中郭素新和田广金合写的《源远流长的北方民族青铜文化》，把垿头村、抄道沟和殷墟妇好墓的这种刀子称为"鹿首弯刀"或"鹿首刀"[25]，所以其他研究者也都称这种柄首为"鹿首"，习以为常。

其实，在北方系青铜刀中，柄首为鹿头的，有明显表现"鹿角歧枝"的例子。保存最好的是杜正胜论文中也引用过的马里亚索沃出土的一件卡拉苏克青铜刀[26]。它的额下有一圆形小环，可供携带使用，并不需要把"角折为环"。这件刀早在1935年江上波夫、水野清一的著作中就已经引用过[27]，应该是中国的北方系青铜器研究者所共知的（图四，1）。而且，后来还发现过同类柄首而有所残损者，如在河北怀安狮子口村发现的一例，据报道称："柄首为一鹿头，作低头张口状，双眼和鼻孔均

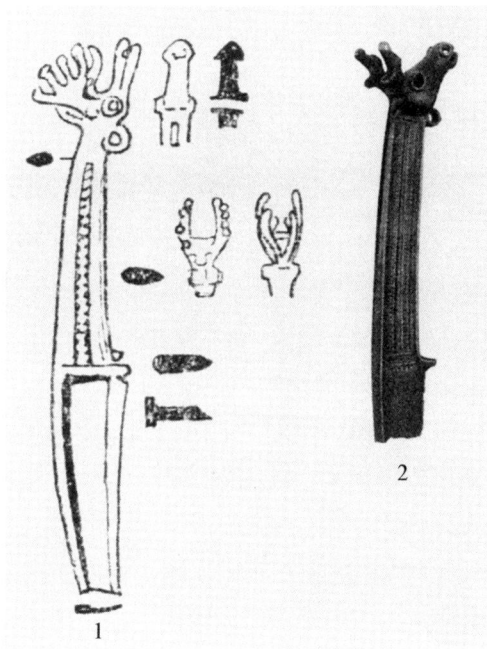

图四　真正的鹿首刀
1. 俄罗斯马里亚索沃　2. 鄂尔多斯博物馆藏

[24]杜正胜：《欧亚草原动物文饰与中国古代北方民族之考察》，《历史语言研究所集刊》第六十四本第二分，1993年，240、241页。
[25]《中国青铜器全集·15·北方民族》，文物出版社，1995年，15页。
[26]同注[24]，325页，图四三，1。此刀最佳线图见А. И. Мартынов. Лесо-степная тагарская культура, табл. 31∶21。
[27]同注[11]，45页，图二十六，1。

图五　野山羊

呈双环形，双角向上竖起，剖面呈椭圆形，上端前后叉开，颈下有一环形鼻纽。"[28]可惜仅向前的角叉尚存，向后各叉均已残去。又如，鄂尔多斯博物馆藏有一件也是角部残损的鹿首青铜刀，残存的角比狮子口村那件更多些[29]，也是颔下有一环形纽（图四，2）。因此，杜正胜所说因为要"角折为环"便造成羊首与鹿首难以分辨的观点，是不能成立的。

前文所举各例，实际都应该是野山羊头（图五）。中国北方地区的野生山羊，或称北山羊或羱羊，学名Capra ibex。体型较家山羊大，雌雄均有角，雄性的角特别长大，呈弧形向后弯曲，有达140厘米者，且角的前面有横向的嵴14～16个，弯曲度达半圈或2/3圈，如两把弯刀。因而，上述青铜刀和短剑的柄首完全具备雄性野山羊双角的特征。

野山羊现在在我国新疆、青海、甘肃、宁夏、内蒙古活动，夏天栖息于高山草甸及裸岩地区，冬春迁至海拔较低的地区。有很强的攀岩能力，在草原上的人们常常可以远远看到在山顶裸岩上大弯角野山羊的身影，很自然地将其作为艺术品的流行母题。

上面所举出的野山羊头都是有耳的，但也有一部分作为装饰的野山羊头是省略了耳而只表现双角的。河北藁城台西遗址M112出土的羊首匕（图六，1），发掘报告根据共存器物将该墓年代定在二里冈

---

[28] 刘建忠：《河北怀安狮子口发现商代鹿首刀》，《考古》1988年10期，941页，图一。
[29] 鄂尔多斯博物馆：《鄂尔多斯青铜器》，文物出版社，2006年，83页。

上层与殷墟之间[30]。过去在内蒙古白音昌东犁发现的一件青铜刀[31]，杜正胜名之为"马头刀"，其实被他误认为是"短竖耳"者，应该和刀柄上尚存的凸起，同为双角的残留痕迹，因而也是无耳的野山羊头刀子（图六，2）。日本东京国立博物馆藏有这种无耳野山羊刀[32]（图六，3），赛克勒藏品中也有同类器物（图六，4）[33]。这三件刀子的羊

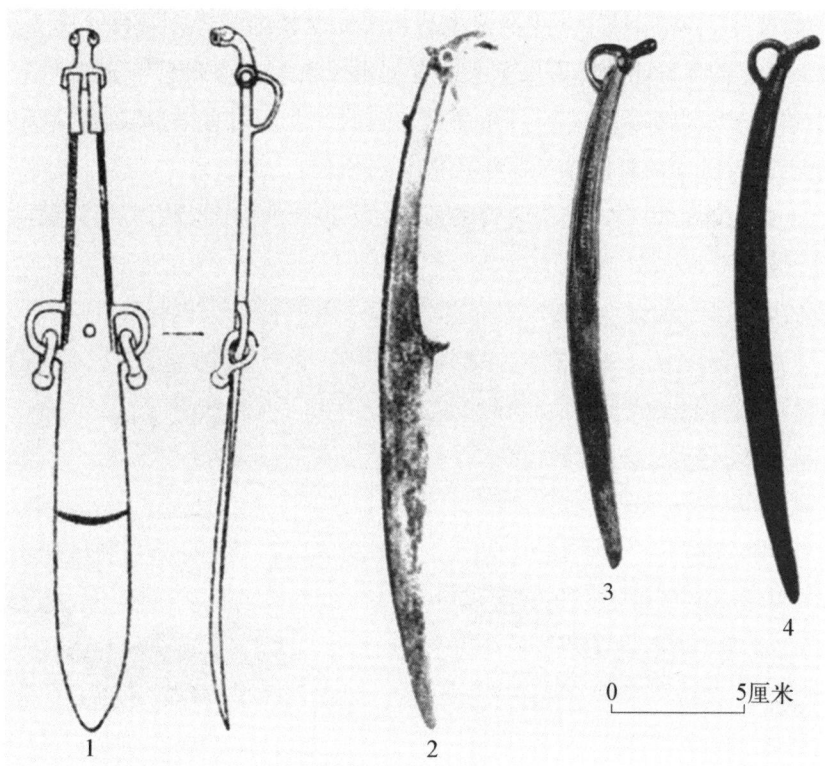

图六　无耳的羊首
1. 河北省藁城县台西M112　2. 内蒙古自治区奈曼旗白音昌东犁　3. 东京国立博物馆藏　4. 赛克勒氏藏

---

[30] 河北省文物研究所：《藁城台西商代遗址》，文物出版社，1985年，图七三，2。关于M112的年代，见11～14页"年代分期"。

[31] 李殿福：《吉林省库伦、奈曼两旗夏家店下层文化遗址分布与内涵》，《文物资料丛刊（7）》，图版柒，4。

[32] 同注[14]，16页，图12。

[33] 同注[15]，No.8。

头的喙部造型都比较简单，或可假设其时北方地区的铸造业还不足以造出更复杂的羊头。

除了刀和剑之外，郭大顺曾发表过在朝阳地区收集的奇特的"鹿形饰"（图七，2）[34]，和美国大都会博物馆所藏的一件青铜饰件基本相同，只是后者多出一对"足"而已（图七，5）[35]。头部分明也是弯角的野山羊，而不是鹿。蒙古国普瑞夫佳夫·额尔德尼楚鲁温氏的藏品中，有和大都会博物馆藏品几乎完全相同的青铜饰件（图七，4）[36]，还有另几种饰野山羊头的青铜器（图七，1、3）[37]，这几件野山羊头虽然也都无耳，不过角体已成扁的，上表均有平行凹槽，喙部也更接近有耳的野山羊头，年代似与之相近。

统观这些用野山羊头装饰的刀剑，其共同特征是都有一对以筒状

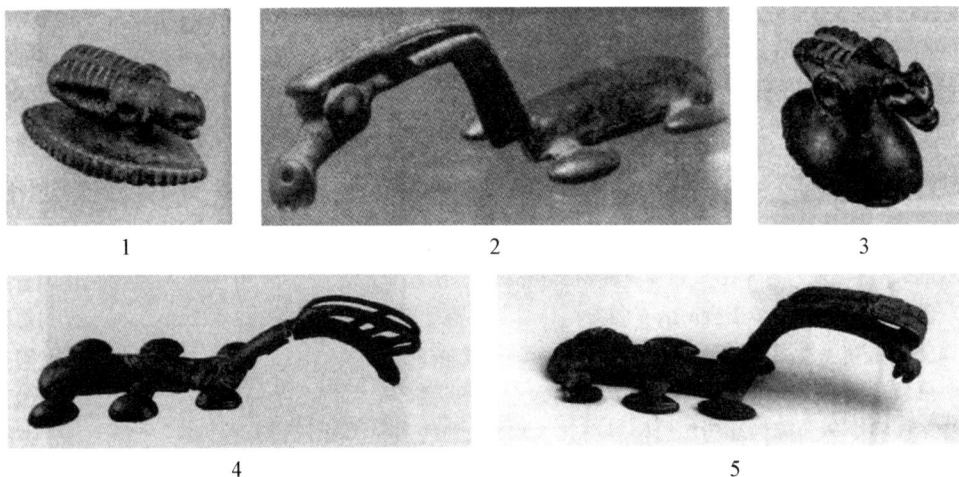

图七　其他带有野山羊头的青铜器

1. 蒙古布尔干县　2. 辽宁省朝阳地区　3. 蒙古纳林台勒县　4. 蒙古东戈壁省　5. 纽约大都会博物馆

---

[34] 郭大顺：《辽河流域"北方式青铜器"再认识》，《鄂尔多斯青铜器国际学术研讨会论文集》，科学出版社，2009年，49页，图一。可参看郭大顺：《辽河流域"北方式青铜器"的发现与研究》，《内蒙古文物考古》1993年1、2期合刊。

[35] 同注[14]，25页，图31。

[36] 同注[18]，图124（出于东戈壁省）。

[37] 同注[18]，图78、80（分别出于南戈壁省布尔干县、前杭爱省纳林台勒县）。

眼部为基部的弯曲度很大的角，凡有竖耳者，在角的表面都有平行的横向凹槽，以表现野山羊角上的嵴。双眼都表现为两面凸起的圆筒。嘴张开。而具体细节则有所不同：

有一类野山羊头是表现颏下的长须的。如绥德墕头村和哈密花园乡出土的两件都把长须向后延伸到颏下，形成一个半环，以便悬挂携带（图一，5、4）。此外，还有卢芹斋旧藏的一件刀子在长须接近颈部处作出一个小圆环（图二，7），赛克勒氏所藏的一件刀（图二，11，即图八，2）、大英博物馆所藏的一件刀（图二，4）和巴特赛汗发表的一件巴彦洪戈尔省的刀（图三，5）也是如此。额尔德尼楚鲁温所藏的一件剑，则除小圆环外在半环的中段又添一个更小的圆环（图三，1）。殷墟5号墓的刀子除锈之后所绘的线图（图八，1），既然可清楚看到残留着和颈部相连而离颏下稍远的圆环，以及与圆环相连的一小段半环的残留，很可能本来也是有颏下长须的。

多数野山羊头没有须，而大多在颏下颈部有一个供悬挂用的圆环（图一，1、2、6、7；图二，2、3、5、6、8～10）。更复杂的如我在承德博物馆所见的一件刀子，颏下颈部并列两个圆环，左右两侧各一，均微微向外倾斜，就绝非简单的双合范便可铸成。

有一部分野山羊头的双角上缀有馒头形的多瓣花状饰，可以青龙抄道沟那件刀子为代表（图九）。卢芹斋、大英博物馆所藏以及现存日本和泉市的刀子都有同类角上装饰（图二，8、3、5）。张北发现

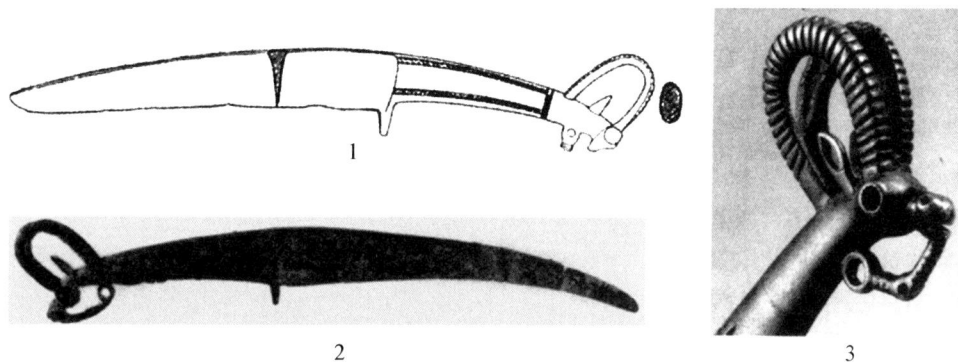

图八　妇好墓羊首刀的复原
1. 妇好墓羊首刀去锈后的线图　2. 赛克勒氏藏　3. 蒙古国巴彦洪戈尔县短剑细部

图九　青龙县抄道沟羊首刀双角上的花形饰

的那件短剑上这种花状饰多达三个（图一，2），赛克勒氏 V-3377 号刀子上也是如此（图二，6），较少见。这种饰件可以加固双角的相对位置，是一种巧妙的设计。没有这类饰件的野山羊头，也有的在双角之间或双耳之间添加细铜杆，也是起加固作用。

最后，还应该说说殷墟出土的仿制品。在正式发掘的出土物中，目前除了殷墟 5 号墓出土的那件野山羊柄首的刀子之外，尚未发现有其他例子。我在 1982 年写的论文中说："从前在 HPKM1311 中所出的'兽首刀'，本来也是一件北方系山羊首刀，但它的弯角和长耳似乎是被使用者有意除掉的，李济把长筒状的双眼误认为双耳。在这个圆筒上明显地可以看出两个圆形的角根的残部，后方还有耳的残迹。"[38] 那是根据李济所发表的不太清晰的照片而言的[39]，从后来发表的更清晰的照片来看（图一〇）[40]，应该把长筒状的双眼之上的两个圆形凸起看作双耳的残部，前方鼻孔以上还有两个圆环状凸起才是角根残部。也可能正是因为这种造型和所有的北方地区铸造的野山羊头不合，才把角和耳都截除了。这件器物的细部反映出殷墟铸造业的高度水平：如在眼部圆筒下添加一个 L 形细杆以悬挂双环形的可活动小件。这恐怕是北方地区的铸造工匠所不掌握的技术，所以应该是殷墟工匠所铸的仿制品。西北岗 M1311 所出刀子上保留了嵌在

---

[38] 同注[22]，136页。

[39] 李济：《记小屯出土之青铜器（中篇）》，《中国考古学报》第四册，1950年，图版32，1；图版34，5a、5b。

[40] 李永迪编：《殷墟出土器物选粹》，历史语言研究所，2009年，97页，图82。

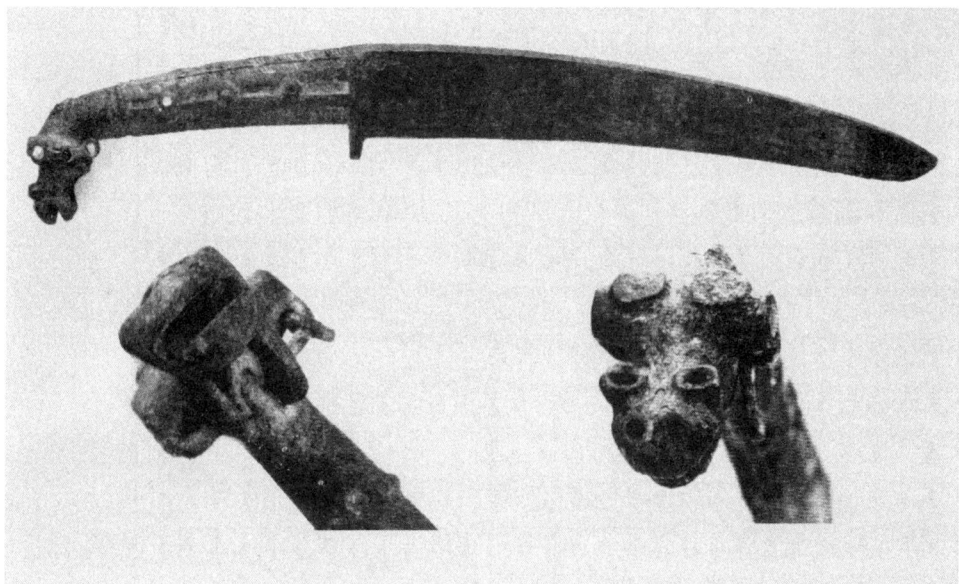

图一〇　殷墟西北冈M1311出土的不成功的仿制品

眼部圆筒里和刀柄上的绿松石，北方地区的其他野山羊的眼部都作成圆筒状，是否是为了嵌绿松石，还有待进一步的发现来验证。

　　从目前有明确发现地点的野山羊头柄首的刀剑和其他器物的分布情况来看（图一一），似以华北的燕山南北和辽河地区为中心，邻近的蒙古国的中、东部也不少，如果还考虑到作为饰件的野山羊头造型最早发现于河北北部的藁城台西，可能这种题材的发源地也在燕山地区，虽然远播到南西伯利亚的米奴辛斯克盆地，那里的这类器物制造都不精良，不可能是这种装饰题材的发源地。

　　在杨建华、邵会秋、潘玲三位研究者的近著中，在欧亚草原东部划出一个"中国北方—蒙古高原冶金区"，这个冶金区萌始于公元前2千纪初，而公元前2千纪后半叶饰有同一造型野山羊头青铜器的流布，可作为该冶金区正式形成的标志之一。

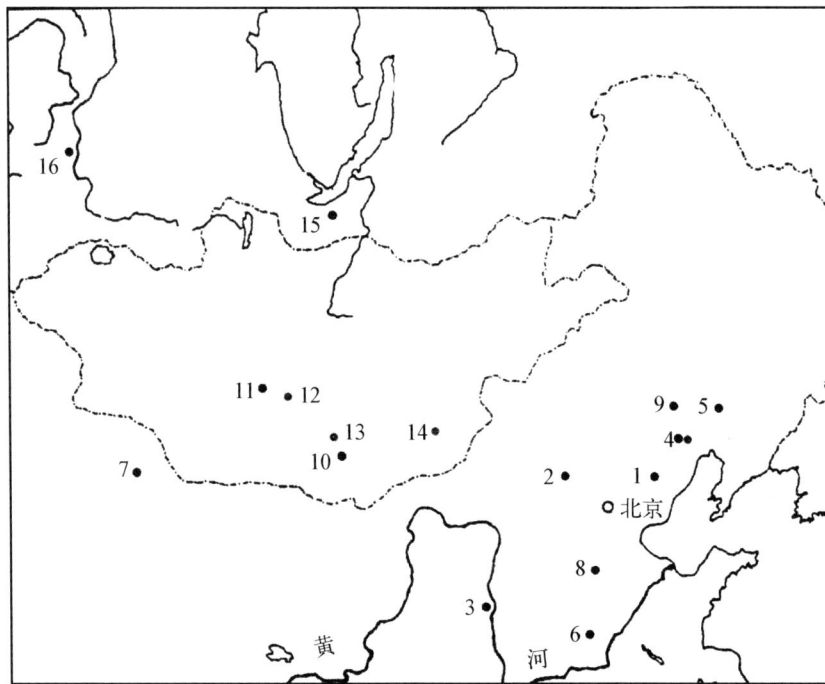

图—— 带野山羊头的青铜器分布图

1.青龙抄道沟　2.张北　3.绥德墕头村　4.朝阳十二台营子　5.法库弯柳　6.安阳殷墟　7.哈密花园乡　8.藁城台西　9.奈曼旗东犁　10.巴彦达赖　11.巴彦洪戈尔　12.纳林台勒　13.巴尔干　14.东戈壁省?　15.外贝加尔?　16.阿巴坎

2015年10月在呼和浩特举行的第六届"中国北方及蒙古、贝加尔、西伯利亚地区古代文化国际学术研讨会"上大会宣读的论文。载《中国北方及蒙古、贝加尔、西伯利亚地区古代文化》上册，科学出版社，2015年。

# 耒：东亚最古老的农具

《辞海》"耒"条说："耒是古代翻土农具。""耒耜"条说："耒耜是古代耕地翻土的农具。耜是直接作用于土壤的铲状部件，也有用骨、石制作的，耒是扶持耜的把柄。"（见《辞海》2010年版）这样解释有两个问题：一、耒是一种农具，还是一件农具的部件？二、耒如果是翻土的农具，形状是什么样子的？为什么耒、耜合用后，耒的单独意味消失而变成把柄的名称。根据近几十年的考古发现，结合文献记载，我们可以判断：耒是一种最古老的翻挖土地的农具，曾在东亚地区广泛使用。而"耒耜"对"耒"的解释是古代文人臆想的结果，谬传至今。

## 一、韩国的发现与研究

在韩国国立博物馆的藏品中，有一件青铜器是在1970年末由大田的商人从私人收藏者处购得，经首尔商人转手，入藏国立博物馆。该器传出大田一带，具体地点不可知。这件青铜盾形器虽然下部残缺，但经过表面除锈之后，发现它的正反两面均有精细的纹饰，没有衔环桥状纽的一面右上方所展示的纹饰，特别耐人寻味（图一）。1971年，韩国

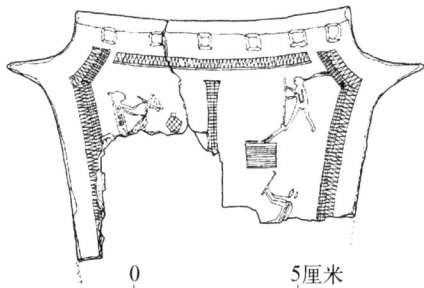

0                    5厘米

图一　韩国国立博物馆藏青铜盾形器

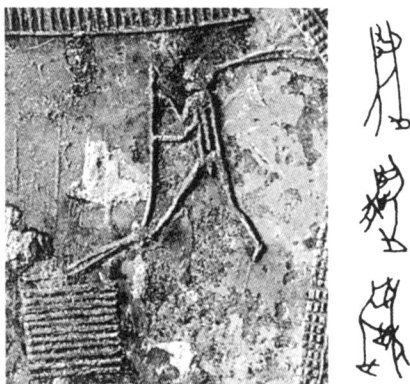

图二 韩国农耕纹青铜器图像与殷墟甲骨文"耤"字对比

学者韩炳三发表《先史时代的农耕纹青铜器》一文，正确地解释这一图像是"人物双手握住农具柄部，一脚作下踩状。此农具较长，分为两叉，形制与'耒'极为相似，其下以十条横线刻绘出一方形区域以示垄沟。在耒下刻绘垄沟的表现手法，如实地反映了当时的耕作场景"[1]。

这幅图像的奇妙之处，在于所表现的双手持"耒"而一脚踩"耒"的耕作方式，与中国殷墟甲骨文中"耤"（图二）的象形十分接近[2]。上方的甲骨文"耤"字，耕作者也是双手握农具柄，一足作下踩状，农具前端也是分为两叉。下方的甲骨"耤"字，前端两叉的农具表现得更细致，加上了脚踩的横棍，下踩的脚形也刻了出来。

在殷墟甲骨文中，"耤"字多数作为表达动词"翻耕农田"用。如"贞：呼雷耤于明"（合集14正，宾组卜辞，武丁时代）。意思是：询问是否叫雷这族人翻耕在"明"地的农田。"……贞：我受甫耤在自年，三月"（合集900正，宾组卜辞，武丁时代）。意思是：询问我是否能得到甫族翻耕在"自"地的农田而获取的收成，卜问的时间在三月。甲骨文中的"耤"字虽然没表现人在操作岐头工具时形成的田垄沟，而该字在卜辞中的用法，正表明它是和农业收成有关的劳作。

韩炳三说，大田的那件青铜盾形器上一脚下踩的农具是"耒"，是很正确的。在商代的青铜器铭文中，可以见到一个作为氏族徽号使用的字，即图三，1之形。很明显，这个字就是"耤"字所持的农具形，只是把持它操作的人形，省略为一个手形罢了。而这个字显然就

[1]韩炳三：《先史时代农耕纹青铜器》，《美术考古》（韩国）总112集，1971年，8页。
[2]殷墟甲骨文"耤"字形体不一，参见李宗焜编著：《甲骨文字编》下册，台湾中华书局，2012年，1305页。

图三　商代青铜器铭文、小篆、汉字楷书"耒"字

是后来小篆中"耒"字（图三，2）的原始形态，最后演变为现在汉字楷书的"耒"字（图三，3）。

## 二、耒是中国最古老的工具

耒是中国起源最早的农耕工具之一。在神话传说中，耒是神农氏发明的。战国时代写成的《易·系辞传下》中记载："包牺氏没，神农氏作，斫木为耜，揉木为耒，耒耨之利，以教天下。"意思是说：伏羲氏去世后，神农氏兴起。他砍削木头做成耜，弯曲木头做成耒，用它们翻耕和除草都很方便，教会了世上所有的人。在山东省嘉祥县发现的东汉晚期武氏家族墓地中的石筑小祠堂——武梁祠（武梁是祠主姓名），祠堂的内壁有神农氏的像，像旁有文字说明："神农氏因宜教田，辟土种谷，以振万民。"意思是说：神农氏根据相宜的自然条件教会人们从事农业生产，开辟土地，种植谷物，用来救助广大的人民。神农手里拿的就是一种前端分成两叉的耒。它的柄部是弯曲的，可以和上面提到的"揉木为耒"相印证（图四）。

还有另外一种传说。东汉许慎的《说文解字》解释了每个汉字的造字原意，但他没有看到商代的甲骨文和金文，只能以小篆的字形为依据，因此他说："耒，手耕曲木也。从手推丯（音介，指'乱草也'）。古者垂作耒耜，以振民也。"他把小篆中从耒形讹变来的"木"，解释为耒的质地是木头的，他所谓的"丯"，其实是握耒柄的

图四　武梁祠内壁神农氏像

手形演变而成的，他却当成了被耒所除掉的乱草。这样一来，本来是翻掘土地用的耒，被解释成单单是除草用的农具了。他对汉字造字的解释大多是正确的，保存了古汉字造字的基本原则；但受时代的局限，也有一部分字解释错了，在所难免。他在耒字的解说中还介绍了耒的另一个发明者——垂（有的书上也写作倕）。在其他古书中，垂是一位能工巧匠，发明过"舟"[3]、"规"（画圆的圆规）、"矩"（确定直角的尺）和"准绳"[4]、"弓"[5]，还造出最早的"钟"[6]（一种打击乐器）。有的书上说，垂是神农氏的臣属[7]，有的书上则说他是"黄帝工人"[8]，也有书上说他是尧舜时的人[9]。

以现代考古学的知识评判，上述两种耒的发明者传说，后一种传说中的垂，可信程度更高一些。因为，耒这种工具，在田野考古发掘古代的坑或沟时，可以在壁上发现它所留下的平行的齿痕。这种齿痕，在殷墟发掘的过程中已为中国考古工作者所熟知。1956年，在河南陕县庙底沟HG553北壁发现同类齿痕，"经我们仔细观察，发现是用双齿形的工具做成的，每齿的直径是4厘米，两齿之间的距离也是4厘米，有的宽达6厘米"[10]。这个灰沟属于庙底沟二期文化，

---

[3]《墨子·非儒下》"巧垂作舟"。

[4]《玉篇·夫部》规字条引《世本》"倕作规矩准绳也"。

[5]《荀子·解蔽》"倕作弓"。

[6]《礼记·明堂位》"垂之和钟"。

[7]《齐民要术一》引《世本》"倕神农之臣也"（疑是宋衷注本文）。

[8]《通典·乐四》引《世本》"钟黄帝工人垂所造"（疑亦是后世注本文）。

[9]《尚书·尧典》"帝曰：俞！咨垂汝共工。"《广雅音释》："垂，舜臣。"

[10]中国社会科学院考古研究所：《庙底沟与三里桥》（中英文双语版），文物出版社，2011年，14、15页（中），23页（英）。

可把年代推早到公元前2780±145年[11]。20世纪70年代，陕西临潼姜寨的发掘，在姜寨一期（属半坡类型）的坑壁上也发现了同类工具的齿痕，证明"已使用木耒一类的工具，如H33南壁尚保留四组木耒痕迹，每组有两条耒齿痕。齿痕间距16厘米，每齿宽6厘米"（图五）[12]。

图五　陕西临潼姜寨坑壁上的齿痕

年代可推早到仰韶时代中期，即大约在公元前3000年以上。目前发现的用耒遗迹，最早的就是仰韶到龙山时代，这一考古学上的时代大体上相当于传说中由黄帝开始的"五帝时代"。这一时代正是各种文明因素逐一出现的早期文明化的重要过程。

由于在中国北方地区的考古工作中还不曾发现过古代的农田遗迹，只在土工工程的窖穴、房子基坑、沟渠的壁上找到过耒的齿痕。在文献记载中，耒也不只是农具，而是一种常用的挖土工具。例如战国晚期韩非所著的《韩非子·五蠹》中说"禹之王天下也，身执耒臿以为民先"（禹为天下的王时，亲自拿着耒和臿做民众的领头人）。禹是带领民众大规模治水的领袖，他拿着耒和臿，显然是为了挖渠修堤，并不是为了耕田。在武梁祠内壁的石刻画像中也有禹，手里举着一件双齿的工具，正是耒。与神农像用以耕作的耒，不同之处在于通体是直的（图六）。

战国时成书的《周礼·考工记》中谈到耒的制作说，耒的分叉的头部——庛——应长一尺一寸（东周时一尺约为23.1厘米，一尺一寸约合24.5厘米），而靠近庛的柄部应长三尺三寸，而还有一段柄

[11] 同注[10]，张光直序，3页。

[12] 西安半坡博物馆等：《姜寨——新石器时代遗址发掘报告》，文物出版社，1988年，43、44页。

图六 武梁祠内壁禹像

部应长二尺二寸，由于这三段折成一定角度，如商代青铜器铭文 ⌐ 所示，柄端和庇端的直线距离应该是六尺（约合136.8厘米），即当时丈量耕地面积的基本长度单位——一步。但是，该书又强调折角的度数是要因地制宜的。"坚地欲直庇，柔地欲勾庇，直庇则利推，勾庇则利发"。意思是，土质坚硬的需要使庇部和柄部平直，土质柔软的需要使庇部和柄部形成勾折，庇与柄部平直有利于推送，庇与柄部勾折有利于翻起土壤。所以，我们现在在甲骨文和青铜器铭文中见到的耒的象形符号，柄部和分叉的头部有不同的曲折形态。前面所举韩国大田出土的青铜器上的耒，庇和柄仍有一定的角度，正是适用于翻起土壤，形成田垄的。而武梁祠画像石中禹手持的耒，庇和柄部平直，而且较短，应是土工工程的利器。

## 三、耒的推想与实证及其在东亚的流传

推想耒这种双齿和翻掘土壤的工具，应该是在土质致密的黄土地带产生的。之所以作双齿形，是为了使入土时有一定宽度，而又减少阻力，双齿之间空隙不宜过宽，方可托起较大的土块。战国时耒的实物，在湖北江陵纪南城的古井中发现过（图七）[13]。这是保存下来的木耒的一个例子。残长109厘米，柄端残缺，所以不知原来究竟有多长。前端（即庇部）长50厘米，是分为两齿的窄长木板，双齿各套

---

[13] 湖北省博物馆江陵纪南城工作站：《一九七九年纪南城古井发掘简报》，《文物》1980年10期。

有一铁刃口，铁刃口长7厘米、宽8厘米，板上端一侧较宽，显然是供脚踩踏处。板面和双齿上都有砍制的痕迹。同一井中还发现一段长46厘米的残柄。把这件耒和前面举出的农耕纹青铜牌上的翻耕工具比较，头部的轮廓是很接近的，只是青铜牌上的工具柄和头部呈折角，而井里出土的耒柄和头部呈一直线；虽然形式有所不同，但使用方式都是要用脚踩踏来加强发力的。

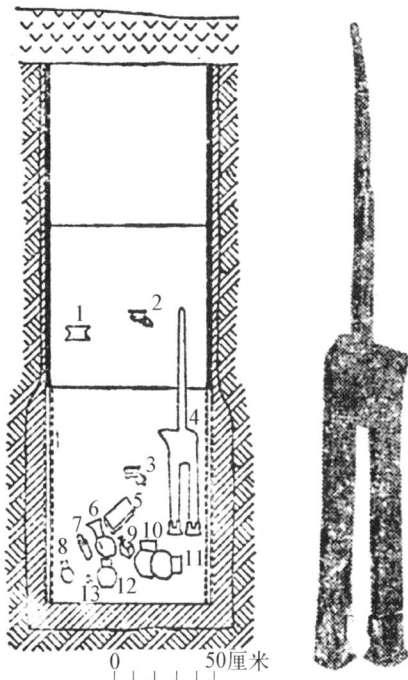

图七　湖北江陵纪南城出土战国耒

一直到汉代，这种用脚踩踏来帮助发力的翻耕工具仍旧在使用。西汉淮南王刘安组织学者写成的《淮南子》一书中，说到"跖耒而耕"，也就是用脚踏着耒进行耕作。甲骨文中表现人踩着耒翻耕的 字，在西周青铜器铭文中为 ，踩耒翻耕的图形已经简化了，又加上 （昔，上部表示洪水，下部为太阳，表示有洪水的日子——往昔）作为注音的符号[14]。再进一步演化，把拿着耒的人形也省略掉了，就变成了"耤""耤"字。后来又加上了草字头或竹字头，成为"藉"、"籍"等字。但在后代，藉字仍保持有"踩踏"的意思，"狼藉"这个词，就是用狼踩得乱七八糟的样子来形容"散乱"、"破败"之意。

汉代的耒，至今还没有发现过实物，但在随葬的陶俑中，发现过持耒的形象。这是在河南省灵宝县东汉的古墓中出土的俑（图八）[15]，

---

[14] 现代汉语中"昔"和"耤"的发音有很大差别，但据王力：《汉语语音史》（中国社会科学出版社，1985年）"昔"的上古音为siak，"耤"的上古音为dziak。两者的元音相同，辅音都属所谓"齿头音"（实际是舌尖前音），故可相通。

[15] 河南省博物馆：《灵宝张湾汉墓》，《文物》1975年11期。

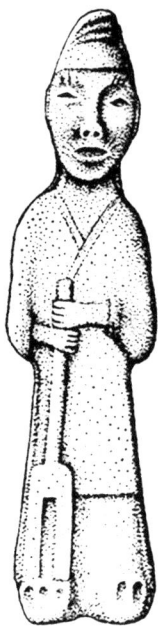

图八　河南灵宝东汉
古墓出土俑

说明直到东汉时期（1～2世纪），耒仍在使用着。再晚些时候，耒在中国土地上就退出了历史舞台。可能因为耒的双齿在加装铁刃口后，间距已变得很小，并不比加装一字形刃口的臿（即由古耜演变而来的另一种翻掘土壤的工具）有更大的优越性。

韩炳三在他的论文中指出，大田的那件青铜盾形器，和大田槐亭洞石棺墓出土的一件青铜盾形器，形状十分接近，而该墓同时出土的一把细形铜剑已测定为公元前4～前3世纪的器物[16]。本文无意讨论朝鲜半岛细形剑的确切年代问题，用槐亭洞石棺墓的细形剑，为大田的青铜盾形器断代，只是一个间接的旁证。但是大体上可以肯定的是：这件盾形器上的图像说明，起源于黄河流域的耒和"跖耒而耕"的农作方式，最晚在战国时代已经传入朝鲜半岛。而且，图像中那个踏着耒翻耕出一条条田垄的人，头上有两条长羽，显然是朝鲜半岛土著居民的装束，可以证明当地居民已掌握了这种耕作方式。

在黄河流域和朝鲜半岛的中间地带，即中国的东北地区，在田野考古中目前已发现了不少夏家店下层文化和夏家店上层文化遗址中，留下的双齿挖土工具的遗痕（图九），图中的齿距为5.5～7.5厘米。夏家店下层文化的年代约为公元前1900～前1500年，夏家店上层文化的年代约为公元前1000～前600年。比夏家店文化年代更早的遗址中则尚未发现过耒齿的遗迹，这有待今后田野工作中注意探寻。

目前已经可知的是，耒这种古老的农具，不但传到了朝鲜半岛，还通过朝鲜半岛传到了日本。由于日本的土壤条件能保存很多木器，所以现在已经出土了不少木质双齿形农具（图一〇）[17]。图中由左至

---

[16] 同注[1]，2页。

[17] 上原真人编：《木器集成图录近畿原始编》，日本奈良国立文化财研究所，1993年，7页。

右为，爱知县春日井市胜川遗址出土的木质耒庇，属于公元前1世纪的弥生中期，与大田所出盾形器图像相似。千叶县茂源市国府关遗址所出木质耒庇，属于3世纪的古坟初始期，已经形成日本本地的特殊形态。长野县长野市石川条里遗址所出

图九　夏家店下层文化遗址中发现的耒齿痕迹
（吉林大学考古系王立新教授提供）

连柄的双齿工具，属于4世纪的古坟前期。最右是大阪府丰中市上津岛遗址所出木质耒庇，属于5世纪的古坟中期。日本学者认，图中不带柄的三例都可以绑在木质曲柄上使用，所以名之为"叉锹"，而把

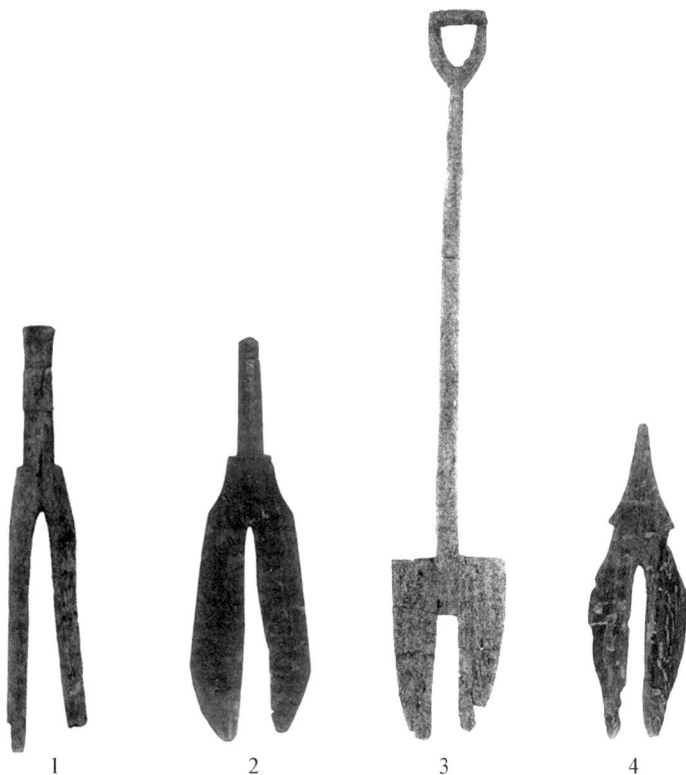

1　　　　　2　　　　　3　　　　　4

图一〇　日本各地发现的木耒

图中带柄的称之为"锄"（图一一）[18]。实际上，既然有直柄的双齿木"锄"存在，那么所谓"锹"也可以绑在直柄上使用，因而也就是耒庇了。这种在日本分布相当广的木质双齿农具源于中国黄河流域古老的木耒，是无可置疑的。而且，在日本它至少沿用到5世纪，比黄河流域要晚得多。

然而，这种在东亚地区广泛流行的古农具，在其发源地却被漫长的历史淹没了。

## 四、耒耜的谬误是怎样造成的

《辞海》在中国具有简明大百科全书的作用。《辞海》1979年版（第三版），在耒字条中解释"耒耜"一词，引用了一幅古代从来不曾存在过的"耒耜"图（图一二），并解释说："耜是耒耜的铲，耒是耒耜的柄。"《辞海》2009年版（第六版）改为："耜是直接作用于土壤的铲状部件，也有用骨、石制作的，耒是扶持耜的把柄。"耒被这样臆想成农具的柄。这种曲解起源于西汉时不明农业生产的学究京房（公元前77～前37年），他在注释《易·系辞传下》时，将耒和耜当作同一件农具的不同部位，说："耒，耜上勾木也。"东汉的经学大师郑玄（127～200年）采用了这种说法，在注释《礼记·月令》时也说："耒，耜之上曲也。"其实，像江陵纪南城战国古井中出土的那种双齿而分别加上铁冠的耒，东汉时还在使用，所以做大司农的郑众，在注释《考工记》中的耒时说"耒谓耕耒，庇谓耒下岐"。然而郑玄却把这种双齿有两个铁冠的农具，和"耜"（当时一般已称"臿"，见图一一）混为一谈，而且自作聪明地解释说："古者耜一金，两人并发之……今之耜岐头两金，象古之耦也。"[19]意思是，古时候的"耜"有一个金属的刃口，两个人并排翻土。现在的"耜"是分叉的头部有两个金属的刃口，是模仿古时候两个人成对作业。认为这种双齿工具可

---

[18] 都出比吕志：《农具铁器化の二つの画期》，《考古学杂志》（日本）第13卷第3号，1967年。

[19] 《周礼·考工记·匠人》"耜广五寸，二耜为耦"郑玄注。

以顶两个人同时作业，这是完全脱离实际的想象之辞。但是，由于郑玄对后世经学影响很大，把"耒耜"当作同一件农具名称，又把耒和耜作为不同部位的名称。因此"耒"仅是"耒耜"的勾曲的柄部，成为经典的见解。

于是，后代的农书中便造出符合郑说的古代"耒耜"的图形来。元代王祯（1271～1368年）的《农书》，总的说是一本科学价值很高的著作，但其中的"耒耜"图却是败笔。《辞海》的"耒耜"图就是从王祯《农书》转引来的。这张图应该是采用了郑玄耜是耒头金的说法（图一二），但这种金属的器口在先秦时代是不可能存在的（有点像后来的起翻土作用的犁镜）。柄的下部分出一个叉，也有点像犁，却不知道金属的头部怎样才能安上，又无助于入土和翻土，也许只好拴上绳子牵拉用。《辞海》还用它作插图，实在不科学，真正是数典忘祖。《辞海》对耒的解释虽然有"古代翻土农具"，但没有进一步的描述，加之耒耜将耒说成是柄，那么，耒的准确本义也就模糊不清了。

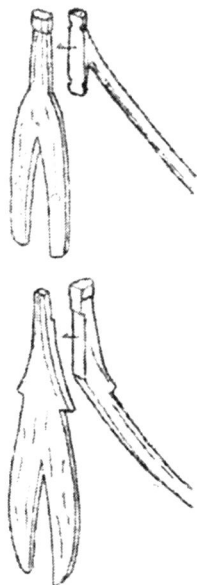

图一一　都出比吕志对双齿农具两种安柄法的复原

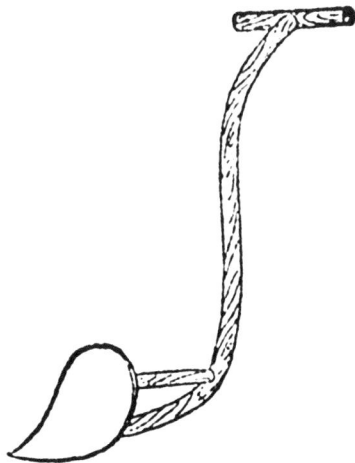

图一二　《辞海》"耒耜"条所附图

　　本文写作目的，是恢复耒在东亚世界起过重要作用的古老农具的应有地位，并特别希望在中国、朝鲜半岛和日本列岛各地的考古工作者，在今后的田野考察中，继续关注并努力发现古耒的使用痕迹和实物遗存，使这种器物产生和传布的历史，越来越清楚地呈现在世人面前。

　　2015年10月在天津师范大学举行的"教育部社会科学委员会历史学部年会暨多文明视野下的中国与世界研讨会"上宣读的论文。首先载《社会经济史评论》2016年1期。英文版载 *Asian Archaeology*, Volume 4，2016。

# 欧亚草原东部的金属之路·序

　　中国北方的广大草原是欧亚大草原东南部的组成部分，它与欧亚草原的文化联系，是一个国内外学者都关注而有悠久历史的研究题目。可惜的是过去还没有一位中国学者在这个题目下发表过一本专著。杨建华他们写的这部书是头一部，所以可喜可贺。这不仅是因为在国际学术界给中国学者争得了应有的发言权，而且对几十年来在中国北方茫茫草原上辛勤考古的两三代田野工作者们是一种回报，做了一件大好事！

　　这部书正如作者自言，"是一幅由种种联系和互相作用无穷无尽交织起来的画面"，"是一幅从公元前2千纪到公元前后长达2 000年的中国北方与欧亚草原以金属为代表的文化交往的历史画卷"。不管这个画卷还有多少空白或不完善之处，由他们辛辛苦苦交织起来的画面，会使中国的考古工作者可以看到一片广阔的、还比较陌生的新天地，给我们今后的新的发掘和研究提供更新的关注点和更多的思路，在中国考古走向世界的今天，自然会受到大家的欢迎。

　　这部书当然也提出了作者们自己的重要见解。我拜读之后，觉得最值得肯定的有以下几点：

　　一是把欧亚草原的东部分出一个"中国北方—蒙古高原冶金区"，这个冶金区在公元前2千纪初处于萌芽状态，到公元前2千纪后半叶正式形成，包括了中国北方、蒙古高原、外贝加尔，并向西到达米奴辛斯克盆地，形成东部文化向西推进的形势。而到公元前1千纪中叶，草原普遍游牧化的时期，西部文化向东推进时，在亚洲草原东部仍保持了原有的传统。

　　这种在分析原始资料的基础上提出的东西两分观点，为今后的研究提供了一个重要的门径，就是在不同的时期对"中国北方青铜器"应有区分东、西的意识，应该抛弃过去混沌的"卡拉苏克式"、"斯基泰式"，或"鄂尔多斯式"之类的观念，实事求是地提出新的概念。当然，不同时代的东西分区界线如何划分尚待继续研究，"中国北方—蒙古高原冶金区"的矿产和冶炼中心有待田野工作进一步开展，方能使这一观点立于更坚实的基础之上。

　　二是用具体的事例进一步发挥了大卫·克里斯汀提出的观点，即"欧亚内陆的社会发展动力主要来自南部与农业地区接壤的大前沿地带"，亦即住在中国北部的"从事农业的野蛮人"。也就是说，今后中国考古界应该以更大的注意力对待文献记载中只有很少篇章的"戎狄"遗存的发现和研究。不仅是对于欧亚草原的历史，还是对于中国中原地区的历史，"戎狄"遗存的研究都应该提高到应有的地位。

　　三是对匈奴起源的研究，应该把视野放到整个亚洲草原的东部地区，这一地区的传统文化应该是匈奴联盟形成的历史基础。既不能像20世纪90年代以前那样只在中国北方去找寻所谓"早期匈奴"，也不能局限在蒙古高原去求解匈奴起源，而应该既考虑"中国北方—蒙古高原冶金区"的历史传统，又研究这个冶金区在草原上普遍游牧化之后发生的变化，才能找到解开这一历史之谜的正确途径。

　　当然，在如此漫长而又如此广袤的范围内，即使是单单对特定的金属遗存的复杂现象，要得出统一的见解，也是根本不可能的事。所以这部书也可以说只是提供读者们驰骋大胆想象的一种依据。所以我有幸先读此书之后，不免也想说一些感想。

　　我觉得，这部书最大的优点是提供了从欧亚草原青铜时代和早期铁器时代的全景来认识和解释中国北方地区的考古遗存，但同时也就感到对利用中国考古本身具有的天然优势，即古文献记载，来启发研究的关注点和思路，尚有不足。例如，书中只是在第五章第二节分析北方长城地带在东周时期分成南北两个不同文化系统时，利用了文献，认为在南是戎狄，在北是胡（我则仍保留意见，认为胡和戎狄应从人种来分，不能从所用器物来分）。但如果扩大时间范围来看，在《左传》所记述的春秋时代，不仅有白狄在黄河以西，还有赤狄在山西东南部，而且既然称"狄之广漠，于晋为都"，则整个山西大部为戎狄（《春秋左传》中戎狄可换称，无严格区别）所据。春秋初年，狄所伐有太行山以东的邢、卫，致使邢迁夷仪，卫迁楚丘。再迁帝丘。而狄灭温（苏），所及已达东周王朝的核心地带。周王室内乱时王子带（甘召公）召扬拒、泉皋、伊洛之戎伐京师入王城，可见戎狄已入居伊洛地区，之后又侵郑、伐卫、侵宋，并东向侵袭齐、鲁。而且周襄王曾一度娶狄人之女为后。王师和戎狄间的直接战争一直到成公元年（前590年）仍有记载。《左传》还记载，卫庄公（公元前480～前478年在位）在都城城头上（其时都已迁到帝丘，在今河南滑县境内）望见戎人所住的戎州，"见己氏之妻发美"，就要把她的头发给自己夫人做假发。可见当时戎狄在河南也分布甚广。现在我们虽然可以从春秋时代的秦、晋、燕等国乃至中原各地的青铜器中分辨出一定数量的北方系青铜器，作为当时戎狄存在的证明，但时至今日，对陕西、山西、河北以及河南地区的戎狄考古学遗存，认识还是很不清楚，甚至根本说不出华夏之外的戎狄遗存何在。我在2002年写成的《中国北方长城地带游牧文化带的形成过程》一文中，曾提出过陕北米脂张坪发掘的四座墓是春秋时代的狄文化遗存的观点，但在杨建华他们这部著作中，仍被认为是晋文化遗存。当然，在眼下考古工作开展还不够充分的情况下，仍然应该允许仁者见仁、智者见智地各抒己见。但相信随着田野考古的进一步开展和研究的不断深入，古代文献的作用会受到更多的重视，戎狄这一在中原文化和北亚游牧文化的关系中起过重大历史作用的人群，其历史踪迹一定会越来越明晰地展示出来的。

另一方面，统观全书感到美中不足是，我们现在掌握的蒙古国内青铜时代到早期铁器时代的考古资料还很欠缺。以致在很多问题上无法作比较细致的论证，而只能作或然性的猜想或粗疏的推断。最突出的例子当然是匈奴文化的渊源及其形成过程了。这是很多读者一定会感觉到的。其实，很多研究者都不一定注意到的是，西周文献中屡屡提到的"猃狁"。据金文记载"猃狁"作战时是有车的，和春秋时华夏军队和戎狄作战时所提到的"彼徒我车"显然不同。这个西周时期的"猃狁"人群目前在中国的北方地区尚没有找到遗存，其老家是否在已发现不少和商周金文中的象形的"车"字相仿的岩画战车的蒙古高原，不也是有待探索的考古课题吗？所以，在欧亚草原青铜时代和早期铁器时代的考古工作方面，我们更热切地期待着我国近邻蒙古国的田野工作和考古研究的新进展，不断破解旧谜团，提出新的研究任务。

1993年我曾给杨建华写的中国第一本外国考古专著《两河流域史前时代》写序，只过了二十年多点，她已经不但在西亚考古方面出版了更深入的研究专著，而且领头写出了从东欧绵延到中国长城地带的欧亚大草原的考古专著，是非常令人高兴而感动的。我衷心祝贺她半生辛勤劳动取得的可贵成果，并欣喜地看到吉林大学的外国考古研究已从单兵作战到初步有了学术梯队，而且薪火承传不断扩大。因此，在不久的将来，写出更深入的研究专著应该是可以预期的，至盼至盼！

2015年4月4日于长春剑桥园

载杨建华、邵会秋、潘玲《欧亚草原东部的金属之路——丝绸之路与匈奴联盟的孕育过程》，上海古籍出版社，2016年。

# 先秦考古探微·序

　　王立新把他的论文集初稿给我看，要我写一个序。我便有幸细读了一遍，感到受益匪浅！

　　我记得，在他做张忠培先生的硕士研究生时，正是类型学研究在吉林大学十分盛行之时。他曾把他的硕士论文《单把鬲谱系研究》初稿给我看，给我留下挺深的印象。我觉得，他的思维相当严密：先把单把鬲、单把斝式鬲和单把斝分清楚，再把单把鬲和单把斝式鬲的总体形态细致分为领口、三空足、腹腔三个部分，分别研究它们型式上的变化序列，进而找到同步演变的趋势。从而把单把鬲和单把斝式鬲统一分为甲、乙两大类，分别排出各自的演变序列，使人感到很有说服力。这和当时不少研究生只是机械地把器物排列成表面上看来是循序渐变的系列，在思路和眼光上都显然有别。他的这种细致而周密的类型学方法，在他的博士论文《早商文化研究》分析早商陶器和青铜器的形态演变序列时也清楚地表现出来。再后来，在他指导张礼艳的博士论文关于西周陶器形态演变序列部分，即《丰镐地区西周墓葬分期研究》（载于《考古学报》2012年1期）中，也突出地表现出来。

　　我觉得，当初蒙德留斯建立独立于地层学的类型学相对年代研究方法，其思路并非仅依赖遗物外在形态的循序演变系列［滕固：《先史考古学方法论》译为"联类"（Serie）］，他特别强调要以最审慎的态度去研究发现物的相互关系，要用是否有平行排列的演变系列来验证所排系列是否正确。苏秉琦先生把蒙德留斯的方法应用于中国考古学研究，在斗鸡台和中州路两批资料中主要是使用的不同遗物的演变系列是否有平行（或"同步"）现象的方法。而同一种遗物本身不同部分的演变是否有平行（或"同步"）现象，在邹衡、严文明两位先生的研究中有较大的发展。王立新的单把鬲研究和早商陶器研究都可以作为细致研究同一遗物各方面特征是否有同步的演变系列的可借鉴的范例。

王立新在做我的博士生时，有两件事我很称赞。一个是他作为考古的博士生，对我讲的古文字学和先秦文献的课学得很起劲。记得他还和我的另位攻读古文字学的博士生合写过一篇考证西周金文中有关车马器的论文。而他在攻博期间写《"桐宫"再考》文章时（我只是提供了《史记》说伊尹放太甲于"桐宫"的"宫"是司马迁加上去的这样一个想法），查了很多历史地理方面的文献，都是他自己独立查到的。他自己说，既然当了林老师的研究生，那么林老师所长一定也要学。现在看他的论文集，不但有多处是运用先秦文献、古文字资料和考古学材料相结合来讨论问题的，说明他毕业后还在这些方面继续下功夫，而且为了扩大研究面，还继续学习了地质学、古环境学、文化人类学、科技考古等方面的著作，知识面已经比我更广了。而使我感动的是，我的学生后来大都只关心自己所从事的学术方向，对我的各个方面的研究进展多不甚了了，而王立新则一直关心我发表了哪些新的论文，能相当全面地介绍我的研究成果。这是很不容易的。另一个是，我的学生有不少说很怕我（我自己一直不明白为什么），先想好见我要说什么，见了我就想不起来了。王立新不是这样，很有主见，常常和我辩论不止。我那时家里虽已有三室，一间住我母亲，一间住两个孩子，我的书房和寝室是一间，如果晚上王立新来了，一辩论起来，我爱人便不能睡觉了。但是我很喜欢这样的学生。后来我看到有些我很敬爱的前辈学者，到了晚年，因为周围有很多人无原则地捧着，便不能清醒对待自己，很怕自己也会这样，便嘱咐王立新，说我如果老到那样的程度，你可不要那样捧我，该辩的时候一定要辩，让我能保持一点清醒啊。

这次全面看了王立新的论文集，觉得有三点很值得称赞：

第一条，是研究的问题不限于一个方向，而在不同方向上都有重要的突破。

　　王立新在攻读硕士学位时是做新石器时代研究的，而到了博士生时就专攻商代考古了，后来接替我讲夏商周考古，所以在夏商考古方面都有钻研，他的博士论文《早商文化研究》在早商文化的分布过程及其动因的研究上取得重要突破，入选"高校文科博士文库"（每年在人文社会科学博士论文中仅选10篇）。《从嵩山南北的文化整合看夏王朝的出现》、《下七垣文化探源》、《试论下七垣文化的南下》、《从早商城址看商王朝早期的都与直辖邑》等文，都是深入细致分析考古资料，结合文献记载，复原夏、商历史的重要力作。但吉林大学地处东北，又成立了"边疆考古研究中心"，因此他的田野工作集中在中国东北地区，先是在夏家店下层文化的田野工作和综合研究方面取得了领先的成果，不仅在分期和分区上超过前人，而且在该文化的来源、社会形态、社会发展阶段、经济形态等方面都有新的认识。继而在林西井沟子发掘了首批可以明确定为东胡的墓葬、在克什克腾旗喜鹊沟发掘了早到商代的铜锡砷共生矿，进而在白城双塔遗址发现了距今万年前后的陶器，都是东北考古的重大突破。

　　除此之外，他也对长城地带从东到西的周代考古资料作了全面的综合研究，并提出了不能机械地看待气候变化和经济类型改变的关系、长城地带并非一下子全盘游牧化等重要观点。

　　第二条，他多年的考古研究始终没有脱离田野考古的实践。

　　比如，他在东北考古上的重要突破，都是在他亲自参加发掘的遗址或墓地的研究中所获得的，而且多数发掘的地点是他和考古同行或带领学生多次调查才选定的。而他对中原地区夏商考古的资料虽不能亲自参加发掘，但利用各种机会进行实地考察并认真观摩发掘品，一直是他醉心的事情。因此，他在考古学研究上取得的丰富成果，是和他始终不脱离田野考古、尽可能贴近考古第一线分不开的。

　　第三条，他是考古工作者中爱思考又善于思考的一员。

　　我觉得，他在开始时是在地层学和类型学上很下功夫的，但在反复实践中又不断探索正在发展中的新的考古学研究方法。这些想法在《浅论考古资料系统化与解释研究的方法》和《大安后套木嘎遗址发掘方法、技术与记录手段的新尝试》中较集中地反映出来，表现出绝不故步自封而不断开拓进取的精神。

纵观他的全部论文，有相当大的部分已经是研究古代的社会演进过程，影响社会进程的动力，以及经济形态的改变和气候变化的关系等问题。要研究这些问题，特别需要综合多方面的考古资料，而且不限于考古资料，进行深入的思考，才能有所创获。

以对红山文化的社会发展阶段研究为例，他就没有像不少研究者那样，附和苏秉琦先生的"古国"、"原生型国家"说，而是从红山文化遗址的地面调查材料，结合个别的发掘成果，分析出红山文化已经出现了中心居落和一般居落构成的聚落群，而若干个聚落群又构成地跨数百平方千米的遗址群体，比较令人信服地说明了当时已存在部落联合体，从而证明牛河梁是刻意选址、严密规划、规模宏大的坛、庙、冢一体的遗址群，无疑反映了超部落的社会组织的存在。另外，他用女神崇拜（按：因所谓"女神庙"并未全面发掘，此点尚应存疑）、各积石冢中心大墓分属不同族团故不同宗、尚无迹象表明有唯一的王者、神庙为中心的布局表明了神权的至上等，论证红山文化的社会形态应该和早期国家尚有一定距离，而且从伦福儒、厄勒对酋邦社会的最新研究结果推定红山文化的社会是"一种以团体为本位的复杂酋邦社会"，就颇足以自成一家之言。比如，他从红山文化的聚落群分布的密度，远者10余千米，近者只有2～3千米，说明当时可供垦用的土地已不富余，来说明红山文化这种粗放式的、较高强度的农业活动一旦和气候干冷化耦合，必然导致社会的突然衰落，这也是很有说服力的。又比如，过去对于长城地带经济形态的游牧化，是简单地推想因为气候的干冷化，从朱开沟文化开始畜牧业的比重就逐渐增加，进而演变为游牧的。我在《夏至战国中国北方长城地带游牧文化带的形成过程》中反对这种见解，但也是简单化地认为是北方游牧人群南下所致。

他在《试论长城地带中段青铜时代文化的发展》一文中，根据新的考古发现和研究成果，比较细致地论证了重新界定的朱开沟文化并无畜牧业逐渐增加的迹象，其后的西岔文化和李家崖文化的经济形态也仍是以农业为主。气候干冷化只是造成了中段的北部地区人烟稀少，而春秋晚期到战国早期，出现了多人种、多文化传统和不同经济形态的人群在此地杂居的局面。而该地区发达的游牧业的兴起，北来人群的作用尤为重要，使该地区游牧化的实际历史呈现出来了，并由此提出，经济形态的转变不能只考虑环境的制约作用，也应充分注意战争及人群的迁徙等人为因素的作用，这样才有更大的说服力。

他的论文中也有一部分是属于中国考古学中传统的考古学文化界定和文化因素分析的。但因为他把这种研究和文献记载相结合，就在复原历史方面给人以新的启示。

例如，他在研究二里头文化的形成时，仔细区别了嵩山以北的郑洛区和以南的汝颍区在陶器器形、外来成分的构成和出现频率上的差别，明确地分为两种不同的考古学文化——王湾三期文化和煤山文化。进而又较生动地描绘了在龙山末期，煤山文化因素沿嵩山东侧北上，经郑州地区而进入王湾三期文化腹地的图景。改变了过去很多学者认为是嵩山南北的龙山文化经过新砦期发展到二里头文化的单线渐进观，把新砦期变成了煤山文化和王湾三期文化相互碰撞、整合的过程，且认为整合过程中煤山文化扮演着更主动、更重要的角色。在和文献结合方面，他不同意李伯谦先生所说二里头文化的形成是"后羿代夏"的结果，而把煤山文化的北上和夏启代益后，征伐观、扈等部族联系起来，把二里头文化形成作为启成为"天下咸朝"的联盟主的结果。随之，又提出了在此之前不可能有所谓的"早期夏文化"，以及二里头文化作为"夏文化"已经是一种"国族文化"这样的有新颖理论意义的见解，可供考古界同仁展开热烈讨论。

以上只是举例说明王立新在研究问题时爱思索又善于思索，相信读者在读他的其他论文时一定也会自己体察到这一点的。我想：爱思索是出于他对考古的热忱，所以能钻进去，抓住问题不放手；善于思索则是建立在他不断吸收考古新发现、新研究成果，以及考古学之外的多方面知识的坚实基础之上的。

读完这部论文集之后，有两个想法：一个是，中国考古学需要有更多像王立新这样能不局限于一个研究方向、始终不脱离田野实践，又爱思索并善于思索的工作者，如果有了他们，就一定能使中国考古学发展得更快更好，矗立于世界考古之林；另一个是，我们中国的学术界现在还很少有对前辈学者的观点大胆提出不同意见的论著，希望这部论文集问世之后，不要再是一味的称赞，而能引起一点研讨论辩之风。那是将会对考古学的发展大有好处的。

2017年1月1日于长春

载王立新《先秦考古探微》，科学出版社，2017年。

# 为类型学正名

    类型学（不同的中译名有"型式学"、"体制学"、"器物形态学"等）是瑞典学者奥斯卡·蒙德留斯系统总结的一种考古学方法，即从遗存的外在特征来判定其相对年代早晚的科学方法。

    在我国，这种方法由苏秉琦先生在斗鸡台墓葬和洛阳中州路墓葬的研究中成功运用后，在考古界越来越多被广大考古工作者熟悉了。然而，蒙德留斯最早提出这种方法的原著，虽然早在1936年世界书局就出版了郑师许和胡肇椿合译的《考古学研究法》（从滨田耕作的日译本译出），1937年又有滕固从德文本直接译出的《先史考古学方法论》由商务印书馆出版，但由于当时我国专门从事考古工作的人还很少，所以在实际考古研究中"影响似乎不很显著"[1]。新中国成立后，在考古事业不断发展的情况下，也很少有考古工作者到图书馆中去找出中译的原著来研读。各大学考古专业都在北京大学的带领下给学生讲授类型学方法，学生也基本没有读过蒙德留斯的中译原著。现在商务印书馆有意把蒙氏原著的滕固中译本，作为人文科学经典性的学术著作，重印出版。使考古界和广大学术界能一睹考古方法论原典的真面目，应该说是一件大好事！

    目前，在考古界大家都广泛使用这种方法的情况下，类型学的"类型"（type）一词逐渐和一般分类法中的"类别"、考古学文化类型划分中的"类型"，还有"区域类型"理论中的"类型"，越

---

[1]陈星灿、马思中：《蒙德留斯与中国考古学》，《21世纪中国考古学与世界考古学》，中国社会科学出版社，2002年，686页。

来越混同莫辨，以致模糊了类型学是一种断定遗存相对年代的方法的本义。其实，在伦福儒和巴恩著的《考古学：理论、方法与实践》2012年第六版中，类型学仍放在第四章《何时？断代方法和年代学》的开头部分《相对年代》一节中[2]。所以，我认为重印此书的当前要务，乃是为"类型学"正名。

我们首先应该明确，类型学只是一种确定相对年代的方法，和地层学一样，是对考古遗存进行初步认识的方法。张忠培先生曾力主："如果把近代考古学理解为一部车子的话，地层学和类型学则是这车子的两个轮子，没有车轮，车子是不能向前行驶的；没有地层学和类型学，近代考古学便不能存在，更不能向前发展。近代考古学的水平，首先取决于运用地层学和类型学的程度。"[3]在他发表这种见解的1982年，不能不说是反映了中国考古界总的研究水平还普遍处于较初级的阶段。而且反映了他对中国考古发展一定程度上的短视。因为，仅有这两种研究手段，是达不到他早已主张的考古学应该"透物见人"的。

类型学的"类型"（type）一词，在郑师许和胡肇椿据滨田耕作所译的蒙氏论著中，按日语所用的汉字词汇译作"型式"。而滕固从德文本翻译时，则另按嵇康《琴赋》"体制风流，莫不相袭"而译作"体制"。蒙氏自己对type一词未作明确的定义，只是说："我们为了年代学的研究……不但要懂得发现物，并且要懂得所谓体制，以及遇到体制互相类似时，也可以考辨得出。我人如欲做到这个地步。不能不常常深切地观察物品的本质。尤须能够确实判断各个体制，带有些怎样的特征。"所以，每一个type，一定是由固定的一些特征构成的。滕固给孟氏原著做的按语解释说："Typus（type的德文复数）一语，通常译为'类型'或'型式'，乃包含一物品之造形与纹饰。"用造

[2] 科林·伦福儒、保罗·巴恩：《考古学：理论、方法与实践（第六版）》（陈淳译），上海古籍出版社，2015年，105页。

[3] 张忠培：《地层学与类型学的若干问题》，《文物》1983年5期。在收入他的《中国考古学：实践·理论·方法》（中州古籍出版社，1994年，131页）时，注明"成稿于1982年6月"。

形和纹饰来解释孟氏所说的"特征"。在前举《考古学：理论、方法与实践》一书中，也说："考古学家根据一件器物，比如陶器的原料、形状和纹饰等，来定义其式样（form），具有相同特征的几件陶器构成了一种陶器类型，而类型学就把器物归入各种这样的类型中。"[4]在"特征"中又加进了原料这一点。总之，要概括起来，"类型"应该是具有相同客观特征的一种器物。而客观特征最重要的是器物的形状和纹饰，其实并不强求原料的一致性，因为，蒙氏原著中是把石斧和青铜斧、不同时代的汽车放在一起来分析"体制"的。

蒙氏还指出："最必要的，是能够把一个体制和其他体制正确地辨别出来，倘不是这么做法，就不能算他为自然科学家了。然而因为混同了完全相异的体制，以致惹起考古学研究上异常的纷乱，这也是免不了的事。"

确定一个个不同的体制之所以极其重要，是因为蒙氏认为："如欲确定相对的年代。必须决定左列（按：当时排印本是竖排且左行的）事项：一、怎样的体制，才是同时代的东西，即是怎样的体制，才滥觞于同一时期？二、各时期依着怎样的顺序而连续下去的？"

所谓"怎样的体制"这句话中的"体制"，蒙氏用的是复数，也就是指多个不同的体制。要解决这个问题，蒙氏说："此问题只须有那类体制的发见物，能够看见一宗充分的数量时，是比较的容易领悟的。"这里的"发见物"是指同时埋藏的一群器物，例如同一座坟墓的随葬品或同一窖藏中的器物。而"依着怎样的顺序"，则须把相近的体制排列成渐变的序列。也就是今天常说的"器物排队"了。所排成的序列，蒙氏称为"联类"（德文 serie）。蒙氏有一段话十分重要："但一切联类也有共通的事实，这便是每一体制，每一连锁的分环，与位于其次的分环比较时，并没有多大变化。互相邻接的两个分环，相似的程度，往往大至使外行的观察者不能认识其间的差异。但一联类中的最初的体制和最后的体制却又极不相似，普通一看就像毫无渊源关系。其实不然，吾人如将全体详细检讨，定可以发见时代较近的

---

[4] 同注 [2]，105 页。

形式，都渊源于时代较古的形式，其间经过若干世纪渐进的变化而成立的。"

由此可见，蒙氏所说的"体制"实际上就是我们现在在类型学研究中所分的"式"，"式"与"式"排列成一个连续渐变的序列，也就是蒙氏所说的"联类"。亦即我们现在称之为"型"的分类术语。所以，蒙氏所强调的类型学研究的核心，是从确定不同的可按渐变观点串联起的"式"，从而找寻出一个个不同的各有自身渐变过程的"型"。现在，有的教师对学生强调：只有正确分型，才能分好式。这其实是本末倒置地考虑问题。因为蒙氏说的联类中最初和最后的体制极不相似，乍看就像毫无关系，怎么能先就确定分型呢？所以，类型学研究始于把在器形和纹饰既相近而又有差别的器物，分成不同的"式"。而把相似程度越大的"式"排在越近的位置，再排成一个个渐变的序列，就有可能得到一个个各有渐变过程的"联类"了。

当然，对于这种用纯粹逻辑思维排成的序列，蒙氏指出："还须深切注意，万弗将各分环间相对的时代误列，以致实际上最新的体制意想其为最古的体制。如果将一条连锁之最初的和最终的倒置，那末全体的研究自然会全无价值了。"

要保证发展序列不被倒置，蒙氏本人首先指出的是，体制本身"有许多是有它的单纯而自然的形式，或因其原始性，或因其他显著的特征，明白表示它是最古的东西，并且还存有原形体制，凡其他诸形式都是由它那里发展出来的"。不过这种判断有可能会出错。明显的例子是安特生认为齐家文化的素面陶器比仰韶文化的彩陶看起来更原始，便认为齐家期早于仰韶期。要防止这类错误，一是用地层学说话。时代早的"式"应该比时代晚的"式"出自更早的层位。另一个是靠能明确表明时代的共存器物，也就是"发现物"说话。例如，和东汉五铢共存的"式"应该比和西汉五铢共存的"式"年代晚等。

蒙氏类型学方法的重要特点，是要充分利用"发现物"——也就是一群群确切的有共时关系的器物。在蒙氏的时代，田野考古还不很发达，所以他建立"联类"的方法，主要是用纯粹逻辑思维排列成渐变的序列，并进一步用有明确共存关系的器物群来验证。用蒙氏的话来说，便是"若将体制学的联类和确实的发现物对比时，便可以见到两者的排列若合符节。即此类全部发现物，在由体制学的探讨所引起我们想象得来的排列上。确实地依次呈现其体制"。也就是说，我们如果把主观想象所排定的各个"式"的排列次序和大量的共时器物群作对比时，通过共存关系的检验，可以看到各个"式"的排定次序是可以得到证实的。蒙氏把这种验证方法称为各种联类的"并行主义"。他举例说：

所以像下面那样互相配合的三个联类是并行的：

| A | A | | A | A |
|---|---|---|---|---|
| B | B | | B | B |
| C | C | 或 | C | C |
| D | D | | D | D |
| E | E | | E | E |
| | | | F | |

但若如下列的联类，就是不并行了：

| A | B |
|---|---|
| B | A |
| C | E |
| D | D |
| E | C |
| F | |

并行排列的联类，很明显是正确的。这只要像这样互相一致的联类愈多则愈增确实。

倘若有两个联类始终不并行时，那便是表示那些配列有了什么错误。

可见蒙氏主张的按"式"排列为发展序列虽然是主观性逻辑思维

的产物，但通过多个这种序列是否并行发展的检验，就可以得到客观的实证了。

现在中国的考古学者往往过分强调类型学必须建立在地层学的基础上，像张忠培就强调"对考古遗存进行类型学排比，要从地层出发；其结论又须经得起地层的检验"[5]。这就把类型学完全变成依附于地层学的判定年代相对早晚的方法了。其实，要研究过蒙德留斯原著，便可知道，蒙氏是先谈到"发见物"的"位置"，也就是共存器物群的层位关系，之后才谈到体制学方法的。他的原话是"然而发见物和各时期之相对的年代，可由其存在的位置而决定，比较的还不多觏。幸而对于决定时期的前后关系，还有一个在任何局势下均可以利用的方法，这个方法，即所谓'体制学的'方法"。可见，他本人认为类型学方法是在没有发见物的"位置"（即我们今天说的"层位"）所在的情况下，也可以使用的方法。检验的办法并不是地层学，而是他所提出的"并行主义"。

苏秉琦先生在研究斗鸡台沟东区墓葬时，并无地层学的依据，却排列出了合乎客观实际的相对早晚顺序，完全是按照蒙氏类型学的方法进行研究的结果。今举例择要而言之[6]：

墓葬被分为A（南北仰身葬）和B（东西屈肢葬）。A又细分为a（有坎垂肩）、b（有坎垂臂）、c（平底环臂）、d（平底屈臂）四式。

瓦鬲被分为A（锥脚袋足）、B（铲脚袋足）、C（折足）、D（矮足）。C又细分为a、b、c三式。

瓦壶被分为A（模制）、B（模手）、C（模轮）、D（轮制平底）、E（轮制圈足）。A又细分为a（分模侏绘）、b（全模绳纹）、c（整模刻纹）、d（整模无纹）四式；B又细分为a、b、c三式；C又细分为a、b两式。

铜戈被分为A（戈）、B（戣）、C（戟）。A又细分为a、b、c、d、e、f六式。

[5]同注[3]，122页。
[6]苏秉琦：《斗鸡台沟东区墓葬（节选）》，《苏秉琦考古学论述选集》，文物出版社，1984年，16～58页。

以第一期"瓦鬲墓时期"为例，图五"瓦鬲墓墓葬器物分期图"如变换成型式符号即如下表[7]：

| 期　　别 | | 墓号 | 墓葬 | 瓦　鬲 | | | 瓦　壶 | | | 铜戈 |
|---|---|---|---|---|---|---|---|---|---|---|
| | | | | A | C | D | A | B | C | |
| 初　　期 | | N7 | Aa | Ab | | | Ab<br>Ac<br>Ad | | | |
| 中期 | 一 | B3 | Aa | | Ca | | | Ba | | Aa<br>Ac |
| | 二 | H13 | Ab | | Cb<br>Cc | | | Bb | Ca | Ac |
| 晚　　期 | | K5 | Ac | | | D | | | Cb | |

从表中可以看出，苏秉琦严格把能辨识出连续演变的各"式"（即体制）的器物区分为不同的"型"（联类）。而用"并行主义"来检验各个联类的演变序列是否正确，取得了令人满意的结果。可见苏先生很充分理解并运用了蒙氏的类型学方法，取得了出色的成绩。

今天要细致分析苏先生在研究中应用蒙氏类型学的方法，还有自己的创造。这就是在区分"式"的时候，要证明分"式"确有时代早晚的意义，便把器物的特征进行分解，察看不同特征的演变是否也有"并行主义"。如果也有并行现象，则可更有信心地认为这种演变确有时代早晚的意义。

以苏先生把折足鬲分为三式为例。从a式到b式到c式，鬲的高度是逐渐减小的。但苏先生并没有单从这一项特征来分式，同时注意了高阔比的变化。"我们先按照高阔比例的顺序排列起来。再按照它们的高低的顺序排列，两种序列大致平行，两种的序列号数上下相差在十或十以上的只七个"[8]。用两种基本平行序列互相参照的办法，才把41件鬲分为三组，也就是三"式"。这是蒙氏并没有论及的方法。苏先生的这种研究方法应该是中国学者在运用类型学方法进行器物排

[7] 同注[6]，39页。
[8] 苏秉琦：《陕西省宝鸡县斗鸡台发掘所得瓦鬲的研究（节选）》，《苏秉琦考古学论述选集》，文物出版社，1984年，127页。

队时的独特创造。从20世纪50年代以来在北京大学考古专业的类型学教学中曾予以强调，可惜，在现在许多论述类型学方法的论著中都被完全忽略了。

在类型学方法在中国考古实践中有越来越多应用实例的情况下，很喜欢进行理论性研究的俞伟超先生在1981～1982年为北京大学77至79级青海、湖北考古实习同学作过"关于考古类型学问题"的报告，这篇报告是在前此的田野工作中如何进行类型学研究的实际操作方法的总结，但在理论发挥方面却是混淆类型学研究和其他考古研究的滥觞。

这篇文章一开始，提到了梁思永1930年研究西阴村仰韶陶片时所作的形态分类。俞先生说是"毕竟标志着我国学者开始运用类型学方法的一个起端"[9]。其实，梁先生只是分别给予不同形态口缘、器底、柄和把一定的符号，如口缘，是根据外壁是否有折角、外敞还是内敛、唇部趋厚的程度、向内还是向外凸起，分用四层符号标记。分得再细也和蒙氏的类型学方法毫不相干，俞先生是把类型学和一般的按形态进行琐碎、机械的分类，混为一谈了。接着该文又提到了李济整理殷墟陶器和铜器用的分类法，即对某一种考古学文化的不同器物及其不同形态，按同一标准，加以归纳，给以序数。李济先生自己评价这种方法说："这样分目排列的办法，只具有一个极简单的目的：便于检查。至于由这个排列的秩序是否可以看出形态上的关系来，却是另外的问题。"[10]因为这种分类和编号，和类型学要求的按器物形状和纹饰的连续渐变观点来区分式别，是根本不同的分类法。俞先生却硬说这是"我国学者毕竟又提出了一种运用类型学的方法"[11]。实在是把类型学不恰当地当成"分类学"的同义语了。

在论及苏秉琦先生研究斗鸡台墓葬的材料时，俞先生正确指出："他是像蒙德留斯那样观察出同一种器物往往有不同的形态变化轨

---

[9]俞伟超：《关于"考古类型学"的问题》，《考古类型学的理论与实践》，文物出版社，1989年，3页。

[10]李济：《记小屯出土之青铜器（上篇）》，《中国考古学报》第三册，1948年，8页。

[11]同注[9]，4页。

道，就把不同的轨道，区分为不同的类，在每一类内又寻找其演化过程，按其顺序，依次编号。"但说这是"把梁思永先生使用的那种具体方法大大推进一步而使之完整化"[12]。这顶帽子实在是完全戴错了！事实上，在苏秉琦之前，李济先生对殷墟的铜戈，裴文中先生对中国的陶鬲，都有按蒙氏类型学的思想，排列成连续渐变序列的尝试，但因可利用的标本不多，又限于单一器物，没有用上"联类"之间的"并行主义"验证方法，所以跟苏先生对斗鸡台墓葬材料全盘使用了各种遗存（包括墓形和葬式）演变序列的平行演进的验证，是根本不能同日而语的。可是俞先生在论及苏先生的这项研究时，竟一字不提他所利用的蒙氏"联类"的"并行主义"理论，更没有提到苏先生在研究单种器物的分式时，所独创的单项特征分别平行演变的方法，这是对苏先生的研究并没能深入理解。

后来，苏秉琦先生在《洛阳中州路》一书中，又一次全面应用了蒙氏类型学的方法，理清了洛阳中州路发掘中全部遗存各自的演变序列，并充分利用了共存关系所表现的平行的演变现象，对洛阳地区东周墓葬的相对早晚关系作了经典性的总结[13]。可惜的是，苏先生对青铜器的分期断代缺乏深入研究，所以把中州路第一期定在春秋早期，是偏早了，应该定在春秋中期偏早更好。

应该指出，从俞伟超先生的这篇文章开始，后来很多谈论类型学的文章都表现出把"类型"这个学术名词，按字面上相同，使之含义扩大化的错误倾向。除了把"类型学"所说的"类型"，跟一般分类方法中的各种区分的类别混淆之外，俞先生在这篇文章中还提出了两个可以用类型学方法来研究历史问题的想法：

一、因为一个遗址的出土物，可以用地层学和类型学结合的方法，分成一定的期别，"便可以在一些同时存在而内涵有别的单位中，看到一定的社会集团的划分情况，为研究当时的社会面貌，提供

［12］同注[9]，4页。

［13］苏秉琦：《洛阳中州路（西工段）》结语，科学出版社，1959年。

一个新发现的、真实的基础，这无疑是类型学方法的重大进步"[14]。

其实，按蒙德留斯的想法，不同单位如果存在同一"式"的器物，可以断定这些单位是同一时期的（即使没有地层学的证据也行），这是类型学的功用。至于同一时期的不同单位，如果表现出有不同的客观现象，比如，墓葬随葬器类的组合可分成两类，一类出标枪、猎刀，一类出纺轮和磨盘，从而把墓葬分为性别不同的两类；又比如，墓葬随葬的陶器组合可分成一种出鬲、罐，一种出鬲、豆、爵、觚，从而把墓葬分为性质不同的两类，那都不是类型学的分类，因而不能当作类型学方法来看待。

二、俞先生又说"在运用类型学方法研究考古学文化的发展系列及其相互关系方面，60年代时苏秉琦先生又从分析仰韶文化开始，注意到对许多考古学文化要划分其区域类型问题。到80年代，他又系统提出了要从'区域类型'角度来探索考古学文化发展谱系的原则。讲具体一点，就是要分区、分系、分类型地寻找各考古学遗存的来龙去脉、相互关系。这又是我国类型学方法的新的重要发展"[15]。

在20世纪60年代中国考古学中自创了一个术语——"类型"。在1961年出版的《新中国的考古收获》一书中，把原先的"龙山文化"分为"庙底沟第二期文化"、"后岗第二期文化"、"客省庄第二期文化"、"典型龙山文化"四个类型，并解释说"这四个类型可能是由于地区性或时代上的早晚而形成的同一文化的不同类型，也可能属于同一文化群的不同文化"。该书中把仰韶文化分为半坡类型和庙底沟类型，说这"可能由于时间上的早晚关系"。而把东干沟发现的二里头文化的遗存命之为"洛达庙类型"文化遗存。可见"类型"这一术语，有两方面意义：一、对已知考古学文化作时代早晚或区域性的划分；二、准考古学文化，或与考古学文化同义。这种"类型"和蒙德留斯"类型学"所称的"类型"，只是在汉语字面上一样，含义

---

[14]同注[9]，5页。
[15]同注[9]，6页。

是根本不同的。蒙氏所谓的"类型"是单种遗存外在特征的分类概念，而中国考古学使用的"类型"是考古遗存群总体特征上的分类概念。

苏秉琦的《关于仰韶文化的若干问题》一文，确实用了蒙氏类型学的方法，把半坡类型和庙底沟类型都有的尖底瓶和彩陶盆作了细致研究，排出了半坡类型葫芦口尖底瓶和鱼纹彩陶盆、庙底沟类型双唇口尖底瓶和乌纹蔷薇花纹彩陶各自的演变序列。并从同单位共存关系论证这两个演变序列是彼此独立而平行发展的。所以两个类型基本上同时，"主要都分布在关中，邻境交错"。正因为如此，"两者具有不少的共同因素或共同之点"[16]。这个问题虽然到今天还存在争议，未能取得一致的结论。但在考古学文化或类型的划分上，是有重大意义的。那就是在区别一批遗存的考古学文化或类型所属时，不能单着眼于某种器物之有无，而应该主要着眼于某些遗存的演变序列存在与否。当然，由于考古学文化和类型的划分，一定程度上反映了有不同文化传统的人群存在，使考古学向"透物见人"又迈进了一步。

苏先生在1976年7月给吉林大学考古专业师生讲课时，首次提出"区系类型"思想[17]，这是对已经发现的考古学文化进一步梳理成谱系的思想。苏先生自己作的最简略的说明："区"是块块，"系"是条条，"类型"是分支[18]。所以这里的"类型"仍是指考古学文化的进一步划分，是考古遗存群总体特征的分类。和蒙氏本来讲的"类型"根本不是一回事。

所以，虽然在研究考古学文化的谱系时，肯定要用类型学方法来分析它们之间纵向或横向的关系，却不能把两种研究方法混为一

---

[16] 苏秉琦：《关于仰韶文化的若干问题》，《考古学报》1965年1期，66页。

[17] 苏秉琦：《中国文明起源新探》，香港商务印书馆，1997年，32页。在追述此事时，误信了张忠培提供的不准确回忆，说成是1975年5月。《庆祝张忠培先生七十岁论文集》（科学出版社，2004年）中发表的一张苏先生在考古所给吉林大学师生讲课的照片，说明辞就误为苏先生1975年给吉大1973级学生讲课，实际上，1975年5月1973级学生正在察尔森水库考古调查，而照片上是1976年1975级学生在听课。

[18] 苏秉琦：《中国文明起源新探》，香港商务印书馆，1997年，28页。

谈。在俞伟超和张忠培1983年合写的《苏秉琦考古学论述选集》编后记中，把苏先生的研究方法归纳为"怎样进行类型学和考古学文化谱系研究"两个方面，是完全正确的[19]。不过在这本论文集中收录了一篇苏先生在1981年写的"给北大考古专业77、78级同学讲课的提纲"，其中把"考古类型学的基本概念（或可说'法则'）"归纳为四条：

> 1. 典型器物的种、类、型、式；
> 2. 典型器物的发展序列；
> 3. 各种类型器物发展序列的共生、平行关系；
> 4. 多种典型器物的组合关系。

这些都没有超出蒙氏"类型学"的范围。然而，苏先生又提出：

> ——不应停留在找出典型器物的局部发展序列，而应该更进一步找出它们的全部发生发展的过程（源与流）；
> ——不应停留在对个别遗址多种典型器物组合关系的分析，而应该进一步对多处同类遗址典型器物组合作出综合比较分析……
> 只有这样，我们才有可能对探索考古文化区系类型的研究，找到象自然科学那样定性、定量（时空界限）的足以令人信服的依据[20]。

苏先生说的第一个"不应停留"，还是在蒙氏类型学的范畴之内，第二个"不应停留"就超越了类型学的界限，不再是单凭类型学方法的一种综合研究了。可是这个提纲起名为《考古类型学的新课题》，就已模糊了类型学的"类型"和区系类型的"类型"的不同。

[19]俞伟超、张忠培：《苏秉琦考古学论述选集》编后记，文物出版社，1984年，307页。
[20]苏秉琦：《考古类型学的新课题》，《苏秉琦考古学论述选集》，文物出版社，1984年，237页。

所以，俞伟超先生在1981～1982年的报告中便进一步把两者混为一谈了。我认为，考古类型学方法和考古学文化谱系研究方法对象不同，手段也不一样，还是应该分开为好。

俞伟超先生的演讲中，还有两个问题并没有讲清楚。在这里附带说几句。

蒙氏认为人工制造的器物，会因时间的变迁而逐渐循序变化，这是当时流行于知识界的达尔文进化论的影响所致。把体制的发展比拟为谱系学上的系统树，也同样是受进化论的影响。蒙氏有一段话很有意思："人类制造一切物品，自往古迄于今日，都是遵循发展的法则。往后下去，亦复不变，这是何等可惊叹的事。难道人类的自由竟会被束缚到不能制作自己所爱好的形式吗？又难道我们真正被限制得一件一件的东西纵使是有少许不同的地方，也还是只能从某一形式向他一形式一步一步地缓缓推移，而绝不许有飞跃的蜕变吗？"他自己的回答则是："自从对于人类主要业迹的历史加以研究以来，便明白了对如上的问语，不能不回答一个'然'字。当然发展是有沉滞的时候，也有迅速的时候，但在人类制作新的形式时，仍然不能不遵循同样适合于其他自然物的发展法则。"

苏秉琦先生在1982年发表的《地层学与器物形态学（按：这是苏先生对类型学的译称）》就已经明确地指出："首先要指出的是，不能把器物形制的变化理解为如生物进化那样，存在什么自身演化发展的必然性或有什么量变到质变的规律等。因为两者是完全不同的事物。"他告诫我们：一定要"正确地区分以上两种不同性质的事物，揭示器物形态学的科学性，使这种方法免受庸俗进化论的影响，有助于在实际工作中充分而有效地发挥它的作用"[21]。

但是，俞伟超先生在他的关于类型学的演讲中，却说："这种方法论所以是科学的，自然必须有这样的前提条件，即人类制造的各种物品，其形态是沿着一定的轨道演化，而不是变化不定、不可捉摸

---

[21] 苏秉琦：《地层学与器物形态学》，《苏秉琦考古学论述选集》，文物出版社，1984年，254、255页。

的。对人们的日常概念来说，这好像是多么不可思议呀！可是大量类型学分析的实践，却一次又一次地表明这的确是事实。"[22] 为了解释这种"不可思议"的现象，他从四个方面来进行论证：1. 用途变化导致器物形态变化；2. 制法变化导致器物形态变化；3. 生活方式和生产环境改变导致器物形态变化；4. 制作和使用器物的心理因素或审美观念对器物形态造成影响[23]。其实，前三个方面只能说明人造的器物形态一定会变，却根本说明不了变的时候一定会沿着一定轨道渐变。第四方面的因素，也不能说明全部器物形态一定要渐变，因为苏先生的文章中已经指出，在"特定的情况下，只要人们喜爱，外来的或古代的东西也可以被仿造"。可见俞先生并没有真正说出实践中遇到的不少器物确实沿一定轨道渐变的原因，反而要人相信器物形态按一定轨道渐变是有普遍性的现象。这其实会在类型学方法的应用上造成偏差。

事实上，造成人造器物形态变化的原因确如俞先生所论是多方面的，而为什么有相当部分的器物形态上的变化表现出按一定轨道渐变呢？这是一定的社会集团固有的心理因素和审美观念在约束着器物形态的变化。正如俞先生所说：不同的人群集团有各自的心理状态、风俗习惯、喜爱情绪、审美观念等精神因素方面的差别（当然还可以加上不同自然环境下不同生活方式、不同社会发展阶段的影响），便造成了不同人群集团各自的足以影响到若干世代的历史传统，这才造成了考古遗存中足以排列成众多"联类"的千变万化的"类型"。

然而，还应该强调的是，并不是人造器物的形都是按一定轨道渐变的。不明白只有一部分器物会按一定轨道渐变的道理，会以为所有器物都应该排队，或轻率地信从根据不足的排队研究，肯定会造成研究上的混乱。对此，我们应该提高警惕。

另一个问题是类型学和地层学两者关系如何。前文已经指出，在蒙德留斯的时代，田野考古学还没有普遍开展。类型学是作为一种

---

[22] 同注[9]，7页。
[23] 同注[9]，7～9页。

独立的判定遗物相对早晚关系的手段而提出来的。把类型学应用到中国考古实践中的苏秉琦先生，在对斗鸡台墓葬进行研究时，并未使用墓葬之间的打破关系，后来研究洛阳中州路的墓葬时，也并未使用墓葬打破关系。所以都是独立使用类型学方法研究遗存相对早晚年代的范例。

但是在俞伟超先生的演讲中，谈到类型学分析的一般步骤时，还是重复张忠培的错误，第一步就是"通过严格的田野发掘而得到准确的层位关系，是进行类型学分析的基础"。"没有地层学，类型学就无法开端，也无法得到证实"[24]。直到今天，我国大学教科学中介绍类型学方法时，也总是强调"类型学分析应从层位关系入手，最终要经过层位关系的检验"[25]。其实，这样谈论类型学方法，是不利于在墓葬材料研究时使用类型学方法的。因为，一个墓葬的材料基本上可以视为蒙氏所说的一个"发见物"，也就是一群有共时关系的遗存，一个并无墓葬打破关系的墓地，是完全可以用单纯类型学方法来研究，进行墓制、葬式和器物形态的排队，并用平行序列法验证排队是否确有年代早晚关系，参照某些器物的已知年代，确定其相对早晚的。所以，说没有地层学，类型学就无法开端，也无从证实，是过分片面的观点，应该得到纠正的。

最后应该说一说类型学方法在考古学文化及其谱系研究中究竟有什么用。

考古学文化的概念是柴尔德在1929年提出来的，他说："一定形式的遗物、遗迹——陶器、工具、装饰品、埋葬礼仪、家屋形制等——经常共存。这种稳定共存着的诸文化因素复合体可称为文化集团或简称为文化。"[26]这是从考古学研究中提出的"文化"概念。在《中国大百科全书·考古学》中则将"考古学文化"定义为"指考古发现中可供人们观察到的属于同一时代、分布于共同地区，并且

[24] 同注[9]，13页。

[25] 栾丰实主编：《考古学概论》，高等教育出版社，2015年，176页。

[26] V. Gordon Childe. *The Danube in Prehistory*, Oxford：Clarendon Press，1929. 转引自注[25]，194、195页。

具有共同特征的一群遗存"[27]。这一定义把柴尔德列举的五方面一定
形式的"遗物、遗迹",都概括为简单的"特征"一词。严文明先生
则把"特征"具体化为五个方面:1.聚落形态(比柴氏的"家屋形
制"扩大了范围);2.墓葬形制;3.生产工具和武器(比柴氏多了
生产工具);4.生活用具(比柴氏仅提陶器更全面);5.装饰品、艺
术品和宗教用品(比柴氏更全面考虑到反映精神领域的其他遗物)。
应该说是更准确地表达了一支考古学文化的多方面特征。而且他把
从这五方面的特征来划分考古学文化的适用时代限定在新石器时代
到早期铁器时代。又从实践经验总结出:"在新石器时代到青铜时代
乃至早期铁器时代,陶器的确有很大的代表性。它的形态变化丰富
而又有规律性,在实际操作中易于把握,这也是人们偏爱陶器的重
要原因。"[28]所以陶器在划分考古学文化时有重要作用。不过,以陶
器为主要依据划分考古学文化时,也常常会出现众说纷纭、莫衷一
是的局面。我在1989年发表的《考古学文化研究的回顾与展望》一
文中,对中国考古学界在用遗存群具有的特征来划分考古学文化的
方法,作了历史性的总结。认为最早只是用单一(偶然用两个)特
征的"突出特征法"(如彩陶文化、细石器文化),后来用多个特征
的"总体相似法",但并不限定哪些特征的特定组合,便会产生"滚
雪球"现象(如使仰韶文化、龙山文化的概念不断扩大)。再后来有
了"成群特征法",其实也就是"必须有一系列特征,这些器物有不
止一次的共存关系,具有同样特征的遗址不止一处",才可以划归同
一考古学文化[29]。可是仅凭这样的原则,有的考古学文化还是划不清
楚,例如,山西发现的和二里头文化同时期的遗存群,有一系列器
物特征和二里头文化一致,有人主张划归二里头文化的一个地方类
型,有人主张另立一个"东下冯文化"。我根据苏先生的利用类型学

---

[27]《中国大百科全书·考古学》,中国大百科全书出版社,1986年,253页。

[28] 严文明:《关于考古学文化的理论》,《走向21世纪的考古学》,三秦出版社,1997年,
　　89、90页。在该书的前言中,严先生说明这一篇是在1982年写《中国新石器时代》
　　讲义的绪论时所作。

[29] 本刊记者:《"考古学文化研讨会"纪要》,《考古》2004年10期,85页。

的方法，对庙底沟、半坡类型各自有特点的小口尖底瓶及彩陶盆的平行发展序列的分析，提出划分考古学文化应该使用成群特征渐变序列的"平行序列法"，才能真正表明该人群集团，制造、使用陶器时有自己独特的文化传统，使考古学文化的划分和有独特文化系统的人群集团联系起来[30]。比如，二里头文化有很多陶器是在类型学上可以排成联类的，反映着强固的文化传统。山西地区同期遗存群中，虽然有很多种陶器的形制和二里头一致，却不能构成一个个连续发展序列，而该地能构成发展序列的陶器，虽然也见于二里头文化的遗存群，在二里头遗存群中却构不成发展序列。可见他们是各有独特文化传统的人群集团，只是互相吸收了对方的文化因素，反映有较多的交往而已。

但是，这篇论文虽在"中国考古学年会第七届年会"上大会宣讲，毕竟人微言轻，未能发挥较大影响，所以在2003年8月底中国社会科学院考古所组织的"考古学文化研讨会"上，还是只强调了"成群特征法"，对"平行系列法"未置一词[31]，这是很遗憾的。

在结束本文时，我想再一次引用苏秉琦先生说的话："考古学文化的本质应该是一个运动的事物的发展过程，而不是静态的或一成不变的种种事物或现象。""只有具备某些相对稳定的文化特征、因素、发展序列和它们之间的平行共生关系的代表性材料，并且体现一定的规律性，这种文化类型的存在才是明确的。""从揭示每一种考古学文化的来源和特征、社会发展阶段和去向、各自运动的规律、各自同周围文化的关系，以及每一种文化在其发展过程中的分解、转化等方面入手，那我们就有可能比较正确地划分考古学文化。"[32]也就是说，我们在划分考古学文化时，绝不是把遗存群划分为一个个即时性的文化共同体，而应该着眼于划分为一个个各有历史传统的历时性的"历

[30] 林沄：《考古学文化研究的回顾与展望》，《辽海文物学刊》1989年2期。后收入《林沄学术文集》，中国大百科全书出版社，1998年，227～230页。
[31] 同注[29]。
[32] 苏秉琦：《燕山南北地区考古——1983年7月在辽宁朝阳召开的燕山南北、长春地带考古座谈会上的讲话》，《文物》1983年12期。后收入《苏秉琦考古学论述选集》，文物出版社，1984年，271页。

史文化共同体"。

苏先生话里的"文化类型"和"文化"其实都是遗存群的分类概念，用运动的观点来认识考古学文化，正是"区系类型"研究的灵魂。类型学研究建立各种渐变性发展序列的作用，不仅在分解已知考古学文化方面，而且在串联考古学文化方面，都是不可或缺的手段，所以类型学方法在"区系类型"研究中是肯定会大有作为的。但我们切不可把类型学中的"类型"和作为考古学文化分支的"类型"混为一谈。

2018年3月12日写毕于长春剑桥园寓所

载蒙德留斯《先史考古学方法论》（滕固译），商务印书馆，2019年。